교과서에 나오는

한국사
인물
이야기

KB191884

일러두기

1 이 책의 시대구분 및 용어 사용은 교과서를 기준으로 하였다. 예를 들어, 고조선
   건국 연대와 같이 학계에서 여러 의견이 있는 것들은 교과서를 따라 BC 2333년으
   로 표기하였다.

2 이 책의 장 구성은 총 4장으로 되어 있는데, 이 중 조선과 근·현대를 나눈 기준이
   되는 1863년은 고종이 왕위에 올라 흥선대원군이 집권하는 해를 기준으로 한 것
   이다. 이는 이 책이 '인물' 중심으로 구성되어 있고, 4장의 첫 등장인물이 흥선대
   원군이기 때문이다. 근·현대 시점을 언제로 할 것인가 또한 학계에서 여러 의견
   이 있기 때문에 편의상 이 책의 구성에 가장 근접한 시기 구분을 하였다.

3 각 인물별로 중·고등학교 교과서 해당 페이지를 찾아놓았는데, 쪽수 뒤의 ( ) 안
   숫자는 단원 및 장을 의미한다.

4 본문에서 고딕체로 굵게 표시된 것은 각 인물별 설명 뒤에 TIP으로 정리한 내용을
   구분하기 위한 것이다.

5 참고한 책은 가능한 한 '더 알고 싶을 때 보세요'에 밝혀놓았다.

6 외국 인명과 지명은 현행 외래어 표기법에 따랐으나, 중국의 지명이 사건명에 붙
   어 하나의 용어처럼 된 경우는 한자음으로 읽었다. 예) 요동 정벌 등

교과서에 나오는

한국사 인물 이야기

|윤희진 지음|

cum libro
책과함께

⬤ ⬤ ⬤
⬤ ⬤ ⬤
⬤ ⬤ **목차** _____

■ 머리말

　솔직하게 고백하자면, 중·고등학교 시절 난 국사라는 과목과 그다지 친하지 않았다. 국사교과서와 자습서 한 권에 의지했던 내게 국사는, 수없이 나오는 낯선 이름들과 생소한 용어들, 그리고 연대표 등을 머릿속에 쑤셔 넣듯이 암기해야 하는 지겨운 과목이었을 뿐이다.

　김유신-삼국통일, 광종-노비안검법, 김육-대동법 하는 식으로 국사책 속에 등장하는 인물들은 공식화되었고, 난 그들이 '인간' 이라는 사실을 미처 깨닫지 못했다.

　내가 우리 역사와 조금씩 친해지기 시작한 것은 책을 만드는 직업을 가지면서부터였다. 우연인지 운명인지 역사 관련 서적들을 많이 만들고 또 때로는 집필에 참여하기도 하면서 우리 역사의 매력에 차츰 빠져들었다. 특히 역사 인물들에 관한 책들을 흥미롭게 읽었는데, 그 책들을 읽으면서 비로소 역사 속 인물들을 '공식' 이 아니라 '인간' 으로 만나기 시작했다.

　가야의 후손이라는 신분적인 제약을 만회하기 위해 김유신이 어떤 노력을 기울였고 또 어떤 정치적인 선택을 했는지 알아가면서 김유신과 김춘추의 결합으로 이룬 삼국통일 과정이 한층 박진감 있게 머릿속에 그려졌고, 고려 광종이 얼마나 치열한 과정을 겪고 왕위에 올랐는지 알고 나니까 호족 세력을 누르기 위해 실시한 노비안검법이 어떤 의미가 있는지 이해되었다. 또한 김육이 광해군 대에 대북파의 탄압을 받아 10여 년간 화전을 일구고 숯을 구워 파는 등 농민처럼 생활했다는 사실은 그가 왜 대동법 시행에 평생을 바쳤는지 외우지 않고도 이해할 수 있게 해주었다.

　늦게 깨달은 내 짧은 지식들이 지금 우리 역사를 공부하는 학생들에게 조금이나마 도움이 되었으면 좋겠다. 한발 더 나아가 욕심을 부려본다면, 비록 한 인물에게 주어진 지면이 짧기는 하지만, 이 책을 읽는 사람들에게 이 인물들이 국사책 속의 박제된 인물이 아니라 하나의 인간으로 다가설 수 있으면 더 바랄 나위 없을 것 같다.

　이 원고를 구상하고 집필한 지난 3년여의 시간은 내게 우리 역사를 다시 공부하고 정리하는 소중한 시간이었다. 무엇보다 이 책을 쓰면서 참고했던 수많은 역사책의 필자들에게 감사의 말을 전하지 않을 수 없다. 그분들의 앞선 연구가 있었기에 이 책의 집필이 가능했다. 또한 3년 전 많이 부족한 필자에게 좋은 기회를 주고 오랜 시간 기다려주신 류종필 대표님, 기획 단계부터 마무리 단계까지 함께 하며 원고에 대해 세세한 부분까지 조언해주셨던 박은봉 실장님, 편집을 책임져주신 조세진 편집장님께 감사드린다.

　끝으로 늘 힘이 되어주는 남편과 사랑하는 아들 태영이, 그리고 바쁜 딸의 뒷바라지에 지금도 한가롭지 못한 엄마, 살아 계셨다면 누구보다 좋아하셨을 아버지, 또 일하는 며느리를 늘 넓은 마음으로 배려해주시는 시부모님께 감사의 마음을 전한다.

2006년 9월
윤희진

chapter 1 | BC 2333~911

300

450

고대 古代

560　　　　700　　　　890

단군

檀君

| 교과서에서 단군이 나오는 부분 : 중학교 18쪽(1/2/1) · 고등학교 34~35쪽(2/2/1)

| 시대 : 고조선
| 생몰년도 : 미상
| 활동 분야 : 왕
| 다른 이름 : 단군(壇君)/단군왕검(壇君王儉)/단웅천왕(檀雄天王)

| 생애와 업적 |

1993년 10월, 북한은 평양시 강동군에서 단군릉을 발굴했다고 발표하면서, 단군이 5,011년 전의 실존인물이라고 주장했다. 단군릉에서는 두 사람분의 유골 86개와 금동왕관 앞면의 세움장식, 돌림띠 조각 등이 출토되었는데, 이 유골을 전문연구기관에서 감정한 결과 하나는 남자, 하나는 여자의 것이며 약 5,011년 전의 것으로 입증되었기에 이 능에 단군 부부가 묻힌 것으로 추정된다는 것이다. 그 뒤 북한은 단군릉을 대대적으로 개축하면서 그전까지 신화적 인물로 여겨온 단군이 실존인물이며 단군이 고조선의 건국시조라는 것이 입증되었다고 주장했다. 그러나 남한 및 외국 역사학계에서는 북한이 사용한 조사방법에 문제가 있다고 지적하며 회의적인 평가를 내리고 있다. 하지만 분명한 것은 비록 평양에 있는 단군릉이 진짜 단군의 능이 아닐지 모른다는 의심이 들기는 해도, 단군이 신화 속 인물이 아니라 실제로 존재했던 역사 인물이라는 사실은 남한에서도 점점 많은 사람들이 인정한다는 사실이다.

현재 남아 있는 자료 가운데 단군에 대해 전하는 가장 오래된 기록은 《삼국유사》이다. 《삼국유사》에 전하는 단군의 모습은 역사라기보다는 신화에 가깝다. 그래서 단군신화라 불렸지만, 이는 단군이라는 역사적 존재에 대한 고대 사람들의 서술 방식이 신화적이었다고 보는 편이 정확할 것이다. 그렇기 때문에 《삼국유사》의 글귀 하나하나를 현대적 의미로 풀어가다 보면 단군과 그가 건국한 고조선이라는 나라의 윤곽을 그려볼 수 있을 것이다.

《삼국유사》에 따르면, 단군은 하늘의 신인 환인의 서자 환웅과 웅녀 사이에서 태어났다. 여기에서 서자란 말 그대로 맏아들이 아닌 아들을 가리킨다. 환웅이 자주 하늘 아래에 뜻을 두자 환인이 삼위태백(三危太伯)을 내려다보매, 인간세상을 널리 이롭게 할 듯하여 천부인(天符印) 세 개를 주어 보내며 인간 세상을 다스리게 했다고 한다. 삼위태백에 대해서는 묘향산이라고도 하고 백두산이라고도 하고 중국의 서쪽에 있는 어느 곳이라고도 하는 등 여러 가지 설이 전한다. 천부인이 정확히 무엇인지에 대해서도 서로 다른 의견들이 있지만, 인간 세상을 다스리는 통치권의 상징이라 파악하는 것은 공통적이다.

환웅은 무리 3천을 이끌고 태백산 꼭대기 신단수에 내려와 그곳을 신시(神市)라 부르고 스스로 환웅천왕(桓雄天王)이라 했다. 그는 바람을 주관하는 풍백(風伯), 비를 다스리는 우사(雨師), 구름을 다스리는 운사(雲師)를 거느리고 정치와 교화를 베풀었다. 환웅이 바람·비·구름의 신을 거느렸다는 기록에서 그가 정치적 영역뿐만 아니라 종교적 권능도 동시에 갖춘 권력자였다는 것을 짐작할 수 있다.

단군의 어머니는 곰이 인간의 몸으로 변한 웅녀이다. 같은 동굴에 살던 곰 한 마리와 호랑이 한 마리가 늘 환웅에게 사람이 되게 해달라고 빌었다. 환웅은 쑥 한 묶음과 마늘 스무 개를 주면서 이것을 먹고 100일 동안 햇빛을 보지 않으면 사람의 몸을 얻을 것이라 했다. 호랑이는 금기를 지키지 못했으나 곰은 21일 동안 이를 잘 지켜 여자의 몸을 얻었다. 그러나 혼인할 사람이 없어 늘 신단수 아래에서 잉태하기를 빌었다. 이런 웅녀를 보고 환웅이 잠시 사람의 몸이 되어 혼인한 뒤 얻은 아들이 단군왕검이다.

대부분의 신화에서 하늘에서 내려온 존재는 외부에서 유입된 세력을 의미한다. 단군신화의 이 부분도 곰을 신성시하는 종족과 호랑이를 신성시하는 종족이 함께 살고 있는 곳에 단군 세력이 들어온 것으로 해석할 수 있다. 호랑이를 신성시하는 종족과의 결합은 실패했고, 곰을 신성시하는 종족과 새로운 동맹 관계를 맺어 고조선을 건국했다는 의미로 읽힌다.

곰은 유라시아 북부 지역이나 아메리카 북방 지역 그리고 중국에서도 신성시되었던 동물이다. 또한 곰이 21일 동안 햇빛을 보지 않으면서 쑥과 마늘만으로 연명했다는 것은 일종의 성년식을 거쳤다는 의미로 해석할 수 있다. 이는 신성한 존재인 곰이 일정한 자격까지 갖추어 하늘신의 아들과 혼인하는 데 아무런 결격 사유가 없음을 보여주며, 한발 더 나아가 단군의 출생에 정당성을 부여해준다.

▶ Urasia, 유럽과 아시아를 한 대륙으로 묶어 이르는 말

단군왕검은 평양성에 도읍을 정하고 고대 중국의 요 임금과 같은 시대에 왕위에 올랐다. 《삼국유사》는 평양성이 지금의 평양이라고 밝히고 있지만, 조선 후기부터 만주의 랴오닝 지역이라는 주장이 제기되었고, 현재는 오히려 이것이 타당한 견해로 받아들여지고 있다. 한편 요 임금과 같은 시대(기원전 2300년경)에 고조선을 세웠다고 전하는 부분은, 단군과 같은 정치권력자는 청동기시대에나 출현하는데 한반도에 청동기시대가 시작되는 것은 기원전 10세기

북한에서 1993년 대대적으로 조성한 단군릉 전경. 북한의 주장대로 실제 단군릉이라고 보기는 어렵지만, 단군이 신화 속 인물이 아니라 실존 인물이었다는 사실은 받아들여지고 있다.

전후이므로 고조선의 건국 연대를 그 이후로 보는 것이 옳다는 주장이 지배적이었다. 하지만 고조선의 중심지가 만주 지역이라면 현재까지의 발굴 성과만 가지고도 건국 연대를 기원전 2000여 년까지로 끌어올릴 수 있다. 단군이 2300년 무렵 나라를 세웠다는 말이 사실일 수 있다는 말이다.

이후 단군은 1,500년 동안 나라를 다스리다가 아사달에 들어가 산신이 되었다고 전한다. 그때 나이가 1,908세였다. 이에 대해서는 단군왕검이라는 말이 한 개인을 가리키는 것이 아니라 고조선 왕을 가리키는 일반 명사라고 해석하는 것이 일반적이다.

|평가|

고조선이 멸망한 뒤 그 지역은 한나라의 군현이 되었다. 고구려가 고조선 지역을 차지한 것은 그로부터 400여 년이 흐른 뒤였다. 그 무렵 이미 삼국은 제각기 건국신화를 갖고 있었다. 따라서 고조선을 계승한다는 의식이 별로 없었고, 그러다 보니 단군에 대한 관심도 찾아보기 힘들다. 단군신화는 일부 고조선 지역의 주민들 사이에 민간 신앙의 형태로 이어져왔을 뿐이다. 고려 전기까지는 삼국 이전의 역사에 대해 별다른 관심을 갖지 않았고, 따라서 단군은 별다른 주목을 받지 못했다.

단군에 대해 새롭게 인식하기 시작한 것은 고려 후기 장기간에 걸친 대몽항쟁을 겪으면서이다. 전 국토가 유린되는 엄청난 국난을 겪으면서 고려 사회 내부의 결속을 뒷받침할 수 있는 역사적 근거로 단군을 주목한 것이다. 당시 편찬된 《삼국유사》와 《제왕운기》는 단군을 우리 역사의 첫 장에 올려 단군이 우리 모두의 공통된 뿌리라는 점을 부각시켰다. 이때부터 단군과 고조선은 우리 역사의 기원으로 자리 잡게 된다.

조선이라는 국호를 선택함으로써 고조선을 계승했음을 분명히 보여준 조선 왕조는 건국 초기 단군을 제사 지내는 묘당을 만들어 정기적인 제사를 지내는 등 단군을 민족의 기원으로 받아들였다. 이때 단군에 대한 숭앙(崇仰)이 널리 퍼져나갔다. 이후 중화주의의 영향으로 단군보다 **기자**를 중시했으나 임진왜란·병자호란이라는 민족적 위기를 겪으면서 단군에 다시 주목하게 되고, 조선 후기 실학자들에 의해 고조선에 대한 실증적 연구의 싹이 트기 시작했다.

조선 후기, 서양 세력과 일제 침략에 대한 위기의식이 고조되면서 단군에 대한 의식은 다시 높아졌다. 이러한 민족주의적 감정은 대종교 등 단군 신앙 운동으로 연결되기도 했다. 우리 민족에게 단군이 갖고 있는 의미를 알아챈 일제는 식민사학을 통해 단군의 존재를 부정하고 그 의미를 깎아내리려 했다. 뿐만 아니라, 학교를 통해 이러한 생각들을 주입시켰다.

그러나 광복 후 단군은 새 국가의 오랜 역사를 보여주는 뿌리로 정착했다. 단군은 민족의 정체성을 찾고자 할 때나 민족적 위기를 극복하고자 할 때마다 끊임없이 주목의 대상이 된 우리 민족의 출

▶中華主義, 중국을 세계의 중심으로 생각하는 세계관

▶植民史學, 일제의 식민지 침략과 지배를 정당화하고 항일민족의식의 성장을 막기 위한 식민정책의 일환으로 진행된 한국사 연구들의 총칭

발점이다.

기자 은나라 사람으로 주나라의 무왕(武王)이 은나라를 빼앗자, 기원전 1122년 동쪽으로 도망하여 조선에 들어와 기자조선을 건국하고, 8조법을 가르쳤다고 전한다. 뒤에 한나라 무제(武帝)가 조선왕에 봉했다고 하는데, 이러한 기자 동래설(東來說)은 중국의 사료에도 각기 사실이 서로 모순되고 시대가 맞지 않아 점차 부정되고 있다. 그렇다고 기자조선을 완전히 부정하는 것은 아니고, 지금은 우리나라 사람이 세운 국가라고 주장하는 학설이 유력하

단군에 대해
더 알고 싶을 때
보세요

《단군과 고조선사》, 노태돈 편저, 사계절, 2000.
《63인의 역사학자가 쓴 한국사 인물열전》, 한영우선생정년기념논총 간행위원회 엮음, 돌베개, 2003.

주몽

朱蒙

| 교과서에서 주몽이 나오는 부분 : 중학교 23쪽(1/2/3) · 고등학교 40쪽(2/2/2)

| 시대 : 고구려
| 생몰년도 : 기원전 58년~기원전 19년
| 시호 : 동명(東明)
| 활동 분야 : 왕
| 다른 이름 : 동명성왕(東明聖王)/추모(鄒牟)/상해(象解)/중모(中牟)/중모(仲牟)/도모(都牟)

|생애와 업적|

고조선이 무너지고 동북아시아 여러 사회에 수준 높은 문화와 문물이 전파되자, 이를 받아들인 세력들이 곳곳에서 나타나 '하늘의 자손'이라 자처하며 새로운 영웅을 꿈꾸었다. 그 시대 가장 뛰어난 인물 중 한 사람이 주몽이다. 고구려의 시조인 주몽에 대한 이야기는 〈광개토대왕릉비문〉·《삼국사기》·《삼국유사》·《제왕운기》·〈동명왕편〉 등에 실려 있다. 그 이야기들을 정리하면 다음과 같다.

부여왕 해부루는 늙도록 아들이 없어 산천에 제사를 지내 대를 이을 아들을 구했다. 어느 날 곤연(鯤淵)이라는 큰 연못에 이르렀는데 그가 탄 말이 큰 돌을 보고 눈물을 흘렸다. 이를 이상하게 여긴 왕이 사람을 시켜 그 돌을 옮기자 금색을 띤 개구리 모양의 어린 아이가 하나 있었다. 왕은 하늘이 자신에게 내려준 아이라며 기뻐했다. 아이를 데려가 금와라 이름 짓고 장성하자 태자로 삼았다.

그 뒤에 아란불이라는 재상이 도읍을 옮길 것을 청하며 말했다. "일전에 하느님이 내려와 '장차 내 자손으로 하여금 이곳에 나라를 세우게 할 것이니 너희는 피하거라. 동쪽 바닷가에 가섭원(迦葉原)이라는 땅이 있는데, 토양이 비옥하여 오곡이 잘 자라니 도읍할 만하다'고 했습니다."

왕은 그곳으로 도읍을 옮긴 뒤 나라 이름을 동부여라고 했다. 옛 도읍지에는 어디서 왔는지 알 수 없으나 천제의 아들 해모수라고 자칭하는 사람이 와서 나라를 세웠다.

해부루가 죽고 왕위를 계승한 금와는 태백산 남쪽 우발수(優渤水)에 사냥하러 갔다가 한 여자를 만난다. 그 여자는 "저는 하백의 딸로 유화라고 합니다. 동생들과 함께 놀다가 한 남자를 만났는데, 그는 천제의 아들 해모수라 하였습니다. 그가 저를 유혹하여 사욕을 채운 다음 돌아오지 않자 이 사실을 안 부모님이 저를 이곳으로 귀양보냈습니다"라며 자신의 처지를 말했다.

금와왕은 이상하게 여겨 이 여자를 방 안에 가두어두었다. 방 안에 햇빛이 비쳐 유화가 몸을 피했으나 햇빛이 다시 따라왔다. 이런 일이 있고 난 뒤 유화가 임신을 했는데, 얼마 뒤 크기가 닷 되쯤 되는 알을 하나 낳았다. 금와왕은 상서롭지 못하다 하여 알을 개·돼지에게 주었으나 모두 먹지 않았다. 그래서 길바닥에 버렸더니 소와 말도 그 알을 밟지 않고 피해 다녔다. 또한 들판에 버렸더니 새들이 날개로 덮어주었다. 깨뜨려버리려고도 했으나 깨지지 않아 결국 유화에게 돌려주었다. 유화가 물건으로 싸서 따뜻한 곳에 두었더니 한 사내아이가 알을 깨고 나왔다. 그 아이는 골격과 외모가 빼어났고 남달리 뛰어나 일곱 살에 스스로 활과 화살을 만들어 쏘면 백발백중이었다. 부여에서는 활 잘 쏘는 아이를 주몽이라 불러, 주몽이 바로 이름이 되었다.

금와왕에게는 일곱 아들이 있어 항상 주몽과 함께 놀았는데 그 기예(技藝)와 능력이 모두 주몽에게 미치지 못했다. 그러던 어느 날 맏아들 대소가 왕에게 말했다.

"주몽을 일찍 없애지 않으면 후환이 있을까 두렵습니다."

그러나 왕은 듣지 않고 주몽에게 말 기르는 일을 맡겼다. 주몽은 날랜 말은 먹이를 적게 주어 마르게 하고, 둔한 말은 잘 먹여 살찌게 했다. 왕은 살찐 말은 자신이 타고 마른 말은 주몽에게 주었다. 어느 날 들판에서 사냥을 하는데, 주몽은 남들보다 화살을 적게 받았는데도 월등히 많은 짐승을 잡았다. 그러자 왕자들과 신하들이 다시 그를 죽이려 음모를 꾸몄다. 이를 눈치 챈 주몽의 어머니가 말했다.

"나라 사람들이 장차 너를 죽일 것이다. 너의 재주와 지략으로 어디에 간들 큰일을 못 하겠느냐. 여기에서 욕을 당하느니 멀리 가서 뜻을 이루도록 하여라."

주몽은 즉시 따르는 무리들과 길을 떠났다. 당시 그는 아내가 있었으나 임신을 한 몸이라 함께 떠날 수가 없었다.

도망치는 도중에 강을 만났는데 다리가 없었다. 뒤에서는 추격병들이 쫓아오고 있었다. 주몽은 "나는 천제의 아들이요 하백의 외손이다. 강을 건너려는데 다리는 없고 추격자들은 쫓아오니 어찌하면 좋은가?" 하고 외쳤다. 그러자 물속에서 물고기와 자라들이 수없이 떠올라 다리를 만들어주었다. 주몽 일행이 강을 건너자 물고기와 자라가 곧 흩어져 추격하던 기마병들은 강을 건널 수 없었다.

주몽 일행은 모둔곡(毛屯谷)에 이르러 재사, 무골, 묵거 세 사람을 만났다. 주몽은 "내가 이제 하늘의 큰 명령을 받아 나라의 기틀을 열려고 하는데 마침 세 명의 어진 이들을 만났으니 어찌 하늘이 주신 것이 아니겠는가?"라며 이들의 능력에 맞는 일을 맡기고는 이들과 함께 졸본천에 이르렀다. 그곳의 토양이 비옥할 뿐 아니라 산하가 험하고 견고한 것을 보고 도읍지로 정했으나 궁궐을 지을 겨를이 없어 비류수가에 초막을 짓고 살았다. 나라 이름을 고구려라 하고 성을 고씨로 정했다. 이때 주몽의 나이 스물두 살이었다.

이 이야기를 통해 우선, 고구려는 주몽이 부여로부터 몇몇 부족을 이끌고 나와 졸본 지역의 토착 세력과 결합해 건국한 국가라는 것, 주몽이 자신을 하늘과 물의 자손으로 강조한 것으로 보아 고구려는 기후와 물이 중요시되는 농경문화를 기반으로 하는 사회였다는 것, 또한 그의 출생에서부터 건국에 이르기까지 수많은 난관을 극복해야 했던 것에서 고구려의 건국 과정이 무척 험난했다는 것 등을 짐작할 수 있다.

이야기를 좀 더 상세히 살펴보자. 금와의 탄생에서 금와가 금색을 띠었다는 것은 그가 그만큼 중요한 인물이라는 의미를 나타낸다. 그리고 해부루가 아란불의 말에 따라 도읍을 옮긴 뒤 동부여라 했다는 부분에서는 해부루가 해모수와 영역 다툼을 벌이다 패배하고 새로이 나라를 세웠음을 짐작할 수 있다.

한편, 앞뒤 정황으로 주몽이 금와의 아들인 듯하나 이야기는 유화가 해모수를 암시하는 햇빛의 정령을 받아 잉태했다고 전하고 더구나 사람의 모습이 아니라 커다란 알의 모습으로 세상에 태어났다고 기록했다. 또한 이 알은 개·돼지·말·소 같은 가축에게까지 보호를 받는다. 이는 모두 하늘이 내린 큰 지배자의 출현을 예고하는 것이다.

이 부분에 대해 고구려의 왕권이 그다지 강력하지 못했기 때문에 주몽을 하늘의 자손으로 연결시켰을 것이라는 주장이 있다. "고구려에는 모두 다섯 부족이 있으니, 소노부(消奴部)·절노부(絶奴部)·순노부(順奴部)·관노부(灌奴部)·계루부(桂婁部) 등이다. 본래는 소노부에서 왕이 나왔으나, (왕권이) 점점 미약해져서 뒤에는 계루부에서 왕위를 차지하고 있다"는 《후한서》 부분이나, "(고구려에는) 가장 높은 벼슬로는 대대로가 있다. ……대대로는 세력의 강약에 따라 서로 싸워 이기면 빼앗아 스스로 되고 왕의 임명을 거치지 않는다"는 《제왕운기》의 기록을 보면 고구려의 왕권이 강력했다고는 볼 수 없다. 그랬기에 고구려의 통치자들은 자신들의 선조를 신성시함으로써 통치의 정당성을 인정받으려 했다는 것이다.

사실, 주몽의 탄생을 전하는 이 부분은 부여의 건국신화 내용과 거의 흡사하다. 고구려의 시조 주몽이 부여에서 이주하면서 부여의 신화를 가지고 와 고구려의 건국신화를 만들었을 가능성을 생각해볼 수 있다. 부여의 시조 이름이 고구려의 시조와 같은 동명왕이라는 사실에 비추어볼 때 그 가능성은 더욱 커진다. 고조선시대부터 동북아시아에 터를 잡고 있던 부여가 고구려의 보호 아래 들어와 492년 국가로서의 존속을 포기하자, 고구려는 장구한 부여의 역사를 아우르고 오랜 역사를 지닌 부여의 시조 동명의 모습을 고구려의 건국 영웅 위에 포개어놓았던 것이다.

주몽이, 훗날 왕이 되어 고구려를 공격하기도 하는 금와왕의 맏아들 대소를 피해 무사히 부여를 탈출한 뒤 세 사람을 만나 고구려를 세운다는 것은, 험난한 고구려 건국 과정에서 다양한 토착 세력의 도움이 컸다는 것을 뜻한다. 단군이 하느님의 자손으로 자연스럽게 지배자가 된 것과 대조적으로 주몽은 탁월한 능력으로 역경을 극복하며 스스로 새로운 나라를 세웠다.

한편, 주몽신화가 일본 고대신화에 많은 영향을 미쳤다는 북한 〈문학신문〉의 보도는 흥미롭다. 이 신문은 단군신화가 일본의 신화 형성에 많은 영향을 주었다는 학술적 논의는 많지만, 주몽신화가 일본의 신화에 끼친 영향에 대해서는 알려진 것이 별로 없다고 했다. 또, 일본의 옛 문헌인 《고사기》에 수록된 일본의 역대 천황 신화들 가운데 3~4세기를 배경으로 한 중애천황과 신공황후, 아들 응신천황과 세 아들에 대한 신화가 고구려의 주몽신화를 그대로 모방, 가공했다고도 덧붙였다.

이창재 한국민족예술인총연합 정신분석 전담교수의 분석도 눈길을 끈다. 그는 〈한중일 영웅신화의 공통성과 차이성에 대한 정신분석적 비교〉라는 논문에서 "주몽신화를 정신분석학적으로 볼 때 아버지다움을 내면화하지 못한 채 어머니에게 집착하는 오이디푸스콤플렉스, 힘없음에 대해 한스러움을 느끼는 권력콤플렉스, 그리고 이로 인한 형제콤플렉스가 두드러진다"고 주장했다. 또한 주몽신화를 중국의 순 임금 신화, 일본의 오호쿠니누시〔大國主神〕 신

화와 비교하면서 중국과 일본 신화와 달리 주몽신화에는 어머니 이외의 여성 조력자가 등장하지 않는다는 점에서 한국인의 유난스러운 '어머니 애착'을 설명해줄 수 있는 요소라고 했다.

어쨌든 고구려를 건국한 주몽은 부근에 있던 **비류국**의 송양왕을 복속시켰을 뿐 아니라 북옥저(北沃沮) · **행인국**(荇人國) 등 작은 나라들을 차례로 정복해 국토를 넓혀나갔다.

또한 오녀산에 1킬로미터 정도의 석성을 쌓아 한 국가의 도읍으로서 모양새를 갖추었다. 이후 고구려는 외부의 적을 효과적으로 방어하는 기본 수단으로 많은 성을 쌓았는데 오녀산성은 그 시초가 되었다.

고구려가 차츰 그 기틀을 잡아나가고 있을 무렵 부여에 있는 아내 예씨와 아들 유리가 찾아왔다. 주몽은 기뻐하며 그를 태자로 봉했고, 넉 달 뒤 40여 세의 나이로 세상을 떠났다. 이 유리가 바로 고구려 최초의 시가이자 우리나라 최초의 사랑가라고 전하는 〈황조가〉를 쓴 고구려 2대 유리왕이다.

|평가|

고구려가 강국으로 성장해가면서 고구려 사람들은 자신들의 시조 주몽을 신비화하기 시작했다. 5세기 초에 씌어진 〈광개토대왕릉비문〉은 주몽의 일대기로 시작되는데, 이 비문 속에서 주몽은 신비로운 출생 과정을 통해 성스러운 혈통을 타고났을 뿐 아니라 죽음조차 황룡의 머리를 밟고 하늘로 올라간 것으로 그려져 있다.

1935년에 발견된 〈모두루묘지〉에서는 그 정도가 한층 더해져 주몽이 해와 달의 아들이며, 세상에 내려와 고구려를 세운 신이라 했다. 묘의 주인인 모두루와 그의 선조들의 행적을 적은 이 글은 4~5세기 고구려 왕권의 실상을 알려주는 귀한 자료이다. 주몽이 신으로 숭배됨으로써 고구려의 왕들은 신의 자손이 될 수 있었다.

Tip

비류국| 기원전 1세기경 압록강 지류인 동가강 유역에 있던 작은 나라를 말한다. 《삼국사기》에 주몽이 비류수에 채소 잎이 떠내려오는 것을 보고 비류국에 가서 국왕 송양을 만난 이야기가 전한다. 주몽과 송양은 활쏘기 등의 재주를 겨루는데, 결국 주몽이 이겨 송양이 항복했다고 한다. 비류국은 정식 나라의 이름이 아니라 비류수에서 생긴 지명으로, 압록강 중류 지역집단의 명칭이었으며 졸본 지역의 토착 세력을 상징한다고 본다. 초기 고구려 세력에 병합된 비류국은 송양의 딸이 유리왕의 비로 들어가는 등 주몽 집단과 혼인 관계를 맺으면서 고구려의 성장과 함께 유력한 지배집단이 되었다.

행인국| 고구려의 건국을 전후하여 백두산 남동쪽에 있던 고대 국가. 기원전 32년(동명성왕 6) 동명성왕의 명을 받은 고구려 장수 오이·부분노의 공격으로 멸망하고 고구려의 성읍이 되었다.

주몽에 대해
더 알고 싶을 때
보세요

《63인의 역사학자가 쓴 한국사 인물열전》, 한영우선생정년기념논총 간행위원회 엮음, 돌베개, 2003.
《한권으로 읽는 고구려왕조실록》, 박영규 지음, 웅진지식하우스, 2004.

비류와 온조

沸流와 溫祚

| 교과서에서 비류, 온조가 나오는 부분 : 중학교 35쪽(2/1/2) · 고등학교 50쪽(3/1/2)

| 시대 : 백제
| 생몰년도 : 비류 ?-?, 온조 ?-28년(온조왕 46)
| 활동 분야 : 왕

|생애와 업적|

백제의 건국신화는 《삼국사기》와 《삼국유사》에 전한다. 백제의 건국신화로 《삼국사기》에 전하는 것은 온조가 백제를 건국했다고 하는 온조신화이다.

고구려의 시조 주몽이 북부여에서 난을 피하여 졸본부여에 이르렀다. 그는 졸본부여왕의 둘째 딸과 결혼했다. 그 뒤 얼마 되지 않아 졸본부여왕이 죽자 주몽은 왕위를 이었다. 주몽은 아들 둘을 낳았는데, 맏아들이 비류이고 둘째 아들이 온조이다. 그런데 주몽이 북부여에서 낳은 아들 유리가 와서 태자가 되었다. 권력투쟁에서 패한 비류와 온조는 무리를 이끌고 남하하여 한산(漢山)에 이르렀다. 이때 열 신하가 한수(漢水) 남쪽에 도읍할 것을 건의했는데, 비류는 그 말을 듣지 않고 백성

▶彌鄒忽, 지금의 인천

▶河南慰禮城 지금의 한강 유역

을 나누어가지고 미추홀로 가서 살았다. 그러자 온조는 **하남 위례성**에 도읍하고 열 신하로써 보좌를 삼아 국호를 십제(十濟)라 했다. 그런데 미추홀은 습기가 많고 물이 짜서 살기가 곤란하므로 비류가 후회하던 나머지 죽자, 온조는 그의 신하와 백성들을 모두 귀속시켰다. 그 후 국호를 백제로 고쳤다.

　여기서는 비류와 온조 형제가 함께 고구려에서 남쪽으로 내려왔다가 결국 온조가 백제를 건국한 과정을 그리고 있다.《삼국유사》도 백제의 시조를 온조로 적고 있다. 그러나《삼국사기》에 백제의 또 다른 건국 내력을 밝히는 비류전승이 실려 있다. 그 내용은 다음과 같다.

▶庶孫 서자의 아들

　북부여왕 해부루의 서손인 우태가 졸본인 연타발의 딸인 소서노와 결혼해 비류와 온조를 낳았다. 우태가 일찍 죽자 소서노는 한동안 과부로 지내다가 부여에서 도망온 주몽에게 재가했다. 주몽은 소서노의 도움을 받아 고구려를 세웠다. 그런데 주몽은 부여에서 유리가 찾아오자 그에게 왕위를 물려주었다. 이에 위협을 느낀 비류는 동생 온조와 함께 무리를 이끌고 남하해 미추홀에서 나라를 세웠다.

　비류와 온조가 이복형제인 유리에게 왕위를 빼앗기고 그를 피해 남하했다는 내용은 같지만, 우선 비류와 온조가 주몽의 아들인지 아니면 의붓아들인지, 그리고 무엇보다 백제를 세운 것이 비류인지 온조인지 다르게 적고 있다.

　모든 건국신화가 그렇듯이 백제의 건국 이야기도 건국 당시에 씌어진 것이 아니라 오랜 세월 전해진 이야기에 바탕을 두고 기록되었을 것이다. 잘못 전해진 부분도 있을 것이고 특정한 목적에 의해 의도적으로 조작되었을 수도 있기 때문에, 두 이야기의 공통된 부분이 좀 더 신빙성을 갖는다.

백제의 시조 온조왕의 영혼을 제사 지내면서, 백제의 건국신화를 전해주고 있는 사당. 남한산성 정상 부근에 있다.

일단 고구려에서 남하한 세력, 더 거슬러 올라가면 부여족이 백제를 건국한 것은 분명한 듯하다. 주몽이 금와왕 밑에서 지내다 다른 형제들의 위협을 피해 따로 나라를 세운 것처럼 온조와 비류는 유리라는 다른 형제의 출현을 계기로 아버지를 떠난다. 어쨌든 고구려 세력 가운데 일부가 한강 근처로 남하한 것은 사실일 것이다.

그렇다면 백제를 세운 것은 온조인가 비류인가.《삼국사기》는 온조와 비류 가운데 온조를 앞에 실음으로써 온조설을 더 중시했다. 한강 유역을 중심으로 성장한 백제의 시조는 온조가 맞을 것이다. 그러나 비류 역시 이에 버금하는 국가를 건설했던 듯한데, 비류가 세운 국가에 대해서는 기록이 너무 적어 그 실체를 파악하기가 힘들다.

한편, 온조와 비류가 형제가 아닐지도 모른다는 주장도 제기되고 있다. 실제 혈연관계가 아니라 위례성의 온조 세력과 미추홀의 비류 세력이 연맹을 맺자 그것을 합리화하고 결속을 다지기 위해 혈연관계로 표현했다는 것이다. 비류가 굳이 온조의 만류를 뿌리치고 바닷가를 고집한 것은 비류 세력과 온조 세력이 다른 계통임을 말해주는 예라고 주장한다. 곧 바닷가에 정착한 비류 집단은 해상 세력이고 한강 유역에 정착한 온조 집단은 농업을 기반으로 하는 세력이라는 것이다.

어쨌든《삼국사기》와《삼국유사》에 전하는 두 이야기 모두 비류를 형으로 기록한 것을 보면 초기에는 연맹의 주도권이 비류 쪽에 있었을 것이다. 그러다 비류가 죽은 뒤 비류의 집단이 온조에게 흡수되었다는 것은 마지막에 온조 세력이 연맹의 주도권을 갖고 통합했음을 짐작하게 한다.

또 하나 백제 건국신화에서 특징적인 것은 시조에 대한 신화화나 건국 과정에서의 고난 등을 별로 찾아볼 수 없다는 것이다. 주몽의 아들이라는 것만으로 충분히 권위를 인정받았기에 온조나 비류에 대한 별다른 수식이 필요 없었을지도 모른다. 아니면 《삼국사기》 편찬 과정에서 의도적으로 축소됐을 가능성도 배제할 수는 없다. 《삼국사기》에는 신화뿐 아니라 다른 역사 부분에서도 백제의 기사가 유난히 간략하게 축소되어 있기에 그럴 가능성은 충분하다.

어쨌든 비류와 온조는 비교적 큰 어려움 없이 각기 나라를 세웠고 뒷날 온조의 백제로 통합되었다. 온조는 독재적인 지배자가 아니었다. 여러 신하의 의견을 들어 도읍지를 결정했고, 새로운 영역을 개척하는 과정을 살펴보아도 토착 세력들과 맞섰다는 흔적을 찾아볼 수 없다. 비류 세력을 흡수할 수 있었던 힘도 이러한 측면에서 찾을 수 있을 것이다.

온조왕은 왕위에 오른 첫 해에 동명왕릉을 세웠다. 그리고 혈족을 나타내는 씨를 부여씨라고 했다. 그들의 뿌리가 부여에 있고 주몽의 정통성을 잇는다는 것을 보여주기 위해서였다.

기원전 16년(온조왕 3) 말갈이 쳐들어오자 온조왕은 직접 군사를 이끌고 나가 이들을 무찔렀다. 말갈 군사 가운데 살아 돌아간 자가 열에 한둘이었다고 전한다. 백제의 첫 전쟁이었다. 낙랑과도 초기에는 사신을 보내 우호 관계를 맺기도 하였으나 기원전 11년(온조왕 8) 이후 대립하게 된다. 아직은 작은 나라에 불과했던 백제였기에 말갈·낙랑과 계속되는 영역다툼은 온조왕을 매우 지치게 했다.

여기에 어머니까지 죽자 왕은 마침내 도읍을 옮기기로 결심한다. 우선 남한산에 목책을 세우고 위례성의 백성들을 옮긴 뒤 성을 쌓았고 한강 서북 지역에도 성을 쌓아 백성들을 거주하게 했다. 이

▶木柵, 말뚝을 박아 만든 울타리

때가 기원전 6년(온조왕 13)이다. 서기 9년(온조왕 27)에는 마한을 멸망시키고 한반도 서남쪽 지역을 장악할 기반을 닦게 되었다.

백성들이 굶주려 죽어가는 것을 목격한 온조왕은 농사짓기와 누에치기를 권장하고 전쟁과 같은 급한 일이 아니면 백성을 동원하지 말라는 조치를 내리기도 했다. 이후 농업을 중시하는 전통은 백제 발전에 중요한 원동력이 된다.

나라가 차츰 안정되어가던 28년(온조왕 46) 2월 온조왕은 세상을 떠났다. 왕위 계승도 순조로워 맏아들 다루가 다음 왕이 되었다.

Tip

하남위례성 |

백제의 시조 온조가 기원전 18년 도읍을 정한 뒤 고구려 장수왕이 서기 475년 백제 개로왕을 살해하고 그 일대를 잿더미로 만들 때까지 500년 가까이 백제의 수도였다. 이후 백제는 웅진으로 천도했다가 다시 부여 사비성으로 수도를 옮겼다.

문제는 하남 위례성이 정확히 어느 곳인가 하는 점인데,《삼국사기》조차도 그 위치를 알 수 없다 했으며, 서울 강남, 경기도 광주, 충남 직산 등 여러 곳을 주장하는 학설들이 저마다 목소리를 높여왔다.

그러다가 서울 송파구 한강변에서 풍납토성이 발견된 뒤로는 풍납토성을 하남 위례성으로 보는 설이 점차 힘을 얻어가고 있다. 풍납토성 발굴보고서에 따르면, 이곳에서 기원전 1세기부터 대규모 주민집단이 정착 생활을 했으며, 그 규모와 출토 유물은 주변 지역과 비교할 수 없을 만큼 우수하다고 전한다. 보고서는 "백제 초기의 왕성일 가능성이 한층 높아졌다"고 결론짓고 있다.

박혁거세

朴赫居世

| 교과서에서 박혁거세가 나오는 부분 : 중학교 38쪽(2/1/3)

| 시대 : 신라
| 생몰년도 : 기원전 69년~4년
| 재위년도 : 기원전 58년~4년
| 활동 분야 : 왕

| 생애와 업적 |

지난 2002년부터 2005년에 걸쳐 경북 경주시 탑동 나정(蘿井)에 대한 발굴조사가 이루어졌다. 만일 이곳이 《삼국사기》와 《삼국유사》가 모두 박혁거세 탄생지로 지목한 신라시대의 그 나정이 맞다면, 신라의 시조인 박혁거세가 실존 인물이라고 쓴 《삼국사기》의 초기 기록들이 사실임이 입증되는 것이다. 하지만 최근 들어 지금의 유적에서 우물의 흔적을 찾을 수 없다는 이유로 이곳이 박혁거세의 그 나정이 아니라는 주장과 또 나정이 우물이 아니라는 반론 등이 제기되면서 **나정에 대한 논의**는 아직도 논란 속에 있다.

박혁거세의 탄생에 대한 이야기는 《삼국사기》와 《삼국유사》에 전하는데, 그 표현이 지극히 신화적이다.

시조의 성은 박씨, 이름은 혁거세다. 전한 효선제 오봉 원년 (기원전 57) 갑자 4월 병진에 왕위에 오르니 왕호는 거서간(居西干)이었다. 그때 나이 열세 살이었다. 나라 이름을 서나벌 (徐那伐)이라 했다. 이보다 앞서 조선의 유민들이 여러 산골짜 기에 흩어져 살면서 여섯 마을을 이루고 있었는데, 첫째를 알 천 양산촌(閼川楊山村), 둘째를 돌산 고허촌(突山高墟村), 셋째 를 취산 진지촌(觜山珍支村, 또는 간진촌), 넷째를 무산 대수촌 (茂山大樹村), 다섯째를 금산 가리촌(金山加利村), 여섯째를 명 활산 고야촌(明活山高耶村)이라 했다. 이들이 후에 진한(辰韓) 6부가 된다. 고허촌장 소벌공이 양산 기슭 나정 옆에 있는 숲 사이에 말이 무릎을 꿇고 울고 있어 가보니, 갑자기 말은 볼 수 없고 다만 커다란 알 하나만 있었다. 그것을 깨어보니 갓 난아기가 나왔다. 데려다 길렀는데 여남은 살이 되자 기골이 준수하고 숙성했다. 6부 사람들은 그 출생이 신기하고 이상했 으므로 그를 높이 받들고 존경했는데, 이때 그를 세워서 임금 으로 삼았다.

《삼국사기》의 기록이다. 고허촌장 소벌공이 양산 기슭에서 알을 발견해 그 속에서 나온 혁거세를 키웠다고 되어 있다. 《삼국유사》 는 소벌공 혼자가 아니라 마을 촌장들이 함께 발견해 키웠다고 적 은 것이 다르긴 하지만, 양산촌 나정 우물 근처에서 박혁거세를 발 견했다는 것은 같다.

먼저, 이 기록에서 눈길을 끄는 것은 '조선의 유민들'이 진한 6 부를 이루었다는 맨 첫 부분이다. 여기서 조선은 물론 고조선을 말 한다. 《삼국사기》는 "조선의 유민들이 산골에 나뉘어 살면서 여섯 마을을 이루었는데, 이것이 진한의 6부"라고 하면서 이 진한의 6부 가 신라가 되었다고 기록했다. 한편, 《삼국지》〈위지동이전〉은 "진

(秦)나라의 노역을 피해 망명해온 사람들"이 진한 사람들이라고 밝히고 있어, 진한의 구성원들이 고조선 망명객들과 연나라 망명객들로 이루어졌음을 짐작할 수 있다.

당시 한반도 중부 이남 지방을 지배하고 있던 것은 마한이었다. 마한 왕은 중국의 연나라 망명객들이 대거 밀려오자 동쪽 땅을 내주고 살게 했다. 얼마 뒤 고조선 유민들이 위만에게 나라를 빼앗기고 망명해왔을 때에도 동쪽 땅에 살게 했다. 이들은 한반도 남동부 지역에 머물며 진한과 변한을 이루었다. 이때까지 이들의 왕은 마한 사람이었다. 이는 곧 마한의 지배를 받았다는 의미로 해석할 수 있다. 왕위는 세습되었는데, 만약 마한 출신 왕족의 혈통이 끊기면, 다시 마한 왕이 새로운 왕을 파견하거나 지명했다고 전한다.

그런데 박혁거세에 이르러 처음으로 진한 6부의 촌장이 모여 마한 사람이 아닌 진한 사람을 새로운 왕으로 옹립한 것이다. 진한 출신의 왕이 탄생했다는 것은 진한이 비로소 마한의 지배에서 벗어났다는 것을 뜻한다.

한편, 《삼국사기》는 박혁거세의 이야기 뒤에 왕비가 되는 알영의 이야기를 덧붙였다. 박혁거세가 태어난 날 사량리에 있는 알영 우물가에서는 계룡이 나타나서 오른쪽 옆구리로 계집아이를 낳았다. 어떤 할멈이 이를 보고서 이상히 여겨 거두어 길렀다. 우물의 이름을 따서 계집아이의 이름을 알영이라 했는데, 자라면서 덕행과 용모가 뛰어났다. 단지 입술이 닭 부리 같았는데, 월성의 북쪽 냇물에 목욕시키자 부리가 떨어져나갔다. 여기서 계룡의 옆구리에서 탄생했다는 구절은 청결한 출생을 뜻한다. 석가모니가 어머니 마야부인의 옆구리에서 탄생했다는 불교 설화의 영향을 받은 듯하다. 또한 입이 닭 부리 모양이었다고 한 것은 약간의 결점이 있었거나 고난을 겪었다는 것을 암시하는 듯하다.

박혁거세가 열세 살이 되던 해 6촌 사람들이 그를 받들어 임금의

자리에 앉혔다. 그리고 왕은 알영의 덕행과 용모가 뛰어나다는 말을 듣고 왕비로 삼았다. 열세 살에 왕이 되었으니 초기에는 실질적인 왕권을 행사하기 어려웠을 것이다. 연맹체의 상징적인 왕이었다고 할 수 있다.

혁거세가 왕으로 있을 당시 신라는 주변의 작은 집단들을 정복하면서 영역을 넓혀갔으나 왜와 낙랑의 침입을 받았고 마한에 조공을 보냈다. 서른한 살이 되던 재위 19년 변한이 항복해옴으로써 신라의 영역은 더욱 확대됐다. 33세가 되던 기원전 37년 서라벌에 금성을 쌓았고, 기원전 31년 금성에 궁실을 지었다고 하는데, 한편에서는 이때를 신라가 실질적으로 새로운 국가를 형성한 때라고 해석하기도 한다. 그전까지는 소국들을 결합해가며 새로운 국가를 형성하는 과정으로 파악한 것이다.

기원전 28년에는 낙랑이 침범해왔다가 국경에 있는 백성들이 밤에 문을 잠그지 않으며 곡식더미가 들에 즐비한 것을 보고 '도가 있는 나라'라며 스스로 물러갔다는 기록이 《삼국사기》에 전한다. 신라군의 방비가 튼튼하고 백성들의 삶이 안정되어 있어 침략을 포기했다고 보는 편이 옳을 것이다.

기원전 20년 마한에 호공을 사신으로 보내어, 마한 왕이 공물을 보내지 않는다고 꾸짖었다. 그러자 격분한 마한 왕이 호공을 죽이려 했고 이에 호공이 당당히 맞대응한 기록이 전하는 것으로 보아 신라의 국력은 이때 이미 마한에 뒤지지 않았음을 알 수 있다.

기원전 19년 마한 왕이 죽자 마한을 쳐서 평정하자는 의견도 있었으나 혁거세는 "다른 사람의 재난을 다행으로 여기는 것은 어질지 못한 일"이라며 오히려 사신을 보내 조문했다. 기원전 5년에는 동옥저에서 사신을 보내 말 20필을 바치기도 했다.

혁거세는 나라를 다스린 지 61년 만에 죽어 사릉에 묻혔다.《삼국유사》는 혁거세가 하늘로 올라간 7일 뒤 유체(遺體)가 땅에 흩어져 떨어지자 왕후도 죽었는데, 나랏사람들이 왕과 왕후를 합장하려 했지만 큰 이무기가 쫓아다니며 막아 머리와 팔다리의 다섯 부분을 따로 장사지내 다섯 능으로 만들었다고 전한다.

죽은 뒤 시신이 다섯 동강 났다는 이 기록으로 보아 아무래도 혁거세의 죽음이 자연사였던 것 같지는 않다. 또한 재위 60년 기사에 "두 마리의 용이 금성 우물에 나타났다. 우레와 비가 심하고 성의 남문에 벼락을 맞았다"라는 기사나 그의 뒤를 이은 남해왕이 "두 분(혁거세와 알영)의 성인이 세상을 떠나시고 내가 백성들의 추대로 왕위에 올랐으나, 이는 잘못된 일이다"라고 했다는 것으로 보아 아마도 혁거세의 나이 일흔이 넘었을 무렵 왕권을 위협하는 반란이 일어났던 듯하다. 그 반란으로 혁거세와 알영은 험한 죽음을 맞지만 다행히 아들인 남해에게 왕권은 넘어갔다. 혁거세는 죽은 뒤 신라의 국조신이면서 농경신으로 모셔졌다.

나정에 대한 논란 |
사적 245호 경주 나정이 신라 건국시조 박혁거세가 태어난 나정이냐 아니냐에 대한 논란은 아직까지도 계속되고 있다. 2002~2005년에 걸쳐 중앙문화재연구원이 발굴조사를 실시할 때까지만 해도 이곳은 《삼국사기》와 《삼국유사》가 모두 박혁거세 탄생지로 지목한 신라시대의 그 나정이 틀림없다는 견해가 주류를 이루었다. 그러나 현재의 나정 유적에서 우물이 있었다는 흔적을 찾을 수 없으며 따라서 박혁거세가 탄생한 나정으로 볼 수 없다는 주장이 제기되었다. 축조 수법이나 토층 양상으로 볼 때 우물이 아니라 기둥이 있었던 흔적이라는 주장이다.

이 주장에 또다시 반론이 제기되었는데, 그 핵심은 박혁거세가 태어난 나정은 우물이 아니라는 것이다. 《삼국사기》와 《삼국유사》 어디를 봐도 나정이 우물이라는 언급을 찾아볼 수 없으며, 이름에 우물 정(井)자가 들어간다고 꼭 우물은 아니라고 반박한다. 때문에 지금의 경주 나정에서 우물이 확인되지 않았다는 사실은 이곳이 신라시대 나정이 아니라는 증거가 아니라, 오히려 신라시대 나정이었을 가능성을 더욱 뒷받침하는 증거로 보아야 한다는 것이다.

김수로왕

金首露王

| 교과서에서 김수로왕이 나오는 부분 : 중학교 40쪽(2/1/4) · **고등학교** 51쪽(3/1/2)

| 시대 : 가야
| 생몰년도 : ?-199년
| 활동 분야 : 왕
| 다른 이름 : 수릉(首陵)

|생애와 업적|

1세기 중엽부터 6세기 중엽까지 낙동강 서쪽에 분포했던 가야는 고구려 · 백제 · 신라와 함께 치열한 영역다툼을 벌이며 발전했던 고대 국가이다. 그러나 본격적인 고대 국가로 성장하지 못하고 신라에 흡수되어버린데다가 전해지는 자료의 부족으로 그 역사는 베일에 가려 있다.

개국부터 멸망까지 체계적으로 전해지는 정사(正史)가 없기 때문에 더욱 그렇다. 가야에 대한 문헌 자료들은 《삼국유사》, 《삼국사기》, 〈광개토대왕릉비문〉 등의 국내 기록과 《일본서기》, 《삼국지》 등 외국 기록, 그리고 조선시대에 편찬된 《동국여지승람》 등에 단편적으로 전할 뿐이다. 가야의 건국 시조인 김수로왕에 대한 이야기는 《삼국유사》 〈가락국기〉에 전한다.

천지가 개벽한 뒤 9간이 추장이 되어 백성 1만 호, 7만 5,000 명을 거느리고 산과 들에 모여 살았다. 이들은 우물을 파서 마시고 밭을 갈아먹었다. 후한 세조 광무제 건무 18년 임인 3월, 북쪽의 구지봉에서 이상스런 소리가 들려왔다. 사람의 음성 같은데 모습은 보이지 않았다. 이 소리에 이삼백 명의 사람들이 모여들었다.

"여기에 사람이 있는가?"라는 소리에 "우리들이 있습니다"라고 대답하니 "내가 있는 곳이 어디인가?"라 다시 물어 "구지봉입니다"라고 대답했다. 그러자 "하늘이 나에게 이곳에 나라를 세우고 왕이 되라고 하셔서 왔도다. 너희들은 봉우리 꼭대기의 흙을 파면서 이렇게 노래를 불러라. '거북아, 거북아. 머리를 내밀어라. 내밀지 아니하면 구워서 먹으리' 그러면서 땅을 다지며 춤을 추어라. 그러면 곧 대왕을 맞이하여 기뻐 뛰놀게 될 것이다"라 했다.

9간들이 그 말대로 모두 기뻐하면서 노래를 부르고 춤을 추었다. 얼마 뒤 하늘에서 붉은 줄이 늘어져 땅에 닿았다. 줄의 아래를 살펴보니 붉은 보자기에 금빛 상자가 싸여 있었다. 뚜껑을 열자 해처럼 둥근 황금알 여섯 개가 있었다. ……12일이 지난 이른 아침에 무리들이 모여 상자를 열어보니 여섯 개의 알이 동자들로 바뀌어 있었는데 용모가 거룩했다. 무리들이 평상에 앉히고는 절을 했다.

나날이 자라서 10여 일이 지나자 키가 아홉 자로 은나라의 탕왕과 같았고, 얼굴은 용과 같아서 한나라의 고조와 같았고, 눈썹에서 여덟 가지 광채가 나서 요 임금과 같았고, 눈동자가 두 개씩인 것은 순 임금과 같았다. 그 달 보름에 즉위했는데, 처음 나타났다고 하여 이름을 수로라 했다. 나라를 대가락이라 일컬었고 또 가야국이라고도 일컬었는데 곧 여섯 가야 중의 하나이다. 나머지 다섯 사람도 각각 가서 다섯 가야의 임금이 되었다……

건국의 정통성을 하늘과 연결시킨다는 점에서 고조선, 부여, 고구려의 건국신화를 떠올리게 하는 이 기록은 가야가 9간이라는 토착 세력과 수로왕이라는 이주민 세력의 결합으로 이루어졌음을 알려준다. 그렇다면 김수로 세력은 어디에서 왔을까. 김수로왕을 비롯한 6가야의 건설자들이 흉노족의 후예라는 주장이 있으나 아직 더 많은 연구가 필요한 부분이다.

그런데 금관가야에는 김수로왕 말고도 또 다른 이주민 세력이 있었다. 수로왕의 부인인 허황옥 집단이 그들이다. 9간 등이 가야의 처녀 중에서 가장 예쁜 여인을 배필로 삼으라고 권하자 수로왕은 "자신이 내려온 것이 하늘의 명인 것처럼 왕후를 삼게 하는 것도 역시 하늘의 명령이 있을 것"이라며 거절한다. 그런 뒤 "갑자기 바다 서쪽에서 붉은 빛의 돛을 단 배가 붉은 기를 휘날리면서 북쪽을 바라보며 오고 있었다"며 《삼국사기》는 허황옥의 도착을 흥미롭게 서술한다. 허황옥은 신보 · 조광 등의 신하 외에도 여러 시종과 노비를 데려왔다고 하는데, 이는 또 하나의 세력이 가야에 유입되었음을 의미한다. 수로왕을 만난 허황옥은 이렇게 말한다.

저는 아유타국(阿踰陀國)의 공주로 성은 허이고 이름은 황옥이며 나이는 16세입니다. 본국에 있을 때인 금년 5월, 부왕과 모후께서 저에게 말씀하시기를 "우리가 어젯밤 꿈에 하늘의 상제를 뵈었는데, 상제께서는 '가락국의 왕 수로는 하늘이 내려보내서 왕위에 오르게 했는데 신령스럽고 성스러운 사람이다. 또 나라를 새로 다스리는 데 있어 아직 배필을 정하지 못했으니 그대들은 공주를 보내 그 배필을 삼게 하라' 하시고, 말을

마치자 하늘로 올라가셨다. 꿈을 깬 뒤에도 상제의 말이 아직도 귓가에 남아 있으니, 너는 이 자리에서 곧 부모를 작별하고 그곳으로 떠나라" 하셨습니다.

여기에서 아유타국이 어디인가에 대해서는 인도 갠지스 강 중류의 아요디아국이라는 설과 태국에 있는 옛 도시 아유타야라는 설, 또 허황후의 시호가 보주태후(普州太后)라는 점에 착안해 중국 쓰촨 성 근처에 있는 보주라는 설 등 여러 가지 주장이 있으나 이 역시 아직 더 많은 연구가 필요하다. 어쨌든 허황옥 세력은 이후 금관가야의 왕비족의 지위를 독점적으로 누리며 김수로 세력과 연합해 금관가야를 다스렸다.

김수로왕은 199년까지 157년 동안 왕으로 있으며 많은 업적을 남겼다고 전한다. 그러나 가야가 신라에 통합되면서 가야에 대한 수많은 자료들이 모두 사라져 자세한 내용은 알 수 없다.

현재의 경남과 부산을 중심으로 경북과 전북의 약간을 포함하는 지역에 위치하고 있던 가야는 많은 산과 강으로 나누어진 지형 때문에 열두 개 국 정도의 나라들이 독자적으로 성장해 통일된 왕국

구지봉 기념비. 경남 김해 구지봉
에 있는 수로왕 탄생 기념비다.

을 이루지 못했다. 가야의 역사는 400년 고구려의 광개토대왕이 5만의 군대를 파견해 공격했던 사건을 중심으로 전기가야와 후기가야로 나뉜다. 전기가야에는 김해의 금관가야가, 후기가야에는 고령의 대가야가 중심 세력이었다. 비록 독립된 왕국을 이루지는 못했지만 가야는 한의 선진문물이 이동하는 관문에 위치해 있었기에 일찍이 중국의 선진문물을 받아들였고, 이를 바탕으로 높은 문화적 성취를 이룰 수 있었다. 그러나 독립된 왕국을 이루기 전 시작된 신라와 백제의 침입으로 이합집산(離合集散)을 거듭하다 562년 대가야를 끝으로 가야의 역사는 한국 고대사에서 자취를 감추고 만다. 최근에는 점차 가야를 독립된 고대 국가로 인정하여 삼국시대가 아닌 사국시대로 이해해야 한다는 학계의 목소리가 높아지고 있다.

|평가|

가야가 신라에 병합된 뒤에도 수로왕은 가야의 시조로서 계속 제사지내졌다. 문무왕은 수로왕릉의 제례를 후손들이 계속할 수 있도록 배려했으며, 이것은 고려시대에 들어와서도 계속되었다.

김수로왕에 대해 더 알고 싶을 때 보세요

《김수로 왕비의 혼인길》, 김병모 지음, 푸른숲, 1999.

《미완의 문명 7백년 가야사》 1~3, 김태식 지음, 푸른역사, 2002.

광개토대왕

廣開土大王

| **교과서에서 광개토대왕이 나오는 부분** : 중학교 47쪽(2/2/1) · 고등학교 50쪽(3/1/2)/53쪽(3/1/3)

| **시대** : 고구려
| **생몰년도** : 374년(소수림왕 4)−413년(광개토왕 23)
| **재위년도** : 391년−413년
| **시호** : 국강상광개토경평안호태왕(國岡上廣開土境平安好太王)
| **활동 분야** : 왕
| **다른 이름** : 담덕(談德)/영락대왕(永樂大王)/안(安)

|생애와 업적|

고구려의 국내성이 있던 중국 지린 성 지안 시에는 높이가 6.39 미터나 되는 아주 오래된 비가 하나 있다. 고구려 멸망 후 오랜 세월 이끼를 뒤집어쓴 채 역사의 그늘에 숨어 있던 이 비가 광개토대왕릉비라는 사실이 알려진 것은 1880년 무렵이다. 비의 몸체 네 면에는 고구려의 건국 내력과 광개토대왕의 대외정복 업적 등을 자세히 기록한 1,700여 자의 글자들이 새겨져 있다. 당시 삼국의 정세와 일본과의 관계를 알려주는 귀한 기록이다.

그러나 일부 글자들이 마모되어 알아볼 수 없는 부분도 있고, 또 계획적으로 조작된 듯 석회가 발라져 있는 부분들까지 있어 이 비문을 어떻게 해석하느냐의 문제는 아직까지도 완전히 해결하지 못한 숙제 가운데 하나다. 일본은 이 비문을 의도적으로 오역하여 식민사관을 정당화하기 위한 '**임나일본부설**(任那日本府說)'의 근거로 주장하기도 했다.

동북아시아의 강자로 성장하던 고구려는 342년(고국원왕 12) 커다란 치욕을 겪는다. 전연을 세운 모용황이 침입해 선왕이었던 미천왕의 묘를 파내고 왕의 어머니를 비롯해 남녀 5만 명을 포로로 잡아간 것이다. 고국원왕은 아버지의 시신을 돌려받고 어머니를 모셔오기 위해 전연에 조공을 바치고 스스로를 신하라 일컬어야 했다. 371년 백제 근초고왕의 공격을 받아 고국원왕이 전사하자 고구려의 위기감은 더욱 커졌다.

▶前燕, 중국 5호 16국의 하나

이러한 위기의식 속에서 즉위한 소수림왕은 **태학**(太學)을 설치하여 인재를 육성하고 **율령**(律令)을 반포하여 국가 조직을 정비하는 등 고구려의 기반을 잡기 위한 정책들을 강력히 추진했다. 또한 그 뒤를 이어 즉위한 고국양왕은 백제를 견제하기 위해 신라와 우호 관계를 맺는 등 외치에 힘썼다.

이렇게 잘 다져진 토양 위에서 광개토대왕은 열일곱 살 되던 391년 왕위에 올랐다. 어린 나이였지만 이미 열 살이 채 못 되어서부터 큰아버지인 소수림왕 옆에서 정치를 익혔고, 태자로 있던 5년 동안 정치 수업을 받았다.

광개토대왕의 정복 활동은 즉위와 함께 시작되었다. 즉위하던 해 7월 백제를 정벌하여 10성을 함락시키고, 9월 거란을 정벌하여 잡혀갔던 1만 명의 백성을 데려왔으며, 10월 백제 관미성을 함락시키는 등 거칠 것 없이 정복 전쟁을 벌여나갔다. 이후 거란과 숙신을 정벌했고, 동부여를 무력화시켰으며, 후연의 공격을 물리쳐 랴오둥과 만주 땅의 주인이 되었다. 또한 남쪽으로는 백제를 공격하여 아신왕의 항복을 받고 한강 이북의 땅을 거의 차지했다. 한편 400년에는 신라 내물왕의 요청으로 5만의 원군을 보내 왜구를 격퇴시키기도 했다.

▶肅愼, 고대 중국의 북동쪽에 거주한 이민족
▶後燕, 중국 5호 16국의 하나

〈광개토대왕릉비문〉에 따르면 22년 동안 재위하면서 64곳의

광개토대왕릉비. 고구려의 건국 내력과 광개토대왕의 정복 업적이 자세히 기록되어 있으며, 당시 동북아시아 지역의 정세를 알려 주는 귀한 유물이다.

성과 1,400곳의 촌락을 공격하여 빼앗았다고 한다.

'넓은 땅을 개척한 왕'이라는 이름처럼 광개 토대왕은 우리 역사상 최대의 영토를 확장한 정 복 군주였다. 서쪽으로는 랴오둥 반도를 완전히 차지했고, 북쪽으로는 카이위안-창춘-닝안을 잇는 선까지, 동쪽으로는 두만강 하류의 북간도 훈춘까지, 그리고 남쪽으로는 임진강 유역에 이 르는 넓은 영토를 개척했다.

이렇듯 화려한 정복 활동에 비해 국가를 어떻 게 다스렸는지에 대한 기록은 거의 없다. 392년 (광개토대왕 2) 평양에 아홉 개의 절을 창건했다, 407년(광개토대왕 17) 봄 2월에 궁궐을 증축 수리 했다, 409년(광개토대왕 19) 가을 7월에 나라 동 쪽에 독산 등 여섯 개의 성을 쌓고 평양 주민들 을 옮겼다는 기록이 전부이다. 그러나 이 짤막한 기록이 갖는 의미 는 그리 단순하지 않다.

평양에 아홉 개의 절을 세운 것은, 불교를 국가적으로 공인한 소 수림왕의 정책을 계승한 것으로 나라와 백성의 정신적 통일을 꾀 하기 위한 종교정책의 일환으로 해석된다. 또한 이 절들을 평양에 창건했다는 사실은 광개토대왕이 이미 평양의 중요성을 인식하고 있었음을 짐작하게 한다. 궁궐의 중축과 수리는 커져가는 국가의 규모와 정치의 효율성을 위한 조치이다. 아버지 고국양왕이 392년 사직을 세우고 종묘를 수리한 것과 같은 맥락에서 이해할 수 있다. 그리고 고구려 동쪽에 독산성 등 여섯 개의 성을 쌓고 평양 주민을 이주시켰으며 이듬해 왕이 남쪽 지방을 순행했다는 기록은 장수왕 의 평양 천도와 남진정책이 광개토대왕 때 이미 의도된 것이 아니

광개토대왕의 정복 활동을 그린
그림(민족기록화).

었나 짐작하게 한다.

이러한 광개토대왕의 업적은 이후 약 200년간 고구려의 태평성
세를 이루는 기초가 되었다. 39세라는 비교적 젊은 나이에 세상을
떠났지만 후세 사람들은 그를 고구려의 가장 위대한 왕으로 꼽는
다. 고구려는 이때부터 만주의 주인공으로 등장해, 그 아들인 장수
왕 대에 이르러서는 남으로는 아산만에서 죽령에 이르고 북서쪽으
로는 만주 지방 대부분을 차지하는 한국 역사상 최대의 제국을 건
설하며 전성기를 누렸다

또한 광개토대왕은 우리나라 최초로 영락(永樂)이라는 연호를 사
용해 자주성을 높이기도 했다.

|평가|

고구려의 전성기를 연 광개토대왕의 위대함은 단지 영토를 넓힌
데 그치지 않는다. 백제와 신라, 가야를 직·간접 지배 아래 두었

을 뿐 아니라 후연을 멸망시켜 그 지역을 고구려의 영향력 아래
두는 등 동북아의 강자로 고구려 대문명권을 건설했다. 그 결과
광개토대왕의 영향력 아래 있게 된 한반도에 문화적 일체감이 강
화되어 차후 삼국통일의 기반이 되었던 것은 우리 역사에서 매우
의미 있는 일이다.

그가 죽은 뒤 고구려 사람들은 '국강상 지역 무덤에 계시는, 넓
은 영토를 개척하시고 나라를 평안하게 하셨던 사랑스런 큰 임금

임나일본부설 |

일본이 4세기 후반에 한반도 남부 지역에 진출하여
백제 · 신라 · 가야를 지배하고, 특히 가야에는 일본부(日本府)라는 기관을 두
어 6세기 중엽까지 직접 지배했다는 주장. 일제가 한국에 대한 침략과 지배를
정당화하기 위해 조작해낸 식민사관으로, 한국사의 전개 과정이 고대부터 외
세의 간섭과 압제 속에서 이루어졌다고 설명하는 대표적인 타율성 이론의 하
나이다. 일본은 광개토대왕비의 신묘년(391년) 기사를 "왜가 바다를 건너와
백제와 임나 · 신라 등을 격파하고 신민(臣民)으로 삼았다"라고 해석하여 임나
일본부설의 결정적 근거로 제시했지만, 앞뒤 문맥으로 보아 그대로 받아들이
기 어렵다.

태학 |

372년(소수림왕 2) 중국 전진(前秦)의 제도를 본떠 설치한 국립학
교. 우리 역사상 가장 오래된 학교이다. 상류층 자제들만이 입학할 수 있었으
며 경학 · 문학 · 무예 등을 가르쳤다.

▶經學 유교 경전의 음을
달고 뜻을 풀이하며 연
구하는 학문

율령 |

고대 사회에서 형벌과 행정에 관한 법규를 말하는 것으로 율(律)은
형벌 법규이며 영(令)은 행정 법규이다.

님'이라는 뜻을 담아 '국강상광개토경평안호태왕'이라는 이름을 붙여주었고 이렇게 평했다.

"대왕의 은혜와 혜택이 하늘에까지 이르고, 대왕의 위력은 사해에 떨치셨다. 또한 적들을 쓸어 없애셨으니 백성들은 평안히 자기 직업에 종사했고, 나라가 부강하나 백성이 편안했으며 오곡마저도 풍성하게 익었다."

연표

374	국내성에서 태어났다.
391	(17세) 고국양왕의 뒤를 이어, 고구려 19대 왕이 되었다.
392	(18세) 백제의 석현성과 관미성을 빼앗았다.
395	(21세) 비려(碑麗)를 무찔렀다.
396	(22세) 위례성을 공격하여, 백제 아신왕의 항복을 받았다.
400	(26세) 신라를 도와 왜구를 물리쳤다.
402	(28세) 후연의 숙군 성(宿軍城)을 빼앗았다.
410	(36세) 동부여를 정복했다.
413	(39세) 세상을 떠났다.

《인물로 보는 고구려사》, 김용만 지음, 창해, 2001.

인물 | 07

왕인

王仁

| 교과서에서 왕인이 나오는 부분 : 고등학교 260쪽(6/1/4)

| 시대 : 백제
| 생몰년도 : 미상
| 활동 분야 : 학자
| 다른 이름 : 화이길사(和邇吉師)/조고주(照古主)

| 생애와 업적 |

왕인에 대한 기록은 《삼국사기》, 《삼국유사》는 물론 우리나라의 어떤 고대 기록에도 전하지 않는다. 그가 살았던 영암군 지역에 전설과 유적이 전하고 이를 기반으로 조선시대에 이르러 몇 가지 문헌에 등장할 뿐이다. 반면 일본 사서인 《고사기》와 《일본서기》에는 왕인에 대한 기록이 전한다. 이를 근본 사료로 하여 그의 행적을 추적해볼 수 있다.

백제의 왕이 아직기를 보내어 좋은 말 두 필을 바쳤다. 이를 말구유에서 기르게 하며 아직기에게 관장하게 했다. ……아직기 또한 능히 경전을 읽었다. 그래서 태자 토도치랑자가 스승으로 삼았다. 이에 천황이 아직기에게 묻기를 '혹시 너보다 뛰어난 박사가 또 있느냐'고 했다. 아직기가 답하기를 '왕인이라는 사람이 있는데 뛰어났다'고 말했다. ……왕인이 왔다. 태자 토도치랑자의 스승이 되었다. 모든 경전을 왕인에게 배워 통달하지 아니함이 없었다. 이른바 왕인은 서수(書首) 등의 시조이다.

일본과 활발한 교류를 한 백제의 사신을 그린 그림. 왕인이 일본에 건너갈 때도 이런 모습이 아니었을까.

《일본서기》의 기록이다. 또 다른 기록인 《고사기》에는 왕인이 《논어》 10권과 《천자문》 1권을 가지고 일본으로 와 학문을 가르쳤다고 했다.

이 간단한 기록과 몇몇 전설을 기반으로 왕인의 발자취를 따라가 보면, 우선 왕인이 살았던 시대는 백제 17대 왕인 아신왕(재위 392~405) 때로 볼 수 있다. 당시 백제는 북방으로는 고구려 광개토대왕의 침공을 받고 신라와는 사이가 좋지 않았다. 이에 대처하기 위해 일본과 긴밀한 관계를 맺고자 했다. "왕이 왜국과 우호를 맺고 태자 전지를 볼모로 삼았다"는 기록이 《삼국사기》 아신왕 6년 기록에 전한다. 이때 볼모로 간 태자 전지가 일본 기록에 전하는 아직기라고 학자들은 추정한다.

아직기는 말 두 필을 끌고 일본으로 건너가 말을 기르는 일을 맡아보다가 그가 경서에 능통함을 안 일본 왕이 태자의 스승으로 삼았다. 7년 뒤 아직기가 고국으로 돌아오면서 일본 왕이 그를 대신할 학자를 추천해달라고 하자 아직기가 추천한 사람이 왕인이다.

이후 왕인에 대해 전하는 이야기는 오로지 영암 지방에 전하는 구비전승에 의존한다. 그 이야기들에 따르면, 왕인은 영암군 성기동에서 태어났으며 여덟 살 때부터 문산재(文山齋)에 들어가 학문

머리에 유건을 쓰고 소매가 늘어져 있는 도복을 입은, 유학자 왕인의 모습을 담은 왕인 석상. 왕인이 일본으로 떠날 때 아쉬워하는 제자들이 세웠다고 전한다.

을 닦고 일본에 건너가기 전까지 그곳에서 후학들을 가르쳤다고 한다. 당시 문산재는 수많은 선비와 학자를 배출한 학문의 전당이었다. 왕인의 학문은 도성과 왕실에까지 널리 알려졌고, 왕은 왕인을 여러 차례 불러 태학에서 일해줄 것을 종용했지만, 왕인은 그때마다 거절했다. 자신을 있게 해준 문산재에서 후학을 기르려는 뜻 때문이었다. 왕도 결국은 왕인의 뜻을 받아들였다. 그러나 틈틈이 도성으로 초빙해 태자와 벗하며 학문을 논하도록 했다. 태자의 학문도 경전을 해독할 정도에 도달해 있었지만, 왕인의 학문은 태자가 만날 때마다 감탄할 정도였다. 그랬기에 일본 왕의 물음에 왕인을 추천할 수 있었다.

아직기가 일본으로 건너갈 당시만 해도 일본에는 문자가 없었다. 그러나 백제는 중국 문화의 영향을 많이 받아 국가질서의 수립이나 문화적 기반에 있어서는 고구려보다도 앞서 있었다. 학문과 문예가 발달해 경사(經史) · 문학뿐 아니라 음양오행 · 의약 · 점상(占相)에 이르기까지 전문 분야의 기술자를 배출하고 있었다.

《논어》 10권과 《천자문》 1권을 가지고 일본으로 건너간 왕인은 태자의 스승이 되었을 뿐 아니라 군신들에게도 경전과 역사를 가르쳤다. 왕인으로부터 한문을 배운 일본은 비로소 학문의 필요성을 인식하고 충 · 효 · 인 · 의 등의 유교 덕목을 배웠다. 왕인을 뿌리로 하여 일본에 학문이 보급되고 교육의 기틀이 잡혔다. 또한 왕인이 일본에 건너갈 때 함께 갔던 재봉녀 · 직공 · 도공 · 화원 등의 기술자들이 백제의 기술을 일본에 전수함으로서 일본 고대 문화

발달의 씨앗을 뿌렸다. 일본이 자랑하는 **아스카 문화**가 이들에게서 비롯된 것이다.

왕인은 끝내 고국에 돌아오지 못하고 일본 땅에서 세상을 떠났다. 오사카에 그의 묘가 있다. 그의 자손들은 대대로 일본에 살면서 기록을 맡는 사(史)가 되었으며, 일본 조정에 봉사해 일본 고대 문화 발전에 크게 이바지했다.

여기까지가 일본 쪽 자료와 영암 지방 구비전승을 통해 우리가 알고 있는 왕인의 모습이다. 그러나 최근의 연구들은 여기에 의문을 제기한다. 백제에서 '박사'라는 호칭이 쓰인 시기가 6세기이며 일본에 전한 《논어》 10권이 양 무제 때 편찬된 《논어의소論語義疏》로 보이는 점 등을 근거로 왕인이 4세기 인물이 아니라 6세기 인물이라는 주장도 있고, 일본에서 왕인에 대한 관심이 급격히 높아진 것이 1930~1940년대 '내선일체'를 외치던 정치적 목적에 근거한 것이라는 주장 등이 힘을 얻고 있다. 4세기 인물인지 6세기 인물인지조차 논란의 여지가 있을 만큼 왕인은 아직도 수수께끼에 싸여 있는 인물로 그에 대한 판단은 조심스럽다.

|평가|

"공자는 춘추시대에 태어나 만고불후의 인류도덕을 밝혀 천하만세에 유림의 시조가 되었다. 박사 왕인은 공자가 죽은 지 760년 뒤 한국에서 태어나 일본 황실의 태자들에게 충신효제(忠信孝悌)의 도를 가르쳐 널리 일본 국내에 전수하여 1653년간 계승시켜오고 있다. 천고에 빛나는 박사 왕인의 위덕은 실로 유구유대함이 그지없어라."

일본 우에노 공원에 있는 박사왕인비의 내용이다.

왕인이 죽은 뒤 일본 조정에서는 문인직(文人職)의 시조인 '서수'

▶ 萬古不朽, 오랜 세월을 두고 없어지지 않음
▶ 儒林, 유도(儒道)를 닦는 학자들

라는 존칭을 내렸고, 대화십시현(大和十市縣)을 내려 지금도 이곳은 백제군 또는 백제향이라 일컬어진다. 이후 일본에서 왕인은 '문학의 시조' 요 '국민의 대은인' 으로 칭송받아왔다.

그러나 일본의 사회적 분위기가 보수화되면서 왕인에 대한 일본의 시각이 크게 변하고 있다. 왕인이 중국인이라고 왜곡하기도 하고, 실재하지 않은 전설 속의 인물이라 주장하는 목소리가 커지면서 백과사전이나 교과서에서 이름이 지워지고 있는 것이다.

한편, 국내에서 별다른 업적을 남기지 못한 때문이겠지만 왕인에 대한 국내 기록은 조선 정조 때 한치윤이 쓴《해동역사》에 와서야 처음 찾아볼 수 있다. 이후 1970년대에 이르러 비로소 왕인 전설에 대한 조사가 이뤄졌고, 1987년 왕인의 생가 터, 동료들과 담론했다는 양사재, 홀로 밤낮없이 공부했던 책굴 등이 유적지로 조성되었으며, 현재는 해마다 '영암왕인문화축제' 가 열려 우리의 우수한 문화를 일본에 전한 왕인의 공을 기리고 있다.

이렇듯 영암 일대에 왕인에 대한 전설들과 유적들이 전하지만, 그 가운데 일부는 영암에서 출생한 또 한 명의 인물 **도선**국사의 전설과 섞이고 중복되어 그 신빙성에 의문을 제기하는 학자들도 있다. 한편으로는 우리나라가 아닌 일본의 문화시조로 일한 사람을 추앙할 이유가 없다는 주장도 있다.

Tip

아스카 문화 | 7세기 전반을 중심으로 일본 아스카(飛鳥) 지방에서 피

어난 고대 문화. 불교적이며 대륙적이고 국제적인 색채가 짙은 이 문화는 백제 문화의 연장이라고도 할 수 있을 만큼 백제로부터 많은 영향을 받았다. 유교·불교를 비롯하여 건축·조각·회화 등 대부분이 백제를 비롯하여 고구려, 신라의 학자, 승려, 유민 등에 의해 전수되었다.

도선 | 신라 말의 승려이며 풍수지리설의 대가로, 성은 김씨(金氏)이며 영

암 출신이다. 신라 왕실의 후예라고도 한다. 15세에 출가하여 곡성 동리산의 혜철을 찾아가서 오묘한 이치를 깨닫고 후학들을 길렀는데, 그의 명망을 들은 헌강왕이 궁궐로 초빙하여 법문을 듣기도 했다. 72세의 나이로 죽자 효공왕은 요공선사라는 시호를 내렸고, 고려의 숙종은 대선사를 추증하고 왕사를 추가 하였으며, 인종은 선각국사로 추봉하였다. 도선은 승려보다는 풍수지리설의 대가로서 널리 알려져 있다. 우리나라 풍수지리학의 역사가 신라 말기까지 거슬러 올라가는 것도 도선의 생존연대가 그때였기 때문이다.

▶ 追贈 공이 많은 벼슬아치가 죽은 뒤에 나라에서 그의 관직을 높여주던 일

▶ 追封 죽은 뒤에 관직에 봉하는 일

도선이 역사적으로 유명해진 것은 고려 태조에 의해서였다. 875년(헌강왕 1) 도선은 "지금부터 2년 뒤 반드시 고귀한 사람이 태어날 것이다"고 했는데, 그 예언대로 송악에서 태조가 태어났다고 한다. 이 예언 때문에 역대 고려왕들은 그를 극진히 존경했다. 태조는 도선으로부터 직접 설법을 들은 일은 없으나 사상적인 영향을 많이 받았음을 짐작할 수 있다. 〈훈요십조〉에서도 "여기 사원은 모두 도선이 산수의 순역(順逆)을 점쳐서 정한 자리에 개창한 것이다. 도선은 일찍이 '내가 점쳐서 정한 곳 이외 함부로 사원을 세우면 지덕(地德)을 손상하여 국운이 길하지 못하리라'고 하였다"는 내용을 찾아볼 수 있다.

**왕인에 대해
더 알고 싶을 때
보세요**

《학성 왕인박사》, 한일문화친선협회 지음, 홍익재, 2001.

www.wangin.org 영암왕인문화축제

한강 유역을 차지하기 위한 치열한 싸움
성왕과 진흥왕

聖王

| **교과서에서 성왕이 나오는 부분** : **중학교** 51쪽(2/2/2) · **고등학교** 54쪽(3/1/3)

| **시대** : 백제
| **생몰년도** : ?–554년(성왕 32)
| **재위년도** : 523년–554년
| **활동 분야** : 왕
| **다른 이름** : 명왕(明王)/성명왕(聖明王)

▶斬首, 목을 자름

백제 26대 왕 성왕은 진흥왕에게 자신의 딸을 시집보냈으니, 진흥왕의 장인인 셈이다. 그러나 한강 유역을 차지하기 위한 치열한 공방전 끝에 결국 진흥왕의 손에 잡혀 죽음을 당하고 그의 두개골은 신라 관청이 있는 북청 계단 밑에 묻혔다. 우리나라 역대 왕들 가운데 전쟁터에서 상대방 군사들에게 사로잡혀 참수를 당한 왕은 백제의 21대 왕인 개로왕(재위 455~475)과 성왕, 이렇게 둘뿐이다. 그 가운데서도 성왕은 노비에게 목이 잘려 신라인이 드나드는 길목에 묻혔으니 가장 비참한 죽음을 맞았다 할 수 있다. 성왕과 진흥왕, 이 두 사람 사이에 도대체 어떤 일이 일어났던 것일까.

▶熊津, 지금의 충남 공주

▶泗沘城, 지금의 충남 부여

5세기 중반 백제는 고구려의 남하로 한성이 함락되고 개로왕이 피살되는 등 막대한 피해를 입고 도읍을 웅진으로 옮겼다. 이후 동성왕과 무령왕을 거치면서 차츰 나라가 안정을 되찾고, 이를 기반으로 성왕은 백제의 부흥을 꾀하면서 도읍을 사비성으로 옮겼다. 그리고 마침내 고구려에 빼앗긴 한강 유역을 수복하기 위해 나섰다.

眞興王

| 교과서에서 진흥왕이 나오는 부분 : 중학교 52쪽(2/2/3) · 고등학교 54쪽(3/1/3)

| 시대 : 신라
| 생몰년도 : 534년(법흥왕 21)–576년(진지왕 1)
| 재위년도 : 540년–576년
| 활동 분야 : 왕
| 다른 이름 : 김삼맥종(金三麥宗)/김심맥부(金深麥夫)

551년 성왕은 신라와 가야의 도움을 받아 고구려 정벌을 단행했다. 이때 백제군을 이끌고 있던 것은 왕자 여창이었고, 신라군의 총대장은 거칠부였다. 이 시기 고구려는 권력투쟁으로 정치적 혼란기를 겪고 있었다. 백제는 고구려의 도읍인 평양성을 공격하여 승리함으로써 고구려에 빼앗겼던 한강 유역의 6군을 회복했고, 신라는 한강 상류의 10군을 점령했다. 승리한 뒤 여창은 다시 사비로 돌아가고 나머지 병사들로 하여금 빼앗은 성을 지키게 했다.

당시 신라의 왕은 진흥왕이었다. 일곱 살에 즉위한 진흥왕은 왕태후 김씨의 섭정을 받았으나, 즉위 12년(551년) 무렵부터는 직접 국정을 돌보았던 듯하다. 그리고 열여덟의 이 젊은 왕은 553년 갑자기 배신의 칼을 빼든다. 가야의 왕자 출신인 김무력을 시켜 백제군을 급습한 것이다. 백제가 차지했던 한강 하류를 빼앗은 진흥왕은 여기에 새로운 주를 설치했다. 433년 신라와 백제 사이에 맺었던 나제동맹을 과감히 깨뜨릴 수 있었던 것은 고구려와의 새로운

▶ 신라와 백제가 고구려의 남진(南進)을 막기 위해 체결한 동맹

밀약이 있었기에 가능했다. 당시 새롭게 일어난 돌궐족의 남침으로 위기에 몰린 고구려는 신라와 밀약을 맺었고, 이 밀약을 계기로 신라는 고구려의 묵인 아래 군사를 일으켜 백제가 차지한 한강 유역을 점령해버린 것이다.

진흥왕의 배신으로 성왕은 80여 년 만에 어렵게 되찾은 한강 유역을 다시 빼앗겼다. 그런데도 성왕은 쉽사리 보복전을 펼치지 못했다. 오히려 신라 왕실을 달래기 위해 자신의 딸을 진흥왕에게 시집보내는 굴욕적인 조치를 취해야 했다. 당시 백제의 지배층은 신라와 싸우자는 파와 싸우지 말자는 파가 나뉘어 있었다. 신라와 싸우자는 주전파(主戰派)는 성왕을 비롯한 태자 여창이 중심이 되었고, 싸우지 말자는 비전파(非戰派)는 주로 귀족 세력들이었다. 성왕은 일단 귀족들의 말을 들어 공주를 진흥왕에게 보내며 기존의 동맹관계를 깨지 말고 한강 유역에서 병력을 철수할 것을 요청했지만 진흥왕은 그 요구를 거절했다. 결국 성왕은 신라 공격을 결정하고, 신라 정벌 총사령관으로는 태자 여창을 임명했다. 여창은 군대를 이끌고 관산성으로 쳐들어갔다. 백제가 관산성을 차지한다면 한강 하류 지역에 머물고 있는 신라군의 보급로를 차단할 수 있을

▶管山城 지금의 충북 옥천 지방

뿐만 아니라 신라 땅으로 손쉽게 갈 수 있는 관문을 확보할 수 있었다. 따라서 관산성은 백제나 신라 모두 포기할 수 없는 중요한 성이었다. 554년 백제와 신라의 운명을 건 관산성전투는 우리나라 고대 국가들 간의 전쟁에서 가장 처절한 싸움으로 기억된다.

결국 관산성은 백제군에게 함락되었고, 여창은 구천이라는 곳에 본진을 설치하고 전열을 정비하고 있었다. 관산성전투의 승리를 보고받은 성왕은 태자를 격려하기 위해 사비성을 떠나 구천으로 향했다. 그러나 그 순간 방심했던 것일까. 성왕은 친위군대 50명만을 이끌고 적진으로 달려가는 실수를 범하고 만다.

이 정보를 입수한 진흥왕은 김무력의 군대를 이동시켜 성왕을

기습했다. 구천 근처에 매복해 있던 김무력의 급습을 받은
성왕은 사로잡혔다가 노비 출신인 고우도도의 손에 목이
달아났다. 이 여세를 몰아 신라는 관산성을 되찾았다. 이
전투에서 백제는 왕을 비롯해 좌평 네 명, 사졸 2만 9,600
명이 모조리 죽음을 당했다. 《삼국사기》에 "한 필의 말도
돌아간 것이 없다"고 기록했을 만큼 비참한 최후였다. 금
관가야 출신의 김무력은 이 전투로 신라에서의 지위를 단
단히 굳혔고, 그 지위는 손자 김유신에게까지 이어졌다.
이제 한강 유역은 완전히 신라의 지배권 아래 놓이고, 백

마운령 진흥왕 순수비. 568년 신
라 진흥왕이 함남 이원군 마운령
에 세운 비석으로 높이 1.7m, 폭
44cm이다. 원래 위치에서 함흥
본궁으로 옮겨 보존 전시하고 있
다. 마운령비는 황초령비, 창녕비,
북한산비와 함께 4대 진흥왕 순
수비이다.

제와 연합했던 가야는 사실상 신라에 복속되었다가 562년 신라에
무력 정복되어 멸망했다.

"지식이 영매(英邁)하고 결단력이 있어 백성들이 성왕이라고 칭
하였다"(《삼국사기》), "천도지리(天道地理)에 통달하여 그 이름이 사
방에 퍼졌다"(《일본서기》)는 평가를 받는 성왕은 백제를 제2의 전성
기로 이끌었으나 귀족들의 반대를 무릅쓰고 전쟁을 일으켰고, 신중
하게 행동하지 못한 탓에 결국 치욕스런 죽음을 맞았다.

반면 진흥왕은 어린 나이에도 냉정하고 치밀한 정세분석과 판단
으로 한강 유역을 차지함으로써 이후 신라가 삼국통일을 이룩하는
데 발판을 마련하였다.

더 알고 싶을 때 보세요

| 성왕 |
《한권으로 읽는 백제왕조실록》, 박영규 지음, 웅진지식하우스, 2004.
《백제왕의 죽음》, 엄기표 지음, 고래실, 2005.

| 진흥왕 |
《한권으로 읽는 신라왕조실록》, 박영규 지음, 웅진지식하우스, 2004.

거칠 것 없는 자유인 vs 철저한 수행자
원효와 의상

元曉

| **교과서에서 원효가 나오는 부분** : **중학교** 72쪽(3/1/2) · **고등학교** 244쪽(6/1/1)

| **시대** : 신라
| **생몰년도** : 617년(진평왕 39)-686년(신문왕 6)
| **활동 분야** : 종교
| **다른 이름** : 설서당(薛誓幢)/설신당(薛新幢)

신라는 삼국을 통일하면서 불교를 정신적 지주로 삼았다. 이때 신라의 불교계를 이끈 두 인물이 원효와 의상이다. 한국불교사의 양대 산맥, 원효와 의상은 같은 시대를 살며 학문을 나누었지만, 서로 다른 방식으로 구도의 길을 걸었다. 이 두 사람에게는 각기 한 여인들과의 일화가 전하는데, 그 인연을 맺고 푸는 방식이 두 사람이 걸었던 길만큼이나 달라 흥미롭다.

우선 원효의 이야기. 신라 무열왕 때의 일이니 원효의 나이 서른 아홉에서 마흔넷 사이에 일어난 일이었을 것이다. 중생들이 연연하는 세속적인 사랑이 궁금했던 것인지 어느 날부터 그는 거리로 나가 노래를 부르고 다녔다.

"누가 자루 빠진 도끼를 허락하려나. 내가 하늘 떠받칠 기둥을 다듬고자 하는데."

아무도 이 노래가 무엇을 의미하는지 몰랐으나 무열왕은 원효의 뜻을 알아차리고 사람을 보냈다. 원효는 일부러 다리 아래에 떨어

義湘

| **교과서에서 의상이 나오는 부분** : 중학교 72쪽(3/1/2) · **고등학교** 244쪽(6/1/1)

| **시대** : 신라
| **생몰년도** : 625년(진평왕 47)−702년(성덕왕 1)
| **활동 분야** : 종교

져 옷을 적셨고 사신은 일찍이 사별하고 홀로 있는 요석공주의 처소로 원효를 안내했다. 이렇게 해서 두 사람 사이에 얻은 아들이 **설총**이다. 설총이 뒷날 뛰어난 학문으로 이름이 높았으니 하늘 받칠 기둥을 얻긴 얻은 셈이다. 요석공주와의 세속의 인연 이후 원효는 스스로 복성거사(卜性居士) 또는 소성거사(小性居士)라고 칭하며 속인(俗人) 행세를 했다. 모든 일에 거리낌이 없었고 세상을 향해 뚜벅뚜벅 걸어 들어갔던 자유인의 모습이다.

그 다음은 의상의 일화다. 의상이 당나라에 도착했을 때 그곳의 신도 집에 며칠 동안 머문 적이 있는데, 이때 그 집의 아리따운 아가씨 선묘가 의상을 사랑하게 됐다. 그러나 차돌처럼 단단한 의상의 마음은 움직일 줄 몰랐다.

10년 세월을 짝사랑으로 보낸 선묘는 의상이 신라로 돌아가는 배를 탔다는 소식을 듣고는 한걸음에 해변으로 달려갔다. 배는 이미 저만큼 떠나 있었다. 선묘는 바다에 몸을 던져 한 마리 큰 용으

신라 불교를 대표하는 원효. 평생을 불교 대중화에 힘을 기울였다.

로 변해 신라로 가는 뱃길을 도왔다. 그 뒤 용으로 변한 선묘는 부석사의 우물에서 살며, 부석사의 창건을 도왔다는 전설이 전한다. 어떤 유혹에도 흔들리지 않고 화엄(華嚴)사상 한 가지에 정진하던 의상의 모습이 그대로 드러나는 이야기이다.

원효와 의상은 출생과 성장 과정부터가 달랐다. 원효는 617년(진평왕 39) 경북 자인에서 설담날의 아들로 태어났다. 설씨는 6두품 성씨 중 하나이다. 소년 시절에는 화랑의 무리에 속했으나 도중에 깨달은 바 있어 출가를 결심하고 자기 집을 헐어 절을 세웠다고 전한다. 일정한 스승을 모시고 공부하지 않고 각종 불교 서적을 섭렵하며 수도에 정진했다. 고구려에서 망명한 보덕을 스승으로 모셨다는 기록이 전하기도 하고, 시대적으로 보아 원광과 자장으로부터 불도를 배웠을 가능성도 있다. 그러나 대부분 스스로 경전을 연구하고 수도에 정진했다.

원효가 신분상승에 한계를 갖는 6두품 출신이었던 데 반해 의상은 진골 출신으로 원효보다 8년 늦은 625년(진평왕 47) 김한신의 아들로 태어났다. 어린 시절에 대한 기록이 전하지 않아 자세히 알 수는 없지만 진골이었으니 유복하게 살았을 것이다. 열아홉 살에 불가에 귀의했다.

이 두 사람이 어느 때에 처음 만났는지는 전하지 않는다. 그러나 같은 경주에서 비슷한 해에 출가해 뛰어난 재주로 이름이 높았고, 왕이 그들을 불러다 설법을 듣기도 했다는 것으로 보아 자연스레 교유(交遊)했을 것으로 짐작된다. 그러다 함께 당나라 유학을 떠나기에 이른다. 650년(선덕여왕 4) 시도한 첫 번째 유학길은 랴오둥 땅을 지나다 고구려 수비군에게 잡혀 귀환함으로써 무산되었다. 그리고 10년 뒤 두 번째 유학길에서 원효와 의상은 유명한 설화를 남기

문천교 터. 원효가 일부러 다리에 서 떨어져 옷을 적심으로써 요석 공주와 만났다는 곳이다.

며 각자 다른 길을 선택한다.

설화에 따르면 배를 타기 위해 가던 두 사람은 오늘날의 충남 직산 부근을 지나다가 심한 폭우를 만났다. 밤이 깊어 몇 걸음 앞도 분간할 수 없어서 우연히 찾은 토굴에서 하룻밤을 지내기로 했다. 자다가 목이 타 일어난 원효가 물을 찾았는데, 마침 물이 담겨 있는 바가지가 손에 잡혀 시원스레 마시고는 다시 단잠에 빠졌다. 다음날 눈을 떠보니 옆에 먼지가 가득하고 빗물이 괴어 있는 해골바가지가 보였다. 토굴인 줄 알았던 그곳은 무덤 속이었고, 바가지는 해골이었던 것이다. 그것을 보고 구역질을 하던 원효는 한순간 눈앞이 환해지고 가슴이 탁 트이는 기쁨을 맛보았다.

"마음이 일어남에 온갖 것 생겨나고 마음이 없어지니 토굴과 무덤이 둘이 아니로다. 삼계(三界)가 오직 한 마음이요 만법(萬法)이 오직 인식이라, 마음 밖에 법이 없으니 어찌 따로 구하랴."

만물유심조(萬物唯心造). 이것을 깨달은 원효는 발길을 돌려 서라벌로 돌아가고, 의상은 예정했던 대로 당나라 유학길에 올랐다. 이들의 이러한 선택은 지금까지도 그랬지만 이후로 더욱 다른 구도의 길로 이끈다.

깨달음을 얻은 원효는 더욱 백성들 속으로 들어갔다. 당시 그의 나이 마흔다섯이었다. 스스로 광대 같은 복장을 하고 불교의 이치를 노래로 지어 세상에 유포시킴으로써 부처님의 가르침을 대중에게 알렸다. "모든 것이 거리낌이 없는 사람이라야 생사의 편안함을 얻느니라"라는 노래 말은 《화엄경》의 이치를 담은 것으로 〈무애가無碍歌〉라 했다. 남루한 옷을 입고 광대에게서 얻은 표주박을 두드리며 노래를 불렀다. 원효는 경전의 깊은 의미를 몰라도 '나무아미타불'이라는 염불을 되풀이해서 외면 극락에 갈 수 있다고 했다. 원효의 이러한 교화 덕분에 가난하고 무지한 백성들이 부처의 이름을 알고 '나무아미타불'을 염불할 수 있게 되었다. 이렇듯 백성들 속에서 불교 대중화운동을 펴면서 한편으로는 경전 공부에도 힘을 쏟아 경전 주석서를 쓰고 화엄경을 강의했다. 원효의 학문은 법성종(法性宗) 계통의 사상을 중심으로 여타 종파나 사상을 흡수·통합했으며, 심지어 노장사상이나 의술에도 관심을 가졌다.

▶老莊思想, 도가의 중심 인물인 노자와 장자의 사상

원효사상의 특징은 크게 일심(一心)·화쟁(和諍)·무애(無碍)로 정리할 수 있다. 어느 한 종파에 치우치지 않고 전체를 조화롭게 받아들였으며(화쟁), 어디에도 걸림이 없는 철저한 자유인(무애)이었지만, 항상 인간의 본각(本覺), 곧 원천으로 돌아가는 것을 궁극의 목표(일심)로 설정하고 실천을 강조했다.

한편, 원효와 헤어져 혼자 당나라로 건너간 의상은 화엄종(華嚴宗)의 대종사인 지엄을 찾아갔다. 지엄은 절간을 깨끗이 청소하고 그를 기다리고 있었다. 지난밤에 큰 나무 하나가 해동에서 자라 그 가지들이 중국을 온통 덮어버리는 꿈을 꾸고 의상이 올 줄 알았다고 했다. 의상은 지엄 밑에서 8년 동안 《화엄경》의 진수를 공부했

낙산사 의상대. 의상이 창건한 낙산사 경내에 있는 정자. 원래 이 곳은 의상이 좌선했던 곳으로 예부터 '의상대'라 불렸다고 전한다. 정자는 1925년에 지었다.

다. 《화엄경》은 부처가 수도와 공덕을 쌓아 법계평등(法界平等)의 진리를 설법한 경전이다. 의상은 《화엄경》의 요지를 일곱 자를 1구로 하여 모두 30구에 담은 〈법성게法性偈〉를 지어 스승에게 바쳤다. 이것을 본 스승은 제자의 학문이 깊은 경지에 이르렀음을 찬탄해 마지 않았다. 의상의 본격적 저술로 유일한 이 〈법성게〉는 오늘날에도 절에서 의식 때마다 암송되고 있다.

이 무렵 신라가 당나라 세력을 몰아내려 하자 당이 신라를 정벌하려는 계획을 세웠다. 신라에서 사신으로 왔다가 감옥에 갇혀 있는 김인문·김양도로부터 이 사실을 들은 의상은 곧 귀국길에 올랐다.

신라에 돌아온 의상은 낙산사와 부석사를 창건하고 화엄경을 강론했다. 원효가 화엄과 대승, 소승, 심지어 노장사상에까지 관심을 보였던 데 반해 의상은 오직 화엄학 한 가지에 진력하며 관음신앙(觀音信仰)과 정토신앙(淨土信仰)을 수용했다. 의상의 화엄사상은 우주만물이 대립적인 것이 아니라 서로 조화를 이룬다는 가르침이다. "하나가 곧 전체이며 전체가 곧 하나다"라는 주장이 그 핵심이다.

의상은 많은 저서를 남기지 않았다. 몇 안 되는 저서도 짧은 게송류이다. 오직 이 땅에 화엄사상을 세우고 제자를 기르고 사찰을 세우는 일에 온 힘을 기울였다. 의상의 제자들은 3,000에 이르렀고, 그가 건립한 10개의 사찰을 지금도 화엄십찰이라 한다.

원효처럼 백성들 속에 들어가지는 않았지만, 의상도 백성들의 고통을 덜어주려 애썼다는 이야기가 《송고승전》에 전한다. 문무왕이 의상의 공을 치하하며 땅과 노비를 내린 일이 있었다. 그러나 의상은 "불법에는 지위의 높고 낮음이 없고, 신분의 귀하고 천함이 없습니다. 어찌 내가 땅과 노비를 받겠습니까"라며 거절했다. 또한 이 책은 "의상은 설한 바와 같이 행함을 귀하게 여겨 강의를 하는

일 외에는 수련을 부지런히 했다. 또 의복과 병과 발우 세 가지 외에는 아무것도 몸에 간직하지 않았다"고 전한다.

한편, 문무왕이 경주에 성곽을 쌓으라고 명령하자 이 소식을 들은 의상이 "왕의 정교(政教)가 밝다면 비록 풀언덕에 금을 그어서 성이라 해도 백성이 감히 넘보지 못하고 재앙을 씻어 복이 될 것이지만, 정교가 밝지 못하면 비록 장성이 있더라도 재해를 면하지 못할 것입니다"라는 글을 올려 역사(役事)를 중지시키기도 했다.

화엄사상을 세운 의상은 원효와 함께 신라 불교의 대표적인 인물이다.

의상이 당나라에서 돌아온 뒤 원효가 의상을 만나 교리상의 의문 세 가지를 풀었다는 이야기가 전하는 것으로 보아 원효와 의상은 지속적으로 학문적 교류를 했던 듯하다. 원효가 선배이고 불교학의 여러 분야에 박식했지만, 화엄학의 새로운 이론은 분명 의상이 밝았을 것이다. 원효는 자신의 저서에서 "수전법(數錢法)은 지엄법사의 설인데, 의상법사가 전한 것으로써, 그 뜻을 헤아려보니 도리가 있기에 서술하는 것이다"라고 밝히기도 했다.

원효는 중년 이후 저술에 정진했다. 민중불교를 제창하고, 어느 종지에 집착하지 않는 총화불교(總和佛敎)를 주장하며 《금강삼매경론》, 《대승기신론소》 등 수많은 저술을 남겼다. 현재 전하는 것은 20부 23권에 지나지 않지만 총 99부 240여 권에 이르는 방대한 저술을 남겼다고 한다.

말과 행동에 거칠 것이 없었던 자유인 원효와 철저한 수행자였던 의상은 서로 많이 달랐지만, 서로 통했고, 서로의 부족함을 보완해 한국 불교의 가장 우뚝한 봉우리가 되었다.

Tip

설총ㅣ신라의 학자. 아버지는 원효, 어머니는 요석공주이다. 나면서부터 재주가 많았고, 경사(經史)를 두루 알았으며 우리말로 구경(九經)을 읽고 가르쳐 유학의 종주가 되었다. 그리하여 신라십현(新羅十賢)의 한 사람, 또 강수·최치원과 더불어 신라삼문장의 한 사람으로 손꼽혔다.
설총이 이두를 고안했다고 알려져 있으나 이두를 집대성, 정리했다고 보는 편이 옳다. 많은 작품이 있었을 텐데 이미 《삼국사기》 편찬 때 "글을 잘 지었는데 세상에 전해지는 것이 없다"고 했다.

더 알고 싶을 때 보세요

ㅣ 원효 ㅣ
《원효》, 남동신 지음, 새누리, 1999.
《걸림없이 살게나 물처럼 바람처럼》, 윤청광 지음, 우리출판사, 2002.
《원효》, 고영섭 외 지음, 예문서원, 2002.

ㅣ 의상 ㅣ
《의상: 그의 생애와 화엄사상》, 김두진 지음, 민음사, 1995.
《마음을 비우시게 온갖 근심 사라지네》, 윤청광 지음, 우리출판사, 2002.

연개소문

淵蓋蘇文

| **교과서에서 연개소문이 나오는 부분 : 중학교** 59쪽(2/3/1)/61쪽(2/3/2) · **고등학교** 58-59쪽(3/1/4)

| **시대 :** 고구려
| **생몰년도 :** ?~665년(보장왕 24)
| **활동 분야 :** 정치, 군사
| **다른 이름 :** 천개소문(泉蓋蘇文)/연개금(淵盖金)/이리가수미(伊梨柯須彌)/개금(蓋金)

| 생애와 업적 |

642년 무렵 당시 고구려의 왕이었던 영류왕을 비롯한 귀족들과 연개소문 사이에는 팽팽한 긴장감이 감돌았다. 연개소문이 아버지의 직위를 계승하려 할 때부터 시작된 갈등이었다.

연개소문의 집안은 여러 대에 걸쳐 고구려 최고직인 대대로(大對盧)를 세습해왔으니, 연개소문이 아버지의 자리를 물려받는 것은 당연한 일이었다. 그러나 귀족들은 이를 막으려 했다. 《삼국사기》는 그의 성품이 잔인하고 포악했기 때문이었다고 전하지만 사실 귀족들에게 문제가 되었던 것은 강인한 연개소문의 성품보다 당나라에 대한 정치적 입장의 차이였다.

수나라가 망하고 새로이 들어선 당나라가 중국 중심의 세계질서를 구축하려는 팽창정책을 쓰면서 고구려와 당나라 사이에는 팽팽한 긴장감이 감돌았다. 이에 대해 영류왕을 비롯한 귀족 세력들은 어떻게든 당나라와의 전쟁을 피하고자 했다. 반면 연개소문의 집안은 대당 강경파의 선봉이었다. 게다가 어릴 때부터 지략과 재주가 뛰어나다는 칭송을 받은 20대의 혈기왕성한 연개소문은 당시 집권층에게 매우 위험한 인물이 아닐 수 없었다.

연개소문은 자신이 만약 잘못하면 그때 그만두어도 되지 않겠느냐는 설득 끝에 겨우 대대로의 자리에 오를 수 있었다. 대대로의 자리에 오른 이후에도 연개소문의 정치적 입장이 바뀌지 않자, 영류왕을 비롯한 귀족들은 연개소문 세거계획을 세우기 시작했다. 이를 눈치 챈 연개소문은 군사들의 열병식을 한다며 귀족들을 초대하고는 모두 죽여버렸다. 100여 명이나 되는 귀족들을 모두 죽인 뒤 궁중으로 들어가 영류왕마저 칼로 두 동강 내고는 시체를 개천에 던졌다. 연개소문은 왕의 조카를 새로운 왕으로 삼아 보장왕이라 하고 자신은 인사권과 군사권을 총괄하는 막리지(莫離支)에 올랐다.

연개소문이 권력을 장악한 직후 백제의 공격을 받고 위기에 빠진 신라의 김춘추는 고구려를 찾아와 군사 지원을 청했다. 그러나 연개소문은 보장왕을 통해 "고구려의 옛 땅인 한강 유역을 돌려주면 구원병을 보내겠다"고 대답했고, 김춘추가 거부 의사를 밝히자 별관에 가두었다. 김춘추는 가까스로 풀려났지만 이후 고구려와 신라는 완전히 적으로 돌아서게 된다.

한편, 당 태종 이세민은 중국을 완전히 통일한 뒤 돌궐을 복속시키고 서역의 고창국(高昌國)을 멸망시키며 천하통일의 야심을 실현시켜가고 있었다. 동북아시아에서 독자적인 세력을 형성하고 있는 고구려는 마지막 남은 과제였다. 그런 그에게 연개소문의 반역 사건은 좋은 빌미가 되었다.

645년(보장왕 4) 당 태종은 연개소문을 정벌하여 고구려 백성을 편안하게 해준다는 명분 아래 고구려 정벌에 나섰다. 랴오허 강을

662년(보장왕 21) 연개소문은 평양 부근의 사수(蛇水)에서 당나라 군대를 격파했다(민족기록화).

건넌 당나라 군사들은 개모성(蓋牟城)을 점령하고 요동성(遼東省)마저 함락시켰다. 그들은 여세를 몰아 서쪽 변경의 중요한 요새인 안시성(安市城)을 포위했다. 고구려와 당나라의 운명이 걸린 **안시성전투**에서 고구려는 5개월에 걸친 당나라의 총공세를 무사히 잘 막아냈다. 당 태종은 울분을 삼키며 발길을 돌려야 했다. 2년 뒤인 647년 다시 침략한 당나라를 역시 막아냈고, 이듬해의 공격도 격퇴했다.

660년(보장왕 19) 나당연합군에 의해 백제가 멸망하자 당나라는 그 여세를 몰아 다시 고구려를 공격했으나, 연개소문이 직접 전투에 나선 고구려는 당군 전원을 몰살시키는 대승을 거두었다. 665년(보장왕 24) 연개소문이 죽을 때까지 당나라는 더 이상 고구려를 공격하지 못했다. 그러나 연개소문은 후계자를 제대로 기르지 못했다. 그의 자리를 이어받은 맏아들 남생이 동생들과의 권력다툼 끝에 당나라에 투항하고, 연개소문의 동생 연정토가 신라에 투항하자, 이 기회를 놓치지 않은 나당연합군의 공격에 고구려는 멸망하고 말았다.

|평가|

김부식은 《삼국사기》에서 연개소문을 무자비한 독재자이며, 고구려의 멸망을 초래한 장본인으로 기록했다. 반면 신채호는 《조선상고사》에서 위대한 혁명가로, 박은식은 《천개소문전》에서 독립자주의 정신과 대외경쟁의 담략을 지닌 우리 역사상 1인자로 평가했다. 유교명분론이 지배하던 조선시대까지는 임금을 죽이고 대국의 명을 거역하여 나라를 망친 인물로 평가되던 인물이 민족의 자주독립을 쟁취해야 했던 20세기 전반에 자주적인 혁명가로 다시 태어난 것이다.

▶ 膽略, 담력과 지략

이렇게 극과 극의 평가가 상존하는 것은 각 시대에 따라 역사를 보는 시각의 차이 때문이기도 하지만, 자료의 부족 탓이 크다. 언제 태어났고 언제 죽었는지조차 불분명할 정도로 연개소문에 대한 자료는 남아 있는 것이 거의 없다. 김부식이 《삼국사기》를 편찬할 때 참고한 자료들은 대부분 연개소문을 적대시했던 중국 측 자료였다. 고구려인들이 본 연개소문의 모습이 아니라 적국인 당나라에서 본 모습이다 보니 연개소문에 대한 평가가 호의적일 리 없다.

하지만 그 가운데에서도 분명히 알 수 있는 것은 연개소문이 뛰어난 군사 지도자였다는 것과 강력한 리더십으로 동북아시아를 지배하던 강한 고구려를 이끌었다는 것이다. 반면 국제 정세를 정확하게 판단하지 못해 좀 더 유연하게 대처하지 못했다는 것과, 후계자를 제대로 기르지 못해 고구려를 멸망의 길에 이르게 했다는 비난은 면하기 어려울 듯하다.

안시성전투 | 안시성은 당시 인구 약 10만에 이르던 고구려의 성으로, 지금의 랴오닝 성 하이청 남동쪽에 있는 잉청쯔라는 설이 유력하다. 644년 11월 고구려 원정에 나선 당 태종은 이듬해 개모성·비사성·백암성 등을 차례로 점령한 뒤 안시성을 공략하기 위해 진격했다. 고구려는 이에 맞서 고연수, 고혜진을 대장으로 한 15만의 군사를 보냈으나 패하여 항복했다. 당 태종은 여세를 몰아 안시성에 대한 총공격을 개시했으나 성을 포위한 지 3개월이 지나도 함락시키지 못했다. 9월에 이르러 날씨가 추워지고 양식도 떨어지자 당 태종은 철군을 결정할 수밖에 없었다. 철군을 시작하자 안시성의 성주가 성 위에 올라 당 태종을 바라보고 송별의 예를 표했으며, 당 태종은 비록 적일지라도 성주의 영웅적인 지휘력에 감동하여 비단 100필을 보내 고구려 왕에 대한 그의 충성을 기렸다는 이야기가 전한다. 이때 안시성을 지킨 성주의 이름이 야사에는 양만춘이라고 전하나 정사에는 수록되어 있지 않다.

615	이 무렵 태어났다.
618	당나라가 건국되었다.
642	영류왕을 죽인 뒤 보장왕을 옹립하고 막리지의 자리에 올랐다. 신라의 김춘추가 백제를 함께 공격하자고 청했으나 거절했다.
645	제1차 고당전쟁에서 당나라의 침략을 물리쳤다.
647	당나라 군대의 침략을 물리쳤다.
660	신라의 칠중성을 공격해 함락시켰다. 백제가 멸망했다.
661	제2차 고당전쟁을 승리로 이끌었다.
665	세상을 떠났다.
668	고구려가 멸망했다.

《역사의 길목에 선 31인의 선택》, 역사학자 19인 지음, 푸른역사, 1999.

《전환기를 이끈 17인의 명암》, 이희근 지음, 휴머니스트, 2002.

《새로 쓰는 연개소문전》, 김용만 지음, 바다출판사, 2003.

의자왕

義慈王

| **교과서에서 의자왕이 나오는 부분** : 중학교 61쪽(2/3/2)

| **시대** : 백제
| **생몰년도** : 미상
| **재위년도** : 641년~660년
| **활동 분야** : 왕
| **다른 이름** : 해동증자(海東曾子)

| 생애와 업적 |

의자왕 하면 많은 사람들이 삼천궁녀를 가장 먼저 떠올린다. 의자왕의 궁녀였던 3,000명의 여성들이 사비성이 함락되자 낙화암에 몰려가 뛰어내리는 장면이 마치 꽃잎이 흩날리는 것 같았다는 전설은 매우 인상적이다. 그러나 당시 백제의 수도였던 사비성의 인구는 5만 명 정도로 추산되고, 또 조선시대에도 궁녀의 수가 최대 600명 정도였다는 것으로 미루어볼 때 사비성에 3,000명의 궁녀가 있다는 것 자체가 불가능하다. 또한 당시 기록 가운데 삼천궁녀에 대해 언급한 부분은 어디에서도 찾아볼 수 없다. 조선 중기 최고 시인이자 문인이었던 민제인의 〈백마강부〉라는 시에서 '궁녀 수 삼천'이라는 말을 처음 찾을 수 있는데, 이는 문인들의 문학적 상징어로 이해해야 한다. 이후 일제시대부터 1960년대까지 대중가요에 삼천궁녀를 소재로 한 노래들이 수십 곡 불리면서 의자왕은 3,000명이

나 되는 궁녀를 거느린 방탕한 왕으로 왜곡되었다. 즉, 삼천궁녀는 '방탕했던 호색 군주'라는 의자왕의 이미지를 완성시킨 후대인들의 상상력일 뿐이다.

부모에 효도하고 형제간 우애가 있어 '해동증자'라 불리웠다고 《삼국사기》에 기록되어 있고, 당으로 압송된 의자왕의 아들 부여융의 묘지석에 "과단성 있고 침착하고 사려깊다"라고 평가받은 의자왕이지만 한 왕조를 멸망에 이르게 한 죗값을 후대에 두고두고 치르고 있는 것이다.

▶海東曾子, 우리나라의 증자라는 뜻이다. 증자는 공자의 제자로서 효성이 지극하기로 이름났던 사람임

의자왕은 무왕의 맏아들로 태어났다. 〈서동요〉로 널리 알려진 서동과 선화공주의 유명한 로맨스를 기록한 《삼국유사》는 서동이 백제 무왕이고 선화공주는 신라 진평왕의 셋째딸이라 하여 의자왕의 어머니가 선화공주라 했다. 그러나 신라의 공주가 백제의 왕과 결혼했다는 기록을 찾아볼 수 없으며, 또한 다른 기록들을 보면 진평왕에게는 딸이 둘뿐이었다. 당시 신라와 백제의 정치 상황으로 보아서도 이는 잘못 전해진 듯하다.

아버지의 뒤를 이어 왕위에 오른 의자왕은 즉위한 다음 해 정월 어머니가 사망하자 동생과 내신좌평(內臣佐平) 등 유력한 귀족 40여 명을 숙청해 왕권을 강화했다. 당시 백제에는 대성 8족이라는 전통적인 지배집단이 있었다. 한강 유역을 빼앗기면서 백제 왕권이 추락하자 이들 대성 8족은 최고 관등인 **좌평** 직을 독점하면서 왕권을 견제해왔다. 이들은 자신들의 기득권을 유지하기 위해서라면 국왕을 살해하는 일도 마다하지 않을 정도의 힘을 갖고 있었다.

대대적인 숙청 이후 귀족 세력을 어느 정도 통제할 수 있게 되자 의자왕은 신라를 공격했다. 642년 7월에 스스로 군대를 거느리고 신라를 공격해 40여 성을 함락시켰으며, 바로 다음 달 윤충을 보내 신라의 전략적 요충지인 대야성(大耶城)을 공격해 성을 함락시키고 성주 품석과 그 처자를 죽이는 등 신라를 큰 곤경에 빠트렸다. 대

▶品釋, 김춘추의 사위

삼천궁녀의 전설이 서려 있는 낙
화암과 백마강.

내외적인 이런 작전을 통해 의자왕은 왕권을 안정시키고 자신의
역량을 과시했다.

　대외 관계에 있어서는 지금까지 고구려와 중국에 대해 취해온
양면적인 외교 노선을 수정하여 친고구려정책으로 돌아섰다. 신라
가 당나라와 밀착하고, 또 고구려의 연개소문이 권력을 잡으면서
중국에 대한 강경노선을 펴자 그 영향을 받은 듯하다.

　643년 백제는 고구려와 화친을 맺고 한강 유역을 되찾기 위한 신
라 공격을 계속했다. 한강 유역 수복은 당나라의 간섭으로 일단 좌
절되지만 신라 공세는 계속 이어졌다. 고구려와 연합하여 신라의
당항성을 공격, 신라와 당나라의 교통로를 차단하려고도 했으며,
645년 당나라가 고구려를 공격할 때 신라군을 동원한 틈을 타서 신
라 서쪽 방면의 7성을 빼앗기도 했다. 655년에는 고구려·말갈과

▶黨項城, 지금의 경기도
화성시 서신면

함께 백제의 최대 숙원이었던 한강 유역 30여 성을 회복했다. 이러한 정복 활동을 통해 외형적으로는 왕권이 강화되었으나 재위 14~15년 무렵부터 내부 체제는 심각한 동요를 겪는다. 의자왕의 왕권 강화 노력에 귀족들이 반발하고 나선 것이다. 대사평 사택지적이 은퇴를 하고, 좌평 임자가 김유신과 내통을 하고, 왕에게 극간을 한 성충이 투옥되었다가 옥중에서 굶어죽었다는 기록은 당시 귀족들의 반발이 얼마나 극심했는지 보여준다.

그러나 의자왕은 재위 17년(657년) 41명의 아들을 좌평으로 임명하고 각각에게 식읍을 주는 조치를 취함으로써 귀족들의 정치적 역할을 더욱 축소시켜버렸다.

▶食邑, 왕족 및 공신 등에게 준 일정한 지역

이렇듯 백제가 심각한 내부 위기를 겪고 있을 무렵 나당연합군을 결성한 신라는 660년 마침내 백제 공격을 개시했다. 소정방이 거느린 당군은 수로로 백강을 건너오고, 김유신이 거느린 신라군은 탄현을 넘어 수도 사비성으로 진격해왔다. 소정방이 덕물도에서 김유신과 만났을 때에도 당나라의 공격 목표가 고구려일 것이라고 낙관하던 의자왕이 우왕좌왕하는 사이 나당연합군은 이미 왕도로 육박해 들어오고 있었다. 계백이 거느린 5,000명의 결사대가 신라군에게 패하고 금강 하구에서 당군을 막던 군사도 패하자 사비성은 나당연합군에게 포위되었다.

▶白江, 지금의 금강

▶炭峴, 지금의 대전 동쪽

▶德勿島, 지금의 인천시 옹진군 덕적도

의자왕은 태자와 함께 웅진성으로 피했다가 사비성이 함락되자 당군에 항복했다. **흑치상지**가 백제부흥운동을 일으킨 지 10여 일도 못 돼 3만여 명의 백제 유민을 모아 200여 성을 회복했다는 기록이 있는 데 반해, 나당연합군의 공격에 백제가 계백의 황산벌전투를 제외하고는 변변한 저항 한번 못 한 채 10여 일만에 항복했다는 사실은 지배층이 얼마나 분열되어 있었는지 짐작하게 한다.

항복한 의자왕은 태자와 왕자 및 대신과 장사 88명, 그리고 1만 2,000여 명의 백성과 함께 당나라로 압송되어 그곳에서 병사했다.

|평가|

《삼국사기》는 "왕은 궁녀와 더불어 주색에 빠지고 마음껏 즐기며 술마시기를 그치지 아니하였다"라며 백제 멸망의 책임을 의자왕에게 돌렸다. 또한 이렇듯 향락에 빠진 왕에게 좌평 성충이 강력하게 간언하자 왕은 그를 옥중에 가둬 굶어죽게 했고, 이후 감히 간언하는 자가 없었다고 전한다.

한 나라를 멸망에 이르게 한 왕에 대한 평가가 호의적이기는 어렵지만, 의자왕은 유독 사치와 향락에 빠져 백제를 멸망으로 이끌었다는 비난을 한몸에 받아왔다. 백제인의 시각에서 서술한 역사서가 전하지 않고, 백제와 적대관계였던 신라에 흡수 통합되어 신라인의 시각에서 전하는 적장의 모습이기에 부정적인 것은 어쩔 수 없다 하더라도 그 왜곡의 정도가 유난히 심했다.

물론 최고 통치자로서 백제 멸망의 책임을 벗어날 수는 없다. 그러나 최근의 연구 성과들은 의자왕이 향락에 빠져 백제를 멸망에 이르게 했다는 비난은 잘못이라고 지적한다. 그보다는 신라와 연합한 당나라 군대를 막기엔 백제의 국력이 역부족이었다고 풀이한다.

신라가 두려워할 정도로 강한 백제를 이끌었던 왕이었으며, 자애로운 성품의 소유자였다는 것이 새롭게 밝혀지는 의자왕의 모습이다.

좌평 | 백제의 관직은 16품으로 나뉘는데, 그중 가장 높은 1품 관직이 좌평
이다. 왕명의 출납 등 왕의 명령에 관계된 일을 하던 내신좌평(內臣佐平), 국가
와 궁궐의 재정을 맡았던 내두좌평(內頭佐平), 국가와 왕 관련 행사 등을 주관
하던 내법좌평(內法佐平), 왕의 경호와 궁궐의 수비를 담당하던 위사좌평(衛
士佐平), 법률에 관계된 일을 관장하던 조정좌평(朝廷佐平), 국방 및 안보를 책
임지던 병관좌평(兵官佐平) 이렇게 6명의 좌평 가운데 내신좌평이 우두머리
였다.

흑치상지 | 백제의 장군. 660년(의장왕 20) 백제가 망하자 항복했으나,
소정방이 의자왕과 태자 효(孝)를 비롯하여 여러 왕자를 사로잡고 당나라 군
사를 풀어서 제멋대로 약탈하자, 이에 분개하여 임존성을 근거지로 부흥운동
을 일으켰다. 부흥운동군은 곧 3만 명으로 늘어나 한때 소정방의 군사를 물리
치고 200여 성을 되찾아 기세를 떨쳤다. 그러나 당나라가 새로이 원병을 보내
수륙의 두 길로 공격을 강화하자, 더 버티기 어려워 당나라 장수 유인궤(劉仁
軌)에게 항복했다. 그후 당나라로 건너간 흑치상지는 좌령군원외장군 양주자
사가 되어 토번과 돌궐(突厥)을 치는 데 공을 세워 높은 관직에 올랐으나, 반란
을 일으키려 한다는 무고로 옥에 갇혔다가 처형됐다.

▶ 任存城 지금의 충청남도
예산군 대흥면

▶ 吐蕃 티베트

618 | 당나라가 건국되었다.
641 | 왕위에 올랐다.
642 | 신라의 대야성을 빼앗았다.
643 | 신라의 당항성을 빼앗아 당나라와의 조공길을 막으려 했으나, 선덕여왕이 당나
라에 구원을 요청하자 군대를 철수했다.
653 | 왜와 교류했다.
660 | 나당연합군의 공격으로 백제가 멸망한 뒤 당나라로 끌려가 병사했다.

의자왕에 대해
더 알고 싶을 때
보세요

《전환기를 이끈 17인의 명암》, 이희근 지음, 휴머니스트, 2002.
《백제왕의 죽음》, 엄기표, 고래실, 2005.

선덕여왕

善德女王

| 교과서에서 선덕여왕이 나오는 부분 : 고등학교 247쪽(6/1/2)

| 시대 : 신라
| 생몰년도 : ?-647년(선덕여왕 16)
| 재위년도 : 632년-647년
| 호 : 성조황고(聖祖皇姑)
| 시호 : 선덕(善德)
| 활동 분야 : 왕
| 다른 이름 : 김덕만(金德曼)

| 생애와 업적 |

진평왕이 왕위에 있을 때 당나라에서 가져온 모란꽃 그림과 꽃씨를 훗날 선덕여왕이 되는 덕만공주에게 보이자, 공주가 이렇게 말했다.

"이 꽃은 매우 아름답기는 하나 틀림없이 향기가 없을 것입니다."

왕이 웃으며 "네가 그것을 어찌 아느냐?" 물었다.

"꽃을 그렸으나 나비가 없는 까닭에 그것을 알았습니다. 무릇 여자가 뛰어나게 아름다우면 남자들이 따르고, 꽃에 향기가 있으면 벌과 나비가 따르기 마련입니다. 이 꽃은 무척 아름다운데도 그림에 벌과 나비가 없으니, 이는 향기가 없는 꽃임에 틀림없습니다."

공주의 대답이었다. 꽃씨를 심었더니 과연 향기가 없었다.

널리 알려진 이 이야기는 선덕여왕이 세 가지 일의 기미를 미리 알아냈다는 '지기삼사(知幾三事)' 가운데 한 가지이다. 다른 두 이

선덕여왕이 백제군이 숨어 있는 사실을 알아내어 물리쳤다는 일화가 전하는 여근곡.

야기는 겨울철에 개구리 떼가 계속해서 울자 서쪽 변방 여근곡(女根谷)에 백제군이 숨어 있음을 알고 이를 물리쳤다는 이야기, 그리고 자신이 죽을 날을 정확히 예언했다는 이야기이다.

선덕여왕이 얼마나 지혜로웠는지 알려주는 이 기록들은 왕의 권위를 세우고 통치를 원활하게 하기 위해 동원되었을 것이다. 또 한편, 이런 이야기들까지 동원해야 했을 만큼 여왕의 즉위와 통치에 어려움이 많았음을 짐작할 수 있는 대목이기도 하다.

선덕여왕은 진평왕과 마야부인 김씨 사이의 장녀(차녀라는 기록도 있다)로 태어나 진평왕이 아들 없이 죽자 신라 제27대 왕으로 추대되었다. 우리 역사상 최초의 여왕이다.

왕에게 아들이 없었을 뿐 방계의 남자 왕족들이 있는데도 여자인 선덕여왕이 왕권을 잡을 수 있었던 이유는 골품제라는 신라의 신분제도에서 그 답을 찾을 수 있다. 신라는 성골과 진골을 비롯해 6두품에서 1두품까지 모두 여덟 개의 신분층으로 구성된 신분제 사회였다. 이를 골품제라고 하는데, 이 가운데 성골은 왕의 직계

후손으로 왕위를 이을 수 있는 자격을 가진 특수한 신분을 말한다. 《삼국유사》의 기록에 따르면 "성골 남자가 더 이상 남아 있지 않아서" 여왕이 즉위했다고 전한다. 성골 남자가 없자 진골 남자 대신 성골 여자를 선택했다는 것은 신라에서 남녀의 벽보다 신분제의 벽이 더 높았다는 의미로 해석할 수 있다. 신라는 선덕여왕의 뒤를 이어 선덕여왕과 사촌 간인 진덕여왕을 제28대 왕으로 삼았고, 다시 신라 말 제51대 왕으로 진성여왕을 선택할 만큼 여성의 정치 참여에 우리 역사의 어느 왕조보다 관대했다. 물론 남자 후계자가 없다는 특수한 상황 속에서 왕위에 오른 것이기는 하지만 이 세 명의 여왕 이후 우리 역사는 더 이상 여성 통치자를 허용하지 않았다.

선덕여왕은 즉위하던 해(632년) 을제에게 국정을 총괄하게 한 뒤 각 도에 사신을 파견해 홀아비와 홀어미, 그리고 혼자 힘으로 살아갈 능력이 없는 사람들을 구제하고 진휼했으며, 그 이듬해에는 주군(州郡)의 조세를 1년간 면제해주는 등 민심을 수습했다.

▶賑恤, 나라에서 흉년에 어려운 백성들을 도와주는 일

634년(선덕여왕 3)에는 인평(仁平)이라는 독자적인 연호를 사용해 자주성을 높였다. 또한 이 해에 분황사를 세웠고, 이듬해에는 영묘사를 세웠다.

선덕여왕은 재위 기간 동안 불교에 매우 많은 관심을 보였다. 재위 15년 동안 25개의 사찰을 창건했고, 황룡사 구층탑을 비롯해 신라의 불상과 불탑 대부분이 이 시기에 만들어졌다. 또한 승려 자장을 등용해 통치 후반에 겪게 되는 어려움을 타파하려 했다. **첨성대**(瞻星臺)를 세운 것도 선덕여왕 대의 일이다.

또한, 636년(선덕여왕 5) 서남쪽 변경에 쳐들어온 백제 군사들을 물리쳤고, 638년(선덕여왕 7) 고구려와의 전투에서 크게 이기는 등 재위 전반기에는 대외 전쟁에서 우위를 보였다.

그러나 642년부터 고구려와 백제의 공격을 본격적으로 받기 시작했다. 이 해에 백제 의자왕의 침략을 받아 서쪽에 있는 40여 성을 빼앗겼으며, 당나라와 통하던 길목인 당항성도 고구려 · 백제의 공격을 받았다. 또한 백제 장군 윤충이 대야성을 공격해 함락시켰다.

국가적 위기에 직면한 선덕여왕은 자신이 직접 전투에 나서지 못하는 약점을 용병술로 극복했다. 선덕여왕이 주목한 인물은 김유신과 김춘추였다. 당시 신라의 주류 세력에게 밀려 별다른 두각을 나타내지 못하고 있던 김유신과 김춘추를 역사의 전면에 내세운 공은 선덕여왕에게 있다고 할 수 있다.

한편 643년에는 당나라에 사신을 보내 구원을 요청했는데, 돌아온 것은 "그대 나라는 부인을 임금으로 삼아 이웃나라의 업신여김을 받으니", "내가 종친 한 사람을 보내 그대 나라의 임금을 삼으려" 한다는 황당한 대답뿐이었다. 선덕여왕은 이 말에 반발하지 않고 이듬해 사신과 방물을 보내 태종을 달래는 현실주의 노선을 택했다. 고구려 · 백제의 공격을 받고 있는 와중에 당나라까지 적으로 만들 수 없다는 판단에서였다.

▶ 方物. 그 고장의 산물

그러나 당 태종이 지적한 여왕 통치의 문제점은 신라 정계에 파문을 일으켰다. 여왕에게 불만을 갖고 있던 진골 남성들을 부추기기에 충분했다. 647년 상대등 비담과 염종 등 진골 귀족들은 여왕이 정치를 잘못한다는 것을 구실로 반란을 일으켰다. 난은 김춘추와 김유신에 의해 진압되었으나, 여왕은 이 내란의 소용돌이 속에서 재위 16년 만에 숨을 거두어 낭산(狼山)에 묻혔다.

|평가|

선덕여왕에 대한 평가는 선덕여왕 개인의 업적에 관한 것보다 여왕의 통치 자체에 초점을 맞추고 있다. 재위 시에도 여왕의 통치에 불만을 가진 세력이 있었음은 비담의 난 등을 통해 짐작할 수 있다. 비담은 선덕여왕에게 여주(女主)라는 호칭을 사용하며 여성의 통치에 반발했다. 물론 진평왕 사후 "국인(國人)들이 세웠다"는 기록에서 나타나듯이 귀족층의 추대를 받아 왕위에 올랐던 만큼 선덕여왕을 지지하는 귀족들도 적지는 않았다.

나당연합군이 고구려와 백제를 무너뜨린 뒤, 당이 신라를 공격하자 선덕여왕의 무덤 앞에 사천왕사를 건립하는 등 선덕여왕을 추모하는 분위기가 확산됐다. 당나라와의 관계에서 당당하게 대처한 여왕의 외교를 높이 평가한 때문이었을 것이다.

그러나 신라 말 최치원은 선덕여왕이 많은 승려들을 추천하여 높은 직위를 주었기 때문에 나라의 인재들이 불교에 매달리게 되었다며 여왕의 정치를 비난하기도 했다.

고려시대에 들어서자 유교적 명분론으로 무장한 김부식은 《삼국사기》에서 "어찌 늙은 할멈이 안방에서 나라의 정치를 처리할 수 있겠는가", "나라가 망하지 않은 것이 다행"이라는 폭언을 퍼부으며 선덕여왕의 즉위 자체에 대해 비난했다.

여왕의 통치에 대한 반발은 조선시대에 더욱 강경해진다. 15세기, 《동국통감》을 지은 서거정은 "천지의 법을 어기고 음양의 이치를 거슬러 암탉이 새벽에 울어 집안이 망하는 화를 열어놓았으니 그 실수가 극심"하다는 극단적인 표현으로 여왕에 대한 불쾌함을 나타내면서 신라 멸망의 원인으로 세 명의 여왕을 지목하기도 했다.

또한 조선 후기의 실학자 안정복은 《동사강목》에서 황룡사 구층탑을 언급하며 "곡식과 재물을 저축하여 군국의 비용으로 삼았어야 할 것인데, 쓸데없는 곳에 다 써버리고 신의 도움만을 바랐으니 슬프다. 나라가 망하지 않은 것이 다행"이라고 선덕여왕의 불교정책을 비난했다.

그러나 현대에 와서 선덕여왕은 비록 다른 왕들처럼 말을 타고 전쟁터를 누비지는 못했지만 정확한 판단력과 민첩하고 결단성 있는 인사정책으로 신라통일의 주역이 되는 김춘추와 김유신을 발탁함으로써 한반도 역사의 판도를 바꾸는 결정적 역할을 한 지혜로운 왕으로 새롭게 평가받고 있다.

첨성대 |

현재 남아 있는 동양에서 가장 오래된 천문대라고 알려져왔다. 그러나 근래에 첨성대의 쓰임에 대해 다른 의견들이 제기되고 있다. 천문대가 아니라 제사를 지내던 제단이거나 불교에서 말하는 성스러운 산인 수미산을 본뜬 상징물이라는 주장, 또는 나침반이 발달하지 못했던 시대에 자오선의 표준이었거나 단순히 천문대의 상징물이었다는 주장도 있다. 높이가 9미터밖에 안 되는데 과연 그 정도 높이로 천문대의 역할을 할 수 있었을까, 가운데 나 있는 창문도 사람이 드나들기에는 지나치게 불편하다는 등의 이유에서 실질적인 천문대라기보다는 상징물이라고 주장하는 것이다.

정확한 기록이 없기 때문에 어떤 주장이 옳은지 판단하기는 어렵지만, 어쨌든 첨성대의 의의는 그 자체가 매우 과학적인 건축물이며 돌 하나하나에 상징적 의미가 담겨 있다는 데서 찾아볼 수 있을 것이다. 첨성대는 크게 세 부분으로 이루어져 있다. 사각형의 이중 기단을 쌓고, 지름이 일정하지 않은 원주형으로 27단의 돌을 쌓아올렸으며, 꼭대기는 우물 정(井)자 모양으로 돌을 엮어놓았다. 첨성대를 쌓은 돌의 수는 모두 361개 반인데, 이는 음력으로 따진 1년의 날수와 같다. 원주형의 27단과 맨 위 정자 모양의 돌까지 합하면 모두 28단으로 기본 별자리 28개를 상징한다. 중간의 네모난 창 아래위 12단의 석단은 12달 24절기를 의미한다. 또한 첨성대 꼭대기의 정자 모양 돌은 각 면이 정확히 동서남북의 방위를 가리킨다. 이처럼 갖가지 상징과 과학적인 구조를 갖추고 있는 첨성대는 국보 제31호로 지정되어 있다.

**선덕여왕에 대해
더 알고 싶을 때
보세요**

《우리 역사의 여왕들》, 조범환 지음, 책세상, 2000.
《이덕일의 여인열전》, 이덕일 지음, 김영사, 2003.

김춘추

金春秋

| 교과서에서 김춘추가 나오는 부분 : 중학교 61쪽(2/3/2) · 고등학교 58쪽(3/1/4)/61쪽(3/1/5)

| 시대 : 신라
| 생몰년도 : 602년(진평왕 24)-661년(문무왕 1)
| 재위년도 : 654년-661년
| 활동 분야 : 왕
| 시호 : 무열(武烈)
| 다른 이름 : 태종무열왕(太宗武烈王)/무열왕(武烈王)

|생애와 업적|

김춘추의 할아버지는 "정사가 어지럽고 음란하다"는 이유로 귀족들에 의해 폐위된 진지왕이다. 진지왕이 폐위된 이후 김춘추 집안은 한동안 권력에서 멀어져 있었다. 진평왕이 왕권을 강화하기 위한 목적으로 김춘추의 아버지 용춘을 자신의 딸과 결혼시키기는 했으나, 여전히 왕위를 물려받을 가능성이라고는 별로 보이지 않는 진골이었다.

이런 소외감은 가야계라는 신분적 한계를 갖고 있는 김유신과 가까워지는 계기가 되었다. 이 두 집안은 김춘추의 아버지 용춘과 김유신의 아버지 서현 때부터 친분을 유지하고 있었다. 그러던 중 김춘추가 김유신의 동생과 결혼함으로써 두 사람의 관계는 더욱 가까워졌다.

642년(선덕여왕 11) 백제의 침입으로 대야성이 함락되고 이때 사위와 딸이 죽자 김춘추는 기둥에 기대어 서서 하루종일 눈도 깜박이지 않았고 사람이나 물건이 지나가도 알아보지 못할 정도로 슬퍼했다고 한다. 김춘추는 원병을 청하러 고구려에 갔다. 개인적인 복수 때문만은 아니었다. 그 무렵 백제의 대대적인 공격에 신라는 커다란 위기를 맞고 있었다.

고구려의 보장왕을 만난 김춘추는 구원병을 보내달라 간곡하게 청했다. 그러나 보장왕은 죽령 서북이 본래 고구려의 땅이니 이를 돌려주면 군사를 보내주겠다고 대답했다. 이는 영류왕을 죽이고 보장왕을 옹립하면서 막 정권을 장악한 연개소문의 판단일 것이다. 연개소문은 강적 당나라와 맞서고 있는 상황에서 신라보다는 백제와 동맹 관계를 유지하는 게 더 유리하다고 생각한 듯하다.

보장왕의 말에 김춘추가 반발하자 고구려는 김춘추를 가두었다. 목숨의 위협을 느끼게 된 김춘추는 고구려의 귀족 선도해에게 많은 뇌물을 바치며 구해달라고 간청했다. 선도해는 귀토지설(龜兎之說), 즉 토끼와 거북의 설화를 들려주었다. 육지로 다시 데려다주면 자신의 간을 가져오겠다고 약속하는 토끼의 이야기에서 교훈을 얻은 김춘추는 귀국하면 그 땅들을 돌려보내도록 하겠다는 거짓 약속을 하고 풀려나올 수 있었다.

이후 김춘추는 왜에 군사를 빌리러 가기도 했지만 이 역시 실패했다. 또한 당나라에도 사신을 보냈으나, 선덕여왕에 대한 조롱만 듣는다. 이 때문에 647년 비담의 난이 일어났다.

반란의 와중에 선덕여왕이 죽고 진덕여왕이 즉위하기는 했으나 김유신의 활약으로 난은 진압되었다. 반란을 진압함으로써 김춘추와 김유신은 정치적 실권을 장악할 수 있었다. 실권을 장악한 김춘추는 중앙집권체제 정비에 착수했다. 당시로서는 가장 선진적인 당의 율령제도를 모델로 하여 관료체계를 정비했으며, 지방제도와 군사제도 등을 개편했다. 또한 648년에는 결국 당나라와 군사동맹을

삼국통일을 위해 김유신 장군 등과 백제 공략 작전을 세우는 태종 무열왕 김춘추(민족기록화).

체결했다. 이 무렵 고구려 침략을 계획하고 있던 당 태종이 김춘추의 제의를 받아들인 것이다. 당 태종은 백제를 평정하고 이어 고구려까지 정벌할 것을 제의했다. 전쟁이 끝난 뒤 평양성을 경계로 영토를 분할한다는 약속도 이루어졌다. 그러나 이 약속이 실현되는 데는 당나라의 내부 사정상 몇 년의 시간이 더 필요했다.

654년 진덕여왕이 죽자 김춘추는 귀족회의의 추대를 받아 53세의 늦은 나이로 왕위에 올랐다. 신라 최초의 진골 출신 왕이었다. 그리고 660년 드디어 소정방이 이끄는 13만의 당군과 김유신이 이끄는 5만의 신라군이 백제를 무너뜨렸다.

하지만 김춘추는 고구려 정벌까지 지켜보지는 못했다. 다음 해 고구려 정벌을 위해 군사를 일으킬 무렵 세상을 떠나, 그의 아들 법민이 왕위를 이었다.

▶法敏 문무왕의 이름

나당연합군의 첫 번째 고구려 공격은 실패로 돌아갔다. 연개소문의 승리였다. 그러나 연개소문이 세상을 떠난 뒤 권력층의 분열을 겪고 있던 고구려는 668년 나당연합군의 재침에 결국 무너졌다.

이후 신라마저 예속(隷屬)시키려는 당나라와 결전에 나선 문무왕은 671년(문무왕 11) 매소성 전투에서 당의 20만 대군을 격파하고, 다음 해 금강 하류 기벌포에서 당의 수군을 격파함으로써 당나라 군대를 한반도에서 내쫓을 수 있었다.

그러나 고구려가 차지했던 영토 대부분을 잃어버린 이 결과를 삼국통일이라 부를 수 있는지는 아직까지 논란거리로 남아 있다. 더구나 고구려가 멸망한 30년 뒤 그 땅에 고구려를 계승한 발해가 세워져 한반도가 다시 남북으로 나뉘어졌다.

|평가|

692년(신문왕 12) 당나라와의 외교 분쟁은 신라인들이 김춘추를 어떻게 생각했는지 보여주는 대표적인 사례이다. 당시 당나라에서는 당 태종이 위대한 공적을 남겼으므로 묘호를 '태종'이라 했는데, 어찌 김춘추에게 같은 묘호를 썼느냐며 고치라고 했다. 그러나 신라는 "선왕 춘추는 자못 어진 덕이 있었고, 더욱이 생전에 어진 신하 김유신을 얻어 한마음으로 정치를 하여 삼한을 통일하였으니, 그 공적을 이룩한 것이 적다고 할 수 없다. 그리하여 그가 별세했을 때 온나라의 백성들이 슬퍼하고 사모하는 마음을 이기지 못하여 추존한 묘호가 성조(聖祖)와 서로 저촉되는 것을 깨닫지 못하였던 것이다"라며 당나라의 지시를 거부했다.

유교명분론이 지배하던 고려·조선시대까지도 김춘추는 사대의 예를 다하고 그 문물을 받아 거친 풍속을 다듬고 고쳤으며, 당의 위엄을 빌어 고구려와 백제를 평정하고 그 땅을 취하여 성세를 이룩한 뛰어난 임금으로 인정받았다.

그러나 19세기 말 이후 근대적 민족주의가 새로운 시대적 이념으로 제기되면서 그 평가는 판이하게 달라졌다. 충과 사대 대신 민족과 자주가 평가의 기준으로 등장하면서, 김춘추는 당을 끌어들여 백제와 고구려를 몰락시킨 외세의존적 음모가로 추락해야 했다.

　광복 후 김춘추에 대한 평가는 또다시 새로운 전기를 맞고 있다. 고구려를 계승한 발해가 존재하고 있는데 과연 신라가 삼국을 통일했다고 할 수 있는지, 또 김춘추가 과연 민족통일의 의지를 갖고 있었는지 논란은 계속되었다. 하지만 분명한 것은 김춘추가 삼국을 통일해 민족통합의 초석을 다진 민족의 영웅까지는 아니더라도 당시의 시대적 상황을 잘 이용하여 멸망의 위기에 처한 신라를 구한 뛰어난 외교가였다는 점이다.

김춘추에 대해 더 알고 싶을 때 보세요

《역사의 길목에 선 31인의 선택》, 역사학자 18인 지음, 푸른역사, 1999.
《전환기를 이끈 17인의 명암》, 이희근 지음, 휴머니스트, 2002.

김유신

金庾信

| **교과서에서 김유신이 나오는 부분 : 중학교** 61쪽(2/3/2)/69쪽(3/1/1) · **고등학교** 58~59쪽(3/1/4)

| **시대 :** 신라
| **생몰년도 :** 595년(진평왕 17)~673년(문무왕 13)
| **활동 분야 :** 군사, 정치

|생애와 업적|

629년(진평왕 51) 신라는 고구려의 낭비성을 공격했다. 공격은 실패하는 듯 보였다. 부상자가 늘어가는 가운데 신라군은 고구려의 기세에 밀리고 있었다. 이때 오늘날의 연대장이라 할 수 있는 부장군(副將軍) 자격으로 출전한 김유신은 그의 아버지 서현 장군에게 허락을 구한 뒤 혼자 적진으로 뛰어들었다. 고구려군에서도 장수 한 명이 뛰어나왔다. 그러나 적장은 김유신의 적수가 되지 못했다. 김유신의 칼이 적장의 목을 베는 순간 신라군의 사기는 하늘을 찔렀다. 그 기세로 몰아붙인 신라군은 고구려군 5,000여 명의 목을 베고 1,000여 명을 사로잡았다. 이 전투의 승리로 그의 명성이 온 나라에 퍼졌다.

김유신은 595년(진평왕 17) 아버지 김서현과 어머니 만명부인 사이에서 태어났다. 멸망한 가야의 왕손으로, 증조할아버지는 가야

▶ 娘臂城 지금의 충청북도 청주 일대

의 마지막 왕인 구형왕이었다.

열다섯 살에 화랑이 되고, 열일곱이 되던 해 고구려·백제·말갈이 신라의 땅에 침범하는 것을 본 뒤 이를 평정할 뜻을 품고 홀로 석굴에 들어가 수련했다.

그러나 가야의 후손이라는 신분적인 제약 속에서 김유신의 가문은 점차 쇠락해가고 있었다. 이 위기를 김유신은 여동생 문희를 김춘추에게 시집보냄으로써 해결했다. 김춘추는 진지왕의 손자로, 당시 왕이던 선덕여왕의 조카였다. 그런 김춘추를 집으로 불러 공차기를 하다가 일부러 그의 옷고름을 밟아 떨어뜨리고는 자신의 여동생에게 이를 달아주게 했

김유신 장군 영정. 김유신은 뛰어난 정치적 수완을 가진 김춘추와 함께 신라의 통일을 주도하였다.

다. 또한 문희가 김춘추의 아이를 가졌는데도 김춘추가 결혼을 주저하자 왕이 남산에 행차한 시간에 맞춰 여동생을 태워 죽인다며 연기를 피워 왕의 허락 아래 김춘추와 여동생의 결혼을 성사시킨 일화는 유명하다. 이후 김춘추의 뛰어난 정치적 수완과 김유신의 군사력의 결합은 삼국통일의 위업을 달성하는 견인차(牽引車) 역할을 하게 된다.

김유신은 642년 압량주 군주가 되었고, 644년에는 서열 제3위 관등인 소판(蘇判)에 올랐다. 이 해 가을 상장군이 되어 백제의 7개 성을 공격하여 대승을 거두었으나, 백제가 매리포성을 공격하자 가족들도 만나지 않은 채 다시 출정하여 백제군 2,000명의 머리를 베었으며, 개선하자마자 또다시 서부 전선으로 달려가 백제군을 물리쳤다.《삼국사기》에 따르면, 김유신은 수십 번의 전투를 치르면서 단 한번의 패배도 기록하지 않은 명장이요, 전략가였다.

비담의 난을 진압하면서 김유신과 김춘추의 정치적 입지는 더욱

살아서 최고의 신하였던 김유신은 죽어서도 '대왕'의 칭호를 받으며 신라의 영웅이 되었다. 경주에 있는 김유신 장군 묘

확고해졌다. 이 난리의 소용돌이 속에서 선덕여왕이 죽고, 그 뒤를 이은 진덕여왕마저 재위 8년 만에 죽자, 김춘추가 왕위에 올라 태종무열왕이 되었다. 막강한 군사력으로 뒷받침한 김유신이 없었다면 오르지 못했을지도 모를 자리였다. 김춘추는 자신의 셋째딸을 61세의 김유신에게 시집보내 두 사람의 혈맹 관계를 더욱 다졌다.

660년 당나라와 신라의 백제 정벌이 시작되었다. 대장군 김유신은 황산벌에서 백제의 계백을 무너뜨리고 백제의 수도인 사비성을 공격하기 위해 소정방이 이끄는 당나라 군대와 합류했다. 황산벌 전투가 워낙 치열해 예정보다 하루 이틀 도착이 늦었다. 소정방은 이를 핑계로 신라의 장군 김문영을 목 베려 했다. 신라군과의 첫 만남에서 자신의 위엄을 세우려는 술수였다. 그러자 김유신이 도끼를 잡고 "먼저 당나라 군사들과 싸운 뒤에 백제를 쳐부수겠다"며 성난 머리털을 꼿꼿이 세웠다. 소정방은 자신의 주장을 철회할 수밖에 없었다. 나당연합군의 공격에 사비성은 일주일도 버티지 못하고 무너졌다. 김유신은 백제를 멸망시키는 데 기여한 공을 인정받아 대각간(大角干)이 되었다. 신라의 최고 관등인 각간에 '대' 자를 더한 자리이다.

661년 태종무열왕이 죽고 그 아들이 왕위에 올라 문무왕이 되었다. 문무왕은 김유신에게 "과인에게 경이 있음은 물고기에게 물이 있음과 같소"라며 선왕과 다름없는 믿음을 보였고, 김유신 또한 죽을 때까지 문무왕에게 충성을 다했다. 백제 부흥군을 평정한 신라는 668년 당나라와 함께 고구려를 공격했다. 74세의 나이로 병을 앓고 있었던 김유신을 배려한 왕은 김유신에게 전장에 참가하는 대신 국정을 살피게 했다. 그해 9월 마침내 고구려가 멸망했다. 고구려 멸망 후 김유신은 태대각간(太大角干)의 자리에 올랐다.

673년 7월 1일 79세의 김유신은 자신의 집에서 세상을 떠났다. 이후 흥덕왕은 그를 흥무대왕(興武大王)으로 봉하고 그 후손을 왕손으로 예우했다. 왕족이 아닌 신하가 대왕이라는 이름을 받은 것은 우리 역사상 전무후무한 일이다.

|평가|

신라의 삼국통일을 보는 견해에 따라 김유신에 대한 평가는 엇갈린다.

《삼국사기》에서 10권의 열전 가운데 3권을 차지할 만큼 삼국통일을 이룩한 김유신의 업적은 높은 평가를 받았다. 고려시대에도 꼴 베는 아이와 소 먹이는 아이들까지 그를 알고 있을 정도로 사람들이 그를 칭송한다고 《삼국사기》는 적고 있으며, 《삼국유사》는 김유신이 당대에 '성신(聖臣)'으로 추앙받았다고 전한다. 고려, 조선으로 이어지는 통일국가에서 김유신은 통일의 영웅이었다.

그러나 외세의 침략에 나라의 운명이 흔들리던 한말에 이르면 그에 대한 평가가 달라진다. 신채호는 "김유신은 지용(智勇)이 있는 명장이 아니요, 음험하기가 사나운 독수리 같았던 정치가이며,

그 평생의 큰 공이 전장(戰場)에 있지 않고 음모로 이웃 나라를 어지럽힌 자"라고 혹평했다. 당이라는 외세를 끌어들여 같은 민족인 백제와 고구려를 멸망시킨 책임을 묻고 있는 것이다. 여기에는 만주를 호령했던 고구려가 아니라 한반도 동남쪽을 차지했던 신라가 삼국통일의 주역이 된 것을 애석해하는 마음도 실려 있다. 신라의 삼국통일을 인정하지 않는 북한에서도 김유신에 대한 평가는 매우 부정적이다.

한편 민간에서 김유신은 무속적인 영웅으로 신격화되어, 현재에도 많은 무속인들이 김유신의 초상을 신당에 모시고 있다.

연표

595	만노군(지금의 충북 진천)에서 태어났다.
629	(35세) 낭비성전투를 승리로 이끌었다.
647	(53세) 비담의 난을 진압했다.
648	(54세) 백제를 쳐서 12개 성을 빼앗은 공으로 이찬에 오르고, 상주행군대총관이 되었다.
660	(66세) 황산벌전투에서 계백 장군을 무너뜨리고, 당나라군과 함께 백제를 멸망시켰다. 백제를 멸망시킨 공으로 대각간에 올랐다.
668	(74세) 고구려 멸망 후 태대각간에 올랐다.
673	(79세) 세상을 떠났다.

김유신에 대해 더 알고 싶을 때 보세요

《김유신: 시대와 영웅》, 정순태 지음, 까치, 2000.
《전환기를 이끈 17인의 명암》, 이희근 지음, 휴머니스트, 2002.
《63인의 역사학자가 쓴 한국사인물열전》, 한영우선생정년기념논총 간행위원회 엮음, 돌베개, 2003.

장보고

張保皐

| **교과서에서 장보고가 나오는 부분** : 중학교 79쪽(3/2/1)/81쪽(3/2/1) · 고등학교 145쪽(4/1/2)

| **시대** : 신라
| **생몰년도** : ?-846년(문성왕 8)
| **활동 분야** : 군사, 경제
| **다른 이름** : 장보고(張寶高), 궁복(弓福), 궁파(弓巴)

| 생애와 업적 |

장보고에 대한 기록은 우리나라뿐 아니라 중국과 일본의 사서에도 전한다. 먼저 중국의 기록으로는 중국 정사의 하나인 《신당서》에서 찾아볼 수 있는데, 이는 당나라 시인 두목이 지은 《번천문집》의 〈장보고 · 정년전〉을 그대로 인용한 것이다. 일본의 기록은 당시 중국에 머무르며 장보고와 신라인의 도움을 받았던 승려 엔닌의 기행문인 《입당구법순례행기》와 일본 정사인 《일본후기》·《속일본기》·《속일본후기》에 자세히 전한다. 우리나라 기록인 《삼국사기》·《삼국유사》는 비교적 간략한 편으로, 중국의 기록을 재인용한 것이다. 더구나 《삼국사기》에는 궁복으로, 《삼국유사》에는 궁파로 적혀 있어 사실상 우리 역사에서 장보고란 이름은 등장하지 않는다. 반란을 일으킨 인물로 낙인 찍혔기에 기록이 부정확한 것이다.

장보고의 고향은 청해진이 설치되었던 완도인 듯하다. 전하는 기록은 없지만, 훗날 문성왕이 장보고의 딸을 두 번째 왕비로 맞이하려 할 때 신하들이 그가 '해도인(海島人)'이라는 이유로 반대했다는 부분이나, 정년이 고향으로 돌아간다며 청해진으로 온 부분, 그리고 무엇보다 청해진이 그의 연고지였기 때문에 아마도 고향이 아닐까 하는 추측 등으로 미루어 짐작할 수 있다.

장보고가 어떻게 성장했는지에 대해서도 전하는 바 없다. "헤엄을 잘 치며, 말 타고 창을 쓸 때 누구도 맞서지 못한다"라는 것으로 보아 평민 출신으로 바닷가에 살며 무예를 익힌 것으로 보인다. 청년이 된 장보고는 자신보다 열 살 가량 어린 정년과 함께 당나라 서주 지방으로 건너가 무령군 소장(小將)이라는 군직에 올랐다. 신라 사람으로 낯선 타국에서 군대의 중간 지휘자가 되었음은 그의 용맹과 무예가 탁월했음을 보여준다. 이러한 군사적 경험은 이후 해적을 물리치는 데 많은 도움이 되었을 것이다. 당나라에 머물고 있는 신라인들의 신임을 쌓아 이후 재당신라인 조직을 건설하는 기반을 닦았던 시기도 이 무렵이다.

장보고는 당나라에서 생활하며 신라 사람들이 해적에게 붙잡혀 와 노예로 팔리는 현실을 생생하게 목격했다. 당의 조정은 신라인을 노예로 삼는 행위를 금지한 바 있으나, 중국 연안지대 곳곳에서 자행되는 신라노예 매매는 뿌리뽑히지 않고 있었다.

828년(흥덕왕 3) 장보고는 귀국하여 흥덕왕에게 간청했다.

"중국을 두루 돌아보니 많은 우리나라 사람들이 노비가 되어 있었습니다. 청해에 진영을 설치하여 도적들이 사람들을 붙잡아 서쪽으로 데려가지 못하도록 하기 바랍니다."

이 말에 감동한 흥덕왕은 그를 청해진 대사로 삼고 군사 1만 명을 주었다. 신라의 정식 관직에는 대사라는 명칭이 없다. 엄격한 신분제 사회였던 신라에서 평민 출신에게 관직을 제수하기 어렵자 장보고에게만 준 예외적인 관직이거나 장보고가 중국에 있을 때부

완도군 장도에 있는 장보고 사당.

터 사용하던 별칭에서 유래된 이름이라 추정된다. 또한 **김헌창의 반란**이라는 국가적 위기를 겪고 난 신라 조정에서 과연 해안지대의 군사기지에 1만 명이라는 군사를 보낼 수 있었느냐는 의문도 제기되는데, 이는 현지 주민 1만 명을 장보고가 규합한다는 것에 대한 양해 정도로 추정하는 편이 타당할 듯하다.

장보고는 완도에 성을 쌓고 항만시설을 갖추었다. 군선을 만들고 수군을 훈련시켰다. 장보고의 군선들은 황해로 출동해 해적을 소탕했다. 후반기에는 상업 활동에 주력해서, 일본과 당을 잇는 중개무역에 뛰어들었다. 신라는 당에 **견당매물사**(遣唐賣物使), 일본에 **회역사**(廻易使)를 보내 무역을 했는데 장보고가 이를 확대했다. 산둥 성과 청해진, 규슈에 신라의 배가 쉴새없이 드나들었다. 장보고는 청해진을 중심으로 재일신라인 사회와 재당신라인 사회를 연결하는 무역망을 구축했고, 이러한 중개무역을 통해 막대한 부를 축적했다. 동북아시아의 해상권을 장악하고 해상왕국을 건설한 것이다.

장보고에 대한 지원을 아끼지 않았던 흥덕왕이 아들 없이 죽자 흥덕왕의 사촌동생인 상대등 김균정과 흥덕왕의 조카인 김제륭이 왕위를 두고 다투었다. 이 싸움에서 김균정이 죽고 김제륭이 희강왕이 되었다. 김균정의 아들 김우징은 가족과 함께 청해진으로 달아나 장보고에게 몸을 의탁했다. 막강한 군사력과 자금력을 갖고 있었던 장보고는 이미 왕실에서도 함부로 건드릴 수 없는 인물이었다.

왕위에 오른 지 3년이 채 안 되어 김명과 김이홍 등의 반란으로 희강왕이 자결하고, 김명이 민애왕이 되었다. 이 소식을 들은 김우징은 장보고에게 "장군의 군사를 빌려 군부의 원수를 갚고 싶다"고 청했다. 장보고는 이를 받아들였다.

838년(민애왕 1) 청해진의 군사가 왕경(王京)에 이르렀다. 장보고는 근거지를 지키며 만일의 사태에 대비하였고 5,000명의 군사를 실질적으로 이끌었던 것은 정년이었다. 왕경에 이르기까지 몇 번의 전투가 있었으나 중앙군은 청해진군의 적수가 되지 못했다. 결국 청해진군은 도망친 민애왕을 죽이고, 김우징이 왕위에 올라 신무왕이 되었다. 신라 최초의 군사 쿠데타가 성공을 거두었다. 평민 출신인 장보고가 이끄는 군대가 신라의 왕을 바꾼 것이다.

장보고는 감의군사(感義軍使)가 되었고 식읍 2,000호를 받았다. 감의군사는 상징적인 군사 최고 지휘자인 듯하나 새로 만들어진 자리라 정확히 확인할 수는 없다. 또한 식읍을 받았다고 했는데, 이러한 특별대우는 김유신 이후 처음 있는 일이었다.

신무왕이 왕위에 오른 지 6개월쯤 지나 등창으로 죽자 문성왕이 왕위를 이었다. 문성왕은 장보고에게 진해장군이라는 직책을 주었다. 또한 문성왕은 장보고의 딸을 둘째 왕비로 맞이하려 했다. 그러나 신하들이 섬사람의 딸을 어찌 왕실의 배필로 삼을 수 있겠느냐며 반발했다. 또 다른 얘기로는 김우징이 청해진에서 군사를 부탁하며 왕위를 얻으면 장보고의 딸을 왕비로 삼겠다고 약속했다가, 왕위에 오른 김우징이 약속을 지키려 하자 신하들이 반대했다고도 전한다.

어쨌든 장보고는 크게 분노했다. 이후 그가 청해진에서 반란을 일으켰다고 하지만 군사행동을 벌인 구체적인 정황은 전하는 바 없다. 신라 조정에서는 장보고의 반응에 촉각을 곤두세웠을 것이다. 이때 염장이 나섰다. 거짓으로 장보고에게 접근한 염장은 술에 취한 장보고를 칼로 찔러 죽였다. 《삼국사기》는 장보고가 846년(문성왕 8)에 죽었다고 전하지만, 엔닌의 일기에 따르면 841년 암살된

장보고가 흥덕왕의 도움을 받아 완도 청해진에 군사 시설과 무역항을 세우고 대항해시대를 열었던 흔적. 청해진 본부가 있던 섬을 에워싼 목책이 아직도 갯벌에 박혀 있다.

것으로 추정된다.

장보고의 허망한 죽음 뒤 그의 부하들이 반란을 일으키려 했지만 염장이 진압했고, 청해진은 염장의 통제에 놓였다. 장보고의 심복들은 중국이나 일본으로 떠나고 계속되는 완도 주민들의 반발로 결국 851년(문성왕 13) 청해진은 폐쇄되었다. 신라의 국력을 키우고 국위를 떨치던 장보고의 죽음은 중앙의 귀족 세력과 지방의 호족 세력의 대결에서 지방의 호족 세력이 패배했음을 의미한다.

|평가|

일본 불교 천태종의 중흥조인 엔닌은 꼼꼼하게 작성한 자신의 여행기 《입당구법순례행기》에서 당나라를 여행할 당시 장보고의 도움을 받아 고국으로 돌아갔던 인연을 소개하며 장보고가 누군지, 또 어떤 일을 했는지에 대한 기록을 남겼다. 그리고 "평소에 받들어 모시지 못했으나, 오랫동안 고결한 풍모를 들었습니다. 엎드려 우러러 흠모함이 더해갑니다"라는 편지를 남겨 장보고에 대한 존경을 드러내기도 했다.

한편, 당나라 최고의 시인으로 평가받는 두목은 그의 《번천문집》에 장보고 편을 따로 만들어 장보고의 일대기를 소상히 다루었다. 그는 장보고를 안녹산의 난 때 활약한 곽분양에 비유하며, 명철한 두뇌를 가진 사람으로 동방에서 가장 성공한 사람이라고 칭송했다.

우리 역사에는 별로 남아 있지 않은 장보고에 대한 일들을 상세히 전한 엔닌의 기록과 두목 덕분에 현재의 우리들은 당시 장보고가 동아시아에서 얼마나 위대한 일을 했으며 어떤 평가를 받았는지 제3자의 입을 통해 공정한 목소리를 들을 수 있다.

장보고를 《삼국사기》 열전에 수록한 김부식 또한 그를 당나라 곽분양에 비견되는 위대한 인물이라 하면서 의리와 용맹이 있다고 했다. 그러나 충이 강조되었던 조선시대에는 반역자로 몰려 죽은

Tip

김헌창의 반란 |
김헌창의 아버지 김주원(金周元)은 무열왕의 후손으로서 선덕왕 사후 왕위 계승권자였으나 원성왕(元聖王)에게 자리를 빼앗기자 아들 헌창이 반발해 군사를 일으켰다. 이때 무진주, 완산주, 청주, 사벌주 등 옛 백제 지역의 지방 세력들이 대거 가담했으나 진압되었고, 김헌창은 자결했다. 3년 뒤 그의 아들 김범문(金梵文)이 다시 봉기했다가 사형당하는 등 그 여파가 적지 않았다. 반란 과정에서 주목되는 것은 지방 세력들이 왕위 계승에 제 목소리를 낼 만큼 성장했다는 것이다. 이들은 신라 말기에 이르면 독자적 세력을 갖는 호족으로 변모한다.

▶ 武珍州, 지금의 전남 광주
▶ 完山州, 지금의 전북 전주
▶ 菁州, 지금의 경남 진주
▶ 沙伐州, 지금의 경남 상주

견당매물사 |
장보고가 당나라에 파견한 무역사절을 말한다. 장보고는 당에 견당매물사를 보내 이들로 하여금 무역선인 교관선(交關船)을 인솔하게 했다.

회역사 |
장보고가 일본에 파견한 무역사절을 말한다. 장보고가 죽은 뒤 폐지되었다.

장보고가 제대로 평가받기 어려웠다.

개항기에서 일제강점기를 거치며 장보고의 위상(位相)은 다시 회복되었다. 우리 민족이 나아가야 할 길을 보여준 선각자로 인식되기 시작한 것이다. 이러한 평가는 근래까지도 계속되고 있다. "해상왕국의 건설자", "해양 상업 제국의 무역왕", "해양 식민지를 다스리는 총독" 등이 그의 이름 앞에 붙는 수식어들이다.

연표

828	귀국하여 청해진을 건설했다.
836	김우징(뒤의 신무왕) 등이 청해진으로 와 장보고에게 의탁했다.
839	김우징을 왕위에 오르게 하여 감의군사가 되었다.
840	일본에 무역사절을, 당나라에 견당매물사를 보내 삼각무역을 펼쳤다.
845	딸을 왕비로 보내려다 신하들의 반대로 좌절되었다.
846	염장에게 살해되었다.

장보고에 대해 더 알고 싶을 때 보세요

《장보고의 나라》, 윤명철 지음, 정신세계사, 2003.

《천년을 여는 미래인 해상왕 장보고》, 최광식 · 정운용 · 최근식 · 윤재운 지음, 청아출판사, 2003.

《장보고》, 강봉룡 지음, 한얼미디어, 2004.

최치원

崔致遠

| **교과서에서 최치원이 나오는 부분 : 중학교** 72쪽(3/1/2) · **고등학교** 242쪽(6/1/1)

| **시대 :** 신라
| **생몰년도 :** 857년(문성왕 19)-?
| **활동 분야 :** 학문
| **자 :** 고운(孤雲)/해운(海雲)

|생애와 업적|

868년 어느 날, 당나라로 떠나는 열두 살의 어린 최치원에게 아버지는 말했다.

"10년 안에 진사에 급제하지 못하면 내 아들이라고 하지 말아라. 나 역시 아들이 있다고 하지 않을 것이다. 가서 열심히 하거라."

이역만리 먼 곳으로 어린 아들을 보내는 아버지의 당부로는 지나치리만큼 매서운 이 말 속에는 대대로 문장과 학문으로 이름을 얻었던 최씨 집안 자손이라는 자부심과 함께 6두품으로서 느끼는 한과 비애가 숨어 있었다. 아들이 어려서부터 "차분하고 똑똑하며 학문을 좋아하는" 촉망받는 소년이었기 때문에 더욱 그러했으리라.

최치원은 신라 6두품 집안 출신이었다. 엄격한 골품제 사회였던 신라에서 6두품은 아무리 능력이 뛰어나도 아찬 이상의 벼슬엔 오를 수 없었다. 골품제라는 한계 속에서 자신의 역량을 마음껏 발휘

▶ 阿飡 신라의 17관등 중 6등위

천재적인 글재주로 당나라에서 인정받은 최치원은 고국 신라에서 그 뜻을 펴길 원했으나 기울어가는 신라는 최치원의 뜻을 펼칠 수 있는 상황이 아니었다.

하지 못했던 6두품들은 당나라 유학의 길을 많이 선택했다. 837년 한 해 동안 당나라에 건너간 신라 유학생이 216명에 이를 정도로 당시 신라에서는 유학 열풍이 불고 있었다.

최치원의 각오도 아버지 못지않았다. 당나라에 간 최치원은 "졸음을 쫓기 위해 상투를 매달고 가시로 살을 찌르며 남이 백을 하는 동안 나는 천의 노력을 했다"는 기록을 남길 만큼 학문에 매진한 결과 유학 생활 6년만인 874년에 18세의 나이로 빈공과(賓貢科)에 합격했다. 빈공과는 당나라에서 외국인을 위해 설치한 과거로 발해인과 신라인이 많이 응시했다. 과거에 합격한 뒤 876년 율수현의 현위(縣尉)로 임명되었다.

최치원이 율수현 현위로 있을 때의 전설은 많이 알려져 있다. 율수현 초현관 앞산에 옛 무덤이 있었는데 쌍녀분이라 불렸다. 어느날 최치원은 이 무덤의 주인인 두 소녀에 관한 이야기를 들었다. 강제결혼을 피해 스스로 목숨을 끊은 장씨 자매 이야기에 감동한 최치원은 이들을 위로하는 시를 지어 바쳤다. "뉘 집 딸이 묻혀 있는 무덤인가/ 적적한 황천 문에서 가는 봄을 얼마나 원망했을까……"로 시작되는 시에 감동한 두 소녀의 넋이 그날 밤 최치원을 찾아와 시로 화답하며 하룻밤을 보내고 갔다고 한다.

최치원의 글재주를 감탄하는 이 전설은 당나라뿐 아니라 송나라·원나라·청나라의 기록에서도 찾아볼 수 있다. 천재적인 신라 유학생에 대한 당나라의 관심은 지대했다. 중국의 역사서인《신당서》에 "최치원은 고려인으로 빈공과에 급제하고《사륙집》·《계원필경》을 썼다"는 기록이 있는데, 중국 정사에서 외국인의 작품을 소개한 것은 최치원이 유일하다.

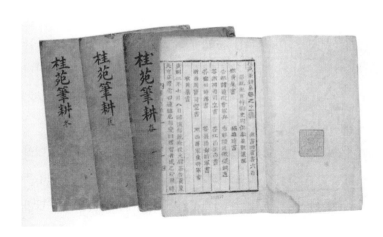

이듬해 최치원은 고급 관료를 선발하는 시험에 응시하기 위해 현위를 사직하고 입산하였으나, 경제적 어려움을 이기지 못하고 고변의 휘하에 들어간다. 최치원의 글재주가 널리 알려지기 시작한 것은 879년 황소가 반란을 일으키자 고변의 종사관이 되어 서기를 맡으면서부터이다. "황소가 이 글을 읽다가 책상에서 나둥그러졌다"는 유명한 일화를 남긴 〈토황소격문〉이 이때 씌어졌다. 고변의 종사관으로 있으면서 지은 1만여 수에 달하는 글들은 귀국 후 정리하여 《계원필경》으로 묶었는데, 그 양이 20권이 되었다.

황소의 난이 진압된 뒤 최치원은 중국 황제로부터 자금어대를 하사받았다. 능력을 인정받은 것이다. 그러나 정작 황소의 난을 진압하는 데 이렇다 할 공을 세우지 못한 고변은 낙담하여 술에 빠져들기 시작했고, 황소가 조카에게 죽음을 당하면서 반란은 끝이 났다.

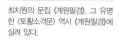

▶紫金魚袋. 황제가 정5품 이상에게 하사하는 붉은 주머니

술에 빠져든 고변에게서 더 이상의 미래를 찾기 어려워서인가, 아니면 고국에 대한 그리움을 떨쳐버리지 못해서인가. 최치원은 17년간의 당나라 생활을 접고 귀국한다. 884년 당 희종이 신라 왕에게 내리는 조서를 가지고 귀국할 당시 그의 나이는 28세였다.

신라의 헌강왕은 최치원을 '시독 겸 한림학사(侍讀兼翰林學士)'로 임명했다. 신라 조정에서 당에 올리는 표문(表文)을 비롯한 문서를 작성하는 직책이었다.

당시 신라는 이미 붕괴를 눈앞에 두고 있었다. 지방에서 호족들이 등장하여 중앙 정부를 위협하고, 세금을 제대로 거두어들이지 못한 국가의 재정은 어려웠다. 889년에는 농민들이 사방에서 봉기하여 전국적인 내란 상태에 빠졌다.

최치원을 맞이한 고국의 현실은 황소의 난을 겪던 당나라의 어려움보다 더하면 더했지 결코 덜하지 않았다. 더구나 "장차 자신의 뜻을 펴고자 하였으나 신라가 쇠퇴해가던 때라 시기하는 자가 많아 용납될 수 없었다"라고 전할 만큼 그의 정치적 입지는 불안정했다.

의욕적으로 시작한 고국 생활이었지만 골품제의 한계와 국정의 혼란을 넘어서지 못한 채 외직을 자청해 대산군, 천령군, 부성군 등지의 태수를 역임했다.

▶大山郡, 지금의 전라북도 태인
▶天嶺郡, 지금의 경상남도 함양
▶富城郡, 지금의 충청남도 서산
▶時務策, 급히 해결하여야 할 사안을 논하여 국왕에게 건의한 글

신라를 개혁하려는 그의 의지가 완전히 꺾인 것은 아니었다. 894년에는 시무책 10여 조를 진성여왕에게 올려 구체적인 개혁안을 제시하기도 했다. 진성여왕은 그의 시무책을 받아들여, 최치원을 6두품 신분으로서 오를 수 있는 최고 관직인 아찬에 제수했으나 당시 중앙 귀족들은 그의 개혁안을 받아들이려 하지 않았다.

당나라에서는 이방인이라는 한계가, 고국에 돌아와서는 6두품이라는 한계가 그의 발목을 붙잡은 셈이다.

▶지금의 의성

이후 최치원은 은퇴를 결심하고 경주의 남산, 강주, 합천의 청량사, 지리산 쌍계사, 동래의 해운대 등에 발자취를 남기다 말년에는 해인사에 은둔하여 열정적으로 저술 활동에 몰두했다.

해인사에서 언제 세상을 떠났는지 알 수 없으나, 그가 남긴 마지막 글 〈신라수창군호국성팔각등루기〉에 의하면 908년까지 생존하였던 듯하다. 그 뒤 방랑하다가 죽었다고도 하고 신선이 되었다는 속설만이 전할 뿐이다.

최치원 자신은 신라인으로 남아 은둔 생활로 일생을 마쳤지만,

유교에서 그의 선구적 업적은 최승로로 이어져 신흥 고려의 정치이념을 확립하는 데 많은 영향을 주었다. 왕건이 고려를 창건하자 최치원이 "계림(신라)은 누런 잎이고 곡령(고려)은 푸른 소나무"라는 글을 올려 왕건에 대한 지지를 완곡하게 표현했다는 말들이 전하지만, 고려가 창건될 무렵은 최치원의 나이 환갑을 넘은 때로 그가 살아 있었는지조차 불분명하다.

|평가|

난세를 산 최치원의 삶은 불행했다. 유학·불교·도교에 이르기까지 깊은 이해를 지녔던 학자이자 뛰어난 문장가였지만 자신의 뜻을 현실 정치에서 펼쳐보이지 못하고 깊은 좌절을 가슴에 안은 채 사라져버린 최치원을 후대 사람들은 어떻게 평가할까.

고려시대 이규보는 "우리나라 학자들은 모두 최치원을 조종(祖宗)으로 생각한다"고 했다. 모든 유학자들이 최치원을 유학의 시조로 섬기고 있다는 말이다.

그러나 불교에 보인 관심 때문에 조선의 이황은 "전적으로 망령된 불교인"이라고 비난하기도 했으며, 또한 사대주의적 경향으로 인해 일제시대 신채호에게는 "일개 선비"라는 모욕을 당하기도 했다.

고려는 1020년(현종 11) 최치원을 내사령(內史令)에 추증했다가 다음 해 문창후(文昌候)라는 시호를 올렸고 우리 역사상 최초로 문묘에 배향했다. 우리나라 최초의 유학사상가로 인정받은 것이다. 또한 조선시대에는 태인의 무성서원, 경주의 서악서원, 함양의 백연서원, 영평의 고운영당, 대구 해안현의 계림사 등에 모셔졌다.

우리 역사에서 영정이 가장 많은 사람이 최치원이다. 유교뿐 아니라 불교와 도교에도 깊은 학문적 성과를 거두고 유불선 합일을 주장한 그의 명성은 시간이 지날수록 신격화되었다.

▶ 文廟 공자를 모시는 사당

▶ 配享 학덕이 있는 사람의 신주를 문묘나 서원에 모시는 일

저서

시문집으로 《계원필경》 20권, 《금체시》 1권, 《오언칠언금체시》 1권, 《잡시부》 1권, 《중산복궤집》 5권, 《사륙집》 1권, 문집 30권 등이 있었고, 사서로 《제왕연대력》이 있었으며, 불교 관계 저술로 《부석존자전》, 《법장화상전》, 《석이정전》, 《석순응전》, 《사산비명》 등이 있었으나, 오늘날 전하는 것은 《계원필경》, 《법장화상전》, 《사산비명》 뿐이다. 그 외에 《동문선》과 《삼국사기》 등에 약간의 글들이 전한다.

글씨도 잘 써서 쌍계사의 〈진감선사비문〉이 최치원의 글씨다.

**최치원에 대해
더 알고 싶을 때
보세요**

《역사의 길목에 선 31인의 선택》, 역사학자 18인 지음, 푸른역사, 1999.
《역사스페셜》 5, 원작 KBS 역사스페셜, 효형출판, 2003.
《인물로 보는 한국사》, 이은직 지음, 일빛, 2003.

대조영

大祚榮

| 교과서에서 대조영이 나오는 부분 : 중학교 73쪽(3/1/3) · 고등학교 62쪽(3/1/5)

| 시대 : 발해
| 생몰년도 : ?–719년
| 재위년도 : 699년–719년
| 활동 분야 : 왕
| 시호 : 고왕(高王)

|생애와 업적|

668년 고구려가 나당연합군에게 무너진 이후 고구려 옛 영토의 대부분은 신라와 당나라 어디에도 속하지 않는 힘의 공백 상태에 남겨졌다. 신라는 평양 이남을 차지했을 뿐이고 당나라 또한 만주 지역을 장악하지는 못하고 있었다.

당나라는 만주를 지배하기 위해 영주에 영주도독부를 설치하고 고구려와 말갈 유민들을 그 부근으로 이주시켰다. 그런데 영주도독 조문홰가 가혹한 통치를 하자 696년 거란인 이진충 · 손만영 등이 반란을 일으켜 조문홰를 죽이고 영주를 점거했다. 영주 일대가 혼란에 빠지자 고구려 유민 걸걸중상과 말갈인 걸사비우는 그 지역에 억류되어 있던 고구려 유민과 말갈족을 각각 이끌고, 당나라의 지배에서 벗어나 동쪽으로 이동했다. 대조영은 걸걸중상의 아들로 아버지와 함께 고구려 유민을 이끌었다.

▶ 寧州, 러시아 연해주와의 접경 지역인 헤이룽장 성 동부 지역으로 추정

발해의 3대왕 문왕 때부터 옮겨 발해가 망할 때까지 수도였던 상경성의 항공사진

당나라의 측천무후는 걸걸중상에게 진국공(震國公)을, 걸사비우에게 허국공(許國公)을 책봉하며 회유하려 했지만, 이들은 거부했다. 회유책이 실패하자 측천무후는 당나라에 항복한 거란 출신 장수 이해고에게 대군을 주어 토벌하도록 했다. 걸사비우가 이끄는 말갈족이 먼저 이들을 맞았다. 걸사비우가 첫 전투에서 죽자, 말갈족은 대조영이 이끄는 군대에 합류했다. 이 무렵 대조영이 군대를 이끌었던 것으로 보아 걸걸중상도 죽은 것으로 추정된다.

이해고의 추격을 받아 대조영은 압록강 상류를 넘었다. 이때 대조영을 따르는 무리들은 고구려 유민들과 고구려 부흥군, 그리고 말갈군까지 아우르는 거대 세력이었다. 대조영은 당나라 군사들을 깊은 산골로 유인했다. 천문령을 넘어 군사들을 숲속에 매복시켜 놓고 기다리고 있었다. 백두산 아래 밀림지대였다. 추격에 정신이 팔려 있던 당나라 군사들은 천문령을 넘어오다 바로 기습을 당했다. 이해고는 겨우 목숨을 건져 도망쳤지만, 수십만에 달했던 당나라 군사들은 전멸당했다. 이 전투를 천문령전투라 하는데, 이 전투의 승리로 대조영은 자신의 힘을 대내외에 확실히 알릴 수 있었다. 이 승리는 발해를 건설하는 데 결정적인 계기가 된다.

▶天門嶺, 지금의 지린 성 합달령으로 추정

대조영은 그 뒤 계속 만주 쪽으로 이동하여 698년 무렵 동모산을 중심으로 성을 쌓고 진국(震國)을 세웠다. 고구려가 망한 지 30년 만에 고구려의 뒤를 잇는 국가가 탄생한 것이다. 진국은 고구려 출신의 지배층과 말갈 출신 백성들의 결합으로 건국되었다고 전해진다.

무예와 지략이 뛰어났던 대조영은 빠른 시간 안에 나라의 기틀을 잡고 동부 만주 일대에 세력을 확대했다. 또한 나라를 세운 뒤 곧 돌궐과 국교를 맺고 신라에도 사신을 보냈다. 당나라와는 중종 때 정식으로 외교 관계를 맺고 우호를 지켜나갔다. 당나라는 713년 대조영을 발해군왕으로 책봉했다. 공식적으로 발해라는 국호가 사용된 것은 이때부터이지만, 이보다 먼저 진국에서 나라 이름을 발해로 바꾸었던 것으로 추정된다.

대조영은 나라를 세운 뒤 21년 만인 719년 세상을 떠났다. 시호는 고왕이다. 719년 고왕이 죽자, 그의 아들 대무예(무왕)가 왕위를 계승했다. 그는 영토 확장에 힘을 기울여 북동 방면의 여러 종족을 정복했다. 737년 무왕이 죽고 대흠무가 3대 문왕에 즉위했다. 이 무렵 어느 정도 국가기반이 확립되었다고 판단한 문왕은 내부의 국가체제를 정비하는 데 주력했다. 그는 먼저 중국 당나라의 제도를 받아들여 3성(정당성·중대성·선조성) 6부(충·인·의·예·지·신부)제도를 실시하는 한편, 수도를 동모산에서 상경용천부로 옮겼다. 대외적으로는 동북 방면의 말갈부락을 복속시키고 그곳에 부(府)를 설치했다. 이러한 대내외적인 정비를 통하여 국력이 향상되자, 762년 당은 문왕에게 한 등급 높은 관작인 발해국공(渤海國公)을 수여했다. 793년 문왕이 죽은 이후 성왕·강왕·정왕·희왕·간왕이 차례로 왕위를 계승했으나, 별다른 치적은 없다. 간왕에 이어 대조영 동생인 대야발의 4세손 대인수가 선왕에 즉위했다. 선왕은 흑수말갈을 비롯한 대부분의 말갈 세력을 복속시키고, 또 랴오둥 지방에 대한 당의 지배가 약해진 틈을 타서 랴오허 유역까지 진

▶ 東牟山. 지금의 중국 지린 성 일대

▶ 上京龍泉府. 헤이룽장 성 닝안 현 동경 성 일대

출해 그곳에 목저주·현토주를 설치했다. 이후 랴오둥 진출을 본격화하여 10세기 초에 거란이 이곳으로 진출하기까지 그 지역에 대한 지배권을 계속 유지했다. 선왕 대에 발해는 가장 넓은 영토를 지배했으며, 이에 맞추어 5경(京) 15부(府) 62주(州)의 지방제도가 완비되었다. 이 결과 발해는 당으로부터 해동성국(海東盛國)이라는 칭호를 얻었다.

선왕이 재위 10년 만인 830년에 죽은 뒤 약 100년간의 발해 역사에 대해서는 뚜렷한 기록이 남아 있지 않다. 발해가 쇠퇴할 무렵인 916년에 야율아보기가 거란족을 통일하고 황제가 되었다. 그는 중원 지방으로 진출하려고 노력했는데, 그러기 위해서는 배후 세력인 발해를 먼저 제거해야만 했다. 925년 12월 말 마침내 야율아보기는 군대를 이끌고 발해를 공격해 보름만인 그 이듬해 1월 15일에 멸망시켰다. 이때 발해는 귀족 간의 권력투쟁이 극심해 거란의 침입을 효과적으로 방어할 수 없었다. 이렇게 하여 15대 왕 230년간 지속된 발해는 멸망했다.

상경성의 돌사자.

|평가|

발해는 오랫동안 우리 역사에서 잊혀져 있었다. 조선시대까지 유학자들은 우리 역사에 발해를 포함시키지 않았다. 삼국시대 이후 신라·고려·조선으로 이어져 왔다고 생각했다.

그러나 조선 후기 실학자 유득공은《발해고》라는 책을 쓰면서 "그 대(大)씨는 누구였던가? 그는 고구려 사람이었다. 그들이 차지하였던 땅은 어디였던가? 그곳은 우리의 고구려였다"라며 발해가 고구려를 계승한 우리의 국가라고 주장했다.

유득공의 이러한 노력은 남쪽에는 신라, 북쪽에는 발해라는 역사의식을 만들어냈다. 이에 따라 오늘날 남한에서는 당시를 남북국시대라 하고, 북한에서는 남북조시대라고 한다.

발해 문왕이 스스로를 '고려 왕'이라고 부른 국서가 전하고, 일본 역사책에서도 발해 사신을 고려 사신으로 부르는 등 발해가 우리의 역사라는 증거가 존재하는데도, 주변 국가들의 입장은 다르다.

중국은 발해가 당나라의 지방 정권에 불과한 '발해군'이었디며 자기들의 역사에 편입시켰고, 러시아는 발해가 고구려를 일부 계승하기는 했지만 대체로 말갈인들이 주축이 되어 건국한 나라로 보고 있다. 한국사나 중국사 어디에도 속하지 않는 말갈족의 독립 국가였다는 것이다. 현재 발해의 영역이었던 친양의 박물관에는 발해가 중국의 지방 정부였다는 소개와 함께 유물들이 전시되어 있다. 그러나 고구려를 계승했고 고구려인이 다스린 발해는 분명 우리의 역사다. 발해 주민의 다수를 차지했다는 말갈인조차 실은 대부분 고구려 유민이라는 게 최근의 연구를 통해 밝혀졌다.

연표

696 고구려 유민과 말갈족을 이끌고 동쪽으로 탈출해 자립을 꾀했다.
698 진국을 세웠다.
713 당나라가 '발해군왕'으로 책봉했다.
719 세상을 떠났다.

대조영에 대해 더 알고 싶을 때 보세요

《이야기 인물한국사》, 이현희 지음, 청아출판사, 1986.
palhae.nacool.net 사이버 발해박물관

견훤

甄萱

| 교과서에서 견훤이 나오는 부분 : 중학교 83-84쪽(3/2/2) · 고등학교 66-67쪽(3/1/5)

| 시대 : 후백제
| 생몰년도 : 867년-936년
| 재위년도 : 900년-935년
| 활동 분야 : 왕

| 생애와 업적 |

936년 9월의 어느 날, 건너편 언덕에 진을 친 후백제군을 바라보는 견훤의 가슴속은 말로 표현할 수 없을 만큼 착잡했다. 그의 나이 어느새 일흔, 농사꾼의 아들로 태어나 26세에 스스로 나라를 세운 뒤 한때는 신라와 고려를 제압하며 삼국통일을 눈앞에 두기도 했건만, 이제는 자신이 세운 나라를 멸망시키기 위해 고려 편에 서 있는 처지를 생각하면 자다가도 벌떡벌떡 일어날 노릇이었다. 70년 세월이 그의 머릿속을 스치고 지나갔다.

부모가 들에서 일을 하느라 수풀 밑에 눕혀두면 호랑이가 와서 젖을 먹였다는 일화가 전할 만큼 어렸을 때부터 비범했던 그는 상주 가은현에서 아자개의 아들로 태어났다. 본래의 성은 이씨였으나 후에 견(甄)으로 바꾸었다(본래 견자는 성씨로 쓰이면 '진'으로 읽혀

'진훤'이 옳으나, 이 책에서는 교과서 표기를 따랐다).

견훤에게는 독특한 출생 설화가 전한다. 전하는 이야기에 따르면 가은현에 사는 부잣집 딸에게 밤마다 자주색 옷을 입은 사내가 다녀가곤 했다고 한다.

하루는 임신한 그 딸이 아버지가 시키는 대로 찾아온 남자의 옷자락에 바늘을 꽂아놓았다. 이튿날 바늘에 꿰인 실을 따라갔더니 담장 밑에 있는 커다란 지렁이의 허리춤에 바늘이 찔려 있더라는 이야기다. 견훤이 지렁이의 아들이라는 내용인데, 이는 지렁이의 경상도 사투리인 '지러이'와 견훤의 본래 이름이었다던 진훤의 경상도식 발음 '진훠이'의 유사함 때문에 만들어진 이야기인 듯하다. 또 설화에 따르면, 견훤의 어머니가 꽤 세력 있는 집안의 딸이었다는 추측도 가능하다.

견훤의 아버지 아자개는 농사를 짓다 나중에 **호족**으로 성장해 장군이 되었다. 견훤도 군인의 길을 택했다. 신라의 군대에 들어가 서남해안으로 배치되었는데, 당시 그는 창을 베고 자면서 적을 기다렸고 다른 병졸들보다 용기가 앞섰다고 기록은 전한다. 능력을 인정받아 비장(裨將)이 되었는데, 이는 대장의 보좌관이나 단위부대의 지휘관 정도의 직책으로 추정된다.

이 무렵 천년왕국 신라는 몰락의 길에 들어서고 있었다. 왕실이 권력다툼에 빠져 있는 사이 농민들은 몰락해 유랑민이 되거나 도적이 되었다. 이러한 농민들의 움직임은 농민 봉기로 이어졌고, 신라의 중앙 정부는 지방 통제력을 상실했다. 그러자 각지에서 독자적인 기반을 갖춘 새로운 세력들이 나타났다. 이들을 호족이라 하는데, 호족은 자신의 세력권 안에 있는 주민들을 직접 지배할 뿐만 아니라 독자적인 군사력을 갖추고 있는 독립된 정치 세력이었다.

견훤은 자신을 따르는 병력을 이끌고 순천과 여수 일대를 시작으로 주변 고을들을 점령해나갔다. 한 달 사이 5,000명의 무리를 모았

견훤이 아들들에 의해 유폐되었던 금산사.

을 정도로 그의 능력은 뛰어났다. 892년(진성여왕 6) 지금의 광주인 무진주를 점령하고 독립을 선포할 당시 그의 나이는 불과 26세였다. 900년(효공왕 4)에는 완산주에 입성해 이곳을 도읍으로 정하고 국호를 '백제'라 선포했다. 백제가 멸망한 지 240년, 다시 백제를 부활시키겠다는 기치를 내건 것이다. 또한 자신을 대왕이라 칭하면서 정개(正開)라는 연호를 반포했다.

▶ 후백제, 후고구려의 '후'는 후대 사람들이 백제, 신라와 구별하기 위해 붙인 이름임

견훤은 호족들과의 혼인을 통해 세력을 확장시켜나가면서 옛 백제의 외교를 복원하는 데도 총력을 기울였다. 중국의 오월국(吳越國)과 후당(後唐)에 사신을 파견했으며, 거란·일본과도 외교 관계를 맺었다.

같은 시기 궁예도 독자적인 세력을 구축하여 철원에 도읍을 정하고 국호를 고려라 했다. 이렇게 하여 후삼국시대가 열렸다.

나주 지역을 두고 다투는 등 후고구려와의 세력다툼은 계속되었으나 견훤은 왕건이 궁예를 몰아내고 왕위에 오르자 왕건의 즉위를 축하하는 사신을 보내기도 했다.

견훤의 세력이 점점 강성해지자 신라는 왕건과 연합하여 대처하

려 했다. 위기감을 느낀 견훤은 927년(경애왕 4) 근품성과 고울부를 공격한 뒤 경주로 진격하여 경애왕을 죽이고 경순왕을 세웠다. 견훤에게 신라를 내줄 수 없던 왕건은 급히 구원병을 보냈으나 미처 도착하기도 전에 견훤은 경주를 짓밟았고, 왕건의 군대까지 대구 공산에서 크게 이겼다. 당시 전투에서 고려의 개국 공신들이 거의 몰살당했으며, 왕건도 신숭겸이 옷을 바꿔 입고 대신 죽음을 맞아 겨우 살아나올 수 있었을 만큼, 고려는 대패했다. 이 전투를 계기로 승기를 잡은 견훤은 삼국통일을 눈앞에 보는 듯했다. 그러나 934년 운주성 싸움에서 고려의 장수 유금필에게 전력의 반 이상을 잃으면서 내리막길을 걷기 시작한다. 당시 그의 나이 이미 68세였다.

▶ 近品城, 지금의 경북 상주
▶ 高鬱府, 지금의 경북 영천

후백제의 몰락을 결정적으로 앞당긴 것은 적국인 고려나 신라가 아니라 자신의 아들들이었다. 견훤은 많은 아내를 두어 그들에게서 10여 명의 아들을 얻었다. 그 가운데 넷째아들 금강을 후계자로 마음에 두자 이것을 알아챈 큰아들 신검과 이찬 능환이 935년 3월 견훤을 금산사에 유폐시키고 금강을 죽여버렸다. 금산사에 갇혀 있던 3개월 동안 견훤은 무슨 생각을 했을까?

▶ 運州城, 지금의 충남 홍성

감시 병사들에게 술을 먹인 뒤 막내아들 능예, 딸 쇠복, 애첩 고비와 도망친 견훤은 왕건에게 항복하고 자신의 아들들을 죽여달라 청하기에 이른다. 왕건은 견훤에게 상보(尙父)의 지위를 주고 양주를 식읍으로 주었다. 그해 11월 신라의 경순왕도 고려에 항복했다.

▶ 姑比, 금강의 어머니

다음 해 고려군과 후백제군은 지금의 경북 선산인 일선군 일리 천전투에서 마지막 일전을 치른다. 견훤은 고려군의 한 사람으로 전투에 참가했다. 백제의 장수 몇 명이 갑옷을 벗고 견훤의 말 앞에 나와 항복했다. 옛 주인의 모습을 보고 전의(戰意)를 잃었을 것이다. 전투 중 창을 거꾸로 잡고 싸우는 병사들도 있었다. 백제군은 후퇴를 거듭하다 지금의 충남 연산인 황산군에서 신검이 두 아우와 능환 등을 이끌고 항복했다.

견훤은 수심과 번민으로 등창이 나, 싸움터인 황산의 절에서 세상을 떠났다. 눈을 감으면서 탄식했다는 말이 전한다.

"하늘이 나를 보내면서, 어찌하여 왕건이 뒤따르게 하였던고. …… 한 땅에 두 마리 용은 살 수 없느니라."

|평가|

김부식은 《삼국사기》를 끝내는 맨 마지막 부분에 견훤에 대한 평을 달았다.

▶ 官祿 관리에게 주는 녹봉

▶ 屠戮 무참하게 찔러죽임

"견훤은 신라의 백성 출신으로서 신라의 관록을 먹으면서 반역의 마음을 품어 나라의 위태로움을 다행으로 여겨 수도를 쳐들어가 임금과 신하를 도륙하기를 마치 새 잡듯, 풀 베듯 하였으니 실로 천하에서 가장 흉악한 자였다. 그러므로 (중략) 자기 자식에게서 재앙을 받았다. 이는 스스로 취한 것이니 누구를 탓하리오?"

승리자인 왕건의 신하들이 편찬한 역사서이기에 견훤에 대한 평가는 가혹하리만큼 비판적이다. 이러한 평가는 오랫동안 유효했다. 《영조실록》 14년조에서도 "극적(極敵) 견훤"이라는 표현을 찾아볼 수 있다.

근래에 이르러서야 견훤을 힘을 앞세워 전쟁만 일삼은 무모한 지도자가 아니라 탁월한 능력으로 한 나라를 건국하고 반세기 동안 이끈 리더로 평가하기 시작했다고 할 수 있다.

미국 캔자스대학의 허스트 3세 교수는 '고려 왕조 창건 속의 인물들'이라는 부제가 붙어 있는 논문 〈선인·악인·추인〉을 통해 "견훤 역시 '악인'이라는 이미지로부터 상당히 회복될 필요가 있다. 그는 쇠퇴하는 힘에 대항하여 맹렬히 공격한 한반도 남서부 지

후백제를 세워 한때는 삼국을 통일할 뻔 했던 견훤이었지만, 아들들의 권력다툼으로 결국 자기 손으로 자기가 세운 나라를 왕건에게 바치고 만다. 충남 논산에 있는 견훤릉.

역 인물로서, 그때까지 천명을 보유하고 있던 신라 왕조와 함께 상당한 군사적, 도덕적 힘을 지니고 있던 백제인이었다. 견훤의 왕국은 거의 반세기 동안이나 존재하였으며 번성했다. 다만 지지한 사람들과 지지한 이유는 분명하지 않지만, 그러나 나는 그도 역시 상당한 지도력과 군사적 자질을 소유하였던 인물임에는 틀림없다고 생각한다"고 평했다.

Tip

호족| 신라 말 중앙 정부가 왕위를 둘러싼 치열한 다툼에 빠져 있을 때 국가 권력이 미치지 않는 지방에서 독자적인 행정력과 군대를 갖춘 세력이 등장했다. 이들을 호족이라 하는데, 촌락 행정을 맡고 있던 촌주부터 몰락한 귀족, 해상 세력, 도적에 이르기까지 출신은 매우 다양했다. 이들은 골품제와 상관없이 인재를 등용해 지지기반을 넓혀가며 주변 지역을 복속해나갔다. 그 중 세력이 강한 자가 대호족으로 성장했는데, 왕건, 궁예, 견훤 등이 바로 대호족이다.

견훤에 대해 더 알고 싶을 때 보세요

《진훤이라 불러다오》, 이도학 지음, 푸른역사, 1998.

《역사의 길목에 선 31인의 선택》, 역사학자 18인 지음, 푸른역사, 1999.

《궁예, 진훤, 왕건과 열정의 시대》, 이도학 지음, 김영사, 2000.

《전환기를 이끈 17인의 명암》, 이희근 지음, 휴머니스트, 2002.

《한국사, 그 변혁을 꿈꾼 사람들》, 신정일 지음, 이학사, 2002.

궁예

弓裔

| 교과서에서 궁예가 나오는 부분 : 중학교 83-84쪽(3/2/2)/91쪽(4/1/1) · 고등학교 66-67쪽(3/1/5)

| 시대 : 후고구려
| 생몰년도 : ?-918년
| 활동 분야 : 왕

|생애와 업적|

궁예는 신라 제47대 왕인 헌안왕, 또는 제48대 왕인 경문왕의 아들이라 전한다. 5월 5일 외가에서 태어났는데, 당시 지붕에 긴 무지개와 같은 흰빛이 있어 하늘에 닿았다. 일관이 "이 아이가 오(午)자가 거듭 들어 있는 날에 태어났고, 나면서 이가 있으며 또한 광염이 이상하였으니, 장래 나라에 이롭지 못할 듯합니다"라고 하자 왕이 아이를 죽이라 했다고 《삼국사기》는 전한다.

불운한 출생을 전하는 이 기록은 혹 궁예가 당시 신라 왕실의 정치적 희생물이 아니었을까 생각해보게 한다. 왕의 아들로 태어나 뚜렷한 이유 없이 일관의 말 한마디에 죽음에 이를 수 있다는 사실은 일반적인 상황이라면 잘 납득되지 않기 때문이다. 어쨌든 궁예는 그 위기를 무사히 빠져나와 유모의 손에 키워졌다. 그러나 다락 아래로 던져진 궁예를 받던 유모가 실수하여 손가락으로 눈을 찌르는 바람에 평생 애꾸눈이로 살아야 했다.

어린 시절 궁예는 장난이 심하고 유모의 말을 잘 안 들었던 모양이다. 10여 세가 됐을 무렵 유모는 "네가 나라의 버림을 받았기에 오늘날까지 몰래 길러왔는데, 너의 심한 장난이 이와 같으니 반드시 사람들이 알게 될 것이다. 그러면 나와 너는 모두 화를 면치 못할 것이다"라며 출생의 비밀을 알려주었다.

아버지와 신라에 대한 증오를 가슴에 품은 궁예는 자신을 길러준 어머니를 떠나 세달사(世達寺)로 들어갔다. 그곳에서 선종(善宗)이라는 법명으로 장성할 때까지 스님으로 살았다. 여전히 계율에 구속받기 싫어하고 담력이 셌다. 재를 올리러 가던 길에 까마귀가 '왕(王)' 자가 새겨진 막대를 바리때에 떨어뜨렸다는 이야기가 전하는 것도 그 무렵의 일이다.

▶ 齋, 명복을 비는 불공

▶ 절에서 쓰는 스님들의 밥그릇

당시 신라 왕실은 이미 지방 통제력을 상실하고 있었다. 죽주의 기훤, 북원의 양길 등 한 지역을 지배하고 있는 군웅들의 이름이 산사에 있는 궁예의 귀에도 들려왔다.

궁예는 먼저 기훤을 찾았다. 그러나 기훤은 궁예를 제대로 대우해주지 않았던 듯하다. 궁예는 기훤 휘하에 있던 원회·신훤 등과 함께 양길 밑으로 들어갔다. 그곳에서 궁예는 비로소 공을 세우며 자신의 무리를 이끌기 시작했다. 894년(진성여왕 8) 명주에 이르렀을 때에는 3,500명을 모집하여 14개 대를 편성했다는 기록이 보일

▶ 溟洲, 지금의 강원도 강릉

정도로 성장했다. 명주에서 궁예는 장군으로 추대되었다. 이는 궁예가 신라와 양길 모두로부터 독립적인 지위를 차지했음을 의미한다. 당시 궁예에 대해서는 궁예와 견훤에게 가혹한 평가를 내린 《삼국사기》에서조차 "더불어 어려움과 편함을 함께하였고 관직을 주고 뺏음에 있어서도 공정하게 하여 사사로움이 없게 하였다. 이로써 뭇사람의 마음이 (궁예를) 두려워하고 사랑하여 추대하여 장군이 되었다"는 기록을 남기고 있다.

이후 궁예의 세력은 성장을 계속했다. 명주를 중심으로 강원도 북부 일대를 먼저 손에 넣고, 서쪽으로 방향을 잡아 저족·생천· 부약·철원 등을 차례로 점령했다. 896년 마침내 궁예는 철원을 도읍으로 삼아 국호를 고려라 하고 왕위에 올랐다. 그리고 그해 송악의 실력자 왕건 집안이 그에게 귀부해왔다. 왕건의 아버지는 당시 스무 살이던 자신의 아들을 송악의 성주로 삼아달라는 제안과 함께 스스로 궁예의 신하가 되었다.

▶ 猪足, 인제
▶ 生川, 화천
▶ 夫若, 김화

궁예가 독자적으로 국가를 세우려 하자 양길이 주변 세력들과 힘을 합쳐 궁예를 공격했지만, 역부족이었다. 양길까지 물리친 궁예는 901년 송악에 도읍을 정하고 다시 한번 자신이 고구려의 후계자이며 고려의 왕이라는 사실을 천명했다. 이후부터 궁예는 후백제의 견훤과 본격적인 영토 전쟁을 벌이기 시작한다.

그러면서 904년에는 국호를 마진(摩震), 연호를 무태(武泰)라 바꾸었고, 905년에는 철원으로 도읍을 옮겼다. 이때 궁예는 신라 편제(編制)를 버리고 독창적인 체제를 설치했다. 또한 신라를 '멸도(滅都)'라 부르는 등 신라를 병합하려는 뜻을 분명히 했다.

911년에는 국호를 다시 태봉(泰封)으로 하고 연호를 수덕만세(水德萬歲)라 했다. 914년에는 연호를 다시 정개(政開)로 고쳤다. 이렇듯 잦은 국호와 연호의 변경에 대해 후대인들은 그의 출생에서 비롯된 정신불안의 결과라고 보아 그를 광인 취급해왔으나 근래에는 이러한 국호 변경이 시의적절하고 합리적인 선택이었다는 연구 결과도 있다. 즉 첫 국호를 고려로 정한 것은 초기 점령 지역이 고구려의 옛 땅이었기에 그곳의 민심을 반영한 것인 반면 이후 신라·백제 지역을 영토로 편입시키면서 이 세 지역을 모두 포괄하는 마진(대동방국이라는 의미)으로 바꾼 것은 옳은 선택이라는 것이다.

그러나 이러한 선택은 고구려계의 반발을 가져왔고, 또한 강력한 중앙집권체제를 추구하던 궁예의 정책은 호족들과의 불화를 낳

태봉 건국의 밑바탕이 된 철원평야.

았다. 궁예의 포악함을 보여주는 대표적인 사례로 거론되는 부인 강씨의 죽음에 대해서도 근래의 연구들은 호족들과의 불화 때문이 아니었을까 추정한다.

> 915년에 궁예가 옳지 않은 일을 많이 행하자 부인 강씨가 안색을 엄정하게 하여 간하니 왕은 이를 싫어하여 강씨에게 말했다. 그러자 궁예가 "네가 다른 사람과 간음한 것은 무슨 이유인가?" 강씨는 말했다. "어찌 그런 일이 있겠습니까?" 왕은 말했다. "내가 신통력으로 이를 보고 있다." 뜨거운 불에 쇠 방망이를 달구어 음부를 찔러 죽이고 두 아들까지 죽었다.

《삼국사기》에 전하는 이 이야기에 대해 지금까지 대부분의 경우 궁예가 어린 시절 왕실에서 버림받은 충격에서 비롯된 정신분열의 결과로 이해해왔다. 그러나 최근의 연구들은 궁예가 부인을 죽인 것은 개인적인 광기 때문이 아니라 대호족 세력이었던 부인 강씨 집안과의 어떤 알력 때문이 아니었을까 추정한다. 중앙집권적인 체제를 추구하던 궁예에게 호족의 이익을 대표하는 부인은 제거할 수밖에 없는 정적이었다는 해석이다.

▶政敵 정치적으로 적대관계에 있는 사람

한편,《고려사》에서는 "궁예는 항상 스스로 말하기를 '나는 미륵관심법(彌勒觀心法)을 체득하여 부녀들의 음행(淫行)까지도 알아낼 수 있다. 만일 나의 관심법에 걸리는 자가 있으면 곧 엄벌에 처하겠다'라고 했다. 그는 드디어 3척이나 되는 쇠방망이를 만들어놓고 죽이고 싶은 자가 있으면 곧 그것을 달구어 여자의 음부를 찔러 연기가 입과 코로 나오게 하여 죽였다"라고 하는 등 그 왜곡이 더욱 심해 왕건의 신하들이 집필한 궁예에 대한 기록을 과연 얼마만큼 신뢰해야 할지 의문이 생긴다.

호족들의 반발에 궁예는 독단으로 맞서다 결국 왕건에게 왕위를 빼앗기고 비참한 최후를 맞는다. 궁예의 죽음에 대해《삼국사기》는 도주하다 부하에게 피살되었다 하고,《고려사》는 도망치던 궁예가 남의 보리밭에 들어가 이삭을 잘라 먹다가 농부에게 피살되었다고 각기 다르게 기록했다. 태봉의 도읍지였던 철원에는 궁예가 망할 때 남은 군사를 이끌고 마지막 통곡을 했다는 명성산(울음산), 궁예가 항전했던 최후의 격전지인 보개산성, 왕건과 싸우다 궁예가 달아났다는 패주골, 궁예가 도망가다가 피신했던 곳이라는 개적동굴 등 수많은 흔적들이 아직까지 궁예에 대한 이야깃거리를 품은 채 흩어져 있다.

궁예가 왕건의 병사에게 쫓겨가며 한탄했다고 하여 이름 붙은 슬픔의 강, 한탄강.

|평가|

궁예에 대한 기록은《삼국사기》·《제왕운기》·《고려사》에 전한다. 이 기록들은 모두 왕위에서 쫓겨날 수밖에 없을 만큼 광기 어리고 포악한 왕의 모습을 그리고 있다. 그나마 동정적이었던 시각들이 궁예를 신라 왕실에서 버림받은 데 대한 복수심으로 자신의 일생을 망친 사람 정도로 평가했을 뿐 대부분 '성격이 포악하여 스스로 묘혈을 판 사람' 이라는 평가가 지배적이었다.

최근의 연구 성과들에 이르러서야 '왕건의 신하들이 기록한 자료' 들에 의심의 눈초리를 보내기 시작했다고 해도 과언이 아니다. 왕건은 궁예를 몰아내고 왕권을 잡았다. 그 명분을 세우기 위해 궁예의 포악함이 이용되었을 수 있다. 관련 자료가 고의적으로 인멸되거나 변조된 상황에서 남아 있는 파편들로 맞추어가는 형편이기는 하지만 궁예 재조명 작업은 활발하게 진행중이다.

?	5월 5일 태어났다.
891	기훤에게 의탁했다.
892	양길에게 의탁했다.
894	따르는 군사가 3,500명으로 증가하여 장군을 칭했다. 왕건 집안이 귀부했다.
896	국가를 선포하고 철원에 도읍을 정했다.
900	견훤이 후백제를 세웠다.
901	국호를 고려라 했다.
904	국호를 마진, 연호를 무태로 바꾸었다.
907	당나라가 멸망했다.
911	국호를 태봉, 연호를 수덕만세로 바꾸었다.
916	거란이 나라를 세웠다.
918	왕건에 의해 왕위에서 밀려나 사망했다.

**궁예에 대해
더 알고 싶을 때
보세요**

《슬픈 궁예》, 이재범 지음, 푸른역사, 1999.

《궁예, 진훤, 왕건과 열정의 시대》, 이도학 지음, 김영사, 2000.

chapter 2 | 918~1392

1000   1100

918 왕건, 고려를 세움.
919 송악으로 도읍을 옮김.
926 발해 멸망.
927 견훤, 신라 수도를 공격해 경애왕 자살
     케 하고 경순왕 세움.
931 왕건, 신라를 방문해 경순왕과 백성을
     위로.
932 후백제, 고려 공격.
935 신라, 경순왕 고려에 귀부.
     후백제, 견훤의 아들 신검이 견훤을 금
     산사에 유폐시키고 즉위.
936 태조, 신검이 이끄는 후백제군을 대파
     하고 후삼국 통일.
942 태조, 거란 사신 30명을 섬으로 귀양
     보냄.
945 혜종과 왕규 죽고 정종 즉위.
947 정종, 광군 조직.
949 광종 즉위.
956 노비안검법 실시.
958 과거제도 실시.
976 전시과 실시.
980 최승로, 시무 28조 올림.
983 전국에 12목 설치, 3성 6부 정비.
992 국자감 설치.
993 제1차 거란 침입. 서희가 화친을 맺어
     철수시키고 강동6주 확보.
996 우리나라 최초의 금속화폐인 건원중보
     주조.

1009 강조의 정변.
1010 제2차 거란 침입. 현종 남쪽으로 피난.
1011 거란이 개경까지 침입해 약탈하고 현
      종은 나주로 피난. 고려군이 철수하는
      거란군 공격해 1만여 명 격멸함. 1차
      대장경(초조대장경) 조판 시작.
1018 제3차 거란 침입. 강감찬이 흥화진에
      서 대파.
1019 강감찬, 철수하는 거란군을 귀주에서
      대파(귀주대첩).
1033 천리장성을 쌓기 시작함(1044년 완
      성).
1049 양반의 공음, 전시법을 정함.
1076 전시과 개정, 관제 개혁.
1090 속장경 조판 시작.
1097 주전도감 설치.

1101 은병 주조.
1107 윤관, 여진을 정벌하고 9성을 쌓음.
1109 9성을 돌려줌.
1112 혜민국 설치.
1126 이자겸의 난.
1135 묘청의 서경천도운동.
1145 김부식, 《삼국사기》 편찬.
1162 이천·동주·선주 등지에서 대규모
      농민 봉기가 일어남.
1170 이고·이의방 등이 문신들을 죽이고
      무신정변을 일으킴.
1171 이고, 이의방에게 제거됨.
1173 김보당의 난.
      이의민, 의종 살해.
1174 조위총의 난.
1175 망이·망소이의 난.
1179 경대승, 정중부를 제거하고 도방 설치.
1182 전주에서 관노·농민 봉기.
1183 경대승 죽고 이의민이 실권 장악.
1193 김사미와 효심을 비롯한 민란 발생.
1196 최충헌, 이의민 제거하고 집권.
1198 만적의 난.
1219 몽골과 통교.

고려
高麗

1200

1300

왕건

王建

| 교과서에서 왕건이 나오는 부분: 중학교 84쪽(3/2/2)/91-93쪽(4/1/1) · 고등학교 73-74쪽(3/2/2)

| 생몰년도 : 877년(헌강왕 3)-943년(태조 26)
| 재위년도 : 918년-943년
| 자 : 약천(若天)
| 시호 : 신성(神聖)
| 활동 분야 : 왕

|생애와 업적|

▶지금의 개성

▶지금의 강원도 김화

궁예가 한반도 중부 지방을 평정하며 철원에 도읍을 정하자, 송악을 지배하던 호족 용건은 자진하여 궁예에게 몸을 맡겼다. 그 대가로 자신은 철원 그리고 당시 스무 살이던 아들은 금성의 태수가 되었다. 용건의 아들이 바로 왕건이다.

궁예가 이들 부자를 자신의 세력권 안에서 매우 중요한 두 지역에 각각 태수로 임명할 정도로 이들은 당시 송악 일대에서 매우 유력한 호족 출신이었다. 이는 해상무역으로 얻은 상당한 경제력이 뒷받침되었기 때문에 가능했다. 이후 왕건은 궁예의 영토 확장에 지대한 공을 세운다. 육지에서의 활약도 뛰어났지만 해상 세력 출

▶지금의 남양

▶지금의 괴산

신답게 특히 해전에서 뛰어난 성과를 거두었다.

900년에는 광주(경기도) · 충주 · 청주 및 당성 · 괴양 등의 군현을 평정하고, 그 공으로 아찬(阿飡) 자리에 올랐다. 또한 903년에는 함

대를 이끌고 서해를 거쳐 후백제군의 금성군을 함락시키고 부근 10여 개 군현을 빼앗아 나주를 설치했다. 이와 같은 전공을 인정받아 알찬(閼粲)으로 승진했다가 913년에는 파진찬(波珍湌)에 올라 시중(侍中)이 되었다.

강력한 중앙집권체제를 꿈꾸던 궁예가 호족들을 탄압하면서 왕건도 위기를 맞는다. 가까스로 위기를 모면한 왕건이 이때부터 자신의 앞날에 대해 진지하게 고민하지 않았을까.

918년 6월, 홍유 · 배현경 · 신숭겸 · 복지겸 등이 유암산 밑에 있던 왕건의 처소에 모였다. 이들은 "동산에 새로 익은 참외가 있을 것이니 좀 따다달라"며 유씨 부인을 따돌리려 했으나, 눈치 빠른 유씨 부인은 바깥으로 나가는 척하고는 몰래 장막 안에 들어와 애기를 엿들었다.

이들은 왕건을 설득했다.

"지금 임금 밑에서는 백성들이 도탄에 빠져 도저히 살아갈 수가 없습니다. 예로부터 혼미한 임금을 폐하고 명철한 임금을 세우는 것은 천하의 대의입니다. 공께서는 은나라 탕왕과 주나라 무왕을 따르십시오."

그러나 왕건은 완강히 거절했다.

"나는 감히 다른 마음을 품을 수 없소."

"정치가 어지럽고 나라가 위태로워 백성들 모두가 임금을 원수처럼 미워하고 있습니다. 지금 덕망이 공과 같은 사람이 없지 않습니까?"

네 명의 장수들이 간곡하게 권했지만, 왕건은 왕에 대한 충성을 애기하며 뜻을 굽히지 않았다. 그러자 장막 안에서 초조하게 엿듣고 있던 유씨 부인이 나와 손수 갑옷을 입혀주며 출정을 독촉했다. 여러 장수들이 왕건을 에워싸고 문으로 나가면서 외쳤다.

고려 태조상. 개성시 해선리에 위
치한 왕건의 능인 현릉의 개건공
사(1992) 중 발견되었다.

"왕공께서 벌써 의로운 깃발을 들었다."

그러자 헤아릴 수 없을 정도로 많은 사람들이 앞뒤로 달려와 왕건의 대열에 참여했다. 먼저 궁문 밖에서 북을 치면서 기다리는 자도 1만여 명이나 되었다고 전한다.

왕건이 궁예를 몰아내고 왕위에 오르는 과정을 담고 있는 《고려사》의 이 이야기는 왕건이 주위 사람들의 집요한 설득에 어쩔 수 없이 나섰다고 변명한다. 그러나 이미 1만여 명이나 되는 사람들이 궁문 밖에 모여 있었다는 부분, 또한 왕창근이라는 중국 상인이 시장에서 산 거울에 '궁예가 몰락하고 왕건이 왕이 된다'는 요지의 글이 새겨져 있었다는 기록 등은 오히려 궁예를 몰아낸 것이 치밀한 계획 아래 추진된 쿠데타였다는 인상을 짙게 드리운다. 왕건파의 주도면밀한 계획에 의한 왕위 찬탈이었을 가능성이 농후하나, 이후 역사가들은 왕건에게 겸양의 옷마저 입혀주었다.

왕건은 918년 6월 철원의 포정전에서 즉위하여 국호를 다시 고려(高麗)로 바꾸고 연호를 천수(天授)라 했다. 왕위에 오르기는 했으나 풀어야 할 숙제가 많았다. 우선 즉위 초 궁예를 추종하는 세력들의 반란이 끊이지 않았고, 심지어 견훤에게 투항하는 세력들도 적지 않았다. 또한 밖으로는 점점 강대해지고 있는 견훤과도 맞서야 했다.

우선 왕건은 자신의 근거지인 송악으로 도읍을 옮긴 뒤 호족 세력들의 지지를 확보하기 위해 적극적인 대책을 세워나갔다. 각 지방의 유력한 호족들의 딸과 정략적으로 혼인했으며, 각 지방의 호족과 그 자제들을 우대하는 정책을 펴나갔다.

최대의 적은 후백제의 견훤이었다. 고려는 당시 전성기를 누리던 후백제와의 군사적 대결에서 대체적으로 열세를 면치 못하고 있었다. 한편 신라에 대해서는 친화정책을 썼다. 이미 그다지 위협적인 존재가 되지 못했던 신라가 스스로 귀부하기를 유도하던 중 신라의 친고려정책에 불만을 품은 견훤이 경주로 진격하여 친고려주의자인 경애왕을 살해하고 경순왕을 세우는 사건이 발생했다. 왕건은 직접 기병 5,000을 거느리고 대구 공산에서 백제군과 맞섰으나 백제군에 포위되었다가 신숭겸의 희생으로 겨우 목숨을 건질 만큼 크게 패했다.

▶ 歸附, 스스로 와서 복종함

그러다 930년 고창 지방에서 고려의 유금필이 견훤의 주력부대를 대파함으로써 비로소 군사적 우위를 차지하게 된다. 이후 935년 후백제의 왕실 내분으로 축출된 견훤이 귀부하고, 그해 10월 신라왕마저 귀순한 뒤 936년 마침내 후백제를 쳐서 후삼국통일을 이루었다. 우리 민족이 자주적으로 이룬, 진정한 의미에서 최초의 통일 국가를 탄생시킨 것이다.

▶ 지금의 경북 안동

통일 후 왕건에게는 지방 호족 세력들을 결집시켜 정치적 안정을 확립해야 하는 일과 고구려의 계승자임을 천명한 고려의 왕으로써 고구려의 옛 땅을 회복하는 일이 가장 큰 과제로 남았다.

통일을 이루긴 했지만 고려는 여전히 호족연합체적 성격이 짙었다. 왕건은 이들과의 유대를 위해 건국 초기부터 혼인정책을 펴 왕건의 부인은 공식적으로 알려진 것만 해도 총 29명이나 된다. 이러한 무차별적인 혼인정책은 확고한 지배체제를 갖추지 못했던 왕건에게 호족들의 힘을 집중시키기 위한 방편으로 유용하기는 했으나 왕건 사후 왕위계승을 둘러싼 권력투쟁을 초래했다. 4대 광종이 즉위할 때에도 관리들의 태반이 살육되는 등 고려 왕조 창업기 내내 왕위계승을 둘러싼 피비린내 나는 권력투쟁을 불러왔다.

한편 왕건은 호족들과의 화합을 도모하기 위해 호족들에게 왕씨

완사천 나주 지역을 정벌하러 왔던 왕건이 나주 오씨 장화왕후를 처음 만난 곳이다.

성을 내려 가족 관계를 형성하기도 했다.

이러한 화합책과 함께 왕건은 말년까지 강력하게 북진정책을 추진하며 고구려 고토회복운동을 벌였다. 그 결과 만주를 회복하지는 못했지만 서쪽으로는 청천강, 동쪽으로는 영흥 이북까지 여진족을 몰아내는 성과를 거두었다. 또한 발해의 유민들을 적극 유치하고, 발해를 멸망시킨 거란과는 적대 관계를 유지했다.

병석에 눕게 된 왕건은 **훈요 10조**를 전해 그의 후계자들이 귀감으로 삼도록 했다. 훈요 10조는 왕이 지켜야 할 도리를 적은 것으로 왕건의 정치이념과 사상을 엿볼 수 있는 귀한 자료이다.

시호는 신성이며, 능은 현릉으로 제1비 신혜왕후 유씨와 함께 묻혀 있다.

|평가|

《고려사》는 왕건에 대해 이렇게 평했다. "왕은 포부가 크고 원대하였으며 국사를 공정하게 처리하고 상벌을 공평히 하며 절약을 숭상하고 현명한 신하들을 등용하며 유교를 중히 여겼다." 이 책은 왕건을 출생부터 남다른 위대한 인물로 그리고 있을 뿐 아니라 왕건의 권위를 높이기 위해 그의 조상을 신라의 성골 장군과 당나라 황제로 연결시킨다.

물론 그가 통일이라는 대업을 이룬 위대한 인물인 것은 틀림없는 사실이다. 그러나 사료에 전하는 것처럼 그렇게 완벽한 위인이었는가 하는 부분에 대해서는 현재 많은 학자들이 의심의 눈길을 보내고 있다.

왕건의 조상에 대한 기록, 왕건이 과연 농민이나 귀족 모두로부터 존경받았던 성인이었느냐는 부분, 왕건이 시종일관 신라에 대해 우호적이었나 하는 부분, 왕건의 왕위 찬탈이 과연 정당했느냐는 부분 등에 대해서는 논란의 여지가 있다.

"현재를 지배하는 자가 과거를 지배할 수 있다"는 말에 가장 부합하는 인물이 바로 왕건일 것이다. 고려시대에 집필된 《삼국사기》, 《삼국유사》, 그리고 이들의 영향을 받은 《고려사》는 자신들의 태조를 주인공으로 하여 후삼국시대의 역사를 서술했다. 왕건은 미화되고, 그 미화를 위해 견훤과 특히 궁예는 철저히 악역으로 몰아간 듯한 느낌을 지울 수 없다. 그러한 기록들 속에서 진실을 찾고 균형을 잡으려는 노력들이 시작된 것은 그리 오래지 않다.

훈요 10조 |
왕건이 943년(태조 26) 세상을 떠나기 직전, 총애하는 신하 박술희에게 전하여 후세의 귀감으로 삼도록 한 유훈이다. 그 내용은 다음과 같다.

- 불교의 힘으로 나라를 세웠으므로, 사찰을 세우고 주지를 파견하여 불도를 닦도록 할 것.
- 도선의 풍수사상에 따라 사찰을 세우고, 함부로 짓지 말 것.
- 왕위는 맏아들이 잇는 것을 원칙으로 하되, 맏아들이 어질지 못하면 그 다음 아들에게 전해주고, 그 아들도 어질지 못하면 형제 중에서 여러 사람의 추대를 받은 자에게 전해줄 것.
- 우리나라와 중국은 지역과 사람의 인성이 다르므로 중국 문화를 반드시 따를 필요가 없으며, 거란은 짐승과 같은 나라이므로 그들의 의관제도는 따르지 말 것.
- 서경을 중요시할 것.
- 연등회와 팔관회를 성실하게 열 것.
- 차령산맥 이남과 공주강 밖의 사람들은 쓰지 말 것.
- 관리들의 녹봉을 함부로 가감하지 말고, 농민들의 부담을 가볍게 할 것.
- 왕의 근심이 없을 때에는 경계하고, 옛 일을 거울삼아 오늘을 경계할 것.

한편 이 훈요 10조가 조작된 것이라는 주장도 있는데, 특히 문제가 되는 부분은 '차령산맥 이남과 공주강 밖의 사람들은 쓰지 말라'는 내용이다. 왕건이 정말 이런 말을 남겼는지, 아니면 조작된 것인지는 아직 분명치 않다.

877	송악군(개성)에서 태어났다.
896	(20세) 아버지와 함께 궁예에게 귀부했다.
900	(24세) 광주 · 충주 · 청주 등 3개 주와 당성 · 괴양 일대를 정벌하고 그 공으로 아찬 벼슬을 받았다.
	견훤이 후백제를 세웠다.
901	(25세) 궁예가 후고구려를 세웠다.
903	(27세) 나주를 점령했다.
907	(41세) 당나라가 멸망했다.
916	(40세) 거란이 나라를 세웠다.
918	(42세) 고려를 건국했다.
931	(55세) 경주를 방문했다.
935	(59세) 신라를 병합했다.
936	(60세) 후백제를 무너뜨리고 통일을 이룩했다.
943	(67세) 세상을 떠났다.

왕건에 대해 더 알고 싶을 때 보세요

《한권으로 읽는 고려왕조실록》, 박영규 지음, 들녘, 1996.

《역사의 길목에 선 17인의 선택》, 역사학자 18인 지음, 푸른역사, 1999.

《궁예, 진훤, 왕건과 열정의 시대》, 이도학 지음, 김영사, 2000.

《전환기를 이끈 17인의 명암》, 이희근 지음, 휴머니스트, 2002.

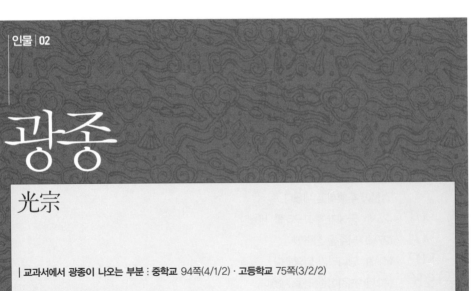

광종

光宗

| 교과서에서 광종이 나오는 부분 : 중학교 94쪽(4/1/2) **· 고등학교** 75쪽(3/2/2)

| 생몰년도 : 925년(태조 8)−975년(광종 26)
| 재위년도 : 949년−975년
| 자 : 일화(日華)
| 시호 : 대성(大成)
| 활동 분야 : 왕
| 다른 이름 : 왕소(王昭)

|생애와 업적|

고려 태조 왕건은 29명의 부인에게서 25명의 왕자와 9명의 공주를 얻었다. 그 부인들은 대부분 각 지역을 대표하는 호족의 딸이었다. 25명의 왕자들은 자신들의 외가를 배경으로 후계자가 되려는 치열한 경쟁을 벌였다. 왕건은 자신을 도와 전장을 누비며 많은 공을 세운 장남 왕무를 후계자로 세웠다. 그러나 왕무의 외가인 나주 오씨 집안은 '한미한' 가문으로 별다른 세력을 갖고 있지 못했다. 왕건은 자신의 측근인 박술희를 왕무의 후견인으로 삼아 힘을 실어주었다. 외가를 배경으로 세력이 가장 컸던 왕자는 충주 유씨 소생인 왕요(정종)와 왕소(광종) 형제였다.

943년 왕건이 사망하자 왕무가 왕위를 이어 제2대 혜종이 되었다. 당시 최고 권력자는 왕규였다. 왕규는 왕건에게 딸을 둘이나 시집보내 그중 하나가 왕자 광주원군을 낳았고, 혜종에게도 딸을

▶寒微 가난하고 집안이 변변치 못함

시집보냈다. 왕건의 장인이자 혜종의 장인인 셈이다. 이 왕규와 왕요·왕소 사이에 치열한 권력투쟁이 벌어지는데, 《고려사》에 따르면, 왕규가 외손자인 광주원군을 왕위에 올리려고 사위인 혜종을 죽이려 했으며 혜종이 병석에 눕자 난을 일으키려 했다고 한다. 그런데 이 과정에서 목숨을 잃은 사람은 혜종과 그 후견인인 박술희와 왕규였다. 서경을 방어하고 있던 왕식렴(왕건의 사촌동생)의 군대를 끌어들여 왕규를 제압한 왕요와 왕소 형제가 정권을 잡아 왕요가 제3대 정종이 되었다. 앞뒤 상황으로 보아 왕요와 왕소 형제가 정변을 일으켜 혜종의 측근 세력을 제압하고 왕권을 차지했다고 보는 해석이 설득력을 지닌다.

정종은 정권을 장악하자 대대적인 숙청을 벌인 뒤 서경으로 수도를 옮기려 대규모 공사를 강행했다. 하지만 그는 즉위한 지 3년 반 만인 948년 27세의 젊은 나이로 세상을 뜨고 만다. 기록에 따르면 천둥과 벼락에 놀란 뒤 병을 얻었기 때문이라 하는데, 이 역시 석연치 않다.

정종이 죽자 그의 친동생 왕소가 제4대 광종으로 즉위했다. 당시 그의 나이 스물다섯이었다.

광종은 즉위한 뒤 체제를 안정시키는 데 주력했다. 즉위한 다음 해 광덕(光德)이라는 연호를 사용했고, 대내외에 자신이 황제임을 선포했다. 또한 국초부터 당시까지 왕실을 위해 공로를 세운 자들에게 포상했으며, 주현의 세금 액수를 정해 호족들을 통제했다. 즉위 초반의 치세는 평화롭고 순조로웠다.

어느 정도 체제가 안정되어가던 956년(광종 8) 억울하게 노비가 된 양민을 풀어준다는 명목으로 노비안검법(奴婢按檢法)을 실시하면서 광종의 본격적인 개혁정책은 시작된다. 원래 노비가 아니었으나 전쟁에서 포로로 잡혔거나 빚을 갚지 못하여 노비가 된 자들을 이전의 상태로 되돌려주는 노비안검법은 호족들의 경제적·군사적 기반을 무너뜨렸다.

또한 958년(광종 10)에는 우리나라 역사상 처음으로 과거제를 도입해 집권 세력의 물갈이를 시도한다. 후주(後周)에서 온 쌍기의 건의로 시작된 과거제도는 이후 우리 역사에서 문치주의(文治主義)가 도래하는 바탕이 되었다.

쌍기가 고려에 귀화해 광종의 최측근으로 발탁된 뒤 중국 귀화인들이 대우받는다는 소문이 퍼지자 많은 중국인들이 고려로 귀화했다. 광종은 이들에게 신하들의 집 중에서 좋은 것을 골라 하사했을 뿐 아니라 신하들의 딸 중에서 규수를 골라 혼인시켜주고, 좋은 관직을 선택할 수 있게 하는 등 파격적인 대우를 해주었다. 광종은 자신의 개혁을 뒷받침할 새로운 세력으로 귀화인을 비롯해 후백제 및 고구려·발해 계열 등 그동안 소외되었던 인사들을 적극 활용해 기존의 호족 세력들을 대체했다. 광종이 귀화인들을 우대하자 광종의 최측근이었던 서필이 간언(諫言)했다는 이야기가 《고려사》에 전한다.

어느 날 서필이 광종에게 말했다.

"신이 거처하는 집이 조금 넓으니 원컨대 헌납하고자 합니다."

광종이 그 이유를 물으니 대답했다.

"지금 귀화인들이 관직을 선택하여 벼슬하고 집을 선택하여 거처하니 세신고가가 오히려 관직과 집을 잃는 경우가 많습니다. 신이 진실로 자손을 위해 헤아리건대 재상이 거처하는 집은 그의 소유가 아니니 청컨대 신이 살아 있을 때 취하십시오. 신은 녹봉 남은 것으로 다시 작은 집을 지어 후회함이 없도록 하겠습니다."

▶世臣故家, '세신'은 대대로 벼슬하는 신하이며, '고가'는 오래된 명문 집안을 가리킴

광종은 화가 났지만 깨달은 바 있어 다시는 신하들의 집을 빼앗지 않았다고 한다.

서필뿐 아니라 광종의 정책에 호족 세력들은 대부분 반발했다. 황주 대호족의 딸인 부인까지 반대했다. 광종은 비록 서필의 충언

은 받아들였지만, 대부분의 경우 호족들의 저항에 무자비한 숙청으로 맞섰다. 감옥이 부족해 임시감옥을 지어야 할 정도였으며 수많은 사람이 죽음을 당했다. 숙청의 칼날은 부인과 태자에게까지 겨눠졌지만 다행히 죽음에 이르지는 않았다. "옛 신하들과 이름난 장수와 대신들은 차례로 살육당하고 친척들도 모두 멸망했습니다"라는 최승로의 기록처럼 광종의 숙청은 무자비했다.

절대 권력을 꿈꾸던 광종은 관복 색깔을 네 가지로 구분해 위계질서를 바로잡고, 권력을 자신에게 집중시키기 위해 관제 개편을 단행하는 등 독재체제를 확립해나갔다.

이러한 과감한 개혁정책은 결과적으로 호족 세력을 약화시키고 왕권을 안정시키는 역할을 했다. 또한 과거제를 통해 신진 세력을 대거 등장시킴으로써 정치권에 새로운 바람을 일으켰다. 하지만 개혁 과정에서 중국에서 귀화해온 세력에게 지나치게 많은 힘을 실어주어 내국 관료들의 원망을 들었으며, 역모(逆謀)에 대한 경계가 심해 신하들을 함부로 죽이는 폐단을 낳기도 했다.

광종은 975년 5월 병들어 누운 며칠 뒤 51세의 나이로 생을 마감했다.

|평가|

고려 성종 대 유학자 최승로는 광종 초반의 정치에 대해서는 유교에서 태평성대로 칭송하는 중국의 하·은·주시대와 견줄 만하다며 높이 평가했다. 반면 노비안검법을 실시하는 즉위 7년 이후, 특히 개국공신들을 대거 숙청하는 즉위 11년 이후의 정치에 대해서는 신랄하게 비판했다.

광종은 고려의 왕권을 강화하고 체제를 안정시킨 왕이다. 그러나 이렇듯 고려를 안정시켰다는 측면에서는 긍정적인 평가를 받지만, 많은 사람들을 냉혹하게 숙청했다는 측면에서는 부정적인 평가를 받는다. 광종의 개혁이 긍정적이었다고 해서 무자비한 숙청까지 정당화할 수는 없다는 것이다.

황제를 칭해 나라의 자존심을 세우고, 인재를 고루 등용해 지역차별을 철폐했으며, 억울하게 노비가 된 양민들을 해방시켰고, 정권의 안정을 가져왔다는 점은 높이 평가받아 마땅하다. 그러나 과연 그렇게 많은 피를 보아야 했을까? 근래의 역사가들은 즉위 11년 이후의 숙청은 개혁을 뒷받침하기 위해서라기보다 절대황권 구축을 위해서였다고 해석하기도 한다. 불가피한 숙청이 아니었다는 것이다.

광종에 대해 더 알고 싶을 때 보세요

《전환기를 이끈 17인의 명암》, 이희근 지음, 휴머니스트, 2002.

《5백년의 리더십 광종의 제국》, 김창현 지음, 푸른역사, 2004.

최승로

崔承老

│ 교과서에서 최승로가 나오는 부분 : 중학교 94쪽(4/1/2) · 고등학교 75쪽(3/2/2)

│ 생몰년도 : 927년(태조 10)~989년(성종 8)
│ 시호 : 문정(文貞)
│ 활동 분야 : 정치

│생애와 업적│

광종의 아들인 경종은 재위 6년 만에 숨을 거두며 사촌동생인 개령군 치(治, 성종)에게 왕위를 넘겨주었다. 유학에 밝고 인품이 뛰어났던 성종은 981년 즉위하자 숭유억불정책을 표방했다. 그리고 이듬해 새로운 정치이념과 통치체제를 구현할 목적으로 5품 이상의 모든 관리에게 상소를 올리라고 명했다. 수많은 상소 중에서 채택된 것은 최승로의 '시무 28조'였다.

최승로의 상소문은 크게 두 부분으로 나뉜다. 앞부분은 태조에서 경종에 이르는 5대조에 대한 평가, 뒷부분은 왕을 위한 28조에 달하는 시무책이다.

최승로는 상소문을 쓰게 된 취지를 당나라 사관 오긍이 《정관정요》를 편찬하여 현종에게 태종의 정치를 본받도록 한 것에 비유하며, 이상적인 군주상을 제시했다. 포용력과 통찰력을 바탕으로 신하를 잘 예우하고 참언을 멀리하는 왕이 그가 제시하는 군주의 모습인데, 최승로는 태조가 바로 그러하다고 했다. 그리고 태조에게서는 넓은 도량과 포용력을, 혜종에게서는 왕족 간의 우애를, 정종에게서는 사직을 보존하려는 의지를, 광종에게서는 공평무사함을, 경종에게서는 현명한 판단력을 배워야 한다고 썼다.

▶讒言, 거짓으로 꾸며서 남을 헐뜯는 말

이와 함께 선대왕들이 저지른 정치적 실수의 원인과 결과를 분석하여 성종이 그 전철을 다시 밟지 않기를 바랐다. 특히 광종에 대해서는 즉위 후 7년 동안은 중국의 하·은·주 3대의 이상시대에 비길 만큼 높이 평가했으나 광종 대의 본격적인 개혁이 시작된 재위 7년부터는 "쌍기와 같이 쓸데없는 사람을 중용해 측근 세력을 제외하고는 군신 사이의 대화가 막히고 적대 관계에 놓이게 되어 커다란 정치적 혼란이 일어났다"며 격렬하게 비판했다.

이러한 평가와 함께 28조에 이르는 장문의 건의사항이 이어지는데 이것이 '시무 28조'이다. 28조의 내용 가운데 현재는 22조의 내용만 전한다. 주요 내용을 살펴보면, 서북변경의 수비에 만전을 기할 것을 간언하는 등 국방의 중요성을 말하고, 불교와 승려에 대한 지나친 예우를 삼가며 **연등회**(燃燈會) · **팔관회**(八關會) 등의 행사를 철폐할 것, 유교사상을 통해 왕도정치를 실현할 것, 광종 대에 지나치게 강화된 왕실 시위대와 궁중노비를 줄이고 신하를 예우할 것, 중국과의 사무역을 금지하고 중국 문물을 맹목적으로 수용하지 말 것, 양인과 천민에 관한 법 등을 확립하여 엄격한 사회신분제도를 유지할 것 등이다. 그의 건의사항은 정치뿐만 아니라 경제 · 문화 · 사회 · 행정 · 국방 등 모든 분야를 망라하고 있다.

광종의 개혁정치에 커다란 반감을 나타낸 최승로는 광종 대에 이루어진 개혁을 대부분 부정하며 유교정치체제의 수립을 요청했다.

시무 28조를 올리던 당시 최승로의 나이는 55세, 종2품의 정

《고려사》〈최승로전〉. 고려가 성종 대에 안정된 국가의 기틀을 갖추게 된 데는 최승로의 공이 컸다.

광행선관어사상주국(正匡行選官御事上柱國)이라는 벼슬을 맡고 있었다.

12세 때 태조가 그를 불러 《논어》를 읽혀보고 칭찬을 아끼지 않았다는 일화가 전할 만큼 학문적 재능을 인정받았던 어린 시절에 비한다면 경종 대까지 별다른 정치적 능력을 발휘하지 못한 채 문서 작성을 주로 하는 문한(文翰)을 맡아보고 있었다. 그의 천재성에 감탄한 태조는 상을 내리고 그를 학자들이 드나드는 원봉성(元鳳省)의 학생으로 보내 영재교육을 받게 했다. 그러나 한참 활동할 청년기였던 광종 대에 귀화인들을 중심으로 정치가 이루어졌기에 신라 6두품 가문 출신이었던 최승로에게 중앙 정치에 관여할 기회가 주어지지 않았다. 그러다 광종 후반기 과거에 합격한 신진관료들이 등장하면서, 신진관료 세력이었던 최승로의 입지가 올라간 것으로 보인다. 그때까지 최승로는 정치적으로 많은 영향력을 행사하지는 못했지만 이미 학문적인 명성을 떨치고 있었을 것이다.

성종의 즉위와 함께 그의 위상은 급부상했다. 성종은 그가 올린 시무 28조를 채택하여 강력한 개혁정책을 추진해나갔다. 지방행정 조직을 정비하기 위해 전국에 12목을 설치하고, 중앙관제를 3성 6

부제로 전환하는 등 중앙집권화를 추구하면서, 고려 사회를 양반 귀족 중심의 안정된 국가로 이끌었다. 또한 그의 건의대로 팔관회와 연등회를 폐지하는 등 유교를 중시했다.

최승로의 개혁론은 교육에도 막대한 영향을 끼쳤다. 성종과 최승로는 중앙에 **국자감**(國子監)을 설치하고, 각 지방에 학교를 설치했으며, 전국 12목에 경학박사(經學博士)를 파견해 광종 대 과거제의 시작으로 불기 시작한 유학의 불씨에 불을 지폈다.

이러한 개혁 과정 속에서 최승로는 988년 종1품 문하수시중(門下守侍中)에 올랐으며, 청하후(淸河侯)에 봉작되어 식읍 700호를 받기도 했다. 이때 최승로는 회갑을 넘긴 몸이라 여러 차례 스스로 물러날 것을 청했으나 성종은 받아들이지 않았다. 그러다 이듬해 63세의 일기로 생을 마감했다.

|평가|

성종은 그의 죽음을 몹시 슬퍼하며 교서를 내려 그의 공훈과 덕행을 표창하고 태사(太師)로 추증했다. 또한 베 1,000필, 밀가루 300석, 쌀 500석, 유향 100량 등을 내려 장례비로 쓰도록 했다. 성종에게 최승로의 정치적 비중이 얼마나 컸나 엿볼 수 있는 부분이다. 유교사상을 통해 중앙집권화를 꿈꾸던 성종에게 최승로는 그에 대한 구체적인 대안을 제시한 스승이었고 동지였다. 성종 대에 고려가 안정된 국가의 기틀을 갖추게 된 데에 최승로의 공이 지대했음은 말할 나위 없다.

▶教書, 대통령이나 국왕이 의회 또는 국민에게 보내는 정치상의 의견서

반면 중국식 유교정치체제를 지향한 성종 대의 개혁이 갖는 문제점에 대한 책임도 피해갈 수는 없다. 성종은 개국 이후 사용해 오던 '조서'라는 용어를 황제가 사용하는 용어라 해서 제후의 용어인 '교서'라고 개칭해, 스스로 제후국으로 격하시켰다는 비난을 받을

뿐 아니라 3성 6부제를 비롯한 대부분의 제도가 중국식이었다는 점에서 그 개혁이 긍정적으로만 평가될 수는 없다. 또한 성종 대에 강화된 유교정치는 이후 고려의 숭무(崇武) 정신을 약화시켜 국력의 약화를 초래했다는 비판을 받고 있다. 이는 성종 개인이 져야 할 책임이 아니라 최승로를 비롯해 당시 중국식 유교정치체제를

Tip

국자감 | 고려 성종 때 설치한 최고 교육기관. 유학학부와 기술학부로 나뉘었는데, 유학학부는 다시 국자학·대학·사문학으로, 기술학부는 율학·서학·산학으로 나뉘었다. 국자학에는 문무관 3품 이상, 대학은 5품 이상, 사문학은 7품 이상의 자제가 입학했고, 기술학부는 모두 8품 이하의 자제와 서인들이 입학했다. 과거에 합격하면 교육은 끝나고, 과거에 합격하지 못한다 해도 9년이 지나면 퇴교시켰다. 1275년 국학으로 개칭되었고, 1298년 충선왕이 관제를 개혁하면서 성균관이라 고쳐 조선시대까지 그대로 이어졌다.

연등회 | 불교적 성격을 띤 국가 행사의 하나로, 등불을 밝히고 다과를 베풀어 임금과 신하가 함께 가무를 즐기며 부처님을 즐겁게 하여 국가와 왕실의 태평을 빌었다. 신라 때인 551년(진흥왕 12) 팔관회와 함께 국가적인 행사로 열리기 시작했고, 고려시대에도 이를 계승하여 거국적인 행사로 시행됐다. 고려 초기에는 정월 보름에 연등이 있었으나, 987년(성종 6)에 중단되었다가 현종 때 2월 15일로 다시 생겨나서 고려 멸망 때까지 이어졌다. 조선시대에도 전승되어, 조선 초기에는 상원연등과 초파일연등이 계속되었으나, 1415년(태종 15) 초파일연등은 중지되었고, 1416년 이후로는 상원연등에 관한 기록이 없다. 그러나 오늘날에도 초파일에 신도들의 대대적인 연등행사가 벌어질 만큼 면면히 이어져오고 있다.

팔관회 | 신라와 고려시대 국가적 행사로 거행되었던 의식. 특히 고려시대 개경과 서경에서 토속신에게 제사지내던 의식으로, 토착신앙에 불교의식이 결합된 것이 특징이다. 신라시대에는 진흥왕이 551년 혜량(慧亮)을 승통(僧通)으로 삼고 팔관회법을 설치한 데서 시작되어 4회에 걸쳐 열렸다는 기록이 있다. 고려시대에는 태조의 훈요 10조에서도 그 중요성이 강조되었고, 몽골 침입으로 강화도에 천도했을 때에도 거르지 않을 정도로 중시되었다. 《고

추구했던 유학자들이 함께 나누어야 할 짐이다.

　그러나 성종 대에 쌓은 최승로의 명성은 이후 왕들에게까지 이어져, 제7대 목종은 최승로를 성종의 묘에 합사(合祀)하여 그의 공로를 치하했으며, 제9대 덕종은 대광내사령(大匡內史令)이란 벼슬을 추증했다.

려사》에 따르면 팔관회는 토속신에 대한 제전으로서 등불을 환히 밝히고 술·다과와 함께 임금과 신하가 가무를 즐기면서 천지신명을 즐겁게 하여 나라와 왕실의 안녕을 기원한 행사였다고 한다.

연표

927	경주에서 태어났다.
936	(12세) 고려가 후삼국을 통일했다.
960	(34세) 송나라가 건국되었다.
981	(55세) 성종에게 시무 28조를 올렸다.
983	(57세) 정2품 문화시랑평장사에 임명되었다.
988	(62세) 문화수시중에 임명되었다.
989	(63세) 세상을 떠났다.

최승로에 대해 더 알고 싶을 때 보세요

《인물로 읽는 고려사》, 정성희 지음, 청아출판사, 2000.
《고려사 열전》, 권순형 엮음, 디임기획, 2005.

서희

徐熙

| 교과서에서 서희가 나오는 부분 : 중학교 97쪽(4/1/3) · 고등학교 84쪽(3/2/5)

| 생몰년도 : 942년(태조 25)-998년(목종 1)
| 자 : 염윤(廉允)
| 시호 : 장위(章威)
| 활동 분야 : 정치, 외교

|생애와 업적|

993년(성종 12) 거란의 80만 대군이 고려에 쳐들어왔다. 당시 고려군은 전국에 있는 병사를 다 합쳐도 30만에 불과했다. 건국 75년 만에 국운이 위협받게 되었다.

몽골계 유목민족인 거란은 당시 '요(遼)'를 세우고 최전성기를 맞고 있었다. 요는 중원의 송나라를 압박하면서 고려와 여진을 위협했다. 고구려를 계승했음을 천명(闡明)하고 북진정책을 추진하던 태조 왕건이 친선을 요구하며 온 거란의 사신 30명을 섬으로 유배 보내고 함께 보낸 낙타 50필을 굶어죽게 했다는 기록이 전하듯 고려와 거란은 오랜 원한을 갖고 있었다. 발해에 대해 적극적인 포용 정책을 취하던 고려 왕건으로서는 발해를 멸망시킨 거란의 친선 요구를 받아들일 수 없었다. 고려는 오히려 송과 외교 관계를 맺었고, 중원에서 송과 세력을 겨루던 거란은 이를 위기로 받아들였다.

소손녕이 이끄는 거란군은 단숨에 서북 국경을 침입하여 봉산(蓬山)을 함락시키고 서한을 보내 항복을 요구했다. 소손녕은 이 서한에서 자신들이 이미 발해를 멸망시켜 고구려의 옛 땅을 차지하고 있는데 고려가 자신들의 땅(고구려의 옛 영토) 일부를 차지하고 있으므로 토벌하러 왔다고 주장했다.

당시 내사시랑이던 서희는 이 서한을 보고 화의의 가능성이 보인다고 성종에게 보고했다. 성종은 이몽전을 보내 화의를 타진했다. 하지만 소손녕은 "화의를 구하려거든 빨리 와서 항복하라"고 답할 뿐이었다. 이몽전이 돌아오자 성종은 여러 신하들을 모아놓고 그들의 의견을 물었다. 소손녕의 위압적인 태도에 겁을 먹은 고려 조정에서는 투항하자는 의견, 서경 이북의 땅을 거란에게 넘겨주자는 의견 등이 제기되면서 비관적인 견해가 지배적이었다.

▶ 內史侍郎, 정2품 관직

▶ 和議 화해하는 의논

그때 단호히 반대하고 나선 사람이 서희이다.

"…… 국토를 떼어 적에게 준다는 것은 만세의 치욕입니다. 저희들이 적과 한번 싸움을 해본 후에 다시 논의해도 늦지 않을 것입니다."

성종은 이 주장을 받아들였다.

한편 이 무렵 소손녕은 고려가 답변을 빨리 하지 않는다고 안융진을 보복공격했다가 실패한 뒤 더 이상 진격하지 못한 채 항복을 독촉하고 있었다.

▶ 安戎鎭 평남 안주 부근

다시 신하들을 모은 성종이 물었다.

"거란 진영으로 들어가서 언변으로 적병을 물리쳐 만대의 공을 세울 사람은 없는가?"

대답하는 사람이 아무도 없는 가운데 서희가 말했다.

"제가 비록 불민(不敏)하나 왕명을 받들겠습니다."

서희는 국서를 가지고 소손녕이 머무는 곳으로 갔다.

소손녕은 "나는 대국의 귀인이니 그대가 내게 뜰에서 절을 해야 한다"고 주장했다. 서희는 "신하가 임금을 대할 때 절하는 것은 예법에 있는 일이나, 양국의 대신들이 대면하는 좌석에서 어찌 그럴 수 있느냐?"며 거절했다. 서로 주장을 굽히지 않자 서희는 노하여 숙소로 돌아와 움직이지 않았다. 결국 서희의 인품이 비범함을 알아차린 소손녕이 당상에서 대등하게 대면하는 예식 절차를 승낙하면서 협상은 시작되었다.

소손녕이 먼저 말했다.

"당신의 나라는 옛 신라 땅에서 건국했고 고구려의 옛 땅은 우리나라에 소속되었는데 어찌하여 당신들이 침범하였는가? 또한 우리나라와 국경을 접하고 있으면서 우리나라와는 국교를 맺지 않고 송나라를 섬기는 까닭에 정벌한 것이다. 땅을 떼어 바치고 국교를 회복한다면 무사할 것이다."

이에 서희가 반박했다.

"나라 이름이 고려이고 평양을 국도로 정한 것에서 알 수 있듯이 우리나라가 고구려의 후계자이다. 그러니 오히려 당신네 나라가 우리나라를 침범한 것이다. 또한 여진이 교통을 차단하고 있어 국교를 맺지 못한 것이니 여진이 차지하고 있는 우리의 옛 땅을 회복하여 성들을 쌓고 길을 통하게 한다면 어찌 국교를 맺지 않겠는가?"

서희는 거란이 침략한 근본적인 이유가 고려와 송나라와의 국교를 단절시키고 자신들과 국교를 수립하려는 것이라는 사실을 알아챘다. 하지만 이 제안을 바로 받아들이지 않고, 압록강 유역의 우리 옛 영토를 되돌려주면 국교를 맺겠다는 조건을 제시했다.

소손녕이 거란 임금에게 이 내용을 전하자 고려가 이미 화의를 요청했으니 철군하라는 회답이 돌아왔다. 세치 혀로 거란의 대군을 물리친 것이다. 송나라와 치열하게 대립하고 있는 거란의 국제 정세를 정확하게 분석하고, 또한 안융진전투 이후 산악지대에서의 전

투에 자신감을 잃은 거란군의 상황을 읽어낸 통찰력, 논리정연한 언변, 예의바르면서도 당당한 태도가 있었기에 가능한 일이었다.

소손녕과의 담판 이후 서희는 이듬해부터 압록강 동쪽 장흥(長興, 태천)·귀화(歸化)·곽주(郭州, 곽산)·구주(龜州, 구성) 등에 강동 6주의 기초가 되는 성을 구축하여 여진을 몰아내는 데 성공한다. 이로써 고구려 멸망 이후 처음으로 국경이 압록강에 이르렀다.

우리 역사상 최고의 외교가인 서희는 광종 대의 대쪽 재상 서필의 둘째 아들로 942년(태조 25) 태어났다. 열아홉 살 되던 960년(광종 11) 과거에 급제하여 벼슬길에 올랐으며 이후 여러 번 승진하여 내의시랑(內議侍郞)이 되었다.

외교가로서 탁월한 능력을 펼치기 시작한 것은 972년(광종 23) 송나라에 사신으로 파견되었을 때부터이다. 여진과 거란에 육로길이 가로막혀 뱃길을 통해 어렵게 송나라에 도착했으나 송 태조는 이들을 반가이 맞아주지 않았다. 송나라가 건국된 지 10년이 넘도록 아무런 외교적 노력을 기울이지 않았던 고려에 대한 불만 때문이었다. 서희는 예의바른 태도와 뛰어난 언변으로 송 태조에게 여진과 거란이 길을 막고 있어 그간 외교 사절을 보내지 못했음을 설명했다. 서희의 태도에 감동을 받은 송 태조는 고려와 정식으로 외교 관계를 맺으며, 조칙(詔勅)을 내려 광종에게 식읍을 더해주고 서희에게는 검교병부상서(檢校兵部尙書)라는 벼슬을 내렸다. 명예직이기는 하나 지금의 국방부 장관에 해당하는 관직이다.

소손녕과의 담판 이후 서희는 평장사(平章事)를 거쳐 종1품 태보내사령(太保內史令)에 임명되었으나 996년(성종 15) 병을 얻어 개국사(開國寺)에서 오랫동안 치료와 요양을 했다. 이때 성종이 친히 가서 문병하고 어의(御衣) 한 벌과 말 세 필을 사원에 나누어주고 개국사에는 곡식 1천 석을 하사했다. 개국사에서 요양을 하던 서희는 998년(목종 원년) 57세의 나이로 세상을 떠났다. 현종 18년에 성종

▶ 공로가 있는 신하가 죽은 뒤에 종묘 제사에 모셔지는 것

의 묘정에 배향되었고 덕종 2년 태사(太師)로 추증되었다.

|평가|

서희의 담판에 대한 기록은 《조선왕조실록》에도 상세히 전한다. 한족인 송나라 대신 오랑캐인 거란과 외교 관계를 맺었다는 비난이 있을 법도 한 조선이지만, 그들도 나라를 구한 서희의 외교력을 높이 평가했다.

또한 안정복은 《동사강목》에서 "만약 대도수의 승리와 서희의 굴복하지 않는 의기가 없었더라면, 화친이 이루어지기는커녕 적의 끝없는 요구를 채우느라 갖은 고난을 겪었을 것이니, 이 일은 후세에 거울로 삼을 만하다"며 칭찬했다.

한편, 조선시대 사대부가의 자제들이 조정의 벼슬을 익히기 위해 하던 승경도라는 벼슬놀이가 있는데, 이 놀이에서도 서희에 대한 당시의 평가를 짐작할 수 있다. 이름난 정승이나 관직에 있었던

사람들의 이름이 자연스럽게 오르내리는 이 놀이에서 외교를 담당하는 예조판서에 적합한 인물로 가장 많이 거론된 인물이 바로 서희였다.

1918년 최남선이 작성한 만고도목에도 총리대신 을파소, 궁내부대신 이제현, 학부대신 설총 등과 함께 외무대신에 이름이 올라 있고, 2004년 사이버 공간에서 이루어진 드림내각 구성에도 외교장관으로 가장 강력하게 거론된 인물이 서희이니, 예나 지금이나 우리 외교의 대표주자라 할 수 있을 것이다.

▶ 萬古都目, 옛 선비들이 사랑에 모여 드림내각을 구성해보는 지식유희의 일종

연표

916 거란이 건국되었다.
942 서희가 태어났다.
946 거란, 국호를 요라고 선포하다.
960 (19세) 송나라가 건국되었다. 서희는 과거에 급제하여 벼슬길에 올랐다.
972 (31세) 송나라에 사신으로 파견되어 송과 외교 관계를 맺었다.
993 (52세) 거란의 대군을 외교로 물리쳤다.
998 (57세) 세상을 떠났다.

서희에 대해 더 알고 싶을 때 보세요

《한국사의 천재들》, 김병기 외 지음, 생각의 나무, 2006.

이자겸

李資謙

| 교과서에서 이자겸이 나오는 부분 : 중학교 103–104쪽(4/2/1) · 고등학교 80–81쪽(3/2/4)

| 생몰년도 : ?–1126년(인종 4)
| 활동 분야 : 정치

|생애와 업적|

인종은 외할아버지이자 장인인 이자겸의 체포를 명했다. 이제 열여덟의 청년이 된 인종이 실추된 왕권을 회복하기 위해 목숨을 건 승부수를 띄운 것이다.

인종이 부왕 예종의 죽음 뒤 이자겸의 보필(輔弼)에 힘입어 왕위에 오를 수 있었던 것은 사실이다. 예종이 병상에 누웠을 때 신하들은 열네 살밖에 되지 않았던 태자를 대신해 왕의 동생 중 한 사람을 내세우는 것이 외척의 발호를 막고 나라의 안정을 도모하는 길이라 판단했다. 반면 이자겸을 중심으로 한 외척 세력들은 태자를 왕으로 세워야 한다고 주장했다.

두 세력이 논쟁을 벌이는 가운데 예종은 태자에게 왕위를 넘겨주며 세상을 떠났다. 경원 이씨 가문으로 대표되는 외척들과 신하들이 자신의 아들을 도와 균형을 이뤄주길 기대했을 것이다.

▶跋扈 함부로 세력을 휘두르거나 날뜀

그러나 호락호락하지 않았던 사위 대신 어린 시절부터 길렀던 어린 외손자를 왕위에 앉힌 이자겸은 양어깨에 날개를 단 듯한 착각에 빠졌다. 세 명의 딸을 모두 문종에게 시집보내면서 한 시대를 풍미했던 이자연의 손자로 태어났던 이자겸이지만 늘 탄탄대로를 걸었던 것만은 아니다. 순종의 왕비였던 여동생이 순종 사후 간통 사건에 연루되면서 파직되는 불운을 겪기도 했다. 과거를 통하지 않고 왕비의 오빠라는 이유로 합문지후(閤門祗侯)에 올랐다가 파직된 뒤 한동안 벼슬길에 오르지 못한 채 보내야 했던 시절도 있었다. 그러다 자신의 둘째딸을 예종에게 시집보내면서 다시금 벼슬길에 올라 승승장구하며 정2품 문하평장사(門下平章事)에 이르렀으나, 사실 외척 세력을 견제하며 중립정치를 구현한 예종 대까지 그의 정치적 영향력은 그다지 크지 못했다. 그러나 이제 하늘이 바뀐 것이다.

인종은 왕위에 오른 뒤 자신을 지지했던 공을 인정해 이자겸을 협모안사공신(協謀安社功臣)으로 높이고 수태사중서령소성후(守太師中書令邵城侯)에 봉했다. 이후 이자겸의 <u>전횡</u>은 이루 말할 수 없을

▶ 專橫 권세를 제 마음대로
휘두름

정도였다. 어린 외손자를 돌본다는 명목으로 왕의 등 뒤에 서서 국정 전반을 주무를 수 있게 된 이자겸은 우선 정적들의 제거에 나섰다. 왕의 작은아버지인 대방공 보, 한안인·문공인 등이 역모를 꾀했다며 제거하고 권력을 장악했다. 또한 다른 성씨에서 왕비가 나오면 권세가 나누어질까 염려하여 자신의 셋째 딸과 넷째 딸을 연이어 왕비의 자리에 앉혔다. 인종으로서는 두 이모들과 혼인을 한 셈이다.

이러한 강력한 정치력과 강탈, 뇌물을 통해 축적한 경제적 토대 위에서 이자겸은 왕권까지 위협하는 막강한 존재가 되었다. 그리고 자신이 지닌 힘을 자제하지 않고 맘껏 휘둘러댔다. 친족들을 요직에 배치하고 매관매직(賣官賣職)하여 재산을 축적했으며 스스로

이자겸 … 155

국공(國公)으로 자처하면서 자신의 생일을 인수절(仁壽節)이라 하여 전국에서 축하문을 올리도록 했다. 여기에서 더 나아가 스스로 왕의 군국지사(軍國知事)가 되고 싶어 왕에게 자기 집으로 와서 책서를 수여해줄 것을 요청했고, 임명식 날짜까지 강압적으로 지정했다. 군국지사가 되겠다는 것은 왕의 권한을 가지고 섭정을 하겠다는 뜻이었다.

이제 막 청년기에 들어선 인종으로서는 더 이상 참기 어려운 상황이었다. 외가에서 자라 실질적으로 자신을 키워준 할아버지이기는 하나 이대로 왕권을 농락당한 채 끌려다닐 수는 없었다.

1226년 2월 25일 인종의 명을 받은 최탁과 오탁 등이 군사를 이끌고 궁궐에 진입하여 이자겸의 군사적 배경인 척준경의 아들 등을 죽이고 시체를 궁성 밖으로 던져버렸다. 이 소식은 바로 이자겸에게 전해졌다. 이자겸과 척준경은 선제공격을 결정하고 척준경이 먼저 군사를 이끌고 궁성으로 달려갔다. 척준경은 최탁 등이 반란을 일으켰다며 궁성을 포위했다. 이때 인종이 신봉문(神鳳門) 위에 나타나 무장해제를 명령했으나, 아들과 동생의 시체를 본 척준경은 활을 드는 것으로 대답했다. 이에 그치지 않고 궁성에 불을 지른 뒤 빠져나오는 사람은 무조건 죽이라고 명령했다. 때마침 불어온 바람을 타고 불은 온 궁궐에 번져나갔다. 척준경이 궁성 병력을 모두 진압하자 이자겸은 궁성 세력에 협력한 사람들을 모두 처단했다.

인종은 비록 변란의 와중에서 목숨을 건졌으나 신변의 위협을 느꼈다. 서둘러 이자겸에게 왕위를 넘겨주겠다는 조서를 내렸다. 양위 조서를 받은 이자겸이 아무 말도 하지 못하고 있자, 재종형 이수가 꾸짖었다.

"비록 성상의 조서가 있다고는 하나 이공이 감히 어찌 그리 할 수 있겠습니까?"

그제야 이자겸은 "신에게 두 마음이 없으니, 성상께서는 부디 소

신의 마음을 알아주소서"라며 조서를 되돌려보냈다.

왕위를 빼앗지는 않았으나 인종을 무력으로 제압한 이자겸의 횡포는 이전보다 한층 더 심해졌다. 이자겸은 자신의 집 서원에 인종을 감금하다시피하며 모든 정사를 주관했다. 이 무렵 군신 관계를 요구해온 금나라에 대하여 모든 관료들이 반대했는데도 자기의 권력 유지를 위하여 사대정책을 결정한 것도 이자겸이다.

인종은 이자겸을 제거할 방법을 계속 모색했다. 이자겸도 이러한 눈치를 모르지 않았다. 외할아버지와 손자 간이자 장인과 사위 간의 물러설 수 없는 대결이었다.

이자겸은 자신에게 반기를 들었던 인종을 아예 없애버린 뒤 자신이 왕이 되려는 계획을 세웠다. 그는 당시 도참설에서 유래된 '십팔자(十八子)가 왕이 된다'는 비결을 믿었다. 자신의 성씨인 이(李)씨를 분해하면 십팔자(十八子)가 되니 자신이 왕이 될 것이라 생각했다. 그래서 인종이 거처하는 연경궁(延慶宮) 남쪽에 거처를 마련한 뒤 담을 뚫어 궁궐과 통하도록 하였으며, 군기고에 있던 갑옷과 병기를 자신의 집에 두었다. 또한 독이 든 떡을 왕에게 올리기도 하고 왕비에게 독약을 보내 왕에게 먹이라고도 했다. 그러나 그때마다 왕비의 기지로 인종은 화를 면할 수 있었다.

인종은 마침내 내의원 최사전의 도움으로 비밀리에 척준경을 이 자겸에게서 떼어내는 데 성공했다. 척준경은 윤관과 함께 여진 정 벌에 큰 공을 세운 무장으로 충성심이 강하고 용맹스런 인물이다. 그동안 이자겸이 정국을 주도할 수 있었던 것은 척준경의 군사력 에 힘입은 바 컸다. 그러나 그 무렵 척준경과 이자겸은 노복들의 하찮은 싸움에서 번진 갈등으로 틈이 벌어져 있었고 인종은 그 틈 을 노린 것이다.

인종의 밀지를 받은 척준경은 이자겸과 그의 처자를 잡아 가두 고, 그를 따르는 장수들의 목을 베었다. 척준경의 배신을 전혀 눈 치 채지 못한 채 잡혀온 이자겸은 부인 최씨, 아들 이지언과 함께 영광에 유배되었다. 신하들은 그를 참형에 처해야 한다고 했으나 인종이 거부하여 유배형에 그쳤다. 이자겸은 몇 달 뒤 귀양지에서 죽었고, 신하들의 상소에 따라 인종의 비로 있던 그의 두 딸도 폐 위되었다. 문종 대부터 7대 80여 년 동안 최고의 외척 세력으로 큰 권세를 누려왔던 경원 이씨 가문은 이후 역사에서 완전히 사라지 고 만다.

한편 이자겸을 제거한 공으로 최고 관직인 문하시중에 오른 척 준경도 1년 뒤 이자겸의 난 당시 궁궐을 불태우고 왕에게 활을 쏘 았다는 탄핵(彈劾)을 받고 섬으로 유배되었다.

|평가|

이자겸이 죽고 난 뒤 3년이 지나자 인종은 외할머니이자 장모인 이자겸의 처 최씨를 개경으로 불렀다. 그러면서 이자겸을 다시 한 양공(漢陽公)에 봉하고 최씨를 변한국대부인(卞韓國大夫人)에 봉해

예우했다. 인종의 이 같은 행동에 대해 사관들은 우유부단한 왕이라고 보기도 하고, 원수를 용서하고 덕을 펼친 어진 왕이라고 평가하기도 한다.

인종은 3년 만에 이자겸을 본래의 자리로 돌려주었으나 후세의 평가는 지금까지 "그 위세와 포학은 말이 아니었다"는 《고려사》의 기록 그대로이다. 이자겸에 대한 내용은 《고려사》〈반역 열전〉에 수록되어 있다.

인종을 시해하고 스스로 왕이 되고자 했다는 유교적 사관에 근거한 비난뿐 아니라 그러한 반역이 과연 누구를 위한 것이었는가라는 점에서 이자겸은 더 많은 점수를 잃고 있다. 당시 고려 사회는 문벌귀족들이 득세하던 시기로 이자겸은 그 가운데 가장 권력의 중심에 있었다. 이들은 권력을 이용해 백성들의 토지를 빼앗는 등 자신들의 이익을 추구하는 데에만 혈안이 되었을 뿐 백성들의 삶은 외면했다. 백성들의 삶을 돌보지 않았다는 책임에 대해서는 인종도 크게 다르지 않다. 이렇듯 민생을 외면한 채 권력다툼에 빠져든 집권자들로 인해 이후 고려는 묘청의 서경 천도 운동, 무신정변, 원의 침략으로 이어지는 격변 속으로 빠져 들어간다. 이자겸의 난은 고려 사회 모순 폭발의 시발점이라 할 수 있다.

**이자겸에 대해
더 알고 싶을 때
보세요**

《인물로 읽는 고려사》, 정성희 지음, 청아출판사, 2000.

《모반의 역사》, 한국역사연구회 지음, 세종서적, 2001.

《인물로 보는 고려사》, 송은명 지음, 시아출판사, 2003.

김부식

金富軾

| 교과서에서 김부식이 나오는 부분 : **중학교** 104쪽(4/2/2) · **고등학교** 81쪽(3/2/4)/265-266쪽(4/2/1)

| **생몰년도** : 1075년(문종 29)-1151년(의종 5)
| **자** : 입지(立之)
| **호** : 뇌천(雷川)
| **시호** : 문열(文烈)
| **활동 분야** : 정치, 역사, 학문

|생애와 업적|

이자겸이 무소불위의 권력을 쥐고 있을 때의 일이다. 인종이 "이
자겸은 짐에게 외조부가 되니 그 예우를 백관과 같이 할 수 없다.
여러 대신들은 이에 대해 의논하여 아뢰라"는 조서를 내렸다. 이에
신하들이 말했다. "이자겸은 마땅히 글을 올릴 때 신이라 일컫지 말
고, 군신의 연회 때에도 뜰에서 하례하지 말고 바로 장막으로 나아
가 절하며, 성상의 답례를 받은 뒤에야 자리에 앉아야 할 것입니
다." 그 말에 홀로 반발하고 나선 사람이 김부식이다. 김부식은 중
국 고사를 예로 들며 말했다. "부모와는 높고 친함이 서로 멀거늘
어찌 임금과 예를 같이 하겠습니까? 마땅히 글월을 올릴 때에는 신
을 칭할 것이고, 군신 간의 예절에 있어서는 여러 사람을 따라야 할
것이며, 궁중 안에서는 일가의 예를 따라야 할 것입니다. 이같이 하
면 공의(公儀)와 사은(私恩) 두 가지가 서로 순조로울 것입니다."

▶ 無所不爲, 못할 일이 없음

▶ 百官, 모든 벼슬아치

▶ 賀禮, 축하의 예식

▶ 聖上, 임금

유학자로서 자신의 원리원칙에 따라 신념을 굽히지 않았던 김부식의 모습은 이후 이자겸의 생일을 인수절이라 부르자는 주장이 나왔을 때 "신하의 생일을 절이라 불렀다는 말은 듣지 못했다"고 반대했다는 일화에서도 찾아볼 수 있다. 유교 경전과 중국의 역사에 해박했던 김부식이 중국 역사의 여러 사례들과 《의례》의 조항을 조목조목 들어가며 이자겸의 특별대우에 여러 차례 반발했다는 기록이 보이지만, 이자겸이 김부식을 내쫓지는 않았던 듯하다.

이자겸 일파가 제거된 뒤 김부식을 비롯해 이유 · 임원후 등이 빠르게 부상했지만, 또 다른 문벌가문의 부상이 탐탁지 않았던 인종에게 묘청과 정지상이 이끄는 서경 세력은 새로운 대안이었다.

이 무렵 나라 밖에서는 여진족이 세운 금(金)이 요를 멸망시키고 고려에게 군신 관계를 요구해왔다. 권력을 잡고 있던 이자겸 일파는 많은 신하들의 반대에도 사대의 불가피성을 주장해 금을 임금의 나라로 섬기고 있었다.

▶事大 작은 나라가 큰 나라를 섬김

서경 세력들은 고려가 금나라에 사대하게 되고 이자겸의 난을 겪는 등 어려움에 처한 것은 개경의 지덕(地德)이 약해졌기 때문이라며, 나라를 중흥시키려면 지덕이 왕성한 서경으로 천도(遷都)해야 한다고 주장했다. 풍수지리설을 내세워 보수적인 개경의 문벌 귀족 세력을 누르고 왕권을 강화시키려 했던 이들의 주장은 왕을 황제로 높이고 금을 정벌하자는 주장으로까지 이어졌다.

그러나 김부식을 중심으로 한 개경 세력들은 서경 천도는 서경 세력이 정치권력을 장악하려는 의도라며 반대했다. 이들은 유교적 합리주의에 따라 이 어려움을 극복해야 하며 평화를 유지하기 위해 사대가 불가피하다고 주장했다.

서경에 대화궁을 짓는 등 서경 천도 의지를 강하게 보이던 인종이 1134년 이후 서경 세력에 대한 신임을 거두자 이를 눈치 챈 묘청 등은 1135년 군사를 일으켰다. 그들은 국호를 대위(大爲), 연호를 천개(天開)라 했으나 왕을 옹립하지는 않았다. 왕을 교체하기 위한 역모가 아니라 개경 세력을 제거하고 서경 천도를

대화궁 터. 고려 인종 때 묘청 일파의 건의에 따라 새 궁궐을 지었던 곳이다.

단행하기 위한 정치적 행동이었기 때문이다. 사실 이 봉기는 계획적이라기보다는 우발적이었다고 보는 편이 옳다. 서경 세력의 핵심 인물인 정지상 · 백수한 등이 봉기 당시 아무런 준비 없이 개경에 남아 있다가 김부식에게 죽음을 당했다는 사실이 이를 반증한다.

봉기 소식을 접한 인종은 진압을 명령하지 않을 수 없었다. 이때 진압 책임자가 김부식이다. 김부식은 개경에 남아 있던 정지상 · 백수한 · 김안을 우선 처형하고 왕에게 사후 보고한 뒤 서경으로 향했다. 전세의 불리함을 깨달은 분사시랑(分司侍郞) 조광이 묘청 등의 목을 베어 개경에 보냄으로써 봉기는 그 예봉이 꺾였으나, 항복을 해도 죽음을 면하기 어렵다는 것을 깨달은 조광이 끝까지 버텨 완전히 종결되기까지는 1년여의 시간이 걸렸다.

▶ 銳鋒, 날카롭게 공격하는 기세

흔히 문벌귀족 대 신진관료의 대립, 개경파 대 서경파의 대립, 유교 대 풍수도참설을 포함하는 고유사상의 대립, 보수파 대 개혁파의 대립, 사대 대 자주의 대립으로 도식화되는 묘청의 난에서 전자인 김부식 세력의 승리는 이후 고려 사회를 유교 중심의 문벌주의로 이끈다.

반란 진압 책임자로 공을 세운 김부식은 최고 관직인 문하시중의 자리에 올랐다. 최고 권력을 차지했으나 그는 "부귀에 연연하여

柳
嗚
誰
家
沽
酒

雀
有
明
何
處
釣

魚
舟
金
富
軾

김부식이 남긴 글씨. 김부식의 가
문은 김부식 뿐 아니라 형제들까
지 뛰어난 학식으로 이름이 나
있었다.

물러가지 않으면 낚싯밥을 탐내다가 결국 반드시 죽게 되는 것이니, 마땅히 늙은 몸을 수습하여 어진 이가 진출할 수 있는 길을 열어주어야겠다"며 사직 상소를 세 번이나 올린 끝에 1142년(인종 20) 68세의 나이로 관직에서 물러났다. 자신의 오른팔 역할을 하던 정습명이 탄핵을 받아 면직되었고, 정적인 윤언이가 중앙 정계에 복귀할 조짐이 보이던 무렵이었다.

정계에서 은퇴한 김부식은 인종의 명으로 《삼국사기》를 편찬하는 작업에 매달렸고, 인종은 하급 관리들이 일을 도울 수 있도록 배려했다. 김부식의 이름을 후세에까지 널리 알릴 수 있었던 것은 현재 남아 있는 책들 가운데 가장 오래된 역사서인 《삼국사기》 때문이다.

그가 "우리나라 사대부들은 중국의 경학이나 역사에는 상세하나 자기 나라의 역사에 관해서는 아는 것이 거의 없으니, 그것을 개탄하여 이 책을 편찬했다"고 집필 동기를 밝힌 이 책은 우리나라 고대사를 이해하는 데 가장 기본적인 자료지만, 몇몇 비난을 감수해야 했다. 우선 자신이 신라 왕족의 후예였던 이유로 인해 고구려나 백제에 대해서는 비판적인 반면 신라에 대해서는 상대적으로 더 우호적이었다는 점, 유교적 합리주의에 입각해 서술함으로써 지배층 중심의 역사 서술이 되어 서민들의 모습이 담긴 전설, 설화 등이 무시되고, 우리 고유의 전통 문화를 배제하였다는 점, 그리고 조선시대 사학자들보다야 덜 하지만 중국의 유교적 입장에서 우리 역사를 바라보았다는 점 등이 그 한계로 지적되었다.

하지만 김부식은 《삼국사기》를 편찬한 공으로 인종의 뒤를 이어 즉위한 의종에게 낙랑군 개국후(樂浪郡開國後)에 책봉되어 식읍 1,000호 등을 하사받았으며, 왕명을 받아 《인종실록》을 편찬하기도 했다.

《삼국사기》를 완성한 뒤 김부식은 6년을 더 살다가 1151년(의종 5) 77세로 세상을 떠났다.

|평가|

김부식의 학식은 1123년 송나라 사신단의 일원으로 고려를 방문했던 서긍에 의해 중국에까지 널리 알려졌다. 서긍은 《고려도경》이라는 책을 펴냈는데, 그 안에 김부식의 가계를 기록하며 "박학강식하여 글을 잘 짓고 고금의 일에 밝아 학사들이 신복하고 있으며 그를 능가하는 자가 없다"고 기록했다. 또한 화상(畫像)을 그려가지고 가 송나라 황제에게 보고하고 널리 배포하여 이후 김부식이 사신으로 송나라에 간 일이 있었는데 이르는 곳마다 극진한 대접을 받았다고 《고려사》〈김부식 열전〉은 전한다.

▶ 博學强識, 학식이 넓고 아는 것이 많다. 박학다식과 같은 말

▶ 信服, 믿고 따름

이렇듯 조선시대까지 김부식에 대한 평가는 《삼국사기》를 비롯한 그의 저술과 시문에 대한 것들이 대부분이었다. 그러다 일제강점기 민족주의 사학자 신채호의 호된 비난을 받으면서 김부식은 진취적인 고유사상을 말살시킨 흉악한 사대주의자로 전락하고 만다. 신채호는 〈조선역사상 일천년래 제일대사건〉이라는 글을 통해 김부식이 묘청의 난을 진압한 것은 이후 조선의 온갖 병폐를 가져온 근원이었다고 주장했다. 또한 《삼국사기》는 사대주의에 물든 대표적인 역사서로 차라리 없느니만 못한 책이라고 혹평했다. 민족의 자주를 외치던 신채호에게 사대를 정당화한 김부식은 배척받아 마땅한 인물이었다.

광복 이후에도 《삼국사기》에 대한 비판은 계속 이어졌다.

그러나 김부식을 긍정적인 시각에서 재평가해야 한다는 논의도 꾸준히 제기되어왔다. 《삼국사기》는 유교사관에 입각하여 쓰어진 사서로 이전의 고대 사학에서 한 단계 발전한 사서이며, 조선 전기

의 역사서에 비해 여러 가지 면에서 덜 사대적이라는 분석도 있다.

"우리 고유의 전통사상을 말살하는 데 앞장선 사대주의자"라는 비난과 "합리적인 사고를 지닌 유학자로 우리 문화의 수준을 한 단계 끌어올린 인물"이라는 찬사를 한몸에 받고 있는 인물이 바로 김부식이다.

연표

1075	김근(金覲)의 셋째 아들로 태어났다.
1096	(22세) 과거에 급제했다.
1115	(41세) 금나라가 건국되었다.
1125	(51세) 금나라가 요나라를 멸망시켰다.
1127	(53세) 북송이 멸망하고 남송이 시작되었다.
1135	(61세) 묘청의 서경 천도 운동을 막았다.
1142	(68세) 사직했다.
1145	(71세) 《삼국사기》를 완성했다.
1151	(77세) 세상을 떠났다.

저서

20여 권의 저서가 있었다고 하나 《삼국사기》만 전하고, 《동문선》과 《동문수東文粹》에 글들이 남아 있다.

김부식에 대해 더 알고 싶을 때 보세요

《역사의 길목에 선 31인의 선택》, 역사학자 18인이 지음, 푸른역사, 1999.
《인물로 읽는 고려사》, 정성희 지음, 청아출판사, 2000.
《전환기를 이끈 17인의 명암》, 이희근 지음, 휴머니스트, 2002.
《63인의 역사학자가 쓴 한국사인물열전》, 한영우선생정년기념논총 간행위원회 엮음, 돌베개, 2003.
《인물로 보는 고려사》, 송은명 지음, 시아출판사, 2003.

최충헌

崔忠獻

| 교과서에서 최충헌이 나오는 부분 : 중학교 105-106쪽(4/2/2) · 고등학교 82-83쪽(3/2/4)

| 생몰년도 : 1149년(의종 3)-1219년(고종 6)
| 시호 : 경성(景成)
| 활동 분야 : 군사, 정치
| 다른 이름 : 최난(崔鸞)

|생애와 업적|

아버지 김부식의 권세를 믿고 정중부의 수염을 촛불로 태운 김돈중, 그리고 의종의 보현원 행차 때 대장군 이소응의 뺨을 때린 젊은 문신 한뢰는 그동안 쌓였던 무신들의 분노에 불을 붙였다. 고려가 안정기에 접어들면서 점차 무(武)보다는 문(文)을 숭상해, 무인들이 군의 최고 지휘관이 되지 못했고, 무관의 품계가 낮아졌으며, 무인교육기관은 폐지되었다. 이들의 쌓였던 분노는 거세게 타올랐다. 정중부는 이의방·이고 등과 함께 문신들을 살해하고 의종을 폐하여 거제도로, 태자를 진도로 귀양보내고, 왕의 동생 익양공(翼陽公) 호(皓)를 명종으로 맞이했는데, 이 사건이 무신정변이다.

무신정변이 성공한 이후 고려 사회는 급류를 타는 듯했다. 초기 무신정권의 실권을 잡았던 이의방과 이고 사이에 갈등이 생겨 먼

이의민을 제거하고 정권을 잡은 최충헌과 최씨 집안은 이후 4대 62년 동안 무소불위의 권력을 휘두른다. 사진은 최충헌 묘비 비문.

저 이의방이 이고를 제거하고 3년 뒤 정중부가 이의방을 제거했다. 다시 정중부가 26세에 불과하던 청년장군 경대승의 칼 앞에 쓰러진 뒤 경대승이 30세의 젊은 나이에 병사하자 이의민이 집권했다. 이의민은 천민 출신에, 의종을 시해한 인물이었다. 힘만 있으면 누구든 정권을 잡을 수 있을 것 같던 시기였다.

"이의민 부자는 나라의 역적이니 내가 그들을 죽이고자 하는데, 어떻겠습니까?"

동생 최충수의 말에 최충헌은 선뜻 대답하지 못했다. 그러나 최충수의 결심은 확고했고, 최충헌도 결국 동의했다.

당시 최고 권력자였던 이의민을 제거하기로 결정한 계기는 한 마리의 비둘기에서 비롯되었다고 기록은 전한다. 최충수가 집에서 기르던 비둘기를 이의민의 아들 이지영이 빼앗아가는 사건이 발생했다. 이지영을 찾아가 항의해 결국 비둘기를 다시 빼앗아오기는 했으나 그 원한이 남아 거사를 일으켰다는 것이다. 비둘기 한 마리 때문에 최고 권력자를 제거할 모의를 했다는 사실은 당시 사회가 우리 역사상 드물게 역동적이었다는 반증이기도 하다.

석가탄신일, 명종의 보제사 행차에 웬일인지 이의민이 병을 핑계로 따라가지 않고 자신의 별장으로 향했다. 최충헌 형제는 이의민의 별장 앞에서 기다리다 밖으로 나오는 이의민의 목을 베었다. 개경으로 돌아온 최충헌 형제는 "역신 이의민은 일찍이 왕을 시해하는 죄를 범했고, 백성들에게 갖은 횡포를 부리고 잔학을 일삼았습니다. 이 나라의 종묘사직을 위하여 그들 무리를 토벌했으나, 혹시 계획이 누설될까 왕께 미리 허락을 받지 못했으니 죄를 내리시

옵소서"라며 명종에게 사건을 보고했다.

명종의 인정으로 명분을 얻은 최충헌 형제는 본격적으로 이의민 잔당의 제거에 나서 한 달이 넘도록 피의 숙청을 벌였다. 그런 뒤 명종에게 10개 조의 개혁책인 봉사 10조를 올렸다. 관원들을 줄일 것, 권신(權臣)들의 토지를 환원시킬 것, 승려들의 폐단을 금지할 것 등의 내용을 담은 이 개혁안은 지금까지의 무신정권에서는 볼 수 없었던 획기적인 것이었다. 그러나 이 개혁안은 쿠데타에 대한 광범위한 지지를 이끌어내기 위한 명분용이었을 뿐 그 실천 의지는 찾아보기 어렵다.

최충헌 형제가 권력을 잡았으나 67세의 노회(老獪)한 왕은 만만히 다룰 상대가 아니었다. 집권 무인의 교체만 네 번을 경험한 명종은 이들이 정국(政局)을 이끌어가는 데 가장 큰 적이었다. 결국 최씨 형제는 강제 폐위를 선택했다. 왕의 친위 세력들을 먼저 제거한 뒤 왕을 궁궐 밖으로 내보내고, 왕의 동복형제인 평량공(平凉公) 민(旼)을 맞이하여 새로운 왕 신종으로 세웠다. 새로운 왕을 세운 뒤 최충헌은 비로소 무관 최고 계급인 상장군(上將軍)에 올랐고, 최충수는 대장군(大將軍)으로 승진했다.

왕권까지 완전히 장악하여 모든 권력이 최씨 집안에 집중되자, 최충헌과 최충수는 서로 강력한 라이벌이 되었다. 그런 와중에 최충수가 자신의 딸을 태자비로 세우려 욕심을 부렸다. 최충헌이 이를 말리면서 형제 간의 싸움은 시가전으로 발전하여 최충헌의 승리로 끝났다. 최충수는 최충헌의 부하들에게 목숨을 잃었고, 최충헌이 이를 두고 부하들을 원망했다고 전해지나, 어쨌든 이제 권력은 최충헌 1인에게 집중되었다.

모든 벼슬이 다 그의 손에서 결정되고, 왕은 그저 형식적인 승인의 절차만 거칠 뿐이었다. 그러니 많은 사람들의 뇌물이 최충헌 일가로 몰려들어 엄청난 축재와 사치로 이어졌다. 궁궐을 출입할 때

경상북도 청도 운문사. 무신집권기의 정국 혼란과 무신들의 수탈에 지친 백성들을 보고 1193년(명종 23) 김사미가 농민들을 모아 민란을 일으켰던 곳이다. 무신정권 내내 전국에서 백성들이 일으킨 봉기가 계속되었다. 운문사는 일연이 머물며 《삼국유사》를 집필하기도 했던 절이다.

에 따르는 시종들이 3,000명이나 되어 그 위세가 왕을 능가했다.

최충헌은 이 권력을 유지하는 데 평생을 바쳤다. 심복처럼 자신을 도와온 조카 박진재가 자신에 대한 불만을 토로했다는 말을 듣자 다리의 힘줄을 잘라 귀양 보내는 등 때로는 냉혹하게, 왕권을 제압하는 최고 권력자가 되었음에도 자신의 관직 승진은 매우 더디게 하는 등 때로는 신중하게……. 이후 자신을 제거하려 했던 희종마저 폐위하여, 두 명의 왕을 축출하고 네 명의 왕을 세우는 역사상 전례가 없는 권력을 누리다 1218년 71세로 세상을 떠났다.

최충헌은 아버지가 상장군을 지냈고, 외조부 역시 상장군을 지낸 무반 가문 출신이다. 그러나 최충헌이 음서로 제수받은 벼슬은 무반직이 아니라 문반직인 '도필리(刀筆吏)'였다. 또한 무신정변에도 가담하지 않아 무신들이 득세하던 시기에 별다른 주목을 받지 못했다. 1174년(명종 4) **조위총의 난** 때 반란군을 진압한 공로를 인정받았으나, 이의민 제거 직전에도 그의 벼슬은 섭장군(攝將軍)이라는 한직에 불과했다. 그러나 문·무반을 두루 경험한 이력은 과거 무인집권자들과는 다른 면모를 보여주었다. 봉사 10조를 올려 개혁을 주장한 것이나, 이규보로 대표되는 문인들을 정치에 참여

▶蔭敍 고려·조선시대에 아버지나 할아버지가 고위 관직을 지냈거나 국가에 공을 세웠을 경우, 그 자손에게 과거 합격과 상관없이 벼슬을 주는 제도

시킨 것 등은 그의 정치력이 과거 무인집권자들보다는 한수 위였음을 증명한다. 또한 권력을 유지하기 위해 **교정도감**(教定都監)과 **도방**(都房)을 설치하여 신변의 안전을 기하는 등 제도적인 치밀함도 갖추고 있었다.

하지만 개인의 영달을 도모하는 데에서 한걸음도 나아가지 못했다는 점과 미숙한 외교로 몽골군의 침입을 막지 못했다는 점 등 최씨 무신정권이 받고 있는 후세의 지탄을 피할 수는 없을 것이다.

|평가|

최충헌이 죽자 모든 문무백관이 흰 옷을 입고 장례에 임했으며, 그 성대함이 국왕과 다를 바 없었다고 기록은 전한다. 아들 최우에게 무사히 권력이 세습되었기 때문에 가능했던 일이다. 이후 최항·최의로 이어지는 4대 62년 동안의 최씨 정권이 막을 내리자, 최씨 일족의 공신 칭호는 박탈당했고, 노비와 재산은 몰수되었으며, 처자와 일가붙이들은 죽음을 맞거나 귀양을 갔다.

무신정권이 끝난 뒤 최충헌에 대한 평가는 다른 무인집권자들과 마찬가지로 반역자로 낙인 찍혔다. 유교적 사관이 지배했던 우리 역사에서 왕권을 농락한 그에 대한 평가가 달라지기는 어려웠을 것이다.《고려사》·《고려사절요》의 부정적 서술 때문인지 최충헌에 대해서는 긍정적인 기록을 찾아볼 수가 없다. 유교적 사관에서 벗어난다 하더라도 오직 정권을 장악하고 유지하는 데에만 급급했던 최충헌에 대한 평가가 긍정적이기는 쉽지 않다.

"최충헌은 미천한 데서 일어나 국명(國命)을 혼자서 쥐고 마음대로 했었다. 재물을 탐하고 여색을 좋아했으며, 벼슬을 팔고 옥사를 흥정했다. 심지어는 두 왕을 내쫓고 조신들을 수없이 죽였다. 큰 원망이 하늘에까지 뻗쳤는데도 목숨을 잘 보존하여 편안하게 천수를 누렸다. 천도(天道)의 알 수 없음이 이와 같단 말인가."

최충헌에 대한 《고려사절요》의 기록이다.

조위총의 난 |

서경유수 조위총이 1174년(명종 4) 무신정권타도를 외치며 군사를 일으키자 서북 지방의 40여 성이 호응했다. 조위총은 이를 토대로 약 2년 간 중앙군에 맞서 싸웠다. 토벌군이 서경으로 들이닥치자 조위총은 금나라에 절령 이북의 땅을 주겠다며 원병을 청했지만 실패했다. 지루한 공방 끝 ▶ 岊嶺 자비령
에 1176년 서경이 토벌군에게 함락되고 조위총은 붙잡혀 죽음을 당했다. 하지만 농민들은 반란이 실패한 뒤에도 굴복하지 않고 이듬해 다시 봉기해 1178년까지 싸웠다. 조위총의 난은 무신정권 내내 전국에서 일어난 노비와 천민 봉기의 계기가 된 사건이다.

교정도감 |

최충헌 이후 무신정권의 최고 정치기관이었다. 1209년(희종 5) 4월 최충헌·최우 살해모의 사건을 수사하기 위해 임시로 설치되었다가, 국정을 총괄하는 최고 정치기구가 되었다. 무신정권 초기에는 무신들의 회의 기관인 중방을 중심으로 정치가 이루어졌으나 최씨 정권에서는 교정도감을 통해 이루어졌다. 우두머리인 교정별감은 최충헌·최우·최항·최의가 대대로 이으면서 정치를 독단했다.

도방 |

무신정권기의 사병 집단을 말한다. 원래 경대승이 자신의 신변보호를 위해 설치한 데서 비롯된 것이다. 1179년(명종 9) 9월 정중부 일당을 제거하고 권력을 장악한 경대승은 신변의 위협을 느끼고 자기 집에 결사대 수백 명을 모아 긴 목침과 큰 이불로 침식과 행동을 함께했는데, 이 결사대의 숙소를 도방이라고 불렀다. 경대승이 죽자 도방은 해체되고 그 무리들은 섬에 유배되었다. 그 뒤 최충헌이 1200년(신종 3) 도방을 부활시켰다. 최충헌은 문무관·한량·군졸 중에서 힘이 센 3,000여 명을 선발하여 교대로 자기 집을 호위하게 하고, 그가 출입할 때는 모두가 호위하게 했다. 도방은 최씨 가문의 권력 유지를 위한 사병이 되었고, 사병을 양성하는 경제적 기반으로서 광대한 농장과 수많은 노비가 소요되었다. 1270년(원종 11) 무신정권이 무너지면서 폐지되었다.

1149	태어났다.
1170	(22세) 무신정변이 일어났다.
1174	(26세) 조위총의 난 때 공을 세워 출세의 기반을 마련했다.
1179	(31세) 경대승이 도방을 설치했다.
1196	(48세) 이의민을 제거하고 정권을 잡았다.
1197	(49세) 명종을 폐위시키고 신종을 옹립했으며, 상장군에 올랐다.
1204	(55세) 신종의 양위를 받아 희종이 왕위에 올랐다.
1206	(58세) 칭기즈 칸이 몽골을 통일했다.
1211	(63세) 희종을 폐위시키고 강종을 옹립했다.
1219	(71세) 세상을 떠났다.

최충헌에 대해 더 알고 싶을 때 보세요

《인물로 읽는 고려사》, 정성희 지음, 청아출판사, 2000.

《인물로 보는 고려사》, 송은명 지음, 시아출판사, 2003.

《인물로 보는 한국사》, 이은직 지음, 일빛, 2003.

《고려 무인 이야기》(전4권), 이승한 지음, 푸른역사, 2005.

《교양 한국사》 2, 이덕일 지음, 휴머니스트, 2005.

만적

萬積

교과서에서 만적이 나오는 부분 : 중학교 108쪽(4/2/3) · 고등학교 206쪽(5/2/3)

| 생몰년도 : ?-1198년(신종 1)

|생애와 업적|

무신정권이 들어선 1170년부터 몽골의 침입이 있기까지 1232년에 이르는 60여 년은 민란의 시대라 할 수 있다. 정중부 등이 난을 일으켜 무신들이 권력을 잡았으나 그들은 고려 사회가 요구하는 새로운 사회 이념을 제시하지 못한 채 권력다툼에 빠져들었고, 이러한 정치적 혼란을 틈타 탐관오리들이 설쳐댔다. 여기에 잇따른 천재지변으로 흉년까지 겹치자 농민과 천민들의 봉기가 이어졌다.

1176년 공주 명학소(鳴鶴所)에서 일어났던 망이 · 망소이의 난처럼 대부분 생존을 위한 투쟁이었지만, 1198년(신종 1) 개성에서 일어났던 노비 만적의 난은 그 성격이 좀 다르다.

만적은 최충헌의 사노비였다. 사노비는 개인에게 소속된 노비로 가장 천한 신분이다. 사유재산으로 인정되어 매매와 상속의 대상이 되는 비인격적인 존재였다. 오랜 세월 동안 세습되는 신분으로 살아오면서 노비들은 자신들이 그저 그렇게 살아야만 하는 줄로만 알았다.

이들이 다른 꿈을 품을 수 있었던 것은 무신정권이 들어서면서 부터였다. 무신정변으로 고려 초기의 신분 질서에 큰 동요가 일어 났다. 신분에 대한 전통적인 권위가 흔들리기 시작한 것이다. 천민 출신 인물들이 관직에 오르는 사례가 발생하기도 했다. 또한 무신 정권의 기반은 사병들이었는데, 이 사병들 가운데는 힘깨나 쓰는 사노비들이 다수 섞여 있었다. 노비 신분이지만, 힘과 무예가 갖춰 진다면 제법 어깨에 힘을 주고 살 수 있는 시대가 온 것이다. 무엇 보다, 어머니가 노비였던 이의민이 최고 권력을 손에 쥐는 것을 보 면서 불끈불끈 손에 힘이 들어갔다. 만적도 개성의 송악산(松嶽 山)으로 나무를 하러 다니며 동료인 미조이·연복·소삼·효삼 과 함께 이런 생각들을 나누었을 것이다.

그러던 어느 날, 최충헌이 권력을 장악한 지 2년쯤 지난 1198 년 5월이었다. 만적은 주변 노비들을 모아놓고 열띤 목소리로 소 리쳤다.

"경인년 이후 고관대작이 천민 노예에서 많이 나왔다. 왕후장상 의 씨가 따로 있겠는가? 시기만 만나면 누구나 될 수 있는 것이다. 우리들도 어찌 채찍 아래에서 뼈 빠지게 일만 하겠는가?"

▶ 王侯將相. 제왕과 제후와 장수와 재상을 아울러 이 르는 말

경인년(1170)은 무신정권이 들어선 해를 말한다. 무신들이 집권 한 것처럼 우리도 정권을 잡을 수 있다는 주장이다. 신분제 사회에 서 가장 밑바닥 신분인 사노비들이 '왕후장상의 씨가 따로 있냐? 우리도 될 수 있다'를 외친 것은 우리 역사에서 가장 극적인 사건 가운데 하나가 아닐 수 없다.

그 자리에 모인 많은 노비들이 모두 환호하며 찬성했다. 만적 등 은 누런 종이 수천 장을 오려서 정(丁)자를 써주며, 이 글자를 달고 약속한 날에 집결하자고 했다. 궁궐 근처에 있는 흥국사(興國寺)에

고려시대 노비첩. 고려시대 사노비는 가장 천한 신분이었다. 사노비 출신의 만적이 난을 일으킨 것은 우리 역사에서 가장 극적인 사건이라 할 수 있다.

모여 북치고 고함치면 궁중에서도 환관들이 호응할 것이며, 관노들이 궁중에서 처단할 사람들을 처단할 것이니 자신들은 먼저 최충헌을 죽이고 각자 자기 주인들을 죽인 뒤 노비 문서를 불태워버리자는 계획이었다. 그러나 약속한 날에 흥국사에 모인 사람은 수백 명에 불과

했다. 그 정도 인원으로는 성공하지 못할 것을 염려한 만적 등은 다시 보제사(普濟寺)에서 모이기로 결정하며 모인 사람들에게 "일의 비밀을 보장하지 못하면 성공할 수 없으니 결코 누설하지 말라"고 당부했다.

하지만 율학박사(律學博士) 한충유의 노비인 순정은 반란이 성공하지 못할 것 같자 겁이 났던지 집에 돌아와서는 이러한 사실들을 낱낱이 상전에게 말했다. 한충유는 바로 최충헌에게 고발했다. 최충헌은 만적 등 100여 명의 노비를 잡아들여 강물에 던져버렸다. 그런 뒤 한충유에게는 벼슬을 주었고, 순정에게는 은 80냥에 양인 신분을 상으로 주었다.

만적의 난은 이렇듯 허망하게 끝났지만, 이후 노비들은 농민 저항에 동조하는 세력으로, 또는 독자적인 봉기 세력으로 떠올라 역사의 곳곳에 저항의 흔적을 남기고 있다. 1200년 진주에서 노비들이 봉기해 1년간 일대를 장악했으며, 1203년 개경의 노비들이 나무를 한다는 핑계로 산에 모여 전투 연습을 한 사실이 발각되어 50여 명의 노비들이 강물에 던져지는 사건이 발생하기도 했다.

|평가|

비록 실패했지만 만적의 난이 지닌 역사적 의미는 크다. 만적은 우리나라 최초로 조직적인 노비해방운동을 편 선구자였다. 더구나 자신이 노비 신분이었다. 노비들의 힘만으로 신분해방과 정권탈취를 주장한 것은 우리 역사에서 만적의 난이 유일하다.

신분에 대한 권위가 흔들리던 당시 사회를 정확히 읽고 높은 사회의식을 펴보였으나, 시대는 그의 의식을 따라오지 못했다. 만적의 주장이 실현되기까지 역사는 오랜 세월을 기다려야 했다. 이 땅에 노비해방이 실현된 것은 갑오개혁이 있던 1894년. 만적은 무려 700년이라는 세월을 앞선 선각자였다. 그의 주장은 이후 천민들이 자신들의 신분에 대해, 신분 사회에 대해 고뇌하게 하는 씨앗이 되었다.

만적을 포함해 당시 터져 나왔던 천민·노비들의 목소리는 고려 전기 엄격한 신분제 사회를 철폐하는 원동력이 되었고, 농민과 천민들의 지위를 향상시켰다는 점에서 고려 사회 발전에 커다란 역할을 한 것으로 평가된다.

**만적에 대해
더 알고 싶을 때
보세요**

《이야기 인물 한국사》 4, 이이화 지음, 한길사, 1993.
《인물로 읽는 고려사》, 정성희 지음, 청아출판사, 2000.
《한국사, 그 변혁을 꿈꾼 사람들》, 신정일 지음, 이학사, 2002.

이규보

李奎報

| **교과서에서 이규보가 나오는 부분 : 고등학교** 267쪽(6/2/1)

| **생몰년도** : 1168년(의종 22)-1241년(고종 28)
| **자** : 춘경(春卿)
| **호** : 백운거사(白雲居士)
| **시호** : 문순(文順)
| **활동 분야** : 정치, 학문

|생애와 업적|

▶ 晉康侯, 최충헌을 가리킴

정자는 날개가 달린 듯 봉황이 나는 것 같으니, 누가 지었겠는가, 우리 진강후의 어짐이로다. 잔치를 베푸는데 술이 샘같이 나오고 잔을 받들어 권하니 객은 천 명이로다. 잔 들어 만수무강을 비노니 산천이 변한다 해도 정자는 옮겨지지 않으리라.

　1205년(희종 원년) 4월 최충헌은 자신의 남산리 사저(私邸)에 대형 정자가 완공된 것을 기념하여 그 정자 곁에 소나무 한 쌍을 심어놓고 여러 문신관료와 문인들을 초빙해 백일장을 열었다. 여기에서 이규보는 〈모정기茅亭記〉라는 글을 지어 장원으로 뽑혔다. 최충헌에 대한 노골적인 예찬을 담고 있는 윗글은 〈모정기〉의 마지막 부분이다.

무신정변이 일어나기 2년 전인 1168년(의종 2), 황려현에서 호부시랑(戶部侍郞)을 지낸 이윤수의 아들로 태어난 이규보의 어릴 적 이름은 인저(仁氐)였다. 아홉 살에 지은 글로 주위를 놀라게 해 '기동(奇童)'이라는 칭호를 얻을 정도로 어려서부터 총명하고 영특했다. 어떤 책이든 한번 보면 모두 기억하는 신동이었다. 열네 살이 되었을 때 당시 수재들이 모이는 명문 사학 '문헌공도(文憲公徒)'에 입학한 뒤 뛰어난 재능을 보였지만, 열여섯의 어린 나이에 응시한 과거부터 내리 세 번을 떨어지는 비운을 겪기도 하였다.

1189년(명종 19) 국자감시에 응시하여 시로써 장원급제를 하는데, 이때 과거를 보기 전 꿈속에 한 노인이 나타나 이번 과거에서 장원급제할 것이라 알려줬다는 일화가 전한다. 그 노인은 자신이 28개의 별자리 중 문운(文運)을 담당하는 규성(奎星)이라고 했다. 노인의 말대로 장원급제하자 이규보는 크게 기뻐하며 이름을 인저에서 규보로 고쳤다고 한다.

과거에 급제했으나 변변한 벼슬길에는 오르지 못했다. 최충헌 정권이 들어서면서 문인들을 끌어안기 위해 과거를 남발한 탓에 과거에 합격하고도 벼슬길에 오르지 못한 사람들이 수백이었다. 이들은 권력자에게 천거를 받기 위해 치열한 로비전을 벌였다. 이규보 역시 예외는 아니었다. 여러 차례 관직을 청탁하는 글을 써서 인사권 행사에 영향을 미칠 법한 사람들에게 보냈으나 별다른 효과를 보지 못했다.

1199년(신종 2) 전주사록(全州司錄)에 제수되었다가 동료들의 지탄을 받아 곧 물러났고, 경주에서 일어난 김사미·효심의 난을 진압하는 토벌군의 문서 작성을 담당하기 위해 자원했지만 난을 진압한 뒤 논공행상에서 혼자만 빠지는 등 주변 사람들과의 관계가 원만치 못했는지 벼슬길이 순탄하지 않았다.

과거에 급제한 뒤 10년이 지나도록 제대로 된 벼슬 하나 얻지 못

▶ 黃驪縣 지금의 경기도 여주

▶ 論功行賞 공을 논하여 알맞은 상을 내림

강화에 있는 이규보의 묘. 무신정 권기의 재상이요 문장가이지만, 최씨 정권에 대한 체제순응적 태 도에 대한 비판도 받고 있다.

하자 이규보는 천마산(天摩山)에 틀어박혀 스스로 '백운거사(白雲居 士)'라 칭하며, 시와 술과 거문고로 날을 보냈다. 그는 그곳에서 우 리나라 최초의 서사시인 〈동명왕편東明王篇〉을 비롯해 많은 시를 남겼다. 〈동명왕편〉은 고구려와 고구려 시조 동명왕을 찬양하는 내 용으로, 바탕에 깔려 있는 역사관은 이규보가 김사미·효심의 난 을 진압하는 토벌군에 지원한 것과 일맥상통하는 면이 있다. 경주 출신의 이의민 집권 이후 불기 시작한 신라부흥운동의 일환 속에 김사미·효심의 난이 있고, 이규보는 이러한 움직임에 어떤 위기 감을 느꼈는지 모른다.

내로라하는 문장가들의 모임인 '망년회(忘年會)'와 어울리던 것 도 그 무렵의 일이다. 나이를 따지지 않고 뜻을 같이하는 사람들이 모였다는 의미의 망년회에는 《파한집破閑集》의 이인로, 〈국순전麴 醇傳〉·〈공방전孔方傳〉의 임춘, 오세재, 조통, 황보항, 함순, 이담지 가 속해 있었는데 이들은 매일같이 함께 어울려 술 마시고 시를 지 으며 스스로를 '칠현(七賢)'이라 불렀다. 그러던 중 오세재가 죽자 이규보의 재주를 높이 평가한 이담지가 오세재의 자리를 대신하지 않겠느냐고 물었다. 그러자 이규보가 "칠현이 무슨 조정의 관작이라고 그 결원을 보충하겠습니까?"라며 단호히 거절했다는 얘기는 이규보의 대단한 자부심을 보여주는 유명한 일화로 전한다.

그러다 〈모정기〉를 계기로 최충헌에게 글재주를 인정받아 비로소 관직다운 관직에 오르게 된 것은 그의 나이 마흔이나 되어서이다. 이후 자주 최충헌에게 불려가 글을 지었고, 벼슬길은 순탄했다. 한때 팔관회 행사 때의 잘못으로 최충헌의 눈 밖에 나기도 했지만 최우가 정권을 계승하면서 다시 조정에 불러 더욱 중용했다.

이규보는 최우가 원하는 글들을 써주며 출세길을 밟아나갔다. 이러한 그의 출세지향적인 태도는 이후 많은 비난을 받았다. 그러나 권력의 중심에 있었지만 축재(蓄財)를 하는 일 없이 살았음을 볼 때 이규보가 서른일곱 살 때 당시 재상 최선에게 관리로 추천해달라고 보낸 편지의 한 구절이 빈말은 아니었던 것 같다.

> 선비가 벼슬을 하는 것은 구차하게 일신의 영달(榮達)을 구하는 것이 아니라, 배운 바를 정사에 반영시켜 나라와 백성을 구하는 길을 찾고 왕실에 힘을 보탬으로 길이 이름을 남기고자 하는 것입니다.

1231년(고종 18) 몽골군의 침입 때 철수를 요구하고 강화를 요구하는 글을 써 국가의 중신이 된 그는 25년의 관료 생활 중 19년간 문한 직(文翰職)에 있으며 외교문서·교서·제문 등을 지었다.

예순아홉 살이 되던 1236년(고종 23) 병마에 시달리던 이규보는 사직을 청했으나 이루지 못하다 다음 해 일흔이 되어서야 비로소 허락을 받았다. 그러나 이후에도 고종은 외교 문서에 관한 일은 여전히 그에게 맡겼고, 녹봉도 예전과 동일하게 지급했다. 1241년(고종 28) 일흔넷의 나이로 세상을 떠났다.

|평가|

《고려사》는 〈이규보 열전〉을 통해 그를 이렇게 평가했다.

"성품이 활달하며 살림살이에는 뜻을 두지 않았다. 술을 많이 마셨으며 행동이 호탕하고 털털하여 시나 글을 짓는 데도 옛날 사람들의 틀을 본받지 않고 새롭고 독자적인 경지를 개척하여 일가를 이루었으며 한때 유명한 글과 큰 저작은 모두 그의 손에서 나왔다."

이규보는 고려 중기의 대문장가로 문학사적 의의를 지닌 작품들을 저술하여 고려의 문예부흥을 이끌었던 것은 분명하나 정치적으로는 입신출세주의자이며 보신(保身)주의자였다는 비난 또한 감수해야 했다. 최씨 정권의 문객이었던 그의 체제순응적 자세에 대한 평가는 지금까지도 그다지 좋은 편은 아니다. 그러나 최근에는 이규보의 이러한 태도에 대해 적극적으로 현실 정치에 참여해 유교적 문치주의를 실현하려 한 노력으로 해석하는 시각이 제기되기도 한다.

한편 그의 작품에 대해서는 옛글을 답습하지 않고 자유분방함을 지녔으며, 당시 사회상을 반영하고 민족정신을 고취했다는 긍정적인 평가와 함께 작품들이 깊은 사고의 표현이 아니라 그때그때 의식에 떠오르는 바를 그대로 표출한 것이라는 부정적인 평가가 공존한다.

저서

자신이 쓴 시·부·공문·편지 등의 글들을 모은 《동국이상국집》, 삼국시대부터 고려시대에 이르기까지 여러 시화들을 모아놓은 《백운소설》·《국선생전》 등의 저서와 〈동명왕편〉·〈천마산시〉·〈모중서회〉·〈고시십팔운〉·〈초입한림시〉·〈공작〉·〈재입옥당시〉·〈초배정언시〉·〈모정기〉·〈대장경각판군신기고문〉 등 많은 작품을 남겼다.

이규보에 대해 더 알고 싶을 때 보세요

《역사의 길목에 선 31인의 선택》, 역사학자 18인 지음, 푸른역사, 1999.
《인물로 보는 고려사》, 송은명 지음, 시아출판사, 2003.
《인물로 보는 한국사》, 이은직 지음, 일빛, 2003.
《고려무인이야기》(전4권), 이승한 지음, 푸른역사, 2005.

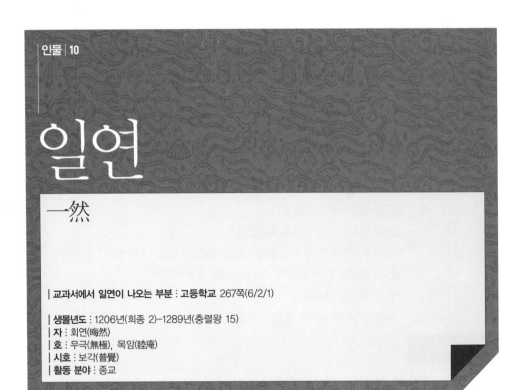

일연

一然

| **교과서에서 일연이 나오는 부분 : 고등학교** 267쪽(6/2/1)

| **생몰년도 : 1206년(희종 2)–1289년(충렬왕 15)**
| **자 :** 회연(晦然)
| **호 :** 무극(無極), 목암(睦庵)
| **시호 :** 보각(普覺)
| **활동 분야 :** 종교

|생애와 업적|

▶駙馬國 부마란 황제나 왕의 사위를 말한다. 고려 왕들이 원나라 공주를 대대로 왕비로 맞이하게 되면서 원의 부마국이 됨

삼별초(三別抄)가 여몽연합군에게 진압되면서 대몽항쟁이 막을 내린 이후 고려의 자주성은 많은 손상을 입었다. 몽골은 국호를 원(元)으로 바꾼 뒤 일본 원정을 단행하면서 그에 필요한 물자와 군사를 고려에서 징발했다. 오랜 전란에 시달린 고려로서는 감당하기 어려운 부담이었다. 또한 원은 고려를 부마국으로 삼아 왕실의 호칭과 격을 부마국에 걸맞게 낮추는 등 고려복속정책을 시행했다.

이렇듯 고려의 문화와 역사가 심각한 위기에 처해 있을 때 일연은 민족의 자주 의식을 일깨우고 우리 역사와 문화에 대한 새로운 기반을 마련하기 위해《삼국유사》를 집필했다.

《삼국유사》는《삼국사기》와 더불어 우리나라 고대 역사와 문학연구에 귀중한 자료이다. 1281년(충렬왕 7)에 시작하여 1283년(충렬왕 9)에 완성한 것으로 추정되는 이 책은《삼국사기》처럼 체계적이지는 않지만,《삼국사기》에 실려 있지 않은 단군신화를 비롯한 고조선·부여·가야 등의 역사, 민간설화, 불교에 대한 내용들을 수록하여 우리의 역사 전통과 사회 문화 전반에 관한 소중하고 풍부한 자료를 전해준다. 특히 다른 책에서는 전하지 않는 신라의 향가가 11수나 실려 있어 국문학 연구에도 귀중한 자료이다.

일연은 승과에 합격한 승려이다. 1206년 경상도 장산에서 태어났다. 어려서부터 뛰어난 재주를 지녔을 뿐 아니라 몸가짐이 단정했고 사물을 보는 눈빛이 남달랐다고 한다. 아홉 살 때부터 전남 해양의 무량사에서 공부를 시작했고, 열네 살 때 설악산 진전사에 출가해 승려가 되었다.

▶章山, 지금의 경산

▶海陽, 지금의 광주

1227년 **승과**에 응시하여 급제했으나 비슬산 보당암에 머물며 몇 년 동안 참선과 수행에 몰두했다. 이후 무주암에 머물며 '생계불감 불계부증' 이라는 구절을 탐구하다가 큰 깨달음을 얻어 "오늘 곧 삼계(三界)가 꿈과 같음을 알았고, 대지가 작은 털끝만큼의 거리낌도 없음을 보았다" 는 말을 남겼다. 그의 나이 서른두 살의 일이다.

▶生界不減 佛界不增, 현상적인 세계는 줄지 않고 본질적인 세계는 늘지 않는다는 뜻

깨달음 뒤 선승으로 명성을 얻은 일연은 1237년 **삼중대사**(三重大師)'의 승계를 받고, 1246년에는 '**선사**(禪師)' 의 승계를 받았다. 일연이 공부를 하고 깨달음을 얻을 때까지의 시기는 몽골군의 침입이 있던 혼란기였으나 그는 절에서 참선에 몰두할 뿐 현실적인 움직임을 보이지는 않았던 듯하다. 승려로서 평탄한 길을 걸었을 뿐이다. 그러나 깨달음 뒤 점차 현실과 연을 맺기 시작한다.

1249년 당시 집권자였던 최우의 처남인 정안의 초청으로 남해의 정림사로 옮겼는데, 이곳에서 약 3년 동안 대장경 판각 작업에 참여했고, 1259년에는 조정으로부터 '대선사(大禪師)' 의 승계를 받으며 본격적으로 중앙 정계에 진출했다. 이후 몽골 침입을 맞아 강화도로 수도를 옮긴 고려 조정을 따라 강화에 머물며 불법을 가르치기도 했고, 1268년에는 왕명을 받아 개경에 있는 해운사에서 선종

일연이 지은 《삼국유사》. 《삼국사기》
와 달리 단군신화나 신라 향가 등
귀중한 자료들이 많이 실려 있어 한
국 고대사 및 고대 문화를 이해하는
데 중요한 열쇠를 제공한다.

과 교종의 고승 100명을 모아 대장낙성회향법회(大藏落成廻向法會)
를 주관하고 설법을 베풀어 많은 사람들을 감화시켰다.

무신정권이 무너지면서 40여 년 동안 계속되었던 대몽항쟁이 끝
나고 고려 조정이 개경으로 환도할 무렵에는 인홍사에 머물며 참
선과 강론을 했는데, 이때 《역대연표》를 간행했다. 이 책은 《삼국
유사》를 저술하기 위한 준비 작업이었다고 볼 수 있다. 그 뒤 1277
년부터 1281년까지 경북 청도에 있는 운문사에 머물며 《삼국유사》
를 집필하기 시작한 듯하다. 일연이 청년 시절에 사료를 모아 70세
이후에 집필한 이 책은 그가 세상을 뜬 뒤 간행되었다.

▶仁弘社, 뒤에 인흥(仁興)으
로 이름을 바꿈

1282년 일연은 왕의 간곡한 요청에 따라 입궐하여 대전에서 설
법하고, 광명사에 머물며 극진한 대접을 받았다. 1283년에는 국존
(國尊)으로 책봉되고 '원경충조(圓經沖照)'라는 호를 받았다. 이름
없는 집안의 아들로 태어나 승려로서 최고의 지위에 오른 것이다.
그러나 노모를 봉양하기 위해 왕의 극진한 예우를 뿌리치고 고향
으로 돌아와, 어머니가 돌아가신 뒤에도 지방에 머물렀다.

▶入寂, 불교에서 수도승의
죽음을 이르는 말

1289년 충렬왕에게 올리는 글을 남기고 다음 날 새벽 평소와 다
름없이 제자들과 문답을 나눈 뒤 자신의 방으로 돌아가 입적했다.

현재 그의 탑과 비는 인각사에, 행적비는 운문사에 있다.

|평가|

무신정권과 몽골 침입이라는 혼란기를 살면서 대몽항쟁이나 정치개혁에는 별다른 업적을 남기지 못했지만 《삼국유사》라는 작품을 남김으로써 일연은 역사적·문학적으로 거대한 발자취를 남겼다.

사실 《삼국유사》는 일연이 살았던 고려시대에는 그 가치를 제대로 인정받지 못했다. 조선시대에 들어와서도 《동국여지승람》·《동사강목》 등에서 언급되기는 하지만, 이 책들은 《삼국유사》의 기록은 허황하여 믿을 바가 못 된다고 낮춰보았다.

그러나 현재는 한국 고대사를 이해하는 데 매우 귀중한 자료로 평가받고 있다. 특히 단군신화를 기록한 최초의 책이라는 점에서 많은 의의를 갖고 있다. 뿐만 아니라 당시의 민속이나 성씨록, 지명의 기원, 신앙, 그리고 그 안에 수록되어 있는 많은 설화와 향가들은 한국 고대의 역사·지리·문학·종교·언어·민속·사상·미술 등 많은 부분의 열쇠를 제공한다.

일제시대 역사학자인 최남선은 "《삼국사기》와 《삼국유사》 중에서 하나를 택해야 된다면, 나는 서슴지 않고 후자를 택할 것"이라며 극찬을 하기도 했다.

삼별초 |

무신정권 때의 특수군대를 말한다. 1219년(고종 6) 최충헌의 아들 최우가 치안유지를 위해 설치한 야별초(夜別抄)에서 비롯된 것으로, 별초란 '용사들로 조직된 선발군'이라는 뜻이다. 그 뒤 야별초 숫자가 증가하자 이를 좌별초·우별초로 나누고, 몽골의 포로가 되었다가 탈출한 병사들로 신의군(神義軍)을 조직해 삼별초가 되었다. 삼별초는 국가 아닌 개인에 속한 사병적(私兵的)인 요소가 강했으나, 대몽항쟁기에는 가장 강력한 전투병력이었다. 1270년 무신정권이 무너지고 강화도에서 개경으로 환도하게 되자 삼별초는 크게 반발했다. 이들을 설득하려다 실패한 원종은 삼별초 해산을 명령했고, 이에 삼별초는 배중손(裵仲孫)을 지휘관으로 하여 반란을 일으켰다. 반란 3일 뒤, 근거지를 진도로 옮기고 전라도 일대를 제압한 다음, 경상도의 남해, 거제 등지와 탐라까지 공략하여 해상을 장악했다. 이듬해 5월 여원연합군의 공격에 배중손은 목숨을 잃고 김통정(金通精)의 지휘 아래 제주도로 옮겨 항전을 계속했다. 삼별초의 항전은 1273년 여원연합군이 탐라를 평정할 때까지 계속되었다.

▶ 지금의 제주도

승과, 선사, 삼중대사 |

958년(광종 9) 처음으로 과거제도가 실시되면서 승려에게도 시험에 의한 출세길을 열어주는 승과가 시행되었다. 처음에는 부정기적으로 실시되다가 선종(宣宗) 때 문관 시험과 마찬가지로 3년마다 시행하는 정기시험이 되었다. 선종선(禪宗選)과 교종선(敎宗選)으로 나누어 선종선은 선종의 승려를 뽑고, 교종선은 교종의 승려를 뽑았는데, 시험과목은 선종은 《전등록》,《염송》이고, 교종은 《화엄경》,《십지론》을 보았다. 승과에 합격한 자에게는 대선(大選)이라는 초급 법계(法階)를 주고, 선종·교종 구별없이 대덕(大德)·대사(大師)·중대사(重大師)·삼중대사(三重大師)까지 승진할 수 있게 했다. 그 이상의 법계는 구별이 있어 선종은 선사(禪師)·대선사(大禪師)를, 교종은 수좌(首座)·승통(僧統)을 주었다. 대선사나 승통은 국사(國師)·왕사(王師)로 추대되어 국왕·국가의 자문역을 맡기도 했다.

조선시대에도 고려와 같이 승과를 두었는데, 선종선은 선과(禪科), 교종선은 교과(敎科)라 했다. 불교탄압정책과 승과를 폐지하라는 유신(儒臣)들의 끈질긴 주장 속에서 연산군 때까지 명맥을 이어오다가 1504년(연산군 10) 이후 중단되었고, 1545년(명종 즉위) 어린 명종의 섭정을 하게 된 문정왕후(文定王后)가 40년간 중단되었던 승과를 부활시켰으나, 1565년 명종이 승과제도 폐지를 명하면서 500년간 이어오던 승과제도는 폐지되었다.

저서

《삼국유사》·《화록》·《게송잡저》·《중편조동오위》·《조파도》·《대장수지록》·《제승법수》·
《조정사원》·《선문점송사원》 등 100여 권이 넘는 책을 썼다.

일연에 대해 더 알고 싶을 때 보세요

《인물로 보는 한국사》, 이은직 지음, 일빛, 2003.

《인물로 보는 고려사》, 송은명 지음, 시아출판사, 2003.

《일연을 묻는다》, 고운기 지음, 현암사, 2006.

두 부자의 치열한 왕위다툼
원의 부마 충렬왕, 원의 외손 충선왕

忠烈王

| 교과서에서 충렬왕이 나오는 부분 : 고등학교 88쪽(3/2/6)

| 생몰년도 : 1236년(고종 23)-1308년(충렬왕 34)
| 활동 분야 : 왕
| 다른 이름 : 왕거(王昛)/왕심(王諶)/왕춘(王賰)

1297년 원나라에 머무르던 고려의 세자 원(충선왕)은 모후인 제국대장공주가 서른아홉의 나이로 갑자기 사망했다는 소식을 듣는다. 서둘러 고려로 돌아온 그는 어머니가 죽은 것이 부왕 충렬왕의 애첩인 궁인 무비 때문이라며 무비와 환관 도성기 등을 죽이고 그 무리 40여 명을 내쫓았다. 세자가 아직 살아 있는 부왕의 애첩과 수족들을 처단했다는, 이해하기 쉽지 않은 이 사건은 일단 두 가지 상황을 짐작하게 한다. 우선 두 부자 간의 관계가 극단적으로 나빴다는 것과 당시 세자의 실권이 왕보다 컸다는 것이다. 대체 어떤 일들이 있었기에 세자가 왕의 세력을 누를 수 있었으며, 또 이후 어떤 일들이 벌어졌을까.

우선 당시 고려의 상황을 살펴볼 필요가 있다. 고려와 원나라 사이에 30년에 걸친 항쟁이 끝나자 원나라에서는 원나라 공주를 고려 왕의 왕비로 삼을 것을 강요했다. 이런 정략결혼을 통해 고려가 함부로 반기를 들 수 없도록 속박하려는 계산이었다. 사위가 된

忠宣王

| **교과서에서 충선왕이 나오는 부분** : 중학교 115쪽(4/3/2) · 고등학교 89쪽(3/2/6)

| **생몰년도** : 1275년(충렬왕 1)–1325년(충숙왕 12)
| **자** : 중앙(仲昻)
| **활동 분야** : 왕
| **다른 이름** : 왕장(王璋)/왕원(王謜)/이지리부카(益知禮普)

고려 왕이 장인에게 쉽게 저항할 수 없을 뿐더러 공주에게 아들이 있어 왕위를 잇는다면 원나라의 피가 섞인 왕이니만큼 친원적일 것이다. 또한 공주가 고려 조정을 직접 감시한다는 이점도 있었다.

그렇게 해서 최초로 원나라의 사위가 된 왕이 충렬왕이다. 원종의 맏아들로 1236년 태어난 충렬왕은 1260년 태자로 책봉된 뒤 원나라에 들어가 베이징에 머무르다가 원 세조의 딸 제국대장공주와 결혼했다. 결혼할 당시 서른아홉 살이었던 충렬왕은 이미 혼인하여 장성한 자녀까지 두고 있었다. 그러나 제국대장공주와 결혼하면서 제1비였던 정화궁주는 제2비가 되고 제국대장공주가 제1비가 되었다. 결혼하던 해 원종이 죽자 충렬왕은 급히 귀국했다. 이때 그는 변발에 호복 차림이었다. 이 같은 모습에 백성들은 탄식하고, 우는 사람까지 있었다고 한다.

원 세조의 부마가 된 충렬왕이 즉위하면서 고려는 급속도로 원의 속국으로 전락했다. 오랜만에 찾아온 평화에 백성들이 안정을

충렬왕의 왕비였던 제국대장공주의 무덤. 충렬왕은 고려 왕들 중 처음으로 원나라 공주와 정략결혼을 했다.

찾고, 무신정권에게 빼앗겼던 힘을 왕실이 회복하기는 했지만, 원나라 공주를 비롯해 원나라 출신들이 실권을 장악하자 사회 전반에 변발과 호복 등 몽골 풍속이 퍼져갔다.

그러나 충렬왕은 이런 일들에 반발하거나 저항하지 않았다. 아니 못 했다고 보는 편이 옳을 것이다. 이미 실권은 원나라 공주인 제국대장공주와 그를 보필하는 친원 세력들의 것이었다. 그는 정치를 외면한 채 즉위 초기부터 사냥을 즐기고 향락과 사치에 빠져들었다. 이 무렵 아홉 살의 어린 세자가 "지금 백성들은 이루 다 말할 수 없을 만큼 곤궁하고 또 일본 정벌 때문에 나라 안이 모두 정신없는데 어째서 부왕은 멀리 사냥이나 다니는 것입니까?"라며 울음을 터뜨렸다는 기록은 어린 세자가 몹시 총명했다는 사실과 더불어 충렬왕과 충선왕의 관계가 일찍부터 삐걱거렸음을 보여준다.

세자는 원 세조의 강요로 일본 정벌에 동원된 고려의 백성들이 큰 어려움을 겪었던 일을 말한 것이다. 충렬왕이 즉위하던 해 시도되었던 1차 일본 정벌에서 대마도만 정벌하고 폭풍을 만나 일본 본토 정벌에 실패한 데 이어, 1281년 2차 정벌도 폭풍을 만나 실패로 끝나고 말았다. 원나라는 두 번이나 더 일본 정벌 준비를 강요해 고려는 많은 곤란을 겪어야 했다.

당시 원나라는 일본 정벌에 고려를 동원한 데 그치지 않고 고려의 행정관제가 자신들과 같으니 이를 고치라고 강요했다. 임금의 묘호에 조나 종 대신 왕을 붙이도록 하고, 왕의 시호 앞에는 일괄적으로 '충(忠)' 자를 붙이도록 했다. 또한 '짐'은 '고'로, '폐하'는 '전하'로 '태자'는 '세자'로 격하시켰다.

이런 상황들을 자신의 대에서 겪어야 했던 충렬왕의 심사가 편했을 리 없다. 더구나 제국대장공주는 지배국의 공주 신분임을 내세워 국왕보다 더 강력한 정치적 영향력을 행사했다. 충렬왕은 점점 정사는 뒷전으로 미룬 채 총애하는 궁인 무비를 대동해 사냥을 다닐 뿐이었다. 제국대장공주뿐 아니라, 그가 낳은 아들인 세자의 반발도 점차 커졌다.

그렇게 성장한 세자도 1296년 원에 가서 계국대장공주와 결혼해 원의 부마가 되었다. 그러다 그 이듬해 모후인 제국대장공주가 갑자기 죽자 세자는 강력하게 반발하며 궁인 무비를 비롯한 아버지의 사람들을 처벌했다. 그럴 수 있었던 것은 원 세조의 외손이자 원나라 황실의 부마가 된 세자와, 제국대장공주의 사망으로 원나라와의 끈을 놓친 왕의 입지 차이에서 찾을 수 있을 것이다. 원 황실은 세자의 손을 들어주었다.

제국대장공주와 무비 그리고 측근들까지 잃은 충렬왕은 더욱 정치에 뜻을 잃었고, 결국 스스로 왕위를 내놓고 물러나겠다는 글을 원에 보냈다. 원은 이를 받아들였다. 1298년 충렬왕은 양위한 뒤 태상왕이 되었다.

충렬왕이 물러남으로써 1298년 세자 원이 즉위하여 충선왕이 되었다. 아들이 아버지를 왕위에서 밀어낸 모습이지만, 사실은 원 황실의 뜻으로 보는 편이 옳을 것이다. 더구나 충선왕에게는 원의 피가 흐르고 있었다.

그런데 충선왕은 아버지와 달랐다. 즉위하자마자 정치와 사회 전반에 걸쳐 대대적인 개편을 단행했다. 포부가 크고 식견이 높았던 충선왕의 개혁들은 다소 반원적이었다. 고려의 제도를 복원하는 등 자주적 기틀을 마련하려던 그의 발목을 잡은 것은 역시 원나라 공주인 제1왕비 계국대장공주였다. 충선왕도 충렬왕과 마찬가지로 원나라 공주인 제1왕비와 사이가 좋지 않았다. 충선왕에게는 정식 왕비만 여섯 명이나 되었는데, 이 가운데 세자 시절 혼인한 조비가 왕의 총애를 받았다. 계국대장공주는 이에 크게 반발했다. 결국 계국대장공주는 충선왕이 조비만 총애하여 자신은 거들떠보지도 않으며, 정사를 반원적으로 처리한다고 편지를 써 원의 왕태후에게 보냈다.

끝내 충선왕은 즉위 7개월 만에 국새를 빼앗긴 채 압송되고, 왕위는 다시 충렬왕에게 돌아갔다. 이렇게 해서 충선왕이 추진하던 개혁은 모두 물거품이 되고 제도들도 모두 충렬왕 대의 것으로 복원되었다.

원으로 호송된 충선왕은 이후 10년 동안 베이징에 머물러야 했다. 다시 왕위에 오른 충렬왕은 이후에도 여전히 정사보다는 음주가무에 마음을 빼앗겼다. 그러면서 한편으로는 아들 충선왕을 제거하기 위해 왕위를 10촌 종제인 왕전에게 넘겨주고 계국대장공주를 그에게 개가시키려는 왕유소 등의 음모에 가담하기도 했으나, 원나라에서 충선왕의 세력이 다시 강해지면서 그 계획은 무산되었다.

그 무렵 원나라에서는 성종이 죽고 황족 사이에 치열한 왕위다툼이 벌어지고 있었다. 그러다 무종이 즉위했는데, 당시 충선왕은 무종의 편에서 공을 세워 다시금 그 입지가 튼튼해졌다. 충선왕을 폐하기 위해 원에 갔던 충렬왕은 오히려 충선왕에게 측근들을 모두 잃고 실질적인 왕권을 빼앗기고 만다. 모든 것을 잃고 고려로

두 차례에 걸친 여원연합군의 일본 정벌을 기록한 그림 〈몽고습래회사〉의 일부.

돌아온 충렬왕은 재위 34년 만인 1308년 세상을 떠났고, 부왕의 사망 소식을 들은 충선왕은 급히 귀국해 상을 치른 뒤 10년 만에 왕위를 되찾았다.

충선왕이 복위하기 석 달 전 원 무종은 충선왕의 공을 인정해 **심양왕**으로 봉했다. 이렇듯 원나라의 신임을 얻은 충선왕은 즉위하자마자 조신들의 기강을 확립하고 조세의 공평, 인재등용의 개방, 농장업의 장려, 귀족의 횡포 엄단 등 혁신정치를 천명했다. 그러나 오랫동안 원나라 생활에 익숙해져서 고려의 왕궁에 적응하지 못했던 때문인지, 아니면 원나라 황실의 후한 대접을 잃을까 걱정해서였는지, 즉위 두 달 만에 숙부인 왕숙에게 왕권 대행을 시키고 베이징으로 가버렸다. 이후 전지(傳旨)를 통해 나라를 다스렸으니, 즉위 시에 발표했던 개혁안들이 허사가 됐을 뿐더러 신하들은 개경과 베이징을 오가며 국정을 수행하는 어려움을 겪어야 했다. 충선왕은 이후 재위기간 동안 한번도 귀국하지 않았다.

베이징에 머무르는 충선왕을 위해 해마다 포 10만 필, 쌀 4,000

곡 등 헤아릴 수 없는 물자들이 운반되어 그 폐해가 극심하자 고려
에서는 세자를 왕으로 옹립하려는 움직임이 있었는데, 사전에 감
지되어 세자와 그 측근들이 목숨을 잃는 사건이 벌어지기도 했다.
이후에도 조신들이 왕의 환국을 계속 요청하자 결국 1313년 잠시
귀국해 둘째아들 도에게 왕위를 넘겨주고 다시 베이징으로 갔다.
충선왕이 베이징에 있으면서 고려에 이바지한 것은 베이징의 자기
집에 **만권당**을 설치하여 많은 서적을 수집하고 원나라 학자들과 고
려의 학자들을 교류하게 한 것 등을 들 수 있을 것이다. 조맹부 등
원나라 유학자들과 이제현과의 교류는 고려의 학문 발전에 적지
않은 영향을 끼쳤다.

▶肅, 충숙왕

원 황실의 후한 대접을 받으며 호화로운 생활과 권력을 동시에
누리던 충선왕은 원나라 황제 인종이 죽은 뒤 고려 출신 환관의 모
략으로 토번으로 유배되었다가 겨우 풀려나, 51세의 나이로 세상을
떠날 때까지 베이징에서 살았다.

한편 충선왕의 뒤를 이은 충숙왕 역시, 아버지와 할아버지처럼
자기 아들인 충혜왕과 번갈아가며 원의 간섭으로 인한 중조를 하

▶重祚, 한번 물러났던 왕이
다시 왕위에 오르는 일

게 된다. 공민왕이 즉위하여 반원개혁을 하기 전까지 원의 고려 간
섭은 극에 달했던 것이다.

심양왕

원나라가 고려 사람에게 준 봉작(封爵)의 하나. 심양(瀋陽)을 중심으로 랴오닝 성[遼寧省] 일대에 사는 고구려인들을 다스렸다. 최초의 심양왕은 충선왕. 그는 부왕인 충렬왕에게 왕위를 넘겨주고 원나라에 머물다가 무종을 원나라 황제에 오르게 하는 데 공을 세워 심양왕 봉작을 받았다. 심양왕은 1310년 심왕(瀋王)으로 개칭되었으나, 충선왕의 조카인 연안군(延安君) 고(暠)가 심왕을 이은 뒤부터는 실권은 없어지고 명예직으로 남았다. 심양왕은 고려 왕과 대립하면서 고려 조정의 내분을 낳았다. 최후의 심왕은 연안군의 손자인 탈탈불화(脫脫不花)였다.

만권당

충선왕이 세운 독서당. 고금의 귀한 책들을 많이 수집한 뒤, 고려에서 이제현·박충좌(朴忠佐) 등을 불러, 원나라의 유명한 학자인 조맹부(趙孟頫)·염복(閻復) 등과 교유하면서 중국의 고전 및 당시 북중국에서 유행한 성리학을 연구하게 했다. 만권당에 모여든 학자들은 학문뿐만 아니라 예술·골동(骨董) 등 고려와 원나라의 문화교류에 중심 구실을 했다.

더 알고 싶을 때 보세요

|충렬왕|
《한권으로 읽는 고려왕조실록》, 박영규 지음, 웅진지식하우스, 2004.

|충선왕|
《한권으로 읽는 고려왕조실록》, 박영규 지음, 웅진지식하우스, 2004.
《교양 한국사》 2, 이덕일 지음, 휴머니스트, 2005.

공민왕

恭愍王

| **교과서에서 공민왕이 나오는 부분 : 중학교** 116쪽(4/3/3) · **고등학교** 88쪽(3/2/6)/284쪽(6/2/4)

| **생몰년도 :** 1330(충숙왕 17)-1374년(공민왕 23)
| **재위년도 :** 1351년-1374년
| **호 :** 이재(怡齋), 익당(益堂)
| **활동 분야 :** 왕
| **다른 이름 :** 왕기(王祺), 왕전(王顓), 빠이앤티무르(伯顔帖木兒)

|생애와 업적|

1351년 12월, 공민왕이 귀국했다. 10년 만에 밟아보는 고국 땅이었다. 가장 감수성 예민한 십대의 대부분을 타국에서 약소국의 인질로 지내며 그는 어떤 생각들을 했을까. 또 10년 만에 돌아오는 귀국길에서 어떤 다짐들을 했을까.

공민왕은 충숙왕과 명덕태후 홍씨의 둘째 아들로 태어났다. 형인 충혜왕과 조카 충목왕이 세상을 떠나자 이제현 등이 그를 왕으로 추대할 것을 건의했으나 원나라는 또 다른 조카 충정왕을 왕으로 세웠다. 하지만 열 살밖에 되지 않았던 충정왕이 다스리기에 고려는 나라 안팎으로 많은 어려움을 겪고 있었다. 사회가 혼란해지고 정치가 안정을 찾지 못하자 원의 순제는 3년 만에 충정왕을 폐하고 공민왕을 고려 제31대 왕으로 봉했다. 원나라가 고려의 왕을 언제든지 폐하고 세울 수 있던 시기였다. 그래서 고려의 왕들은 원나라의 눈치를 보지 않을 수 없었다. 그러나 그러한 원나라도 차츰 그 힘을 잃어가고 있었다.

즉위한 뒤 공민왕은 변발을 풀고 몽골풍의 의복을 벗어던졌다. 원나라의 내정에 밝았던 공민왕은 원의 멸망이 멀지 않음을 짐작하고 있었다. 반원과 개혁이 시작되었다.

▶辮髮, 중국 북방 민족의 남자들이 머리 앞부분만 깎고 뒷부분은 땋아 늘인 머리 모양

우선 **권문세족**(權門勢族)들이 인사 행정을 주도하던 정방(正房)을 폐지해 인사권을 되찾겠다는 의지를 보였다. 그리고 개혁교서를 발표하여 토지와 노비문제를 해결할 것을 명령했다. 또한 친정(親政)체제를 확립하기 위한 조치를 내리는 등 무신정권 이후 크게 위협받고 있던 왕권을 되찾고 민생을 돌보기 위해 노력했다.

당시 고려는 친원 세력들로 구성된 권문세족들이 권력을 장악하고 광대한 농장을 차지하여 나라의 기반을 흔들고 있었다. 특히 공녀로 갔다가 원나라 순제의 제2황후가 된 기황후를 등에 업은 기씨 형제들의 횡포는 왕 앞에서 '신(臣)'이라고 말하지 않을 만큼 거리낌이 없었다.

▶貢女, 원나라의 요구로 고려의 여자를 바치던 일

1356년 공민왕은 원나라 왕실과 인척 관계를 맺고 권세를 부리던 기철·권겸·노책 일파를 숙청했다. 그리고 원의 연호와 관제를 폐지했으며, 고려 내정을 간섭하기 위해 원나라가 설치한 정동행중서성 이문소(征東行中書省理問所)를 폐지했다. 또한 원나라 복속 이후 100년간이나 존속해온 쌍성총관부(雙城摠管府)를 폐지하는 등 원나라에 빼앗겼던 서북면 및 동북면 일대의 영토를 회복했다.

권문세족에 맞서 나라를 이끌어갈 새로운 인재를 양성하는 데도 많은 힘을 기울였다. 이때 성리학 지식을 갖춘 사람들이 과거를 통해 관리가 되어 새로운 정치 세력을 형성하기 시작하는데, 이들을 **신진사대부**(新進士大夫)라 한다. 이들은 기득권 세력인 권문세족과 맞서며 반원친명(反元親明) 노선을 선택하는 등 공민왕의 개혁정책

에 동참했다.

　하지만 공민왕의 개혁정책은 대내외적으로 수많은 어려움에 부딪혔다. 우선 자신들의 기득권에 위기를 느낀 권문세족들의 반발이 극심했다. 즉위한 이듬해인 1352년 **조일신**이 일으킨 정변을 비롯해, 1356년 기철 등의 역모, 1363년 **김용**의 난, 1364년 **최유**의 난 등 이들의 반발은 끊임없이 계속되었다.

　엎친 데 덮친 격으로 홍건적과 왜구의 침입은 국가의 안위에 심각한 위협이 되었다. 1361년 10만의 홍건적이 침입했을 때는 개경이 함락되어 왕이 안동으로 피난을 떠날 정도였다. 홍건적의 침입은, 홍건적을 물리치기 위해 원과 연합할 필요성을 느낀 공민왕이 그동안 추진하던 반원정책을 포기하고 관제를 개혁 이전으로 돌려놓을 정도로 위협적이었다. 남해안과 경상도 일대에 침입하는 왜구들도 큰 걱정거리였다.

　여기에 공민왕은 왕비인 노국대장공주를 잃는 슬픔까지 겪는다. 원나라의 공주였으나 예전의 원나라 공주 출신의 왕비들처럼 위세를 부리지 않았던 노국대장공주와 공민왕은 유난히 부부애가 좋았는데도 혼인 후 8년이 지나도록 자식이 없었다. 어렵사리 공주가 임신을 하자 공민왕은 죄수들을 석방하는 특사를 내릴 정도로 기뻐했다. 그러다 난산 끝에 공주가 죽자 공민왕의 슬픔은 정사를 돌보지 못할 정도로 깊었다.

　슬픔에 빠진 공민왕을 대신해 개혁의 칼자루를 쥔 사람이 신돈이다. 신돈은 아버지는 알려져 있지 않고 어머니는 옥천사(玉川寺)의 노비였던 비천한 신분이었다. 어려서 출가했지만 어머니의 신분 때문에 따돌림을 당하다 공민왕의 측근인 김원명의 소개로 궁중에 드나들게 되었다. 두뇌가 총명해 차츰 왕의 총애를 받게 되고, 1364년부터는 왕의 사부가 되어 국정을 자문하면서 세력이 날로 커졌다.

공민왕은 공주의 명복을 빌기 위한 불사에 전념하며 신돈에게 정권을 맡겼다. "욕심이 없을 뿐만 아니라 미천하여 친당이 없어 대사를 맡길 만하다"는 이유에서였다. 기존의 권문세족들과 아무런 연고가 없는 신돈이라면 소신껏 개혁을 추진할 수 있을 것이라 판단했을 것이다. 국사를 맡기려는 뜻을 신돈이 거절하자 공민왕은 "스승(신돈)이 과인을 구원하고 과인이 스승을 구원할 것이다. 죽고 삶을 같이하여 다른 사람의 말에 현혹됨이 없을 것이니 부처와 하늘이 이를 증명할 것이다"라는 맹세의 글을 손수 써주며 국정을 맡겼다.

신돈은 우선 최영 등 무장 세력들을 제거하는 정계개편을 단행했다. 홍건적의 침략을 격퇴하면서 강력한 영향력을 행사하게 된 이들 무장 세력은 왕권을 위축시킬 정도였다. 게다가 이들은 대부분 보수적 성향을 지닌 기득권층이었다. 공민왕은 아무런 정치적 기반을 가지지 못한 신돈을 등용하여 이들을 축출하고 자신의 측근들을 중용했다.

그런 뒤 신돈은 전민변정도감(田民辨整都監)을 설치해, 토지를 강제로 빼앗긴 사람들에게 토지를 되돌려주고 불법적으로 노비가 된 사람들을 양인(良人)으로 되돌려주었다. 그 결과 신돈은 "성인이 나왔다"는 칭송을 들을 정도로 백성들에게 큰 호응을 얻었지만 권문세족들의 반발은 더욱 커졌다. 이들의 저항에 맞설 만한 권력기반이 신돈에게는 없었다. 또한 백성들의 신임이 날로 커지고 있는 신돈의 위세가 공민왕에게 점차 부담이 되었다. 권문세족의 반발을 잠재우기 위한 방패막이도 필요했다. 1371년 신돈은 역모죄로 붙잡혀 수원으로 유배되었다가 처형되었다.

신돈이 제거되면서 공민왕의 개혁도 막을 내렸다. 이후 공민왕은 자주 술에 취해 있거나 남색에 빠져 국정을 돌보지 않았다고 기록은 전한다. 《고려사》에 따르면, 젊고 아름다운 귀족의 아들들로 구성된 자제위(子弟衛)를 구성해 늘 가까이 두던 공민왕은 후계자가 없음을 염려하여 이들에게 왕비와 잠자리를 같이하게 한 뒤, 후사가 생기면 자기의 대를 잇게 하려고 했다. 그러던 중 익비의 임신 소식을 듣고는 그 사실을 은폐하려다 오히려 이들의 손에 어이없는 죽음을 당했다고 한다.

당시 그의 나이 마흔다섯, 개혁의 의지가 꺾이기에는 아까운 나이였다. 이후 고려는 몰락의 수순을 밟는다.

공민왕 영정. 공민왕은 고려 중흥을 위해 노력했으나 실패로 끝나고, 결국 고려는 공민왕이 죽은 지 18년 만에 망하고 만다.

|평가|

원나라의 간섭에서 고려가 벗어날 수 있도록 힘쓴 자주적인 왕, 신돈이라는 승려를 등용해 개혁을 추진하다 암살당한 비운의 왕, 그리고 노국대장공주와의 애절한 사랑, 이것이 우리의 기억 속에 남아 있는 공민왕의 모습이다.

공민왕은 무신정권과 원나라 지배기를 거치며 국력이 크게 쇠퇴한 고려를 중흥시키기 위해 애썼으나 갑작스런 죽음으로 그 뜻을 이루지 못했다. 《고려사》에 기록된 공민왕과 신돈의 모습들은 그대로 믿기 어렵다. 고려를 무너뜨리고 조선을 건국한 사람들이 쓴 역사이기 때문이다. 그들에게 공민왕과 신돈은 고려가 몰락할 수밖에 없도록 일조한 인물들이다.

공민왕은 그림과 글씨에 뛰어나 고려의 대표적인 화가로 평가받기도 한다. 〈천산대렵도〉·〈노국대장공주진〉·〈석가출산상〉·〈아방궁도〉·〈현릉산수도〉·〈동자보현육아백상도〉 등의 작품이 있는데 오늘날 전하는 것은 〈천산대렵도〉뿐이다.

권문세족과 신진사대부 |

권문세족은 무신정권기에 형성되기 시작했고 원 간섭기에 그 골격이 갖추어졌다. 충선왕이 왕실과 혼인할 수 있는 재상지종(宰相之宗)을 정했는데, 이들 가문이 곧 권문세족이라고 보는 것이 일반적이다. 재상지종은 경주 김씨, 정안 임씨, 경원 이씨, 파평 윤씨 등 고려 초부터 계속돼온 명문가문들과 언양 김씨, 평강 채씨 등 무신정권시대 무신으로 득세한 가문, 그리고 당성 홍씨, 황려 민씨 등 무신정변 이후 성장한 가문, 평양 조씨 등 대원관계 속에서 신흥 세력으로 성장한 가문들이었다. 이들은 도평의사사(都評議使司)를 통해 정치적 실권을 장악했으며, 경제적으로는 농장 이라 불린 대토지를 소유하고 있었다. 이들에 대항하여 등장한 새로운 사회 세력이 신진사대부이다. 신진사대부는 학문적 실력을 갖추었을 뿐 아니라 정치 실무에도 능한 학자적 관료였다. 신진사대부들은 이성계로 대표되는 신진무장 세력과 손잡고 조선 왕조를 개창했다.

조일신 |

?~1352(공민왕 1). 충선왕 때의 공신인 인규(仁規)의 손자이고, 아버지는 충숙왕 때 찬성사를 지낸 위(瑋), 어머니는 나주 나씨(羅州羅氏)이다. 1340년(충혜왕 복위 1)에 원나라에 사신으로 갔다가, 당시 인질이었던 공민왕을 보필했다. 공민왕이 귀국해 왕위에 오르자 일등 공신에 오르는 등 승승장구했다. 그러나, 친원 세력의 핵심인 기씨 일파와 갈등을 일으켰으며,

각종 부당한 행위를 자행하여 물의를 일으켰다.

위기를 느낀 조일신은 1352년(공민왕 1) 9월 반란을 일으켰다. 기철 등 친원 세력을 죽이려 했으나, 기원(奇轅)만 살해되고 나머지는 모두 도망갔다. 조일신은 왕이 기거하던 이궁(離宮)에 침입하여 관원과 군사들을 죽이고 왕을 협박하여 스스로 우정승이 되었다. 그러나 이틀 뒤 변란의 책임을 그의 무리들에게 돌리고 자신은 책임을 면하기 위하여 왕에게 강제로 권하여 그의 무리 8, 9명을 효수(梟首)하게 했다. 그리고 다음날에는 좌정승으로 내려앉았으나, 더욱 방자하게 행동하다가 마침내 왕명에 의하여 죽음을 당했다. 조일신의 난은 불과 6일 만에 평정되었다.

김용ㅣ ?~1363(공민왕 12).
공민왕이 원나라에 머물 때 모신 공로로 승승장구했다. 조일신과는 사이가 안 좋았으나 왕의 보호로 무사했다. 조일신의 난이 일어났을 때 궁중에서 숙직하면서도 적을 막지 않고 홀로 무사했다고 해 유배되었으나 다시 정계에 복귀했다. 1362년 평소 사이가 나쁜 정세운이 홍건적과의 전투에서 공을 크게 세우자 이를 시기하여, 안우(安祐) 등으로 하여금 정세운을 죽이게 한 다음, 정세운을 살해했다는 죄목으로 안우 또한 죽였다. 그 뒤 찬성사(贊成事)에 올랐으며, 1363년 순군제조(巡軍提調)가 되어 흥왕사의 행궁에 머무르고 있던 왕을 시해하려다가 실패했다. 시해 음모가 실패하자 비밀을 유지하기 위해 잡힌 자를 모두 죽여 일등공신에 봉해졌다. 그러나 사실이 드러나 처형되었다.

최유ㅣ ?~1364(공민왕 13).
1363년 원나라에 있으면서 고려에 불평을 품고 있는 자들과 기황후를 부추겨 공민왕을 폐하고 덕흥군(德興君)을 왕으로 추대하기로 모의했다. 다음 해 정월에 원나라의 군사 1만 명으로 압록강을 건넜으나 최영과 이성계의 토벌군에게 크게 패해 달아났다. 그 뒤 다시 고려에 침입하려고 원 황제에게 원정군을 내줄 것을 청했으나, 원나라의 감찰어사가 그의 간사함을 폭로하며 원정군을 정지할 것을 간언했다. 이를 받아들인 원나라 황제는 그를 잡아서 칼을 씌워 고려로 돌려보냈고, 고려에서 마침내 사형에 처해졌다.

**공민왕에 대해
더 알고 싶을 때
보세요**

《인물로 읽는 고려사》, 정성희 지음, 청아출판사, 2000.

《인물로 보는 고려사》, 송은명 지음, 시아출판사, 2003.

《한권으로 읽는 고려왕조실록》, 박영규 지음, 웅진지식하우스, 2004.

《공민왕과의 대화》, 이기담 지음, 고즈윈, 2005.

《신돈과 그의 시대》, 김창현 지음, 푸른역사, 2006.

원나라 황후가 된 고려 여인 vs 고려 왕비가 된 원나라 공주
기황후와 노국대장공주

奇皇后

| **교과서에서 기황후가 나오는 부분 : 고등학교** 88쪽(3/2/6)

| **생몰년도 :** 미상
| **활동 분야 :** 원나라 황후

　　황실의 딸들을 고려의 왕에게 시집보내 고려를 부마국으로 만든 원나라는 고려 왕실의 자식들을 인질로 삼고 고려 국왕을 직접 임명·퇴출하는 등 다양한 방법으로 내정간섭을 했을 뿐 아니라 가혹할 정도의 수탈을 자행했다. 그중에서도 가장 사람들의 원성을 샀던 것은 고려의 여인들을 바치게 한 공녀제도이다.

　　처음에는 원나라에 항복한 귀순병들에게 배우자를 마련해준다는 구실로 고려의 여인들이 공녀로 끌려가기 시작했다. 이때만 해도 고려는 처녀가 아닌 과부나 역적의 처 등을 보냈다. 그러나 1275년(충렬왕 1년) 원나라 복속국가 중에서 고려만이 여자를 공납하지 않는다는 비판에 충렬왕이 금혼령을 발표하고 열 명의 처녀를 바침으로써 처녀 공납이 시작되었다. 그리고 이듬해 원은 500인의 공녀를 요구해왔다. 이렇게 시작하여 수많은 고려의 여인들이 원으로 끌려갔는데, 이들은 출신 성분에 따라 왕가나 고위 관직의 처첩이 되거나 주점에서 노래하는 기생이 되는 등 비극적인 삶을

魯國大長公主

| 교과서에서 노국대장공주가 나오는 부분 : 중학교 115쪽(4/3/2) · 고등학교 89쪽(3/2/6)

| 생몰년도 : ?−1365년(공민왕 14)
| 활동 분야 : 왕비
| 다른 이름 : 보탑실리(寶塔失里)

사는 경우가 대부분이었다. 이색의 아버지 이곡이 쓴 〈공녀 반대 상소문〉을 보면 당시의 참혹함이 생생하게 그려져 있다.

> ……공녀로 뽑히면 부모와 친척이 서로 한곳에 모여 곡을 하는데, 밤낮으로 우는 소리가 끊이지 않습니다. 떠나보내는 날이 되면, 부모와 친척들이 옷자락을 부여잡고 끌어당기다가 난간이나 길바닥에 엎어져버립니다. 비통하고 원통하여 울부짖다가 우물에 몸을 던져 죽는 사람도 있고, 스스로 목을 매어 죽는 사람도 있습니다. 근심 걱정으로 기절하는 사람도 있고, 피눈물을 흘리며 눈이 멀어버리는 사람도 있습니다.

이렇게 원나라로 끌려가는 수많은 여인들의 행렬 가운데 기자오의 막내딸도 포함되어 있었다. 아름답고 총명했던 기씨 처녀는 원나라 순제의 차 시중을 드는 궁녀가 되었다. 어린 시절 고려에서 유배 생활을 한 바 있는 순제의 눈앞에 미모와 지혜를 겸비한 고려의 처녀를 둔 것은 고용보를 중심으로 하는 고려 출신 환관들이었다. 당시 고려는 공녀뿐 아니라 환관도 바치고 있었다. 원은 거대한 제국을 다스리기 위해 학문적 소양과 정치적 경륜을 갖춘 고려의 환관들을 요구했고, 이들은 원나라 황실에서 인정을 받으며 자신들의 영역을 만들어갔다. 고려 출신 환관들은 황제의 신임을 더욱 확보하기 위한 방법으로 황제를 사로잡을 수 있는 고려 여인을 물색했다. 그런 그들의 눈에 들어 발탁된 것이 기씨 처녀였다.

당시 순제의 황후는 순제의 아버지를 죽이고 순제를 유배 보냈던 정적의 딸이었다. 순제는 자연 황후에게 정을 붙이지 못했고, 그런 순제의 눈에 궁녀 기씨가 들어왔다. 이를 질투한 황후가 기씨를 채찍으로 때리고 인두로 몸을 지지기까지 했다지만, 다행히 황후의 형제들이 순제 역모 사건에 연루되어 제거되면서 황후도 사약을 받았다. 황후의 가문을 제거한 순제는 기씨를 황후로 책봉하려 했다. 그러나 당시 원나라는 건국 이후로 황후가 되는 가문이 정해져 있었다. 신하들의 반대로 기씨는 비록 황후가 되지 못했지만, 황제의 총애와 고려 출신 환관들의 지지를 등에 업은 실력자가 되었다. 더구나 1339년 순제의 아들을 낳아 입지를 더욱 확고히 했다. 그리고 그해 제2황후에 봉해졌다가 1365년 제1황후가 사망하자 제1황후의 자리에 올랐다. 사실상 기황후가 권력을 장악한 것은 제2황후 자리에 올랐을 때부터였을 거라고 추정한다. 그해 제1황후의 아버지가 권력다툼에서 제거된 뒤 제1황후는 명목상의 황후나 다를 바 없었다.

기황후가 아들을 낳아 정치적 입지를 더욱 확고히 한 이 무렵 고려 충숙왕의 차남인 열두 살의 강릉대군이 인질로 베이징에 온다. 강릉대군은 이후 10년간 원나라에 머무르는데, 영특하고 신중해 원나라에 머무는 동안 많은 칭송을 들었다고 전한다. 기황후도 명민한 고국의 왕자를 홀대하지는 않았을 것이다. 이 소년이 훗날의 공민왕이다. 그가 나중에 누이의 권세를 등에 업고 횡포를 부리던 자신의 형제들을 제거하고 고려에서 원나라의 세력을 몰아낼 것을 이때의 기황후는 짐작이나 했을까.

다른 원나라 공주들과 달리 노국대장공주는 남편 공민왕과 사이가 좋았다. 왼쪽이 공민왕이 묻힌 현릉이고 오른편이 노국공주가 묻힌 정릉이다. 개성시에 있다.

강릉대군도 원나라에 있는 동안 원나라 황실의 공주인 노국대장공주와 결혼했다. 노국대장공주는 원의 유력한 황족인 위왕의 딸로, 이름은 보탑실리라고 했다. 다른 원나라 공주들과 달리 노국공주는 질투나 오만을 부리지 않았고, 부덕을 갖춘 여자였다. 그런 노국대장공주를 공민왕은 진심으로 사랑했고, 노국대장공주도 공민왕의 뜻을 따랐다.

원나라의 공주들이 고려의 왕비가 되면서 고려에 몽골풍이 크게 유행한 것처럼, 고려의 여인이 황제의 총애를 받으면서 고려의 의복을 비롯해 고려의 문화가 원나라에 크게 유행했는데, 이것을 고려양이라 한다. 원나라 전통의상은 위아래가 하나로 붙은 원피스 형태였는데, 고려의 영향으로 위아래가 분리된 치마저고리가 유행했고, 고려의 음식이 원나라에 전해졌다. 한편 고려에 전해진 원나라의 풍습으로는 족두리, 변발, 소주 등이 있다.

기황후는 상당히 능력 있는 정치가였다. 《원사》 〈후비 열전〉은 기황후에 대해 "시간이 나면 《여효경》과 역사서를 보며 역대 황후들의 좋은 덕행에 대해 공부하고, 전국 각지에서 올라온 진상품 중에서도 진귀한 것들은 먼저 태묘에 제사지낸 뒤 먹었다"고 기록하고 있다. 또 큰 기근이 들어 20만 명이 굶어죽고 시체가 길가에 나뒹굴자 자신의 명의로 돈을 풀어 시체를 묻는 등 구호사업을 펼쳤다는 기록도 있다. 막대한 자금이 드는 이런 사업을 뒷받침한 것은 자정원(資政院)이었다. 기황후는 황후부속기관이자 자금조달기구인 자정원을 세력기반으로 삼아 고용보를 자정원사에 임명하고 고려 출신 환관들을 비롯해 자신을 따르는 무리들로 강력한 정치 세력을 형성했다.

그리고 마침내 1354년 자신이 낳은 아들을 황태자로 책봉하는 데 성공한다. 또한 고려 출신 환관 박불화를 최고 군사책임자인 추밀원 동지추밀원사(同知樞密院事)에 임명해 군사권까지 장악했다.

1351년 원나라 순제는 어린 충정왕이 고려를 잘 이끌지 못한다는 이유로 폐하고, 스물두 살의 공민왕을 고려 제31대 왕에 봉했다. 고려에 돌아올 당시 공민왕은 다른 원의 부마들이 그랬던 것처럼 변발과 호복 차림이었다. 그러나 곧 변발을 풀고 호복을 벗어던졌다. 그렇게 공민왕의 반원자주정책은 시작되었다. 10년 동안 베이징에 머물렀던 공민왕은 원나라가 크게 흔들리고 있다는 것을 알고 있었다. 고려 역시 왜구의 잦은 침입과 원나라를 등에 업은 세력들의 농간 속에 왕의 권위는 바닥에 떨어지고 백성들은 큰 어려움을 겪고 있었다. 이 같은 난국을 타개하기 위해 강력한 개혁정책을 실시하여 국가기강을 바로잡는 한편, 적극적인 반원정책으로 국권을 회복하고 잃었던 영토를 되찾기 위해 노력했다. 이에 대해 노국대장공주가 반발했다는 기록은 찾아볼 수 없다. 앞서 고려에 시집왔던 원나라 공주들이 남편을 감시하고 견제하며 원나라의 편에 섰던 것에 반해 노국대장공주는 공민왕의 뜻을 거스르지 않았다.

공민왕이 개혁을 추진하는 데 가장 걸림돌이 되었던 것은 친원 세력, 그 가운데도 기황후의 형제들이었다. 기황후의 오빠인 기철은 원나라 궁궐에 딸을 바친 권겸 등과 일당을 이루어 예전 무신들보다 더 심한 비리와 횡포를 저질렀다. 공민왕은 이들을 대역을 도

모했다는 이유로 처단하고, 왕권 강화에 박차를 가했다.

이렇듯 강력한 반원자주정책을 펼치던 공민왕이었지만 **홍건적**의 침입으로 개경까지 함락되고, 김용의 반란 등 계속 어려움을 당하자 반원정책을 포기하기에 이른다.

결혼한 지 8년이 지나도록 공민왕과 노국대장공주 사이에 후사가 없자 대신들은 후궁을 들일 것을 건의했고, 공주도 이에 동의해 이제현의 딸이 혜비가 되어 궁에 들어왔다. 하지만 질투를 느낀 공주가 식음을 전폐하고 누워 궁녀들과 내관들의 비방을 받기도 했다. 그러던 중 어렵게 임신한 공주가 난산으로 출산 도중 세상을 떠나고 만다. 공민왕은 정사를 뒷전으로 미룰 만큼 슬픔에 잠겼고, 이후 공주의 명복을 빌기 위해 불사에 전념했다. 노국대장공주의 죽음 뒤 공민왕은 정사를 신돈에게 맡기지만, 신돈의 거침없는 개혁정치에 부담을 느껴 제거한 뒤, 고려는 더 이상 회생가능성 없는 몰락의 길을 걷기 시작한다.

한편 기철이 제거되었다는 소식에 기황후는 태자에게 "이만큼 장성했는데 어찌 어미의 원수를 갚아주지 않느냐"며 질책했다는 기록이 전한다. 그 분노는 마침내 1364년 공민왕을 폐위한 뒤 충선

공민왕이 안동에 몽진했을 때 안동사람들에게 하사한 노국공주의 부채. 공민왕의 유품이 보관돼 있는 태사묘 보물각에 있다.

▶朱元璋, 명나라 초대 황제

왕의 셋째아들 덕흥군을 왕에 책봉하고 1만여 군사로 압록강을 건너게 하기에 이른다. 그러나 최영과 이성계의 군사에게 전멸당해 기황후의 복수는 성사되지 못했다.

사실 이 무렵 원나라는 더 이상 고려를 통제할 힘이 남아 있지 않았다. 전국 각지에서 몽골족의 통치에 저항하는 한족들의 봉기가 일어나 원나라를 위협하고 있는데, 순제는 정사를 돌보지 않은 채 방탕한 생활에 빠져 있었다. 기황후와 그 측근 세력들은 순제를 양위시키고 젊은 태자를 즉위시켜 위기를 타파하려 했다. 그러나 순제의 반발로 무산되고 기황후의 모의를 거부한 재상이 귀양 가는 것으로 사건은 마무리되었다.

이렇게 개혁에 실패함으로써 원나라 또한 회복불능 상태에 빠지고 만다. 1366년 결국 주원장에게 쫓겨 몽골의 깊숙한 초원으로 도피한 순제는 2년 뒤 황태자에게 무너져가는 나라를 넘겨주고 세상을 떠났고, 기황후가 낳은 아들이 북원(北元)의 마지막 황제가 되었다고 하나 기황후의 마지막에 대해서는 전하는 바 없다. 세계 역사상 유례가 없는 거대한 제국 원나라의 100여 년에 걸친 역사 가운데 30년 동안 정권을 좌지우지했던 기황후였지만 노년은 불행했던 듯하다.

기황후에 대한 역사의 평가는 더욱 냉담했다. 《원사》와 《고려사》에 기록된 기황후의 모습은 부정적이다. 유학의 관점에서 저술된 책들이기에 여성의 정치 참여 자체를 용납할 수 없었을 것이다. 또한 공민왕을 폐위시키려 했고, 오빠인 기철의 횡포 등 고려의 입장에서는 부정적인 측면도 적지 않았다. 그러나 충렬왕 이후 80여 년간 계속되던 공녀 징발을 금지시키고, 환관의 징발을 축소했을 뿐아니라 고려를 원에 속한 하나의 성으로 만들자는 논의를 폐지시키는 등 긍정적으로 기여한 부분도 많다는 주장이 최근에 제기되고 있다. 반면 자신의 모국 대신 남편의 모국과 의지를 따랐던 노국대장공주에 대한 평가는 대부분 우호적이다.

기황후에 대해 더 알고 싶을 때 보세요

《한국사를 바꾼 여인들》, 황원갑 지음, 책이 있는 마을, 2002.
《이덕일의 여인열전》, 이덕일 지음, 김영사, 2003.

최영

崔瑩

| 교과서에서 최영이 나오는 부분 : 중학교 117–118쪽(4/3/3)/127쪽(5/1/1/) · 고등학교 90쪽(3/2/6)

| 생몰년도 : 1316년(충숙왕 3)–1388년(우왕 14)
| 시호 : 무민(武愍)
| 활동 분야 : 군사, 정치

| 생애와 업적 |

1388년 명나라는 "철령 이북과 이동은 본시 원의 관할에 속했으므로 그 지역에 있는 군인은 한인 · 여진 · 타타르 · 고려를 막론하고 명나라에 속한다"는 방을 붙였다. 본래 철령 이북 지역은 고려의 영향력 아래 있던 곳이었다. 그런데 원나라가 쌍성총관부를 설치하고 자신들의 땅으로 삼아버렸다. 이를 공민왕이 회복하였는데, 명나라가 자신들의 영토로 삼겠다고 통보를 한 것이다.

이대로 철령 이북의 땅을 명나라에 넘겨줄 수 없다고 판단한 최영은 우왕을 설득해 요동 정벌을 계획했다. 당시 최영은 이미 일흔을 넘긴 백전노장이었다.

1316년 사헌규정(司憲糾正) 최원직의 아들로 태어난 최영은 기골이 장대하고 힘이 뛰어났다. 대대로 높은 벼슬을 지낸 명문가에서 태어났지만, 아버지가 "황금 보기를 돌같이 하라"는 유훈을 남겼다는 유명한 일화를 제외하고는 성장 과정을 알려주는 자료는 없다.

왜구를 토벌하는 데 공을 세워 왕을 호위하는 우달치(迂達赤)에 임명된 뒤 1352년(공민왕 1) 안우·최원 등과 함께 조일신의 난을 평정하여 이름을 얻었다. 1357년(공민왕 6) 오예포(吾乂浦)에 쳐들어 온 왜선 400여 척을 격파하여 왜구를 섬멸하면서 이때부터 백성들 사이에 영웅으로 추앙받기 시작했다. 또한 1359년과 1361년 두 번의 홍건적 침입 때 이를 격퇴하여 일등공신에 책봉되었고, 김용의 난과 최유의 난을 진압했다.

싸움에 나가면 백전백승하는 고려 최대의 명장이었으나 신돈의 집권 뒤 정치적인 어려움을 겪기도 했다. 개혁의 칼날을 휘두르던 신돈에게 최영은 타파해야 할 보수 세력이었다. 신돈의 참소로 관직을 빼앗기고 가산(家産)을 몰수당한 채 귀양을 가야 했지만 신돈이 실권하자 다시 관직에 복귀되었다.

▶ 讒訴, 남을 헐뜯어서 없는 죄를 있는 듯이 꾸며 고해 바치는 일

최영이 탐라를 진압하러 간 사이 공민왕이 시해당하고 그의 아들 우가 즉위하여 우왕이 되었다. 우왕의 즉위 뒤에도 왜구의 침입이 끊이지 않자 최영은 직접 군사를 이끌고 나가겠다고 청했다. 우왕은 싸움터에 나가기에는 너무 나이가 많다고 만류했지만 최영은 "신이 비록 몸은 늙었지만 뜻은 쇠하지 않았습니다. 원컨대 부하들을 거느리고 나가 치게 하여주옵소서"라고 간절히 청했다.

우왕의 허락을 얻은 최영은 그날로 달려가 왜구들이 진을 치고 있는 홍산에 이르렀다. 여러 장수들이 두려워하여 나아가지 못하고 있는 것을 본 최영이 몸소 선봉이 되어 돌진해가자 왜적들이 초목처럼 쓰러졌다. 이때 적 한 명이 숲속에 숨어 최영을 쏘아서 입술을 맞혔다. 피가 많이 흘렀지만 최영은 태연히 그 적을 쏘아 쓰러뜨린 뒤에야 화살을 뽑았다. 이 모습에 힘을 얻은 군사들이 왜구들을 크게 물리쳤다. 이 전투를 홍산대첩이라 한다. 이때부터 왜구들은 "조선에서 정말 두려운 사람은 오직 백발의 최만호 뿐"이라며 그를 두

▶ 鴻山, 지금의 충남 부여군

▶ 만호(萬戶)는 고려·조선 시대 무관 직의 하나로, 최만호는 최영을 말함

려워했다고 한다.

이후 강화·통진 등지에 침입한 왜구를 격퇴했고, 또한 <u>승천부</u>에 침입한 왜구를 크게 무찔렀다.

▶昇天府, 지금의 풍덕

우왕의 집권 뒤 권력의 핵심으로 부상한 최영은 수시중(守侍中)에 임명되어 처음으로 중앙의 중책을 맡고, 이후 재상직인 영삼사사(領三司事)가 되었다가 문하시중에 오른다. 1388년 우왕은 최영이 반대하는데도 그의 딸을 비로 맞았다. 왕의 장인으로, 그리고 정치적 동반자로 최영은 당시 고려 조정을 이끌고 있었다.

그러나 최영의 요동 정벌 계획은 안에서부터 강한 반발에 부딪혔다. 이성계가 **사불가론**(四不可論)을 내세우며 격렬히 반대하고 나선 것이다. 이러한 반대에도 우왕은 최영을 팔도도통사(八道都統使)에 임명하고 조민수를 좌군도통사, 이성계를 우군도통사로 삼아 정벌을 강행했다. 군대가 평양을 출발할 무렵 최영은 "대군이 길에서 시간을 지체한다면 큰일을 성취할 수 없으니 제가 가서 단속하겠습니다"라며 청했다. 하지만 우왕은, "선왕(공민왕)이 피해를 당한 것은 그대가 남방으로 토벌하러 갔기 때문인데, 내 어찌 하루도 그대와 떨어져 있을 수 있겠는가"라며 말렸다. 이때 최영이 요동 정벌길을 떠났다면 역사는 또 다른 방향으로 흘러갔을지 모른다.

최영 장군 묘. 경기 고양시 덕양구 대자동에 있다.

이성계는 위화도에 머물며 다시 상소를 올려 군사를 돌릴 것을 청했다. 우왕과 최영은 단호히 거절했다. 요동군이 모조리 토벌에 나가 성이 비어 있으므로 우리 군대가 도착하면 싸우지 않고도 성을 함락시킬 수 있을 것이라는 보고를 이미 받았던 최영으로서는 군대를 돌릴 이유가 없었다.

그러나 이성계는 결국 위화도에서 군사를 돌려 개경으로 향했다. 최영은 이성계를 진압하기 위해 군사를 모았으나 주력부대 대부분이 정벌군에 편성되어 있는 상황이었다. 최영은 얼마 버티지 못한 채 곽충보 등에게 잡혔다. 최영이 잡히자 이성계가 "이러한 사태는 내 본심이 아니오. 요동 공격이 정의를 거스르는 일일 뿐만 아니라 국가를 위태롭게 하고 백성을 괴롭혀 원성이 하늘에 닿았으므로 부득이하게 행한 일이었소. 잘 가시오"라며 눈물을 흘렸다고 기록은 전한다. 왜적과 홍건적을 맞아 함께 전장을 누비던 두 사람의 장수가 이제 서로 다른 선택 끝에 그 승패가 엇갈린 것이다.

고려 최고 명장 중 한 사람인 최영 장군. 요동 정벌로 인해 이성계와 정치적 노선이 갈리면서 결국 죽음을 맞이한다.

최영은 고향인 고봉현으로 귀양갔다가 뒷날 개경으로 압송되어 처형당했고, 이성계는 새로운 왕조를 열었다.

|평가|

최영이 죽던 날 개경 사람들은 시장을 열지 않았고 거리의 어린이들이나 시골 부녀자나 할 것 없이 모두 눈물을 흘렸다고 《고려사》는 전한다.

또한 이 책은 "최영은 성질이 강직하고 충실하며 또 청렴하였다. 전선에서 적과 대치하여 태연했으며 화살이 빗발같이 지나가도 조금도 두려워하는 기색이 없었다. 군대를 지휘함에 있어서는 규율을 엄격히 하여 필승을 기하였으며 전사가 한걸음만 물러서도 곧 목을 베었다. 그러기에 크고 작은 수많은 전투에서 어디서나 승리를 쟁취하였고 일찍이 패한 적이 없었다"라고 최영의 공을 인정했지만, 그에 대한 비난도 함께 기록했다.

"그는 성질이 우직하고 무식하여 일을 모두 자기 뜻대로 처리하였으며 사람을 죽이고 위엄을 세우기를 좋아하여 죄가 죽이기까지 할 것이 아닌데도 사형을 면하지 못하였다." 그러면서 "공은 이 나라를 덮었고 죄는 천하에 가득하다"는 윤소종의 격렬한 비난도 덧붙였다.

▶이색의 문인이었으나 조선 개국 후 회군공신 3등에 올랐고 춘추관 동지사 등을 지냈음

이성계에 맞섰던 인물에 대해 무한정 호의적일 수는 없는 게 새로운 왕조의 입장이었을 것이다.

반면 태종·세종 대 명문장가인 변계량은 "나라의 위엄 떨치는 데 평생을 바치니/말 배우는 어린애까지 그 이름 아네/일편단심, 응당 죽지 않아서/천년 동안 큰 산과 함께 남으리"라는 시를 남겨 최영의 공을 기렸다.

Tip

사불가론| 이성계가 요동 정벌을 반대하면서 반대하는 이유로 든 네 가지 주장을 말한다. 첫째, 작은 나라가 큰 나라를 거스르는 일은 옳지 않으며, 둘째, 여름철에 군사를 동원하는 것은 부적당하고, 셋째, 요동을 공격하는 틈을 타서 남쪽에서 왜구가 침범할 염려가 있으며, 넷째, 무덥고 비가 많이 오는 시기라 활의 아교가 녹아 무기로 쓸 수 없고 병사들도 전염병에 걸릴 염려가 있기에 불가하다고 했다.

1316	태어났다.
1352	(37세) 조일신의 난을 평정하여 정4품 호군이 되었다.
1361	(46세) 홍건적이 개성을 함락시키자 이를 격퇴, 훈1등에 도형벽상공신이 되었고 전리판서에 올랐다.
1368	(53세) 원나라가 멸망하고 명나라가 건국되었다.
1373	(58세) 육도순찰사가 되었다.
1377	(62세) 도통사가 되어 강화·통진 등지에 침입한 왜구를 격퇴했다.
1388	(73세) 문하시중이 되고, 그의 딸이 왕비가 되었다. 그러나 요동 정벌이 실패로 돌아가면서 실권을 잃고 참수되었다.

최영에 대해 더 알고 싶을 때 보세요

《인물로 보는 고려사》, 송은명 지음, 시아출판사, 2003.

《인물로 보는 한국사》, 이은직 지음, 일빛, 2003.

《주제로 보는 한국사》, 이정란 지음, 고즈윈, 2005.

최무선

崔茂宣

| **교과서에서 최무선이 나오는 부분** : 중학교 117쪽(4/3/3) · 고등학교 277쪽(6/2/3)

| **생몰년도** : 1325년(고려 충숙왕 12)–1395년(조선 태조 4)
| **활동 분야** : 과학

|생애와 업적|

북쪽에서는 홍건적의 침입으로, 그리고 남쪽에서는 왜구들의 침입으로 백성들이 많은 어려움을 겪고 있던 고려 말. 예성강 입구에 있는 벽란도에 거의 매일이다시피 나타나 중국 상인들을 붙잡고 뭔가 열심히 물어보는 한 남자가 있었다. 벽란도는 당시 중국의 상선(商船)들이 드나들던 고려의 대표적인 무역항이다. 중국의 상선이 들어올 때마다 기웃거리며 그 남자는 염초(焰硝) 만드는 방법에 대해 물어보았다.

1372년 어느 날 그는 원나라에서 온 이원이라는 사람을 만난다. 이원이 염초 만드는 법을 알고 있다고 했다. 남자는 그를 자기 마을에 살게 하며 극진히 대접했다. 그렇게 공들인 지 한 달여 만에 드디어 염초 만드는 비법을 배울 수 있었다. 염초는 화약 제조의 핵심 원료로서, 그 화학성분은 질산칼륨이다. 이 질산칼륨에 열을

노략질하는 왜구를 그린 그림. 광해군 때 제작된 〈신상감행실도〉에 실려 있다. 고려 말부터 왜구는 골칫거리였다. 최무선의 화약은 왜구를 물리치는 데 큰 도움이 되었다.

가하면 대량의 산소가 발생하여 유황과 숯을 폭발적으로 연소시킨다. 명나라와 원나라에서는 이미 화약 무기를 사용하고 있었지만 제조 방법은 극비 사항이었다.

어릴 때부터 경서(經書) 공부보다 병서(兵書) 읽기를 즐겼고 무기에 대한 관심이 남달랐던 이 남자, 최무선은 남해와 서해에 출몰해 노략질을 일삼던 왜구를 물리칠 방법을 찾던 중 화약에 관심을 갖게 되었다. 사비를 들여가며 연구를 하고 실험을 했다. 정부의 도움은커녕 후원자도 없었다. 먼저 화약을 만들려면 세 가지 재료, 초석(硝石)·유황·염초가 있어야 한다는 것을 알게 되었다. 초석과 유황은 어렵지 않게 구할 수 있었지만 염초를 만드는 것이 문제였다. 몇 년에 걸쳐 온갖 노력을 해보았으나 실패만 계속될 뿐이었다. 결국 혼자의 힘만으로는 어렵다는 것을 깨닫고 벽란도에 나가 염초 제작 기술에 대해 알고 있는 사람들을 수소문했던 것이다.

이원에게 염초 만드는 법을 배운 최무선은 얼마 뒤 화약의 제조에 성공했다. 일꾼을 시켜 실험해보니 성능도 아주 좋았다.

최무선은 "왜구를 막을 화약을 만들었다"고 나라에 알리고 본격적으로 화약을 제조할 기구를 설치해달라고 건의했다. 그 무

최무선의 초상. 사비를 털어 화약
무기를 개발한 최무선의 노력은
아들 최해산에게까지 이어졌다.
이들의 노력으로 조선 초의 화약
기술은 크게 발전했다.

렵 왜구들은 강화도까지 침범해 개경 사람들을 위협했다. 처음에는 최무선의 말에 귀도 기울이지 않던 조정이었지만 끈질긴 건의에 우왕은 화통도감(火㷁都監)의 설치를 허락했다. 1377년 10월의 일이다.

화통도감의 책임자가 된 최무선은 부지런히 화약을 만들어냈다. 그리고 화약을 이용하는 신무기들을 발명해냈다. 화통도감에서 제조된 화기들은 모두 열여덟 가지가 전하는데, 그중 대장군(大將軍)·이장군(二將軍)·삼장군(三將軍)·육화석포(六火石砲)·화포(火砲)·신포(信砲)·화통(火筒) 등은 총포의 종류이고, 화전(火箭)·철령전(鐵翎箭)·피령전(皮翎箭)은 발사물이며, 그외에도 질려포(疾藜砲)·철탄자(鐵彈子)·천산오룡전(穿山五龍箭)·유화(流火)·촉천화(觸天火)·주화(走火)가 있다. 이 가운데 특히 '날아가는 불'이라는 뜻의 주화는 얼핏 보면 화살과 비슷하지만, 통 안에 있는 화약을 태워 그 추진력으로 날아가는 원리가 로켓의 원리와 똑같다. 고려시대에 로켓을 만든 것이다.

최무선은 1378년 조정에 다시 건의하여 이 무기를 사용할 화통방사군(火筒放射軍)이라는 포병부대를 만들었다. 이제 왜구가 육지에 접근하면 일제히 공격하여 적의 배를 불태울 준비는 끝났지만, 도망치는 적선을 잡기 위해서는 군함이 필요했다. 목선밖에 없던 당시의 조선 기술로는 무거운 화포나 많은 포탄을 실을 경우 배가 침몰해버리는 형편이었다. 그는 다시 연구를 거듭하여 무거운 중량에 잘 견디고 진동에도 문제가 없는 우수한 전함을 만들었다. 이 군함에는 화약에 습기가 차는 것을 방지하는 장치까지 갖추어져 있었다. 이제 모든 준비가 끝났다. 화포로 무장한 100척의 함선과 화약 무기에 정통한 3,000명의 수군부대가 갖춰졌다.

이러한 준비가 진행된 지 3년째 되던 해, 왜구의 배가 진포(鎭浦)로 몰려든다는 보고가 올라왔다. 조정에서는 화약 무기를 시험해볼 기회라 생각하고 최무선을 부원수(副元帥)로 임명했다. 최무선이 금강 입구에 도착해보니 왜구들은 밧줄로 배를 서로 묶어둔 채 육지로 올라와 노략질을 하고 있었다. 불화살이 천지를 흔들며 왜구의 배를 향해 날아갔다. 묶여 있던 왜선들은 꼼짝도 하지 못한 채 거의 다 불에 타버렸다. 왜구들은 배와 함께 불타죽기도 하고 바닷속에 빠져 죽기도 했다. 육지에 올라왔던 왜구들은 지리산에 숨어 말썽을 피웠으나 이성계가 황산에서 섬멸(殲滅)했다. 이 전투가 황산대첩이다.

《태조실록》은 "이로부터 왜구들이 사라졌다. 항복을 비는 자들이 연이었고, 바닷가에 사는 백성들은 예전의 생업으로 돌아갔다. 오직 임금(이성계)의 덕을 하늘이 응해준 소치이나 최무선의 공도 적지 않았다"라고 하여 이성계의 활약상을 기록하며 최무선의 공에 대해서도 언급하고 있다.

이 소식을 들은 우왕은 개선식을 열어주었다. 또한 최무선의 벼슬을 문하부사(門下府事)로 높여주고 영성군(永城君)이라는 봉호를 내렸다. 재상의 반열에 올려준 것이다.

그 뒤 움직임이 뜸하던 왜구는 3년 뒤 20여 척의 배에 2,400명이 나눠 타고 남해의 관음포에 다시 등장했다. 최무선은 이미 예순을 바라보는 나이였으나 몸소 출전하여 다시 왜구를 몰아냈다. 이후 왜구는 남해안이나 서해안에 다시 나타나지 못했다.

고려는 왜구의 뿌리를 뽑기 위해 1389년 박위에게 100척의 함선을 주고 왜구의 근거지인 쓰시마를 토벌케 하였다. 박위는 쓰시마의 왜선을 남김없이 태워버리고 왜구를 섬멸했다. 그해 멀리 류구의 왕이 신하의 예를 갖추어 고려로 사신을 보내왔고, 일본 서부의

▶琉球. 지금의 오키나와. 오키나와가 아니라 대만이라는 주장도 있음

영주들이 줄이어 고려에 예를 갖춘 사신을 보내온 것은 최무선의 화약 무기로 무장한 고려 수군의 위력 덕분이다.

최무선은 6년쯤 더 벼슬자리에 머물렀다. 위화도회군으로 이성계가 실권을 잡은 뒤 조준은 왜구가 더 이상 침입하지 않으니 경비 절약을 위해 화통도감을 폐지하여 군기감에 통합해야 한다고 건의했다. 그의 건의는 받아들여졌고 최무선도 그 무렵 조정에서 물러나왔다. 화약의 제조가 줄어들었고 기술 개발이 중지됐다.

▶軍器監, 고려·조선 시대에 병기 제조 등을 관장한 관청

무엇보다 화약 제조법을 제대로 전수하지 못한 것이 안타까웠던 최무선은 은퇴 후 집안에 틀어박혀 화약 만드는 법, 사용하는 법을 기록하여 책으로 엮었다. 《화약수련법》이라는 책이다. 그리고 화포로 왜구를 격퇴하는 장면을 그려 〈화포섬적도〉라 하였다.

조선이 건국된 뒤 이성계는 최무선의 공을 잊지 않고 명예직을 주었다. 나이가 많아 실직을 줄 수는 없었다. 병이 깊어 자리에 누운 최무선은 아내를 불렀다.

"아이가 자라면 이 책을 주어 익히게 하시오. 그때까지 부인이 은밀한 곳에 간직해두시오."

그의 임종 당시 열 살에 불과하던 아들 최해산이 열다섯이 되어 글을 익히자 아내는 이 책을 꺼내주었다. 아버지가 평생 연구한 자료를 얻은 최해산은 화약 제조와 응용법을 익혀 스무 살의 나이에 조정에 나와 아버지의 가업을 이었다.

|평가|

1400년 조선 제3대 왕인 태종 즉위 후, 권근이 글을 올렸다. 최무선의 아들 최해산과 문익점의 아들 문중용에게 특별히 벼슬을 주어 아버지들의 공로에 보답해야 한다는 내용이었다. 태종은 이들의 공을 인정했다. 최해산에게 벼슬을 주었고, 그의 책임 아래 화

약과 화기를 만들었다. 세종도 최해산의 화약 기술을 높이 사, 쓰시마 정벌에 유용하게 사용했다. 당시 조선의 화약 기술은 중국을 능가했다.

그리고 이러한 화약 기술은 15세기 중엽 세계에서 가장 성능이 뛰어난 첨단 로켓 무기였던 신기전(神機箭)과 공수 전환에 탁월했던 이동식 다연발 발사대였던 화차(火車)의 개발로 이어졌다.

연표

1325	광흥창사(廣興倉使)를 지낸 최동순(崔東洵)의 아들로 태어났다.
1377	(53세) 화통도감을 설치하여 화약과 화약 무기를 본격적으로 개발하기 시작했다.
1380	(56세) 진포에서 왜구를 물리칠 때 큰 공을 세웠다.
1392	(68세) 고려가 멸망하고 조선이 건국되었다.
1395	(71세) 세상을 떠났다.

저서

《화약수련법》을 남겼으나 전하지 않는다.

최무선에 대해 더 알고 싶을 때 보세요

《이야기 인물한국사》, 이현희 지음, 청아출판사, 1986.
《이야기 인물한국사》 1, 이이화 지음, 한길사, 1993.
《주제별로 보는 우리의 과학과 기술》, 이영기 엮음, 일빛, 2001.
《인물로 보는 한국사》, 이은직 지음, 일빛, 2003.
《한국 과학기술 인물 12인》, 김근배 외 지음, 해나무, 2005.

이색

李穡

| 교과서에서 이색이 나오는 부분 : 고등학교 97쪽(3/3/2)/268쪽(6/2/1)

| 생몰년도 : 1328년(충숙왕 15)-1396년(태조 5)
| 자 : 영숙(穎叔)
| 호 : 목은(牧隱)
| 시호 : 문정(文靖)
| 활동 분야 : 학문, 정치

|생애와 업적|

백설이 잦아진 골에 구름이 머흘레라.
반가운 매화는 어느 곳에 피었는가.
석양에 홀로 서서 갈 곳 몰라 하노라.

고려 말의 대학자이자 문장가였던 이색이 기울어가는 고려 왕조에 대한 안타까운 심정을 읊은 시이다.

공민왕을 도와 개혁의 중심에 서기도 했고, **성균관**(成均館)의 총책임자인 대사성(大司成)을 맡아 유학의 종장(宗匠)으로 고려 말의 학문을 이끌었으며, 고려 말과 조선 초기를 통틀어 가장 뛰어난 문장가였던 이색은 새 왕조에 참여하기를 권하는 이성계를 거절하고 절의를 지킨 고려 말 **삼은**(三隱) 가운데 한 사람이다.

권문세족에 맞서며 신진사대부들을 이끌던 인물이 왜 신진사대부들이 세운 나라인 조선에 합류하지 않고 저물어가는 고려와 운명을 같이했을까.

고려 말, 당시의 지배 세력인 권문세족에 도전하는 새로운 사회 세력이 성장하고 있었다. 이들을 신진사대부라 하는데, 이들은 대부분 과거에 급제하여 중앙의 관리가 되었다. 이미 중앙정계에 진출해 권력을 누리고 있던 권문세족과 대립하지 않을 수 없었다.

이색은 향리 집안 출신이다. 이색의 집안은 대대로 한산에서 호장(戶長) 직을 이어왔다. 그러나 아버지 이곡이 원나라 과거에 2등으로 합격한 뒤 '한림국사원 검열관(翰林國史院檢閱官)'이라는 벼슬까지 하며 이름을 떨쳐 이색의 집안은 중앙정계에 그 이름을 올리게 된다. 더구나 이색이 열네 살의 나이에 진사시에 합격하여 소년 진사가 된 신동이다 보니, 딸을 가진 부모들은 모두 이색을 사윗감으로 탐냈고, 이색은 그 가운데 명문가인 권중달의 딸과 혼인했다. 다른 신진사대부들과 달리 이색은 아버지와 처가, 양쪽에 든든한 기반을 갖게 되었고 이것은 훗날 그가 다른 신진사대부들보다 보수적인 선택을 하는 하나의 원인이 된다.

스무 살 되던 해 이색은 아버지를 만나기 위해 원나라 베이징에 갔다. 천하의 종주국을 자처하던 원나라 수도에서 새로운 문물과 사상을 접한 그는 국자감 생원이 되어 성리학을 연구했다. 이곳에서 이색은 유교의 도를 해외에 전해줄 인물로 극찬을 받았다. 이후 원나라 과거에 2등으로 합격해 아버지의 뒤를 이어 원의 벼슬길에 나섰다. 이러한 원나라와의 인연은 명나라에 대한 사대를 주장하는 다른 사대부들과 엇갈린 선택을 하는 배경이 된다.

스물여덟 살이 되던 해 원나라에서 돌아온 이색은 공민왕이 이끄는 개혁의 실무관료로 활약한다. 정방 혁파(革罷) 등을 요구한 상소를 계기로 공민왕의 신임을 얻어 문무의 인사권을 장악하고, 그

고려 말의 뛰어난 문장가요 학자였던 목은 이색. 그는 이성계와 새 왕조 대신 고려를 선택한 고려 말 삼은(三隱) 가운데 한 사람이다.

무렵 실시된 과거시험의 시험관을 모두 맡아 교육과 과거제도의 개혁을 이끌었다.

이색은 개혁적 입장에 섰지만, 그가 말하는 토지개혁은 토지제도의 운영에 있어 불법과 비리를 척결하자는 것이고, 불교개혁도 불교 자체는 존중하면서 불교에서 파생되는 폐단을 시정하자고 주장했다. 고려 왕조의 법과 제도를 유지한 채 운영상의 부정을 없애자는 주장이었다.

우왕 대에 이색은 유학을 이끄는 대표적인 학자로 성장했다. 정도전·권근·길재 등 수많은 사대부들을 길러냈다.

이 무렵 신진사대부들은 체제 내의 개혁을 추구하는 온건파와 좀 더 근본적인 문제 해결을 추구하는 급진파로 나뉘기 시작한다. 공민왕과 함께 개혁을 이끌다가 좌절한 뒤, 우왕 대에 다시 등장한 보수적인 정치 세력 앞에서 서로 다른 선택들을 한 것이다.

위화도회군 당시 이색은 적극적이지는 않았지만 회군에 반대하지 않았다. 중국에 대한 사대는 변함없는 그의 정치적 입장이었다. 위화도회군에 성공한 이성계 일파가 우왕을 폐하고 자신들이 마음대로 할 수 있는 왕을 세우려 할 때 이색은 **조민수**의 의견을 따라 전왕의 아들인 창왕을 세우는 것에 찬성했다. 우왕과 창왕이 공민왕의 소생이 아니라 신돈의 소생이라는 말을 꾸며 퍼뜨리던 이성계 일파들과의 관계는 점점 악화되어갔다.

이들의 갈등이 본격화되기 시작한 것은 토지개혁을 둘러싼 이견부터이다. 창왕 원년, **조준**은 사전(私田)의 혁파를 주장했다. 현존하는 사전 제도를 전면 혁파하고 새로이 분배하자는 혁명적인 주장이었다. 반면 이색은 옛 법을 가벼이 고쳐서는 안 된다는 이유로 사전 혁파에 반대했다. 전면적인 개혁 대신 운영상의 폐단을 시정하자고 주장했다.

사전 혁파에 대한 문제가 처음 조정에서 논의될 때는 반대하는 세력이 더 컸다. 반대자들은 모두 권세가들이었다. 그러나 결국 정국을 장악한 이성계의 뜻대로 종결될 수밖에 없었다. 1388년(우왕 14) 사전 혁파안이 의결되었다. 이는 구세력의 정치적 몰락인 동시에 신흥 세력에게는 나라를 세울 수 있는 경제적인 배경이 마련되었음을 의미한다.

이색이 이성계 일파의 음모를 어떻게 헤쳐나가야 할지 고민하고 있을 무렵, 1368년 건국된 명나라에서 창왕의 책봉 문제로 대신 자리에 있는 사람이 직접 명나라에 와서 설명하라고 요구해왔다. 모두들 명나라에 가기를 꺼려했지만, 이색이 나섰다. 이미 회갑을 넘긴 나이라 모두들 말렸는데도 이색이 나선 것은 명나라 황제의 힘을 빌려 고려 왕조를 보호하려는 마음에서였다. 창왕을 직접 명나라에 친조케 하여 명나라 황제로부터 인정을 받는다면 이성계 일파도 쉽게 어찌지는 못할 것이라는 판단이었지만, 이마저 성사되지 못했다.

▶ 親朝, 상대국의 국왕이 직접 자기의 나라에 와서 인사를 올리게 하는 예

김저 사건을 계기로 창왕도 폐위되고, 공양왕이 왕위에 올랐다. 이로써 이성계는 국정을 완전히 장악했다. 공양왕은 이색을 다시 판문하부사(判門下府事)로 임명했다. 그러나 이성계 일파들은 이색이 왕씨가 아닌 창왕을 옹립했고, 유학자로서 불교에 미혹되었다는 이유로 탄핵해 귀양보냈다. 당시 그의 나이는 이미 예순둘, 이후 심문을 받고 투옥된 일도 여러 번이고, 청주 · 함창 · 금주 · 장흥 등으로 유배지를 옮겨다녀야 했다.

이성계가 조선을 세우자, 귀양살이를 하던 이색은 상복을 입고 지냈다. 나라가 망했으니 신하로서 상복을 입고 애통해한 것이다.

조선의 태조가 된 이성계가 1395년 이색을 불러 도와달라고 청했으나 거절하고 고향으로 돌아왔다. 그해 경기도 여주를 여행하다 숨을 거두었다. 그의 나이 예순여덟이었다. 아들 둘을 먼저 보내고, 아내도 그보다 먼저 세상을 떠난 뒤였다.

|평가|

이색은 고려 말 절의를 지킨 삼은의 한 사람으로 이름이 높지만, 보수파이며 사대주의자라는 비난 또한 함께 받고 있다.

《고려사》는 그에 대해 "천품이 명민하고 여러 가지 서적을 널리 읽어서 시와 글을 지을 때에는 붓을 들면 조금도 거침없이 즉석에서 쓰곤 하였다. 후배를 추켜세우기에 노력하였으며 유학을 발전시키는 것을 자기의 사명으로 여겼다. 학자들이 모두 그를 존경하고 사모하였으며 나라의 문교 사업을 수십 년간 주관하였고 누차 중국에서도 칭찬을 받았다. …… 그러나 의지와 절개가 확고하지 못하여 큰 문제를 제의한 것이 없으며 학문이 순정하지 못하여 불교를 숭상함으로써 세상의 비난을 받았다"라고 적고 있다. 불교를 숭상하여 세상의 비난을 받았다고 적혀 있는데, 사실 고려 때 불교는 국교였다. 유교를 국교로 한 조선의 입장에서 한 비난이지 고려시대에는 누구나 불교를 믿었다. 불교를 숭상한 일이 결코 세상의 비난을 받을 일은 아니었다.

한편, 조선시대 유학자 김종직은 이색을 회고하며 시를 한 수 남겼다.

> 푸른 바다 동쪽의 신비를 몰랐더니
> 천 년 동안 정기어린 땅에서 낳은 분일세.
> 선생이 한번 나시어 사람의 상서가 되니

이때에 단양 천지 초목이 말랐다네.

스승의 깊이가 선생을 당할 이 없으니

우리나라 인물이 다 도견에 들었네.

이제 부질없이 그 사시던 곳을 지나니

한때에 태어나 선생님으로 모셔보지

못했음이 한이로다.

삼은 | 고려 말의 학자이며 문장가인 목은 이색, 포은 정몽주, 야은(冶隱) 길재(吉再)를 두고 이르는 말이다. 이들 세 사람의 호에 모두 '은(隱)' 자가 들어 있는 데서 유래했다. 고려가 망하자 끝까지 지조를 지킨 인물들이다. 야은 길재 대신 도은(陶隱) 이숭인(李崇仁)을 넣기도 한다.

성균관 | 조선시대 최고 교육기관. '성균'이라는 명칭이 처음 사용된 것은 고려 충렬왕 때인 1289년, 그때까지의 최고 교육기관인 국자감의 명칭을 '성균'이라는 말로 바꾸면서부터이다. 1308년(충선왕 1년)에 성균관으로 개칭되었고, 공민왕 때 국자감으로 명칭이 바뀌었다가, 1362년에 다시 성균관이라 했다. 최고 책임자는 정3품 대사성이었다. 초시인 생원시와 진사시에 합격한 사람에게 우선적으로 입학 기회를 주었다. 성균관 유생은 기숙사인 동재와 서재에서 생활했으며, 출석 점수 원점(圓點)을 300점 이상 취득해야 대과에 응시할 수 있었다. 기숙사 생활을 하는 동안 국가로부터 학전(學田)과 외거노비(外居奴婢) 등을 제공받았다. 성균관은 조선 시대 학문의 전당이었으며, 그 전통을 이어받아 1946년 성균관대학교가 설립되었다.

조민수 | ?~1390(공양왕 2). 고려 말의 무신. 홍건적·왜구를 물리친 공으로 문하시중, 판문하부사까지 올랐다. 1388년 요동 정벌군의 좌군도통사로 출정했다가 이성계와 함께 위화도에서 회군, 우왕을 폐하고 창왕을 세우는 데 중요한 역할을 하여 공신이 되었다. 1389년(창왕 1) 이성계 일파의 전제개혁을 반대하다가 조준 등의 탄핵으로 창녕에 유배되었다. 이 해에 창왕의 생일 특사로 풀려나왔으나, 우왕의 혈통을 에워싼 논쟁으로 이성계 일파에 대항하다가 서인(庶人)으로 강등, 다음 해에 다시 창녕으로 유배되어 죽었다.

조준 | 1346(충목왕 2)~1405(태종 5). 고려 말 조선 초의 문신. 우왕 때 과거에 급제했으며 이성계를 도와 역성혁명을 이루었다. 과전법 개혁을 주도했으며, 개국공신 1등에 문하우시중(門下右侍中)에 올랐다. 1400년 태종이 즉위하자 영의정부사가 되었으며, 아들이 태종의 둘째 딸 경정공주와 결혼했다. 《경국대전》의 토대가 된 《경제육전》을 간행했고, 문집 《송당집》을 남겼다.

김저 | ?~1389(공양왕 1). 고려 말의 무관. 최영 누이의 아들이다. 1389년에 최영의 측근인 정득후(鄭得厚)와 함께 폐위된 우왕을 만나, 이성계를 살해하라는 부탁을 받고 돌아와서 곽충보(郭忠輔)와 거사할 것을 결정했다. 그러나 곽충보는 거짓으로 승낙하고는 이성계에게 밀고했다. 이 사건으로 우왕은 강릉으로 옮겨지고, 창왕도 폐위되어 강화로 추방되었다. 김저는 그 해 11월 감옥에서 죽고, 모의에 가담한 27인은 유배되었다.

연표

1328	경남 밀양에서 태어났다.
1341	(14세) 진사시에 합격했다.
1352	(25세) 공민왕에게 시정개혁에 관한 건의문을 올렸다.
1354	(27세) 원나라 전시에 2등으로 합격해 벼슬길에 올랐다.
1355	(28세) 원나라 한림원에 등용되었다가 귀국해 인사행정을 주관했다.
1367	(40세) 대사성이 되어 성균관을 이끌며 성리학 발전에 공헌했다.
1368	(41세) 원나라 멸망하고 명이 건국되었다.
1388	(61세) 이성계가 위화도에서 회군했다.
1389	(62세) 창왕을 옹립하여 이성계 세력을 견제했다.
1392	(65세) 고려가 멸망하고 조선이 건국되었다.
1395	(68세) 여강으로 가던 도중 세상을 떠났다.

저서

그의 문집 《목은집》은 시가 35권, 문(文)이 20권에 달하는 방대한 양이다. 《목은집》에는 5,500여 수에 이르는 많은 시가 실려 있다.

**이색에 대해
더 알고 싶을 때
보세요**

《역사의 길목에 선 31인의 선택》, 역사학자 18인 지음, 푸른역사, 1999.

정몽주

鄭夢周

| 교과서에서 정몽주가 나오는 부분 : 중학교 118쪽(4/3/3) · 고등학교 97쪽(3/3/2)/268쪽(6/2/2)

| 생몰년도 : 1337년(충숙왕 복위6)-1392년(공양왕 4)
| 자 : 달가(達可)
| 호 : 포은(圃隱)
| 시호 : 문충(文忠)
| 활동 분야 : 정치, 학문
| 다른 이름 : 정몽란(鄭夢蘭)/정몽룡(鄭夢龍)

| 생애와 업적 |

고려의 충신 정몽주는 성리학을 연구한 유학자로 그 학문이 깊고 외교에도 능했다. 이색의 문하에서 정도전 등과 함께 수학했으며 1360년 문과에 장원 급제해 관직에 나왔다.

그 무렵까지 고려에 들어온 유교 경전은 《주자집주》가 있을 뿐이었는데, 당시 성균관 박사로 있던 정몽주는 그 뜻을 유창하게 해석해 설명했다. 강의를 들은 많은 사람들이 전혀 생각하지 못한 해석에 그의 학문을 의심한 적도 있었지만, 그 뒤 들어온 책의 내용이 강의 내용과 일치하자 탄복했다는 일화가 전한다. 당대의 대학자였던 이색도 "정몽주의 논리는 그가 이러저러하게 함부로 하는 말도 모두 사리에 합당하지 않은 것이 없다"며 그를 우리나라 성리학의 창시자로 인정했다.

또한 정몽주는 명나라나 일본과의 외교문제를 주도적으로 해결하는 역할을 성공적으로 수행한 외교가이기도 하다. 친명노선을 걷던 공민왕이 갑자기 시해된 뒤 친원파들이 명나라 사신을 죽이는 사건까지 일어나 명나라와의 외교에 심각한 문제가 발생했다. 이때 정몽주는 정확한 해명을 통해 두 나라의 신뢰를 회복하자는 주장을 펴 전란의 위기를 해소했다. 세공을 늘리겠다고 통보해온 명 태조 주원장의 요구에는 직접 명나라 사신으로 가 오히려 5년 동안 미납된 세공을 면제받고 돌아오기도 했다.

▶歲貢, 해마다 바치는 공물

　　1377년에 일본 사신길에 오르기도 했는데, 사실 이는 그를 제거하기 위해 친원파들이 파놓은 함정이었다. 당시 정몽주는 북원의 사신을 받아들일 수 없다는 상소로 인해 유배되어 있었는데, 앞서 사신으로 일본에 갔던 나흥유가 죽을 고비를 넘기고 돌아오자 정몽주를 제거하려고 일본 사신으로 파견했던 것이다. 그러나 정몽주는 조금도 망설이지 않고 일본으로 건너가 뛰어난 인품과 학식으로 그들을 교화시켰다. 일본은 그를 매우 후하게 접대하고, 왜인 승려들은 그의 시를 얻는 것을 큰 영광으로 여겼다. 정몽주는 귀국시 수백 명의 포로들을 데리고 돌아오는 외교적 성과를 거두었다.

　　한편 명나라의 법률제도를 연구하여 새로운 법제를 만들고 불의의 재해에 대비해 각지에 **의창**(義倉)을 짓기도 했다. 또한 관청에 경력도사(經歷都事)라는 회계관을 두어 경리사무를 정확히 기록하게 하고, 수도에는 5부 학당이라는 유학 학교를 세우고 각 지방에 향교를 세워 교육 진흥을 위하여 힘을 쏟았다.

　　명나라가 철령 이북의 땅을 요구해왔을 때 친명파였던 정몽주는 이성계의 편에 섰다. 창왕을 폐하고 공양왕을 옹립할 때에도 이성계와 뜻을 같이했다. 공양왕을 세운 공으로 승진하고 공신에 오르기도 했다.

　　그러나 정몽주는 이성계 일파가 이색·권근 등 온건파들을 제거하려 하자 그들과 갈라선다. 이성계를 왕으로 세우려는 움직임이 분명하게 나타난 이상 더 이상 같은 길을 갈 수는 없었다. 고려 왕조 안에서의 개혁을 꿈꾸던 정몽주에게 역성혁명을 도모하는 이성계는 함께할 수 없는 정적이었다.

1392년 3월, 명나라에서 돌아오는 세자를 마중 나갔던 이성계가 사냥하다 말에서 떨어져 위독하다는 소식이 들려왔다. 정몽주에게는 더할 나위 없이 반가운 소식이었다. 이 기회에 이성계 일파를 제거해야만 고려의 사직을 보존할 수 있을 것이라고 생각한 정몽주는 우선 언관들을 시켜 정도전·조준·남은 등 이성계 일파를 탄핵하는 상소를 올리게 했다. 그렇게 해서 당시 유배중이던 정도전은 감금시키고, 조준·남은·윤소종 등은 귀양을 보냈다.

이 소식을 들은 이성계의 다섯째 아들 이방원은 이성계가 머물고 있는 해주로 급히 달려가 아버지의 귀경을 재촉했다. 이성계는 부상당한 몸을 가마에 싣고 그날로 돌아왔다. 정몽주는 이성계의 상황을 살피기 위해 병문안을 핑계로 직접 이성계를 방문했다. 이성계는 평소와 다름없이 정몽주를 맞았지만 이방원의 생각은 달랐다. 그날 정몽주와 이방원의 만남에 대해서는 〈하여가〉·〈단심가〉라는 시와 함께 유명한 일화가 전한다.

이방원은 술상을 차려놓고 정몽주의 마음을 떠보았다.

이런들 어떠하며 저런들 어떠하리
만수산 드렁칡이 얽어진들 어떠하리
우리도 이같이 얽혀서 백년까지 누리리라.

자신들과 뜻을 함께하지 않겠느냐는 물

▶易姓革命, 통치자의 성씨가 바뀌는 혁명

▶言官, 관료를 감찰 탄핵하는 임무를 가진 대관(臺官)과 국왕에게 간쟁(諫爭)하는 임무를 가진 간관(諫官)을 합쳐 부른 말

고려를 위해 죽은 정몽주의 학풍은 조선시대 사림파에게 이어져 조선시대를 이끌어가는 이념이 되었다.

음에 정몽주는 단호한 자신의 마음을 답가로 들려주었다.

이 몸이 죽고 죽어 일백 번 고쳐 죽어

백골이 진토 되어 넋이라도 있고 없고

님 향한 일편단심이야 가실 줄이 있으랴.

정몽주의 마음을 분명히 안 이상 그를 살려둘 수 없다고 판단한 이방원은 조영규 등을 보내 집으로 돌아가는 정몽주를 선죽교(善竹橋)에서 습격하여 죽였다. 이때 정몽주의 나이 쉰여섯이었다.

이성계 일파는 "정몽주는 도당을 만들어 나라를 어지럽혔다"며 다시 효수하고 정몽주와 뜻을 같이했던 문관들은 유배 보내, 정적들을 완전히 제거했다. 이제 더 이상 그들을 견제할 만한 세력은 없었다. 3개월 뒤 이성계는 공양왕을 내치고 왕위에 올라 새로운 나라를 열었다.

▶梟首, 큰 죄를 지은 사람의 목을 벤 뒤 군중 앞에 내걸어서 사람들을 경계시키던 일

정몽주의 피가 영원히 지워지지 않는다는 전설이 서린 선죽교의 글씨는 조선시대의 명필 석봉 한호가 쓴 것이다.

|평가|

정몽주의 일편단심은 선죽교에 뿌린 피가 영원히 지워지지 않는다는 전설을 만들어냈다. 이성계에 반대하다 죽음을 당했지만 조선 건국 후 정몽주는 만고의 충신으로 우러름을 받았다. 조선의 왕들에게도 정몽주 같은 충신이 필요했기 때문일 것이다.

태종(이방원)은 정몽주가 죽은 뒤 13년이 지난 1405년 권근의 건의에 따라 정몽주를 영의정에 추증하고 익양부원군(益陽府院君)에 추봉했으며, '문충(文忠)'이라는 시호를 내렸다.

정몽주의 학문과 이념은 고려 말 당시 새로운 시대사조로 많은 사람들에게 영향을 주었을 뿐 아니라 조선 사회로 나아가는 방향을 잡아주는 역할을 했다. 안향이 원나라로부터 들여온 주자학이 정몽주에 이르러 뿌리를 내리기 시작했다고 할 수 있다. 그의 주자학-성리학은 사림파에게로 이어져 조선시대를 이끌어가는 이념으로 자리 잡았다.

1517년(중종 12)에 태학생 등의 상소에 의하여 문묘에 배향되었고, 묘에 비석을 세웠는데, 고려의 벼슬만을 쓰고 시호를 적지 않아 두 왕조를 섬기지 않은 뜻을 분명히 했다.

또한 개성의 숭양서원 등 13개의 서원에 제향되었고, 묘 아래에 있는 영모재, 영천의 임고서원 등 몇 곳의 서원에 그의 초상이 봉안되어 있다.

의창| 농민 구제를 위하여 각 지방에 설치한 창고. 고구려에서는 194년(고국천왕 16)부터 매년 3~7월에 가구 수에 따라 나라에서 곡식을 빌려주고 10월에 돌려받았다. 고려시대에 태조가 흑창(黑倉)이라 하여 춘궁기에 농민에게 곡식을 빌려주고 추수 후 돌려받는 진대법(賑貸法)을 마련했는데, 986년(성종 5) 흑창의 곡식을 1만 석 더 보충하여 이를 의창이라 했다. 이것이 최초의 의창이다. 조선도 고려의 의창제도를 계승하여 봄에 식량과 씨앗을 빌려주고 가을에 돌려받았다.

연표

1337	경상도 영천에서 태어났다.
1360	(24세) 과거에 응시하여 초장·중장·종장에서 모두 장원으로 뽑혔다.
1367	(31세) 예조정랑과 성균관 박사를 겸임했다.
1368	(32세) 원나라가 멸망하고 명나라가 건국되었다.
1377	(41세) 일본에 사신으로 건너가 공을 세웠다.
1384	(48세) 명나라에 사신으로 가 긴장상태였던 대명외교 회복에 공을 세웠다.
1389	(53세) 이성계와 함께 공양왕을 왕으로 추대했다.
1392	(56세) 이성계 일파에게 살해되었다.

저서

문집으로 《포은집》이 전하고, 〈단심가〉 등 많은 한시가 전한다.

**정몽주에 대해
더 알고 싶을 때
보세요**

《이야기 인물한국사》, 이현희 지음, 청아출판사, 1986.

《인물로 보는 고려사》, 송은명 지음, 시아출판사, 2003.

1300

1400

1500

조선
朝鮮

1600   **1700**   **1800**

1605 유정, 일본에서 포로 3,000여 명을
     데리고 돌아옴.
1607 허균, 《홍길동전》 지음.
1608 선혜청 설치. 경기도에 대동법 실시.
1610 허준, 《동의보감》 완성.
1614 이수광, 《지봉유설》 편찬.
1619 명에 원군 1만 명을 파견했으나, 강홍
     립이 후금에 투항함.
1623 인조반정.
1624 이괄의 난.
1627 정묘호란. 후금과 화약을 맺음.
1634 상평통보 사용하기 시작.
1636 병자호란.
1637 인조, 청에 항복. 청의 연호를 쓰기
     시작.
1653 하멜, 제주도 표류.
1654 제1차 나선정벌.
1658 제2차 나선정벌.
1659 제1차 예송논쟁.
1674 제2차 예송논쟁.
1680 경신환국으로 서인이 정권 장악.
1689 기사환국으로 노론이 실각하고 남인
     이 정권을 잡음.
     김만중, 《구운몽》, 《사씨남정기》 지음.
1694 갑술옥사로 노론이 정권을 잡고 남인
     몰락.
1697 장길산이 농민군을 지휘해 일어남.

1708 전국적으로 대동법 실시.
1712 백두산정계비 세움.
1725 영조, 즉위하여 탕평책 실시.
1728 이인좌의 난.
1750 균역법 실시.
1753 이중환, 《택리지》 지음.
1762 세도세자의 죽음.
1776 정조 즉위. 규장각 설치.
1778 박제가, 《북학의》 지음.
1783 박지원, 《열하일기》 지음.
1784 유득공, 《발해고》 지음.
     이승훈, 베이징에서 천주교 서적을 갖
     고 귀국.
1785 《대전통편》 완성.
1790 안정복, 《동사강목》 지음.
1791 신해박해.
1794 수원성 축조 시작.
     청나라 신부 주문모 입국.
1797 이긍익, 《연려실기술》 편찬.

1801 신유박해로 이승훈, 이가환 등 천주교
     도가 처형됨.
1811 홍경래의 난.
1818 정약용, 《목민심서》 완성.
1832 영국 상선 암허스트 호가 처음으로 통
     상을 요구.
1839 기해박해.
1846 김대건 순교.
1860 최제우, 동학 창시.
1861 김정호, 《대동여지도》 간행.
1862 진주민란.

이성계

李成桂

| 교과서에서 이성계가 나오는 부분 : 중학교 117-118쪽(4/3/3)/127쪽(5/1/1) · 고등학교 90-91쪽 (3/2/6)/97쪽(3/2/2)

| 생몰년도 : 1335년(고려 충숙왕 복위 4)-1408년(조선 태종 8)
| 재위년도 : 1392년~1398년
| 자 : 중결(仲潔), 군진(君晉)
| 호 : 송헌(松軒)
| 시호 : 지인계운성문신무대왕(至仁啓運聖文神武大王)
| 활동 분야 : 왕
| 다른 이름 : 이단(李旦)

| 생애와 업적 |

1388년(우왕 14) 요동 정벌군을 이끌던 이성계는 위화도에서 진군의 방향을 개경으로 돌린다. 이성계와 조민수가 이끄는 5만의 대군은 명나라가 점거하고 있는 요동성을 공격할 계획으로 진군하고 있었다. 그러다 위화도에 머무르던 중 장마로 압록강 물이 불어나 강을 건널 수가 없었다.

이성계는 사불가론을 펴며 군대를 돌릴 것을 청했다. 처음부터 반대하던 요동 정벌이었다. 그러나 우왕과 최영은 이를 받아들이지 않고 요동 정벌을 독촉했다. 이성계는 조민수를 설득해 회군을 감행했다. 5만 대군을 이끌고 진격한 그들을 막을 군대가 개경에는 없었다. 이성계와 조민수는 우왕을 폐하고 최영을 유배 보낸 뒤 정권을 장악했다.

▶ 雙城, 함경도 영흥

스무 살 무렵 아버지 이자춘과 함께 쌍성에 있던 원의 총관부(摠

管府)를 함락시킨 뒤 주목받기 시작해 전쟁터에서 30여 년을 보낸 이성계는 최영과 함께 고려의 대표적인 무장이었다. 사병을 육성하여 동북면 지역에 확실한 자신의 세력을 갖고 있었던 이성계는 1361년 박의가 반란을 일으키자 이를 진압하여 공민왕의 신임을 얻었고, 같은 해 홍건적의 침입 때 수도 탈환 작전에 참가해 가장 먼저 입성하는 공을 세우기도 했다. 이후에도 원나라 장수 나하추의 침입(1362), 최유와 원의 침입(1364), 삼선·삼개의 난(1364), 황산대첩(1380), 여진족 호발도의 침입(1382) 등 수많은 전투를 승리로 이끌며 고려 조정에서 무시할 수 없는 세력으로 성장했다.

이성계에게 패해 겨우 목숨만 건진 원나라 장수 나하추가 "이자춘이 자기 아들 자랑을 천하에 늘어놓아 우습기 그지없었는데 직접 상대해보니 과연 허풍이 아님을 알게 되었다"는 기록이 전할 만큼 무장으로서 그의 능력은 탁월했다.

이런 그에게 정치적인 비전을 제시한 것은 정도전·조준·권근 등 신진사대부들이었다. 위화도회군 뒤 이성계는 군권은 물론이고 정권마저 장악한 최고 권력자가 되어 있었다. 그에 맞설 수 있는 상대는 이제 위화도회군을 함께한 조민수 정도였다.

그런데 우왕을 폐한 뒤 다음 왕을 세우는 문제에 대해 조민수와 이성계의 생각이 달랐다. 조민수는 우왕의 아들 창을 내세웠고, 이성계는 우왕은 신돈의 자손이니 다른 왕씨 가운데 왕을 세워야 한다고 주장했다. 조민수는 대학자 이색의 협조를 얻어 당시 아홉 살에 불과하던 창을 왕위에 올렸으나 이듬해 이성계는 **폐가입진**(廢假立眞), 곧 가짜를 폐하고 진짜를 세운다는 논리로 창왕을 폐하고 고려 제20대 왕인 신종의 7대손을 공양왕으로 왕위에 앉혔다. 창왕을 내친 뒤 이성계를 왕으로 세우려는 주장도 있었지만, 이성계는 사양하고 공양왕을 세웠다.

1390년(공양왕 2) 이성계는 개경거리에서 토지대장을 불태워 사전

위화도 회군으로 권력을 잡은 뒤
조선을 세운 태조 이성계의 어진

을 혁파했다. 이러한 조치로 권문세족들은 경제적
기반을 잃은 반면 이성계를 따르는 신진사대부들
은 경제적인 토대를 구축할 수 있었다. 그 다음 해
에는 군제를 개혁하여 새로이 삼군도총제부(三軍
都摠制府)를 설치하고 자신이 삼군도총제사가 됨
으로써 군권도 완전히 장악했다.

여기에 창왕을 옹립했던 죄로 조민수와 이색이
탄핵을 당하고, 정몽주마저 살해되자, 더 이상 이
성계를 견제할 만한 세력이 없었다. 1392년 7월
이성계는 정도전·조준·남은·이방원 등의 추
대를 받아 왕의 자리에 올랐다.

즉위 초에는 고려의 국호를 그대로 사용하고 의장과 법제도 고
려의 것을 유지했으나, 이듬해 3월 국호를 조선으로 확정하고 1394
년에는 수도도 한양으로 옮겼다.

왕위에 오를 당시 그의 나이는 이미 58세, 즉위와 함께 세자를
책봉해야 했다. 이성계는 두 명의 부인에게서 여덟 명의 아들을 두
었는데, 첫 번째 부인인 한씨 부인 소생으로는 방우·방과·방
의·방간·방원·방연 여섯 형제가 있었고, 두 번째 부인인 강씨
소생으로는 방번과 방석 두 형제가 있었다. 한씨가 이성계 즉위 전
에 이미 죽은데다, 강씨의 집안이 이성계의 정치적·경제적 후원
자였기에 이성계의 강씨에 대한 사랑은 각별할 수밖에 없었다.

세자 책봉 문제가 다가오자 이성계는 내심 강씨 소생의 왕자들
을 마음에 두고 조정의 의견을 물었다. 이러한 이성계의 생각에 당
시의 실권자 정도전이 힘을 실어줬다. 결국 태조가 즉위한 다음 달
열한 살의 방석이 세자로 책봉되었다. 한씨 소생 왕자들, 특히 건
국에 공이 큰 이방원의 불만이 컸다. 그러다 1396년 강씨가 세상을
뜨자 이성계는 나라를 돌보는 데에 관심을 잃을 정도로 슬퍼했다.

강씨의 3년상을 마친 이성계가 상심을 이기지 못하고 병석에 누워 있는 사이, 이방원은 정도전·남은을 제거하고 세자 방석과 그의 형 방번을 죽였다. 이 사건을 '제1차 왕자의 난'이라고 한다.

이 일로 더욱 상심한 이성계는 1398년 9월 왕위를 둘째아들 방과에게 물려주고(이때 맏아들 방우는 이미 죽은 뒤였다) 상왕의 자리에 올랐다. 2년 뒤 다시 '제2차 왕자의 난'으로 넷째아들 방간마저 잃고 방원이 왕위에 오르자 이성계는 태상왕이 되었지만, 옥새를 이방원에게 넘겨주지 않고 수도를 떠나 강원도, 소요산, 양주 회암사, 함흥 등지를 떠돎으로써 아들에 대한 강한 불만을 표시하기도 했다.

2년 뒤 수도로 돌아와 만년에는 불도에 정진하다 1408년 5월 24일 창덕궁 별전에서 눈을 감았다.

|평가|

《태조실록》 등에 전하는 이성계의 모습은 무장으로서 비범한 재

태조 이성계의 호적. 조선 건국 2년 전인 1390년(공양왕 2) 이성계의 고향인 함경도 영흥에서 작성한 것이다.

주를 가진 인물이며 왜구의 침략을 비롯해 여러 차례 외적을 물리친 영웅이다. 뿐만 아니라 "태조는 본디 유술(儒術)을 존중하여, 비록 군중에 있더라도 매양 창을 놓고 휴식할 동안에는 유사(儒士) <u>유경</u> 등을 인접하여 경사(經史)를 토론했으며……"라는 부분에서 알 수 있듯이 문신으로서도 출중한 자질을 지니고 있다. 이러한 이성계의 모습은 지금까지 큰 변화 없이 전해지고 있다.

▶劉敞 태조 때 성균관 대사성을 지낸 문신

그러나 분명히 기억해야 할 사실은, 새로운 왕조가 들어설 때마다 건국의 주체 세력들은 건국의 명분과 정당성을 확보하는 방법으로 개국시조를 이상화해왔다는 것이다. 정당성이 취약할 경우 그 작업은 더욱 공들여 진행되는 법이다.

역성혁명에 대해 많은 유학자들이 부정했고, 그러다 보니 건국 과정에서 많은 피를 흘렸다. 조선 건국의 정당성은 그만큼 취약했다. 이러한 까닭에 건국 세력들은 건국의 정당성을 확보하는 작업에 매달리지 않을 수 없었다. 이들이 택한 방법 역시 시조를 신성시 하는 방법이었다. 〈용비어천가〉가 그렇게 해서 만들어졌고, 이미 편찬된 《태조실록》도 고쳐 썼다. 이렇게 만들어진 이성계의 모습이 현재 우리에게 전해지는 영웅의 모습이다.

폐가입진 | 가짜를 폐하고 진짜를 세운다는 논리로, 이성계 일파가 우왕과 창왕을 제거하는 명분으로 삼은 것이다. 우왕과 창왕은 공민왕이 아니라 신돈의 자손이니 왕위를 이을 자격이 없다는 주장이다. 우왕의 친어머니는 신돈의 시녀인 반야(般若)이다. 노국대장공주가 죽은 후 공민왕이 공주와 닮았다는 반야를 신돈의 집에서 만나 낳은 아들이 우왕인데, 이성계 일파는 신돈이 먼저 반야를 임신시켰다고 주장했다. 우왕은 왕위에서 쫓겨나 1389년 아들 창왕과 함께 이성계 일파에 의해 살해되었다.

연표

1335	화령부(지금의 함경남도 영흥)에서 태어났다
1361	(27세) 홍건적의 침입 때 수도 개경 탈환 작전에 참가, 제일 먼저 입성하여 공을 세웠다.
1368	(32세) 원나라가 멸망하고 명나라가 건국되었다.
1380	(46세) 황산대첩에서 왜구를 무찔렀다.
1388	(54세) 위화도회군 뒤 우왕을 폐하고 창왕을 세웠다.
1392	(58세) 공양왕을 폐하고 왕위에 올라 조선을 건국했다.
1398	(64세) 왕자의 난 후 왕위를 넘겨주고 상왕이 되었다.
1400	(66세) 태종이 왕위에 오르자 태상왕이 되었다.
1408	(74세) 창덕궁에서 세상을 떠났다.

이성계에 대해 더 알고 싶을 때 보세요

《조선국왕 이야기》, 임용한 지음, 혜안, 1998.
《인물로 보는 조선사》, 김형광 지음, 시아출판사, 2002.
《전환기를 이끈 17인의 명암》, 이희근 지음, 휴머니스트, 2002.
《한권으로 읽는 조선왕조사》, 박영규 지음, 웅진지식하우스, 2004.

정도전

鄭道傳

| **교과서에서 정도전이 나오는 부분 : 중학교** 118쪽(4/3/3)/127쪽(5/1/1) · **고등학교** 97쪽(3/3/2)/268쪽
(6/2/1)/290쪽(6/3/1)/292쪽(6/3/1)/293쪽(6/3/2)

| **생몰연도 :** 1342년(고려 충혜왕 복위 3)–1398년(조선 태조 7)
| **자 :** 종지(宗之)
| **호 :** 삼봉(三峰)
| **시호 :** 문헌(文憲)
| **활동 분야 :** 정치, 학문

|생애와 업적|

"이 군사를 가지면 무슨 일인들 못 하겠습니까?"

1383년(조선 건국 9년 전) 가을, 함흥에 있는 이성계의 군막을 찾

▶ 軍幕, 진중에 치는 장막

아온 정도전의 의미심장한 말이다. 어리둥절해 하는 이성계에게 "동
남쪽을 침구하는 왜를 친다는 말이외다"라고 둘러댔지만 그로부터 9
년 뒤 정도전은 이성계를 도와 고려를 멸망시키고 조선을 개국한다.

이 무렵 이성계는 승전을 거듭하며 고려의 영웅으로 떠오르고
있었다. 반면 정도전은 가장 어려운 시기를 겪고 있었다.

정도전은 1342년 경북 영주에서 밀직제학(密直提學) 형부상서(刑
部尙書)를 지낸 정운경의 장남으로 태어났다. 아버지는 중앙 관리
였지만, 대대로 미미한 벼슬을 유지해왔던 별로 내세울 것 없는 집
안이었다. 더구나 어머니는 첩의 딸이었고, 외할머니는 승려와 노
비 사이에서 태어났다. 이러한 출신 배경은 정도전의 벼슬길에 두

고두고 적지 않은 어려움으로 작용한다.

정운경이 이색의 아버지 이곡과 친구였던 인연으로 정도전은 이색 문하에서 학문을 익혔다. 스무 살이 되던 해 성균시에 합격하고 2년 뒤 진사시에 붙어 충주사록(忠州司錄)·전교시주부(典敎寺主簿)·통례문지후(通禮門祗候) 등의 벼슬을 역임했다. 이후 성균관의 박사로 있으면서 정몽주 등과 명륜당에서 유학을 강론하며, 《고려사》〈열전〉에 "임금은 그를 몹시 사랑했다"는 기록이 전할 만큼 공민왕의 총애를 받는 신하로 성장해갔다. 공민왕의 개혁정책에 적극 동참하던 그에게 왕의 허무한 죽음은 첫 번째 시련이었다.

공민왕 사후 친원 세력이 정권을 잡고 반원파 개혁 세력들이 수세에 몰렸다. 친원 세력은 공민왕 대에 끊어진 원나라와의 외교관계를 회복해달라고 요청하는 글을 원나라에 보냈다. 이때 정도전 등이 격렬하게 반대하는 상소를 올렸으나 받아들여지지 않았다.

몇 달 뒤 원나라와의 국교가 재개되고 사신이 오자 친원파들은 사신을 영접하는 자리에 정도전을 천거했다. 친원파의 함정이었다. 만일 이 벼슬을 받아들이면 명분을 꺾는 것이 되고, 이를 거부하면 임금의 명을 어긴 죄를 받을 것이다. 이에 정도전은 "원나라 사신의 목을 베어오겠다. 그렇지 않으면 원나라 사신을 묶어 명나라에 보내겠다"며 강력하게 반발했고, 친원파는 기다렸다는 듯 정도전을 비롯, 이숭인·김구용·권근·정몽주 등을 유배 보냈다.

이후 10년 동안이나 정도전은 벼슬길에 오르지 못한 채 지냈다. 2년 뒤 유배에서는 풀려났지만, 고향 영주에서 4년간 칩거했고, 이후 한양의 삼각산 아래에 초막을 짓고 제자를 가르치며 독서로 세월을 보냈다. 당시 그는 5년 동안 네 번이나 집을 옮겨다녀야 하는 등 생활이 매우 어려웠다. 밭농사를 배우고 약초를 가꾸기도 했다. 그러면서 그는 고려 말 권문세족에게 땅을 빼앗기고 왜구들에게 쫓기는 하층민의 삶을 체험했다. 민심이 이미 고려 조정을 떠났다고 판단한 것도 이 무렵이었을 것이다.

벼슬길에서 멀어진 지 9년째 되던 어느 날 정도전은 생면부지의 이성계를 만나러 함흥으로 간다. 자신이 꿈꾸는 나라를 함께 건설할 인물로 이성계를 선택한 것이다. 정도전은 올바른 정치의 핵심은 올바른 정권이라 생각했다. 그리고 올바른 정권이란 민심을 따르는 정권이라 했다. 그는 1394년에 완성한 《조선경국전》에서 "민심을 얻으면 민(民)은 군주에게 복종하지만 민심을 얻지 못하면 민은 군주를 버린다"라고 하여 역성혁명을 옹호했다.

상당히 급진적인 사상인 역성혁명사상은 사실 맹자에 그 뿌리를 두고 있다. 탕왕이

조선 개국의 가장 큰 공신인 정도전. 그러나 그의 이상은 강력한 왕권정치를 꿈꾼 이방원과의 주도권다툼에서 저 끝내 이루지 못했다.

폭군 걸왕을 내쫓고 은나라를 세운 것이나 무왕이 주왕을 내쫓고 주나라를 세운 것이 옳은 일이냐고 제나라 선왕이 묻자 맹자는 이렇게 대답했다. "인을 해치는 자를 흉포하다고 하고, 의를 해치는 자를 잔학하다고 하고, 흉포하고 잔학한 인간을 일개 범부라고 하니, 일개 범부인 주를 죽였다는 말은 들었어도 임금을 시해했다는 말은 듣지 못했소." 인의를 해친 임금은 임금이 아니라는 주장이다. 임금답지 못한 임금은 죽여도 괜찮다는 이 급진적인 사상을 바탕으로, 정도전은 새로운 왕조를 꿈꾸었다. 그리고 그것을 실현시킬 수 있는 인물로 이성계를 선택했다. 그때부터 정도전은 이성계에게 정치적 영향력을 깊게 드리우기 시작한다. 그리고 두 사람의 관계는 뒷날 정도전이 목숨을 잃을 때까지 변함없이 계속되었다.

정도전에게도 다시 기회가 찾아왔다. 명나라와의 외교분쟁을 해결할 인물로 정몽주가 천거되었고, 정몽주는 자신을 따라갈 **서장관**

단양의 도담삼봉. 정도전의 호 삼봉은 도담삼봉에서 따온 것이라고 한다.

(書狀官)으로 정도전을 지목했다. 자칫 목숨을 잃을 수도 있는 어려운 자리였지만 정몽주와 정도전은 성공적으로 임무를 완수해, 정도전은 다시 중앙 정계에 진출할 수 있었다.

이후 정도전은 위화도회군 뒤 조준 등과 전제개혁안을 단행하고, 이성계가 조정을 장악하는 데 큰 공을 세웠다. 그러다 이성계파의 급성장을 견제한 정몽주의 탄핵으로 다시 유배 생활을 경험하기도 하지만, 이방원이 정몽주를 살해하자 유배지에서 풀려나 1392년 마침내 조준·남은 등과 함께 이성계를 왕으로 추대했다.

새로운 왕조를 세운 그는 성리학적 이념에 바탕을 둔 왕도(王道) 정치의 실현을 위해 온 힘을 쏟았다. 조선이라는 나라의 토대를 잡는 데 정도전이 한 역할은 엄청나다. 우선 《조선경국전》을 편찬해 새로운 국가의 제도와 운영의 틀을 잡았으며, 도읍을 한양으로 옮겨 새 왕조의 면모를 높였다. 군사력을 확충하고자 중국 역대의 병법을 참고로 하여 《오행진출기도》·《강무도》 등의 병서를 짓고 이에 따라 군사를 훈련시키도록 했다. 또한 《경제문감》을 저술해 재상·대간·수령·무관의 직책을 확립했고, 역사의 중요성을 깨닫게 하기 위해 《고려국사》 37권을 편찬했다. 지방 행정 방법을 기술한 《감사요약》을 만들어 지방 행정의 근간을 마련하기도 했다.

하지만 정도전의 이러한 적극적인 노력은 이방원에 의해 좌절되고 만다. 정도전은 태조 이성계와 뜻을 같이해 방석을 세자로 세우고 재상 중심의 왕도정치를 꿈꾸었다. 그러자 개국의 최대 공로자라 할 수 있는 이방원의 불만은 클 수밖에 없었다. 정도전이 사병혁파까지 실시하려 하자 위기감을 느낀 이방원은 정도전이 요동 정벌에 몰두해 있는 사이 1차 왕자의 난을 일으켰다.

《조선왕조실록》에는 정도전 일파가 왕의 사후에 어린 세자에게 걸림돌이 될 수 있는 이복 왕자들을 제거하려고 했기 때문에 이것을 눈치 챈 이방원이 먼저 기습 공격했다고 기록되어 있지만, 이 또한 승자의 기록일 뿐이다. 어쨌든 이 기록으로 정도전은 "나라의 정권을 제멋대로 휘두르려고 적손의 여러 왕자들을 제거하려" 한 역적으로 낙인찍히고 만다. 1차 왕자의 난으로 정도전·심효생·이근·장지화가 죽고, 세자인 방석과 그의 형 방번도 살해당했다.

정도전은 평소에 이성계와 자신을 한나라 고조 유방과 그의 참모 장량에 비유하며 "한 고조가 장량을 이용한 것이 아니라 장량이 한 고조를 이용한 것이다"라고 말할 만큼 조선의 건국에 자부심을 가졌지만, 조선시대 내내 역적의 이름으로 살아야 했던 비극적인 인물이다.

|평가|

정도전에 대한 평가는 극과 극을 달린다. 이성계는 "나를 도와 새 왕조를 세우는 데 공로가 있을 뿐 아니라 좋은 계책은 정사에 도움이 될 만하고 뛰어난 글재주는 문학 관계의 일을 맡길 만하다. 거기다가 온순한 선비의 기상과 늠름한 재상의 풍채를 갖고 있다"고 했으며, 술에 취할 때마다 "삼봉이 아니면 내가 어찌 오늘 이 자리에 있을 수 있겠는가"라며 정도전의 공을 치하했다. 신숙주도 "개국 초기에 실시된 큰 정책은 다 선생이 골라 정한 것으로 당시 영웅호걸이 일시에 일어나 구름이 용을 따르듯 하였으나 선생과 더불어 견줄 자가 없었다"는 글을 남겼다.

그러나 이방원은 정도전에게 역적의 굴레를 씌웠고, 조선시대 내내 역적의 이름을 벗지 못했다. 또한 《태조실록》〈정도전 졸기〉는 "자기보다 나은 사람이 있으면 꼭 해치려 하고, 옛날에 품었던 감정은 기어코 보복하려 하였으며, 언제나 임금에게 권하기를 사람을 죽여서 위엄을 세우자고 하였다"며 정도전을 깎아내렸다. 한때 자신을 가르쳤던 이색을 죽이자고 탄핵했고 동문수학했던 이숭인을 죽인 것을 비난한 것이다.

▶후기後記, 죽음에 대한 기록. 죽은 이의 생애를 되돌아 보는 내용을 담음

조선시대에 정도전에게 호감을 표시한 왕은 단 두 사람, 영조와 정조뿐이다. 그리고 흥선대원군이 경복궁 설계의 공을 인정해 정도전을 복권시켜주었다. 어려운 집권 과정을 거쳐 강력한 개혁정책을 추구했다는 게 이들의 공통점이다.

반면 조선시대 가장 대표적인 보수파 성리학자였던 송시열은 불사이군이라는 유교의 계율을 어긴 정도전을 거론할 때마다 '간신'이라는 이름을 쓸 만큼 적대적이었다.

▶不事二君, 한 사람이 두 임금을 섬기지 않음

Tip

서장관 | 조선시대 중국에 보내던 사행에는 양국 협약에 따라 규정된 인원을 보냈는데, 서장관은 정사(正使)·부사(副使)와 함께 3사(使)라 하여 외교 실무에 큰 역할을 담당했다. 기록관이라고도 했다.

1342	경북 영주에서 태어났다.
1362	(21세) 진사시에 합격했다.
1363	(22세) 충주사록으로 벼슬길에 올랐다.
1368	(27세) 원나라가 멸망하고 명나라가 건국되었다.
1383	(42세) 함주막사의 이성계를 찾아가 역성혁명을 결의했다.
1392	(51세) 이성계를 임금으로 추대하여 조선 왕조를 창업하고, 개국일등공신에 봉해졌다.
1398	(57세) 1차 왕자의 난으로 이방원에게 죽임을 당했다.
1865	복권되었다.

저서

경세에 관한 것으로 《조선경국전》·《경제의론》·《감사요약》이 있으나 전하지 않고, 역사책으로 《고려국사》가 있었으나, 역시 전하지 않는다. 병법에 관한 것으로 《팔진36변도보》·《오행진출기도》·《강무도》·《진법》 등이 있고, 의서로 《진맥도결》, 역산서로 《태을72국도》·《상명태을제산법》 등이 있다. 그외 《금남잡영》·《금남잡제》·《불씨잡변》·《심문천답》·《삼봉집》 등이 전한다.

정도전에 대해 더 알고 싶을 때 보세요

《정도전을 위한 변명》, 조유식 지음, 푸른역사, 1997.
《역사의 길목에 선 31인의 선택》, 역사학자 18인 지음, 푸른역사, 1999.
《인물로 보는 조선사》, 김형광 지음, 시아출판사, 2002.
《63인의 역사학자가 쓴 한국사인물열전》, 한영우선생정년기념논총 간행위원회 엮음, 돌베개, 2003.
《조선 선비 살해사건》 1, 이덕일 지음, 다산초당, 2006.

태종

太宗

| 교과서에서 태종이 나오는 부분 : 중학교 128쪽(5/1/1) · 고등학교 98쪽(3/3/2)

| 생몰년도 : 1367년(고려 공민왕 16)-1422년(조선 세종 4)
| 재위년도 : 1401년-1418년
| 자 : 유덕(遺德)
| 시호 : 성덕신공문무광효(聖德神功文武光孝)
| 활동 분야 : 왕
| 다른 이름 : 이방원(李芳遠), 성덕신공(聖德神功)

|생애와 업적|

1398년(태조 7) 8월 26일 깊은 밤, 이방원은 남은의 첩집 앞에 말을 멈춰세웠다. 집 안에서는 정도전과 심효생 · 이근 · 남은 등이 모여 앉아 이야기를 나누고 있었다. 이방원은 먼저 부하들을 시켜 집을 포위하게 한 뒤 그 옆집 서너 곳에 불을 지르라 시켰다. 남은의 집에 있던 사람들 대부분은 놀라 뛰어나오다 영문도 모른 채 칼을 맞고 쓰러졌고, 정도전과 남은은 용케 도망쳤지만 결국 죽음을 피하지는 못했다.

이방원은 병석에 누워 있던 태조를 찾아가 정도전 등이 왕자들을 제거할 음모를 꾸몄기에 이를 진압했노라고 보고했다. 이미 이 보고가 사실이 아님을 알고 있었지만, 병석의 태조에게는 더 이상 이방원을 통제할 힘이 남아 있지 않았다. 이방원은 둘째 형 방과를 세자의 자리에 앉히고 이복형제인 방석과 방번을 죽였다.

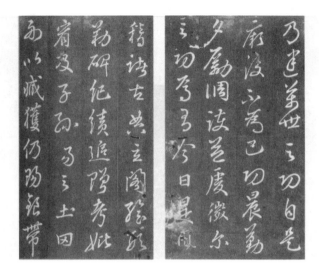

이것을 제1차 왕자의 난이라고 한다. 왕자들 가운데 개국에 가장 큰 공을 세운 자신이나 큰 형인 방과 대신 이복동생인 방석이 세자에 책봉되면서부터 쌓였던 불만이었다. 여기에 정도전의 사병 혁파 작업으로 자신의 군사적 기반이 모두 사라질 위기에 처하자 이들이 왕자들을 제거하려 했다는 음모론을 내세워 선수를 친 것이다.

정권을 장악하자 이방원도 정도전이 했던 것처럼 사병을 혁파하려 했다. 정권을 잡은 자에게 왕자와 공신들이 거느린 사병은 신경 쓰이는 존재가 아닐 수 없었을 것이다.

한편 적자를 두지 못한 방과의 뒤를 이방원이 잇는 것으로 조정의 중론이 흐르자 1400년에 바로 윗형인 방간이 이방원을 제거하고자 난을 일으켰는데, 이를 제2차 왕자의 난이라고 한다. 재상 중심체제를 꿈꾸던 공신들이 강력한 왕권을 지향하는 왕족의 손에 몰락한 사건이 1차 왕자의 난이라면, 2차 왕자의 난은 왕자들 간의 골육상쟁이라고 할 수 있다.

이를 진압한 이방원은 세제(世弟)로 책봉되고 그해 11월 정종의 양위로 왕위에 오르니, 바로 조선의 세 번째 왕 태종이다.

태종은 나라를 안정시키기 위해서는 권력이 안정되어야 하며,

왕조국가에서 권력을 안정시키기 위해서는 왕의 힘이 신하들의 힘보다 강해야 한다는 생각을 갖고 있었고, 조선 왕조를 통틀어 이를 가장 확실하게 실천한 왕이다.

이러한 의지는 세제 시절부터 실천에 옮겨지기 시작했다. 세제로 책봉되자 병권을 장악하기 위해 사병을 혁파하고 군사를 삼군부(三軍府)로 집중시켰으며, 권문세족의 힘을 약화시키기 위해 노비변정도감(奴婢辨定都監)을 실시해 노비의 송사 다툼을 가렸다.

왕위에 오른 뒤에는 1402년 문하부(門下府)를 폐지해 의정부(議政府)를 설치했다가, 1405년 다시 의정부의 서무를 육조(六曹)에서 분장하게 했으며, 삼군도총제부(三軍都摠制府)를 신설하는 등 관제 개혁을 통해 왕권을 강화했다.

대마도 정벌도. 1419년(세종 1)의 대마도 정벌은 당시 상왕이었던 태종의 지시로 이루어졌다(민족기록화).

또한 왕권에 도전하는 사람은 예외 없이 제거했다. 자신의 즉위에 공이 큰 처남 민무구·민무질 형제를 제거해 왕비인 원경왕후 세력을 눌렀으며, 상왕 시절 세종의 비 소헌왕후 심씨의 친정아버지인 심온을 제거해 외척이 발호할 소지를 아예 없애버렸다. 가혹하리만큼 공신과 외척을 숙청했다. 지나친 감이 없지 않지만 왕권의 안정에는 확실히 효과가 있었다.

한편 태종은 고려 말에 문과에 급제해 아버지인 이성계를 기쁘게 했던 유학자 출신인 만큼 숭유억불정책을 강화했다. 많은 사찰을 폐쇄한 뒤 그 사찰에 소속되었던 토지와 노비를 몰수했으며, 미신을 타파하기 위해 비기(秘記)와 도참사상을 금지했다.

교육과 과거제도 정착에도 많은 관심을 기울였는데, 유학과 경학에 밝은 사람을 뽑아 성균관과 오부(五部)의 학생들을 가르치도록 했으며, 기술 교육을 위해 10학을 설치하고 제조를 두었다. 또 능력과 실력 위주로 관리를 등용할 수 있는 제도적 장치를 마련하기 위해 애썼다.

▶提調 조선시대에 잡무와 기술 계통 기관에 겸직으로 임명되었던 고위 관직

대외정책도 안정을 추구했다. 요동 정벌을 계획하던 이성계·정도전과 다른 길을 걸었던 태종은 왕위에 오른 뒤 명나라에 대해 상국의 예를 갖추며 변방의 안정을 도모했다. 조공을 하는 대신 서적·약재·역서 등을 수입해 실리를 취했다. 왜인에 대해서는 왜인의 무역을 합법화시키는 한편 왜인들의 병력을 정탐했다.

또한 호패법(戶牌法)을 실시해 양반에서부터 농민까지 모두 이를 소지하게 함으로써 인적 관리를 정확하게 했으며, 경제정책으로는 호포(戶布)를 폐지해 백성의 부담을 덜어주었고 저화를 발행해 경제 유통을 활발하게 했다.

▶楮貨 지폐

이렇듯 국가 전반에 걸친 개혁은 1418년 상왕으로 물러날 때까지 계속되었다. 태종은 장자인 양녕대군이 방탕한 생활을 일삼는다는 이유로 폐하고 충녕대군을 세자로 삼아 왕위를 물려준 뒤 상왕으로 물러났다. 안정적인 정권 이양을 마친 뒤에도 1422년 56세의 나이로 생을 마칠 때까지 세종의 뒤에서 왕권의 안정을 위해 많은 노력을 기울였다.

조선시대 신분증이었던 호패. 태종 때 처음으로 호패법을 실시하였다.

그러는 한편 상왕이 된 뒤에는 여기저기에 별궁도 짓고 사냥과 온천을 즐기기도 했다. 사냥을 나갈 수 없는 겨울에는 격구에 몰두했다고 실록은 전한다. 세종과 함께 며칠간 사냥을 다녀온 뒤 감기가 악화되어 갑자기 자리에 누웠다가 못 일어나고 세상을 떠났다. 정비 원경왕후를 비롯해 12명의 부인에게서 12남 17녀를 두었다.

|평가|

《태종실록》은 첫 머리에 흰 용을 등장시켜 그가 왕이 될 인물이었음을 암시한다. 그리고 태종이 조선 건국의 최대 공로자라고 말한다.

사실 그의 집권은 정상적인 방법을 통하지 않았다. 그렇기 때문에 태종의 즉위를 정당화하기 위해서는 이러한 신화화와 공(功) 부풀리기가 필요했을 것이다. 따라서 조선 초기 태종에 관한 기록은 이러한 껍질을 한 꺼풀 벗기고 읽어야 하는 수고가 따른다.

태조의 아들 중 유일한 과거급제자였던 태종은 학식과 문장력이 보통 문관 이상이었고 뛰어난 리더십과 추진력을 가졌던 비범한 능력의 소유자였다. 비록 아버지를 누르고 형제를 죽여 왕위를 차지했다는 치명적인 약점을 갖고 있기는 하지만, 뛰어난 정치 감각과 과감한 결단력으로 조선 건국에 공을 세웠으며, 조선 초기의 혼란을 극복하고 나라의 기반을 잡는 데 공헌했다는 것은 누구나 인정하는 바다.

《용재총화》를 쓴 성현은 "왕으로서 이렇게 뛰어난 글을 짓는 분도 일찍이 없었다. 그 사물을 인용하여 비유한 것과 함축된 의취(意趣)는 성인이 아니면 할 수 없다"며 그의 문학적 소양을 칭찬했다.

Tip

10학 열 가지 관리 임용 시험 과목으로, 유학(儒學) · 자학(字學) · 무학(武學) · 이학(吏學) · 역학(譯學) · 음양 풍수학(陰陽風水學) · 의학(醫學) · 율학(律學) · 산학(算學) · 악학(樂學)을 말한다.

1367 이성계의 넷째 아들로 태어났다.

1368 (2세) 원나라가 멸망하고 명나라가 건국되었다.

1383 (17세) 문과에 급제했다.

1388 (23세) 이성계가 위화도에서 회군해 권력을 장악했다.

1392 (27세) 이성계가 왕위에 올라 조선을 세웠다.

1398 (32세) 제1차 왕자의 난을 통해 정권을 장악했다.

1400 (34세) 제2차 왕자의 난을 진압한 뒤 세자로 책봉되고 그해 11월 정종의 양위

를 받아 왕위에 올랐다.

1404 (38세) 송도에서 한양으로 천도했다.

1418 (54세) 세자에게 선위하고 상왕이 되었다.

1422 (58세) 세상을 떠났다.

태종에 대해 더 알고 싶을 때 보세요

《조선국왕 이야기》, 임용한 지음, 혜안, 1998.

《태종 본기》, 이재황 지음, 청간미디어, 2001.

《태종, 조선의 길을 열다》, 이한우 지음, 해냄, 2005.

세종

世宗

교과서에서 세종이 나오는 부분: 중학교 128-129쪽(5/1/1)/135쪽(5/1/3) · 고등학교 98쪽(3/3/2)
/289-291쪽(6/3/1)

생몰년도: 1397년(태조 6)-1450년(세종 32)
재위년도: 1418년-1450년
자: 원정(元正)
시호: 장헌(莊憲)
활동 분야: 왕
다른 이름: 이도(李祹)

|생애와 업적|

1418년 8월 태종의 셋째아들인 충녕대군이 왕위에 올랐다. 왕세
자에 책봉된 지 불과 두 달만의 일이었다. 태종은 충녕이 "천성이
총명하고, 민첩하고, 자못 학문을 좋아하며" 또한 "정치의 요체를
알아서 늘 큰일에 의견을 내는 것이 진실로 합당"하여 왕위를 맡을
만하다며 세자인 양녕대군을 폐하고 왕위를 잇게 했다.

▶ 要諦, 사물의 가장 중요한
점

풍류를 좋아하고 무인 기질이 다분했던 양녕이 군왕의 덕행을
쌓을 것을 요구하는 태종의 요구에 부응하지 못해 태종의 마음이
떠난 것으로 실록은 기록하고 있지만, 야사에는 또 다른 이야기가
전한다. 태종의 마음이 충녕에게 있는 것을 안 양녕이 일부러 미치
광이 짓을 해 왕위를 동생에게 양보했다는 것이다. 또 형제들과의
피비린내 나는 권력투쟁 끝에 왕위를 쟁취한 태종이 자기 아들들
에게는 그런 일이 일어나지 않기를 바라는 간절한 마음에 무인기

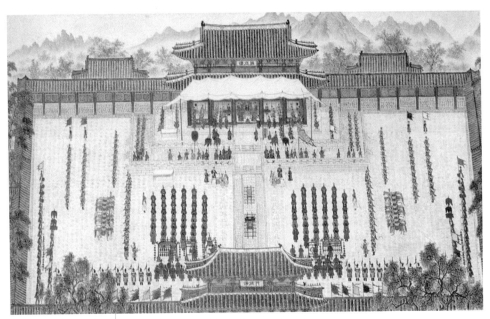

세종의 최대 업적인 훈민정음 반포식을 그린 그림.

질의 양녕보다 온화한 충녕을 택했다는 최근의 주장도 있다.

세종은 어린 시절부터 독서에 열중하고 무섭게 공부했던 군주이다. 지나치게 독서에 열중하자 태종이 책을 모두 치워버리고 "과거를 볼 사람도 아닌데 왜 이렇게 몸을 고단하게 하느냐"고 했다는 말이 전할 정도이다. 세종 스스로 경서는 모두 100번씩 읽었고, 딱한 책만 30번을 읽었으며, 경서 외의 역사와 기타 책들도 꼭 30번씩 읽었다고 했다.

갑자기 세자로 책봉되는 바람에 국왕이 되기 위한 훈련이 부족했던 세종은 재위 초 대부분의 사안에 대해 "상왕께 사뢰어보겠다"는 대답을 해야 될 만큼 어려운 입장이었지만, 최대한 인내하고 공부하며 집권 초기를 무사히 보냈다.

1422년 태종이 죽고 재위 4년만에 전권을 행사하게 된 세종은 태종이 만들어놓은 정치적 안정 속에서 자신의 학문적 역량을 마음껏 펼치기 시작했다. 태종이 잡아놓은 국가의 골격을 완성해나가는 방법으로 세종이 택한 방법은 매우 학구적이다. 선현의 지혜를 신뢰했던 세종은 우선 역사와 경전을 뒤져 이상적인 제도를 연구하고, 여기에 현재 거칠게 만들어져 있는 제도를 세부 사항까지 세밀하게 규정해, 관련 규정을 대폭 보완하는 방법을 택했다.

세종은 조선의 과학기술 발전을 위해서도 노력하여, 천문관측기계와 시계 등을 만들었다. 사진은 혼천의.

이렇게 접근하다 보니 제도 연구의 기본이 되는 우리의 사서들이 너무 부실하다는 데 생각이 미쳤다. 세종은 《고려사》·《고려사절요》를 비롯한 사서들이 더 정확하고 풍요로워지도록 학자들을 다그쳤다. 중국의 사서도 열심히 연구했다. 대표적인 역사서인 《자치통감》의 완질을 구해 읽고 학자들을 동원하여 이에 대한 주석서인 《자치통감훈의》를 편찬했는데, 이 주해본은 중국에서 간행된 것보다 완성도가 더 높다는 평을 들었다.

경전과 사서에서 찾아낸 제도를 적용하려면 우리 땅에 대해서도 보다 정확하게 알 필요가 있었다. 세종은 지방관들에게 각 지역의 지도·인문지리·풍습·생태 등에 관한 정보를 요구했고, 이를 수합하여 편찬했다. 갑자기 많은 자료를 간행하려다 보니 인쇄술이 진일보해 세종 치세에 인쇄 속도가 10배로 성장했다.

또 이렇게 많은 내용을 연구하려니 학자들이 필요했다. 세종은 **집현전**의 연구 기능을 확대하고 정인지·성삼문·신숙주 등 당대의 수재들을 모아들였다. 세종의 특별한 관심과 대우를 받았던 집현전 학자들은 주로 각종 서적 편찬과 세종의 정치 자문 역할을 담당했다. 그리고 이들 집현전 학자들은 세종을 도와 세종 최고의 업적인 훈민정음을 창제했다. 사실 훈민정음을 세종 혼자서 만들었는지 세종의 지시에 따라 집현전 학자들이 만들었는지에 대해서는 아직 논란이 계속되고 있다. 훈민정음 창제 과정에 대한 기록이 거의 전하지 않아 새로운 자료가 발견되지 않는 이상 어떤 결론에 이르기는 어려울 듯싶다.

세종은 과학기술과 예술에도 많은 관심을 기울였다. 천문학을 전문적으로 연구하는 서운관(書雲觀)이 설치되어 혼천의(渾天儀) 같은 관측 기계를 만들었으며, 해시계인 앙부일구(仰釜日晷), 물시계인 자격루(自擊漏) 등을 만들어 백성들의 생활에 많은 도움을 주었다. **박연**을 등용해 아악을 정리하고 맹사성을 통해 향악을 뒷받침하여 조선에 적합한 음악을 만들기도 했다.

국토의 개척도 중요한 업적 가운데 하나이다. 새로운 화기를 개발하고 수십년간에 걸친 군제 정비 결과, 김종서를 보내 두만강 방면에 육진을 개척하고 압록강 방면에 사군을 설치해, 평안도와 함경도 북부 지방을 우리 영토로 확보할 수 있었다.

이외에도 윤리 · 농업 · 지리 · 천문 · 음양 · 측량 · 수학 · 약재 등 다양한 분야의 책을 편찬하고, 관료 · 조세 · 재정 · 형법 · 군수 · 교통 등에 대한 제도들을 새로 정비했다. 이때 정해진 규정들은 나중에 조선에서 시행된 모든 제도의 기본이 되었다.

이렇듯 다양한 분야에서 초인적인 연구를 해나가다 보니 세종은 일찍부터 육체의 한계를 느껴야 했다. 30대 초반부터 풍질이 발병했다는 기록을 찾아볼 수 있으며, 40대 초반에 이르러서는 하루 종일 앉아서 정사를 볼 수 없을 정도로 체력이 나빠졌다. 스스로 "체력이 딸리니 생각이 이전처럼 주밀하지 않다"고 고백하기도 했다.

▶ 風疾, 한방에서 신경의 탈로 인해 생기는 병을 통틀어 이르는 말

▶ 周密, 일을 주선하고 계획하는 데 빈틈이 없이 매우 찬찬함을 이르는 말

집권 후반기에 세종은 태종이 마련한 왕권 중심의 정치체제인 육조직계제를 의정부서사제로 개편하고 세자로 하여금 서무를 결재토록 해, 왕에게 집중되어 있던 국사를 분산시켰다. 건강상의 이유이기도 했지만, 집현전을 통해 배출된 많은 유학자들로 인해 자신의 유교적 이상을 실현시켜줄 기반이 마련되었다는 자신감의 표현이기도 했다. 이러한 시도는 신권과 왕권이 조화된 유교적 왕도정치를 이끌어냈다는 평가를 받을 만큼 성공적이었다.

지칠 줄 모르는 열정으로 여러 가지 병에 시달리면서도 새로 편찬된 책들을 수십 권씩 직접 검토하던 세종은 1450년 2월 54세로 세상을 떠났다. 정비 소헌왕후 심씨를 비롯해 여섯 명의 부인에게서 18남 4녀를 두었다.

|평가|

세종이 빛나는 업적을 남길 수 있었던 것은 황희·맹사성·최윤덕 등 대신들의 신중한 보좌와, 김종서·박연·장영실 등 각 분야에서 두각을 나타낸 뛰어난 인물들의 노력에 힘입은 바 크다. 그러나 유교와 역사에 대한 소양, 과학과 음악 등 여러 분야에 대한 탐구력, 우리 문화를 지키고자 하는 주체성, 의지를 관철시키는 추진력, 백성에 대한 애정 등을 지닌 세종이 지시하고 이끌었기에 가능했던 일들이다.

'성군' 또는 '대왕'이라는 호칭이 붙는 세종은 이순신과 더불어 우리 역사에서 가장 존경받는 인물이다. 당대에 이미 '해동요순(海東堯舜)'이라 불려 지금까지 비판이 금기시되다시피 했으며, 오히려 초인화·신화화된 부분마저 있다. 이러한 신격화는, 역사의 효용과 가치를 신뢰했고 역사란 "사실을 빠짐없이 그대로 기록"해야 한다고 주장했던 세종이 누구보다 원하지 않을 일이다.

그러나 사실 신격화의 포장을 한 겹 벗겨버린다 해도 세종이 조선 역사상 가장 훌륭한 유교 정치와 찬란한 민족문화를 꽃피웠고 후대에 모범이 되는 왕이었다는 사실에 반론이 제기될 가능성은 별로 없어 보인다.

집현전|

조선 초기 세종을 도와 학문을 연구하던 기관. 그러나 세종 때 처음 만들어진 것은 아니고, 집현전이라는 이름을 처음 쓴 것은 중국 당나라 현종 때였다. 우리 역사에 집현전이란 이름을 가진 관서가 처음 생긴 것은 고려 인종 때인 1136년이다. 충렬왕 때에 유명무실해졌다가 조선 정종 때 다시 설치되었고, 임금에 대한 고문 역할, 학문의 연구, 각종 서적의 편찬, 도서의 수집·정리 등의 기능을 수행하기 시작한 것은 세종 대에 이르러서이다. 세종 때 집현전을 재정비한 목적은 조선이 표방한 유교 정치와 명나라와의 관계를 원만히 수행하는 데 필요한 인재의 양성과 학문의 진흥에 있었다. 이에 따라 유망한 소장 학자들을 뽑아 집현전을 채웠고, 여러 가지 특전을 주었으며, 학문에 전념할 수 있도록 했다.

1456년(세조 2) 사육신을 비롯하여 반대파가 집현전에서 많이 나오자, 세조는 집현전을 폐지하고 소장 서적은 예문관(藝文館)에서 관장하게 했다.

박연|

1378(우왕 4)~1458(세조 4). 세종 때의 음악이론가. 1405년에 생원, 1411년 진사에 급제했으며 그 뒤 집현전교리, 사간원정언, 사헌부지평, 세자시강원문학, 봉상판관 겸 악학별좌, 관습도감사, 공조참의, 중추원사, 보문각제조, 예문관대제학 등을 역임했다.

세종을 도와서 음악을 정비하는 데 많은 공헌을 했으며, 특히 율관 제작에 성공하여 편경을 만드는 등 조선 초기 음악 정비에 많은 기여를 했다.

▶律管 동양 여러 나라에서 음의 높이를 정하기 위하여 쓰던 원통형의 관
▶編磬 국악기 중 돌로 만든 타악기 편경은 습기와 건조, 추위와 더위에도 음색과 음정이 변하지 않아 모든 국악기 조율의 표준이 되었음

세종에 대해 더 알고 싶을 때 보세요

《이야기 인물한국사》 3, 이이화 지음, 한길사, 1993.

《조선국왕 이야기》, 임용한 지음, 혜안, 1998.

《세종대왕과 그의 인재들》, 박영규 지음, 들녘, 2002.

《인물로 보는 조선사》, 김형광 지음, 시아출판사, 2002.

《세종, 조선의 표준을 세우다》, 이한우 지음, 해냄, 2006.

장영실

蔣英實

| 교과서에서 장영실이 나오는 부분 : **고등학교** 298쪽(6/3/4)

| **생몰년도** : 미상
| **활동 분야** : 과학

|생애와 업적|

1442년 어느 날, 소갈증(지금의 당뇨병)에 시달리던 세종은 온천에 가려고 연에 올랐다. 그런데 새로 제작된 연이 움직이기 시작한 지 얼마 안 돼 그만 부서지는 사고가 발생하고 말았다. 아무리 실수라 해도 임금의 몸에 위해(危害)를 끼치는 일은 대역죄로 처벌되는 시대였다. 연을 설계한 장영실과 제작한 임효록은 의금부에 갇히는 신세가 되었다.

조선 최고의 과학자였던 장영실이 더욱 능률적이고 안락하게 만들기 위해 고심하며 설계한 연이 그렇게 허망하게 부서졌다는 사실은 쉽사리 납득하기 어렵다. 정교한 과학 기구를 수도 없이 만들던 그가 가마 하나 제대로 만들지 못했다는 말인가. 혹 누군가 고의로 장영실을 궁지에 몰아넣은 것은 아닐까. 노비에서 정3품 관직으로 파격적인 신분 상승을 이룬 그를 보는 시선이 그다지 곱지만

▶輦, 임금이 타던 가마

은 않았을 것이다.

《세종실록》은 장영실의 아버지가 원나라 소항주(蘇杭州) 출신의 중국인이고, 어머니는 동래현의 기생이었다고 전한다. 반면, 장영실의 문중으로 알려진 아산 장씨 가문은 장영실의 아버지가 기술직 관리를 지낸 사람이라 기록하고 있다.

어쨌든 장영실이 동래현의 관노 출신인 것은 분명한 것 같다. 어렸을 때부터 매우 치밀한 두뇌의 소유자였다고 전해지는 그는 관찰력이 뛰어났으며, 기계의 원리 파악에 남다른 재주가 있었다. 또한 기계 등을 만들고 고치는 일에 능통했으며, 무기나 농기구를 제작하고 수리하는 등의 일에 능숙했다.

1400년 영남 지방에 가뭄이 들자 강물을 끌어들여 가뭄을 이겨내게 한 공으로 동래 현감으로부터 상을 받기도 하는 등 그의 탁월한 재능은 차츰 조정에까지 알려졌다. 그가 역사의 기록에 처음 등장한 것은 1412년(태종 12)의 일이다. 이때는 이미 궁중에서 일하고 있었던 듯하다.

태종의 뒤를 이어 왕위에 오른 세종은 백성들의 생활이 안정되기 위해서는 농업이 발달해야 하고, 농업이 발달하기 위해서는 절기와 시간을 정확하게 파악하고 가뭄과 홍수 등 자연 재해에도 적절히 대비할 수 있어야 한다고 생각했다. 이를 위해서는 과학의 발달이 뒷받침되어야 했다. 이렇듯 과학기술에 대한 관심이 지대했던 세종과 만나면서 장영실의 재능은 활짝 피어나기 시작한다.

즉위하고 2년 뒤 세종은 장영실·윤사웅·최천구와 천문학에 대한 열띤 논쟁을 벌인 끝에 장영실에 대해 "비록 지위는 낮으나 재주가 민첩하여 어느 누구도 따르지 못할 것이다"라는 극찬을 남겼다. 그리고 천문학자들을 명나라 베이징에 보낼 때 장영실도 함께 보내 1년간 명의 천문학을 익힐 기회를 마련해주었다.

장영실이 명나라에서 돌아오자 세종은 그가 효율적으로 작업할

1434년 장영실이 만든 자격루는 현재 전하지 않는다. 덕수궁에 남아 있는 자격루(사진)는 1536년 (중종 31)에 장영실이 만든 것을 개량한 것이다.

수 있도록 왕실에 필요한 물품을 공급하는 상의원(尙衣院)의 별좌(別坐) 벼슬을 내리려고 했으나 중신들의 반대로 뜻을 이루지 못했다. 별좌는 실권은 없었지만, 정5품에 해당한다. 그 후 1424년(세종 6) 수동 물시계인 경점기(更點機)를 고쳐서 보완한 공을 인정받아 결국 상의원 별좌에 임명되었다. 반상의 구별이 엄격했던 시대에 천민이 공식 관직에 오른 것은 그의 재주가 얼마나 뛰어났는지 보여주는 단적인 증거이다.

1432년(세종 14) 세종은 천문관측기구 제작을 위한 대규모 사업을 시작했다. 예문관 제학 정인지가 총지휘하는 이 사업은 우선 천문관측기구인 서운관(書雲觀)을 확장하고, 대규모 천문 관측대인 대간의대(大簡儀臺)를 경복궁 안에 건축했으며, 소규모 천문 관측대인 소간의대(小簡儀臺)는 북부 광화방 부근에 지었다. 또 각종 기구 제작 사업을 펼쳤는데, 이 일의 실무 책임은 이천이 맡았고, 핵심적인 기술 역량으로 장영실이 투입되었다.

이들은 작업에 착수한 지 1년 만에 혼천의를 만들었다. 혼천의란 천체의 운행과 그 위치를 측정하는 기계로 중국 우주관 가운데 하나인 혼천설(渾天說)에 근거를 두고 있다. 혼천설은 우주는 둥근 원으로 얽혀 있고 지구는 그 속에 있는 또 하나의 둥근 원이라는 학설이다. 이러한 천문학적 지식 위에서 장영실을 비롯한 학자들은 해시계와 물시계 등을 만들었다.

해시계인 앙부일구는 '솥을 떠받치고 있는 모양의 해시계'라는 뜻으로, 그 모양이 마치 가마솥에 다리가 세 개 붙어 있는 것같이 생겼기 때문에 붙여진 이름이다. 앙부일구는 솥같이 생긴 반구 속에 그림자침이 한가운데 우뚝 솟아 그림자의 길이에 따라 절기와 시간을 알 수 있게 만들어져 있다. 해시계가 반구로 이루어져 있다는 것은 당시 학자들이 태양의 움직임을 정확하게 읽고 있었다는 것을 의미한다. 그러나 해시계는 낮 동안만 사용할 수 있었고, 비가 오거나 날씨가 흐린 날에는 무용지물이었다. 그래서 고안된 것이 물시계이다.

1434년 장영실은 김빈과 함께 정교한 물시계인 자격루를 만들었다. 자격루는 단순한 물시계에다 정밀한 기계장치를 결합해, 때가 되면 인형과 징·북·종이 시각과 청각을 통해 자동으로 시간을 알려주는 장치이다. 자격루는 1434년 7월 1일부터 조선의 표준 시계로 사용되었다. 자격루의 완성으로 장영실은 정4품 무관 벼슬인 호군(護軍)에 임명됐다.

5년 뒤 장영실은 자격루보다 더 정교한 자동 물시계인 옥루(玉漏)를 만들었다. 자격루와 혼천의의 기능을 합친 옥루는, 시간은 물론 계절의 변화와 절기에 따라 해야 할 농사일까지 알려주는 다목적 시계이다.

이외에도 휴대용 해시계인 현주일구(懸珠日晷), 천평일구(天平日晷), 시간과 함께 남북의 방위도 알려주는 해시계인 정남일구(定南日晷)를 만들었다.

금속 활자인 갑인자(甲寅字)의 주조 작업에도 참여해 인쇄술 발전에 기여했으며, 구리와 철강을 채광하고 제련 기술을 향상시키는 데도 적지 않은 역할을 했다. 세종은 과학 발전에 기여한 공로를 인정해 장영실을 종3품인 상호군(上護軍)으로까지 승진시켰다.

세종 대의 과학 혁명을 기술적인 측면에서 주도한 사람은 단연 장영실이었다. 이렇듯 세종의 과학적 열정을 현실화시키는 데 일생을 바친 최고의 기술과학자였던 그가 연을 잘못 만들었다는 죄로 하루 아침에 파직되고 만다. 단 한번의 실수 때문인지, 파격적인 신분 상승을 용납할 수 없었던 세력들 때문인지, 장영실은 곧장

80대를 맞은 뒤 역사의 뒤안길로 사라져버렸다. 이후의 삶에 대한 기록은 더 이상 전해지지 않는다.《동국여지승람》에 '아산의 명신'이었다는 기록이 있는 것으로 보아 노년을 아산에서 보내다가 세상을 떠나지 않았을까 추측할 뿐이다.

|평가|

장영실은 우리 역사상 가장 뛰어난 과학기술자 가운데 한 사람일 뿐 아니라 반상(班常)의 구별이 뚜렷했던 당시 가장 천한 노비의 신분에서 종3품의 벼슬까지 올랐던 입지전적인 인물이다.

과학 기술에 대해 지대한 관심과 의지를 지닌 세종, 그리고 세종의 의지와 아이디어를 기술로 실현시킨 장영실, 이 두 사람은 세종대 과학 혁명을 이룬 주인공들이었다.

장영실에 대해 더 알고 싶을 때 보세요.

《인물로 보는 조선사》, 김형광 지음, 시아출판사, 2002.

《전통 속의 첨단 공학기술》, 남문현 지음, 김영사, 2002.

《한국 과학기술 인물 12인》, 김근배 외 지음, 해나무, 2005.

《한국사의 천재들》, 김병기 외 지음, 생각의나무, 2006.

세조

世祖

| 교과서에서 세조가 나오는 부분 : **중학교** 128쪽(5/1/1) · **고등학교** 99쪽(3/3/2)/292쪽(6/3/1)

| 생몰년도 : 1417년(태종 17)~1468년(세조 14)
| 재위년도 : 1455년~1468년
| 자 : 수지(粹之)
| 시호 : 혜장(惠莊)
| 활동 분야 : 왕
| 다른 이름 : 이유(李瑈), 승천체도열문영무지덕융공성신명예흠숙인효대왕(承天體道烈文英武至德隆
功聖神明睿欽肅仁孝大王)

|생애와 업적|

세종의 뒤를 이은 문종은 아버지를 닮아 성군의 자질을 갖고 있었지만 몸이 약했다. 문종은 2년 3개월의 재위 끝에 짧은 삶을 마감하고, 열두 살의 단종이 왕위를 이었다. 어린 왕이 왕위에 오르는 경우 성인이 될 때까지 대왕대비나 왕대비가 수렴청정을 하게 되어 있었지만, 당시에는 어린 단종을 보호할 대비도 없었다.

문종은 영의정 황보인과 우의정 김종서에게 "어린 임금을 잘 보필하라"는 유언을 남겼다. 아들은 아직 어린데 한창 나이의 동생들이 강성(强盛)하니 걱정이 많았을 것이다. 세종의 둘째 아들인 수양대군은 당시 서른여섯, 셋째 아들인 안평대군은 서른다섯이었다.

단종 초 정국은 어린 단종을 보필하며 의정부의 재상들이 이끌었다. 세종 대에 북방을 개척한 명장 김종서가 최고 실력자였다. 재상들은 종친 가운데 한 명을 정사에 참여시키기로 했는데, 그들이 선택한 인물은 안평이었다. 무장 기질의 수양보다는 선비 기질의 안평이 정치 파트너로 더 적절하다고 판단했을 것이다.

성격이 강할 뿐 아니라 왕권중심주의자였던 수양은 대신들이 이끄는 정치체제를 왕권의 약화로 보았고, 더구나 안평이 그들과 손을 잡자 자신의 입지가 더욱 좁아들까 우려했다. 수양은 권람·한명회·홍윤성 등을 심복으로 끌어들이며 자신의 힘을 키워나가는 한편, 명나라 사은사 길을 자청하여 명나라의 신임을 얻는 등 차근차근 야망을 키워나갔다.

1453년 10월 10일 밤, 마침내 수양은 조정 최대의 권력자이자 정적인 김종서의 집을 찾아갔다. 품속에 편지를 가져왔다며 김종서를 가까이 오게 한 뒤 함께 데리고 간 사람을 시켜 철퇴로 머리를 내려치게 했다. 계유정난(癸酉靖難)의 시작이다.

김종서를 제거한 수양은 궁으로 들어가 단종에게 "전하가 어린 것을 경멸하여 황보인·김종서 등이 안평대군을 왕으로 세우려 하기에 부득이 김종서 부자를 죽였으나, 황보인 등이 아직 있으므로 처단하기를 청한다"고 보고했다. 김종서가 죽었다는 소식에 단종은 수양의 손을 잡고 "숙부는 나를 살려주시오"라며 빌었다. 기선을 잡은 수양은 왕명을 빙자해 황보인을 비롯한 조정 대신들을 죽였다. 조선 개국 이후 초유의 대학살이었다.

계유정난은 성공했고, 수양은 이조판서·병조판서를 겸하는 영의정의 자리에 올라 사실상의 실권을 모두 장악했다. 또한 거사에 직·간접적으로 가담한 정인지·한확·권람·한명회 등 43명을 정난공신(靖難功臣)에 책봉하고 토지와 노비 등 막대한 부상을 내렸다. 정권을 장악한 뒤에도 대규모 살육전은 계속되었다. 친동생 안평을 강화도로 유배 보냈다가 다시 교동으로 보내 죽였고, 김종서·황보인 등의 아들·손자들까지 처형했다.

그리고 이듬해인 1455년 윤6월 마침내 단종을 물러나게 하고 왕위

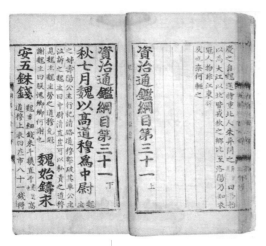
세조의 필체로 만든 병진자(큰 글씨)를 사용해 편찬한 《자치통감강목》.

에 올랐다. 왕위에 오른 뒤 또 한 차례의 공신이 책봉되었다. 임금이 되는 것을 도왔다는 좌익공신(佐翼功臣)으로, 이번에는 46명이 책봉되었다.

세조는 즉위한 뒤 단종을 상왕에 앉혔지만 1456년 집현전 학사들을 중심으로 일명 사육신(死六臣) 사건이라 불리는 상왕 복위 사건이 일어나자 단종을 노산군(魯山君)으로 강등해 영월에 유폐시켰다. 그리고 1457년 자신의 동생 **금성대군**이 다시 단종 복위 사건을 일으키자 그를 죽이고, 단종도 죽여버렸다. 자신에게 도전하는 세력들을 차례로 제거한 뒤 세조는 왕권 강화정책에 착수했다.

먼저 의정부의 정책 결정권을 폐지, 재상의 권한을 축소시키고 **육조**의 **직계제**를 부활시켰으며, 사육신 사건을 빌미로 집현전을 폐지했고, 정치 문제를 토론하고 대화하는 경연(經筵)을 없앴다. 국정을 건의하고 규제하던 대간(臺諫)의 기능을 약화시키고 왕명을 출납하던 비서실인 승정원(承政院)의 기능을 강화했다.

그리고 지방 관리의 모반을 방지하기 위해 지방의 병마절도사(兵馬節度使)에 그 지방 출신을 억제하고 중앙의 문신을 파견했다. 이 정책으로 지방 호족들의 불만이 쌓여, '**이시애의 난**'이 일어나기도 했다.

또한 국방력 신장에 힘써 호적·호패제를 강화했고, **진관체제**(鎭管體制)를 실시해 전국을 방위체제로 편성했으며 중앙군을 5위제도로 개편했다. 북방 개척에도 관심을 기울여 신숙주로 하여금 두만강 건너 여진족을 소탕하게 하고, 강순·남이·어유소 등으로 여진족을 소탕하게 하는 등 서북면 개척에 힘썼다. 남쪽 지방의 백성

을 평안·강원·황해도에 이주시키는 사민정책을 단행하는 등 국
토의 균형 있는 발전에도 힘썼다.

경제정책으로는 현직과 휴직 또는 정직 관원에게까지 나눠주던
과전(科田)을 현직 관원에게만 주는 직전제(職田制)를 실시해 국가
수입을 늘렸다. 또한 궁중에 잠실을 두어 비와 세자빈에게 친히 양 ▶ 蠶室, 누에를 치는 방
잠을 권장하도록 했으며, 《금양잡록》·《사시찬요》·《잠서주해》등
의 농서를 간행해 농업을 장려했다.

집현전을 폐지하기는 했지만 문화와 교육 면에도 제도를 정비하
고,《국조보감》·《동국통감》·《경제육전》·《속육전》등 많은 서적
을 편찬했다. 성종 때 완성하는 법전《경국대전》편찬을 시작한 것
도 세조 때의 일이다.

한편, 불교를 숭상하여 간경도감(刊經都監)을 설치하고 《법화
경》·《금강경》등 불경을 간행하게 하기도 했다.

세조는 1468년 세자에게 왕위를 물려주고 52세의 나이로 세상을
떠났다. 그의 죽음에 대해서는, 단종의 어머니인 현덕왕후가 세조
에게 침을 뱉는 꿈을 꾸고 나서부터 피부병에 걸려 고생했다는 전
설이 전한다. 정희왕후 윤씨를 비롯해 두 명의 부인에게서 4남 1녀
를 두었다.

|평가|

세조는 즉위의 정당성에 커다란 흠집을 갖고 있기는 하지만 국
가나 백성들의 입장에서는 괜찮은 왕이었다. 즉위하자마자 수령의
탐욕이나 잘못된 행정에 대한 고소를 허용한다는 세종의 결정을
재천명하고 백성들이 쉽게 고소할 수 있도록 정책적으로 뒷받침하
는 등 애민정책을 폈으며, 왕권을 강화하기 위해 애썼다.

그러나 상명하달식의 국정 운영은 세종·문종 대의 문치 정치를

후퇴시켰고, 공신들의 권력 남용으로 비리가 누적되었다. 공신들은 세조에게 필요악이었다. 정통성 없는 정권을 세우고 지탱하는 데 공신들의 힘은 절대적이다. 세조는 이들을 우대해 역모가 아닌 이

Tip

금성대군
1426~1457. 세종의 여섯째 아들. 단종의 숙부이며 세조의 동생이다. 1455년(단종 3) 수양대군에 의해 모반 혐의로 삭녕에 유배되었다가 광주로 옮겨졌다. 1456년(세조 1) 사육신 사건 때 연루되어 순흥에 안치되었는데, 그곳에서 다시 순흥 부사 이보흠(李甫欽)과 함께 단종의 복위를 꾀하다가 사약을 받고 죽었다. 세종의 여러 아들 중에서 다른 대군들은 세조 편에 가담했으나, 홀로 단종을 끝까지 보호하려다가 비참한 최후를 마쳤다.

육조직계제
조선 초기에 정도전에 의해 실시된 의정부 서사제는 6조 – 의정부 – 왕으로 모든 현안을 의정부에서 논의한 뒤 왕에게 올리도록 한 반면, 육조직계제는 6조에서 왕에게 직접 올리도록 한 제도이다. 조선 태종과 세조가 시행했으며, 강력한 왕권을 위해 대신들이 모인 의정부의 역할을 축소시키고 왕이 직접 육조를 관리하는 것이다.

이시애의 난
1467년(세조 13) 함경도 회령 부사 이시애가 일으킨 반란. 함경도는 토지가 척박할 뿐 아니라 국경 경비에 드는 비용 등이 많아 중앙 정부에 내는 세금이 적었다. 그러나 세조 때 중앙집권체제를 강화하면서 그 지방 출신이 임명되던 수령 자리에 중앙에서 관리가 파견되고 백성들에 대한 통제가 강화되었다. 세금 부담도 커졌다. 세금을 가혹하게 거둔 수령들은 대개 남쪽 지방 출신이었다. 이때 이시애가 반란을 일으키며 "방금 남도의 군대가 바다와 육지로 쳐올라와서 함경도 군민(軍民)을 다 죽이려 한다"고 선동하자 흥분한 군인과 백성들이 합세했다. 반란군은 약 4개월간 격렬히 저항했지만, 5만의 정부군에 토벌되었다.

진관체제
세조 때 확립된 군대의 작전체제를 말한다. 지역 단위의 방위체제로서 이시애의 난 등 여러 반란을 겪으면서 세조는 소규모 전쟁에 즉각 대처할 수 있는 방법으로 여러 지역에 고루 군대를 배치하는 진관체제를 확립했다. 여러 지역에 군대를 배치하는 만큼 군대의 규모는 작을 수밖에 없었다. 대규모 전면전에서 약점을 드러내는 진관체제를 보완하기 위해 훗날 제승방략체제가 등장한다.

상 죽이지 않고 보호했다. 이후 이들은 훈구파(勳舊派)가 되어 나라의 모든 정치·경제·사회적 특권을 독점했다. 법 위에 존재하는 이들의 부패는 많은 백성들의 삶을 몰락시켰고, 이들의 횡포는 향리에 은거해 있는 사림파(士林派)를 불러낸다. 훈구파와 사림파의 충돌, 곧 사화(士禍)의 시대는 세조에게서 비롯되었다.

한편, 일제시대의 소설가 이광수는 《단종애사》에서 세조를 권력의 찬탈자로 묘사했으며, 같은 시대에 활동했던 소설가 김동인은 《대수양》에서 강력한 국가를 만들려 했던 힘있는 군주로 세조를 그렸다.

연표

1417	세종과 소헌왕후 심씨 사이의 둘째 아들로 태어났다.
1445	(29세) 수양대군으로 봉해졌다.
1453	(37세) 계유정난을 일으켜 정권을 잡았다.
1455	(39세) 왕위에 올랐다.
1456	(40세) 사육신 등이 단종 복위를 계획하다 발각되어 처형되었다.
1458	(42세) 호패법을 다시 시행했고, 《경국대전》 찬술을 시작했다.
1468	(52세) 9월 왕세자에게 왕위를 물려주고 세상을 떠났다.

세조에 대해 더 알고 싶을 때 보세요

《한권으로 읽는 조선왕조실록》, 박영규 지음, 웅진지식하우스, 2004.
《조선 선비 살해사건》 1, 이덕일 지음, 다산초당, 2006.

명분과 실리의 차이인가, 국가관의 차이인가
성삼문과 신숙주

成三問

교과서에서 성삼문이 나오는 부분 : 중학교 128쪽(5/1/1)/156쪽

생몰년도 : 1418년(태종 18)-1456년(세조 2)
자 : 근보(謹甫)
호 : 매죽헌(梅竹軒)
시호 : 충문(忠文)
활동 분야 : 학문, 정치

우리 역사에서 절개의 표본으로 추앙받는 성삼문과 변절의 대명사로 손가락질받아왔던 신숙주. 이 둘은 본래 세종의 총애를 나란히 받던 동료였다. 세종이 집현전에 인재들을 모아들일 때 함께 뽑혀 화려한 세종시대를 함께한 동료였으며, 명나라의 문장가가 사신으로 왔을 때 그들과 대적할 최고 문장가로 함께 나서기도 했다.

그러나 선왕이 부탁한 어린 임금 단종과 힘있는 세조를 두고 이들의 판단은 엇갈린다. 결국 1456년 6월 단종의 복위를 꾀하다 실패한 성삼문이 온몸을 불로 지지는 모진 형벌을 받을 때 신숙주의 자리는 국문하는 세조 옆이었다. 전하는 이야기들은 성삼문이 신숙주를 엄한 목소리로 꾸짖었다고 한다.

"네 이놈. 예전에 영릉(세종)께서 원손(단종)을 안고 산책하시면서 곁에 있던 우리에게 상왕의 후일을 당부하시던 말씀이 아직도 귓가에 쟁쟁한데, 네 놈만이 그 일을 잊었단 말이냐?"

그 순간 이들은 어떤 눈빛으로 서로를 바라보았을까.

申叔舟

| 교과서에서 신숙주가 나오는 부분 : **중학교** 156쪽

| **생몰년도** : 1417년(태종 17)-1475년(성종 6)
| **자** : 범옹(泛翁)
| **호** : 희현당(希賢堂), 보한재(保閑齋)
| **시호** : 문충(文忠)
| **활동 분야** : 학문, 정치

성삼문은 1418년(태종 18) 충청남도 홍성에서 태어났다. 성삼문이 태어나던 해는 세종이 즉위한 해이기도 하다. 태어날 때 그의 어머니가 하늘에서부터 "낳았느냐?" 하고 묻는 소리를 세 번이나 들었다고 해서 이름을 삼문이라고 지었다고 한다. 1435년 생원시에 합격한 뒤, 1438년 스물한 살의 나이에 문과에 합격했다. 이후 집현전 학사로 선발됐다.

신숙주는 성삼문보다 한 해 전인 1417년(태종 17) 태어났다. 같은 해 수양대군, 곧 세조가 태어났다. 1438년 사마양시(司馬兩試)에 합격해 동시에 생원·진사가 되었고, 이듬해 문과에 급제했다. 그리고 1444년에는 집현전 부수찬(副修撰)을 역임했다.

세종은 집현전에 인재들을 모아놓고 학문에 열중하게 했다. 학문에만 열중할 수 있도록 많은 편의를 봐주었기 때문에 사람들은 여기에 뽑히는 것을 무한한 영광으로 생각했다. 집이나 절에서 학문에만 전념할 수 있도록 사가독서(賜暇讀書)라는 제도를 두기도

사육신과 달리 수양대군을 선택하여 비난을 받은 신숙주. 하지만 그는 살아남아 많은 업적을 남겼다.

했는데, 성삼문과 신숙주도 박팽년·하위지 등과 함께 북한산에 있는 진관사에 들어가 사가독서를 함께 했다. 특히 성삼문과 신숙주는 최고의 수재로 인정받아 세종의 총애를 받았다.

어느 날 밤, 세종이 내시를 시켜 집현전에 숙직하는 학자가 무슨 일을 하고 있는지 살펴보게 했다. 이날 숙직은 신숙주였는데, 책읽기를 워낙 좋아했던 신숙주는 숙직을 서는 날이면 오히려 책을 맘껏 볼 수 있는 날이라 좋아하며 밤새 책을 읽곤 했다. 내시가 몇 차례나 엿보아도 책을 읽고 있던 신숙주가 닭이 울고 나서야 잠이 들었다고 하자 세종은 입고 있던 갖옷을 벗어 덮어주라고 했다. 아침에 일어나서야 이 일을 알게 된 신숙주가 매우 감격해 했고, 이 소문을 들은 다른 학자들은 더욱 분발해 학문에 열중했다는 얘기가 전한다.

세종의 최고 업적이라 할 수 있는 훈민정음 창제와 연구에도 이 둘은 많은 기여를 했다. 세종은 정음청(正音廳)을 설치하고, 성삼문·신숙주·정인지·최항 등에게 훈민정음을 연구하도록 했다. 성삼문과 신숙주는 마침 명나라의 학자인 황찬이 랴오둥으로 귀양와 있다는 소식을 듣고 그를 만나기 위해 열세 번이나 왕래한 끝에 음운에 대한 많은 지식을 얻을 수 있었다.

세종에 이어 왕위에 오른 문종도 이 둘을 각별히 대했다. 그러나 신숙주가 1452년(문종 2) 수양대군과 함께 사은사로 명나라에 다녀오면서 이 둘은 다른 길을 걷기 시작한다. 몇 달 동안 먼 이국땅을 함께 넘나들며 동갑내기 수양대군과 신숙주는 의기투합했던 듯하다. 수양대군의 적극적인 손짓 때문인지, 병에 늘 시달리는 왕 대신 패기만만한 수양대군에게서 다른 가능성을 발견한 신숙주의 판단 때문이었는지는 모르나, 수양대군에게는 그 시대 대표적인 지성인 신숙주가 필요했고, 신숙주는 어린 단종보다 기개 있고 인재를 아낄 줄 아는 수양대군에게 끌렸다.

문종이 재위 2년 3개월 만에 서른아홉의 젊은 나이로 세상을 떠나자, 열두 살의 단종이 왕위를 이었다. 수렴청정해줄 왕실 직계 어른도 없어, 황보인·김종서에게 권력이 집중됐고, 왕실 측근 세력들은 이를 불만스러워했다. 이러한 불만의 직접적인 표출이 계유정난이다.

수양대군은 김종서 등이 안평대군을 받들고 역모를 꾀한다는 핑계를 대어 김종서·황보인을 포함한 반대파를 제거한 뒤 자신의 세력으로 조정을 채웠다. 이때 공신록에 오른 인물들은 수양대군을 포함해서 36명이었는데, 별다른 역할을 하지 않았던 신숙주는 물론 정변 당일 집현전에서 숙직하며 근무한 공이 있다 하여 성삼문의 이름도 공신에 올랐다. 신숙주에게는 동부승지(同副承旨)가 제수되기도 했다. 이들 외에도 집현전 학사 출신이 공신록에 대거 포함되었는데, 그 이유는 이들이 직접 세조에게 협조했다기보다 자신의 집권을 유교적으로 합리화하려는 세조의 의도 때문이었을 것이다.

그러나 이러한 상황을 받아들이는 두 사람의 반응은 달랐다고 한다. 주로 성삼문을 지지하는 쪽에서 전해진 이야기들에 따르면, 신숙주는 이를 모두 받아들인 반면, 성삼문은 세운 공이 없다고 공신록에서 빼줄 것을 자청하는가 하면 당시 공신록에 오른 사람들이 돌아가면서 축하연을 열었지만 혼자서만 끝까지 잔치를 열지 않았다. 또한 단종이 수양대군에게 왕위를 빼앗기던 당시 성삼문이 예방승지(禮房承旨)였는데, 이때 직무상 예방승지가 수양대군에게 옥새를 갖다바쳐야 했다. 옥새를 품에 안고 수양대군에게 전달

육신사. 사육신으로 일컫는 박팽년, 성삼문, 이개, 유성원, 하위지, 유응부 등의 위패를 모신 사당이다. 처음 사당을 지을 때는 박팽년만 제사 지냈으나, 박팽년의 현손 박계창이 제삿날 사육신이 함께 사당 문 밖에서 서성거리는 꿈을 꾼 뒤부터 함께 제사 지냈다고 한다.

하던 성삼문이 그만 치밀어오르는 울분을 억제하지 못하고 통곡했다는 이야기도 전한다. 이날 밤 박팽년이 경회루 못에 빠져 죽으려 하자, 성삼문이 뒷날을 도모하자고 말린 뒤 뒷간에 가서 통곡했다고도 한다.

반면 신숙주는 수양대군의 즉위를 수용했고, 새 왕은 그를 곧 예문관 대제학(藝文館大提學)으로 임명했다. 문사 · 학자로서 가장 영광된 자리를 준 것이다. 신숙주는 새 왕의 즉위를 중국에 알리는 소임을 맡고 베이징에 가서 맡은 일을 완수하기도 했다. 성삼문을 중심으로 집현전 학사 출신들이 비밀스럽게 모여 단종의 복위를 의논할 때 신숙주를 끼워주지 않은 것은 물론이다.

단종의 복위를 노리던 이들에게 마침내 기회가 왔다. 새 왕이 등극한 것을 축하하기 위해 명나라로부터 사신이 와서 이들을 위한 축하연이 열리는데, 마침 성삼문의 아버지 성승과 유응부가 임금의 곁에서 호위하는 별운검으로 내정되었다. 별운검은 칼을 차고 있을 수가 있다. 두 사람이 세조와 세자를 처단하는 것을 신호로, 일시에 자신이 맡은 공신 세력들을 제거하기로 했다. 그러나 계획

▶別雲劍, 임금의 좌우에 서서 호위하는 벼슬

은 처음부터 무산되고 말았다. 한명회의 건의에 따라 별운검이 폐
지되고, 몸이 약한 세자도 연회석상에 참석하지 못하게 됐다. 유응
부를 비롯한 무신들은 그 자리에서 한명회를 죽이고 실행하자 했
으나, 성삼문과 박팽년은 이들을 황급히 말리며 뒷날을 도모하자
고 했다. 세자가 없는 마당에 한명회만 죽이는 것은 무의미하다고
판단했던 듯하다. 그러나 거사가 제대로 진행되지 못하자 불안해
진 김질이 장인인 집현전 대제학 정창손에게 밀고하여 이들은 모
두 체포되고, 명나라 사신이 돌아간 다음 날 세조가 직접 국문에
나섰다.

세조가 성삼문에게 역모를 추궁했다. 성삼문은 "신하가 제 임금
을 모시려는 것은 당연한 일이거늘, 세상이 다 아는 이치를 왜 나
으리만 반역이라고 하십니까?"라며 되물었다. 세조에게 대군을 가
리키는 '나으리'라는 호칭을 사용하자 화가 난 세조는 더욱 추궁했
다. "그동안 나에게 신하로 칭해놓고 이제 와서 나를 나으리라고
부르니 참으로 가증스럽구나. 그동안 내가 주는 녹을 먹어놓고 이
제 와서 모반이 아니라고 잡아떼느냐?"라고 물었다. 이 말에 성삼

집현전 학사들이 연구하는 풍경. 집현전에서 함께 학문을 논하던 성삼문과 신숙주의 운명이 갈릴 줄 이때는 몰랐을 것이다(민족기록화).

문은 "상왕이 엄연히 계시거늘 나으리가 어떻게 나를 신하로 삼는단 말이오? 나는 나으리의 녹을 한 톨도 먹은 적이 없소. 나으리가 준 것은 집에 그대로 쌓아놓았으니 내 집을 뒤져보면 알 것 아니요"라고 대답했다. 세조는 분노에 몸을 떨며 형리를 시켜 불에 달군 쇠로 성삼문의 맨살을 지질 것을 명했다.

성삼문에 이어 박팽년·유응부·하위지·이개를 국문했지만, 모두들 뜻을 굽히지 않자 세조는 모두 능지처참할 것을 명했다. 체포되기 전에 가족과 함께 자결한 유성원을 포함해 이들을 '사육신'이라 한다. 이 가운데 특히 성삼문은 아버지 성승도 주모자 가운데 한 사람이었기 때문에 삼족이 몰살되는 멸문지화(滅門之禍)를 당했다. 그리고 얼마 뒤 노산군으로 강등된 단종도 비운의 죽음을 맞고 만다.

신숙주는 이후 절개를 지키지 못했다는 이유로 많은 지탄을 받아야 했다. 그러나 그는 세조 대에 영의정에까지 오르며 많은 업적을 남겼다. 조선 역대의 사적을 적은 편년체 역사책인《국조보감》을 완성했고, 군사제도에 관한 책인《병정》이라는 책을 지었으며, 일본에 사신으로 다녀온 뒤 일본의 지세와 국정, 교빙 왕래의 연혁, 사신 접대 예절 등을 적은《해동제국기》라는 책을 편찬하기도 했다. 또한 1459년(세조 7)에는 함길도 도체찰사(都體察使)에 올라 여진족을 회유하고 돌아왔다. 무엇보다 중요한 것은 불경 등 많은 고전들이 그의 손을 거쳐 우리말로 번역되었고, 그 간행을 대부분 그가 맡는 등 훈민정음을 발전·보급시켰다는 데 있다. 신숙주마저 성삼문과 같은 길을 택했더라면 어찌 되었을까.

세조는 신숙주를 '나의 위징'이라고 부르며 아꼈다. 위징은 당 태종의 통치에 헌신적으로 노력한 인물로, 세조 자신도 태종처럼 신숙주를 필요로 한다는 의미였다.

일반적으로 성삼문은 명분을 택했고, 신숙주는 목숨을 택했다고 들 하나, 이 둘의 선택이 서로 다른 군주관에서 비롯되었다고 해석하기도 한다. 왕권 강화를 꿈꾸는 세조 밑에서 자신들의 입지가 점점 좁아들 것을 염려한 성삼문 등이 나이 어린 단종을 밀며 그 명분으로 유교적 의리와 선왕의 부탁을 내세웠던 반면, 신숙주는 나이 어린 단종보다 야망과 힘이 있는 세조가 왕으로서 더 적합하다고 판단했다는 것이다.

더 알고 싶을 때 보세요

| 성삼문 |
《인물로 보는 조선사》, 김형광 지음, 시아출판사, 2002.

| 신숙주 |
《이야기 인물한국사》, 이이화 지음, 한길사, 1993.
《조선 선비 살해사건》 1, 이덕일 지음, 다산초당, 2006.

조광조

趙光祖

| **교과서에서 조광조가 나오는 부분** : **중학교** 139쪽(5/2/1) · **고등학교** 105쪽(3/3/4)

| **생몰년도** : 1482(성종 13)-1519(중종 14)
| **자** : 효직(孝直)
| **호** : 정암(靜庵)
| **시호** : 문정(文正)
| **활동 분야** : 정치, 학문

|생애와 업적|

연산군의 폭정을 바로잡는다는 명분을 걸고 정변이 일어나 중종이 왕위를 이었다. 그러나 중종은 반정 당일 자신의 집을 둘러싼 반정군을 연산군이 자기를 죽이기 위해 보낸 군사로 알고 자결하려 했다는 기록이 있을 정도로 반정에 아무런 공도 세우지 못했고, 따라서 실권도 없었다.

자연히 중종 초의 정국은 반정에 공을 세운 정국공신(靖國功臣)들이 주도했다. 세조 대부터 공신으로 책봉되어 막대한 부를 축적한 훈구 세력들은 연산군이 자신의 향락을 위해 공신전까지 몰수하려 하자 왕을 바꿀 정도로 막강한 권력을 누리고 있었다.

중종은 이들을 견제할 새로운 세력을 찾았다. 이런 상황에서 당시 정치의 주역으로 떠오른 인물이 조광조이다.

조광조는 34세 되던 1515년(중종 10) 성균관 유생들의 천거(薦擧)

와 이조판서 안당의 적극적인 추천으로 관직에 진출했다. 젊은 나이였지만 당시 사림학자들 사이에서 추앙받는 대표적인 인물이었던 조광조는 이전에 이미 여러 차례 성균관의 천거를 받은 바 있는 인재였다.

조광조는 1482년(성종 13) 8월 10일 한성에서 훗날 사헌부 감찰(監察)을 지낸 조원강의 둘째 아들로 태어났다. 그는 열일곱 살 되던 해 인생의 큰 스승을 만난다. 지방 관리로 나갔던 아버지를 따라갔다가 김굉필을 처음 만나 그의 제자가 된 것이다. 김굉필은 정몽주-길재-김종직을 잇는 영남사림의 핵심 인

조광조를 기리기 위해 세워진 유허비. 조광조가 유배되었던 전라도 능주(지금의 화순)에 있다.

물로서 **무오사화**(戊午士禍)로 인해 유배중이었다. 스승의 도학에 매료된 그는 성리학에 몰두했다. 이런 그를 보고 연산군 대의 사화를 겪은 당시 사람들은 화를 안고 있는 존재라는 뜻의 '화태(禍胎)'라 부르며 멀리했지만, 조광조는 신념을 꺾지 않고 학문에 몰두했다.

관직에 진출한 그해 과거에 급제한 조광조는 정6품 성균관의 전적(典籍)에 임명되었고, 이어 사헌부 감찰을 거쳐 사간원 정언(正言)이 되는 등 빠른 승진을 거듭했다. 사실 조광조가 정치 활동을 한 기간은 4년에 지나지 않는다. 그 짧은 시간 동안 매우 영향력 있는 정치적 발자취를 남겼다.

그 무렵 사림 세력은 소릉 복위 문제, 노산군에게 제사를 지낼 후손을 세우는 문제, 사육신의 복권 문제 등을 제기하며, 단종 폐위의 부당성과 세조의 집권 과정에 대한 문제점을 부각시키고 있었다. 그러면서 그 과정에서 형성된 훈구 세력의 정당성에 의문을 제기했다. 사림의 문제 제기는 중종의 폐비인 신씨의 복위 문제로 이어졌다. 중종 비 단경왕후는 아버지 신수근이 연산군의 편에 섰다는 이유로 반정 직후 정국공신들에 의해 폐출되었다. 1515년 계비인 장

▶ 昭陵 단종의 어머니인 현덕왕후의 능. 단종이 폐위되면서 현덕왕후도 폐위됨

경왕후가 죽자 사림은 신씨의 복위를 주장했다. 사림 세력이 신씨의 복위를 주장한 것은 중종반정 당시 공신들의 정당성을 문제 삼기 위해서였다. 이는 매우 중요한 정치적 논쟁거리가 되었다.

상소가 올라오자 사헌부와 사간원에서는 상소를 올린 이들을 문초해야 된다고 건의했고, 이들의 강경한 주장은 결국 상소를 올린 이들을 유배 보내기에 이른다. 이런 상황에서 사간원 정언에 임명된 조광조는 정언이 되고 이틀 뒤, 기존의 사헌부·사간원 관리들이 언로(言路)를 막았으니 이들과 함께 일할 수 없다며 이들을 모두 파직시킬 것을 요청했다. 치열한 싸움의 결과 중종은 조광조의 손을 들어주었고, 이후 조광조는 사림의 신망과 중종의 주목을 받는 인물로 부각되었다.

그런 뒤 조광조가 중심이 된 사림은 개혁을 단행한다. 우선 **향약**(鄕約)을 실시하여 모든 백성을 성리학적 규범으로 교화시키려 했다. 또한 조광조는 종래의 과거제도의 문제점을 지적하며 학문과 덕행이 뛰어난 사람을 천거하는 제도를 병행해야 한다고 주장했다. 이 제도가 바로 현량과(賢良科)인데, 훈구파의 격렬한 반대에도 중종의 지원에 힘입어 1519년 전격 실시된 결과, 신진 사림 세력들이 대거 정계에 등장해 조광조의 지지 기반이 형성되었다.

현량과 실시로 세력을 확대한 사림은 중종반정의 공신들에게 직접 칼을 들이댔다. 공신 책정 당시 논공행상이 지나쳤으므로 위훈삭제해야 한다고 주장했다. 공을 세우지도 않고 공신이 된 70여 인을 공신에서 제외시켜야 한다는 것이다. 조정에서는 일대 파란이 일어났다. 여기서 사림 세력이 이길 경우 조정은 완전히 사림이 장악할 것이다. 이는 중종도 원하는 바가 아니었다. 중종은 사림과 훈구 양쪽의 균형을 바랐다. 하지만 사림은 중종을 압박해 자신들의 뜻을 관철시키려 했고, 훈구 세력의 반발이 있었지만 공신의 4분의 3에 해당하는 76명의 훈작이 삭탈 일보 직전에 놓였다.

▶ 僞勳削除, 거짓 공훈을 삭제함

사태가 여기에 이르자 훈구 세력들은 강하게 반발했고, 중종도 조광조의 급진적인 개혁에 염증을 내기 시작했다. 중종의 의중을 파악한 훈구 세력은 조광조를 제거하기 위한 계략을 짜고 실행에 옮겼다. 사림 세력으로부터 소인배로 비난받던 남곤과 공신 자격을 박탈당한 심정 등은 경빈 박씨 등 후궁을 이용해 중종에게 "온 나라의 인심이 모두 조광조에게 돌아갔다"고 하면서 조광조가 왕권을 넘보고 있는 듯이 알렸다. 그리고 궁중에 있는 나뭇잎에 꿀로 주초위왕(走肖爲王)이라고 쓰고 벌레가 그것을 갉아먹게 한 다음 궁녀를 시켜 왕에게 바치도록 했다. 주초는 조(趙)를 분리한 글자로 "조씨가 왕이 되려 한다"는 뜻이었다. 중종의 심기가 상당히 불편했을 것이다.

조광조의 글씨

남곤과 심정 등은 밤에 은밀히 왕을 만나 조광조 일파가 붕당을 조성해 중요한 자리를 독차지하고 임금을 속여 국정을 어지럽히니 이를 엄하게 다스려야 한다는 상소를 올렸다. 조광조의 과격성과 급진성에 위기의식을 느낀 중종이 이를 받아들여 사림들을 대거 투옥한 뒤 사사하거나 유배 보낸 사건을 기묘사화(己卯士禍)라 한다.

조광조는 영의정 정광필의 비호로 겨우 목숨을 건져 전라도 능주에 유배되었으나 결국 사약을 받았다. 사약을 받은 조광조는 다음과 같은 시를 남겼다.

> 임금을 어버이처럼 사랑하고
> 나라 걱정을 내 집 걱정하듯 하였노라
> 밝은 해가 이 세상을 내려다보니
> 나의 붉은 마음 환히 비추리.

이렇게 조광조의 개혁정치는 불과 4년 만에 막을 내렸지만 그의 이념과 정책은 후대 선비들의 학문과 정치에 중요한 지침이 되었다. 조광조가 주창한 도학정치는 뒤에 이황·이이에게로 연결되었고, 조선시대의 풍습과 사상을 유교식으로 바꾸어놓는 중요한 계기가 되었다.

▶道學政治, 유교를 정치와 교화의 근본으로 삼아 왕도정치를 실현해야 한다는 것으로, 왕이나 관직에 있는 자들이 몸소 도학을 실천해야 한다는 주장

|평가|

조광조를 복권해 명예를 회복시켜야 한다는 주장은 중종 대에 이미 제기되었다. 이러한 움직임에 대해 "조광조는 나라를 어지럽힌 괴수"라는 비난도 있었지만, 조광조의 복권과 현량과의 회복을 주장하는 목소리는 점점 거세어졌다. 중종은 끝내 자신이 묶은 매듭을 풀지 못한 채 눈을 감았고, 그 뒤를 이은 인종이 "조광조 등의 관직을 모두 회복시키고, 현량과 급제자도 다시 등용하라"는 유언을 남겼다.

그의 복권이 정식으로 이뤄진 것은 선조 대에 와서이다. 선조는 "죽은 대사헌 조광조는 세상에 없는 순수하고 깨끗한 성품을 지녔

으며 도학을 이 세상에 드러내어 대유(大儒)가 되었다"고 칭송하는 전교와 함께 벼슬과 시호를 내렸다.

그리고 광해군 2년 '성리학의 본질을 터득하고 격물치지성의정심(格物致知誠意正心)의 공을 이룩한 사람'이라는 공적으로 김굉필·정여창·이언적·이황과 함께 문묘에 배향되었다. 이로써 조광조는 조선 왕조의 성리학사에서 가장 중심적인 인물로 부활했고, 성리학의 위대한 순교자로 성인의 지위에 올랐다.

Tip

무오사화 |
1498년(연산군 4) 김일손(金馹孫)을 비롯한 사림파가 화를 입은 사건. 김일손의 사초가 빌미가 되어 발생했다. 사림파는 훈구파와 대립하고 있었는데, 1498년 《성종실록》을 편찬하면서, 실록청(實錄廳) 당상관이 된 훈구파 이극돈이 사관 김일손이 사초에 삽입한 김종직의 〈조의제문弔義帝文〉은 세조가 단종으로부터 왕위를 빼앗은 일을 비방한 것이라며 연산군에게 고했다. 〈조의제문〉은 김종직이 꿈에서 항우에게 죽은 초나라 회왕(懷王)을 보고 그를 애통해하며 지은 글이다. 이를 회왕은 단종을, 항우는 세조를 의미하며 세조의 왕위 찬탈을 비난하는 글이라고 해석한 것이다. 결국 이미 죽은 김종직은 부관참시를 당하고 김일손을 비롯한 많은 사림들이 처형당하거나 귀양을 샀다.

▶ 史草 역사 편찬의 기초 자료

▶ 剖棺斬屍 관을 꺼내 시체의 목을 베는 형철

향약 |
조선시대 향촌사회의 자치규약. 시행시기나 지역에 따라 다양한 내용을 담고 있으나, 기본적으로 유교의 예속(禮俗)을 보급하고, 농민들을 결속시킴으로써 체제 안정을 도모하려는 목적에서 실시되었다. 이황, 이이 등은 《여씨향약》의 강령인 좋은 일은 서로 권하고, 잘못은 서로 바로잡아주며, 예속을 서로 권장하고, 어려운 일이 있으면 서로 도와준다는 취지를 살려 조선의 실정에 맞는 향약을 마련했다.

저서

《정암집》이 전한다.

**조광조에 대해
더 알고 싶을 때
보세요**

《역사의 길목에 선 31인의 선택》, 역사학자 18인 지음, 푸른역사, 1999.

《조광조》, 정두희 지음, 이카넷, 2000.

《우리가 정말 알아야 할 우리 선비》, 정옥자 지음, 현암사, 2002.

《63인의 역사학자가 쓴 한국사인물열전》, 한영우선생정년기념논총 간행위원회 엮음, 돌베개, 2003.

인물 | 08

이황

李滉

| 교과서에서 이황이 나오는 부분 : 중학교 142쪽(5/2/2) · 고등학교 105쪽(3/3/4)/293쪽(6/3/2)

| 생몰년도 : 1501년(연산군 7)-1570년(선조 4)
| 자 : 경호(景浩)
| 호 : 퇴계(退溪), 퇴도(退陶)
| 시호 : 문순(文純)
| 활동분야 : 학문

|생애와 업적|

조선 왕조는 성리학을 국학으로 삼고 성리학적 이념을 국시로
천명했지만, 성리학이 뿌리를 내리는 데는 제법 많은 시간이 필요
했다. 사화는 성리학으로 무장한 신진 세력인 사림들이 집권 과정
에서 흘렸던 피이다. 중종이 조광조를 등용하면서 사림의 시대, 성
리학의 시대가 자리 잡는 듯했지만 이도 오래 가지는 못했다. 치열
한 권력투쟁 끝에 조광조가 숙청당한 기묘사화 당시 이황의 나이
열아홉이었다.

▶ 國是, 국정의 기본 방침

그 무렵 이황은 가르쳐주는 이도 없이 혼자 공부하며 학문적 단
계를 높여가고 있었다. 경북 예안군에서 이식의 7남 1녀 가운데 막
내로 태어난 그는 태어난 지 7개월 만에 아버지를 잃고 홀어머니
밑에서 컸다. 열두 살 되던 해부터 명종 대의 대표적인 사림이었던
숙부 이우 밑에서 《논어》를 시작으로 학문을 익혔다. 《논어》를 배

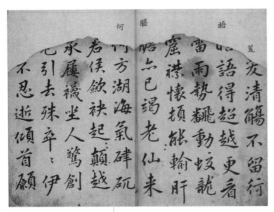

퇴계 이황의 글씨

우던 어느 날 이황이 문득 "무릇 일의 옳은 것이 이(理)입니까?"라고 물으니, 숙부가 기뻐하면서 "너는 이미 글 뜻을 이해하였다"며 칭찬했다는 일화가 전한다. 그러나 열일곱 살 되던 해 숙부마저 세상을 떠나자 스승 없이 대부분을 독학했다.

열아홉 살 때 《성리대전》을 읽고 스물한 살 때 《주역》을 공부했는데, 이 무렵 지나친 학문 탐구로 건강을 해쳐서 평생 건강이 좋지 않았다. 이렇듯 학문에 정진했지만 과거시험과는 인연이 좋지 않아 문과에 최종 합격해 벼슬길에 오른 것은 서른네 살이 되어서였다.

그 뒤 성균관 대사성(大司成)에 오르기까지 순탄한 관직 생활을 했다. 두 차례나 성균관의 책임자로 있으면서 제자들을 길러냈고, 학자로서 최고의 영예인 대제학(大提學)에까지 올랐다. 그러나 마흔세 살이 되던 1543년부터 이황은 벼슬길에 나아갔다가 물러서기를 반복한다. 명종 즉위 후 **문정왕후**의 수렴청정 아래 전개된 외척 정치에 대한 불만 때문이었든, 어린 시절 조광조의 몰락을 바라보며 느꼈던 상실과 충격 때문이었든, 이황은 관직을 계속 밀어내려는 듯한 행보를 보였다. 현실 정치보다 학문적 성취와 제자 양성에 더 많은 뜻을 두었던 것일까.

▶垂簾聽政 임금이 어린 나이로 즉위했을 때 왕대비나 대왕대비가 임금을 대신하여 정사를 돌보던 일

고향으로 돌아온 이황은 낙동강 상류 토계의 동쪽 바위에 양진암을 짓고, 그곳에 머무르며 독서에 전념했다. 이때 시냇가의 이름을 '퇴계'라 고치고 자신의 호로 삼았다. 퇴계는 '물러가는 시냇물'이라는 뜻인데, '학문은 구할수록 오히려 멀어진다'는 의미에서 지었다고 한다. 그 뒤에도 자주 왕이 불렀으나 이황은 사양하고 물러나려 애썼다. 왕의 부름에 관직에 나아갔다가도 사퇴하기를

반복하며 학문에 열중했다. 성리학에 대한 학구열과 관심이 정치에 대한 관심보다 컸던 듯하다.

이황은 우주 현상을 이(理)와 기(氣)로 설명하는 주자의 철학을 계승했다. 그는 '이'는 '기'를 움직이게 하는 근본 법칙이고, '기'는 '이'에 따라 구체적으로 드러나는 존재라고 했다. '이'와 '기'는 같은 비중으로 상호 작용을 하지만(이기호발설理氣互發說), 서로 섞이지 않는다는 이기이원론적 입장이었다.

인간의 바람직한 품성인 측은지심(惻隱之心)·수오지심(羞惡之心)·사양지심(辭讓之心)·시비지심(是非之心) 등 사단(四端)은 '이'의 작용으로 나타나는 반면, 희(喜)·노(怒)·애(哀)·락(樂)·애(愛)·오(惡)·욕(慾) 등 보통의 감정인 칠정(七情)은 '기'의 작용으로 나타난다고 보았다. 그리고 사단은 '이'가 발하여 '기'가 따르는 것으로 순수한 선이고, 칠정은 '기'가 발하여 '이'가 드러나는 것으로 선과 악이 혼재해 있는 것이라 했다. 그러므로 사단이 칠정을 이끌어가면 도덕적 행동이 되지만 칠정이 앞서면 부도덕해진다고 보았다. 따라서 사단이 마음의 중심이 되도록 끊임없이 자기 수양을 해야 도덕군자가 될 수 있다고 믿었다.

이러한 이황의 이론은 주희의 이기론을 완벽하게 이해했다는 평가를 받을 뿐 아니라 성리학을 인성론에 적용시키는 독창적인 것으로, 외래사상인 성리학이 이황에 이르러 비로소 완벽하게 이해되고 조선에 정착하기 시작했다고 할 수 있다.

이황은 자신의 학문적 성취와 함께 제자 양성에도 힘을 기울였다. 경상도 풍기 군수로 있을 때 **백운동서원**을 최초의 사액서원으로 만들어 국가의 지원 속에 학자들이 공부할 수 있게 했고, 고향에 돌아온 뒤에는 도산서원을 일으켜 제자들을 양성했으며, 관직에 있을 때는 성균관 대사성의 자리에 있으면서 제자들을 길렀다.

명종은 이황이 계속해서 관직을 사양하자 "어진 이를 부르나 오

▶賜額書院. 조선시대 국왕으로부터 편액·서적·토지·노비 등을 하사받아 그 권위를 인정받은 서원

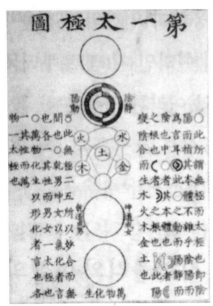

이황이 선조에게 지어올린 〈성학
십도〉. 성리학의 핵심을 그림으로
일목요연하게 풀이했다.

지 않음을 탄식한다"는 제목으로 유생들에게
글을 짓게 하기도 했다. 그리고 은밀히 화공을
보내 이황이 머무는 곳의 풍경을 그려오게 해
서 당시의 명필인 송인을 시켜 이황이 지은 〈도
산기〉·〈도산잡영〉을 그 위에 쓰게 하고는 그
것으로 병풍을 만들어 쳐다보며 이황을 그리워
했다고 한다.

1567년 선조가 즉위하자 이황은 왕의 스승으
로 대접받고 그의 제자들이 조정에 대거 등용
되어 사림정치의 기반이 다져졌다. 이듬해 예
문관 대제학을 마지막으로 관직 생활을 완전
히 청산하고 고향으로 돌아가기 전, 이황은 어
린 왕을 위해 〈무진육조소〉와 〈성학십도〉를 지어 바쳤다. 이 가운
데 〈성학십도〉는 성리학의 대강을 열 가지 도설(圖說)로 엮은 것으
로, 최고 통치자인 제왕이 해야 할 치열한 자기 연마와 인격 완성
의 방법을 제시하고 있다. 노학자가 어린 왕을 위해 평생 공부한
것을 풀어준 선물이었다.

낙향한 다음 해 감기에 걸려 고생하던 이황은 일어나 앉은 자세
로 홀연히 숨을 거두었다고 한다. 죽기 나흘 전 자신의 묘 앞에 세
울 비문의 내용을 손수 지어서 남겼으며, 죽던 날 아침에는 서재에
있는 매화나무에 물을 주라는 말을 남겼다는 얘기도 전한다.

|평가|

이황의 부음을 듣고 선조는 곧 대광보국숭록대부(大匡輔國崇祿大
夫) 의정부 영의정으로 작위를 올려주었으며, 5년 뒤에는 도산서원
을 세워 사액하고 시호를 문순이라 올려주었다.

이황의 학문은 우리나라 학술사상사에 깊은 발자취를 남겼다. 김성일·유성룡을 비롯한 많은 제자가 그의 학문을 계승해 영남학파를 형성했고, 이들은 조선 후기 사회에 커다란 정치적 영향력을 행사했다. 또한 이황의 저술은 임진왜란 이후 일본으로 건너가 일본 근세 유학을 연 후지하라 세이가 등에게 많은 영향을 주었다.

1976년 이후로 거의 해마다 한국·일본·대만·미국·독일·홍콩 등지에서 국제퇴계학회가 열리고 있는 등 이황의 학문에 대한 관심은 오늘날에도 계속되고 있다.

"주자가 작고한 뒤······ 도(道)의 정맥은 이미 중국에서 두절되어 버렸다. 퇴계는······ 한결같이 성인의 학으로 나아가 순수하고 올바르게 주자의 도를 전했다. 우리나라에서 비교할 만한 사람이 없을 뿐 아니라 중국에서도 이만한 인물을 볼 수 없다. 실로 주자 이후의 제일인자이다"라는 선조 대의 문신 조호익의 말은 이황의 학문적 지위를 간결하게 표현해주는 적절한 평가이다.

Tip

문정왕후 | 1501~1565. 조선 중종의 계비. 1517년(중종 12) 왕비에 책봉되었으며, 명종의 어머니이다. 1545년 명종이 12세의 나이로 왕위에 오르자 8년간 수렴청정을 하는 동안 동생인 윤원형(尹元衡)에게 정권을 쥐게 했으며, 을사사화를 일으켜 인종의 외척인 윤임(尹任) 등을 사사했다. 승려 보우(普雨)를 신임하여 불교의 부흥을 꾀했다.

백운동서원 | 1542년(중종 37) 풍기 군수 주세붕(周世鵬)이 세운 서원. 조선시대 최초의 서원이다. 그 뒤 1550년(명종 5) 이황이 풍기 군수로 부임해 와서 조정에 상주하여 소수서원이라는 편액(扁額)과 《사서오경》, 《성리대전》등의 책을 받아 최초의 사액서원이 되었다. 흥선대원군의 서원철폐 때에도 철폐를 면한 47서원 가운데 하나이다.

저서

《천명도설》, 《천명도설후서》, 《주자서절요》, 《자성록》, 《전습록논변》, 〈무진육조소〉, 〈성학십도〉 등이 대표적인 저술이다. 〈도산십이곡〉을 비롯한 시조와 〈퇴계필적〉의 글씨를 작품으로 남겼다.

이황에 대해 더 알고 싶을 때 보세요

《이야기 인물한국사》, 이이화 지음, 한길사, 1993.
《퇴계의 생애와 학문》, 이상은 지음, 예문서원, 1999.
《우리가 정말 알아야 할 우리 선비》, 정옥자 지음, 현암사, 2002.
《인물로 보는 조선사》, 김형광 지음, 시아출판사, 2002.
《옛사람 72인에게 지혜를 구하다》, 김갑동 지음, 푸른역사, 2003.
www.toegye.ne.kr 국제퇴계학회

이이

李珥

교과서에서 이이가 나오는 부분：중학교 142쪽(5/2/2)·**고등학교** 105쪽(3/3/4)/293쪽(6/3/2)

생몰년도：1536년(중종 31)-1584년(선조 17)
자：숙헌(叔獻)
호：율곡(栗谷)/석담(石潭)/우재(愚齋)
시호：문성(文成)
활동 분야：학문

|생애와 업적|

강릉 북평 마을의 친정에 살고 있던 신사임당은 1536년(중종 31) 어느 날 기이한 꿈을 꾸었다. 검은 용이 바다에서 날아와 침실 쪽 마루 천장에 스며드는 꿈이었다. 그리고 며칠 뒤 아들을 낳았다. 아들의 이름을 '현룡(見龍)'이라고 했다. 현룡은 이이의 어릴 적 이름이다.

이원수와 사임당 신씨 사이의 4형제 중 셋째로 태어난 이이의 유년 시절에 가장 많은 영향을 준 사람은 어머니였다. 글을 많이 읽었고 시문과 서화에도 뛰어난 재주를 가졌던 사임당은 조선시대 대표적인 예술가이다. 그런 어머니를 이이는 극진히 사랑했다.

이이는 어렸을 때부터 총명하여 여러 가지 일화를 남겼다. 세 살 때 외할머니가 석류 열매를 보여주며 "무엇과 같으냐?"라고 묻자 옛 시를 인용하여 "부서진 빨간 구슬을 껍질이 싸고 있다"라고 대

답해 주위 사람들을 감탄케 했다. 세 살에 이미 글을 깨우친 것이다. 또한 네 살 때는 《사략》의 첫 권을 배우면서 스승이 문장 부호를 잘못 붙여놓은 것을 찾아낼 정도로 영특했다. 그리고 열세 살에 진사 초시에 합격했다.

그러나 열여섯 되던 해 어머니의 죽음으로 이이는 큰 충격을 받는다. 맏형과 함께 아버지의 출장길에 동행하는 바람에 어머니의 임종을 지키지 못한 죄송함까지 겹쳐 마음의 상처는 더욱 컸다. 삶과 죽음의 문제에 대해 고민하던 이이는 3년상을 치른 뒤 불교에서 진리를 찾기 위해 금강산으로 들어갔다. 한번 불교에 귀의하면 관직으로 나갈 길이 영영 막혀버리던 시대였다. 1년 만에 모든 것을 정리하고 하산하여 다시금 성리학에 몰두하기는 했지만, 한때 불교에 심취했던 경력은 오랫동안 그를 비난하는 사람들에게 좋은 공격거리로 이용되었다.

금강산에서 내려온 이이는 강릉 외가에 머물며 다시 학문에 정진하여 1556년(명종 11) 스물한 살의 나이로 한성 별시에 장원급제하고, 이듬해 성주 목사 노경린의 딸과 혼인했다.

이해에 이이는 이황과 처음이자 마지막인 단 한번의 만남을 갖는다. 아마도 장인이 있는 성주에 가면서 안동에 머무르던 대학자를 찾아갔던 듯한데, 이 자리에서 이이는 이황을 스승으로 모실 것을 다짐했고 이황은 이이의 재주를 높이 평가했다. 이 만남 이후 두 사람은 다시 대면하지는 못했지만, 여러 차례 서신을 주고받으며 학문에 대한 의견을 나누었다. 훗날 이황이 세상을 떠났다는 소식에 이이는 스승에 대한 예를 갖추며 슬퍼했다고 한다.

이이는 그해 겨울 한성 별시에 장원 급제 하는 등 이후 전부 아홉 번의 과거에서 아홉 번 다 장원으로 합격해 '구도장원공(九度壯元公)'이라 불리며 칭송을 받았다. 특히 한성 별시에서는 시제에 대한 답안으로 〈천도책天道策〉이라는 글을 썼는데, '천인합일설(天人合一說)'을 주장한 이 시험답안은 당시 시험관들의 감탄을 자아냈을 뿐 아니라 이후 명나라에까지 널리 알려졌다.

그러나 과거에 최종 합격해 중앙 관직에 오르기 시작한 것은 비교적 늦은 나이인 스물아홉에 이르러서였다. 금강산 입산을 전후하여 방황하던 시간과 부모의 죽음으로 각각 3년상을 치르며 보냈던 6년간의 공백 때문이다.

호조(戶曹) 좌랑(佐郞)을 시작으로 그는 사간원 정언, 사헌부 지평, 홍문관 부교리 등 삼사의 언관직을 두루 거치며 명종 대를 보냈다. 1567년 명종이 후사 없이 죽자 중종의 후궁 창빈 안씨의 손자인 하성군이 왕위를 이었다. 당시 열다섯 살의 소년이었던 하성군은 사가에서 자라며 성리학자인 스승에게서 학문을 배웠다. 선조는 왕위에 오르자 조광조를 신원(伸寃)하여 영의정을 추증하는 등 사림의 손을 들어주었다.

▶河城君, 선조

이이는 사간원 대사간, 사헌부 대사헌, 호조판서, 이조판서, 의정부 우찬성 등을 거치며 임금을 보좌하는 한편 충직한 간언을 마다하지 않았다. 〈동호문답〉이라는 글을 지어 자신의 시대가 경장기

오죽헌 맨 오른쪽 방이 신사임당이 검은 용이 날아드는 태몽을 꾸고 이이를 낳았다는 몽룡실이다.

(更張期)이므로 대개혁의 경장이 필요하다고 주장했고, 〈만언봉사〉에서는 시대 상황에 적합한 제도와 법을 만들어 백성의 삶을 돌봐야 한다고 역설했다.

이처럼 이이는 학문에만 전념한 것이 아니라 아는 것을 실천하려 했던 정치가였다. 사림이 동서 분당으로 나뉘어가던 무렵 이이는 온힘을 기울여 당쟁의 화근을 막으려 했고, 잡다한 일체의 공물을 폐기하고 전답의 면적에 따라 쌀을 징수하는 수결수미법(隨結收米法)을 전국에 시행할 것을 제안하는 등 민생 문제에 남다른 관심을 기울였다.

이이 사상의 특징은 '이기지묘(理氣之妙)' 라는 말에서 찾을 수 있다. 세계를 '이' 와 '기' 의 구성으로 파악한 것은 다른 이기론자들과 같다. 그러나 이이는 '이' 나 '기' 어느 하나만으로는 어떤 존재도 있을 수 없다고 했다. 이기는 본래 떨어질 수 없는 하나이지만, 그렇다고 '이' 가 '기' 이고 '기' 가 '이' 인 것은 아니다. 이같이 둘이면서 하나로 존재하고 하나로 있으되 둘인 이기의 관계를 이기지묘라 했다. 그러면서 이를 바탕으로 기발이승(氣發理乘)과 이통기국(理通氣局)을 주장했다. 기발이승이란, 운동하는 것은 '기'요 스스로는 운동하지 않으면서 '기'에 타서 '기'의 운동원인이 되는 것이 '이'라는 의미이고, 이통기국은 '이'는 형상이 없으므로 언제 어디서나 두루 통하지만, '기'는 형상이 있으므로 시간과 공간의 제약을 받는다는 뜻이다.

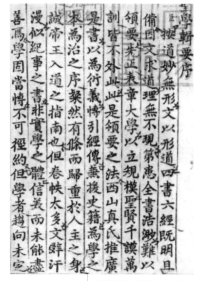

《성학집요》. 이이가 선조에게 제왕학을 설명하기 위해 쓴 책

이황이 주자의 성리학을 완벽하게 이해했다면, 이이는 이황이 이룩한 학문적 토대 위에서 성리학을 조선에 토착화했다고 할 수 있다. 이후 이황의 제자들은 동인으로, 이이의 제자들은 서인으로 나뉘어 정쟁을 벌이게 되지만, 이황과 이이는 서로를 존경하고 아꼈으며, 학문적으로 보완하는 관계였다.

이이는 이황 이외에도 성혼·정철·박순·송익필 등과 친교를 맺었고, 김장생·조헌·정엽 등의 제자를 배출했다. 이이를 계승한 김장생의 학통은 아들 김집을 거쳐 송시열에게 이어졌다. 이후 조선 후기를 주도하는 세력인 서인들은 자신들의 뿌리를 이이에게서 찾았다.

격무와 지병으로 시달리던 이이는 한창 일할 나이인 마흔아홉 살이 되던 해 병석에 눕더니 끝내 병을 떨치지 못하고 그해 한성 대사동에서 눈을 감았다. 이이가 죽기 하루 전날 검은 용이 방에서 하늘로 날아가는 꿈을 부인 노씨가 꾸었다고 한다.

|평가|

1624년(인조 2) 문성이라는 시호가 내려졌고, 1681년(숙종 7) 문묘에 종사되었다. 이후 제사가 철폐(撤廢)되었다가 5년 만에 복향(復享)되는 등 우여곡절을 겪기도 했으나, 그가 배출한 많은 제자들은 조선 후기의 주도 세력이 되었다.

이황과 함께 16세기를 대표하는 지성이었던 이이는, 이황이 관료로서보다 학자로서 더 많은 성취를 이룬 것과는 대조적으로, 학자로서뿐 아니라 탁월한 업적을 남기는 관료로서도 많은 업적을 남겼다.

그의 위패는 문묘와 선조의 묘정에 배향되었고, 파주의 자운서원, 강릉의 송담서원, 풍덕의 귀암서원, 서흥의 화곡서원 등 전국 20여 개의 서원에 모셔졌다.

이이의 〈졸기〉에는 그에 대해 이렇게 기록했다.

> "성품이 매우 탁월하고 수양이 매우 깊어서 명랑하고 화기에 찼으며 평탄하면서도 영단이 있었다. ……어리석은 사람이나 지혜로운 사람이나 그를 존경하지 않는 사람이 없었다. …… 그가 죽은 후에 그의 예언이 모두 들어맞았고, 그가 건의한 정책은 후에 모두 채택되었다."

1536	외가인 강릉 북평촌 오죽헌 몽룡실에서 태어났다.
1548	(13세) 진사 초시에 급제했다.
1554	(19세) 금강산에 들어갔다.
1555	(20세) 금강산에서 나와 성리학에 몰두했다.
1564	(29세) 명경과에 장원 급제한 뒤 호조좌랑에 임명되어 벼슬길에 올랐다.
1576	(41세) 이 무렵부터 45세까지 해주 석담에 은거하며 집필과 후진 양성에 힘썼다.
1581	(46세) 다시 출사해 사헌부 대사헌, 호조판서, 홍문관 예문관 대제학 등을 역임했다.
1584	(49세) 서울 대사동 집에서 세상을 떠났다.

저서

역사, 철학, 정치 등 여러 방면으로 방대한 저술을 남겼다. 그중 대표적인 것을 살펴보면 철학 방면으로 《성학집요》, 정치 방면으로 《동호문답》, 교육 방면으로 《격몽요결》, 역사 방면으로 《경연일기》 등이 있다.

이이에 대해 더 알고 싶을 때 보세요

《이율곡, 그 삶의 모습》, 황준연 지음, 서울대학교출판부, 2000.
《우리가 정말 알아야 할 우리 선비》, 정옥자 지음, 현암사, 2002.
《인물로 보는 조선사》, 김형광 지음, 시아출판사, 2002.
《63인의 역사학자가 쓴 한국사인물열전》, 한영우선생정년기념논총 간행위원회 엮음, 돌베개, 2003.
www.yulgok.co.kr 율곡사랑

이순신

李舜臣

| 교과서에서 이순신이 나오는 부분 : 중학교 147쪽(3/3/1) · 고등학교 111–112쪽(3/3/6)

| 생몰년도 : 1545년(인종 1)–1598년(선조 31)
| 자 : 여해(汝諧)
| 시호 : 충무(忠武)
| 활동 분야 : 군사
| 다른 이름 : 충무공

| 생애와 업적 |

1592년(선조 25) 4월 14일 고니시 유키나가가 이끄는 선발대 1만 7,000여 명이 부산에 상륙하면서 시작된 임진왜란에 아무런 대비가 없었던 조선은 속수무책이었다. 왜군은 파죽지세로 북상하여 20여 일 만에 한양을 점령하고 평양을 거쳐 함경도로 올라왔다. 왕이 랴오둥으로 피신할 생각을 할 만큼 전황은 어두웠다. 그러나 육지에서의 이 같은 참패와 달리 바다에서는 조선의 수군이 연전연승하고 있었다. 임진왜란이 일어나기 1년 전 전라좌수사로 특진된 이순신의 활약 덕분이었다.

사실 임진왜란 이전까지 이순신은 역사에 기록될 만한 활약을 보이지 않았다. 1545년(인종 1)에 태어난 그는 1576년 서른두 살이라는 늦은 나이에 비로소 식년시 무과에 급제해 관직 생활을 시작했지만, 결벽에 가까운 강직성, 타협 없는 원칙적인 자세 때문에 승진도 늦고 주위의 모함과 견제도 많이 받았다.

한번은 당시 이조판서로 있던 이이가 만나자는 연락을 해왔지만, "이 판서께서는 나와 동성동본의 웃어른이므로 내가 먼저 찾아뵈어야 도리이지만, 그분께서 최고 인사권자로 있는 지금, 굳이 만나는 것은 서로 누가 될 뿐이다"며 만나지 않았다는 일화도 전한다.

함경도 조산보 만호로 근무하던 시절에는 여진족의 침입에 대한 책임을 덮어써 삭탈관직당하고 백의종군하라는 명령을 받기도 하는 등 모함과 시련을 받으며 10여 년의 고단한 관직 생활을 했다.

그러나 성실하고 반듯한 자세가 차츰 인정을 받았고, 또 죽마고 우였던 유성룡의 강력한 추천으로 복직되어 정읍 현감으로 부임했다가 일약 전라좌수사로 천거되었다. 이렇게 운명처럼 임진왜란 1년 전에 전라좌도 수군절도사가 된 이순신은 부임한 뒤 군대의 기강을 세우고 군비를 강화해 1년 뒤에는 40척의 크고 작은 전선을 보유한 강력한 수군을 양성했다.

부산 앞바다에 왜군이 들이닥치자 이순신은 경상우수군과 연합해 옥포·합포 등지에서 40여 척의 적선을 대파했고, 이후 군비를 재정비하여 사천·당포·당항포·율포 등의 해전에서 적선 70여 척을 격파했으며, 전라좌·우수군, 경상우수군이 연합전선을 구축한 뒤에는 7월 8일 한산도대첩, 9월 1일 부산포대첩을 거두는 등 일본 수군을 거의 전멸 상태에 빠뜨렸다.

이러한 이순신의 승리에 물론 거북선이 기여한 바 크지만, 당시 조선 수군의 배가 모두 거북선이었던 것도 아니고 또 거북선을 처음 만든 것이 이순신이라는 우리의 상식도 잘못된 것이다. 입에서 불을 뿜는 철갑의 거북선에 이순신 장군이 타고서 적을 무찌르는 장면은 후대 사람들의 상상력일 뿐이다. 우선 거북선은 철갑이 아닌 판자로 덮인 돌격선으로 입에서는 유황의 불이 아니라 포를 쏘았다. 또한 본진이 아니라 맨 앞에 나서야 하는 돌격선이다 보니 대

충렬사. 정읍에 있는 충무공 이순신 사당이다. 전라좌수사가 되기 전, 정읍현감으로 있을 때의 덕을 기리고, 영령을 추모하기 위해 세워졌다.

장인 이순신이 탈 일은 별로 없었을 것이고, 임진왜란 당시 세 척에서 많아야 다섯 척 정도 있었을 것이라 추정된다. 또한 거북선을 새로 정비하고 개발한 공은 분명 이순신과 부하들에게 있지만, 거북선이라는 배가 있었다는 사실은 《태종실록》에 이미 나온다.

어쨌든 임진왜란 당시의 거북선은 위를 판자로 덮고 그곳에 사람이 통행할 수 있는 십자형 길을 제외하고는 칼과 송곳을 꽂아 적들이 발붙일 수 없도록 했으며, 앞의 용머리와 뒤의 꼬리에 총구멍을 내고 좌우에도 각각 6개의 총구멍을 낸 모양으로, 적을 만나 싸울 때는 맨 앞에서 적선을 들이받는 충돌 작전에 사용됐다. 좌우전후에서 총을 쏘고 또한 적이 배에 오를 수 없도록 만들어놓았으니 크고 작은 해전에서 이것으로 항상 승리했다는 기록이 전한다.

이순신이 지휘하는 수군이 승전을 거듭하며 해상을 장악하자, 수륙 양면에서 협공하여 조선을 점령하려던 일본의 전략은 무력화되었다. 또 이 무렵에는 조선군이 육전에 있어서도 수세에서 공세로 전세를 전환시키고 있었고, 이여송이 이끄는 명나라 원군까지 도착하자 진퇴양난에 빠진 왜군은 강화협상을 제의해왔다. 조선의 완강한 반대에도 명군은 일본과의 강화협상을 시작 했다. 그러나 양측의 조건이 너무 달라 시간만 끌던 회담은 끝내 성사되지 못했다.

임진왜란의 영웅이었던 이순신의 영정. 최근에는 지나친 신격화에 대한 비판도 나오고 있다.

명과 일본의 강화협상이 결렬되고 다시 일본의 수 군이 쳐들어오는 긴박한 순간에 삼도수군통제사(三道水軍統制使)였던 이순신은 감옥에 갇히고 만다. 도 대체 그때 조정에서는 어떤 일이 벌어졌던 것일까.

사건의 발단은 적장 고니시가 보낸 밀서였다. 고니 시는 가토 기요마사가 이끄는 부대가 곧 바다를 건너 올 것이라며 이를 막으라고 알려주었다. 주전론자인 가토가 조선 땅에 상륙하기 전에 이순신의 수군으로 무찌른다면 또 다른 전쟁은 막을 수 있을지도 몰랐 다. 혹시 정보가 가짜가 아닐까 조정은 긴장했지만 선조는 이 정보 를 믿고 이순신에게 가토를 막으라는 명령을 내렸다. 그러나 고니시 의 정보가 "간사한 속임수"라고 의심한 이순신은 선조의 명을 따르 지 않았다. 그리고 가토는 조선에 무사히 상륙했다. 이것이 이른바 정유재란이다. 결국 왕의 명령을 거역한 이순신은 감옥에 갇히고 원 균이 후임으로 임명되었다. 그러나 원균은 부산포의 적 본영을 공격 하러 출진했다가 칠천량해전에서 적에게 대패하고, 당황한 선조는 백의종군하고 있던 이순신을 삼도수군통제사로 재임명했다.

이순신이 돌아와 보니 그동안 피땀으로 육성해온 군사와 배는 간 곳이 없었다. 원균의 패전으로 수군은 거의 전멸했고 열두 척의 배만 남아 있을 뿐이었다. 조정에서도 실상을 파악한 뒤 수군이 너 무나 미약하니 육군으로 종군하라는 명령을 할 정도였다. 이에 이 순신은 죽을 각오로 싸우겠다는 의지를 불태우며, "아직도 신에게 는 열두 척의 배가 있습니다. 죽을힘을 다해 막아 싸우면 아직도 할 수 있습니다. 배야 비록 적지만 신이 죽지 않고 살아 있는 한,

적은 감히 우리를 업신여기지 못할 것입니다"라는 비장한 장계를
올린다.

먼저 이순신은 한 달이 넘는 기간 동안 전라도 내륙 지방을 순회
하며 병사를 모으고 무기와 군량을 확보했다. 그해 9월 왜군 수백
척이 또다시 공격할 것이라는 정보를 접한 이순신은 열두 척의 배
와 수리중이던 한 척을 합쳐 열세 척의 배를 이끌고 출전했다. 적
은 병력으로 많은 적을 상대하기 위해 선택한 장소는 명량해협이
었다. '울돌목'이라고도 불리는 이 지역은 조류가 빠른데다 지형이
좁아 130여 척이 넘는 적선은 행동이 부자유스러울 수밖에 없었다.

드디어 130여 척의 대함대가 모습을 드러냈다. 전멸하다시피 대
패한 뒤라 조선의 장수나 군사들은 겁을 잔뜩 집어먹은 채 도망갈
궁리만 했다. 이순신은 겹겹이 포위한 적선 사이를 뚫고 손수 활을
쏘고 기를 흔들며 이들을 독려했다. 악전고투 끝에 마침내 대장선
을 비롯한 왜선 31척을 격파하고 나머지는 먼 바다로 격퇴시킬 수
있었다. 열세 척의 배가 130여 척의 배를 물리친, 세계 해전사상 유
례없는 승리이다. 이 승리로 정유재란은 또 다른 전기를 맞는다.
수륙 양공이라는 왜군의 전략이 또다시 좌절된 것이다.

명량대첩 이후 목포 근처 고하도로 옮겼다가 이듬해인 1597년
고금도로 진을 옮길 무렵에는 군사도 8,000여 명으로 늘어났고 전
선도 여러 척 마련해 군세를 거의 회복해가고 있었다. 그 무렵 명
나라에서 구원군으로 온 수군제독 진린이 욕심도 많고 포악하여
골칫거리였으나 이순신은 그를 감복시켜 명나라 수군의 지휘권도
장악했다.

그러다 그해 8월 도요토미 히데요시가 죽자 왜군은 철병하기 시
작했다. 왜군에게 뇌물을 받은 진린은 퇴각하는 왜군의 길을 터주
자 했으나 단 한 놈의 왜적도 살려서 보내지 않겠다는 것이 이순신
의 굳은 결의였다. 결국 진린이 몰래 터준 틈을 타 적선 한 척이 빠

져나갔다. 이 구원 요청으로 왜선 300여 척이 노량 앞바다에 몰려들었다. 이순신이 봉쇄하고 있는 고니시 유키나가를 구출하러 온 것이다.

11월 19일 노량 앞바다에서 최후의 대결전이 벌어졌다. 이날 조선 수군은 불붙은 나무나 화기를 상대 전함에 던져 불을 지르는 전투 방법을 썼고, 왜의 대선단은 차츰 균열되어갔다. 도망치는 적선의 뒤를 이순신이 맹렬히 추격하며 군사들을 독려했다.

이때 이순신의 왼쪽 겨드랑이로 적의 탄환이 날아들었다. 심장 근처의 치명상이었다. 이순신은 급히 방패로 자기 앞

지형적 특성을 이용해 13척의 배로 130여 척의 대함대를 물리친 명량대첩.

을 가리게 했다. 적이 행여 자신의 상태를 볼까 걱정해서였다. 선실 안으로 들어간 이순신은 "지금 싸움이 한창 급하니 내가 죽었단 말을 하지 마라"는 말을 남기고 숨을 거두었다. 당시 그의 나이 쉰넷, 그토록 간절히 원했던 왜군을 섬멸하는 마지막 전투에서 눈을 감고 만 것이다.

이 전투에서 조선과 명의 연합군은 왜선 200여 척을 격침해, 전쟁이 벌어진 이후 최대의 승리를 거두었다. 그리고 이 싸움을 끝으로 7년간의 기나긴 전쟁이 막을 내렸다.

|평가|

《선조실록》은 이순신의 죽음에 대해 이렇게 전한다. "부음이 전파되자 호남 일도의 사람들이 모두 통곡하여 노파와 아이들까지도

슬피 울지 않는 자가 없었다. 국가를 위하는 충성과 몸을 잊고 전사한 의리는 비록 옛날의 어진 장수라 하더라도 이보다 더할 수 없다." 조정에서는 예관을 보내 제사하고 우의정을 증직했다가 6년 뒤 좌의정을 추증하면서 덕풍부원군(德豊府院君)에 봉했고, 같은 해 선무 1등 공신에 책정했다. 이후 인조 21년 충무공의 시호를 내렸고, 정조 17년 영의정으로 추증했다.

이처럼 이순신은 당시에도 최고의 찬사를 받았을 뿐 아니라 오늘날까지도 민족의 영웅으로 칭송받고 있다. 이순신의 묘에는 보물로 지정된 김육이 지은 신도비와 함께 21대 왕 정조가 직접 비문을 지은 신도비가 있다. 우리 역사상 왕이 신하의 묘에 비문을 지은 것은 오직 여기 한군데뿐이다.

▶神道碑, 죽은 이의 행적을 기리기 위해 무덤 앞 또는 무덤으로 가는 길목에 세운 비석

또한 숙종은 현충사 제문에 "절개에 죽는단 말은 예부터 있지만 제 몸 죽고 나라 살린 것, 이분에게서 처음 보네"라는 글을 남기며 이순신을 추모했다.

이순신에 대한 평가는 이웃 나라들에서도 크게 다르지 않았다. 명나라의 진린은 선조에게 이순신을 평하며 "천지를 주무르는 재주요, 하늘과 해를 다시 손본 공이로다"며 극찬했고, 일본 최고의 명장이요 군신이라고까지 일컬어지는 해군제독 도고 헤이하치로가 러일전쟁에서의 승전을 축하하는 피로연 석상에서 자기를 영국의 넬슨과 이순신에 비겨서 칭송하는 축사를 듣고 "나를 넬슨에게 비기는 것은 가능하지만 이순신에게 비기는 것은 감당할 수 없는 일이다"라고 했다는 일화가 전한다.

박정희 대통령 이후 국난에서 나라와 민족을 구한 상징이자 우리 사회에서 가장 존경받는 인물로 더욱 더 확고히 자리 잡았지만, 최근에는 이순신의 인간적인 고뇌와 전공다툼에서 자유롭지 못했던 인간적인 결점에 대해 논의하며 지나친 신격화를 비판하는 목소리가 나오고 있는 것 또한 사실이다.

연표

1545	3월 8일 서울의 건천동에서 태어났다.
1576	(32세) 무과에 합격했다.
1591	(47세) 전라좌수사로 임명되었다.
1592	(48세) 옥포승첩 · 당포승첩 · 한산대첩 · 부산승첩을 거두었다.
1593	(49세) 전라좌도 수군절도사 겸 삼도수군통제사에 임명되었다.
1597	(53세) 모함을 받아 백의종군했다가 삼도수군통제사에 재임명된 뒤 명량대첩을 거두었다.
1598	(54세) 노량대첩에서 승리를 거두고 순국했다.

저서

임진왜란 7년 동안에 쓴 일기인 《난중일기》를 남겼다.

이순신에 대해 더 알고 싶을 때 보세요

《인물로 보는 조선사》, 김형광 지음, 시아출판사, 2002.

《전환기를 이끈 17인의 명암》, 이희근 지음, 휴머니스트, 2002.

《칼의 노래》, 김훈 지음, 생각의나무, 2003.

《내게는 아직도 배가 열두 척이나 있습니다》, 김종대 지음, 북포스, 2004.

《민족사를 바꾼 무인들》, 황원갑 지음, 인디북, 2004.

《불멸의 이순신》, 김탁환 지음, 황금가지, 2004.

《이순신의 두 얼굴》, 김태훈 지음, 창해, 2004.

www.e-sunshin.com 성웅 이순신

허준

許浚

| **교과서에서 허준이 나오는 부분** : 중학교 152쪽(5/3/2) · 고등학교 319쪽(6/4/3)

| **생몰년도** : 1539년(중종 34)–1615년(광해군 7)
| **자** : 청원(清源)
| **호** : 구암(龜巖)
| **활동 분야** : 의학

|생애와 업적|

임진왜란으로 큰 혼란을 겪던 조정이 강화회담의 진행으로 잠시나마 한숨을 돌리고 있던 1596년(선조 29) 선조는 허준을 불러 명했다.

▶方書, 방법과 기술을 모은 책

"요즘 중국의 방서를 보니 모두 자잘한 것을 가려 모은 것으로 참고하기에 부족함이 있다. 너는 마땅히 온갖 처방을 덜고 모아 하나의 책으로 만들라."

그러면서 새로 지을 책의 성격을 분명히 제시했다. 첫째, 사람의 질병이 조섭을 잘 못해 생기므로 수양을 우선으로 하고 약물치료를 다음으로 할 것, 둘째, 처방이 너무 많고 번잡하므로 요점을 추

▶調攝, 몸을 보살피고 병을 다스리는 것

리는 데 힘쓸 것, 셋째, 국산 약 이름을 적어 백성들이 쉽게 알 수 있도록 할 것 등이었다.

왕명을 받은 허준은 정작 · 양예수 · 김응탁 · 이명원 · 정예남 등 당대의 인재들과 함께 편찬 작업에 들어갔다. 그러나 이듬해 정유

재란이 일어나면서 작업은 중단되었다가 1601년 무렵 다시 재개되었다. 이때부터는 허준이 단독으로 작업했는데, 14년이라는 오랜 시간 동안 공들여 쓴 책이 《동의보감》이다.

《동의보감》을 쓰는 동안 허준의 인생은 절정과 몰락을 경험한다. 사실 허준에 대한 역사의 기록은 그의 일생을 추적하기에 턱없이 부족하다. 우리가 허준에 대해 알고 있는 거의 대부분은 소설과 드라마의 상상력이 빚어낸 허구이다.

허준은 제법 권세 있는 양반 가문의 서자로 태어났다. 아버지 허론은 무관으로 용천부사를 지냈고, 어머니 김씨는 허론의 첩이었지만, 양반 가문의 서녀였을 뿐 천민은 아니었다. 공부하는 데 크게 어려움 없는 환경에서 자라난 그는 "총민하고 어릴 때부터 학문을 좋아했으며 경전과 역사에 두루 밝았다"고 한다.

▶ 庶女, 첩의 몸에서 난 딸

허준이 무슨 이유로 의학을 택했고, 누구 밑에서 어떻게 공부했는지에 대한 자료는 남아 있지 않다. 단지 선조 때 유학자인 **유희춘**의 문집에 본인과 일가의 병 치료에 허준이 참여했다는 기록이 있는 것으로 보아 그때까지 관직에 나아가지는 않았지만 허준의 의술이 제법 높은 평가를 받았음을 짐작할 수 있을 뿐이다.

그리고 유희춘의 천거로 허준은 내의원 관직을 얻는다. 처음 받은 관직은 종4품 내의원 첨정(僉正)이었다. 아마도 서른한 살에서 서른세 살 정도의 나이였던 것 같다. 의과도 통과하지 않았고 더구나 서자 출신이었음을 감안할 때 대단히 파격적인 인사이다. 의원으로서 크게 인정을 받았기에 가능했을 것이다.

▶ 內醫院, 조선시대 궁중의 의약을 담당하던 관청

▶ 醫科, 조선시대 과거제도 중 의관을 뽑기 위한 과목. 잡과에 속함

하지만 내의원 생활 초반에는 그다지 주목을 받지 못했던 듯하다. 1575년 어의를 보조하여 왕의 맥을 진찰했고, 1581년 선조의 명으로 《찬도방론맥결집성》이라는 진맥학 책의 오류를 바로잡아 책으로 편찬하는 작업을 했으며, 1587년 다른 여러 어의와 함께 왕의 진료에 참가하여 병의 쾌유에 대한 상으로 사슴가죽을 받았다는 기

▶ 御醫, 궁중에서 임금과 왕족의 진료를 맡아보던 의사

록 등 몇 년에 한 번씩 단편적인 기록을 찾아볼 수 있을 뿐이다. 왕명으로 진맥학 책을 전술했다는 기록에서 의학자로서 인정받았음을 짐작할 수 있다.

그러던 중 1590년 광해군의 두창을 고치면서 비로소 남다른 의술을 인정받는다. 당시 왕자의 신분이었던 광해군은 다시 살아날 가망이 없어 보일 정도로 병이 깊었다. 다른 의원들이 감히 나서지 못하고 있을 때 허준이 과감히 나서 병을 고치자 선조는 정3품 당상관인 통정대부(通政大夫)의 벼슬을 내리며 그 공을 치하했다. 서얼 출신의 기술관이었던 허준에게 당시의 신분구조상 허용되었던 벼슬은 정3품 당하관이 최대였다. 그런데 그 한계를 뛰어넘은 것이다. 그러나 이는 시작에 불과했다.

▶痘瘡, 천연두

임진왜란 중 다시 한번 광해군의 병을 고치면서 동반(東班)에 올라, 신분의 한계를 완전히 벗어던졌다. 동반이란 양반 중 하나인 문관을 뜻하는 것으로, 동반에 올랐다는 것은 곧 완전한 양반이 되었음을 의미했다.

또 임진왜란이 끝나자 선조는 자신을 끝까지 따른 문무관이 열일곱 명에 지나지 않을 정도로 힘겨웠던 피난길을 끝까지 함께한 공을 인정해 허준을 공신에 책봉하고 종1품 숭록대부(崇祿大夫) 벼슬을 내렸다. 품계로만 따지면 좌찬성·우찬성과 같은 지위에 오른 것이다.

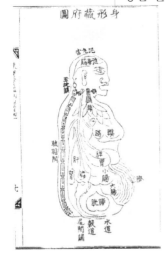

《동의보감》에 나오는 인체 내부를 그린 신형장부도.

여기에 그치지 않고 선조는 허준에게 정1품 보국숭록대부(輔國崇祿大夫)를 내리려 했다. 1606년 오랫동안 차도가 없던 병세가 호전되자 관직의 최고 단계인 정1품 벼슬을 내리려 한 것이다. 그러나 신분 질서를 그르치는 잘못된 조치라고 맹렬히 반대하는 사간원과 사헌부의 반대에 성사되지는 않았다.

조선 왕조가 개국된 이후 의관으로서는 최고의 벼슬에

올랐지만, 영광은 그리 길지 않았다. 1608년 선조가 세상을 떠나자, "망령되이 약을 써서 선조를 죽게 했다"는 죄로 유배 길에 올라야 했다. 허준의 의술로 목숨을 구한 적이 있던 광해군은 "허준의 의술이 부족하여" 선조를 살리지 못했을 뿐 고의가 아니니 처벌할 수 없다며 감쌌지만, 신분을 뛰어넘은 그의 입지에 문관들의 질시와 견제가 만만치 않았던 상황이다 보니 광해군도 어찌할 수 없었다.

귀양살이는 1년 8개월 정도 지속되었다. 그의 인생 가운데 가장 커다란 시련이었던 이 기간을 허준은 자신의 인생에서 가장 중요한 업적이 되는 《동의보감》 편찬에 바친다. "정(精)·기(氣)·신(神)을 중심으로 하는 도가의 양생학적 신체관과, 구체적인 질병의 증상과 치료법을 위주로 한 의학적 전통을 높은 수준에서 하나로 통합했다"는 평을 받는 이 책은 이후 조선 의학의 물줄기를 바꿔놓았으며, 오늘날까지도 한의학도에게 널리 읽히는 명저이다.

1609년 사간원의 극심한 반대에도 광해군은 당시 나이 일흔한 살의 허준을 내의원에 복귀시켜 자신의 병을 돌보게 했다. 한양에 돌아온 그는 마침내 완성한 《동의보감》을 광해군에게 바쳤고 이후 역병에 관해 저술한 《신찬벽온방》, 《벽역신방》을 편찬했다. 그러다 1615년 일흔일곱의 나이로 눈을 감았다. 그의 죽음 뒤 정1품 보국숭록대부 작위가 추증되었다.

▶疫病, 악성 전염병

|평가|

허준의 의술에 대해 선조는 "제서(諸書)에 널리 통달하여 약을 쓰는 데 노련하다"고 평했으며, 정조 대에 나온 《의림촬요》에서는 "의학에 조예가 깊어서 신묘함이 깊은 데까지 이르렀다. 사람을 살린 일이 부지기수다"라고 했다.

또한 조선 의학의 어머니 같은 책이라 할 수 있는 《동의보감》은

18세기에 이르면 《상례비요》·《삼운성휘》·《경국대전》과 함께 지식인이 갖추어야 할 4대 필수 서적으로 선정될 정도로 그 가치를 인정받았다. 《동의보감》 이후에 간행된 조선 의서들 모두가 이 책의 자양분을 근거로 했다고 해도 과언이 아닐 것이다. 《동의보감》은 중국과 일본에서도 간행되었는데, 18세기 후반 실학자 **홍대용**이 베이징에 다녀오면서 베이징 의사들이 《동의보감》을 매우 진귀하게 여긴다는 사실에 흐뭇했다는 기록이 전하기도 한다.

한편, 사상의학(四象醫學)을 창안한 조선 후기의 한의학자 이제마는 역대 동아시아 의학사에서 장중경, 주굉에 이어 세 번째 인물로 허준을 선정하기도 했다.

이런 학술적 평가와 달리 민간에 전해지는 허준의 모습은 맹수에 물린 코끼리를 구해주고, 상처 입은 호랑이를 고쳐주었으며, 만병통치약 비슷한 약을 써서 온갖 병을 다 고쳤다는 등 설화의 옷을 입고 있다.

▶張仲景, 한나라 말기의 의사
▶朱肱, 송나라의 의학자. 《신응침경》 등의 저서를 남겼음

유희춘| 1513년(중종 8)~1577년(선조 10). 조선 중기의 문신. 호는 미암(眉巖)이다. 1538년(중종 33) 별시문과에 병과로 급제했다. 1547년 양재역 벽서 사건에 연루되어 유배되었다가 1567년 선조가 즉위하자, 석방되었다. 대사성·부제학·전라도관찰사·예조참판·공조참판·이조참판 등을 지냈다. 선조는 왕위에 오르기 전에 그에게 배웠으므로 항상 "내가 공부를 하게 된 것은 희춘에게 힘입은 바가 크다"고 했다. 《미암일기》·《속몽구》·《역대요록》 등의 저서를 남겼다.

홍대용| 1731(영조 8)~1783(정조 7). 조선 후기의 실학자. 북학파의 선구자로서 지구의 자전설, 균전제·부병제를 토대로 하는 경제 개혁, 과거제도 폐지와 공거제에 의한 인재 등용, 신분 차별 없이 8세 이상의 모든 아동을 교육시키자는 등 혁신적인 개혁사상을 제창했다.

▶貢擧制, 지방관이 유능한 인물을 추천하는 제도

여기에 그에 대한 소설과 드라마가 등장하면서 허준은 신묘한 의술로 박애를 실천한 '의성(醫聖)'이 되고, 신분을 극복하고 최고의 자리에 오른 신화가 되었다.

연표

1539	아버지 허론(許碖)과 어머니 김씨 사이에서 태어났다.
1569	(31세) 유희춘의 천거로 내의원이 되었다.
1581	(43세) 왕명을 받아 《찬도방론맥결집성》 교정을 완수했다.
1592	(54세) 임진왜란이 일어났다.
1596	(58세) 선조의 명으로 《동의보감》 편찬을 시작했다.
1601	(63세) 《언해태산집요》, 《언해구급방》, 《언해두창집요》를 편찬했다.
1604	(66세) 임진왜란 때 선조를 호종한 공으로 공신에 책봉되고, 종1품 숭록대부가 되었다.
1608	(70세) 선조의 죽음에 대한 책임으로 유배되었다.
1610	(72세) 《동의보감》 25권이 완성되었다.
1615	(77세) 세상을 떠났다. 정1품 보국숭록대부가 추증되었다.

저서

허준이 쓴 책으로는 지금까지 《찬도방론맥결집성》·《언해태산집요》·《언해구급방》·《언해두창집요》·《동의보감》·《신찬벽온방》·《벽역신방》의 7종이 알려져 왔다. 그러나 근래 《언해납약증치방》이라는 저술이 더 있다는 주장이 제기되었다.

허준에 대해 더 알고 싶을 때 보세요

《동의보감연구》, 김호 지음, 일지사, 2000.
《조선사람 허준》, 신동원 지음, 한겨레신문사, 2001.
《인물로 보는 조선사》, 김형광 지음, 시아출판사, 2002.
《63인의 역사학자가 쓴 한국사 인물 열전》, 한영우선생정년기념논총 간행위원회 엮음, 돌베개, 2003.
《인물로 보는 한국사》, 이은직 지음, 일빛, 2003.

허난설헌

許蘭雪軒

| 교과서에서 허난설헌이 나오는 부분 : 고등학교 303쪽(6/3/5)

| 생몰년도 : 1563년(명종 18)-1589년(선조 22)
| 본명 : 초희(楚姬)
| 자 : 경번(景樊)
| 호 : 난설헌(蘭雪軒)
| 활동 분야 : 문학

| 생애와 업적 |

이웃집 친구들과 그네뛰기 시합을 했어요.

띠를 매고 수건을 두르니 마치 선녀가 된 것 같았지요.

바람 차며 오색 그넷줄 하늘로 날아오르자,

노리개 소리 댕그랑 울리고 푸른 버드나무엔 아지랑이 피어났

어요.

허난설헌이 꿈 많은 소녀 시절에 지은 시이다. 세속적인 근심이
하나도 묻어나지 않는 밝고 가벼운 분위기가 느껴진다. 1563년(명종
18) 강릉 초당리에서 허엽의 딸로 태어난 그의 유년 시절도 그랬다.

허난설헌은 청렴결백한 대학자인데다 대사헌까지 오른 아버지,
여성에게 글을 가르치지 않던 시대에 여동생에게 학문의 길을 열

어준 둘째 오빠 허봉의 배려와 사랑, 학문과 예술을 숭상하며 개방적이고 자유로웠던 가풍 속에서 마음껏 글을 읽고 시를 지었다.

아버지가 서경덕 밑에서 수학하여 집안에 도교 관련 서적들이 많았다. 어려서부터 이런 책들을 통해 신선 세계에 대한 상상력을 길렀던 허난설헌은 일곱 살 때 신선 세계의 광한전에서 백옥루를 짓고 있는 모습을 상상하고 〈광한전백옥루상량문〉을 지어 신동이라는 소리를 듣기도 했다.

여동생의 재능을 아꼈던 허봉은 허난설헌이 막내동생 **허균**과 함께 이달에게 학문과 시를 배우도록 주선해주었다. 이달은 서얼이었지만 학문적 재주가 출중해 시의 천재라고 불렸는데, 특히 낭만적인 당나라 시의 영향을 많이 받았고, 이러한 그의 경향은 허난설헌에게까지 이어졌다.

자유롭고 행복했던 허난설헌의 소녀 시절은 결혼으로 그 막이 내린다. 정확한 연도는 전하지 않으나 대략 열여섯 살 무렵 허난설헌은 안동 김씨 집안의 김성립과 혼인했다. 명문가의 집안으로 시집을 갔지만, 한 살 위였던 남편은 허난설헌을 담기에 그릇이 작았다. 허난설헌의 문장과 학식에 열등감을 가졌던 남편과의 사이는 결혼 초기부터 원만치 않았다. 남편은 글공부를 이유로 집을 떠나 있는 날이 많았지만, 거듭 과거에 낙방했고, 나중에는 기방에 드나들기까지 했다.

진보적이었던 친정과 달리 엄격한 사대부 집안이었던 시집의 분위기도 허난설헌의 숨통을 죄었다. 먹과 붓을 가까이하며 자랐던 그에게 집안 살림은 익숙지 않았고, 집안 살림에 서툴고 남편과 사이가 안 좋은 며느리가 시어머니에게 고울 리 없었다. 여기에 자식을 잃는 슬픔까지 겹쳤다. 아이 둘을 모두 어려서 잃고 그는 통곡하며 시를 썼다.

윤두서의 아들 윤덕희가 그린
〈독서하는 여인〉. 남편, 시집과
의 불화, 아이를 잃는 슬픔 등
을 겪으면서 허난설헌이 마음
붙일 곳은 시와 독서뿐이었다.

지난해에는 사랑하는 딸을 잃고,

올해는 사랑하는 아들을 잃었구나.

슬프고 슬픈 광릉 땅에,

두 무덤이 마주 보고 서 있는데

쓸쓸한 바람 백양나무에 불어오고,

도깨비불 반짝이는 숲속에서

지전 날리며 너의 혼을 부르노라.

술잔 따라 네 무덤 앞에 바치노라.

가엾은 너희 형제 넋은

밤마다 서로 만나 놀고 있으려나.

비록 배에 아이를 가지고 있다지만,

어찌 잘 자라나기를 바라겠는가.

하염없이 슬픈 노래 부르며,

슬픈 피눈물만 속으로 삼키노라.

　　허난설헌이 마음을 붙일 곳은 시와 독서밖에 없었다. 그는 현실
에 대한 절망감을 탈피하기 위해 신선 세계를 동경하는 시를 많이
지었다. 또 야사에 따르면 늘 화관을 쓰고 향로나 향합을 놓는 상
인 향안과 마주 앉아 시를 지었다고 한다. 어렸을 때부터 많이 보
았던 도교 관련 책들의 영향을 받아, 속세를 벗어나 선계에서 노니
는 유선시(游仙詩)를 많이 지었는데, 조선은 물론 중국에서도 유선
시를 지은 여성 작가는 허난설헌밖에 없다. "화관 쓰고 꽃망토에
아홉 폭 무지개치마 차려 입으니/ 한 가락 피리 소리 푸른 구름 사
이에 울린다/ 용 그림자, 말 울음소리, 창해의 달빛/ 상양군(上陽
君) 만나러 십주(十洲)에 간단다." 시 속에서 그녀는 마음껏 자유롭
고 호쾌하다.

　　한편, 가난하고 천대받는 이웃에 대해 관심을 갖고 당시 사회에

강한 비판의 목소리를 내기도 했다. "동쪽 집 세도가 불길처럼 드세고/ 높다란 집에서 풍악 소리 울릴 때/ 북쪽 이웃들은 가난으로 헐벗으며/ 주린 배를 안고 오두막에 있었다오"라는 구절이나 "얼굴 맵시 어찌 남에게 떨어지리요/ 바느질 솜씨 길쌈 솜씨 모두 좋건만/ 가난한 집안에서 자라났다고/ 중매 할미 모두 나를 몰라준다오./ 밤늦도록 쉬지 않고 베를 짜노라니/ 베틀 소리만 삐걱삐걱 차갑게 울리는데/ 베틀에 짜여진 베 한 필/ 결국 누구의 옷이 되는가?"라는 구절은 상당히 진보적인 생각을 보여준다.

친정의 몰락으로 허난설헌은 더욱 마음 둘 곳 없는 신세가 된다. 아버지·어머니의 연이은 죽음, 둘째 오빠 허봉의 귀양, 그리고 귀양 뒤 방랑하던 허봉의 죽음은 그에게 견디기 어려운 현실이었다. 중국에 사신으로 갔을 때 선물로 받은 중국 최고의 시인 두보의 시집을 보물처럼 간직하다 주며 두보의 뒤를 잇는 위대한 작품을 쓰라고 격려해주던 허봉은 허난설헌에게 스승이며 친구였고 글벗이었다.

그런 허봉이 죽은 다음 해 허난설헌도 스물일곱의 짧은 생애를 마감한다. 야사는 그가 자신의 죽음을 예견했다고 전한다. 어느 날 갑자기 목욕 후 옷을 갈아입고서 집안사람들에게 "금년이 바로 세 번째 아홉수(27세)인데, 오늘 연꽃이 서리를 맞아 붉어졌으니 내가 죽을 날이다. 내가 지은 시들은 모두 불태워버리고 나처럼 시를 짓다 불행해지는 여인이 다시는 나타나지 않도록 하라"고 말하고는 홀연히 세상을 떠났다. 근래 허난설헌의 자살설을 제기하는 학자도 있지만, 심증에 불과할 뿐이다.

허난설헌은 뛰어난 재능과 시대를 앞선 눈을 가졌지만 "부인은 정치와 사람들을 관리하는 일에 종사하지 않으며, 사회와 내왕하지 않는 것이 도리이다. 여인의 직책은 단지 가사에 종사하는 것이다《백호통의》"라는 생각이 지배하던 사회의 벽에 부딪혀 젊은 나

강릉시 초당동에 있는 허난설헌과 허균의 생가터. 현재 남아 있는 건물이 허씨 남매가 살았던 곳인지는 분명치 않다. 허균이 역적 죄로 죽어 가산이 적몰되었기 때문이다.

이에 아까운 생을 마쳤다.

|평가|

　허난설헌이 세상을 떠나자 누이의 재주를 아까워한 허균은 친정에 남아 있던 시를 수집하고 자신의 기억 속에 있던 시들을 모아서 1590년 《난설헌집》을 편찬했다. 그러나 이후 임진왜란이 발발하는 등 여러 가지 여건이 안 좋아 출간은 자꾸 늦춰지고 있었다.

　이 무렵 임진왜란 때 명나라 사신으로 온 오명제가 허균의 도움을 받아 《조선시선》을 편집 출판하면서 허난설헌의 시 200편이 중국에 알려졌다. 이후 이 시들은 중국의 여러 문인들에게 주목을 받았고, 중국의 사신 주지번이 허균을 만나자마자 누이의 시를 요청할 만큼 명성을 얻었다. 주지번은 허균에게 난설헌의 시집 필사본을 받아가면서 서문을 써주었으며, "허씨 형제들의 문필은 뛰어났고, 특히 난설헌의 시는 속된 세상 바깥에 있는 듯 그 시구는 모두 구슬처럼 아름답다. 그 형제들은 동국의 귀중한 존재들이다"라고 칭찬했다.

1608년 우리나라 최초의 여성 시집인 《난설헌집》이 드디어 출간되자, 이 책은 중국 사신들이 너도나도 갖고 싶어 하는 유명한 책이 되었다. 그러나 "허난설헌의 시는 마치 하늘에서 흩어져 떨어지는 꽃처럼 많은 사람들에게 회자되었다"고 전하는 중국의 관심과 달리 조선의 평가는 가혹했다.

대부분의 조선 문인들은 중국의 극찬을 외면했을 뿐 아니라 허난설헌의 작품 대부분이 허균의 위작이며 표절이라고 폄하하기도 했다. 《구운몽》으로 유명한 17세기의 소설가 김만중도 《서포만필》에서 허난설헌의 시에 대해 "천부적인 지혜는 매우 특출나다. 해동의 규수 가운데 유일한 사람이다"라고 칭찬하면서도 "다만 안타까운 점은 그 아우 균이 원나라와 명나라 시인들의 좋은 글귀 중에서 흔히 보기 어려운 시들을 뽑아 그녀의 시집 속에 첨가하여 명성을 높이려 한 점이다"라며 비판했다. 허균이 역적의 죄명을 쓰고 죽음을 맞이하면서 집안이 몰락했기에 이에 대해 해명해줄 이 하나 없었다.

Tip

허균 | 1569년(선조 2)~1618년(광해군 10). 조선 중기의 문신. 5세 때 글을 배우기 시작해서 9세 때 시를 지었다. 29세 때 문과에 장원하고 황해도 도사가 되었으나 한양 기생을 끌어들인 일로 6개월 만에 파직되었다. 1604년 수안군수가 되었으나 이번에는 불교를 믿는다는 탄핵을 받고 물러났다. 1606년 명의 사신을 영접하는 종사관으로 뛰어난 문장과 학식을 과시했다. 이때 누이인 난설헌의 시를 보여 중국에서 출판하도록 했다. 불상을 모시고 서얼들과 어울린 일로 공주목사에서 쫓겨난 뒤에는 산천을 유람하며 기생 매창을 만나고 천민 출신의 시인 유희경과 사귀었다. 신분 차별과 붕당이 없는 사회를 꿈꾸던 그는 혁명을 계획했다가 일이 무르익기도 전에 체포되어 능지처참했다. 허균은 우리나라 최초의 한글소설로 알려져 있는 《홍길동전》을 남겼다.

박지원이 《열하일기》에서 "규중부인으로서 시를 읊는 것이 애초부터 바람직한 일은 아니지만, 외국(조선)의 한 여자로서 꽃다운 이름을 중국에까지 알렸으니 참으로 영광스러운 일이라 하겠다"고 쓴 것은 상당히 우호적인 평가라 할 수 있다.

그러나 현재까지도 허난설헌의 시는 여전히 중국에서 널리 읽히고 있으며, 최근에 발행되는 여성 시인들의 시집들 속에서도 당당히 자리를 차지하고 있다.

연표

1563	강릉 초당리에서 허엽의 3남 3녀 가운데 셋째 딸로 태어났다.
1578	(16세) 김성립과 혼인했다.
1580	(18세) 아버지 허엽이 세상을 떠났다.
1588	(26세) 둘째 오빠 허봉이 세상을 떠났다.
1589	(27세) 세상을 떠났다.

저서

유고집인 《난설헌집》에 시 210여 수가 전하고, 국한문가사 〈규원가〉와 〈봉선화가〉가 있다.

허난설헌에 대해 더 알고 싶을 때 보세요

《인물로 보는 조선사》, 김형광 지음, 시아출판사, 2002.
《한국사를 바꾼 여인들》, 황원갑 지음, 책이있는마을, 2002.
《옛사람 72인에게 지혜를 구하다》, 김갑동 지음, 푸른역사, 2003.
《이덕일의 여인열전》, 이덕일 지음, 김영사, 2003.
《허난설헌》, 김성남 지음, 동문선, 2003.
《조선의 여성들, 부자유한 시대에 너무나 비범했던》, 김경미 · 박무영 · 조혜란 지음, 돌베개, 2004.

광해군

光海君

| 교과서에서 광해군이 나오는 부분: 중학교 151–152쪽(5/3/2) · 고등학교 106쪽(3/3/4)/113쪽(3/3/6)

| 생몰년도 : 1575년(선조 8)–1641년(인조 19)
| 활동 분야 : 왕
| 다른 이름 : 혼(琿)

|생애와 업적|

1623년 3월 12일 새벽. 이귀 · 김류 · 이괄 등이 1,000여 명의 군사를 이끌고 창덕궁을 기습했다. 반정군의 함성 소리에 놀란 광해군은 창덕궁 담장을 넘어 피신했지만 다음날 붙잡혀 폐위되었다. 반정 세력들은 덕수궁에 갇혀 있던 인목대비를 모셔온 뒤 옥새를 넘겨받아 인조를 즉위시켰다. 반정 세력들이 내건 명분은 첫째, 모후인 인목대비를 가두고 형제인 영창대군을 살해했다는 것, 둘째 토목공사를 크게 일으켜 백성들을 어려움에 빠지게 했다는 것, 셋째 명에 대한 사대를 소홀히 하고 후금과 밀통함으로써 명을 배신했다는 것이다.

과연 광해군은 왕위에서 쫓겨날 만한 잘못을 했을까.

선조는 아들이 열네 명이나 되었지만 정비인 의인왕후 소생은 없고 모두 후궁에게서 태어난 아들이었다. 자신이 방계(傍系) 혈통이라 마음의 부담이 있었는지 선조는 마흔이 넘을 때까지 세자 책봉을 미루며 적자를 기다렸다. 그러다 임진왜란이 일어나 분조해야 할 상황에 이르자 급히 공빈 김씨의 소생인 광해군을 세자에 책봉했다. 장자인 임해군(臨海君)이 있기는 했지만 성격이 포악하고 임금의 자질이 없다는 이유로 제외되고, 둘째인 광해군이 세자가 되었다.

▶ 分朝. 비상 사태에 대비하여 임시로 조정을 분리하는 일

아버지인 선조가 여차하면 명나라로 귀순하려 하던 때 광해군은 전쟁터를 누비며 자신의 역할을 충실히 수행해 조정과 백성들의 명망을 얻었다. 그러나 명나라는 장자가 있다는 이유로 광해군의 세자 책봉을 번번이 거절했다. 더구나 전쟁이 끝나고 나이 어린 인목왕후가 선조의 계비가 되어 적자인 영창대군을 낳자 광해군의 입지는 더욱 좁아졌다. 신하들은 영창대군을 지지하는 소북파(小北派)와 광해군을 지지하는 대북파(大北派)로 나뉘었다. 1608년 선조는 병이 악화되자 광해군에게 왕위를 물려준다는 교서(敎書)를 내리고 눈을 감았다. 소북파의 유영경이 교서를 받은 뒤 감춰두고 공포하지 않았지만, 이 일은 대북파인 **정인홍**·이이첨 등에 의해 발각되고, 인목대비는 세 살짜리 아들이 왕위를 잇는 것은 현실성이 없다고 판단, 광해군을 즉위시켰다. 1608년 광해군의 나이 서른네 살의 일이다.

《만주실록》에 실려 있는 강홍립의 투항 장면. 이는 광해군의 실리주의 외교 노선에 따른 결과였다.

왕위에 오르기는 했지만, 장자인 임해군과 적자인 영창대군이 살아 있는 한 불안정한 왕권이었다. 여기에 명나라가 왕위 계승에 대한 진상조사단을 파견해 임해군을 만나려 하자 광해군은 임해군에게 사약을 내렸다.

그 뒤 '**칠서의 옥**'을 계기로 인목대비의 아버지인 김제남이 사약을 받았고, 영창대군은 서인으로 강등되었다가 이

이첨의 사주를 받은 자에 의해 살해되었다. 아직 여덟 살밖에 안 된 이복동생을 죽이라는 신하들의 요청을 계속 거부했다고는 하지만 영창대군의 죽음에 대한 책임에서 광해군이 자유로울 수는 없을 것이다.

하지만 왕권을 강화하기 위해 왕권을 위협할 수 있는 대상들(대부분 형제들이다)을 제거하는 것은 태종과 세조의 전례에서 보듯이 비난받을 행위이기는 하지만 폐위까지 거론할 문제는 아니다.

단, 인목대비를 폐위시킨 것은 조금 다른 문제이다. 대북파의 강경한 주장에 따라 어쩔 수 없이 이루어진 일이라 해도, 또 계모이긴 해도, 어머니를 유폐시켰다는 부담은 효를 충과 함께 가장 중요한 덕목으로 여기는 유교 사회에서 큰 흠이 될 수밖에 없었다.

▶ 幽閉, 사람을 일정한 곳에 가두어 두고 밖으로 나오지 못하게 함

다음으로 토목공사를 크게 일으켜 백성들의 삶이 어려워졌다는 부분은 사실 당시 상황에서는 어쩔 수 없는 일이었다. 임진왜란으로 궁궐이 완전히 불타버려 왕이 거처할 곳조차 없었고 전란으로 왕의 권위는 바닥에 떨어져 있었다. 창덕궁·경덕궁·인경궁을 중건하면서 인력을 무리하게 동원하는 일이 생겨 민간의 원성을 사기도 했지만, 왕이 월산대군의 사저였던 곳을 고쳐서 머물면서 정사를 봐야 했을 정도였던 것을 고려하면 불가피했던 부분이 없지 않다.

오히려 광해군은 전란 뒤 민생 안정책을 강력하게 추진했다. 등극하자마자 선혜청(宣惠廳)을 설치하고 경기도에 대동법을 실시함으로써 세금 부담을 덜어주었고, 양전을 실시하여 경작지를 확대하고 국가 재원을 확보했다. 또한 국가의 기반을 재건하기 위해 전란 중 불탄 여러 출판물들을 다시 찍어내고, 사고를 다시 정비했으며,《동의보감》을 반포했다.

▶ 大同法, 공물을 쌀로 통일하여 바치게 한 납세제도
▶ 量田, 농지를 조사하고 측량하여 실제 작황을 점검하는 정책

광해군의 업적 가운데 가장 탁월한 것은 외교정책이다. 조선시대의 왕들 가운데 주변국의 동향과 정세를 파악하기 위해 가장 많은 노력을 기울였던 군주는 아마도 광해군일 것이다. "설사 전쟁

이 일어나도 사자(使者)는 그 사이에 있어야 한다"는 지론을 가진 그는 주변국에 대해 끊임없이 정보를 탐색했다.

이런 정보 수집과 분석을 통해 상대국들의 상태를 파악하고 구체적인 정책을 선택했다. 1618년 명이 후금을 치겠다고 원군을 요청했다. 광해군은 노회한 명이 사나운 후금을 이길 수 없을 것이라 예측했다. 그렇게 예측하면서 군대를 보낼 수는 없었다. 광해군은 모든 수단을 동원해 명의 요구를 피하려 했다.

▶後金, 청나라의 예전 이름

결국 임진왜란 때 베풀었던 은혜를 갚으라는 명의 압력과 비변사 신료들의 의견을 따라 원군을 보내기는 했지만 강홍립을 원정군의 도원수로 보내면서 "상황 판단을 정확히 하고 패하지 않는 싸움이 되도록 최선을 다하라"고 지시했다. 강홍립은 후금의 거센 공격에 맞서지 않고 투항하는 길을 택함으로써, 명의 요구는 들어주면서 후금에게 조선의 입장을 알렸다. 이후 다시 군대를 보내라는 명의 요구가 있었지만, 광해군은 명에 외교 공세를 펼쳐 더 이상의 징병 요구를 차단했다.

광해군의 외교 방향은 "명에게 지켜야 할 기본적인 예의는 지키지만, 국가의 존폐 여부까지 걸어야 할 요구는 거부한다. 후금은 분명 오랑캐이지만 그들을 다독거려 침략을 막고, 그렇게 번 시간 동안 최악의 경우에 대비한 실력을 배양한다"였다. 이러한 외교 방법들은 명·후금·왜에 시달리던 당시의 어려운 국제적 현실 속에서 유연하게 대처한 실리주의적 노선으로 매우 탁월한 것이었다.

재위기간보다 더 긴 유배 생활을 해야했던 광해군의 묘. 폐위된 왕의 무덤이므로 '릉'이라 불리지 않는다. 경기도 남양주시 송릉리에 있다.

따라서 인조반정은 순수한 구국의 의지에서 비롯된 반정이라기보다는 광해군 때 정치에서 밀려났던 서인들이 정권을 잡기 위해 일으킨 반란

이라고 보는 편이 옳다. 이후 정권을 잡은 서인들은 명과 후금 사이의 중립노선 대신 대명사대주의 노선을 걸었고, 그 결과 두 번의 호란을 치러야 했다.

폐위된 광해군은 다행히 죽음은 면해, 부인 유씨, 아들 며느리와 강화도에 위리안치되었다. 그러나 얼마 뒤 아들과 며느리, 부인을 잃고 혼자 남아 태안으로 옮겨졌다가 다시 강화, 그리고 교동에서 제주도로 옮겨지며 질긴 목숨을 이어갔다. 왕위에 앉았던 세월보다 더 긴 시간을 유배지에서 보내다 예순일곱 살의 나이로 숨을 거두었다. 심부름하는 나인의 구박을 받을 정도로 초라해졌지만 마지막까지 초연한 모습을 잃지 않았다고 전한다.

광해군을 몰아낸 인조 정권은 '숭명배금'을 내세우다 정묘호란, 병자호란을 겪고 삼전도의 굴욕까지 당했다.

▶ 圍籬安置, 중죄인을 유배할 때, 유배된 죄인이 바깥출입을 못 하도록, 거주하는 집 주위에 가시 울타리를 치는 것을 말함

▶ 崇明排金, 명나라를 숭상하고 후금을 배척한다는 주의

|평가|

조선시대를 통틀어 왕위에서 쫓겨난 왕은 노산군·연산군·광해군의 세 사람이다. 이 가운데 노산군은 단종으로 복위되었고, 연산군과 광해군은 폭군의 전형으로 조선시대 내내 비난받아왔다.

특히 광해군은 죽은 뒤에도 의도적인 격하가 계속되었다. 인조반정 뒤 광해군을 지지했던 북인들이 거의 전멸해버려 '승리자'인 서인들의 손에 의해 기록되고 평가된 광해군에 대한 모든 평가는 가혹할 만큼 신랄하다. "어머니를 쫓아내고 동생을 살해한 패륜아", "명이 베푼 커다란 은혜를 배신한 배신자"로 매도되었다. 그뿐만 아니라 조선 후기 내내 '어리석고 용렬한 군주'라는 뜻을 지닌 혼군(昏君)으로 불렸다.

광해군에 대한 재평가의 움직임은 20세기에 들어와서야 이루어졌다. 1959년 발표된 역사학자 이병도의 글이 광해군을 '탁월한 외교

전문가'로 재평가하면서 현재의 역사서들은 대부분 광해군을 "명청 교체기의 어려운 상황 속에서 탁월한 실리외교를 통해 국가의 안전과 이익을 지켜내는 데 성공한 임금"으로 인정한다.

정인홍 |

1535(중종 30)~1623(인조 1). 조선 중기의 학자·의병장·정치가. 남명 조식(曺植)의 수제자로 남명학파를 대표했으며, 북인의 영수이다. 임진왜란이 일어나자 의병 3,000명을 모아 성주·합천·고령·함안 등지에서 싸웠다. 북인이 소북·대북으로 분열되자 이산해(李山海)·이이첨(李爾瞻)과 대북을 이끌며 광해군을 적극 지지했다. 1618년 영의정에 올랐으나 1623년 인조반정으로 광해군이 폐위되면서 참형당했다.

칠서의 옥 |

1613년(광해군 5) 문경새재에서 상인을 죽이고 수백 냥을 빼앗은 강도 사건이 발생했다. 범인 일당은 영의정을 지낸 박순의 서자 박응서(朴應犀) 등 권력가들의 서자 일곱 명이었다. 이들은 광해군이 왕위에 오르자 서얼 차별을 없애달라는 상소를 했으나 거부당하자 불만을 품고 1613년 초부터 경기도 여주 남한강변에서 당을 조직해 전국에 출몰하여 화적질을 일삼다가 문경새재 사건을 일으킨 것이다. 그러나 피살된 상인의 노비가 이들의 뒤를 미행하여 근거지를 알아내고 포도청에 고발함으로써 일망타진되었다. 하지만 '칠서의 옥'은 단순한 강도 사건으로 끝나지 않았다. 이이첨 등 대북파의 중심 세력들은 이 사건을 계기로 영창대군을 몰아낼 계획을 세웠다. 이들이 자금을 모아 영창대군을 추대하려 했다는 자백을 얻어낸 것이다. 또 사건의 취조 과정에서 인목대비와 그 아버지 김제남이 광해군을 양자로 삼았던 의인왕후의 능에 무당을 보내 저주했던 일이 발각되기도 했다. 결국 김제남은 사약을 받았고 그의 세 아들도 화를 당했으며, 영창대군은 강화도에 위리안치되었다가 이듬해 살해되었다. 이 사건으로 서인, 남인 세력이 완전히 제거되고, 대북파가 정권을 독점하게 되었다. 계축년에 일어난 이 사건을 '계축옥사'라 한다.

광해군에 대해 더 알고 싶을 때 보세요

《역사의 길목에 선 31인의 선택》, 역사학자 18인 지음, 푸른역사, 1999.

《광해군, 탁월한 외교정책을 펼친 군주》, 한명기 지음, 역사비평사, 2000.

《정인홍과 광해군》, 조여항 지음, 동녘, 2001.

《전환기를 이끈 17인의 명암》, 이희근 지음, 휴머니스트, 2002.

항복문서를 쓴 신하와 그것을 찢은 신하
최명길과 김상헌

崔鳴吉

| **교과서에서 최명길이 나오는 부분** : 중학교 157쪽 · 고등학교 115쪽(3/3/6)

| **생몰년도** : 1586년(선조 19)-1647년(인조 25)
| **자** : 자겸(子謙)
| **호** : 지천(遲川)/창랑(滄浪)
| **시호** : 문충(文忠)
| **활동 분야** : 정치

1636년 청나라 황제 태종은 직접 대군을 이끌고 조선을 침략했다. 빠른 속도로 남하하는 청군의 진격에 조선의 군대는 속수무책이었다. 천혜의 요새라 믿고 있던 강화도로 미처 피난할 틈도 없이 인조와 조정은 남한산성 안에 발이 묶여버렸다.

이듬해 설날, 남한산성 앞에 태종이 처음 모습을 드러냈다. 누런색 양산 두 개를 펼치고 두 개의 큰 기를 앞세워 대포를 쏘고 북을 울리는 태종의 행차는 성 안에 있던 인조의 간담을 서늘하게 했다. 태종이 도착하면서 20만의 청군이 남한산성 아래 탄천에 집결해, 성은 완전히 고립되었다. 성 안에는 군사 1만 3,000명이 절약해야 겨우 50일 정도 지탱할 수 있는 식량이 있었고, 의병과 명나라 원병은 기대할 수 없는 상황이었다.

그 상황에서도 조정의 격론은 계속되었다. 명을 배신하고 청에 항복하는 것은 예의와 삼강을 다 무너뜨리는 것이고 그렇게 된다면 나라가 망한 것과 다를 바 없다는 척화론과, 힘이 미치는 않는

▶ 三綱 유교 도덕의 기본이 되는 세 가지 곧 임금과 신하, 아버지와 아들, 부부 사이에 지켜야 할 기본 도리

金尙憲

| **교과서에서 김상헌이 나오는 부분** : 중학교 157쪽

| **생몰년도** : 1570년(선조 3)~1652년(효종 3)
| **자** : 숙도(叔度)
| **호** : 청음(淸陰)/석실산인(石室山人)/서간노인(西磵老人)
| **시호** : 문정(文正)
| **활동 분야** : 정치

상태에서 싸우다 성이 함락되면 국가의 종묘와 사직을 지킬 수 없으므로 가장 유리한 조건으로 강화할 수밖에 없다는 주화파가 팽팽히 맞섰다.

1월 18일 주화파를 대표하는 최명길은 마침내 인조가 청 태종에게 보내는 항복문서를 작성했다. 국왕과 신하들이 일차 검토를 마친 문서를 수정하고 있을 때 대표적인 척화론자 김상헌이 들어왔다. 김상헌은 통곡하며 최명길이 쓰고 있는 문서를 찢어버렸다. 이에 최명길이 답했다는 말이 매우 인상적이다.

"조정에 이 문서를 찢어버리는 사람이 반드시 있어야 하고, 또한 나 같은 자도 없어서는 안 된다."

그러면서 찢어진 문서를 다시 모아 붙였다. 한편, 김상헌은 국왕 앞에 나아가 눈물을 흘리며, 청에 항복하는 것은 임금을 구하는 계책이 아니라고 주장했다. 이 말에 여러 신하들은 물론 세자까지 목 놓아 울었지만, 20일 척화파의 반대 속에서도 항복문서는 청 진영

삼전도비. 청나라가 병자호란의 승리를 기념하여 세우도록 한 것으로 비문은 몽골문자, 만주문자, 한문 세 종류의 문자로 씌어 있다.

에 전달되었다.

가장 소중한 것을 지키기 위해 때로는 융통성을 발휘할 줄도 알아야 한다고 판단했던 최명길은 1586년 서인 가문에서 태어났다. 1605년 생원시에 장원하고, 그해 증광문과에 병과로 급제해 성균관 전적(典籍)이 되었지만, 선조 말년부터 서인들이 정계에서 소외되면서 별다른 빛을 보지 못하다가 인조반정을 계기로 조정에 나와 출셋길을 달렸다. 더욱이 반정 다음 해 **이괄의 난**이 일어났을 때 큰 공을 세움으로써, 정계의 핵심인물로 부상했다.

젊은 시절 명분을 중시하는 주자학보다 행동적이고 실천적인 **양명학**(陽明學)에 관심을 기울였던 영향인지, 그는 본질을 지키기 위해서라면 때로는 타협적 노선을 걸을 수도 있다고 생각했다. 그런 생각은 어떤 상황에서도 변함이 없었다.

1620년대 중반 후금과의 외교적 마찰이 생기자 조정의 대세가 척화론으로 기울었는데도 홀로 '후금과 겉으로는 화약을 맺고 안으로 군대를 양성해 명과의 의리를 저버리지 않는다' 는 '친명화금' 정책을 주장했다. 이러한 그의 주장은 거센 반발만 불러일으켰다. 척화파의 주장대로 후금의 사신을 쫓아버렸다가 끝내 1627년 정묘호란이 일어났다. 최명길은 정묘호란 때도 왕을 설득해 '형제의 맹약' 을 맺게 했는데, 이로 인해 후금 군이 돌아간 뒤 많은 지탄을 받았다. 정묘호란 직전 '황제의 나라로 받들라' 는 청의 요구에 온 조정이 척화론으로 들끓을 때도 그는 그들의 요구를 들어주어 일단 나라를 구하고 난 뒤에 힘을 길러야 한다는 주장을 폈지만, 이 또한 받아들여지지 않았다.

9년 뒤인 1636년 병자호란이 일어나 청의 대군이 밀려들자 최명길은 죽음을 무릅쓰고 청의 진영을 오가며 화의에 앞장섰다. 그리고 결국 그의 손으로 항복문서를 썼다. "비록 만고의 죄인이 될지라도 임금이 망할 것을 알면서 그대로 있을 수는 없다"는 확신에서 비롯된 행동이었다.

반면 오랑캐에게 항복하는 것은 곧 망한 것이나 다름없다고 주장했던 김상헌은 서인 청서파(淸西派)의 우두머리였다. 인조 즉위 후 서인들은 반정공신인 공서파(功西派)와 반정에 참여하지 않은 청서파로 갈렸는데, 공서파가 국정을 주도하는 가운데 청서파들은 공신들의 정책을 강하게 비판하며 견제했다. 정묘호란 때도 병자호란 때도 공신들이 주화론 쪽에 섰던 반면 청서파들은 척화론을 주장했다. 당시 조정을 압도하고 있던 것은 성리학의 명분론에 기대고 있는 척화론이었다.

1570년 태어난 김상헌은 1590년 진사가 되고, 1596년 정시문과에 병과로 급제한 이후 좌랑 · 교리 · 동부승지 등을 거쳤다. 인목대비의 아버지인 김제남이 죽음을 당할 때 혼인관계로 인해 파직되었다가 인조반정 이후 발탁되어 대사간 · 부제학 · 육조의 판서 · 성균관의 제학 등을 지냈다.

▶ 김상헌의 아들이 김제남 아들의 사위임

대쪽 같은 논리를 펴며 자신의 뜻을 굽히지 않았던 그였지만 국왕이 남한산성에 포위된 다음에는 "국왕과 세자가 겹겹이 포위된 곳에서 빠져나갈 수만 있다면 어찌 감히 망령되게 다른 소견을 진달하겠느냐"며 한발 물러설 수밖에 없었다. 그러면서도 "한번 성문을 나서게 되면 북쪽으로 끌려가는 치욕을 면하기 어려울 것이니, 강화가 국왕을 위하는 계책이 되지 못한다"고 했지만, 다행히 그런 우려가 실현되지는 않았다.

항복문서를 보낸 사흘 뒤 인조는 남한산성을 나와 삼전도에 설치된 수항단에서 청 태종에게 굴욕적인 신하의 예를 올렸다. 청나라는 소현세자 · 세자빈 · 봉림대군 등을 인질로 하고, 척화의 주모

▶ 三田渡, 지금의 서울 송파구 삼전동에 있던 한강 상류의 나루

병자호란 당시 인조가 피해 있었
던 남한산성의 모습. 원래는 강화
도로 가려 했으나 이미 청나라
군이 길을 막아 남한산성으로 피
한 것이었다.

자 세 명을 잡아 철군했다. 그러나 이때 척화 주모자에 김상헌의
이름은 빠져 있다. 김상헌은 조정에서 구체적으로 항복을 논의할
즈음 관을 벗고 엎드려 적진에 나아가 죽게 해줄 것을 청했으며,
며칠 뒤 자결하고자 목을 매기도 했으나, 아들과 조카 등 여러 사
람이 주위에 있을 때 결행하려 했기 때문에 뜻을 이루지는 못했다.

청에서 척화를 주장했던 인물들을 잡아보내라고 강요하자 척화
론의 선봉이었던 윤집과 오달제가 스스로 나서 이미 체포됐던 홍
익한과 함께 청에 끌려갔다. 이들은 비록 참혹한 죽음을 당했지만
끝까지 소신을 굽히지 않았다고 하여 이후 삼학사(三學士)라는 이
름을 남겼다. 김상헌도 이때 적진에서 죽게 해달라고 요청하기는
했다. 그러나 인조가 청 태종에게 무릎을 꿇을 당시 이미 몸을 빼
내 경상도 안동으로 들어간 그는 조정의 논의에서 멀리 떠나 있었
다. 이에 대해 "이름난 신하로서 임금이 큰 위험에 빠진 때 멀리 달
아났으며, 일이 대개 안정된 다음에도 끝내 찾아와 뵙지 않으면서

절의를 지킨다고 한다"는 반대파의 비난을 들어야 했다. 인조도 "김상헌이 평소에 나라가 어지러우면 같이 죽겠다는 말을 했으므로 나도 그렇게 여겼는데, 오늘날에 이르러서는 먼저 나를 버리고서 젊고 무식한 자의 앞장을 섰으니, 내가 매우 아까워한다"며 아쉬움을 표시했다.

하지만 이후 청에 끌려가 보여준 행적은 매우 높이 평가되고 있다. 1640년 김상헌의 척화 행적을 알아낸 청은 그를 잡아 바치라고 요구해왔다. 결국 김상헌은 척화를 주장했던 다른 신하들과 함께 청으로 향했고, 1645년 귀국할 때까지 당당하게 대처해 청나라 사람들의 감탄을 샀다고 한다.

이 무렵 최명길도 김상헌과 함께 청의 감옥에 갇혀 있었다. 최명길은 전쟁이 끝난 뒤 비밀리에 명나라에 문서를 보내 조선의 부득이한 사정을 알렸고, 공식회답을 받기까지 했다. 또한 이후 청이 두 차례나 명을 칠 군사를 동원하라는 요구를 해왔을 때 직접 청에 건너가 조선에 군대를 동원할 힘이 없을 뿐 아니라 출병 문제는 항복한 것과는 별개의 일이니 나라가 망하더라도 따를 수 없다고 당당히 거부했다. 그리고 국내의 정치를 일대 혁신하여 자강(自彊)을 토대로 나라를 지키고 명과 협력하여 청나라에 복수하자는 상소를 올렸으며, 명나라의 군대를 도와주기도 했다. 그러나 이런 일들이 첩자를 통해 모두 발각돼 그 역시 청나라에 끌려가는 몸이 되었다. 청에 도착한 최명길은 위협에도 굴하지 않고 모든 것이 자기 책임이며 국왕과 다른 신하들은 모르는 일이었다고 주장하다 청의 감옥에 구금되어 1645년에야 김상헌과 함께 귀국할 수 있었다.

청나라에서 돌아온 뒤 최명길은 현직에서 은퇴했다. 시국이 조용해지자 그에게 명나라와의 의리를 저버리고 오랑캐와 손을 잡았다는 비난이 쏟아졌을 뿐, 그의 현실적인 정책들은 후대로 이어지지 않았다. 반면, 김상헌을 비롯한 척화파들의 행적은 17세기 이후 조선의 정치질서를 주도한 송시열로 대표되는 노론에 의해 후대의 지표가 되었다.

이후 이들은, 최명길의 현실적인 정책이 국가와 민생을 최악의 사태에서 구해냈고, 김상헌의 절개가 조선 후기 사회를 유지하는 지표가 되었다는 평가를 받고 있다.

Tip

이괄의 난

1624년(인조 2) 정월에 이괄이 일으킨 반란을 말한다. 이괄은 인조반정에 참여하여 큰 공을 세웠으나 반정 계획에 늦게 참여했다는 이유로 2등공신에 책봉되었다. 평안병사 겸 부원수에 임명되었는데, 1624년 1월 서인 세력들이 이괄이 반란을 꾀하고 있다고 고발했다. 조사 끝에 무고임이 밝혀졌으나 김자점 등 서인은 이괄을 한양으로 데려와 국문해야 한다고 주장했고, 결국 인조는 이괄의 아들 이전을 대신 압송해 국문하기로 했다. 아들을 압송하려는 금부도사가 영변으로 오고 있다는 소식을 들은 이괄은 아들이 혹 역모죄로 몰린다면 자신도 안전할 수 없다고 판단했다. 서인 세력을 믿을 수 없었던 그는 1월 22일 금부도사를 죽이고 군사를 일으켰다. 이괄이 이끄는 1만 군사는 파죽지세로 진격해 2월 11일 도성에 입성했다. 지방에서 일어난 점령군이 수도를 점령한 것은 한국사상 처음 있는 일이었다. 그러나 3일 뒤인 2월 14일 관군에 패해 도주하던 이괄은 이튿날 배신한 부하들의 손에 목이 잘렸다. 이괄의 목을 벤 부하들이 투항하면서 반란은 막을 내렸다.

양명학

중국 명나라 중기에 태어난 양명(陽明) 왕수인(王守仁)이 이룩한 신유가철학을 말한다. 왕양명은 마음은 기(氣)이고 마음이 갖춘 도덕성 등의 이치는 이(理)라고 한 주자의 견해에 대하여, 마음이 곧 이라고 주장했다. 따라서 인식과 실천은 둘이 아니라 하나이며, 앎과 행함은 분리할 수 없다는 지행합일설(知行合一說)을 주장했다.

더 알고 싶을 때 보세요

| 최명길 |
《이야기 인물한국사》, 이이화 지음, 한길사, 1993.
《역사의 길목에 선 31인의 선택》, 역사학자 18인 지음, 푸른역사, 1999.

| 김상헌 |
《역사의 길목에 선 31인의 선택》, 역사학자 18인 지음, 푸른역사, 1999.
《끝내 세상에 고개를 숙이지 않는다》, 김학수 지음, 삼우반, 2005.

김육

金堉

| 교과서에서 김육이 나오는 부분 : 중학교 167쪽(6/1/3) · 고등학교 319쪽(6/4/3)

| 생몰년도 : 1580년(선조 13)–1658년(효종 9)
| 자 : 백후(伯厚)
| 호 : 잠곡(潛谷)/회정당(晦靜堂)
| 시호 : 문정(文貞)
| 활동 분야 : 정치

|생애와 업적|

인조반정으로 정권을 잡은 인조는 광해군 대에 박해를 받았던 인물들을 조정에 복귀시켰다. 경기도 가평군 잠곡에 칩거해 화전을 일구고 숯을 구워 파는 등 일반 농민들과 어울려 살던 김육도 인조의 부름을 받아 의금부 도사(都事) 직으로 임명되었다. 잠곡 생활 10년, 어느덧 나이는 마흔 중반이었다.

1580년(선조 13) 한성의 마포에서 김흥우의 맏아들로 태어난 김육은 1605년 사마시에 응시하여 성균관에서 공부했으나, 김굉필 · 정여창 · 조광조 · 이언적 · 이황 등 5인을 문묘종사(文廟從祀)하자는 상소를 올렸다가 대북파의 거두 정인홍과 맞서면서 대과에 응시할 자격을 박탈당했다. 그 뒤 대북파의 탄압이 계속되자 가족을 데리고 잠곡으로 들어가 농민의 생활을 하고 있었다. 잠곡에서의 10년은 대의명분에 자신의 앞날을 걸던 김육을 백성들의 삶을 중시하는 관료로 거듭 태어나게 하는 밑거름이 된다.

관직에 나간 지 얼마 안 돼 죄인 압송 과정에 문제가 생겨 파직당하지만, 이괄의 난 때 피난 가는 왕을 극진히 봉양한 공으로 다시 음성 현감에 임명되었고, 같은 해 증광 별시에 장원으로 급제해 본격적인 관료 생활을 시작했다. 늦게 시작한 관직이었지만 이조와 병조의 요직과 삼사의 청직(淸職)을 두루 거치며 순탄한 길을 걸었다. 53세 때 정3품 당상관에 올랐으며, 병조참의 · 예조참의 · 승정원 우부승지 등을 거치다가 59세 때 충청도 관찰사에 임명되었다.

충청도 관찰사로 나간 그는 대동법을 본격적으로 시행하자고 주장했다. 병자호란을 겪고 얼마 되지 않았던 터라 당시 백성들의 삶은 몹시 어려웠다. 그런데도 각종 세금으로 인한 수탈은 한층 더 극심해져 농민들은 땅을 버린 채 떠돌아다니며 이중 삼중의 어려움을 겪고 있었다. 이를 해결할 방법으로 제안한 것이 대동법이다.

조선시대에는 크게 세 가지의 세금이 있었는데, 토지세인 전세(田稅), 국가에 노동력을 제공해야 하는 신역(身役), 각 지방의 특산물을 임금에게 바치는 공납(貢納)이 그것이다. 그 가운데 공납의 폐해가 가장 컸다. 우선 그 지방의 특산물이 아닌 것을 바치라고 하는 경우도 있었고, 시도 때도 없이 수천 가지에 이르는 공납을 바치라고 하니 이도 참 어려운 노릇인데, 농민들의 공납을 대신 납부해주는 방납(防納)이 생기면서 어려움은 더욱 커졌다. 방납업자들이 공납을 받는 관리들과 짜고 농민들이 직접 납부한 공물을 퇴짜놓은 뒤 자신들이 마련한 공물을 비싼 값에 강매하면서 농민들의 부담이 훨씬 커졌기 때문이다 .

이러한 공납의 폐해에 대해 가장 먼저 지적한 사람은 조광조였고, 이이 · 이원익도 이를 시정해야 한다고 했지만 그 실시를 강력하게 주장하지는 못했다. 그러나 김육은 평생을 이 문제에 매달리며, 공납의 문제를 시정하기 위한 대책으로 대동법의 실시를 끈질

정치가라기보다 뛰어난 행정 관료였던 김육은 대동법 실시 등 백성들의 삶에 도움이 되는 많은 업적을 남겼다.

기게 주장했다. 대동법이란 물품으로 내던 공물을 자신이 소유하고 있는 토지의 면적에 따라 쌀이나 무명 등으로 대신하여 내는 제도인데, 광해군 때 경기 일부 지역에서 시범적으로 실시했고, 인조 대에는 강원도까지 확대하여 실시하고 있었다.

김육은 전국적으로 대동법을 실시하여 나라의 이익과 백성들의 이익을 함께 도모하자고 주장했다. 자신의 관할지인 충청도의 경작지 면적과 관청에 필요한 경비를 실제로 조사한 뒤 구체적인 증거를 제시하며 건의했지만 받아들여지지 않았다. 가호를 기준으로 부과되던 공납과 달리 토지의 면적에 따라 부과되는 대동법은 대토지 소유자들에게 엄청난 부담이 되었다. 따라서 대토지를 소유하고 있던 고위 관리들과 권문세가들은 완강히 반대했다.

임기를 마치고 중앙으로 돌아온 뒤에도 김육은 기회가 있을 때마다 대동법 실시를 건의했다. 대동법 실시 건의는 조정에 파란을 몰고 와 조정은 대동법 실시를 찬성하는 한당(漢黨)과 반대하는 산당(山黨)으로 나뉘어 격렬한 논쟁을 펼쳤다. 조정 내에서 김육의 주장에 동조하는 사람은 소수였다. 김집을 비롯해 송시열 등 대부분의 관료들은 격렬히 반대했다. 김육은 생전에 대동법의 전국적인 실시를 보지는 못했다.

그러나 대동법의 실시 결과는 놀랄 만큼 성공적이었고, 대동법은 명분이나 현실적 필요 모두에서 거스를 수 없는 대세였다. 효종 대에 충청도와 전라도에서 실시됐고, 숙종 대에 경상도·황해도까지 실시되어, 김육 사후 50년이 지난 뒤에는 전국적으로 시행되었다. 전국에서 대동법이 시행될 때 그 기준이 되었던 자료는 김육이 충청도 관찰사로 있으면서 제출했던 〈대동사목〉이었다. 대동법은 부자의 부담은 늘리고 가난한 백성들의 부담은 줄였으며, 국가의 재정 수입을 증가시켜, 사회 안정에 큰 역할을 했을 뿐 아니라 이후 조정에서 필요로 하는 물품을 구매하여 공급하는 공인(貢人)을 등장시켜 조선 후기 수공업과 산업 발달을 촉진시켰다.

김육은 효종 대 영의정까지 역임하며 대동법 이외에도 많은 업적을 남겼다. 우선 세종 대에 만들어져 300년에 걸쳐 사용하고 있다 보니 실제 절기와 맞지 않는 등 많은 문제점을 보였던 역법을 개정해, 당시의 실정에 맞는 시헌력(時憲曆)을 만들었다. 중국의 자료를 모두 참고해 만든 이 시헌력은 개화기에 태양력을 사용할 때까지 조선의 공식 달력으로 사용되었다.

경제에 대한 그의 관심은 돈을 사용하여 유통을 원활하게 하자는 용전론(用錢論)으로까지 발전했다. 그러나 이 또한 반대론이 거세 실현하지는 못했다. 이외에도 수차(水車)를 이용한 농사법을 제안하고, 수레의 이용과 하천의 정비를 주장하는 등 농민들의 생활이 좀 더 편리해질 수 있는 방안들에 대해 많은 고민을 했으며, 두 차례의 전란을 겪으면서 많은 책이 소실된 것을 알고는 화폐 주조 기술을 이용해 활자를 만든 뒤 많은 서적을 인쇄해 학문 발전에 기여한 공이 크다.

백성들의 어려움을 직접 경험했던 그는 1659년 일흔아홉의 나이로 눈을 감을 때까지 백성들 편에 서서 실생활에 유용한 학문을 추구하면서, 영의정에 오른 뒤에도 한성에 집 한 칸이 없어 셋집에서 살았을 만큼 청빈하게 살았다. 그의 삶의 방향은 다음과 같은 그의 말에 잘 나타난다.

"세상에서 제일 두려운 것은 하늘, 외적, 백성 세 가지이다. 그중에서 가장 가까운 데 있는 백성을 안정시킨다면, 멀리 있는 다른 두 가지 두려움은 자연스레 해소될 것이다."

|평가|

► 經世濟民, 세상을 다스리고 백성을 구함

《조선왕조실록》의 〈김육 졸기〉는 그에 대해 "평생 경세제민하는 일을 스스로 떠맡은 인물"이라고 하면서, "일에 임해서는 거리낌없이 자기가 할 말을 다했다"고 기록했다. 또한 김육이 죽은 뒤 효종은 나랏일을 맡아 흔들림 없이 처리하는 사람으로는 김육만한 사람이 없었다고 탄식했다는 말도 전한다.

그러나 명분을 중시하는 우리 역사의 평가는 행정 관료의 업적에 매우 인색했다. 새로운 이론을 정립한 학자나 자신의 소신을 지킨 정치가에게 더 많은 인정과 치하를 보내는 풍토이다 보니 실용적이고 편리한 것을 추구해서 백성의 삶을 풍족하게 만들어준 김육 같은 행정 관료에 대한 평가는 부족한 감이 없지 않다.

그래도 최근에 이르러서는 "전 생애를 국가 경제와 농촌 경제의 안정, 그리고 농민 생활의 안정에 바친 김육이야말로 정도전 · 조광조 등과 함께 조선시대 최고의 개혁 정치가라는 평가를 받기에 부족함이 없는 인물"이라는 평가가 제기되기도 했다.

사회 전체의 전면적인 개혁보다는 점진적인 개량에 초점을 맞추었다는 비판도 있기는 하지만, 관념적인 의(義)보다 실용적인 이(利)를 추구하며, 백성들의 삶을 한층 풍요롭게 하기 위해 끈질기게 노력했던 인물이었다.

저서

시·문을 모은 《잠곡유고》(11권 10책), 명나라의 역사를 간략하게 기술한 《황명기략》, 최초의 백과사전으로 주목되는 《유원총보》, 신라 말부터 병자호란 때까지 이름난 신하들의 언행과 사적을 기록한 《해동명신록》, 동지사 사신 행차 때의 일을 기록한 《조천일기》 외 《잠곡필담》·《고사증산》·《고사촬요》를 지었고, 《송도지》·《삼대가시전집》·《체소집》을 엮었다. 또한 활자 제조와 책의 간행에 관심이 많아 《구황촬요》·《벽온방》·《신간효충전경》·《노론정문》·《동몽선습》·《사략》 등의 책을 간행했다.

김육에 대해 더 알고 싶을 때 보세요

《이야기 인물한국사》, 이이화 지음, 한길사, 1993.
《인물로 보는 조선사》, 김형광 지음, 시아출판사, 2002.
《63인의 역사학자가 쓴 한국사인물열전》, 한영우선생정년기념논총 간행위원회 엮음, 돌베개, 2003.

송시열

宋時烈

| 교과서에서 송시열이 나오는 부분 : 중학교 153쪽(5/3/3) · 고등학교 115쪽(3/3/6)/294쪽(6/3/2)

| 생몰년도 : 1607년(선조 40)–1689년(숙종 15)
| 자 : 영보(英甫)
| 호 : 우암(尤庵)/우재(尤齋)
| 시호 : 문정(文正)
| 활동 분야 : 학문, 정치
| 다른 이름 : 성뢰(聖賚)

|생애와 업적|

조선 후기의 역사서 《연려실기술》은 송시열의 죽음에 대해 상반된 두 개의 기록을 함께 전한다. 먼저 김재구가 저술한 것으로 알려진 《조야회통》을 인용하여 "우암 송시열은 직령의(直領衣)를 입은 뒤 사약을 마시고 죽었다. 그 전날 밤 흰 기운이 하늘에 뻗치더니 이날 밤 한 규성(奎星)이 땅에 떨어지고 붉은 빛이 우암이 죽은 지붕 위에 뻗쳤다"라고 그의 마지막을 전한다. 규성은 28수 별자리 가운데 하나로, 문운(文運)을 맡은 별이다. 그의 죽음으로 천하의 문운이 다했다는 의미이다. 반면 나량좌가 쓴 《명촌잡록》을 인용한 글에서는 "정읍에서 사약을 받던 날 도사 권처경 앞에 꿇어앉아 말하기를, '이것은 양전의 어찰인데 감히 우러러 바칩니다'라고 하였다. 권처경이 '나는 사사하라는 명만 받았으니 어찌 갖다드리겠소'라고 거부하고 서리에게 그 편지를 빼앗게 하고 그 자손에게 주었

▶숙종의 할아버지인 효종과 숙종의 어머니인 명성왕후가 쓴 편지

다. 송시열은 계교(計巧)가 궁하자 다리를 뻗고 드러누웠다. 도사 권처경이 재촉했으나 끝내 마시지 않으므로 약을 든 사람이 손으로 입을 벌리고 약을 부었는데 한 그릇 반이 지나지 못해 죽었다"라고 했다. 어찰을 빙자해 목숨을 구걸하려다 뜻대로 되지 않자 사약 마시기를 거부하는 추태를 부리다 죽었다는 내용이다.

송시열은 여든세 살의 나이에 숙종으로부터 사약을 받고 세상을 떠났다. 역적이 아니면 대신에게 사형을 내린 전례가 없는 조선시대에 대신의 신분으로, 죄인들의 수괴(首魁)라는 죄명으로, 사약을 받은 그는 어떤 인물인가. 어떤 인물이길래 살아서는 물론 죽음의 순간까지 저렇듯 극단적인 찬사와 비난을 한몸에 받았던 것일까.

송시열은 1607년(선조 40) 충청도 옥천군 구룡촌의 외가에서 태어났다. 여덟 살 때부터 뒷날 그와 더불어 양송(兩宋)이라 불리는 송준길의 집에 가서 함께 공부했고, 열두 살 때부터 아버지한테 《격몽요결》·《기묘록》 등을 배웠다. 그리고 열여덟 살 무렵부터 김장생의 제자가 되어, 김장생과 그의 아들 김집에게 성리학과 예학(禮學)을 배웠다. 이렇게 하여 송시열은 조광조·이이·김장생으로 이어진 조선 기호학파의 학통을 충실히 계승한 적통이 될 수 있었다. 이 당시 기호학파는 붕당으로는 서인에 해당했으므로 기호학파의 적통인 송시열은 서인의 우두머리로 성장할 수 있었다.

스물여섯 되던 해 생원시에서 장원급제한 그는 스물여덟이 되던 1635년 인조의 차남인 봉림대군의 사부가 된다. 1년 뒤 병자호란이 일어나고 이 두 사람은 인조가 청 태종에게 무릎을 꿇는 치욕적인 현장을 함께 목격한다. 그 뒤 봉림대군은 형인 소현세자와 함께 청에 인질로 잡혀가고 송시열은 낙향하여 13년 동안 학문에만 몰두하지만, 소현세자의 갑작스런 죽음으로 봉림대군이 왕위에 오르면서 두 사람은 다시 만난다.

효종은 즉위와 함께 청나라에 대한 복수, 북벌을 외치며 청을 배

▶鳳林大君, 훗날 효종이 됨

공자나 맹자에 견줄 만하다 하여 '송자(宋子)'라 불릴 정도의 극찬과, 당쟁의 원흉이라는 비난을 한 몸에 받고 있는 송시열.

척하는 세력과 재야학자들인 산림(山林)을 대거 기용했다. 송시열에게도 세자시강원 진선(世子侍講院進善), 사헌부 장령 등의 벼슬을 내렸다. 이때 벼슬에 나아가며 송시열이 장문의 상소를 올리는데, 자신의 정치적 소신을 드러낸 이 〈기축봉사〉에서 그는 존주론(尊周論)과 북벌론을 주장했다. 존주론이란 주나라에서 일어난 중화 문화를 계승 발전시킬 나라는 이제 조선뿐이라는 주장으로, 이는 이후 조선중화주의로 발전한다. 북벌론은 청나라에게 심복할 수 없다는 주장이다. 효종의 북벌 의지에 맞는 이 상소문을 올림으로써 송시열은 북벌 계획의 핵심 인물로 발탁된다.

그러나 사실 효종이 생각하는 북벌과 송시열이 생각하는 북벌은 그 의미가 달랐다. 효종은 빠른 시간 내에 군사력을 길러 청나라를 치자고 주장했지만, 숭명사상(崇明思想)에서 비롯된 송시열의 북벌은 명나라의 은혜를 잊지 말고 우리의 힘을 길러 청나라와 국교를 단절하자는 명분적 북벌론이었다. 삼강오륜을 통해 사회기강을 바로잡고 윤리도덕을 건설해 유교의 윤리도덕 위에 나라를 안정시키는 것이 송시열이 말하는 북벌이었다.

효종이 청나라를 치기 위해 급격히 군사력을 키워나가려 하자 대신들은 강력히 반발했다. 효종은 이를 돌파하기 위해 송시열에게 정권을 넘기는 협상을 벌이며 그를 북벌에 동참시키지만, 갑작스런 효종의 죽음 이후 군사적인 북벌 노력은 시도된 바 없다.

그리고 1659년 효종의 죽음 뒤 인조의 계비인 자의대비의 복상 문제로 예송논쟁(禮訟論爭)이 시작된다. 효종에게는 계모가 되는 자의대비가 상복을 3년 입어야 되는지 1년 입어야 되는지 하는 문제로 시작된 예송논쟁에서 서인을 대표하는 송시열은 1년설을 주장하고 남인을 대표하는 허목은 3년설을 주장하여 팽팽히 맞섰다. 사실 이는 효종을 장자로 볼 것인가, 차자로 볼 것인가 하는 문제였고, 따라서 효종의 왕위 계승에 대한 정당성을 묻는 문제로까지 이어지는 민감한 사항이었다. 또 왕실의 예가 일반 사대부의 예와 같은가 아니면 다른가 하는 문제이기도 했다. 송시열과 서인들은 왕실의 예도 사대부의 예와 다를 바 없다는 사대부 중심의 주장을 펼쳤고, 남인들은 왕실의 예는 사대부의 예와 다르다는 왕권 중심의 주장을 펼쳤다.

결국 서인 측의 주장이 채택됨으로써 일단락 되었지만, 15년 뒤 효종 비인 인선왕후가 승하하자 다시 자의대비의 복상문제가 불거졌다. 이때 다시 한번 효종의 왕위 계승에 대한 정당성 여부가 논란이 되었다. 그러나 이번에는 현종이 남인의 손을 들어주었다. 송시열이 유배길에 오르는 등 서인들에게 커다란 위기가 닥친 것이다. 그러나 다시 갑작스럽게 현종이 죽고 열네 살의 숙종이 즉위한 뒤 서인은 **경신환국**(庚申換局)으로 남인을 몰아내고 정국을 장악할 수 있었다.

숙종은 송시열에게 다시 영중추부사(領中樞府事)를 제수하며 중앙 정계에 복귀시켰다. 이 무렵 송시열과 제자 윤증과의 불화로 서인은 노론과 소론으로 분열된다. 그 뒤 송시열은 정계에서 은퇴해 청주 화양동에서 은거 생활을 했다.

여든세 살이 되던 1689년(숙종 15) 숙의 장씨가 아들을 낳자 원자에게 호칭을 부여하는 문제로 **기사환국**(己巳換局)이 일어나 서인들이 축출되면서, 송시열은 왕세자 책봉이 시기상조라는 상소를 올렸다가 제주로 귀양을 가고 다시 국문을 받기 위해 서울로 압송되던 중 정읍에서 사약을 받았다.

송시열이 학문을 닦고 제자를 기른 남간정사. 1683년(숙종 9)에 직접 건립하였으며 현재 대전 동구에 위치한다.

산림의 수장으로, 서인의 우두머리로 효종 대부터 숙종 대까지 정국을 주도했던 송시열의 제자는 무려 900여 명에 달한다. 그 가운데 당상관 이상 벼슬에 오른 자만도 54명이었다. 이들을 통해 강력한 정치적 영향력을 행사한 송시열은 당쟁의 와중에 죽음을 당했지만, 그의 당파인 노론이 최종적으로 승리를 거두면서 문묘에 배향되고 '송자(宋子)'라 칭해지며 주자에 비견될 만한 성현의 반열에 올랐다.

|평가|

송시열이 죽은 뒤 5년이 지난 1694년(숙종 20) 노론은 갑술환국(甲戌換局)으로 다시 집권해, 조선이 망할 때까지 정권을 장악했다. 노론의 영수인 송시열도 무덤 속에서 화려하게 부활해 같은 해 복권되고, 이듬해 문정(文正)이라는 시호를 받았다. 소론과의 갈등마저 완전히 끝난 1756년(영조 32)에는 유학자 최고의 영예라 할 수 있는 문묘에 종사되고, 영의정에 추증되었다. 또한 정조는 대로사(大老祠)를 세워 송시열을 배향하면서, 친히 대로사 비문을 짓고, 국비로《송자대전》을 간행했다. 이때부터 공자·주자를 잇는 송자로 추숭되기에 이른다.

그러나 조선이 망하고 일제의 지배를 받게 되면서 송시열에 대한 평가는 '당쟁의 원흉', '사대주의자의 수장'으로 급락한다. '민생은 돌보지 않고 당쟁이나 벌인 주역'이라는 평가는 광복 후에도 계속되었다.

1980년대에 들어오면서 송시열을 보는 새로운 시각이 등장하기 시작했다. 조선 후기와 성리학을 긍정적으로 평가하는 이 주장에 따르면, 송시열은 대동법·양반 호포론·노비 종모종량법 등을 주장하여 조선 후기 사회를 이상 사회로 만들어가고자 했던 자주적인 개혁가였다는 것이다.

▶ 戶布論, 양반도 군포를 내자는 주장
▶ 從母從良法, 어머니가 양인이면 노비의 자식도 양인이 될 수 있는 제도

경신환국|

1680년(숙종 6) 남인이 실각하고 서인이 집권한 사건을 말한다. 1674년(현종 15) 예송에서의 승리로 정권을 장악한 남인은 숙종 초기의 정국을 주도했다. 남인은 훈련도감과 어영청까지 장악하며 세력을 더욱 키워 갔다.

그러다 경신년인 1680년 3월 영의정 허적이 그 아버지가 나라로부터 시호를 받고 또 자신이 임금으로부터 <u>궤장을</u> 받은 것을 기념하는 잔치를 열면서, 비가 오자 마음대로 궁중의 기름천막을 가져다 썼다. 이를 허적의 전횡으로 판단한 숙종은 전격적으로 허적을 비롯한 남인들을 축출하고 서인들을 재집권시켰다. 이것이 경신환국이다.

▶ 几杖. 임금이 내리던 방
석과 지팡이

기사환국|

1689년 서인이 실각하고 남인이 재집권한 사건을 말한다. 빌미가 된 것은 숙종의 후궁 희빈 장씨가 낳은 아들의 원자 정호 문제였다. 숙종의 계비 민씨가 왕비가 된 지 여러 해가 되도록 후사를 낳지 못하자, 숙종은 후궁인 숙원 장씨(淑媛張氏)를 총애했다. 그러던 중 장씨가 왕자 윤(昀)을 낳았다. 숙종은 장씨가 낳은 아들 윤을 원자(元子)로 책봉하고 장씨를 희빈(禧嬪)으로 삼으려 했으나, 당시의 집권 세력인 서인은 그에 반대했다. 남인은 숙종의 주장을 지지했고, 숙종은 숙종대로 서인의 전횡을 누르기 위해 남인을 등용하는 한편, 원자의 명호를 자기 뜻대로 정하고 숙원을 희빈으로 책봉했다. 이때 송시열은 상소를 올려 숙종의 처사가 잘못이라고 반발했다. 숙종은 원자 정호와 희빈 책봉이 이미 끝났는데, 한 나라의 원로 정치인이 상소질을 하여 정국을 어지럽게 만든다고 분개하며 송시열을 삭탈관직하고 귀양 보냈다가 사약을 내렸다. 기사환국으로 서인은 조정에서 물러나고, 남인이 집권했으며, 왕비 민씨는 폐출되고, 장희빈이 정비가 되었다. 그러나 이후 장씨가 방자한 행동을 하자 민씨를 폐한 일을 후회하던 숙종은 1694년(숙종 20) 남인을 몰아내고 노론과 소론을 다시 기용하는 갑술환국을 일으켰다.

1607 송갑조(宋甲祚)와 선산 곽씨 사이의 아들로 태어났다.
1616 (10세) 후금이 건국되었다.
1633 (27세) 생원시에 장원으로 합격했다.
1635 (29세) 봉림대군의 사부로 임명되었다.
1636 (30세) 병자호란이 일어났다.
1644 (38세) 명나라가 멸망하고 청나라가 중국을 통일했다.
1649 (42세) 병자호란 뒤 낙향하여 학문에만 몰두하다 효종 즉위 후 벼슬길에 나아 갔지만 이듬해 다시 물러났다.
1658 (52세) 효종의 간곡한 부탁으로 다시 관직에 나아가 북벌 계획의 중심인물로 활약했다.
1659 (53세) 효종이 갑자기 죽자 다시 낙향해 이후 잠시 영의정, 좌의정을 맡은 적 있으나 거의 재야에 머물렀다.
1674 (68세) 제2차 예송논쟁에서 패배하자 파직, 삭출되고, 이듬해 유배되었다.
1680 (74세) 경신환국 이후 다시 중앙 정계에 복귀했다.
1689 (83세) 기사환국으로 제주도에 유배되었다가 서울로 압송 도중 사약을 받고 사망했다.

저서

《주자대전차의》, 《주자어류소분》, 《이정서분류》, 《눈맹문의통고》, 《경례의의》, 《심경석의》, 《찬정소학언해》, 《주문초선》, 《계녀서》 등의 방대한 저서를 남겼고, 문집으로 1717년(숙종 43) 《우암집》이 간행되었다가, 1787년(정조 11) 다시 보완하여 215권 102책을 출간하며 《송자대전》이라 했다. 이 책은 우리나라 학자의 개인 문집으로는 가장 방대한 양이다. 그 뒤 9대손이 《송서습유》 9권, 《속습유》 1권을 간행했다.

송시열에 대해 더 알고 싶을 때 보세요

《송시열과 그들의 나라》, 이덕일 지음, 김영사, 2000.
《우리가 정말 알아야 할 우리 선비》, 정옥자 지음, 현암사, 2002.
《전환기를 이끈 17인의 명암》, 이희근 지음, 휴머니스트, 2002.
《63인의 역사학자가 쓴 한국사인물열전》, 한영우선생정년기념논총 간행위원회 엮음, 돌베개, 2003.

정조

正祖

| 교과서에서 정조가 나오는 부분 : 중학교 164-165쪽(6/1/2) · 고등학교 126-127쪽(3/4/3)

| 생몰년도 : 1752(영조 28)-1800년(정조 24)
| 재위년도 : 1777년~1800년
| 자 : 형운(亨運)
| 호 : 홍재(弘齋)
| 시호 : 문성무열성인장효왕(文成武烈聖仁莊孝王)
| 활동 분야 : 왕
| 다른 이름 : 이산(李祘)/선황제(宣皇帝)

|생애와 업적|

1762년(영조 38) 윤5월 13일 아침, 영조는 사도세자에게 자결을 명했다. 왜 자결하지 않느냐 다그치는 영조 앞에서 사도세자는 허리띠를 풀어 목을 맸지만, 시강원 강관들이 달려와 매듭을 풀고 의관이 약을 먹였다. 영의정 신만과 좌의정 홍봉한을 비롯한 대신들은 문 밖에 모여 있을 뿐 어느 누구 하나 세자를 구하려 하지 않았다. 이때 세손이 들어와 세자 뒤에 엎드리며 할아버지께 청했다.

"아비를 살려주옵소서."

영조는 세손을 빨리 데리고 나가라며 호통 쳤고, 열 살의 세손은 군사들에게 안겨 나올 수밖에 없었다. 그러나 할아버지가 아버지를 죽이던 그날의 기억은 평생 세손의 삶을 따라다니는 어두운 그림자가 된다. 그가 끌려나온 직후 스물여덟 살의 사도세자는 뒤주 속에 갇혀 여드레 만에 삶을 마쳤다.

▶侍講院, 조선시대 왕세자나 황태자의 교육을 담당한 기관

▶講官, 강의하는 직책

사도세자의 죽음은 정조에게 아버지를 잃은 슬픔뿐 아니라 '죄인의 아들'이라는 굴레를 씌웠다. 당시 조정은 자신들의 뜻에 맞서는 사도세자를 죽음에 이르게 할 정도로 강력한 힘을 가진 노론이 주도하고 있었는데, 사도세자의 죽음 이후 조정은 다시 세자의 죽음을 동정하는 시파(時派)와 그렇지 않은 벽파(僻派)로 갈렸다. 외척 중심의 노론이 벽파가 되고, 남인과 소론 및 일부 노론이 시파를 형성했다.

벽파는 차가운 시선으로 세손을 감시했다. 세손이 왕위를 이은 뒤 아버지의 복수를 하려 든다면 자신들의 목숨을 부지할 수 없을 것이다. 이 무렵 세손은 옷도 제대로 벗지 못하고 잠을 잘 만큼 항상 죽음의 위협에 시달렸다.

죄인의 아들이 왕위를 이을 수 없다는 주장에 영조는 일찍 죽은 맏아들 효장세자의 양자로 세손을 입적시켜 보호했다. 아들은 죽게 했지만 손자까지 그럴 수는 없는 일이었다. 또한 어려서부터 학문에 열중하고 효성이 지극했던 세손을 영조는 무척 아꼈다.

1775년 어느덧 스물세 살이 된 세손에게 이미 여든 살이 넘은 영조는 대리청정(代理聽政)을 맡겼다. 벽파의 거센 반발이 있었지만, 영조는 자신의 뜻을 관철시켰다. 그리고 이듬해 여든셋의 나이로 세상을 떠났다.

왕위에 오른 정조는 먼저 자신이 사도세자의 아들임을 천명하여 노론 벽파의 가슴을 서늘하게 했다. 또한 사도세자를 장헌세자로 추존하고 벽파인 홍인한·정후겸 등을 귀양 보냈다. 그리고 힘들었던 세손 시절부터 자신을 안전하게 보필해준 홍국영을 도승지 및 숙위대장으로 삼고, 날랜 병사들을 뽑아 왕궁을 호위하게 했다.

정조에게 가장 필요한 것은 믿을 수 있는 새로운 인재들이었다. 정조는 규장각(奎章閣) 설치를 서둘렀다. 이곳에 많은 책을 보관하게 하고, 역대 왕의 문서와 서적들을 수집해 보관했다. 그리고 인

조선시대 규장각이 있던 창덕궁 주합루.

▶壯勇營 임금의 호위부대

재들을 모았다. 검서관(檢書官)이라는 직책을 만들어 기존의 정치 세력에 오염되지 않은 새로운 인재들을 등용하면서 박제가 등 서얼 출신들을 배치했다. 능력과 학식이 있어도 신분의 장벽에 벼슬길이 막혀 있던 서얼들에게 조정 진출의 길을 열어준 것이다.

규장각을 중심으로 임진자(壬辰字)·정유자(丁酉字)·한구자(韓構字) 등의 새로운 활자들이 만들어졌고, 《속오례의》·《증보동국문헌비고》·《국조보감》·《대전통편》·《문원보불》·《동문휘고》 등의 책이 편찬되었다.

그리고 자신의 독자적인 군사 기반을 마련하기 위해 장용영을 설치했다. 훈련도감이나 어영청·금위영 등 왕의 직속 군대가 이미 있었지만, 이들은 노론의 영향력 아래 있었다.

정조는 할아버지 영조의 뜻을 이어 탕평책(蕩平策)을 펼쳤다. 자신의 목숨을 위협했던 노론 벽파도 정치에서 완전히 배제하지는 않았다. 그러나 영조의 탕평과 정조의 탕평은 그 의미가 달랐다. 영조가 각 붕당에게 당파적 입장을 떠날 것을 요구했던 반면 정조는 각 붕당의 명분을 모두 인정했다. 노론·소론·남인 각각의 명분과 의리를 인정하면서 이들 간의 견제구도를 마련하고 그 위에 자신의 입지를 세우려 했다. 노론의 정신적 지주인 송시열을 높인 것도 이런 측면에서 이해될 수 있다.

그러나 학문적으로나 왕권의 우위를 주장하는 입장 등에서 정조는 남인학파와 가까웠고, 노론 중에서는 당시 북학사상을 형성하고 있던 젊은 학자들의 목소리에 귀를 기울였다. 실학파와 북학파의 장점을 수용하고 그 학풍을 장려하면서, 문화의 저변 확산을 꾀하여 중인 이하 계층의 위항문학도 적극 지원했다.

▶ 委巷文學, 중인·서얼·하급 관리와 평민들에 의하여 이루어진 문학

조선시대의 왕은 정기적으로 경연(經筵)에 참여해 학문이 높은 신하들로부터 교육을 받았는데, 정조는 역대 어느 왕보다 경연에 적극적이었다. 정조는 때로 신하들을 가르칠 정도로 학문적 능력을 갖춘 학자이기도 했다. 하루도 빠짐없이 책을 읽었다는 정조는 "내가 일찍이 독서하다가 밤중에 이르러 졸음이 오려 하는데 홀연히 들려오는 닭 우는 소리에 졸음은 사라지고 청명함이 되살아나 본심을 되찾았다"며 밤에 열린 경연에 참가해 졸음을 참고 있는 신하들을 독려했다는 일화가 전하기도 한다.

서얼들을 기용하고 조선시대 정치적·사회적으로 꺼려했던 서북 출신 이응거를 한성판윤에 삼는 등 소외된 사람들에게 조정의 문을 열고, 어느 임금보다 암행어사를 많이 파견했던 데서도 알 수 있듯이 지방 관리들의 부정을 막기 위해 애썼던 정조에 대해 일부 반대 세력을 제외하고는 성군이라는 칭송을 아끼지 않았다.

그러나 벽파의 견제는 여전히 만만치 않았다. 이들에 맞서기 위해 정조는 **채제공**을 앞세운다. 정조 17년 채제공이 중심이 되어 '영남만인소(嶺南萬人疏)'라는 상소를 올렸다. 이제 사도세자를 죽인 자들을 처벌하라는 내용이었다. 노론 벽파들은 크게 당황했고, 정국은 큰 소용돌이에 휩싸였다.

이때 정조가 중재에 나서, 채제공의 주장은 역적을 토벌하자는 것이 아니라 단지 윤리의 기강을 바로잡자는 것이라며 양쪽을 다 독거려 사태를 수습했다. 이러한 정치적 수완을 통해 정조는 노론 벽파에 대해 경고하고, 채제공을 중심으로 벽파에 맞서는 세력들을 결집해나갔다.

그리고 이 해부터 정조는 아버지 사도세자의 능이 있는 수원(화

성)을 새롭게 꾸미기 시작했다. 장용영을 내영·외영으로 재편하며 외영의 본영을 수원으로 삼고, 이듬해부터 수원성을 건설해 2년에 걸친 공사 끝에 완성했으며, 행궁을 설치한 뒤 자주 행차했다.

▶行宮, 임금이 바깥으로 거동했을 때 머무는 궁

이에 대해서는 두 가지를 추측해볼 수 있다. 정조가 화성으로 서울을 옮겨 새로운 정치·경제적 기반 위에서 국정을 운영하려 했다는 천도설과 왕위를 물려주고 상왕으로 은퇴한 뒤 수원에 머물면서 아들 순조로 하여금 자신이 할 수 없었던 사업을 추진시키려 했다는 상왕설이 그것이다.

자신이 할 수 없었던 사업이란 자신의 부모, 즉 사도세자와 혜경궁을 정식 왕과 왕비로 추존하는 일을 말한다. 정조 자신은 영조로부터 영조의 처분을 지킬 것을 부탁받았기 때문에 사도세자를 추존하는 사업을 할 수 없었다. 따라서 아들을 통해서 그 일을 하고, 자신은 어머니와 함께 아버지의 산소 옆을 지키며 살고 싶다는 지극히 개인적인 꿈을 갖고 있었다는 주장이 상왕설이다.

하지만 천도든 상왕이 되는 것이든 정조는 자신의 꿈을 이루지 못하고 마흔아홉의 나이에 갑작스럽게 세상을 떠나고 만다. 갑작스런 죽음이었기에 정조의 죽음이 독살이 아닌가 하는 의문은 그의 죽음 직후부터 영화로도 만들어진 이인화의 소설《영원한 제국》에 이르기까지 심심치 않게 등장했다. 그러나 독살의 명확한 증거는 알려진 바 없고, 기록에는 종기가 악화되어 죽었다고 전한다.

그의 죽음 뒤 열한 살의 순조를 대신한 **정순왕후**의 섭정이 이어지는데, 이는 벽파의 재집권을 의미한다. 남인은 천주교 박해를 계기로 몰락하고, 이후 순조의 친정을 계기로 안동 김씨의 세도정치가 시작된다.

▶世道政治, 조선 정조 이후, 세도가에 의하여 좌우되던 정치를 이르는 말

|평가|

정조에 대해서는 '탕평책으로 정치적 안정을 이끌어내고 문화의 중흥을 이룩한 군주'라는 교과서적 평가에다가 근래에 와서 '근대를 향해 개혁을 시도하다가 정치적 반대파에 의해 독살된 비운의 탕평군주'라는 소설적 평가가 덧붙여져 있다.

정조는 당대에나 현재에나 많은 아쉬움을 남기는 왕이다. 영조에 이어 탕평책을 펼치며 18세기 정치개혁과 문화중흥을 이끌었지만, 갑작스런 그의 죽음은 역사의 시계바늘을 되돌려놓고 만다. 정조가 추진했던 개혁들이 그의 사후 전면적으로 부정되었기 때문이다. 그 이유에 대해 오랜 전통을 가진 문벌 양반 출신들의 세력을 약화시키지 못했고, 제도개혁보다 실력주의에 입각한 점진적인 개혁을 표방했으며, 토지개혁과 상공업강화책을 사용하지 못했기 때문이라는 분석이 있다. 또한 정조가 직접 고른 며느리가 김조순의 딸이다 보니, 결과적으로 정조 스스로 안동 김씨 세도정치의 길을 열어놓은 셈이 되고 말았던 점도 아쉽다. 정조 대에 대사성 등을 지낸 이만수는 정조의 행장에 다음과 같이 썼다.

▶ 行狀. 사람이 죽은 뒤에 그의 행적을 적은 글

"왕은 하늘에서 타고난 총명과 슬기에다 너그럽고 인자하고 검소한 마음씨를 가졌다. ……이 세상의 갖가지 재주가 모두 왕의 쓰임이 된 것이다. ……바로 성인 중에도 더욱 성인이었던 것이다."

왕의 행장은 대부분 칭찬 일색이지만 이렇듯 극찬을 한 행장은 찾아보기 어렵다.

Tip

채제공 |
1720~1799. 영조 때 도승지로 있으면서 영조가 사도세자 폐위명령을 내리자 죽음을 무릅쓰고 건의하여 철회시켰다. 그 후 주요 관직을 두루 역임하고, 세손의 교육에 참여했다. 1776년 정조가 즉위하자 형조판서 겸 의금부판사로서 정조의 정책을 보필했다. 반대파의 공격을 받아 8년간 은거 생활을 하다가, 1788년 정조의 특명으로 우의정이 되었으며 그후 좌의정, 영의정을 지냈다. 죽은 뒤 1801년(순조 1) 노론 벽파에 의해 추탈관작되었다가 1823년에 신원되었다.

▶ 追奪官爵. 죽은 사람의 죄를 논하여 관직과 작위를 깎아 없애는 것

정순왕후 |
1745~1805. 영조의 계비. 정성왕후(貞盛王后)가 죽자 1759년(영조 35) 15세로 51세 연상인 영조와 결혼하여 왕비가 되었다. 친정이 노론의 중심가문이었음에 비해 사도세자는 소론에 기울어져 노론에게 비판적이었고, 그 내외가 어머니뻘인 자기보다 10세나 연상인 데서 빚어지는 갈등 때문에 1762년 영조가 사도세자를 뒤주에 가두어 죽이는 데 적지 않은 역할을 했다고 전해진다. 친정 인물들을 중심으로 하는 벽파가 정조 대에 시파와 대립하는 데 중요한 정치적 배경이 되었다.
1800년 순조가 열한 살의 나이로 즉위하자 수렴청정을 실시했는데, 스스로 여자국왕(女主·女君)을 칭하고 신하들도 그의 신하임을 공언하는 등 실질적으로 국왕의 모든 권한과 권위를 행사했다. 천주교를 탄압하고 남인들을 축출하는 등 정조가 수립한 정치질서를 부정했다.

연표

1752 ┃ 사도세자와 혜경궁 홍씨의 아들로 태어났다.
1759 ┃ (8세) 왕세손에 책봉되었다.
1776 ┃ (25세) 왕위에 올랐다. 규장각을 설치했다.
1792 ┃ (41세) 문체반정 운동을 벌였다.
1796 ┃ (43세) 화성을 완공했다.
1800 ┃ (47세) 갑자기 세상을 떠났다.

저서

《홍재전서》라는 184권 100책에 이르는 문집을 남겼다.

**정조에 대해
더 알고 싶을 때
보세요**

《이야기 인물한국사》, 이이화 지음, 한길사, 1993.
《영조와 정조의 나라》, 박광용 지음, 푸른역사, 1998.
《정조의 화성행차, 그 8일》, 한영우 지음, 효형출판, 1998.
《정치가 정조》, 박현모 지음, 푸른역사, 2001.
《63인의 역사학자가 쓴 한국사인물열전》, 한영우선생정년기념논총 간행위원회 엮음, 돌베개, 2003.

박지원

朴趾源

| **교과서에서 박지원이 나오는 부분** : 중학교 168쪽(6/1/3) · 고등학교 315쪽(6/4/2)

| **생몰연도** : 1737년(영조 13)-1805년(순조 5)
| **자** : 미중(美仲)/중미(仲美)
| **호** : 연암(燕巖)/연상(煙湘)/열상외사(洌上外史)
| **활동 분야** : 학문, 정치

|생애와 업적|

"근자에 문풍(文風)이 이렇게 된 것은 모두 박지원의 죄다.《열하일기》를 내 이미 익히 보았거늘 어찌 속이거나 감출 수 있겠느냐?《열하일기》가 세상에 유행된 후로 문체가 이같이 되었거늘 본시 결자해지인 법이니 속히 순수하고 바른 글을 한 부 올려《열하일기》로 인한 죄를 씻는다면 음직으로 문임 벼슬을 준들 무엇이 아깝겠느냐? 그러나 그렇게 하지 않는다면 무거운 벌을 내릴 것이다."

▶文任, 종2품 벼슬인 홍문관 또는 예문관 제학

1792년 정조는 당시 경박한 문체를 추종하는 사조의 책임을 박지원에게 돌렸다. 《열하일기》가 도대체 어떤 책이길래 그 책으로 인해 경박한 문체가 유행했다는 것일까? 그리고 박지원이 누구길래 순수하고 바른 글 한 편에 문임의 벼슬을 줄 수도 무거운 벌을 내릴 수도 있다고 한 것일까?

박지원은 노론 계열인 반남 박씨 집안으로 1737년(영조 13) 한성

반송방 야동에서 박사유의 2남 2녀 가운데 막내로 태어났다. 할아버지가 지돈녕부사(知敦寧府事)까지 역임했지만 청렴했고, 아버지는 벼슬길에 나가지 못한 채 일찍 죽어 가난한 어린 시절을 보냈다. 열여섯 살 되던 해 전주 이씨 가문에 장가를 들었는데 박지원이 그때까지 제대로 된 글공부를 한 적이 없다는 것을 안 장인은 직접 《맹자》를 가르쳤고, 이후 자신의 동생인 홍문관 교리 이양천에게 가르침을 받게 했다. 이때부터 처남인 이재성과 평생의 글벗으로 지내며 스무 살 무렵까지 학문에 몰두했다.

늦게 시작한 글공부였지만 20대 초반 당시 뛰어난 문장가이자 대제학이었던 황경원이 그의 글을 보고 "훗날 내 자리에 앉을 사람은 틀림없이 자넬 걸세!"라고 칭찬할 정도로 글재주가 뛰어났다. 〈양반전〉·〈광문자전〉·〈예덕선생전〉 등 세태를 풍자하는 아홉 편의 글을 지은 것도 스무 살 무렵의 일이다.

서른 살 즈음에는 오늘날의 탑골 공원인 백탑 근처로 이사하면서 이웃에 사는 유득공·박제가·이서구 등과 깊은 학문적 교류를 나누는데, 이들의 만남은 **북학파** 형성의 계기가 된다. 특히 홍대용과의 교류를 통해 박지원은 청나라의 문명을 접하고 신학문에 대해 관심을 갖기 시작했다. 선진 문화 수용론을 주장한 이들은 상업과 대외무역을 중시하고 수레·벽돌의 이용 등 새로운 기술을 도입할 것을 주장했다. 새로운 세상에 눈을 뜨는 이 시기에도 박지원의 생활은 이서구가 눈물로 한탄할 만큼 비참했다.

그러던 중 정조가 즉위하면서 **홍국영**이 득세하자 박지원은 가족을 데리고 한성을 빠져나와 사람이 거의 살지 않는 황해도 금천의 연암골짜기에서 숨어 살기까지 했다. 홍국영의 세도에 노론 벽파였던 박지원은 생명의 위협을 느꼈던 것이다. 이곳에서의 인연으로 박지원은 자신의 호를 연암이라 했다.

1780년 그에게 베이징 여행의 길이 열렸다. 간절히 바랐지만 감

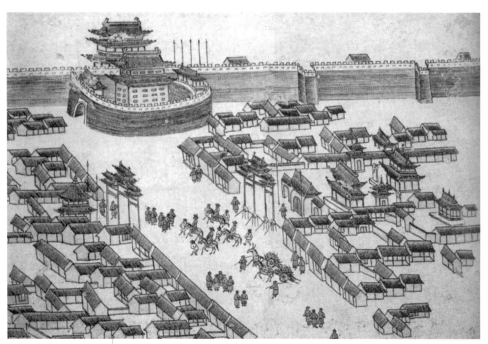

히 엄두 내지 못했던, 신학문을 직접 접할 수 있는 기회였다. 1780년 친척 형이었던 박명원이 청 황제의 칠순잔치를 축하하는 사절로 베이징에 갈 때 수행원으로 따라가게 된 것이다.

《열하일기》는 이때 보고들은 것을 정리한 책이다. 그러나 박지원은 이 책에서 단순히 중국 여행에서 얻은 새로운 문물의 소개와 감상뿐만 아니라 여러 방면에 걸쳐 당시의 사회 문제를 신랄하게 풍자해 조선 후기 문학과 사상을 대표하는 걸작을 만들어냈다. 박지원 스스로 "애초 후세에 전하려고 시작한 일은 아니었다"고 밝히고는 있지만, "그런데 누가 알았겠느냐? 책을 절반도 집필하기 전에 벌써 남들이 그걸 돌려가며 베껴 책이 세상에 널리 유포될 줄을"이라고 했듯이 이 책은 곧 사람들에게 선풍적인 인기를 끌었다.

그러나 그에 대한 평가는 극명하게 갈렸다. 청의 문명을 적극적으로 받아들이자는 혁신적 사상과, 옛 문체를 벗어던지고 일상 생활용어를 그대로 사용한 신선한 문체에 열렬한 지지를 보내는 사람들이 있었던 반면 극도의 반감을 표시하는 사람들도 있었다.

당시 사람들은 **육경**(六經)에 나오는 옛 글귀를 그대로 인용하는, 실제 현실에서 쓰는 언어와 동떨어진 난해한 문체를 사용하고 있었다. 문장은 중국 한나라의 방식을, 시는 당나라의 사조를 따라야 한다는 것이었다. 그러나 박지원은 "글이란 자기 의사를 표현하기만 하면 된다"며, 비어·속어·방언 등을 사용하고 사실적인 묘사를 자유분방하게 구사했다. 그러면서 "설사 반고나 사마천이 다시 살아온다 하더라도 과거의 자신들을 따르지는 않을 것이다"라고 주장했다.

▶ 班固 《한서》의 저자

▶ 司馬遷 《사기》의 저자

《열하일기》 이후 박지원은 유명 인사가 되었고, 그의 파격적인 사상과 문체에 심취한 진보적 선비들은 유행처럼 그를 본받았다. 이러한 흐름에 대한 정치적 반감의 표출이 바로 정조의 '문체반정'이다. 당시 노론은 서학을 이유로 남인을 공격하고 있었다. 문체반정은 이런 노론을 견제하기 위해 정조가 선택한 정치적 행동이었다. 박지원을 비롯해 그를 따르는 북학파 학자들이 대부분 노론 핵심 가문의 자제들이라는 것을 염두에 둔 정치 공세인 것이다. 또한 그러면서 박지원을 개혁주의자들의 막후 실력자로 인정하고 그를 자신의 정치 세력으로 끌어들이려는 포석이기도 했다.

정조의 뜻을 이해한 박지원은 옛 문체를 사용해 농업 관계서인 《진과농소초문》을 지어 바치고, 정조가 이를 받아들임으로써 문제는 해결되었다.

그 무렵 박지원은 경상남도 안의 현감으로 벼슬길에 올라 있었다. 과거에 뜻이 없었던 박지원은 젊은 시절 초중장에서 모두 장원을 하고도 최종시험에 답안지를 내지 않고 나오는 등 벼슬길을 경계했다. 그러다 50세가 되어서야 음직으로 종9품에 해당하는 선공감 감역(繕工監監役)이라는 관직에 나아갔다. 당시 정조의 신임을 받던 규장각이 박지원을 영수로 하는 북학파 인물들로 거의 채워

북학파의 대표적 학자였던 박지원

져 있었으니, 박지원을 조정으로 끌어들이려는 움직임이 어느 때보다 강하기도 했지만, 스스로도 자신의 학문적 이념을 국가정책에 반영할 수 있는 환경이 조성되었다고 판단했던 듯하다.

이후 그는 사복시 주부, 사헌부 감찰, 제능령, 한성부 판관을 거쳐 안의 현감으로 나아갔고, 그곳에서 선정을 베풀어 정조에게 "다스림에 있어 지극히 선량하다"는 치하를 받기도 했다. 안의 현감의 임기를 마치고 잠시 쉬었다가 예순에 면천 군수에 임명되고, 이듬해 양양 부사가 되었지만 정조의 갑작스런 죽음 뒤 늙고 병들었음을 이유로 사직하고 한성으로 돌아왔다. 관직에 머물 당시 정조의 명으로 《과농소초》·《한민명전의》 등을 지었다. 이후 중풍으로 고생하다 1805년 10월 20일 예순아홉의 나이로 세상을 떠났다.

|평가|

박지원은 생전에 공식적인 인정을 받지는 못했다. 높은 식견과 뛰어난 문학성을 높이 평가한 사람들이 있던 반면 강한 기상과 타협하지 않으려는 성품 때문에 오해와 비난도 많이 받았다.

그의 문집이 처음으로 간행된 것은 사후 100년이 지난 1900년이었다. 손자 박규수가 우의정을 지내면서도 발간하지 못할 만큼 그의 사상은 급진적이었고 따라서 위험했다.

명나라에 대한 의리론과 청나라에 대한 북벌론이 지배적인 시대상황에서 그는 청나라의 기술 문명을 과감하게 수용하자고 주장했다. 그리고 농업 중심의 사회에서 상업과 대외무역을 중시하며 새로운 기술 도입을 외쳤다. 또한 당시 사회 문제가 되고 있던 대지주의 토지 집중화 현상을 막기 위해 일종의 토지 소유 상한제인 한전법(限田法)을 주장했다.

그가 일궈놓은 북학사상은 19세기 김정희에 의해 학문적으로 성숙되고, 19세기 후반 개화기에 동도서기론 형성의 사상적 바탕이 되었다.

▶ 東道西器論, 정신문명은 기존의 조선의 것을 지키되 물질문명은 서양의 것을 수용하자는 논리

구한말 문장가 김윤식은 "그의 문장은 천마가 하늘을 나는 것 같아 굴레를 씌우지 않았건만 자연스럽게 법도에 다 들어맞는다. 그러므로 그의 문장은 문장 가운데 으뜸이라 할 만하며, 후생이 배워서 이룩할 수 있는 것이 아니다"라고 극찬했다.

홍국영| 1748~1781. 1771년 문과에 급제해 승문원 부정자를 거쳐 시강원 사서가 되면서 당시 세손이던 정조와 인연을 맺었다. 그 무렵 세손은 정적들에 둘러싸여 위태로운 처지였다. 정조가 즉위한 홍국영은 병권을 장악했을 뿐 아니라 도승지까지 맡아 국정을 좌우했다. 약 3년간 홍국영의 세도정치를 묵인하던 정조는 홍국영이 왕위계승까지 좌지우지하려 하자 축출했고, 홍국영은 화병을 얻어 죽었다.

육경| 《시경》·《서경》·《예기》·《악기》·《역경》·《춘추》의 여섯 가지 경서. 《장자》의 천운편(天運篇)에 공자가 노자(老子)에게 한 말 가운데 공자가 육경을 공부한 유래가 적혀 있다. 육경의 명칭이 보이는 것은 이것이 처음이다. 공자시대에는 《시경》·《서경》·《예기》·《악기》가 사대부의 교양을 위해 필수적인 학습내용이었으나, 후세에 《역경》·《춘추》가 추가되어 육경이 된 듯하다.

북학파| 영·정조 때 청나라의 학술과 문물을 배우려 한 학자들의 학문경향을 말한다. 병자호란 후 조선에서는 오랑캐 청에 대해 복수하고자 '북벌'을 주장하고 청의 문물을 배척하는 분위기가 강했다. 그러나 영·정조 대 일부 학자들은, 청나라의 문물이 선진 문화임을 인정하고 받아들이자는 '북학'의 주장을 폈다. 이들을 북학파라 한다. 홍대용·박지원·박제가 이덕무 등이 대표적인 인물들이다. 청나라의 문물과 학술을 배우자는 북학론의 대표 저서로는 홍대용의 《의산문답》, 박지원의 《열하일기》, 박제가의 《북학의》 등이 있다.

저서

저서로 《열하일기》, 작품으로 〈허생전〉, 〈민옹전〉, 〈광문자전〉, 〈양반전〉, 〈김신선전〉, 〈역학대도전〉, 〈봉산학자전〉, 〈호질〉 등이 있다. 그외 시가 42수 전한다. 당시 교유한 문인들의 문집들을 통해 볼 때 더 많은 작품이 있었던 듯하나 전하지 않는다.

박지원에 대해 더 알고 싶을 때 보세요

《나의 아버지 박지원》, 박종채 지음, 박희병 옮김, 돌베개, 1998.
《우리가 정말 알아야 할 우리 선비》, 정옥자 지음, 현암사, 2002.
《인물로 보는 조선사》, 김형광 지음, 시아출판사, 2002.
《63인의 역사학자가 쓴 한국사인물열전》, 한영우선생정년기념논총 간행위원회 엮음, 돌베개, 2003.
《열하일기》, 박지원 지음, 리상호 옮김, 보리, 2004.
《고추장 작은 단지를 보내며─연암 박지원이 가족과 벗에게 보낸 편지》, 박지원 지음, 박희병 옮김, 돌베개, 2005.

서민들의 생생한 삶과 음지의 여성들을 화폭에 담은
풍속화의 양대 거장

김홍도와 신윤복

金弘道

| 교과서에서 김홍도가 나오는 부분 : 고등학교 325쪽(6/4/4)

| 생몰년도 : 1745년(영조 21)-?
| 자 : 사능(士能)
| 호 : 단원(檀園)/단구(丹邱)/서호(西湖)/고면거사(高眠居士)/취화사(醉畵士)/첩취옹(輒醉翁)
| 활동 분야 : 미술

김홍도와 신윤복은 조선 후기 풍속화를 대표하는 화가들이다. 일상적인 삶의 모습을 화폭에 담는 풍속화의 역사를 거슬러 올라가면 고구려 벽화까지 언급할 수 있겠지만, 18세기와 19세기 김홍도와 신윤복에 이르러 그 절정을 꽃피웠다고 할 수 있다.

비슷한 시기에 살았고, 당시 사람들의 살아 있는 삶을 표현한다는 비슷한 주제 의식을 갖고 그림을 그렸으며, 현재에는 조선 후기 회화의 양대 거장으로 손꼽히지만, 두 사람에 대한 당대의 평가는 엇갈렸다. 김홍도는 도화서에 들어가 영조와 정조의 총애를 받으며 한 시대 최고의 화가로 이름을 높였던 반면, 신윤복은 기록이 거의 전하지 않는 것으로 보아 주류 사회에서 밀려나 있었던 듯하다. 전하는 이야기에 따르면 신윤복도 도화서 화원이었으나 쫓겨났다고 한다. 왕의 초상화를 그린 화가와 도화서에서 쫓겨난 화가. 이들이 생존시에 처했던 상황이다.

▶圖畵署, 조선시대 그림 그리는 일을 관장한 관청

申潤福

| 교과서에서 신윤복이 나오는 부분 : 고등학교 325쪽(6/4/4)

| 생몰년도 : 1758년(영조 34)-?
| 자 : 입부(笠父)
| 호 : 혜원(蕙園)
| 활동 분야 : 미술

　　김홍도는 1745년 태어났다. 그의 증조부가 만호를 역임했다는 사실만 전해질 뿐 어떠한 집안의 자손으로 태어났는지 일절 전하지 않는 것으로 보아 원래 무반이었다가 중인으로 전락한 집안에서 태어난 듯하다. 그림과 아무 연관 없는 집안에서 태어난 김홍도가 당대의 화가로 성장할 수 있었던 것은 강세황이라는 훌륭한 스승을 만난 덕분이었다.

　　뛰어난 문인화가였고 최고의 평론가였던 강세황의 집에 "젖니를 갈 나이부터 드나들며" 그림을 배웠는데, 강세황은 김홍도의 천재성을 발견하고 "그림 그리는 사람은 대체로 천과 종이에 그려진 것을 보고 배우고 익혀서 공력을 쌓아야 비로소 비슷하게 할 수 있는데, 단원은 독창적으로 스스로 알아내어 교묘하게 자연의 조화를 빼앗을 수 있는 데까지 이르렀으니, 이는 천부적인 소질이 보통 사람보다 훨씬 뛰어나지 않고서는 될 수 없는 일이다"라고 칭찬했다. 이후 강세황은 세상을 떠날 때까지 김홍도의 지지자이자 예술적

▶畵員, 도화서에 소속되어 그림 그리는 사람

동반자가 되어주었다. 김홍도가 스무 살의 나이에 도화서의 화원으로 들어간 것도 강세황의 추천으로 이루어졌을 것이라 추정된다. 1765년 도화서의 화원이 된 김홍도는 영조의 재위 40년 축하 잔치를 기념하는 병풍 그림을 그린다. 스물한 살의 어린 나이에 임금의 큰 잔치 그림을 홀로 그렸다는 것은 그가 얼마나 능력 있는 화원으로 인정받고 있었는지 보여준다.

그리고 1773년 스물아홉 살의 김홍도는 영조의 어진과 왕세자의 초상을 그리며 그의 그림 인생에 중요한 인연을 또 한 사람 만난다. 뒷날 정조가 되는 왕세자는 당시 김홍도의 솜씨가 마음에 들었던 듯하다. "김홍도는 그림에 공교로운 자로서 그 이름을 안 지가 오래이다. 30년 전에 초상화를 그렸는데 이때부터 무릇 화사(畵事)에 속한 일은 김홍도로 하여금 주관하게 했다"는 글을 남긴 바 있듯이 이후 정조는 김홍도가 역량을 최대한 발휘하도록 도와주는 후원자가 된다.

30대에 김홍도는 이미 그림으로 높은 이름을 얻고 있었다. "그림을 구하는 자가 날마다 무리를 지으니 비단이 더미를 이루고 찾아오는 사람이 문을 가득 메워 잠자고 먹을 시간도 없을 지경이었다." 이 무렵 김홍도는 주로 〈군선도〉·〈해상군선도〉·〈선동취적〉 등의 신선도와 〈서원아집도〉·〈모당 홍이상의 평생도〉 등의 인물화, 그리고 〈서당〉·〈씨름〉·〈타작〉·〈우물가〉 등의 풍속화를 많이 그렸다.

그 가운데서도 풍속화는 인물의 생동감 있는 묘사와 각 장면의 극적인 구성이 보는 이들을 매료시켰다. 그의 풍속화에 등장하는 인물들은 대부분 일하는 백성들이다. 대장간에서 연장을 만들거나 집을 짓는 장인들, 밭을 갈고 꼴을 베는 사람, 물을 긷고 빨래하는 사람, 장사하는 상인들의 모습 등 서민들의 정서와 삶에 밀착된 그림들을 역동적으로 그려냈다. 이러한 풍속화들은 왕도 즐기게 되어 화원 시험의 한 과목이 되었다. 이렇듯 김홍도의 이름을 있게 한 것은 풍속화였지만, 산수화·화조화·미인도 등에서도 김홍도는 빼어난 작품을 남겼다.

김홍도는 서른일곱 살이던 1781년 정조의 초상을 그리고, 그 상으로 경상도 안동의 안기찰방(安奇察訪) 벼슬을 받았다. 그에 대해 강세황은 "나라에서 기술자(중인)를 등용한 것이 본시 여간해서 없던 일이며 단원은 서민으로서 최고의 영광을 누린 것이다"라고 기록했다. 비록 종6품의 말직이기는 했지만, 화원으로서 누리기 어려운 영광이었다.

벼슬살이를 하고 돌아온 40대의 김홍도는 화조화·기록화 등을 주로 그렸다. 1788년에는 정조의 명으로 김응환과 함께 금강산 등 영동 일대를 기행하며 그곳의 명승지를 그렸고, 그 이듬해 사신을 따라 중국 베이징에 갔다는 기록도 찾아볼 수 있다. 그리고 정조가 아버지인 사도세자의 묘를 화성으로 모시며 현릉원을 건설할 때 현릉원의 원찰인 용주사의 후불탱화 제작에 참여해, 조선 후기 불화의 명작 중 하나를 남기기도 했다. 그리고 1791년, 다시 정조의 초상을 그리는 작업에 참여해, 그 상으로 충청도 연풍 현감에 제수

▶後佛幀畵, 천이나 종이에 그린 뒤 족자나 액자를 만들어 거는 대형 불교 그림을 탱화라 하는데, 그 가운데서도 본존불의 신앙적 성격을 구체적으로 묘사하는 것이 후불탱화임

김홍도가 문사들과 어울려 풍류를 즐기는 광경을 그린 〈오원아집도〉.

되었다. 중인 신분으로 오를 수 있는 최고 직책에 오른 것이다.

　그러나 만 3년 뒤 "남의 중매나 일삼으면서 백성을 학대했다"는 충청 위유사(慰諭使) 홍대협의 보고로 연풍 현감 자리를 내주고 돌아온 김홍도는 다시 그림에 전념해 산수·화조·인물화 등에서 명작들을 쏟아냈다. 이렇듯 많은 그림을 그렸고 당대 최고의 화가로 이름이 높았지만, 그의 삶은 항시 어려웠고, 건강이 좋지 않았다. 병고와 생활고에 시달리다가 여생을 마친 김홍도가 환갑(1805년)까지 그림을 그렸음은 알 수 있지만, 정확히 몇 년에 사망했는지는 아직 확인되지 않았다.

　신윤복의 삶은 김홍도의 삶만큼도 알려져 있지 않다. 김홍도가 일찍부터 이름을 얻고 화원에 소속돼 있다가 벼슬살이도 했던 반면, 신윤복은 양반 사회와 단절된 공간에서 활동했는지 그림 이외에 남아 있는 문헌자료가 거의 없다. 1759년 도화서의 유명한 화원인 신한평의 아들로 태어났다는 것 정도만 알려져 있을 뿐이다. 신한평은 영조·정조·순조 초년까지 궁중의 화원으로 활동했으며 초상화와 속화에 빼어났다는 평가를 받는 인물로, 김홍도가 영조와 정조의 초상을 그릴 때 함께 작업했던 사람이다. 한편, 신윤복이 너무 비속한 그림을 그렸다는 이유로 도화서에서 쫓겨났다는 말이 전하기도 하는데, 그럴 가능성이 없는 것은 아니지만 확실한 근거가 있는 것도 아니다.

신윤복이 그린 〈생황부는 여인〉. 신윤복은 주로 여인들의 모습을 담은 풍속화를 그렸다.

대대로 도화서 출신이었던 가문에서 태어난 만큼 신윤복이 그림을 시작한 것은 매우 자연스런 일이었을 것이다. 그러나 신윤복은 김홍도의 그늘 때문인지 아버지의 그늘 때문인지 모르나 당시 별다른 명성을 얻지 못했다. 권력이나 조정의 영향력에서 벗어나 서민들 속에 살며 자유롭게 그림을 그렸다. 그럼으로써 오히려 기존의 화풍과 다른 독창적인 화풍을 창조할 수 있었다.

산수화도 그렸지만 신윤복이 주로 그린 것은 풍속화였다. 전통적인 조선 여인의 모습을 그린 〈여인도〉, 단오날 물가에서 목욕하는 여인들과 이를 훔쳐보는 남자들을 그린 〈단오풍정〉, 주모와 얘기를 나누는 남정네들을 그린 〈주막〉 등이 그의 대표작이다. 비록 당시에는 인정받지 못했지만, 독창적인 그의 작품은 후대에 그 가치를 인정받아, 풍속화하면 김홍도와 함께 누구나 그의 이름을 떠올린다.

김홍도와 신윤복의 풍속도가 쌍벽을 이룬다지만, 이들의 그림은 두 사람의 삶만큼이나 달랐다.

우선 김홍도가 서민의 생활을 묘사했다면, 신윤복은 양반과 기녀를 중심으로 남녀 간의 애정을 다룬 소재를 많이 선택했다. 일하는 백성의 모습을 그려도 김홍도는 주로 일하는 남성들을 그리고 여자를 그려도 대개 시골 여성이었는 데 반해 신윤복은 도시 여성을 그린 것이 많고, 대개 사회적으로 천대받는 음지의 여성들을 그렸다. 양반의 첩, 하녀, 기녀, 주모 등이 신윤복의 그림에는 자주 등장한다. 그때까지 여느 화가들의 눈길이 닿지 않던 곳이다.

또한 표현 기법을 살펴보면, 김홍도의 필치는 매우 강하고 빠르지만 신윤복의 인물은 여리고 부드럽다. 화면 구성에서 김홍도는 배경을 생략한 반면, 신윤복은 반대로 주변 배경을 치밀하게 묘사했다.

이렇듯 서로 개성이 뚜렷한 그림을 그렸지만, 김홍도와 신윤복으로 인해 조선시대 그림은 백성들의 일상생활을 본격적으로 담아내기 시작했다.

더 알고 싶을 때 보세요

| 김홍도 |
《화인열전》 2, 유홍준 지음, 역사비평사, 2001.
《단원 김홍도》, 오주석 지음, 열화당, 2004.
www.danwon.org 단원미술제

| 신윤복 |
《조선 사람들, 혜원의 그림 밖으로 걸어나오다》, 강명관 지음, 푸른역사, 2001.

정약용

丁若鏞

│ **교과서에서 정약용이 나오는 부분 : 중학교** 167쪽(6/1/3) · **고등학교** 314쪽(6/4/2)/320쪽(6/4/3)/323쪽
(6/4/4)

│ **생몰년도** : 1762년(영조 38)−1836년(헌종 2)
│ **호** : 다산(茶山)/여유당(與猶堂)/사암(俟菴)/자하도인(紫霞道人)/탁옹(籜翁)/태수(苔叟) 등
│ **자** : 미용(美庸)
│ **시호** : 문도(文度)
│ **활동 분야** : 정치, 문학

|생애와 업적|

1800년 6월 고향 마재로 돌아와 오랜만에 한가한 시간을 보내고 있던 정약용은 하늘이 무너지는 소식을 들었다. 불과 보름 전만 해도 아전을 통해 책을 보내며 안부를 물었던 정조의 갑작스런 승하 소식에 부랴부랴 한성으로 달려가며 목 놓아 울었다.

정약용에게 정조는 단순히 군주가 아니었다. "정조대왕께서 총애해주시고 칭찬해주심이 동렬(同列)에서 넘어섰다. 앞뒤로 상을 받고, 서책, 말, 무늬 있는 짐승 가죽, 진귀한 여러 물건을 내려주신 것은 이루 다 기록할 수가 없다. 기밀에 참여하여 듣도록 허락하시고 생각한 바가 있어서 글로 조목조목 진술하여 올리면 모두 즉석에서 윤허해주셨다"고 스스로 기록해놓은 것처럼 뜻을 같이한 동지였고, 학문적 동반자였으며, 정약용에게 쏟아지는 노론 벽파의 모든 공격을 막아주던 든든한 울타리였다.

실학의 집대성을 이루었다고 평
가받는 다산 정약용.

정약용과 정조가 처음 만난 것은 1783년 세자 책봉을 축하하기 위한 증광감시(增廣監試)에 정약용이 합격했을 때였다. 몇 년생이냐는 정조의 물음에 정약용은 임오년생이라 대답했다. 정약용이 태어난 1762년은 정조의 아버지인 사도세자가 뒤주에 갇혀 죽은 해이다. 정조 그리고 사도세자와 정약용의 인연은 이렇게 시작되었다.

정약용은 그해부터 성균관에 들어가 공부를 시작했다. 이듬해 정조는 성균관 유생들에게 《중용》에서 의문 나는 점 70여 항목을 뽑고는 이에 답하라는 과제를 내렸다. 정약용은 친구였던 **이벽**과 상의해 과제물을 제출하는데, 이 대답에 대해 정조는 "유독 이 답안만 특이하니 반드시 식견 있는 선비이다"라며 칭찬했다. 이후 정조는 정약용의 강력한 후원자가 된다.

당시 정조는 성균관 유생들 가운데 성적이 우수한 사람들에게 규장각에서 발행한 책을 하사하곤 했는데, 시험마다 수석을 놓치지 않았던 정약용은 너무나 많은 책을 받아 나중에는 더 이상 받을 책이 없을 정도였다. 그러나 남인 계열의 정약용은 당시 실권을 잡고 있었던 노론의 견제를 받았던지 대과에는 네 번이나 낙방하다가, 남인 지도자 채제공이 우의정이 된 다음 해(1789년)에서야 비로소 차석으로 급제했다.

종7품으로 관직 생활을 시작한 정약용은 곧 규장각의 초계문신에 선발되어 정조를 보좌할 관료 집단으로 성장해갔다. 관직에 진출한 해, 정약용은 정조의 명을 받아 한강의 배다리를 설계했다. 대형 배 80여 척을 연결하고 그 위에 판자를 놓아 만든 이 배다리는 정조가 사도세자의 묘가 있는 화성으로 행차할 때 사용할 것이

▶抄啓文臣, 규장각에 특별히 마련된 교육 및 연구 과정을 밟는 문신들

었다. 서학(西學) 책을 통해 서양 과
학에 대한 지식을 습득하고 있었던
정약용은 이 임무를 완벽하게 수행
했고, 정약용에 대한 정조의 신임은
더욱 깊어졌다.

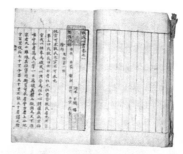

그러나 정조의 신임을 받는 정약
용에 대한 노론의 견제는 점점 심해
졌다. 예문관에 들어가기 위한 시험
에 급제해놓고도 정약용은 사퇴할
수밖에 없었다. 여러 차례 다시 불렀
는데도 끝내 정약용이 나아가지 않
자 정조는 정약용을 충청도 해미로
귀양을 보냈다. 그러나 귀양은 열흘

18년간의 기나긴 유배 생활 동안
정약용이 쓴 수많은 책들 중의
하나인 《목민심서》. 수령이 백성
을 다스리는 도리에 대해 썼다.

로 끝나고, 돌아오는 길에 정약용은 온양에서 사도세자가 머물던
당시의 얘기를 듣고, 방치되어 있던 사도세자의 유적을 정비했다.
이 소식을 들은 정조는 크게 기뻐했지만, 정약용을 보는 노론의 눈
은 점점 사나와지고 있었다.

다시 관직에 복귀한 정약용은 사헌부 지평, 훈련원 감찰을 거쳐
홍문관 수찬에 임명된다. 그러나 1792년 아버지의 별세 소식에 사
직하고 낙향하는데, 이 무렵 사도세자가 묻혀 있는 화성에 성을 쌓
기로 한 정조는 여막살이를 하고 있는 정약용에게 화성의 설계도
를 맡긴다. 정약용은 화성을 쌓는 규제(規制)에 대해 〈성설〉을 집필
했으며, 수원성의 자세한 설계와 함께 거중기(擧重機) · 유형거(遊衡
車) 등을 제안했다. 또한 백성들을 강제로 동원해 일을 시키는 대
신 임금을 주고 일꾼을 모집하고, 그 가운데서도 일을 잘하는 사람
에게는 더 많은 임금을 주자는 획기적인 제안을 했다. 정조는 정약
용의 제안을 전면 수용하여 수원성을 짓고 화성이라고 명명했다.

▶ 부모상을 당하여 묘소 옆
에 짚으로 막사를 짓고 머
물며 묘소를 돌보는 일

3년상을 마친 정약용은 왕의 특명을 받고 암행어사로 경기도 연천 일대를 순찰했는데, 경기도 관찰사 서용보의 부정과 축재를 고발했다. 파직된 서용보는 이후 다시 관직에 복귀해 정승의 반열까지 오르며 기회가 있을 때마다 정약용을 탄핵하고 궁지에 몰아넣었다.

어사의 임무를 무사히 마친 정약용을 정조는 채제공과 이가환의 뒤를 이어 국정을 이끌 인물로 키워갔다. 그러나 이 무렵 천주교 선교를 위해 몰래 들어와 있던 청나라 신부 주문모가 체포되는 사건이 발생한다. 정약용은 천주교인은 아니었지만, 그의 형인 정약종, 친척인 이승훈과 황사영 등이 모두 천주교인이었고, 그도 서학 책을 접한 적이 있었다. 노론은 이를 약점으로 그를 계속 공격했다. 정약용은 좌천되었다가 복귀되고, 다시 황해도 곡산 부사로 좌천된다. 노론의 화살을 피해 있는 동안 정약용은 백성의 입장에서 백성을 보살피는 데 최선의 노력을 기울였다. 이러한 경험이 훗날 《목민심서》를 저술하는 바탕이 된다. 곡산에 있는 동안 천연두가 창궐하자 《마과회통》이라는 의학서를 만들어 보급하기도 했다.

2년여 동안의 지방 근무를 마친 뒤 중앙 관직에 복귀해 형조참의에까지 올랐으나 또다시 서학과 관련해 집중 공격을 당하자 정약용은 자신의 입장을 해명하는 〈자명소〉를 제출하고 낙향해 있었다. 그렇게 있던 중 정조의 갑작스런 죽음으로 서른아홉의 정약용은 반대파의 공격 앞에 무방비로 내몰린다. 열한 살의 순조를 대신해 정순왕후가 수렴청정을 하면서 정권은 다시 노론 벽파가 잡게 되고 이들은 천주교를 내세워 남인들을 철저하게 탄압하기 시작했다.

결국 **신유사옥**(1801년)으로 이가환 · 이승훈 · 정약종 등이 처형당하고, 정약용은 경상도 장기로, 둘째 형 정약전은 전라도 신지도로 유배된다. 얼마 뒤 다시 조카사위인 황사영이 조선 교회에 대한 박해 사실을 적은 밀서를 베이징의 주교에게 전하려다 발각되는 황사영 백서 사건이 터져, 다시 정약용과 정약전은 죽음 앞에 서지만, 예전의 공적이 인정되어 간신히 죽음만은 면하고 정약용은 강진으로 정약전은 흑산도로 기나긴 유배 길에 올라야 했다.

18년에 이르는 길고 힘든 유배 생활 동안 정약용은 학문에 정진해, 그의 업적 대부분이 이 시기에 이루어졌다. 국가 행정 기구 및 제도, 그리고 토지 · 조세 문제에 이르기까지 방대한 내용을 담고 있는 《방례초본》(뒤에 《경세유표》라 불림) 40권, 지방관의 청렴한 자세를 강조하고 백성들의 고통을 폭로하며 그 해결 방법을 제시한 《목민심서》 48권을 비롯해 수십 권의 책을 저술하며 어려운 시기를 견뎠다.

《목민심서》를 완성하던 무렵 귀양이 풀려 고향 마재로 돌아왔다. 《자산어보》를 저술한 형 정약전은 흑산도에서 이미 숨을 거둔 뒤였다.

고향에 돌아온 다음에도 정약용은 연구와 집필에 몰두했다. 재판제도와 각 지방의 관습을 기록한 《흠흠신서》 30권을 완성한 것은 귀양에서 돌아온 이듬해(1819년)의 일이다. 몇 차례 벼슬의 기회가 있었지만 사양하고 인근의 학자들과 교유하며 학문에 열중하다 1836년 2월 22일 마재 본가에서 눈을 감았다. 18년 유배 생활 뒤 다시 18년을 고향에서 더 산 다음이었다.

|평가|

흔히 정약용을 '실학의 집대성자'라고 말한다. 그는 이익에서 유형원으로 이어지는 학통을 계승하며 19세기 초 실학파의 철학적 입장을 확립했다. 또한 정약용은 "개혁이 아니면 죽음이 있을 뿐이다"라는 문장을 자주 언급했던 개혁사상가였다. 백성이 스스로의 힘으로 왕을 뽑아야 하며, 농민이 자신의 땅을 책임지고 경작하여 그 수확의 일정한 양을 세금으로 바쳐야 한다는 사상을 갖고 있었다. 이러한 급진적인 생각에 대해 현대의 학자들은 정약용의 사상이 근대성의 문턱을 넘어왔다고 평가한다.

정치·경제적인 개혁을 주장한 데 그치지 않고 이러한 개혁이 가능하려면 새로운 정신과 새로운 윤리가 근본이 되어야 한다고 판단한 정약용은 경학 연구에도 많은 정열을 쏟았다. 주자학의 세계를 극복하기 위해 공자와 맹자의 원시유학으로 돌아가려 했으며, 원시유학의 소재가 되었던 주례나 삼경의 세계까지 그의 학문은 거슬러 올라갔다. 그렇게 함으로써 주자학적 세계, 중세적 세계에서 해방시킬 수 있는 길을 찾았다. 이러한 그의 개혁적인 사상은 개혁을 외치고 있는 21세기에 다시금 조명을 받고 있다.

▶周禮, 유교 경전의 하나로 주나라의 관제를 기록한 책
▶三經, 《시경》·《서경》·《역경》의 총칭

이벽| 1754(영조 30)~1786(정조 10). 조선 후기의 학자. 이익을 스승으로 하는 남인학자의 일원이었으며, 이가환·정약용·이승훈·권철신 등과 깊은 교유관계를 맺었다. 청나라에서 들어온 서학서를 깊이 연구하고 천주교 신자가 되었다. 최초의 세례교인 이승훈의 스승이다. 그러나 아버지의 결사적인 반대에 부딪혀, 자살했다고도 하고, 페스트에 걸려 죽었다고도 한다.

신유사옥| 1801년 정월 나이 어린 순조가 왕위에 오르자 섭정을 하게 된 정순왕후는 사교(邪教)·서교(西教)를 엄금하라는 명령을 내렸다. 이로 인해 주문모를 비롯한 천주교도와 진보적 사상가 약 100명이 처형되고 약 400명이 유배되었다. 이 사건을 신유사옥이라 하는데, 이 사건은 급격히 확대된 천주교세에 위협을 느낀 지배 세력의 종교탄압인 동시에, 이를 구실로 노론 등 집권 보수 세력이 정치적 반대 세력인 남인을 탄압한 권력다툼이었다.

1762	6월 16일 정재원(丁載遠)과 해남 윤씨 사이에서 태어났다.
1783	(22세) 초시에 합격하고 회시에 생원으로 합격해 성균관에 들어갔다.
1789	(28세) 전시에 급제해 벼슬길에 올랐다.
1792	(31세) 아버지 상을 당해 여막살이를 하면서 정조의 명으로 〈수원성제〉, 〈기중가도설〉을 지었다.
1801	(40세) 신유박해로 경상도 장기로 유배갔다가 황사영 사건으로 다시 전라도 강진으로 유배갔다.
1811	(50세) 홍경래의 난이 일어났다.
1818	(57세) 《목민심서》를 완성했으며 귀양이 풀려 고향에 돌아왔다.
1831	(70세) 천주교 조선 교구가 설치되었다.
1836	(75세) 마재 자택에서 세상을 떠났다.

저서

정약용의 저서들은 필사본으로 전해지다가 1930년대에 와서 처음으로 간행되었다. 그의 서거 100주년을 기념해 154권 76책으로 《여유당전서》가 간행된 것이다. 이 안에 《목민심서》, 《경세유표》, 《흠흠신서》 등의 정법집, 《강역고》, 《대동수경》 등의 지리집, 《마가회통》 등의 의학집, 《논어고금주》, 《맹자요의》, 《시경강의》, 《주역사전》 등의 경전주석서 등과 함께 2,000여 편의 시가 수록되어 있다.

정약용에 대해 더 알고 싶을 때 보세요

《역사의 길목에 선 31인의 선택》, 역사학자 18인 지음, 푸른역사, 1999.
《우리가 정말 알아야 할 우리 선비》, 정옥자 지음, 현암사, 2002.
《인물로 보는 조선사》, 김형광 지음, 시아출판사, 2002.
《정약용과 그의 형제들》, 이덕일 지음, 김영사, 2004.
www.edasan.org 다산연구소
www.tasan.or.kr 다산학술문화재단

홍경래

洪景來

| 교과서에서 홍경래가 나오는 부분 : 중학교 178쪽(6/2/2) · 고등학교 235쪽(5/4/4)

| 생몰년도 : 1771년(영조 47)-1812년(순조 12)
| 활동 분야 : 정치

|생애와 업적|

　"평서대원수가 급히 격문을 띄우니 우리 관서의 어르신네들과 자제들, 공사의 노비들은 모두 이 격문을 들으시오. ……조정에서는 서쪽 땅 버리기를 썩은 땅과 다름없이 했고 심지어 권세 있는 집 노비들도 서쪽 사람을 보면 반드시 평안도 놈이라고 일컫는다. ……현재 나이 어린 임금이 위에 있어서 권세 있는 간신배가 날로 기승을 부려 김조순 · 박종경의 무리가 국권을 농간하고 있다. ……다행히 세상을 구할 성인이 청북 선천 검삼 일월봉 아래 군왕포 위 가야동 홍의도에서 탄생하셨으니 ……절대로 요동하지 말고 성문을 활짝 열어 우리 군대를 맞으라. 만약 어리석게도 항거하는 자가 있으면 철기 5,000으로 밟아 무찔러 남기지 않으리라."

　1811년 12월 18일 어둠이 내릴 무렵, 붉은 수건을 머리에 매고 흰 베를 허리에 감은 1,000여 명의 병력 앞에서 김창시는 격문을

▶ 平西大元帥, 홍경래를 말함

읽어 내려갔다. 그 옆에는 평서대원수로 추대된 홍경래와 총참모 우군칙이 비장한 얼굴로 서 있었다.

10여 년을 준비한 거사였다. 홍경래가 가슴에 한을 품고 세상을 떠돌기 시작한 첫 해(1800년), 최고의 동지이자 책사인 우군칙을 만나 의기투합한 지 어언 10년의 세월이 지났다.

일반적으로 홍경래의 난은 평안도 차별이라는 사회적 악습에서 비롯되었으며, 홍경래는 비록 몰락하여 가난했다고는 하나 양반의 자제였다고 알려져 왔다. 어려서부터 대담하고 힘이 셀 뿐만 아니라 총명했던 홍경래가 평안도 출신들에 대한 차별로 과거에 낙방한 뒤 이를 통탄하며 사회가 열어주지 않는 길을 스스로 열기 위해 난을 준비했다는 것이 대부분 사람들이 알고 있는 바다.

그러나 최근 홍경래가 몰락 양반이 아니라 평민 또는 천민의 하층민 출신이고, 따라서 그가 과거에 응시했다가 차별 대우를 받고 떨어졌다는 것은 믿기 어려운 사실이라는 주장이 제기되었다. 홍경래에 대한 당시의 자료들을 보면 양반 출신이라는 어떤 기록도 찾아볼 수 없으며, 오히려 "미천한 필부"라는 표현이 남아 있을 뿐이다. 또한 당시 과거에서 평안도가 가장 많은 급제자를 냈음을 볼 때

평안도민에 대한 차별로 홍경래가 과거에 떨어졌고 이를 이유로 반란의 길로 들어섰다는 내용은 다시 한번 생각할 필요가 있다.

홍경래는 풍수지리에 대한 지식을 바탕으로 많은 사람들을 만나고 다녔고, 그것으로 생계를 이어갔던 듯하다. 신분도 낮고 생활도 가난해 일반 농민들과 크게 다를 바 없었지만 힘이 세고 일정 정도의 지식을 갖추고 있었다. 당시 평안도에는 이렇듯 처지는 농민과 비슷하나 무력과 지식을 갖춘 무리들이 등장하는데, 이들은 체제 속으로 들어가려는 노력보다 체제에 맞서 싸우는 저항의 길을 선택했다.

방랑 첫 해 만난 우군칙도 양반의 서자라 알려져 있지만, 실은 신분은 미천했던 듯하다. 노비의 조카라는 진술이 전한다. 우군칙은 풍수와 점, 천문 등에 밝았고, 지관(地官)으로서 명성을 얻고 있었다. 의기투합한 홍경래와 우군칙은 자신들의 뜻을 실현시킬 세력을 모으기 시작했다. 먼저 가산의 부자 이희저를 끌어들였고 매우 가난하기는 했지만 양반 출신인 김창시와 김사용도 뜻을 함께하기로 했다.

당시 조선 사회는 안동 김씨의 세도정치로 심각하게 부패해 있었고, **삼정의 문란**으로 백성들의 처지는 비참하기 이를 데 없었다. 세상을 떠돌며 뜻을 함께할 사람들을 모으던 홍경래는 1810년 마침내 구체적인 봉기 계획을 세운다. 우선 군사력으로 평안도를 석권한 뒤 중앙의 정치권력을 무너뜨리려는 게 거사의 목표였다. 그러기 위해서는 관군과 맞설 수 있는 훈련된 군사, 막대한 군량 그리고 무기가 필요했다. 이들은 활발한 포섭 활동을 통해 자금을 모았으며, 굴을 파 위조지폐를 찍어내고 염전을 개설했다. 또한 금광을 연다는 소문을 퍼뜨려 일꾼들을 모은 다음 이들에게 돈을 지급하며 군사훈련을 시켰다. 준비가 마무리되어갈 즈음에는 임신년인 1812년 봉기가 일어날 것이라는 예언까지 퍼뜨려 민심을 술렁이게 하는 등 치밀한 계획 아래 봉기는 준비되었다.

　처음 계획된 거사 일은 12월 20일이었다. 거사에 앞서 12월 15일 평양의 대동관을 폭파하고 소요를 일으키려고 했는데, 폭파장치가 물에 젖어 실패했다. 시작부터 일이 잘 풀리지 않았다. 또한 사람들이 이들의 근거지인 다복동에 속속 모여들자 이를 수상하게 여긴 선천부사가 도주하는 이들을 잡아 문초하는 과정에서 난리가 일어난다는 사실이 알려지고 체포령이 내려졌다. 홍경래 등은 급히 거사 일을 18일로 앞당기고 출전의 격문을 선포했다.

　이들이 격문에 봉기의 명분으로 내세운 것은 평안도 차별에 대한 반감과 부패한 세도 정권에 대한 불만이었다. 지역 차별에 대한 불만을 내세운 것은 평안도민들을 봉기에 가담시키기 위해서였을 것이나, 봉기를 주도한 이들에게 이것이 직접적인 동기가 되었던 것 같지는 않다. 오히려 자신들이 믿었고, 또 이들이 민중들을 봉기에 끌어들이기 위해 호소한 것은 나라를 바로잡기 위해 곧 영웅이 나타난다는 '정진인설(鄭眞人說)'이었다.

　격문이 선포된 뒤 이들은 곧 두 부대로 나뉘어 출정했다. 전 병력을 모아 한성으로 진격하지 않고 2개 부대로 나누어 남북으로 각각 진격해나간 것은 배후를 안정시키기 위한 작전이었지만, 이는 봉기군의 힘을 약화시키는 결정적인 원인이 되었다.

　남진군은 홍경래를 중심으로 모사 우군칙, 선봉장 홍총각 등으로 구성되었고, 북진군은 부원수 김사용, 무사 김창시, 선봉장 이제초 등으로 이루어졌다. 남진군은 가산·박천·태천 등을 점령하며 진격했고, 북진군은 곽산을 점령한 뒤 정주성에 무혈입성(無血入城)하고 선천을 손에 넣었다. 이렇게 봉기군은 군사를 일으킨 지 열흘 만에 별다른 저항 없이 청천강 이북 10여 개 지역을 점령했다. 이들은 점령 지역의 관아를 습격해 무기를 확보한 뒤에는 창고의 곡식을 풀어 백성들에게 나누어주며 민심을 얻었다.

그러나 평안도에서 가장 중요한 군사 요충지인 안주성 공략을 앞두고 문제가 발생했다. 남진군에서 내분이 발생해 홍경래가 부상을 당하는 일이 발생한 것이다. 이로 인해 생긴 며칠의 공백 동안 체제를 정비한 관군은 속속 모여들었고, 그 사이 일부 봉기 세력들이 동요하며 흩어졌다.

29일 홍경래가 이끄는 남진군은 마침내 관군을 만나 처음으로 대접전을 벌였다. 처음에는 봉기군이 기세를 올리며 관군을 몰아붙였지만 속속 후원군이 도착하면서 대패하고 정주성으로 퇴각해야 했다. 북진군도 의주로 가는 길목인 회군천에서 관군을 만나 패하고 곽산으로 피했지만, 곽산에서 다시 관군과 접전을 벌인 끝에 만회하기 어려운 패배를 당하고 만다. 겨우 살아남은 잔여 세력들이 정주성에 들어가면서, 1월 17일 이후 봉기군들은 정주성에 완전히 고립되었다. 이때 봉기군의 근거지를 싹쓸이하려는 관군들이 마을마다 불을 지르고 수많은 농민들을 남녀노소 가리지 않고 살육하는 바람에 많은 농민들이 홍경래군을 따라 정주성으로 몰려들었다.

승기를 잡은 관군은 줄기차게 공격해왔지만, 봉기군은 다시 전의를 불태우며 완강히 저항했다. 각 지역에 미리 포섭해두었던 동지들이 폭동을 일으켜 호응하고 한성에서도 내응 세력들이 일어날 것이라 믿으며 희망을 버리지 않았다. 어느 것도 실현되지는 않았지만, 함경도 지역 포수들을 동원해 지원하기로 한 약속, 만주족에서 원군을 보내주기로 한 약속을 믿으며 버텼다. 또한 어차피 항복을 해도 목숨을 건질 수 없다는 사실을 모두들 잘 알고 있었다. 승리를 거둔 관군이 분풀이라도 하듯 저지르는 살육을 목격한 그들이었다. 사실 정주성에 남아 있는 군사력은 처음 봉기에 동원된 이들보다 관군의 살육을 피해 뒤따라온 농민들이 대부분이었다. 훈련도 받지 못한 그들이었다. 더 이상 물러설 곳이 없는 그들의 저항은 4월까지 계속됐지만, 관군의 화약 1,710근이 성벽을 무너뜨리면서 정주성은 함락되고, 봉기는 진압되었다.

마지막까지 관군에 맞서 싸움을 독려하던 홍경래는 총탄을 맞고 쓰러졌고, 우군칙과 이희저는 도주하다가 다음날 붙잡혔으며, 홍총각 외 2,983명의 사람이 사로잡혔다. 이 가운데 10세 이하의 남자아이 224명과 여자 842명을 제외한 1,917명 모두 처형되었다.

|평가|

결국 실패했지만, 홍경래의 봉기는 조선 후기의 어떠한 저항보다 조직적이고 치밀하게 준비되었으며 장기간의 항쟁을 이끌어냈다. 비록 평안도를 넘어 확산되지 못했고, 지도부 내부에서의 갈등도 있었으며, 무엇보다 농민들의 불만을 제대로 끌어안지 못했다는 한계를 안고 있지만, 이후 19세기 조선 사회를 저항의 시대로 열어나가는 원동력이 되었고, 그 정신은 동학농민운동으로 이어졌다는 평가를 받고 있다.

이후 홍경래는 민중의 영웅이 되었다. 그를 흉내 낸 크고 작은 봉기가 잇달았고, "정주 성벽이 무너질 때 홍경래는 몸을 날려 먼 곳으로 달아났다. 그날 죽은 사람은 가짜 홍경래다"라는 전설이 전해지는 등 백성들의 마음속에 전설 속의 영웅으로 자리 잡았다. 물론《조선왕조실록》은 홍경래를 만고의 역적으로 기록하고 있다.

삼정의 문란 | 조선 후기 전정(田政) · 군정(軍政) · 환곡(還穀) 등 3대 재정 행정을 둘러싼 부패를 말한다. 전정의 문란은 잡다한 토지세의 부당한 부과와 그 징수를 둘러싼 횡포를 말하고, 군정의 문란은 군역(軍役) 부과의 부당성을 의미하며, 환곡의 문란은 정부대여곡식의 대여와 환수를 둘러싼 지방 관리들의 농간을 말한다. 이와 같은 재정행정의 문란은 특히 안동 김씨의 세도정치 때 심했으며, 농민반란의 원인이 되었다.

1771	태어났다.
1800	(30세) 우군칙을 만나 뜻을 함께하고 난을 일으킬 준비를 시작했다.
1811	(41세) 난을 일으켜 가산 · 곽산 · 정주 · 선천 · 태천 등을 점령했다.
1812	(42세) 난이 진압되고 교전 중 세상을 떠났다.

홍경래에 대해 더 알고 싶을 때 보세요

《이야기 인물한국사》, 이이화 지음, 한길사, 1993.

《민란의 시대》, 고성훈 외 지음, 가람기획, 2000.

《모반의 역사》, 한국역사연구회 지음, 세종서적, 2001.

《인물로 보는 조선사》, 김형광 지음, 시아출판사, 2002.

《인물로 보는 한국사》, 이은직 지음, 일빛, 2003.

김정호

金正浩

| 교과서에서 김정호가 나오는 부분 : 중학교 169쪽(6/1/3) · 고등학교 317쪽(6/4/2)

| 생몰년도 : ?–1864년
| 호 : 고산자(古山子)
| 자 : 백원(佰元)/백온(佰溫)
| 활동 분야 : 학문

|생애와 업적|

김정호는 지금부터 불과 150여 년 전에 살았던 인물인데도 그가 어떤 사람이었고 어떻게 살았는지 알려주는 자료는 거의 찾아볼 수 없다. 우리가 지금까지 알고 있는 단편적인 지식들은 조선총독부가 발행한 《조선어독본》에 실려 있는 내용들에 거의 의존하고 있다. 그 책의 내용을 먼저 살펴보자.

그 후 몇 해가 지나서 친한 친구에게 읍지도 한 장을 얻었는데. 펴본즉 산도 있고 시내도 있고 마을의 모양이 손금 보듯 자세했다. 김정호는 뛸 듯이 기뻐하며 그 지도를 가지고 동네마다 돌아다니며 일일이 맞추어보았다. 그러나 생각과는 달리 지도는 실제 지형과 아주 딴판이었다. 너무나도 실망한 그는 그 후 서울에 정확한 지도가 있다는 말을 듣고 곧 상경하여 여기저기 부탁하여 궁중 규장각에 있는 조선팔도지도 한 벌을 얻었다. 그러나 그 지도 역시 그가 다시 황해도로 가서 실지로 조사한 결과 그 부정확함은 역시 전의 읍지도와 다름이 없었다. '이거 원 지도가 있다고 해도 이렇게 많이 틀려서야 해만 되지 이로움이 없을 것이다' 라고 탄식한 그는 이에 자기 손으로 정확한 지도를 만드는 방법밖에는 다른 도리가 없는 것을 깨달았다. ……김정호는 그동안 팔도를 세 번 돌아다니고 백두산을 여덟 차례나 올랐다. ……그는 하나둘씩 나무판을 사모으고 틈틈이 그의 딸과 함께 지도를 새겼다. ……얼마 후 병인양요가 일어나자 김정호는 〈대동여지도〉를 어느 대장에게 건네주었다. 그 대장은 뛸 듯이 기뻐하며 이것을 대원군에게 바쳤다. 외국을 배척하던 대원군은 지도를 보고 크게 화를 내며 말했다. "함부로 이런 것을 만들어서 나라의 비밀이 다른 나라에 누설되면 큰 일이 아니냐." 대원군은 지도판을 압수하고 김정호 부녀를 잡아 옥에 가두었다. 부녀는 그 뒤 옥중에서 고난을 당하다가 죽었다.

이러한 내용은 초등학교 교과서에 거의 그대로 실리며 김정호에 대한 상식으로 굳어져 왔다. 그러나 근래의 연구들은 이 사실들을 하나하나 반박하며 조선총독부가 전하는 내용은 일제가 흥선대원군을 매도하고 식민통치를 강화하기 위해 여러 대목을 날조했다고 비판한다.

우선, 김정호가 기존의 지도들에 크게 실망하고 직접 지도를 만들기 위해 팔도를 세 번 돌아다니고 백두산을 여덟 차례나 올랐다는 부분을 살펴보자. 이 내용은 당시까지 존재하던 조선의 지리학을 완전히 부정하고 김정호 개인이 온갖 노력 끝에 혼자만의 힘으로 〈대동여지도〉를 만들었다는 사실을 부각시키려는 의도로 씌어

조선 후기 대표적인 지도학자인
김정호.

진 것이다. 사실 팔도를 세 번이나 돌아다니고 백두산을 여덟 차례나 오른다는 것은 현실적으로 불가능하다. 김정호의 신분에 대해서 아직까지도 분명하게 밝혀지지는 않았지만, 족보가 전하지 않는 점, 그리고 전기가 전해지지 않는 하층 계급 출신으로 각 방면에 뛰어난 인물들의 행적을 모은 《이향견문록》에 실려 있던 점 등으로 미루어보면 중인이 아니었을까 추측된다. 중인 신분으로 백두산을 여러 번 등정한다는 것은 당시의 교통상황, 그의 신분과 재력 등을 감안할 때 거의 불가능하다고 보는 편이 옳다. 그리고 설령 백두산에 올랐다 한들 백두산에서 보이는 것은 구름이나 산 정도여서 지도 제작에 큰 도움이 되지도 못했을 것이다.

실제로 김정호가 〈대동여지도〉를 만들기 위해 의존했던 방법은 기존에 있던 지도와 지리서들을 연구하고 그 장점들을 두루 모아 집대성하는 것이었다. 김정희의 벗이며 지원자였던 것으로 알려진 순조 연간의 철학자 **최한기**는 〈청구도〉 머리말에서 "나의 벗 김정호는 소년 시절부터 지리학에 뜻을 두고 오랫동안 자료를 찾아서 지도 만드는 모든 방법의 장단을 자세히 살피며, 매양 한가한 때에 연구 토론하여"라는 글을 남겨 김정호의 작업 방법에 대한 힌트를 남겼다. 그 외의 기록들에서도 김정호가 전국을 답사했다는 사실은 찾아볼 수 없고, 여러 지도를 대조하고 지리지들을 참고했다는 내용뿐이다.

《조선어독본》에서는 김정호 이전의 지도들은 그 내용이 부정확하고 형편없었다고 하나 사실 조선은 지도학이 매우 발전한 나라였다. 세종 때 만들어진 천문관측기구들은 조선의 지도학 발달에 영향을 주었고 세조 때에도 지형(地形)을 측량하는 기구들이 개발되었다. 주변에 강대국을 끼고 있는 조선은 국경 지대의 지리 파악이 매우 중요한 일이었기에 자연스레 지도가 발달했다. 김정호 이전에도 **나흥유**, **양성지**, 윤영 같은 지도제작자가 있었고, **정상기**, 홍대용, **신경준** 등이 지리학의 발전에 이바지했다.

김정호는 이들의 성과를 집대성해 우수한 완성품을 만들어낸 것이지 무(無)에서 유(有)를 창조한 것은 아니다. 신분이 낮았던 김정호가 이러한 자료들에 접근할 수 있던 것은 그의 지도 제작을 적극 도와준 최한기와 **신헌** 등의 후원자 덕으로 보기도 하고 또한 김정호 자신이 이러한 자료에 접근할 수 있는 교서관 소속의 목각기술자가 아니었을까 추측하기도 한다.

▶校書館 조선시대 책의 인쇄와 교정 등을 맡아 보던 관청. 규장각 소속

흥선대원군이 집권했을 당시 훈련대장 등을 역임했던 신헌은 자신의 문집에서 "나는 일찍이 우리나라 지도에 깊은 관심을 갖고 있었으며, 비변사나 규장각에 소장되어 있는 지도나 고가(古家)에 좀먹다 남은 지도 등을 광범위하게 수집하여, 여러 지도를 서로 대조하고 여러 지리지 등을 참고하여 하나의 완벽한 지도를 만들려고 노력했다. 나는 이 작업을 김백원(김정호의 자)에게 위촉하여 완성했다"는 글을 남겼다. 지도에 관심이 많고 많은 자료를 갖고 있었던 신헌이 김정호의 작업에 많은 도움을 주었던 듯하다.

또 김정호가 교서관의 목각기술자였을 것이란 추정은 〈청구도〉를 완성하던 해 김정호가 최한기의 부탁으로 〈지구전후도〉를 나무판에 새겼다는 기록과 "원래부터 공교한 재주가 있었다"는 《이향견문록》의 기록, 그리고 김정호가 고향인 황해도에서 올라와 서울의 약현에 자리를 잡았는데 이 무렵 약현에는 훈련도감에 소속된 군인들과 역시 훈련도감에 소속된 활자를 만드는 기술자들이 살았다는 부분에서 비롯되었다. 어떤 경로를 통해서였든 김정호는 지도와 지리학 자료들을 풍부하게 참고할 수 있었고 이를 기반으로 첫 작품인 〈청구도〉를 시작으로, 〈대동여지도〉와 《대동지지》를 탄

▶工巧, 솜씨가 재치 있고 교묘함

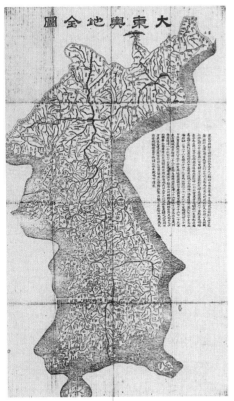

〈대동여지도〉. 김정호가 만든 이
지도는 오늘날의 지도와 거의 일
치할 만큼 정확성을 자랑한다.

▶地誌. 어떤 지역의 지리적
현상을 조사하고 연구하
여 그 특색을 적은 책

생시켰다.

〈청구도〉는 조선 팔도를 세로 22개, 가
로 29개의 눈금으로 나눈 다음 지형을 정
확하게 그려 넣은 것으로 정확도가 매우
높다. 또한 상세한 지지를 덧붙여 자연지
리 · 역사지리 · 경제지리를 총괄하는 성격
을 띠었다.

지도에 대한 그의 집념은 여기서 한 걸
음 더 나아간다. 30여 년을 공을 들여 완성
했다는 〈대동여지도〉는 함경북도 온성에
서 제주도까지 22개의 첩으로 만들었는데,
이 첩을 접으면 하나의 책이 되고 전부 펼
쳐놓으면 가로 3미터, 세로 7미터 크기의
한반도 지도가 된다. 서로 맞붙여놓은 이
지도들은 도로와 산과 들과 강이 연결되고
각 지역의 위치가 드러난다. 이 지도는 동
해안의 포항 일대 지형과 제주도에서 육지까지의 거리 등 몇몇 군
데를 제외하면 오늘날의 지도와 거의 일치할 만큼 정확하다.

〈대동여지도〉를 완성한 뒤 김정호는 《대동지지》 작업에 몰두했
다. 그는 지도가 완전한 역할을 수행하려면 상세한 지지가 있어야
한다고 생각했다. 그가 완성한 32권의 《대동지지》는 그때까지 우
리나라의 지지에 없었던 역사적 사실들을 풍부하게 기술해 지리학
의 발전에 크게 공헌했다. 또한 《동국여지고》 10권을 쓰기 시작했
지만, 탈고하지 못한 채 사망했다는 기록이 전한다.

김정호의 삶에서 가장 많이 왜곡된 부분은 그의 죽음에 대한 내
용이다. 김정호가 〈대동여지도〉를 대원군에게 바치자 대원군이 지
도판을 압수하고 김정호 부녀를 옥에 가둬 옥사시켰다는 부분은

대원군을 매도하기 위한 의도적인 날조로 비판받고 있다. 우선 김정호가 만든 지도나 지리서 어느 것 하나 몰수당하거나 압수당하지 않고 현재까지 전해지고 있다. 또한 《고종실록》을 비롯한 당시의 기록 어디에도 그런 사실이 전하지 않는다.

김정희는 저서 《지도유설》에서 자신이 평생 몰두했던 지도 제작이 왜 필요한 일인지, 얼마나 중요한 일인지 역설했다.

"지도에 정통함은 군사 행동에 결정적인 영향을 주므로 국방을 위하여 정확한 지도는 절대적으로 필요하다. 또한 산천의 상황, 수리(水利)의 유무, 경지의 위치를 확인하면 생산을 증대하고 민생을 안정시키는 데 크게 도움이 될 것이다."

|평가|

이규경은 《오주연문장전산고》에서 "근자에 김정호라는 사람이 《대동여지도》 20권을 지었는데 ……잠시 보았을 뿐인데도 환히 알 수 있게 되어 매우 편리하다. 그 착상이 선인들에 비하여 분명히 우수하고, 그 정밀함은 이만저만하지 않다. ……그의 지도와 지지는 꼭 세상에 전해져야 할 것이다"라고 격찬했으며, 유재건은 《이향견문록》에서 김정호의 지도에 대해 "그 상세하고 정밀한 지도는 고금에 유례가 없었다. 나도 그 한 권을 입수해 정성껏 베꼈는데 참으로 보물이 되었다"라며 칭찬했다.

우리나라 지도학의 대표적인 학자로 그의 이름을 거론하는 데 주저할 사람은 없을 것이다.

최한기| 1803~1875. 조선 후기 실학자·과학사상가. 1825년(순조 25) 사마시에 합격했으나, 학문에만 전념하다 말년에야 벼슬을 지냈다. 천문·지리·정치·농정·수리(水利)·수학 등 다방면에 걸쳐 식견이 높았다. 기(氣)의 철학을 계승, 발전시킨 독창적인 이론 위에 자연과학적 세계상을 확립했고, 서양 학문을 소개하는 많은 저술을 통해 서양 과학 기술의 도입을 적극적으로 주장했다.

나흥유| ?~? 고려 공민왕 때 무신으로 고려와 중국의 지도를 만들고, 여러 왕조의 흥망과 국토 변천·연혁을 자세히 기록하여 왕에게 바쳤다. 고사(故事)에 밝고 이야기를 잘하여 왕의 총애를 받았으며, 1375년(우왕 1) 통신사로 일본에 건너가 왜구 출몰을 금하도록 요구하다 간첩 혐의로 구속되었다. 고려 출신으로 일본에 귀화한 승려 양유(良柔)의 주선으로 석방되어 1376년 돌아왔다. 그가 만든 지도는 오늘날 전하지 않는다.

양성지| 1415~1482. 조선 전기의 문신. 1453년(단종 1) 《조선도도》, 《팔도각도》를 작성하고, 1455년(세조 1) 《팔도지리지》를 편찬했다. 1463년 《동국지도》를 지었고, 《세조실록》, 《예종실록》 편찬에 참여하였으며, 대사헌, 홍문관 대제학 등을 역임하며 《동국여지승람》 편찬에 관여했다.

정상기| 1678~1752. 조선 후기의 지리학자. 병약하여 과거를 단념하고 집에서 학문을 연구하다가 지리학자가 되었다. 과학적인 백리척(百里尺)을 이용, 《팔도도》를 제작했다.

신경준| 1712~1781. 조선 후기의 실학자. 1754년(영조 30) 증광문과에 급제, 동부승지, 병조참지 등을 역임했고 《팔도지도》와 《동국여지도》를 완성했다. 고증학적 방법으로 한국의 지리학을 개척했다.

신헌| 1810~1884? 조선 후기 무신. 실학자 정약용·김정희 문하에서 공부하고, 개화파인 강위(姜瑋)·박규수 등과 사귀었다. 형조판서·병조판서·공조판서를 거쳐 어영대장이 되고, 1876년 일본과 강화도조약을 맺을 때, 그리고 1882년 미국과 조미수호조약을 맺을 때 전권대관(全權大官)이 되었다.

작품

〈청구도〉, 〈대동여지도〉를 제작했으며, 《동여도지》, 《여도비지》, 《대동지지》의 지리지를 편찬했다.

김정호에 대해 더 알고 싶을 때 보세요

《조선역사 바로잡기》, 이상태 지음, 가람기획, 2000.
《인물로 보는 한국사》, 이은직 지음, 일빛, 2003.
《조선과학인물열전》, 김호 지음, 휴머니스트, 2003.
《한국 과학기술 인물 12인》, 김근배 등 지음, 해나무, 2005.

김정희

金正喜

| 교과서에서 김정희가 나오는 부분 : 고등학교 316쪽(6/4/2)/325쪽(6/4/4)
| 생몰년도 : 1786년(정조 10)~1856년(철종 7)
| 자 : 원춘(元春)
| 호 : 추사(秋史)/완당(阮堂)/예당(禮堂)/시암(詩庵)/노과(老果) 등 100여 개의 호를 그때그때 사용
| 활동 분야 : 정치, 학문, 예술

|생애와 업적|

어려서부터 신동이라는 소리를 들을 정도로 기억력이 뛰어났고 일찍 글을 깨우친 김정희는 여섯 살 때 벌써 '입춘대길(立春大吉)'이라는 글씨를 써서 대문에 붙일 정도로 글씨에도 재능을 보였다. 당시 북학파의 대가인 박제가가 지나다가 이 글을 보고 그의 부친을 찾아 "이 아이는 앞으로 학문과 예술로 세상에 이름을 날릴 만하니 제가 가르쳐서 성취시키겠습니다"라고 했다는 이야기가 전한다.

또한 일곱 살 때 써붙인 입춘첩을 보고는 채제공이 찾아와 "이 아이는 필시 명필로서 이름을 한 세상에 떨칠 것이오. 그러나 만약 글씨를 잘 쓰게 되면 반드시 운명이 기구할 것이니 절대로 붓을 잡게 하지 마시오. 그러나 만약 문장으로 세상을 울리게 하면 크게 귀하게 되리라"고 했다는 일화도 있다.

김정희는 고조부 김흥경이 영의정까지 지냈고 증조부인 김한신이 영조의 둘째딸인 화순옹주와 결혼하여 월성위(月城尉)에 봉해졌던 명문 집안의 종손인데다 뛰어난 재주로 주변의 기대를 한몸에 받으며 유복한 어린 시절을 보냈다. 열 살 무렵부터 스무 살 때까지 양아버지와 할아버지, 할머니, 어머니, 부인, 그리고 스승인 박제가, 양어머니까지 연이은 죽음으로 마음에 큰 고통을 받아 불교에 심취하기도 했지만, 순조의 즉위로 정순왕후 김씨가 수렴청정을 하게 되면서 그의 집안은 다시 안정을 찾았다. 정순왕후는 김정희의 증대고모뻘 된다.

▶曾大姑母, 증조부의 누이

김정희 개인으로도 재혼과 생원시의 급제를 통해 평정을 찾은 무렵인 1809년 사신으로 청나라에 가는 아버지를 따라 베이징에 다녀올 기회가 생겼다. 스승인 박제가의 영향으로 북학에 눈을 뜬 김정희에게 두 달 남짓했던 베이징에서의 경험은 인생의 중요한 전환점이 된다. 이곳에서 그는 평생 마음으로 모시는 스승 둘을 만나는데, 청나라의 대학자인 옹방강과 완원이 그들이다. 이들의 만남 뒤 "조선의 학계는 실사구시의 학문으로 빠른 진전을 보여 500년 내로 보지 못했던 진전을 보게 되었다"는 평을 받을 정도로 김정희와 이들의 만남은 조선과 중국의 문화교류에 매우 중요한 획을 그었다.

▶實事求是, 사실에 입각하여 진리를 탐구하려는 태도

"청조문화를 완성하고 선양함에 절대적 공로자이자 제일인자"였다는 평을 받고 있던 완원은 김정희의 총명함과 박식함에 놀라며 여러 금석문을 보여주고, 자신의 저서를 선물했을 뿐 아니라 완당이라는 호를 내려 자신의 제자로 받아들였다. 또한 당시 78세의 노인이었던 당대의 금석학자이며 서예가 옹방강은 25세의 김정희에게 "경전·예술·문장에서 조선에서 가장 뛰어나다〔經術文章 海東第一〕"라고 칭찬하며 희귀한 금석문과 진본들이 8만 점에 이른다는 자신의 서재를 두루 보여주고 많은 책과 글씨, 그리고 귀중한 탁본(拓本)을 선물로 주었다. 이러한 학문적 자극은 김정희를 금석학과

▶金石文, 금속이나 돌로 만든 유물에 새겨진 글

국제적으로 인정받은 명필이자,
금석학과 고증학에서 당대 최고
의 석학이었던 김정희.

고증학의 최고봉으로 이끌었다.

　이들의 만남은 귀국 후에도 편지와 자료 교환으로 계속 이어졌다. 엄청난 양의 책과 탁본, 서화가 베이징에서 김정희에게 들어왔고, 김정희의 선물과 자료가 베이징으로 보내졌다. 이렇듯 베이징 학계와 교류하며 청나라의 경학과 고증학, 금석학을 받아들이는 데서 그치지 않고, 김정희는 조선의 금석문을 연구하며 고증학을 발전시켰다. 1816년에는 벗 김경연과 함께 북한산에 올라 그때까지 도선국사(道詵國師)의 비석으로 알려져 있던 오래된 비가 사실은 신라 진흥왕의 순수비라는 사실을 확인했고, 이듬해에는 헌종과 철종 대에 영의정을 지낸 조인영과 함께 다시 북한산 진흥왕 순수비를 찾아 조사했다. 김정희는 북한산 순수비의 한 글자 한 글자를 황초령비, 그리고《삼국사기》의 기록과 비교해 훗날 장문의 논문을 발표했는데, 이 글이 그의 대표작인 〈예당금석과안록〉이다. 그는 "사실에 의거하여 사물의 진리를 찾는다"는 실사구시를 학문의 가장 중요한 도리로 삼고 학문과 예술을 연마했다. 조선 후기 실학자들에게 자주 인용되던 실사구시라는 말은 사실 고증학에서 나온 말로 김정희는 〈실사구시설〉이라는 글을 통해 자신의 학문적 지향점을 설명하기도 했다.

　김정희의 천재성은 그림과 글씨에서도 두드러졌다. 그림에서는 **문인화**의 새로운 경지를 개척했으며, 글씨에서는 추사체라는 글씨를 창안할 만큼 독보적인 존재로 인정받고 있다. 그는 가슴속에 만 권의 책이 들어 있어야 그것이 흘러넘쳐서 그림과 글씨가 된다고 말했다. 글씨를 쓰는 사람의 문자향이나 서권기가 없으면, 제대로 된 글씨를 쓸 수 없다고 강조했다.

▶文字香, 문자의 향기

▶書券氣, 서책의 기운

베이징에서 배운 신학문에 몰두하던 김정희는 서른네 살에 비로소 문과에 급제하고 그 이듬해 한림 소시에 합격해 관직 생활을 시작했다. 가문의 후광에 자신의 재능이 보태져, 규장각 대교, 충청우도 암행어사를 거쳐 의정부 검상, 예조참의, 규장각 대교, 동부승지에 이르는 벼슬길은 순탄했다. 그의 아버지 김노경도 20여 년의 세월 동안 요직을 두루 거치며 승승장구했다. 그러나 1840년 조정을 손에 넣은 안동 김씨에 의해 10년 전의 옥사에 연루되어 제주도로 유배를 가 8년이나 어려운 시절을 지내야 했으며, 유배에서 풀려난 뒤 3년이 지난 1851년 다시 정치적 사건에 연루되어 함경도 북청으로 유배되었다가 이듬해 풀려났다. 유배 생활 중에도 학문과 서예에 정진했으며, 먼 길까지 찾아온 제자들을 가르쳤다. 특히 제주도 유배 시절 제자인 이상적에게 그려준 〈세한도〉는 김정희 예술의 최고 명작이자 우리나라 문인화의 최고봉으로 손꼽힌다.

유배에서 돌아온 김정희는 부친의 묘소가 있는 과천의 관악산 기슭에 초당을 짓고 살다가 경기도 광주 봉은사에 가서 불가에 귀의한 뒤 일흔하나의 나이로 삶을 마감했다.

|평가|

"선생은 천도(天道)와 인도(人道)를 닦아 여러 학문을 체득하시고, 글씨 또한 조화를 이루어 왕희지 · 왕헌지의 필법을 능가하고, 시문에 뛰어나 세월의 영화를 휩쓸고, 금석에서는 작은 것과 큰 것을 모두 규명하여 중국에까지 이름을 떨치셨나이다. ……도에 대한 담론을 할 제면 그대는 마치 폭우나 우레처럼 당당했고, 정담을 나눌 제면 그대는 실로 봄바람이나 따스한 햇볕 같았지요."

▶ 王羲之, 중국 동진의 서예가
▶ 王獻之, 왕희지의 일곱째 아들. 서예가

김정희의 죽음을 애도하는 초의(草衣) 스님의 글이다. 초의스님 외에도 조희룡 · 이상적 · 권돈인 · 허련 · 흥선대원군 등 많은 지인들과 제자들이 그의 죽음 뒤 통곡하며 추모의 글들을 남겼다.

또한 《철종실록》은 "총명하고 기억력이 투철하여 여러 가지 책을 널리 읽었으며, 금석문과 그림과 역사에 깊이 통달했고, 초서ㆍ해서ㆍ전서ㆍ예서에서 참다운 경지를 신기하게 깨달았다. ……젊어서부터 영특한 이름을 드날렸으나 중도에 가화를 만나 남쪽으로 귀양 가고 북쪽으로 유배 가며 온갖 풍상을 다 겪으며, 혹은 세상의 쓰임을 당하고 혹은 세상의 버림을 받으며 나아가기도 하고 또는 물러가기도 했으니 세상에선 (그를) 송나라의 소동파에 비교하기도 했다"고 높이 평가했다.

▶蘇東坡. 중국 북송 때의 시인

국제적으로 높은 평가를 받는 글씨, 그리고 "금석학과 고증학에서 당대 최고의 석학"이라는 학문적 평가가 그의 이름 옆에 뒤따르지만, 한편에서는 보수적인 환경을 벗어나지 못한 채 현실에 안주했다는 지적을 받기도 한다.

Tip

문인화┃ 문인ㆍ학자 등 사대부들이 취미로 그린 그림. 심성을 기르고 교양을 위해 그림을 그렸다. 대표적인 문인화가로는 강희안(姜希顔)ㆍ이정(李霆)ㆍ윤두서(尹斗緖)ㆍ정선(鄭敾)ㆍ심사정(沈師正)ㆍ강세황(姜世晃)ㆍ김정희 등을 들 수 있다.

초의┃ 1786~1866. 조선 후기의 승려. 정약용, 허련, 그리고 평생의 친구인 김정희 등과 폭넓게 교류했다. 다도(茶道)를 정립한 것으로도 유명하다.

허련┃ 1809~1892. 조선 말기의 화가. 호는 소치(小痴)ㆍ노치(老痴)ㆍ석치(石痴). 김정희의 제자이다. 초의의 소개로 김정희에게 본격적으로 서화를 배웠다. 특히 산수화에서 뚜렷한 업적을 남겼다. 〈산수도첩〉, 〈오백장군암도〉, 〈방예찬죽수계정도〉, 〈방석도산수도〉, 〈선면산수도〉, 〈누각산수도〉, 〈김정희 초상〉 등의 작품을 남겼다.

저서

김정희의 문집은 네 차례에 걸쳐 출판되었는데, 1934년 10권 5책으로 간행된 《완당선생 문집》이 최종본으로 전한다.

김정희에 대해 더 알고 싶을 때 보세요

《완당평전》, 유홍준 지음, 학고재, 2002.

《우리가 정말 알아야 할 우리 선비》, 정옥자 지음, 현암사, 2002.

《인물로 보는 조선사》, 김형광 지음, 시아출판사, 2002.

chapter 4 | 1863~1960

근·현대
近·現代

1915　　　**1930**　　　**1945**

1915 대한광복회 조직.
　　　박은식, 《한국통사》 간행.
1916 박중빈, 원불교 창시.
1917 이광수, 《무정》을 〈매일신보〉에 연재.
1918 임야조사사업 실시.
　　　신한청년단 조직.
　　　무오독립선언서 발표.
1919 3·1운동. 대한민국임시정부 수립.
　　　김규식, 파리평화회의에 독립청원서
　　　제출.
　　　김원봉, 의열단 조직.
1920 청산리대첩.
　　　〈조선일보〉, 〈동아일보〉 창간.
　　　총독부, 산미증식계획 수립.
1921 자유시 참변.
　　　이승만, 하와이에서 동지회 조직.
　　　조선어연구회 발족.
1922 어린이날 제정.
1923 조선물산장려회 창립.
　　　일본에서 관동대지진이 발생하자 이
　　　를 계기로 조선인 학살.
1925 정의부 조직.
　　　조선공산당이 창립되었으나, 신의주사
　　　건으로 조직이 발각되어 200여 명 검
　　　거됨.
　　　조선 프롤레타리아 예술가 동맹
　　　(KAPF)결성.
　　　김소월, 《진달래꽃》 간행.
1926 6·10 만세운동.
　　　한용운, 《님의 침묵》 발간.
　　　영화 〈아리랑〉 개봉.
1927 신간회 조직.
1928 홍명희, 《임꺽정》을 〈조선일보〉에 연
　　　재하기 시작.
1929 원산총파업. 광주학생 항일운동.

1930 대한독립군 조직.
1931 브나로드 운동 시작.
　　　만보산 사건.
1932 이봉창 의거.
　　　윤봉길 의거.
1933 조선어학회, 한글맞춤법통일안 발표.
1934 한국독립당과 한국혁명당이 회합, 신
　　　한독립당으로 통합.
　　　진단학회 조직.
1935 각 독립운동단체가 난징에서 회합해
　　　조선민족혁명당으로 통합.
1936 손기정, 베를린 올림픽에서 마라톤
　　　우승.
　　　안익태, 〈코리아환타지〉 완성.
1937 연해주 거주 한인 20만 명, 중앙아시
　　　아로 강제 이주.
　　　보천보 전투.
　　　수양동우회 사건.
1938 일제, 한글교육 금지.
　　　조선의용대 결성.
1939 국민징용제 실시.
1940 창씨개명을 실시하는 등 민족 말살정
　　　책 강화.
　　　한국독립당 창립. 한국광복군 결성.
1941 임시정부, 대한민국 건국 강령 발표.
1942 조선어학회 사건.
1943 카이로 선언.
　　　징병제 공포. 학병제 실시.
1944 여자정신대근무령 공포.
　　　여운형, 건국동맹 결성.

1945 얄타 회담.
　　　포츠담 선언.
　　　8·15 광복.
　　　모스크바 3상회의, 신탁통치안 발표.
1946 제1차 미소공동위원회 개최.
　　　입법의원 개원.
1947 제2차 미소공동위원회 개최.
　　　유엔 한국 임시위원단 구성.
1948 5·10 총선거 실시.
　　　대한민국 정부 수립.
　　　북한 정부 수립.
1949 미군, 한국에서 철수.
　　　김구 암살.
1950 6·25 전쟁.
1951 1·4 후퇴. 휴전회담 시작.
1952 평화선 선언.
1953 휴전협정 체결.
　　　제1차 통화개혁 실시.
1954 개헌안 사사오입 통과.
1958 중국, 북한에서 철수.
1960 3·15 부정선거. 4·19 혁명.
　　　제2공화국 수립.

흥선대원군

興宣大院君

| **교과서에서 흥선대원군이 나오는 부분** : 중학교 189-200쪽(7/1/1-7/2/2) · 고등학교 333쪽(7/1/1)

| **생몰년도** : 1820년(순조 20)-1898년(광무 2)
| **자** : 시백(時伯)
| **호** : 석파(石坡)
| **활동 분야** : 정치
| **다른 이름** : 이하응(李昰應)/대원위대감(大院位大監)

|생애와 업적|

철종이 오랜 병고 끝에 1863년 세상을 떠났다. 강화도에서 농사를 짓다 열아홉 살에 헌종의 뒤를 이어 왕으로 추대된 철종은 안동 김씨 세력의 허수아비 왕이나 다를 바 없었다. 추대 당시 안동 김씨의 세도는 왕족 가운데 똑똑해 보이는 인물은 제거하고 만만한 인물인 철종을 골라 왕으로 세울 수 있을 정도로 거칠 것이 없었다. 그런 그들이 방심했던 것일까. 철종 사후 미처 대안을 찾지 못하고 있을 때, 궁궐의 최고 어른이었던 조 대비는 옥새를 쥐고 중신들을 소집시킨 뒤 "흥선군의 둘째 아들 명복(命福)으로 하여금 익종 왕의 대통을 잇게 하라"는 교지를 내렸다. 흥선군의 아들이 세상 떠난 익종의 후사가 되어 왕위를 잇는다는 의미는 아직 열두 살에 불과한 어린 왕 대신 익종 비인 자신이 섭정권을 갖겠다는 의미이며, 안동 김씨 세력에 눌려 지내던 풍양 조씨 세력을 다시 부흥시키겠다는

▶翼宗, 순조의 세자였으나 왕위에 오르지 못하고 죽었다. 뒤에 아들 헌종이 즉위한 뒤 익종이라 추존

의지의 표현이었다.

이렇게 조선의 제26대 왕 고종이 탄생했다. 그러나 고종의 즉위로 권력의 최정상에 오른 것은 고종도 조 대비도 아닌 흥선대원군이었다. 또 사실 고종이 왕위에 오르는 데 누구보다 많은 노력을 기울인 것도 그였다.

혈통상으로는 인조의 셋째 아들 인평대군의 후손이었지만, 아버지인 남연군이 사도세자의 아들 은신군의 양자로 입적되어 흥선군은 족보상으로는 사도세자의 후손이었다. 안동 김씨 세상에서 종친으로서 살아남기 위해 궁도령이라는 별명을 들어가며 손가락질당하는 삶을 살

안동 김씨 세도정치에 맞서, 자신의 아들 고종을 왕위에 오르게 하고 섭정이 되어 정권을 잡은 흥선대원군 이하응.

아야 했다. 그러면서도 그는 병약한 철종이 갑자기 죽는다면 누가 왕위를 계승할 것인가 은밀히 계산하고 있었다. 그리고 안동 김씨의 세도에 불만을 품고 있던 왕실의 최고 어른 조 대비에게 주목했다. 조 대비의 친정조카인 조성하·조영하를 통해 극비리에 만난 조 대비와 흥선군은 흥선군의 둘째아들 명복으로 익종의 후사를 이어 대통을 계승하기로 뜻을 모았다. 그런 뒤 안동 김씨 집안이기는 하지만 자신에게 호의적으로 대해주던 김병학과 궁중의 원로대신인 정원용 등을 만나 왕의 후계자가 논의될 때 지원을 부탁하는 등 치밀하게 준비한 끝에 얻은 극적인 승리가 고종의 즉위였다.

세도정치의 막을 내리며 역사의 전면에 등장한 흥선대원군은 강력한 개혁정책들을 펼치기 시작했다. 당시 조선은 대외적으로는 서구 열강의 개방 압력과 대내적으로는 삼정의 문란으로 큰 어려움을 겪고 있었다.

먼저 내부 개혁에 착수한 흥선대원군은 노론 일당 전제와 세도정치로 소외되어왔던 남인·북인·소론계의 유능한 인물들을 등

용하고 지역 차별에 시달리던 서북인과 고려 왕조의 후손들에게도 관직의 길을 열어주었다. 이들은 흥선대원군의 정책을 지지하는 정치 세력이 되었다.

이후 삼정의 폐단을 시정하기 시작했다. 일반 양인들만 지던 군역을 양반 사대부들에게도 부과하는 호포법(戶布法)을 실시해 군정을 개혁하고, 지방관과 양반 토호들이 의도적으로 토지대장에 누락시켜 전세를 착복하던 땅을 찾아내 세금을 물게 함으로써 전정의 폐단을 없앴으며, 환곡제(還穀制)를 사창제(社倉制)로 바꾸어 지방관이나 아전이 농간을 부릴 가능성을 제도적으로 봉쇄했다. 이로써 국가의 수입을 확대하고 일반 백성들의 지지를 얻을 수 있었지만, 양반들은 새롭게 부과된 군역의 의무에 불만을 표시했다.

▶ 田稅, 논밭에 물리던 세금

여기에 서원철폐라는 강경수를 두자 전국 각지의 유생들이 격렬하게 반발했다. 본래 서원은 선현을 제사지내고 양반 자제에게 학문을 가르치는 목적으로 만들어졌지만, 조선 후기에 이르러서는 당쟁의 근거지가 되었을 뿐 아니라 일반 백성들을 수탈하고 지방관까지 무시하는 권력 기관으로 변질되어 있었다. 사대부들의 반발에 흥선대원군은 "백성들에게 해를 끼치는 자라면 비록 공자가 살아오더라도 용서하지 않겠다"며 단호히 맞서, 서원의 횡포로부터 백성들을 보호하고 서원에 딸린 땅과 노비를 몰수함으로써 국가 재정을 늘렸다. 그러나 사대부들의 반발은 이후 대원군 실각의 직접적인 계기가 된다.

또한 경복궁 중건에 필요한 경비를 마련하기 위해 무리하게 세금을 거둬들이고 노동력을 강제 동원하면서 일반 양민의 지지까지 상실한 흥선대원군의 정치적 입지는 차츰 좁아들고 있었다.

▶ 鎖國攘夷, 나라를 닫고 오랑캐를 물리친다는 의미

대외적으로는 강력한 쇄국양이정책을 펼쳤다. 청의 권고를 무시하고 서구 열강과 일본에 대해 극단적인 쇄국정책으로 일관하며, 미국·프랑스 등과의 무력 충돌도 피하지 않았다. 외국의 침략자

신미양요 때 미군이 타고 온 콜로라도 호.

와 내응한다는 이유로 천주교도들을 철저히 탄압했고, 외국인의 출입은 물론 서양 물품의 수입도 봉쇄했다. 병인양요와 신미양요를 겪은 뒤 한양을 비롯한 전국 각지에 세운, "서양 오랑캐가 침입하는데 싸우지 않으면 화친하는 것이요, 화친을 주장함은 나라를 팔아먹는 것이다"라는 척화비(斥和碑)의 내용은 그의 강력한 의지를 천명한 것이다.

홍선대원군이 집권한 지 10년, 그 사이 어린 고종은 성인으로 성장해 있었다. 그리고 그 옆에는 시아버지와 다른 생각을 가진 야심찬 며느리 명성황후가 있었다. 고종과 명성황후는 쇄국이 아니라 개화에 조선의 살 길이 있다고 생각했다.

홍선대원군 실각의 직접적인 계기가 된 것은 또 다른 쇄국론자 **최익현**의 상소였다. 최익현은 홍선대원군의 내정개혁을 비판하며 홍선대원군이 정부 업무에 관여하는 것은 부당하다는 내용의 상소를 올렸다. 이 과감한 상소에 대해 최익현을 변호하고 칭찬함으로써 자신의 입장을 분명히 표시한 고종은 1873년(고종 10) 창덕궁의 홍선대원군 전용문을 사전 통보 없이 폐쇄해

▶ 丙寅洋擾 1866년(고종 3) 대원군의 천주교도 학살·탄압에 대항하여 프랑스 함대가 강화도에 침범한 사건
▶ 辛未洋擾 1871년(고종 8) 미국이 1866년의 제너럴셔먼 호 사건을 빌미로 조선을 개항시키려고 무력 침략한 사건

1871년 홍선대원군이 서양인을 배척하기 위해 각지에 세운 척화비.

버렸다. 하루아침에 권좌에서 쫓겨난 흥선대원군은 물러나, 경기
도 양주의 직곡산장에 은거하며 화를 달랬다.

　그러나 그렇게 물러나기엔 권력에 대한 흥선대원군의 집념이 너
무 컸다. 이후 그는 여러 차례 권력을 되찾으려 시도했다. 1881년
자신의 서자 재선을 국왕으로 추대하려는 고종 폐립 사건에 관여
했으며, 1887년에는 큰아들 재면을 국왕으로 옹립하려다 실패하기
도 했다.

　짧은 기간이기는 하지만 실제로 재집권에 성공하기도 했다. 1882
년 **임오군란**(壬午軍亂) 뒤, 그 수습 책임자로 정권을 다시 잡았다가
한 달 만에 임오군란의 배후 조종자로 지목되어 3년간 청나라에서
유폐 생활을 해야 했고, 1894년 명성황후를 시해하며 경복궁을 점
령한 일본군에 의해 친일개화파 정부의 총리로 옹립되지만, 일본
군을 몰아내려던 계획이 실패하면서 사실상 연금 상태에 놓였다가
1898년(광무 2) 일흔아홉의 나이로 생을 마감했다.

|평가|

　흥선대원군 이하응은 19세기 후반 조선의 정치를 이끌며 강력한
개혁정책을 펼친 개혁가이다. 세도정치의 폐해를 온몸으로 겪어냈
던 그는 왕실의 권위를 세우고 왕권을 강화하는 일에 모든 역량을
집중했다. 하지만 격변의 시대에 흥선대원군은 그 흐름을 읽어내
지 못했다. 개방이라는 시대정신에 역행했고, 국력 강화가 아니라
왕권 강화에 집중했다는 것은 분명한 그의 한계로 지적되고 있다.

　그러나 "왕비 민씨가 우두머리인 민씨 척족은 왕궁 내의 거의 모
든 권세와 부귀 있는 자리를 독차지하여 미움을 사고 있다. 만약
실력 있는 지도자가 출현한다면 혁명을 바라는 사람들이 이 인물
주위에 결집할 것이다. 현재로선 강력한 의지와 정신력의 소유자

인 홍선대원군 말고는 그런 역할을 담당할 인물이 없는 것 같다"는 주한미국공사 허어드(Heard, Augustine)의 보고서 내용처럼 당시 백성들에게 가장 신망 받는 정치인이었다는 사실은 분명해 보인다. 그런데도 부정적인 평가가 많은 것은 서원철폐 등 홍선대원군의 정책에 반발했던 유생들이 남긴 부정적인 기록과 홍선대원군 집권기에 대대적으로 탄압받았던 기독교인들이 남긴 평가 때문이다.

한편, 미국인 헐버트(Hulbert, Homer Bezaleed)는 《한국견문기》라는 글을 통해 "그는 목표가 정해지면 정치·경제·도덕 등 어떤 난관에 부딪쳐도 굴하지 않고 목표 달성을 위해 돌진하는 불굴의 의지를 보였다. 실로 그는 조선 정계의 마지막 실력자라고 할 수 있다"며 홍선대원군과의 만남을 기록했다.

Tip

임오군란|

1882년(고종 19) 6월 일본식 군제 도입과 민씨 정권에 대한 반발로 일어난 구식 군대의 변란. 당시 군인들은 한 달에 쌀 4말 정도를 급료로 받는 하층민 출신의 고용 군인이 대부분이었다. 한 가족이 생계를 유지하기도 힘든 양이었지만, 그나마 재정 악화로 13개월이나 급료가 밀려 있었다. 여기에 1881년 군제 개혁으로 많은 군인이 일자리를 잃었고, 신식 군대인 별기군에게만 특별대우를 하자 군인들의 불만이 높아갔다. 이러한 불만을 달래기 위해 1882년 6월 5일 정부는 밀린 급료 중 한 달치를 지급했다. 그러나 그 쌀은 양이 모자랐을 뿐 아니라 쌀겨와 모래가 절반이나 섞여 있었다. 이에 군인들이 분노해 관리들을 구타하자 병조판서가 주동자를 처형하겠다고 밝혔다. 그러자 군인들은 9일 봉기하여 선혜청 책임자인 민겸호(閔謙鎬)의 집을 공격하고, 무기고를 열어 무장을 갖췄다. 이들은 포도청과 의금부를 습격하고 민씨 일파와 개화파 관료들의 집을 공격했다. 또한 별기군 훈련장을 습격해 일본인 교관 등을 처단했으며, 일본 공사관을 공격했다. 10일에는 창덕궁으로 몰려가 민겸호 등 대신들을 죽이고 명성황후를 찾았으나 이미 도망한 뒤였다. 사태가 심각해지자 고종은 홍선대원군에게 정권을 맡겼다. 홍선대원군은 의욕적으로 정계개편을 단행했지만, 이는 33일 만에 실패로 끝났다. 소식을 들은 청이 4,000여 병력을 이끌고 와 홍선대원군을 끌고 갔기 때문이다. 청은 명성황후를 지원하여 민씨 일파의 정권을 세우는 한편, 원세개가 이끄는 청나라

군대를 남겨 조선에 대한 영향력을 강화해나갔다.

최익현 |
1833~1906. 조선 후기 유림의 우두머리로 제자가 수천 명에 이르렀다. 명성황후 세력과 손잡고 흥선대원군의 실정을 지적하는 상소를 올리고 고종의 친정을 주장해 결국 흥선대원군이 정치에서 밀려나는 결정적인 계기를 마련했다. 1905년 을사조약이 체결되자 그는 전국에 항일투쟁을 호소하는 포고문을 돌리는 한편 납세 거부, 일본상품 불매운동 등을 펼치자고 주장했다. 이듬해 전북 태인에서 의병을 일으켰다가 일본군에 체포되어 대마도에 유배되었다 세상을 떠났다.

연표

1820	서울시 종로구 안국동에서 태어났다.
1863	(44세) 둘째 아들 명복이 왕위에 올라 섭정을 시작했다.
1868	(49세) 경복궁을 완성했다.
1871	(52세) 신미양요가 일어나고 전국에 척화비를 세웠다.
1873	(54세) 고종의 친정 선포에 정치에서 물러났다.
1875	(56세) 운요 호 사건이 일어났다.
1876	(57세) 강화도조약이 체결되었다.
1882	(63세) 임오군란이 일어났다.
1885	(66세) 청나라에 끌려갔다 조선으로 돌아왔다.
1895	(76세) 을미사변 뒤 다시 정권을 잡았다가 얼마 뒤 물러났다.
1898	(79세) 운현궁에서 세상을 떠났다.

흥선대원군에 대해 더 알고 싶을 때 보세요

《이야기 인물한국사》, 이이화 지음, 한길사, 1993.
《인물로 보는 조선사》, 김형광 지음, 시아출판사, 2002.
《전환기를 이끈 17인의 명암》, 이희근 지음, 휴머니스트, 2002.

명성황후

明成皇后

| 교과서에서 명성황후가 나오는 부분 : 중학교 197쪽(7/2/1) · 221-222쪽(8/1/1) · **고등학교** 336쪽

| 생몰년도 : 1851년(철종 2)-1895년(고종 32)
| 활동 분야 : 왕비
| 다른 이름 : 민비(閔妃)

|생애와 업적|

1866년(고종 3) 3월 20일 창덕궁 인정전에서 성대한 왕비 책봉 의식이 거행되었다. 만 열네 살의 이 소녀가 훗날 자신과 치열한 권력다툼을 벌이리라고는 꿈에도 생각지 못한 채 흥선대원군은 흐뭇한 미소로 아들과 며느리를 지켜보았을 것이다. 흥선대원군 자신이 신중에 신중을 기해 뽑은 며느리였다. 안동 김씨 세도정치의 폐해를 누구보다 잘 알고 있는 흥선대원군이었기에, 아버지와 친형제가 없는 민씨 소녀를 선택했다. 양오라비 민승호가 있기는 하지만 자신의 처남이니 충분히 통제할 수 있으리라 여겼다. 게다가 이소녀를 추천한 자신의 부인의 말대로 "왕비로서 부끄럽지 않은 용모와 자태를 가졌으며, 예의범절 등을 충분히 교육받았고, 학문은 어느 명문가의 딸과 비교해도 손색이 없었다."

흥선대원군의 기대처럼 궁궐에 들어온 명성황후는 왕실의 어른

들을 모시고 고종을 보필하는 데 부족함이 없었다. 그러나 혼인한 지 다섯 해가 되도록 자손을 얻지 못했다. 결혼 초기 고종은 명성황후를 외면하고 후궁 이씨에게서 완화군을 얻었다. 손자를 기다리던 흥선대원군은 완화군을 총애하며 세자로 책봉하려 했고, 이로 인해 명성황후는 심각한 위기의식을 느꼈을 것이다.

그런 가운데 1871년(고종 8) 명성황후도 첫 왕자를 출산하지만 아이는 선천성 기형으로 5일 만에 죽고 말았다. 그 원인이 흥선대원군이 보낸 산삼 때문이라 믿은 명성황후가 그때부터 흥선대원군에게 강한 적개심을 갖게 되었다고 한다. 1874년 두 번째 왕자를 출산해 그가 고종의 뒤를 잇게 되지만, 이후 출산한 2남 1녀가 모두 1년을 넘기지 못했고, 유일하게 살아남은 세자도 병약했다. 명성황후는 아들의 건강을 기원하며 명산대천에 수만 냥의 거금을 써서 기도를 드리고 무당을 불러 굿판을 벌이기도 했는데, 이러한 행위들은 훗날 왕실의 재산을 낭비했다는 비난을 불러온다.

명성황후는 별궁에서 왕비 수업을 받을 때조차 밤새도록 책을 놓지 않았다는 일화가 전할 만큼 공부를 열심히 했고, 총명했다. 전통적인 학문뿐 아니라 급변하는 국제 정세의 동향에도 관심이 많았다. 그런 그의 눈에 흥선대원군의 쇄국정책은 시대를 따라가지 못하는 매우 위험한 판단으로 보였다. 또한 어느덧 고종도 스무 살이 넘어 직접 정치를 하고자 했지만, 흥선대원군의 권력욕은 끝이 없어 보였다. 그러나 조선 사회에서 아들이 직접 아버지를 권좌에서 밀어낼 수는 없는 일이었다. 명성황후는 우선 민씨 척족들을 중심으로 흥선대원군에 반대하는 세력들을 모아 고종의 지지기반을 마련하고 서원철폐로 흥선대원군에게 불만이 많은 유생들을 동원해 탄핵 상소를 올리게 함으로써 흥선대원군을 권좌에서 밀어냈다.

이후 명성황후는 고종과 끝까지 정치적 입장을 함께하는 참모이자, 민씨 척족의 구심점이 되어 정국의 전면에 나선다. 고종은 이러한 명성황후에 대해 "타고난 예지와 날카로운 의리로 어려울 때 자신을 살뜰히 도와주었고, 근심거리가 있으면 반드시 대책을 세워 풀어주었으며, 특히 외국과 교섭하는 문제에서 황후가 권고한 수원정책은 외국 사람들도 감복했을 정도"라며 극찬했다.

권력을 장악한 고종과 명성황후는 개화정책을 펼쳤다. 먼저 개화사상가인 박규수를 우의정에 등용했으며, 통리기무아문을 설치하고 삼군부를 폐지했다. **신사유람단**(紳士遊覽團)과 **영선사**(領選使)를 일본과 청에 파견해 새로운 문물을 학습케 했으며, 이들을 통해 대미 수교의 주선을 요청했다.

그러나 백성들의 지지를 얻지 못한 개화의 물결은 임오군란으로 큰 위기를 맞는다. 처음에는 봉량미(俸糧米) 문제로 발생한 폭동이 흥선대원군의 세력과 만나 궁궐에 난입하는 쿠데타로 발전하자 명성황후는 급히 궁중을 탈출해 충주 민응식의 집으로 피신했고, 정국을 다시 장악한 흥선대원군은 명성황후가 난리 중에 살해되었다고 국상을 반포해버렸다. 황후가 살아 있다 하더라도 다시 대궐에 돌아올 수 없도록 정치적 사망 선고를 해버린 것이다.

그러나 군란 중에 입은 일본대사관의 피해를 보상하고 앞으로 있을 위험에 대비하기 위해 군대의 주둔을 허용하라는 일본군의 무력시위와, 이를 견제하기 위한 청군의 파견으로 청과 일본 사이에 팽팽한 긴장감이 감도는 가운데 흥선대원군이 강경 대응을 고수하자 청은 흥선대원군을 톈진으로 납치해 유폐시켜버렸다. 지금까지 임오군란 후 청군의 개입이 명성황후의 요청이었던 것으로 전해져 명성황후를 친청사대주의자로 낙인찍는 근거로 제시되어 왔지만, 최근의 여러 연구들은 청군의 파병은 조선에 대한 청의 속방화정책 차원에서 청이 결정한 것이지 명성황후나 고종의 요청에 따른 것이 아니었음을 밝히고 있다. 흥선대원군의 납치도 파병 전에 이미 세워진 청의 결정이었다.

▶ 綏遠政策 먼 나라를 끌어들여 가까이하려는 정책

▶ 統理機務衙門 조선 후기 군국기밀과 일반 정치를 총괄하던 관청

어쨌든 흥선대원군의 납치로 명성황후는 환궁했고, 커다란 위기를 경험했던 명성황후는 더욱 민씨 일족에 의존하며 적극적으로 친위 세력을 양성하기 시작했다. 김옥균 등 개화파를 신뢰하던 고종과 달리 명성황후는 개화도 민영익을 비롯한 자신의 측근 세력들이 담당해야 한다고 생각했다.

한편, 임오군란 이후 청의 내정 간섭으로 김윤식·김홍집 등 친청 세력이 득세한 반면 고종과 명성황후는 정국의 주도권을 청에 빼앗겼다. 갑신정변마저 청국이 진압한 뒤에는 **원세개**가 조선의 상왕처럼 군림했다. 이 무렵 명성황후는 외교적으로 매우 민첩하게 대응하며 정치적 수완을 발휘하기 시작한다. 1885년에 **거문도 사건**이 일어나자 독일인 외교 고문인 묄렌도르프(Möllendorff, Paul G. von)를 일본에 파견해 영국과 협상하면서 한편으로는 러시아와 접촉해 청국을 견제하려 했다. 그러나 원세개가 흥선대원군을 환국시키는 등 고종과 명성황후에게 압력을 가하며 반발하고, 러시아에 적극적으로 조선을 지원할 여유가 없어 무산되었다.

이후 청일전쟁에서 승기를 잡은 일본이 조선을 보호국화하려 하자 명성황후는 다시 러시아 세력을 끌어들여 일본에 맞서려다 결국 비극적인 죽음을 맞고 만다. 일본이 조선 침략이라는 자신들의 계획에 가장 큰 걸림돌이라 판단하여 궁궐난입이라는 무리수를 두며 제거했다는 것은 명성황후가 당시 정치에서 차지했던 역할을 단적으로 보여주는 예이다.

1895년 8월 20일 새벽 5시 무렵, 전날 밤 미리 준비해두었던 긴 사다리를 통해 광화문 왼쪽 성벽을 넘은 선발대가 경복궁 정문을 열자 대원군이 탄 가마와 함께 일본 수비대, 조선 훈련대, 그리고 한 무리의 일본인들이 돌진해 들어갔다. 흥선대원군은 흥선대원군의 쿠데타로 위장하기 위한 일본군의 협박에 의해 반강제적으로 동원되었던 것으로 추정된다. 또, 조선 훈련대는 단지 흥선대원군

을 받들어 쿠데타를 일으키는 것으로 알고 참가한 것이다. 나중에 일본 신문들은 조선 왕비의 시해 사건이 대궐 내에서 훈련대와 시위대의 충돌로 야기된 것처럼 기사를 쓰기도 했다.

그날 새벽 왕비가 일본인들의 칼에 살해되어 사체가 정원에서 불태워진 것은 분명하지만, 어떻게 목숨을 잃었고 누구의 손에 죽었는가에 대해서는 전하는 증언들이 일치하지 않는다. 당시 왕비 시해범들은 모두 각본을 짠 것처럼 서로 엇갈린 말로 사건을 왜곡하고 은폐했다.

왕비를 시해한 일본인들은 국왕과 왕세자에게 한 장의 문서를 내밀었다. 왕비의 폐비를 강요하는 문서였다. 이렇게 폐위된 명성황후는 그해 10월 10일 복위되었고, 1897년 명성이라는 시호가 내려졌다.

명성황후의 죽음 이후 고종 황제는 일본에 의해 폐위당한 뒤 1919년 갑자기 사망했고, 나라는 일본의 식민지가 되어 35년간 암흑의 시간을 견뎌야 했다.

명성황후 국장 모습. 공식적인 사망 발표 이후에도, 장례식은 2년 뒤인 1897년 11월에야 치를 수 있었다. 사진은 프랑스 신부 아레베크가 찍은 것이다.

|평가|

일제강점기 일본인들은 명성황후와 고종의 이미지를 악의적으로 왜곡시켰다. 명성황후는 총명하지만 부덕한 여성으로, 고종은 무능하고 유약한 군주로 왜곡하고, 그들에게 망국의 책임을 떠넘겼다. 이러한 평가는 광복 이후 현재까지도 계속되다가, 1990년대 후반 명성황후에 대한 긍정적인 재평가들이 시도되었다. 그러나 '일제의 국권 침탈에 저항하다 비극적인 죽음을 맞은 전사', '러시아 · 청 · 일본 등 여러 외국을 혀끝으로 농락한 외교가' 라는 새로운 평가들에 대해 이 또한 지나친 미화가 아니냐는 비판도 만만치 않다. 명성황후가 그렇듯 애써 지키려 한 것은 국권이 아니라 왕권, 곧 고종과 자신을 중심으로 한 일족들의 안위였다는 비난과, 그렇기 때문에 백성들의 지지를 얻지 못했다는 비난은 여전히 그 힘을 잃지 않고 있다.

한편, 1890년대 한국을 여행하면서 여러 차례 명성황후를 만난 영국 여행가 비숍(Bishop, Isabella B.) 여사는 이렇게 회고했다. "알현시마다 나는 왕후의 우아함과 매혹적 몸가짐, 사려 깊은 친절, 보기 드문 지성과 박력, 그리고 통역관의 중개를 통한 것이지만 왕후의 놀랄 만한 대화력에 깊은 인상을 받았습니다. 나는 왕후의 비범한 정치적 영향력 또는 왕과 기타 많은 문제에 관해 조정하는 수단에 대해 놀라지 않을 수 없었습니다."

Tip

신사유람단 |
1876년에 한일수호조약이 체결된 뒤, 정부는 박정양·엄세영(嚴世永)·강문형(姜文馨)·어윤중(魚允中)·홍영식(洪英植) 등을 정식 위원으로 하고 그 밑에 이들을 보조하는 수원(隨員)과 통사(通事)·종인(從人) 각 1명씩을 대동하게 하여 평균 5명으로 1반을 편성한 신사유람단을 파견했다. 신사유람단은 약 4개월 동안 일본에 머물면서 정치·경제·문화·각 부문을 시찰하고 귀국했다.

영선사 |
1881년(고종 18) 신식 무기의 제조 및 사용법을 배우기 위해 유학생 38명을 선발하여, 김윤식이 그들을 인솔하고 청나라 톈진 기기창에서 무기제조 기술을 배웠다. 1882년 임오군란 소식을 듣고, 반년 남짓의 기술 습득을 마친 뒤 귀국하여 서울 삼청동에 한국 최초의 신식 무기 제조창인 기기창을 설립하는 데 큰 몫을 했다.

거문도사건 |
1885년 3월 영국 군함 세 척이 거문도를 습격해 불법 점령한 사건. 영국공사는 러시아의 불법 점령에 대비해 잠시 머무는 것이라고 설명했지만, 영국군이 거문도에서 철수한 것은 그로부터 2년 뒤인 1887년 2월 27일이었다. 러시아의 남하에 촉각을 곤두세우던 영국이 거문도를 점령하지 않겠다는 러시아의 약속을 받아낸 후에야 철수한 것이다.

원세개 |
청나라 이홍장의 명을 받아 조선에 머물며 내정·외교를 간섭하고 일본에 대항하던 중국 정치가.

명성황후에 대해 더 알고 싶을 때 보세요

《명성황후–최후의 새벽》, 쓰노다 후사코 지음, 김은숙 옮김, 조선일보사, 1999.

《새롭게 읽는 명성황후 이야기》, 유홍종 지음, 현대문학, 1999.

《역사의 길목에 선 31인의 선택》, 역사학자 18인 지음, 푸른역사, 1999.

《전환기를 이끈 17인의 명암》, 이희근 지음, 휴머니스트, 2002.

《63인의 역사학자가 쓴 한국사인물열전》, 한영우선생정년기념논총 간행위원회 엮음, 돌베개, 2003.

최제우

崔濟愚

| 교과서에서 최제우가 나오는 부분 : 중학교 207쪽(7/3/2)

| 생몰년도 : 1824년(순조 24)-1864년(고종 1)
| 자 : 성묵(性默)
| 호 : 수운(水雲)/수운재(水雲齋)
| 활동 분야 : 종교
| 다른 이름 : 최복술(崔福述), 최제선(崔濟宣)

|생애와 업적|

스물한 살부터 서른한 살까지 10년에 걸쳐 전국을 떠돌아다니며 장사를 하던 최제우의 눈에 비친 세상은 "유불천도 수천 년의 운이 다한" 모습이었다. 권세를 틀어쥔 고관들은 지방 수령들과 짜고 온갖 수탈행위를 가리지 않아 백성들의 삶은 어려워졌고, 나라 밖에서는 "요망한 서양 세력이 중국을 침범해" 강제로 문을 열게 했으니 조선 땅에도 언제 그들의 손길이 뻗칠지 알 수 없는 노릇이었다.

온 세상이 병들어 기존의 삶의 틀이 소생할 길이 막혔다고 판단한 최제우는 이름 있는 사람들을 찾아가 가르침을 얻어보기도 했으나 신통한 해답을 찾지 못했다. 1854년(철종 5) 봄, 그는 자신이 직접 그 해답을 얻어내기로 결심하고 고향집으로 돌아가 구도의 사색에 빠진다. 몰락 양반 출신이었던 그의 집안은 아버지를 여읜

동학을 창건한 최제우. 동학은 당시 유교적 윤리와 퇴폐한 양반 사회의 질서를 부정하는 혁명적인 시천주 개념을 중심사상으로 삼고 있었다.

뒤 급격히 가세가 기울었다. 어려서부터 총명해 일찍부터 학문을 익혔던 그였지만 생계를 위해 장사꾼의 길을 선택할 수밖에 없었다. 결국 세상은 그가 천명을 찾기 위한 구도의 길로 가도록 이끌었다.

반년 뒤, 부인의 고향인 울산으로 거처를 옮겨 농사를 지으며 사색했으나 별다른 진전을 보지 못했다. 그러다 1855년 금강산 유점사에서 온 노스님로부터 책 한 권을 받은 뒤 수행 방법을 바꾸었다. 사색에 한계를 느끼고 종교적인 수행 방법으로 돌아선 것이다.

그러나 이 또한 쉽지 않았다. 입산 기도를 드리기도 하고 동굴에서 49일간의 기도를 마치기도 했지만 별다른 성과가 없었다. 그 와중에 송사에 휘말려 집도 빼앗기고 가세는 더 기울었다. 쓰러져가는 초가집이라도 있는 고향 용담으로 돌아가는 길밖에는 다른 방도가 없었다.

고향에 돌아온 최제우는 "도를 얻을 때까지 세상 사람들과 어울리지 않으리라"는 시를 한 수 써서 벽에다 붙이는 등 구도의 의지를 새롭게 다졌다. 그런 뒤 1860년 음력 4월, 마침내 종교 체험을 한다. 별안간 몸이 떨리고 정신이 혼미해져 간신히 자리를 펴고 눕자 공중에서 신선의 말씀이 또렷하게 들려왔다.

"나는 세상 사람들이 상제(上帝)라 하거늘 너는 상제를 알아보지 못하느냐"고 물은 뒤 "내 너를 세상에 내려 사람들에게 이 도법을 가르치려 하니 의심하지 말라"고 했다. 그가 "서도(西道)를 가지고 사람들을 가르치는 것이옵니까" 하고 묻자 "아니다, 내게 영부가 있으니 그 이름은 선약(仙藥)이요 그 형상은 태극(太極)이요 다른 형상은 궁궁(弓弓)이니라. 이 영부를 받아 사람들을 구하고 병을 고

▶靈符, 신령한 부적

치며 천하에 덕을 펴라" 했다.

6년간의 수행 끝에 마침내 종교 체험을 한 최제우는 그 뒤 1년간 자신의 신념 체계를 다듬어나갔다. 주문과 심고법을 만들고 수행하는 방법을 정했으며 교리 체계를 세웠다. 그렇게 민족종교 동학이 창건되었다.

동학사상의 중심은 시천주(侍天主) 개념에 있다. "네 몸 안에 한울님이 모셔 있다"는 시천주의 개념은, 사람은 모두 한울님을 모시고 있으므로 존중되어야 한다는 인간 존중과 만민 평등의 사상으로 이어진다. 여기에는 종래의 유교적 윤리와 퇴폐한 양반 사회의 질서를 부정하는 반봉건적이며 혁명적인 성격이 내포되어 있다.

한편, 동학의 한울님은 천주교의 하나님 개념에서 중요한 시사를 받았지만, 최제우는 "나는 동쪽에서 나서 동쪽에서 도(道)를 받았으므로, 도는 비록 천도(天道)지만 학(學)은 동학이다. 내 도는 이 땅에서 받았으며 또 이 땅에서 펼 것이니, 어찌 서학이라고 부를 수 있겠는가"라며 서학과 반대편에 섰음을 분명히 했다.

구체적인 실행 방안으로는 시천주조화정 영세불망만사지(侍天主造化定 永世不忘萬事知)라는 13자의 주문과 지기금지 원위대강(至氣今至 願爲大降)이라는 8자 주문을 외면서 칼춤을 추고 영부를 불에 태워 그 재를 물에 타서 마시면 빈곤에서 해방되고, 병자는 병이 나아 영세무궁(永世無窮)하다고 했다.

1861년 6월부터 포덕을 시작하니, 곧 많은 사람들이 동학의 가르침을 따르기 시작했다. 동학이 갑작스레 세력을 얻자 기존 유림층에서 비난의 소리가 높아졌다. 천주교를 신봉한다는 지목까지 받았다. 당시 정부가 천주교에 대한 탄압을 강화하고 있던 터라 최제우는 호남과 남원으로 피신 생활을 하면서 동학사상을 체계적으로 이론화하여 〈논학문〉·〈안심가〉·〈교훈가〉·〈도수사〉 등을 지었다.

▶心告法 내 몸에 모신 한울님을 부모님 섬기듯 해야 한다는 정신에 따라 크고 작은 일을 막론하고 일을 시작할 때와 끝냈을 때 마음으로 한울님께 정성껏 고하는 것

▶布德, 덕을 세상에 펴는 일

《동경대전》. 최제우가 지은 동학의 경전이다. 원래 최제우가 지은 것은 1864년 그가 사형될 때 불태워졌고, 1880년 2대 교주인 최시형이 내용을 모두 외웠다가 다시 간행하였다.

▶詐術, 못된 꾀로 남을 속이는 수단

다시 경주에 돌아와 포교하자 교세가 또다시 크게 확장되었다. 그러다 사술로 백성들을 현혹시킨다는 이유로 체포되었다가 수백 명의 제자들이 몰려와 최제우의 가르침이 민속을 해치지 않았다고 증언하면서 석방을 청원해 무죄방면되었다. 나라에서 무죄를 인정했다는 사실이 동학의 정당성을 인정받은 것으로 해석되어 이후 신도 수는 더욱 급증했다.

신도가 늘자 최제우는 각지에 접을 두고 접주가 관내의 신도를 다스리는 접주제(接主制)를 만들어 1863년에는 신도가 3,000여 명, 접소가 13개에 이르렀다.

그러나 동학의 교세 확장에 두려움을 느낀 조정에서는 동학에 대한 탄압을 결정하고, 이를 예감한 최제우는 제자 **최시형**을 후계자로 지목해 도통을 전수한 뒤 1864년 11월 제자 20여 명과 함께 체포되어 이듬해 마흔한 살의 나이로 효수형에 처해졌다.

이후 동학은 2대 교주 최시형의 노력으로 암흑기를 뚫고 교세를 강화해 동학농민운동으로 연결되었고, 3대 교주 손병희는 동학을 천도교로 개칭했다. 시천교(侍天敎)도 동학에서 분리된 교파이다.

|평가|

최제우는 우리나라 사상사에서 근대적 인권사상의 선각자라 평가된다. 그의 중심사상이었던 '시천주'는 각 개인이 인격적 존엄성을 가진 존재라는 의미로, 나중에 손병희의 '인내천' 사상으로 이어진다.

순교한 뒤 최제우의 사상은 탄압과 박해 속에서도 나날이 발전했으며, 동학교리를 담은 《동경대전》은 오늘날까지 천도교의 경전으로 전해지고 있다.

▶ 人乃天 사람이 곧 하느님이며 만물이 모두 하느님이라는 천도교의 중심교리

Tip

최시형|

1827~1898. 동학의 2대 교주. 1861년(철종 12) 동학에 입문, 1863년 최제우에 이어 2대 교주가 되었다. 1864년(고종 1) 최제우가 처형되자 태백산에 은신, 관헌의 감시를 피해 안동·울진 등지에서 포교에 힘썼다. 그 후 《동경대전》·《용담유사》 등 주요 경전을 발간, 교의(敎義)를 체계화했다. 1892년 교조의 신원, 포교의 자유, 탐관오리의 숙청을 충청도 관찰사에게 요구했다. 1893년 2월 제2차로 각 도의 동학 대표 40여 명을 모아 왕에게 직접 상소, 대궐 앞에서 사흘 밤낮을 통곡하게 했으며 보은에서 제3차 신원운동을 벌였다. 동학농민운동이 끝난 뒤 피신했다가 1898년 원주에서 체포되어 서울로 압송, 처형되었다.

연표

1824	경북 경주에서 태어났다.
1860	(37세) 종교적인 체험을 하고 동학을 창시했다.
1861	(38세) 포교를 시작했다.
1862	(39세) 경주 진영에 체포되었다가 제자들의 청원에 무죄석방되었다.
1863	(40세) 경주에서 다시 체포되었다.
	고종이 즉위하고 흥선대원군이 집권했다.
1864	(41세) 사도난정(邪道亂正)의 죄목으로 효수형을 당했다.

저서

최제우가 처형당한 뒤 신도들은 남겨진 글들을 모아 《동경대전》, 《용담유사》를 간행했다.

**최제우에 대해
더 알고 싶을 때
보세요**

《이야기 인물한국사》, 이이화 지음, 한길사, 1993.

《동학교조 수운 최제우》, 윤석산 지음, 모시는사람들, 2004.

《수운의 삶과 생각, 동학》, 표영삼 지음, 통나무, 2004.

김옥균

金玉均

| 교과서에서 김옥균이 나오는 부분 : 중학교 201쪽(7/2/3)

| 생몰년도 : 1851년(철종 2)–1894년(고종 31)
| 자 : 백온(伯溫)
| 호 : 고균(古筠)/고우(古愚)
| 시호 : 충달(忠達)
| 활동 분야 : 정치

|생애와 업적|

1884년 10월 17일 저녁, 우정국에서 낙성식 연회가 개최되었다.
술이 몇 순배 돌자 개화파의 맏형격인 김옥균이 일본 서기관 시마
무라에게 물었다.

▶ 落成式. 건축물의 공사가
끝났음을 기념하는 식

"그대는 하늘 천(天)을 아시오?"

시마무라는 의미심장한 눈빛으로 대답했다.

"요로시(좋소)."

오늘 거사가 있을 것을 알리는 암호였다.

연회가 거의 끝날 무렵 우정국 북쪽에서 불길이 치솟았다. 가장
먼저 우정국을 뛰어나간 것은 명성황후의 조카인 민영익이었다.
그러나 민영익은 곧 피투성이가 되어 돌아왔고 연회장 안은 아수
라장이 되었다. 이른바 갑신정변(甲申政變)의 시작이었다.

김옥균 · 박영효 · 서광범 등은 급히 빠져나와 서재필 휘하 사관

갑신정변의 주역들. 맨 오른쪽이
김옥균이다.

생도들을 경우궁(지금의 서울 계동 현대 사옥 뒷
자리)으로 이동시키고 그곳에서 얼마 떨어지
지 않은 일본 공사관으로 가서 일본군의 출
동을 확인한 뒤 대궐로 향했다. 고종을 만난
이들은 우정국에서 변란이 일어났음을 알리
고 형세가 위급하니 경우궁으로 피할 것을
요청했다. 김옥균의 지시에 따라 발생한 폭
발음에 놀란 고종과 명성황후는 급히 경우궁
으로 몸을 피했다. 곧 일본군이 경우궁 외곽
을 에워쌌다. 그 뒤 이들은 왕명으로 윤태
준·조영하·민태호·이조연 등 수구파들을
불러들여 살해했다.

그렇게 수구파 수뇌들을 제거한 개화파는
날이 밝자 대내외에 새 정부의 발족을 알렸
다. 고종의 사촌형 이재원을 영의정에 앉히고 홍영식은 좌의정에,
박영효는 전후영사, 서재필은 병조참판, 김옥균은 호조참판을 맡
는 등 국가 중추기관을 장악한 뒤 혁신적인 새 정책을 발표했다.
청나라에 잡혀간 흥선대원군을 즉시 돌아오게 하고 이제까지 청나
라에 행했던 조공을 폐지하는 등 완전한 자주 독립 국가를 지향했
으며, 문벌을 폐지하고, 조세제도를 개혁하는 등 강력한 개혁 의지
를 천명했다.

그러나 매우 진취적이고 혁신적이었던 이 정책들은 3일 만에 폐
기되고 만다. 예상외로 청군이 신속하게 개입하면서 사태가 급변
했던 것이다. 당시 청군을 이끌던 원세개는 일본과의 전쟁도 불사
하겠다는 입장이었던 반면, 전쟁 준비가 미처 되어 있지 않았던 일
본은 한발 물러섰다. 수구파와 합세한 청군이 고종의 일행이 환궁
한 창덕궁에 진입하자 일본 공사 다케조에는 그간의 약속을 저버

리고 철수하려 했다. 개화파가 지휘하는 군대가 청군과 격전을 벌였으나 역부족이었다.

근대국가를 지향하던 그들의 정변은 실패로 끝났다. 온건파인 홍영식 등은 왕에게 투항하고, 김옥균과 박영효 등은 재기를 꾀하기 위해 일본군을 따라 인천으로 향했다. 원세개와의 친분 등을 믿고 고종을 따랐던 홍영식 일행은 청군에게 잡히자 그 자리에서 참혹하게 죽었고, 다케조에를 따랐던 김옥균 등은 때마침 인천항에 입항해 있던 일본 배에 올라탈 수는 있었지만 배 안에서 또 한번 죽음의 위기를 맞는다. 정권을 장악한 수구파가 갑신정변을 일으킨 개화파 인물들을 역적으로 규정하고 인천에 머물고 있던 다케조에에게 그들의 신병 인도를 요구한 것이다. 배에서 내려달라는 다케조에의 요구에 차라리 자결하자 결심하고 있을 때 그들을 구한 건 배의 선장이었다. 인도적 입장에서 도저히 이들을 보낼 수 없다고 판단한 선장은 선창의 식당 마루 밑에 이들을 숨기고 "그런 사람들은 타지 않았다"고 버텼다. 차마 일본 배를 공격하지 못한 청군이 물러갔고 배는 인천항을 출발했다.

"어떻게 하면 구조선을 파괴하고 신조선을 건설할꼬?"라며 늘 고민하던 김옥균의 혁명적 시도는 그렇게 좌절되었다. 1851년(철종 2) 충청남도 공주군 정안면에서 김병태의 장남으로 출생한 김옥균이 개화사상을 접한 것은 1870년을 전후한 시기 유대치와 만나면서부터이다. 한의원이었던 유대치는 중인 신분이었지만 일찍이 역관 오경석·승려 이동인 같은 개화파 인사들과 교류하고 선진 문물들을 소개한 책들을 탐독하여 개화의 중요성에 눈뜨고 있었다. 그 무렵 연암 박지원의 손자인 박규수의 사랑방은 개화사상을 가진 청년들이 모여 민족과 국가의 장래에 대해 토론하며 개화사상을 배우는 장소였다. 1872년(고종 9) 스물두 살의 나이로 알성시 문과에 장원급제한 김옥균은 이 사랑방의 주요 멤버로 젊은 개화사상가들을 이끌었다.

그리고 1876년 **강화도조약** 체결 전후로 근대화와 자주독립을 동시에 달성할 수 있는 새로운 조선을 건설해나갈 것을 계획했다. 이후 개화에 뜻을 같이하는 동지들의 모임을 만들어 자주조선의 장래를 토론했고, 김홍집·이동인·박영효·김윤식·유길준 등을 해외로 시찰 보내 개혁에 동참하도록 적극 유도했다. 또한 승정원 우부승지, 참의교섭통상사무, 이조참의, 호조참판, 외아문협판 등의 요직을 거치면서 나라의 자주근대화 및 개화파의 세력 확대에 힘썼다.

1882년에는 서광범과 함께 직접 일본 시찰을 떠나 당시 일본 재야 정객들과 면담하기도 했으며, 같은 해 제물포조약에 따라 일본에 파견되는 수신사의 고문 자격으로 다시 일본에 가서 신문물을 접했다. 그러나 귀국해보니 임오군란 뒤 정권을 잡은 수구파와 이들 뒤에 있는 청나라의 압력에 개화파가 점점 내몰리고 있었다. 또한 청나라에서 추천한 재정 고문 묄렌도르프는 사사건건 김옥균과 대립했다. 특히 파탄 상태에 이른 국가 재정을 해결하기 위한 방안이 논의될 때 묄렌도르프는 당오전의 주조를 주장했던 반면 김옥균은 백성들의 고통을 가중시킨다며 이에 반대하고 일본에서 외채를 빌려오겠다고 했다. 고종으로부터 위임장까지 받아 일본에 갔지만 묄렌도르프와 수구파의 음모로 차관 교섭은 실패로 돌아갔고 개화파의 입지는 더욱 좁아졌다. 그 무렵 일본은 자주성이 강한 개화파와 손을 잡는 것보다 그 비용으로 군비를 확장해 청을 무력으로 제압하는 것이 더 낫다는 판단을 했던 듯하다. 외채 도입 실패를 추궁하는 수구파의 압력에 신변의 위협까지 느낀 개화파들이 선택한 길은 급진적인 개혁이었다.

마침 프랑스와 전쟁 중이던 청이 병력을 빼가 조선에 주둔하던 청군의 병력은 반으로 줄어 있었고, 전국 각지에서 농민들의 저항

▶ 當五錢, 1883년~1895년에 유통된 화폐. 실제 가치보다 높은 값이 매겨진 화폐로 민간에서 위조하는 바람에 물가가 급등하는 결과를 가져옴

이 일어나 수구파 정권을 흔들어댔다. 개화파 내부에서 동원할 수 있는 인원도 적지 않았다. 문제는 아직 1,500명이나 남아 있는 청군이었다. 청군을 견제하기 위해서는 일본군의 협조가 필요했다. 개화파를 부추겨 청과 연결된 수구파 정권을 약화시키려는 속셈을 가지고 있던 일본은 적극 협조를 약속했다.

김옥균이 홍종우의 손에 암살되는 장면을 그린 신문 만평(《지지신포》). 김옥균의 죽음은 일본에게 청일전쟁을 일으키는 좋은 구실이 되었다.

김옥균은 거사 5일 전 고종과 독대(獨對)하며 "국가의 명운이 위급할 때, 모든 조처를 경의 지모(智謀)에 맡기겠다"는 밀지까지 받았다. 고종의 동의를 얻었다고 판단한 김옥균의 행보에는 거칠 것이 없었다.

그러나 그들은 농민들과 상인들의 힘을 조직할 줄 몰랐고, 단지 왕권에 의지해 위로부터 개혁을 시도했으며, 일본의 침략적 본질을 보지 못한 채 일본군의 힘에 의존했다는 치명적인 약점으로 인해 무너지고 말았다. 이들의 실패는 이후 조선에 대한 일본의 개입을 강화해주는 계기로 작용했고, 이는 이들에게 친일 매국노라는 오명을 씌웠다.

선창 밑에 숨은 지 3일 만에 나가사키에 도착한 김옥균 일행은 일본에서 고단한 망명 생활을 시작했다. 조선 정부는 끊임없이 그들을 죽이려고 했고, 이용 가치가 없다고 판단한 일본도 그를 홀대해 오카사와라 섬에 강제 연금을 시키기도 했다. 연금에서 풀려난 김옥균은 마지막 승부수로 당시 청나라를 이끌고 있던 이홍장과의 담판을 위해 청으로 건너갔다가 조선에서 보낸 자객 홍종우에게 암살되었다. 청국 정부에 의해 조선에 넘겨진 김옥균의 시체는 양화진에서 능지처참되었으나, 이듬해 반역죄가 사면되고 1910년 규장각 대제학에 추증되었다.

|평가|

서재필은 《회고 갑신정변》에서 김옥균을 이렇게 평가했다. "그는 상당한 학자였을 뿐만 아니라, 그외에도 다재다예한 인물이었고, (개화파 가운데) 나이도 제일 많았다. 그는 정적들에게 허다한 비방을 듣긴 하였으나 나는 그가 대인격자였고, 또 처음부터 끝까지 진정한 애국자였음을 확신한다. ……그는 시대의 추이를 통찰하고, 조선도 힘 있는 현대적 국가로 만들려고 절실히 바랐다."

'애국적 개화사상가'와 '친일 매국노'라는 극단의 평가는 아직도 김옥균의 이름 앞에 상존하고 있다. 백성들의 힘을 이용하지 못했고, 일본의 침략적 본질을 파악하지 못했다는 치명적 잘못 앞에 무너져내리면서 결과적으로 일본의 침략을 용이하게 해준 결과를 낳았지만, 김옥균이 진보적인 사고를 가지고 있었고 조국을 부강한 나라로 만들려 했다는 사실이 부정될 수는 없을 것이다.

Tip

강화도조약| 1876년 조선과 일본 사이에 체결된 조약. 공식 명칭은 조일수호조약이며, 병자수호조약이라고도 한다. 1868년 메이지 유신을 단행한 일본은 유신 과정에서 생겨난 불만을 밖으로 돌릴 필요가 있었고, 또 서양 열강과 맺은 불평등조약을 만회하기 위한 방법의 하나로 다른 나라의 문호를 개방시키려 했다. 그리고 조선을 그 대상으로 삼았다. 일본은 강화도에서 운요 호 사건을 유발함으로써 1876년 2월 27일 12개조로 된 강화도조약을 체결시켰다. 조약 체결로 조선은 일본에 부산·원산·인천의 3개 항구를 개방하고, 치외법권을 인정했으며, 일본 화폐의 통용과 무관세 무역을 인정했다.

연표

1851	1월 23일 충남 공주군 정안면에서 태어났다.
1868	(18세) 일본, 메이지 유신이 단행되었다.
1872	(22세) 문과에 장원급제했다. 박규수의 집에 드나들며 개화사상에 눈을 떴다.
1876	(26세) 강화도조약이 체결되었다.
1882	(32세) 임오군란으로 피해를 입은 일본에게 사과하는 정부의 사절단으로 일본을 방문했다.
1884	(34세) 갑신정변 실패 후 일본으로 망명했다.
1894	(44세) 자객 홍종우에게 암살되었다.

저서

《기화근사》·《치도약론》·《갑신일록》 등이 있다.

**김옥균에 대해
더 알고 싶을 때
보세요**

《인물로 보는 조선사》, 김형광 지음, 시아출판사, 2002.
《인물로 보는 한국사》, 이은직 지음, 정홍준 옮김, 일빛, 2003.
《그래서 나는 김옥균을 쏘았다》, 조재곤 지음, 푸른역사, 2005.

전봉준

全琫準

| 교과서에서 전봉준이 나오는 부분 : 중학교 207~207쪽(7/3/2) · 고등학교 335쪽(7/1/1)

| 생몰년도 : 1855년(철종 6)-1895년(고종 32)
| 자 : 명숙(明淑)
| 호 : 해몽(海夢)
| 활동 분야 : 정치, 사회
| 다른 이름 : 녹두장군

|생애와 업적|

1894년(고종 31) 1월 10일 저녁, 전라도 정읍 말목장터에서 울리는 때아닌 풍물소리에 사람들이 모여들기 시작했다. 수천을 헤아리는 군중들이 모이자 그들 앞에 5척 단신의 사내 하나가 섰다. 키는 작았지만, 담력은 산같이 컸고 눈은 샛별같이 빛났다던 그가 바로 전봉준이다.

"우리가 피땀 흘려 지은 곡식이 우리 손에 들어오지 않고 저 악랄한 지주나 관료 손에 들어간 지 오래되었습니다. ……그런데도 중앙의 대소 신료들은 자기 잇속 채우기에만 정신이 빠져 있습니다. 여기에 조병갑이마저 다시 부임해와 어제의 행패를 오늘 또 하고자 합니다. 이 기회를 놓치면 영원히 후회할 것입니다. 부디 저 탐관오리들을 물리치고 이 나라를 바로잡는 대열에 앞장섭시다. 자, 날이 밝기 전에 곧바로 고부 관아로 쳐들어갑시다."

듣고 있던 군중들은 한 맺힌 함성을 토해냈고, 전봉준은 이들을 두 패로 나누어 고부 관아로 향했다. 세도가 풍양 조씨 척족이었던 조병갑이 고부 군수로 부임해온 뒤 벌인 온갖 노략질에 쌓였던 분노가 폭발한 것이다. 참고 참다 자신들의 억울한 사정을 항의한 적도 있었지만, 조병갑은 이들을 난민으로 몰아 엄한 형벌로 다스렸을 뿐이었다. 전봉준의 아버지 전창혁도 이 일에 앞장섰다가 체포되어 매 맞아 죽었다. 이후에도 백성들은 몇 번에 걸쳐 관아에 몰려가 호소했으나 욕심에 눈이 먼 조병갑은 이들을 옥에 가두고 몽둥이로 다스렸다.

마침내 1893년 11월 전봉준을 주축으로 20명이 모여 고부 관아를 부수고 군수 조병갑의 목을 벤 뒤 전주감영을 함락할 것 등을 결의하고 사발통문을 작성했으나, 조병갑이 익산 군수로 전임발령이 나 계획이 그대로 무산되는 듯했다. 그러다 1894년 1월 9일 조병갑이 공작을 벌여 다시 고부 군수로 부임해오자 백성들의 분노는 하늘을 찔렀고, 이 분노가 하나의 힘으로 뭉친 것이다. 조병갑이 이미 달아난 고부 관아는 군중들의 함성 소리에 파묻혔고, 관아를 점령한 백성들은 억울하게 옥에 갇힌 사람들을 풀어주고 무기고를 부수어 무기를 나누어 가졌다. 또 곡식 창고를 열어 어려운 백성들에게 나누어주었다.

▶ 沙鉢通文. 주동자가 누구인지 모르게 발기인의 이름을 돌아가면서 원형으로 적은 통지문

고부에서 농민들이 봉기했다는 보고를 받은 조정에서는 조병갑의 후임으로 박원명을, 고부 봉기를 진압하고 조사할 안핵사(按覈使)로 이용태를 임명하여 내려보냈다. 신임 군수 박원명은 난을 일으킨 백성들에게 술과 고기를 먹이면서 지난 죄를 모두 용서할 테니 각자 돌아가 생업에 종사하라고 타일렀다. 그 말에 많은 농민군이 해산했고 전봉준도 고부를 떠났다.

그러나 농민군이 해산한 뒤 고부에 들어온 안핵사 이용태는 봉기 참가자와 주모자를 색출한다는 명분으로 백성들을 줄줄이 잡아

동학농민군을 학살하는 일본군의
모습.

가고 폭행했다. 특히 농민들이 주축이었던 민란의 책임을 동학교
도에게 전가시키며 동학을 탄압했다.

전봉준은 손화중·김개남 등 동학 접주들과 손을 잡고 <u>보국안민</u>
을 위해 일제히 궐기하자는 통문을 띄웠다. 이에 각지에서 수천 명
의 농민과 동학교도가 고부군 백산면으로 모여들었다.

손화중·김개남은 동학의 포주들로, 각기 거느리는 교도들이 많
아 인근에서 강력한 세력을 형성하고 있었다. 손화중이 고창 선운
사 도솔암의 석불 배꼽에서 세상을 바꿀 수 있다는 <u>비결</u>을 꺼냈다
는 소문이 퍼지자 손화중의 포에 몰려드는 사람들의 행렬이 끝도
보이지 않았다는 말이 전하기도 한다. 이 때문에 손화중은 당시 30
대 초반이었는데도 호남에서 가장 영향력 있는 접주로 떠오르고
있었다. 한편 남접의 실력자인 김개남은 동학농민운동 초기에
1,300여 명을 거느리고 남원을 점거하는 등 전봉준을 능가하는 위
세를 떨치며 독자적인 세력을 키워나갔다. 그러나 사실 동학농민
운동이 전개되면서 이들은 연합작전을 펴지 못하고 개별적인 작전

▶輔國安民, 나랏일을 돕고
백성을 편안하게 함

▶秘訣 미래의 세계를 암시
하거나 장래의 길흉화복
을 비밀스럽게 적어 얼른
보면 그 내용을 알 수 없
도록 한 문서나 책
▶包 포교 조직

을 전개함으로써 전력을 극대화시키지 못했다. 특히 군사력이라든
가 용병술에서 결코 전봉준에게 뒤떨어지지 않았다는 평가를 받는
김개남이 전봉준과 힘을 합치지 못했다는 사실은 동학농민운동이
실패한 결정적 이유로 꼽히기도 한다.

어찌됐건, 1894년 5월 4일 백산에 모인 인원은 약 1만 3,000여 명
이었다. 전봉준이 총대장으로 추대되고 손화중·김개남이 총관령
을 맡았다. 이로써 처음에 농민들이 주축이 되었던 민란은 동학농
민운동으로 확대된다. 이 무렵 동학은 온건 노선을 주장하는 북접
과 개혁적인 행동 노선을 지지하는 남접으로 나뉘어 있었는데, 5월
의 1차 기병 당시 남접만 가담하고 동학의 2대 교주 최시형을 따르
는 북접은 기병에 반대했다.

전봉준은 "우리가 의를 들어 이에 이르니 그 본의가 단연코 다른
데 있지 아니하고 백성들을 도탄 중에서 건지고 국가를 반석 위에
두기 위함인데, 안으로 탐학한 관리의 머리를 베고 밖으로는 횡포
한 강적의 무리를 몰아내고자 한다"며 봉기의 취지를 밝히고 네 가
지 행동 강령을 제시했다. 이 행동 강령 가운데에 "일본 오랑캐를
내쫓아 성도를 깨끗이 할 것"과 "한성까지 진격해 권귀(權貴)를 진
멸(盡滅)할 것"이라는 내용이 눈길을 끈다.

이들은 금구 원평으로 나와 관아를 습격해 무기를 빼앗고, 부안
을 공격했다. 전라 감영은 소속 관군과, 농민 봉기로 장사에 지장
을 받아 불만이 많았던 보부상 연합군을 동원해 토벌 작전에 나섰
다. 농민군은 이들을 황토현 고개로 유인해 격파했다. 첫 전투의
승리로 사기가 절정에 달한 농민군은 정읍·흥덕·고창·무장·
영광·함평·무안·나주까지 들어가, 봉기 한 달 만에 호남 일대
를 장악했다. 그 무렵 농민군을 진압하기 위해 조정에서 내려온 초
토사 홍계훈이 전주에 도착했다. 농민군의 위세에 눌린 홍계훈은
정부에 증원군을 요청하는 한편 청나라 군사를 불러들이도록 건의

했다. 그 사이 홍계훈의 움직임을 파악하고 있던 전봉준은 황룡강
전투를 승리로 이끈 뒤 '호남 제일성'이라 불리는 전주성을 점령했
다. 그러나 뒤따라온 진압군이 성을 포위하고 서울과 호남의 군사
들이 원병으로 몰려들어 농민군은 성에 고립되었다. 또한 정부의
원병 요청에 청나라 군대가 상륙했고, 청의 출병을 구실로 일본군
도 인천에 상륙했다.

뜻밖의 국면에 전봉준은 정전(停戰)의 조건을 내걸었다. 제시한
개혁안을 수용한다면 전주성에서 물러날 뜻을 밝혔다. 관군도 더
이상 전쟁이 지속되는 것을 원하지 않았다. 이렇게 해서 5월 7일
전봉준은 관군과 화약(和約)을 맺고 다음날 농민군은 전주성을 나
와 해산했다. 이렇게 성립된 것이 전주 화약이다.

이 화약대로 전봉준은 각 지방에 집강소(執綱所)를 설치하고 폐
정개혁(弊政改革)을 실시했다. 본래는 관과 민이 협력해 개혁 작업
을 진행한다는 취지였지만, 실제 고을의 벼슬아치들이 거의 도망
가고 없는 상태에서 집강소는 농민들의 자치에 의해 운영되었다.
이것은 우리 역사상 처음 있는 농민 자치였다. 비록 호남 지방과
일부 인근 지방에 한정되기는 했지만, 농민이 자치를 했다는 것은
주목할 만한 역사적 사건이다.

그런데 조선에 상륙한 일본은 경복궁을 침범하여 친일개화파 정부를 출범시키고 청일전쟁을 일으켰다. 한편 친일개화파 정부는 농민군이 내건 개혁안의 일부를 반영해 갑오개혁(甲午改革)을 실시하는 등 정국은 급류를 타고 있었다. 9월 초 전봉준은 삼례에 직속부대를 집결시켰다. 이렇게 모인 농민군 4,000여 명은 스스로 의병이라 칭했다. 일본의 침략으로부터 나라를 구하기 위해 일어났다는 의미였다. 전봉준은 다시 일어날 것을 촉구하는 통문을 각 지방에 보냈다. 이렇게 일어난 각지의 농민군은 다시 전봉준을 대장으로 받들고 손화중과 김덕명에게 총지휘 임무를 맡겼다. 이것을 동학농민운동의 '제2차 기병'이라고 한다. 이 2차 기병에서는 북접계도 합류해 그 세가 더욱 커졌다.

그러나 관군과 일본군의 화력은 농민군이 넘기에 높은 산이었다. 공주를 공격했다가 몇 차례의 전투를 거쳐 우금치 싸움에서 대패했고, 나머지 농민군도 금구 싸움을 마지막으로 진압되기에 이른다. 농민군의 기세가 꺾이자 일본군과 관군은 농민군을 진압한다는 구실로 무차별 학살을 자행했다. 급격히 위축된 농민군으로는 더 이상 승산이 없다고 판단한 전봉준은 일단 농민군을 해산시킨 뒤 재기병의 가능성을 타진하고자 호남에서 독자적인 세력을 형성하고 있던 김개남을 찾아가기로 했다. 가는 길목에 옛 부하 김경천을 만나 반가운 마음에 하룻밤을 머물렀는데 현상금에 현혹된 김경천과 그의 이웃들은 잠든 전봉준을 몽둥이로 쓰러뜨리고 밀고했다.

12월 2일 체포된 전봉준은 일본군에게 넘겨졌다. 체포된 몸일 때에도 그의 태도는 조금도 굽힘이 없어 지방 관리들에게 모두 '너'라고 상대했으며, 만약 조금이라도 자신의 뜻에 거슬리면 엄하게 꾸짖었다. 또한 살려달라고 하면 일본으로 데려가 원하는 일은 무엇이라도 들어주겠다는 일본군의 제의를 뿌리치고 다섯 차례의 심문 끝에 사형을 선고받고 교수형에 처해졌다.

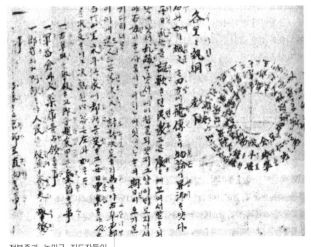

전봉준과 농민군 지도자들이 1893년 11월에 작성한 사발통문.

고부민란을 주도하기 전까지 전봉준의 삶에 대해서는 1855년 전창혁(전기창이라고도 함)과 언양 김씨 사이에서 태어나 아이들에게 글을 가르치기도 하고 한약방을 차려 한의사로 살기도 했다는 것, 동학의 교조신원 운동에 주도적인 역할을 했다는 것 정도만 알려져 있다. 그가 태어난 곳이 어디이며, 그의 출신이 어떠하며, 과연 동학교도였는가, 또 동학교도였다면 언제 입교했는가, 그리고 흥선대원군과 밀약을 맺었는가 하는 부분에 대해서는 아직까지도 학계에서 의견이 일치하지 않을 만큼 그의 개인적 삶은 어둠 속에 놓여 있다.

|평가|

전봉준이 교수형을 당하던 당시 집행총순(執行總巡)이었던 자는 뒷날 "나는 전봉준이 처음 잡혀오던 날부터 끝내 형을 받던 날까지 그의 전후 행동을 잘 살펴보았다. ……그는 세상을 한번 놀래킬 만한 대위인, 대영걸이었다. 과연 그는 평지돌출로 일어서서 조선의 민중 운동을 대규모적으로 대창작으로 한 자이니 그는 죽을 때까지라도 그의 뜻을 굴치 아니하고 본심 그대로 태연히 간 자이다"라고 회고했다.

개인적 야망이 아니라 "민중을 위해" 일어서 죽음을 앞둔 순간 목숨을 담보로 한 유혹마저 거부한 채 투쟁한 그의 삶은 "민중을 반침략·반봉건의 방향으로 각성시킴으로써 이후의 사회변혁운동과 민족해방운동의 진전에 원동력이 되었다"는 평가를 받는다. 또한 매우 앞서 있었던 그의 개혁안은 갑오개혁에 부분적으로 수용되었고, 그가 보여준 무장항거정신은 항일의병전쟁으로 이어졌다.

그리고 그에게 걸었던 백성들의 염원과 기대, 안타까움은 한 줄기 노랫가락이 되어 지금까지도 우리 곁에 남아 있다.

새야 새야 파랑새야
녹두밭에 앉지 마라
녹두꽃이 떨어지면
청포장수 울고간다.

연표

1855	전창혁과 언양 김씨 사이에서 태어났다.
1860	(6세) 최제우가 동학을 창시했다.
1892	(38세) 공주 집회와 삼례집회에 가담했다.
1893	(39세) 창의문을 지어 각 군에 돌리고 삼남집회를 주도했다.
1894	(40세) 동학농민운동이 봉기했다. 동학농민군 대장으로 추대되어 혁명을 이끌다 체포됐다.
	청일전쟁이 일어났다.
1895	(41세) 교수형을 당해 세상을 떠났다.

**전봉준에 대해
더 알고 싶을 때
보세요**

《전봉준평전》, 신복룡 지음, 지식산업사, 1996.
《인물로 보는 조선사》, 김형광 지음, 시아출판사, 2002.
《전봉준-1894년》, 우윤 지음, 하늘아래, 2003.

지석영

池錫永

| 교과서에서 지석영이 나오는 부분 : 고등학교 380쪽(7/4/1)

| 생몰년도 : 1855년(철종 6)~1935년
| 자 : 공윤(公胤)
| 호 : 송촌(松村)
| 활동 분야 : 의학, 학문

|생애와 업적|

1879년(고종 16) 12월 하순, 지석영은 장인에게 종두(種痘)에 대해 자세히 설명하고 두 살 된 어린 처남에게 시술할 것을 권했다. 그러나 종두를 일본인이 조선 사람을 죽이기 위해 만든 위험한 약이라고 알고 있었던 장인은 "그런 독약을 어찌 어린 처남에게 놓느냐"며 반대했다. 그러고는 지석영을 미친 사람 취급하며 다시는 종두에 대한 설명을 들으려고조차 하지 않았다. 지석영이 "장인이 믿지 못하는 미친 사위가 어찌 처가에 머무를 수 있겠냐"며 돌아가려 하자 비로소 장인은 처남을 데려와 종두를 시술하게 했다.

초조하고 불안한 3일이 흘렀다. 3일이 지나 두포(痘疱)가 나타나기 시작했을 때의 기쁨을 지석영은 "나의 평생을 통해 볼 때 과거에 합격했을 때와 귀양살이에서 풀려났을 때가 큰 기쁨이었는데, 그 기쁨도 이때에 비하면 아무것도 아니다"라고 회고했다. 이때 처가가 있던 충주군 덕산면에서 처남에 이어 친척들과 이웃사람 40여 명에게 실시한 종두가 지석영의 손으로 우리나라 사람에게 실시한 최초의 천연두 예방접종이다.

두창·마마라고도 불리던 천연두는 염병이라 불렸던 장티푸스와 함께 가장 무서운 전염병이었다. 천연두에 대해서는 정약용이 《마과회통》을 통해 그 처방법을 정리하는 등 한의학의 다양한 처방법들이 상당한 효과를 거두고는 있었지만, 당시까지 예방법은 불완전했다. 그러다 1790년 박제가가 베이징에 다녀오면서 천연두에 걸린 사람에게서 채취한 고름으로 접종하는 인두법(人痘法)을 처음 소개했다. 그러나 이 방법은 때로 병독을 확산시킬 우려가 있었다.

1855년 서울 낙원동에서 중인 집안의 아들로 태어난 지석영이 종두에 대해 관심을 가진 것은 제너(Jenner, Edward)의 《종두법》이라는 책을 접하면서부터이다. 개화사상가인 강위 밑에서 유길준과 함께 공부했던 지석영은 중국의 서양의학 번역서들을 많이 읽었는데, 그 가운데 제너가 발견한 우두종두법(牛痘種痘法)이 여러 생명을 구했다는 사실에 주목했다. 우두종두법이란 천연두에 걸린 송아지에서 채취한 고름으로 접종하는 방법을 말한다.

그러던 중 1876년 수신사가 일본에 갈 때 수행원 자격으로 따라간 박영선이 도쿄 순천당의원 의사에게 우두종두법을 배우고 일본인이 쓴《종두귀감》이라는 책 한 권을 갖고 돌아왔다. 박영선은 그가 배운 종두법과 그 책을 제자들에게 강의했는데, 지석영도 그중 한 명이었다. 책을 읽고 강의를 들었지만, 그것만으로는 부족했다. 그런 지석영의 귀에 당시 부산에서 일본 거류민의 치료를 위해 의료행위를 하고 있던 제생의원 원장과 해군 군의관이 종두법을 알고 있다는 소식이 들려왔다. 그들을 찾아가 2개월간 종두법을 배우고, 거기서 두묘와 종두침(種痘針)까지 얻은 뒤에야 비로소 자신감이 생겼다. 서울로 돌아가는 길에 잠시 들른 처가에서

▶痘苗, 천연두의 예방약으로 쓰이는, 소의 몸에서 뽑아낸 면역 물질

종두법을 보급하여 수많은 사람
들의 목숨을 구한 지석영.

첫 종두를 실시한 것은 이러한 자신감이 뒷받침되었기에 가능했던 일이다.

그러나 많은 사람들에게 실시하기 위해서는 두묘의 제조법을 배워야 했다. 1880년 2차 수신사 길에 수행원으로 직접 따라나선 지석영은 외무성의 주선으로 우두묘의 제조법 등 모든 방법을 완전히 습득하고, 서울로 돌아와 이를 시술하면서 서양의술까지 배웠다.

그 무렵 지석영은 개화당의 일원이 되어 있었다. 그는 우두의 실시만 주장한 것이 아니라 나라의 외교는 만국공법에 따르고 미국·일본·청나라와 폭넓게 교류해야 한다고 주장했다. 그러나 1882년 임오군란이 일어나자 개화당의 일원이자 일본 의사와 접촉하며 종두법을 수입한 그에게 체포령이 내려졌다. 다행히 몸은 피신했지만 종두장(種痘場)이 군인들의 손에 완전히 불타버렸다. 정국이 안정되자 지석영은 다시 서울에 돌아와 종두장을 부활시켜 계속 종두를 보급했고, 전라도와 충청도에도 우두국을 설치해 종두법을 가르쳤다. 그리고 1885년에는 종두술에 대한 지식을 종합해 《우두신설》을 저술했다.

그 뒤 갑신정변이 일어나 그의 협조자들이 조정에서 내몰리면서 그의 신변도 위태로워졌다. 그런 가운데 1887년 사헌부의 장령으로 있던 그가 조세 등 국정의 잘못에 대해 신랄하게 비난하는 상소를 올리자 "박영효가 흉한 음모를 꾸밀 적에 남 몰래 간계를 도운 자이며, ……우두 기술을 가르친다고 핑계대고 도당들을 끌어모았다"는 탄핵을 받아 강진 신지도에서 5년간 유배 생활을 해야 했다. 유배에서 풀려난 뒤 그는 다시 교동에 우두보영당을 설립하고 어린이들에게 우두를 실시했다.

정세는 다시 바뀌어 김홍집의 친일개화 정권이 수립되면서 그는 형조참의에 기용되었다. 동학농민운동을 진압하기 위해 일본군들이 상륙하던 무렵, 그는 다시 대구 감영의 판관으로 임명되었다. 일본어를 잘하는 지석영은 일본군을 인도하여 통역을 맡기도 하고 길 안내를 맡기도 하며 동학농민운동의 토벌에 크게 활약했다. 이러한 공을 인정받아 동래 부사가 되었다가 동래부 관찰사가 되지만, 동학농민운동 토벌에 적극적으로 참가했던 그의 행적은 이후 오점으로 남는다.

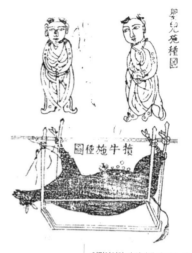

어린아이와 송아지에 우두를 접종하고 채취하는 장면. 지석영의 《우두신설》을 토대로 의원 이재하가 쓴 《제영신편》에 실려 있다.

한편 지석영은 1890년대 후반 독립협회의 주요 회원으로 활약하면서, 밀 재배의 경제성을 설파하고 주시경과 함께 한글 가로쓰기를 주장한 선각자이기도 하다. 한글에 조예가 깊었던 스승 강위의 영향으로 일찍이 한글에 관심이 많았던 그는 국문학교의 설립에 크게 기여했으며, 의학교 학생 모집 때에도 국문을 시험과목으로 채택했다. 또한 〈신정국문〉 6개조를 상소해 학부 안에 국문연구소를 설치하게 하고 연구위원이 되었으며, 한자를 한글로 해석한 《자전석요》를 짓고 정약용의 저술인 《아학편》을 한글과 함께 영어로 풀이하여 어린이 교육에도 상당한 업적을 남겼다. 그외 국채보상연합회 부소장, 대한자강회 평의원, 기호흥학회 부회장 등으로 활발한 사회활동도 펼쳤다.

1899년 지석영의 청원에 따라 최초의 관립의학교가 설립되었고 그는 이 학교의 교장으로 임명되었다. 서울대학교 의과대학의 모태라 할 수 있는 의학교는 우리나라에서 최초로 설립된 공식적인 서양의학 교육기관이다. 1907년 의학교가 대한의원 의육부로 개편되면서 학감으로 자리를 옮겼다가 1910년 사직했다. 나라를 일본에 빼앗긴 뒤 그는 모든 공직에서 물러나 은둔의 삶을 살다 여든한 살의 나이로 세상을 떠났다. 조선총독부에서 협력을 부탁했지만 받아들이지 않았고, 3·1운동 등 독립운동에도 별다른 활동을 보이지 않았다.

|평가|

　개화기에 근대화를 위해 헌신한 학자요, 종두법을 보급하는 등 각종 전염병 퇴치에 앞장선 예방의학자이자 의학교육자였던 그의 업적은 역사에 오래도록 남아 기억될 것이다. 물론 그 가운데에서도 우두의 보급으로 무수한 사람의 생명을 살린 공이 가장 높은 평가를 받고 있다.

　고종은 그의 공을 인정하여 태극장 팔괘장을 내렸다.

1855	서울 낙원동에서 태어났다.
1868	(14세) 일본이 메이지 유신을 단행했다.
1879	(25세) 부산 제생의원에서 종두법을 실습하고, 충주 처가에서 최초로 종두법을 시술했다.
1880	(26세) 서울에 우두국을 설치했다. 김홍집 수신사의 수행원으로 일본에 갔다.
1882	(28세) 임오군란이 일어났다.
1883	(29세) 문과에 급제했다.
1884	(30세) 갑신정변이 일어났다.
1894	(40세) 동학농민운동과 청일전쟁이 일어났다. 형조참의, 좌부승지, 한성부윤, 대구판관, 진주목사를 역임했다.
1897	(43세) 대한제국이 성립되었다.
1899	(45세) 관립의학교 초대 교장을 지냈다.
1904	(50세) 러일전쟁이 일어났다.
1907	(54세) 대한의원 학감, 국문연구소 위원을 지냈다.
1910	(56세) 국권이 피탈되었다.
1917	(63세) 조선병원 원장을 지냈다.
1935	(81세) 서울 교동 자택에서 세상을 떠났다.

저서

우리나라 최초의 우두 관련 서적이자 서양의학서인 《우두신설》, 밀 재배의 경제성을 역설한 《중맥설》, 최초의 위생학이자 예방의학서라 할 수 있는 《신학신설》, 한글로 한자를 해석한 《자전석요》를 저술했다.

지석영에 대해 더 알고 싶을 때 보세요

《이야기 인물 한국사》, 이이화 지음, 한길사, 1993.
《조선과학인물열전》, 김호 지음, 휴머니스트, 2003.
《우리말의 탄생》, 최경봉 지음, 책과함께, 2005.

이완용

李完用

| **교과서에서 이완용이 나오는 부분** : 중학교 236쪽(8/2/1) · 고등학교 339쪽(7/1/2)

| **생몰년도** : 1858년(철종 9)-1926년
| **자** : 경덕(敬德)
| **호** : 일당(一堂)
| **활동 분야** : 정치

|생애와 업적|

1896년 7월 2일 역사적인 독립협회 창립총회가 열렸다. 독립협회의 실질적인 주도자는 서재필이었지만 당시 그는 미국 국적을 갖고 미국 이름을 쓰는 처지라 앞에 나서지 못한 채 산파 역할만 담당했다. 처음 독립협회를 만든 목적은 조선의 자주독립을 세계만방에 알리고 후손에 전하기 위해 독립문을 세우고, 이에 필요한 비용을 모금하기 위해 창립되었다고 할 수 있다.

이날 창립총회에서 위원장으로 선출된 사람은 이완용이었다. 보조금을 가장 많이 내놓은 것도 그와 그의 형이었다. "고종을 위협해 대한제국을 일제에 바친 매국노" 이완용이 초기 독립협회를 주도했다는 것은 매우 놀라운 일이다. 또한 〈독립신문〉은 이완용에 대해 "대한의 몇 째 안 가는 재상"이라고까지 극찬하며 수차례에 걸쳐 매우 우호적인 기사를 실었다. 그런 그가 어떻게 불과 10여

년 만에 한일합방에 앞장선 매국노가 된 것일까.

1858년 6월 7일 경기도 광주군 낙생면 백현리에서 가난한 선비 이석준의 장남으로 태어난 이완용은 매우 총명한 아이였다. 여섯 살 때 아버지에게 《천자문》을 배우기 시작했는데 몇 달 만에 마치고, 《동몽선습》을 배운 뒤 일곱 살에 《효경》, 여덟 살에 《소학》을 끝내 주위에서 모두 놀랐다고 한다. 이런 그의 재능은 열 살 되던 해 같은 집안의 먼 친척인 이호준의 양자로 들어가면서 든든한 배경까지 갖추게 된다. 흥선대원군의 친구이자 사돈이며, 여흥 민씨를 처로 얻었던 이호준은 고종 즉위와 함께 출세 길에 올라 이후 30년 이상 정부의 요직을 맡아보며 그 어렵던 시기에 평탄한 벼슬살이를 한 인물이었다. 이러한 능력을 배운 때문인지 이완용도 단 한 차례의 귀양이나 투옥 없이 평생을 부귀영화 속에 살았다.

총명한데다 가문의 배경까지 갖춘 이완용의 출세는 이미 예약되어 있던 것이나 마찬가지였다. 더구나 그는 주위 사람들의 기억에 "매우 사려 깊은 인물"이었으며, "무슨 일이든지 신중하게 생각하고 주위에 자주 의견을 물었으며 쉽게 결정을 내리지 않는다. 그러나 일단 결정하고 나면 반드시 실행하고 실행하면 반드시 실적을 보았"던 과단성 있는 인물이었다.

이호준은 이완용의 교육에 많은 공을 들였다. 스물다섯 살 되던 해인 1882년 증광별시 문과에 급제한 이완용은 규장각대교·검교·홍문관수찬 등을 거쳐 1886년 육영공원에 들어가 영어와 신학문을 배웠다. 이듬해 미국전권대신 박정양 밑의 참찬관(參贊官)으로 임명돼 미국으로 갔다가 1년을 미처 못 채우고 병을 핑계로 돌아왔으나, 얼마 안 있어 다시 미국으로 건너가 대리공사로 승진했다. 육영공원에서 받은 신학문과 주미 공사관 경력은 그를 친미파로 이끌었고, 그는 이후 친미파와 친러파가 주축이 된 정동파를 이끌며 **아관파천**(俄館播遷)과 독립협회 활동을 주도하게 된다.

▶한국 최초의 근대식 공립 교육기관

1894년 동학농민운동과 청일전쟁의 결과를 주시하면서 그는 일본이 청나라를 눌렀지만, 다시 러시아와 프랑스, 독일이 이른바 **삼국간섭**으로 단 한 발의 총성도 없이 일본을 제압하는 것을 보았다. 그해 일본 전권공사로 나가라는 명이 그에게 떨어졌지만, 이완용은 생모의 상중임을 들어 사양하고 외무 협판의 자리에 오른다. 그리고 명성황후가 친일 김홍집 내각을 물러나게 하고 박정양 내각을 출범시킬 때 미국공사 앨런(Allen, Horace Newton)의 추천으로 30대의 나이에 학부대신으로 발탁된다. 4개월 남짓 짧은 기간 동안 학부대신 자리에 있으면서 이완용이 우리나라 근대 교육에 매우 인상적인 발자취를 남긴 것은 부인할 수 없는 사실이다. 성균관을 개편하고, 초등교육의 의무화를 규정했으며, 매년 일정한 수의 유학생을 일본에 보내기로 하는 계약서를 체결했다.

그러다 1895년 명성황후 시해 사건이 일어나고 홍선대원군을 받드는 친일내각이 들어서자 재빨리 미국 공사관으로 몸을 피했다. 이곳에서 그는 러시아 공사 베베르(Veber, Karl Ivanovich) · 이범진 등과 협력하여 고종과 세자를 러시아 공사관으로 빼돌리는 일을 성공시킨다. 친미파였던 이완용이 고종을 러시아 공사관으로 옮긴

▶協辦, 대한제국 때 각 부와 궁내부의 둘째 벼슬

▶大臣, 각부의 으뜸벼슬

것은 러시아와 달리 대한제국의 정치 문제에 관심이 없었
던 미국의 입장 때문이었다. 아관파천에 성공한 이들은
친러내각을 출범시키는데, 이때 이완용은 외부대신
자리에 앉으며 학부대신과 농상공부대신의 서리를
겸했을 뿐 아니라 그의 형 이윤용은 군부대신에 경무
사(警務使)까지 겸했다. 형제가 외교 · 군사 · 경찰권
을 모두 장악한 것이다.

을사조약을 성사시켜 매국노가
된 이완용.

친미 · 친러파들로 구성된 새로운 정부에서 막강한 영
향력을 갖게 된 미국 공사 앨런은 경인철도 부설권, 운산금
광 채굴권 등을 자신의 친구 등 열강들에게 넘겼는데, 세상 물정
몰랐던 조선 왕실과 관리들은 거의 공짜로 빼앗기면서도 자신들이
무슨 일을 하고 있는조차 제대로 파악하지 못했던 듯하다. 앨런의
이러한 활동에 가장 큰 공을 세운 것은 물론 외부대신 자리에 있던
이완용이었다. 이완용은 미국의 투자가 늘어나면 조선에 대한 미
국의 관심이 높아질 것이라며 장담했다지만, 미국은 을사조약(乙巳
條約)이 체결되자 일본과 함께 축배를 들었을 뿐이다.

한편, 그해 독립협회가 출범했고, 이완용은 1년 6개월 정도 주도
적으로 독립협회를 이끌며 활동하다 각종 이권을 열강에게 넘겨
준 책임에 제명되었다. 이 무렵 고종이 다시 경운궁으로 돌아가
친러파 대신 친일파가 고개를 들자 그는 몇 년 동안 전라북도 관
찰사로 내려가 세상 돌아가는 것을 살폈다. 그리고 일본이 러일전
쟁마저 승리로 이끈 1904년 오랜 숙고를 끝내고 다시 조정에 나온
다. 제1차 한일협약으로 이미 자주성에 큰 상처를 입은 나라의 학
부대신으로 다시 등장한 그는 친일 매국의 길로 성큼성큼 들어서
고 있었다.

러일전쟁 뒤 미국과 영국의 지지를 이미 얻은 일본은 이토 히로
부미를 보내 한국의 외교권을 접수하기 위한 을사조약을 강요했

을사조약 사본(오른쪽)과 조약 체결 당시 사용된 의자와 테이블.

다. 모든 대신들이 '절대 반대' 하기로 미리 약속되어 있었지만, 이완용은 "이번 새로운 조약은 서로 변동할 수 있도록 하면 전혀 불가능한 것도 아닙니다"라는 궤변을 늘어놓으며 논의를 흐렸고, 결국 이토 히로부미가 궁궐로 들어와 대신들의 의견을 물을 때 '가(可)'라고 대답한 을사5적 가운데 하나가 되었다. 이로써 조선은 실제적으로 일본의 지배를 받게 되었고, 이완용은 이토가 통감으로 부임해온 뒤 총리대신이 되어 매국내각을 이끌었다.

이토의 수족이 된 이완용은 1907년 헤이그 특사 사건이 일어나자 고종을 위협하여 퇴위시키는 데 앞장섰을 뿐 아니라 군대 해산 뒤 전국 각지에서 의병이 일어나자 헌병보조원을 모집하여 이들을 진압해야 한다며 조선인끼리의 싸움을 조장했다. 또한 순종이 즉위한 뒤 정미7조약의 체결에 관여해, 정미7적에도 이름을 올렸다.

그러던 1909년 이재명 의사의 칼을 맞지만, 질긴 생명은 끊어지지 않았고, 그의 매국행적은 일본의 국권강탈을 주도적으로 이끌기에 이른다. 1910년 총리대신으로 내각회의를 소집해 합병에 관한 건을 상정하고 어전회의를 소집해 합병안을 가결시키는 동시에 스스로 한일양국병합전권위원이 되어 통감 데라우치의 관사로 찾아가 합병조약을 체결했다. 한일합병을 이룬 공로로 훈1등 백작의 작위와 잔무처리수당 60여 원, 퇴직금 1,458원, 총독부의 은사공채

15만 원을 받았다.

그 뒤에도 그는 중추원 고문이 되고 중추원 부의장이 되어 일선 융화(日鮮融化)를 주장했으며, 3·1운동을 비난하는 경고문과 담화문을 세 차례에 걸쳐 발표해 1920년 후작으로 승급되었다. 조선귀족원 부회장, 농림주식회사 고문, 총독부 산업조사위원, 조선미술전람회 심사원, 조선사편찬위원회 고문 등을 맡으며 끝까지 일제에 기생하다 1926년 양력 1월 서울 옥인동 자기 집에서 세상을 떠났다. 그는 겨울철만 되면 해수병이 도져 고생했는데, 이재명의 칼에 폐를 다친 후유증이었다 한다. 익산군 낭산면 낭산리 선인봉 아래, 전라북도 관찰사로 있을 당시 골라둔 명당터에 묻혔다.

▶ 咳嗽病, 한의학에서 연거푸 기침을 하는 증세를 이르는 말

친미파에서 친러파, 그리고 친일파로 변신하며 일신의 영달을 추구한 그의 삶에 대한 변명은 비서였던 조카 김명수에게 남긴 말에서 찾아볼 수 있을지도 모르겠다.

"나는…… 당시 미국과의 교류가 점점 요긴하였기 때문에 그런 때에 신설된 육영공원에 입학하여 공부하고서 미국으로 건너갔다. 갑오개혁 뒤 을미년에 이르러 아관파천 사건으로 인해서 친러파라 일컬어졌다. 그 후 러일전쟁이 끝남을 알릴 즈음에 친러파에서 전환하여 현재의 친일파라는 호칭을 얻게 되었다. 무릇 천도에는 춘하추동이 있으니 이것을 변역(變易)이라 한다. 인사에도 동서남북이 있으니 이것을 또 변역이라 한다. 천도인사에 때에 따라 변역이 없다면 이것은 실리를 잃어 끝내 성취될 바가 없을 것이다."

|평가|

이완용의 죽음 뒤 총독 사이토는 "이완용 후작은 동양 일류의 정치가에 비하여 하등의 손색이 없고 그 영풍은 흠모할 바가 많았는데 이제 유명을 달리하였으니 국가에 일대 손실이다"라며 애석해

했고, 그의 장례는 고종 국장 이후로 최대의 인파를 동원한 일대 장관을 연출했다. 당시 총독부 관지 〈매일신보〉는 화려한 장례 행렬을 두고 "생전 영예가 사후에 잇는 대장의"라고 표현했다.

그러나 일반 백성들에게 그의 이름은 '매국노'와 같은 의미였고, 서울의 공중변소에 '이·박 요리점'이라는 낙서가 심심치 않게 씌어질 만큼 그에 대한 백성들의 반감은 컸다. 공중변소가 이완용과 박제순의 요리점이라는 말은 이들이 똥을 먹는 개와 같다는 조롱이었다.

유명한 지사가 골라주었다던 명당에 위치한 그의 묘지는 광복 후 곧잘 초등학생들의 소풍장소가 되었는데, 아이들이 묘에 올라

Tip

아관파천 | 1896년 2월 11일 고종과 왕세자가 궁궐을 벗어나 지금의 서울 정동에 위치한 러시아 공사관으로 옮겨간 사건을 말한다. 이를 계기로 1894년 갑오개혁 이후 계속된 친일개화파 정권이 무너지고 친러파가 정권을 장악했다.

명성황후가 경복궁에서 시해되고 난 뒤 고종은 신변에 위협을 느끼게 되었으며, 이를 이용해 친미·친러 세력은 고종을 궁궐 밖으로 데려가 자신들이 중심이 된 새 정권을 세우고자 했다. 파천 직후 친일정권이 무너지고 친미·친러파 인물들이 대거 등용되어 내각을 구성했다. 아관파천은 기본적으로 청일전쟁 이후 동아시아에서 패권을 차지하려 한 일본과 이를 저지하려는 러시아 간의 세력다툼의 결과였다. 1897년 2월 20일 고종이 다시 환궁하기까지 러시아 공사관에 머무르던 1년 동안 러시아를 선두로 한 구미 열강은 왕실을 보호해준다는 대가로 각종 경제적 이권들을 약탈해갔다.

삼국간섭 | 청일전쟁에서 승리를 거둔 일본은 1895년 4월 17일 청나라와의 사이에 강화조약을 조인·비준했다. 그런데 조약 내용을 본 러시아·프랑스·독일 삼국은 4월 23일 이 조약에서 일본에 할양하도록 되어 있는 랴오둥 반도를 청나라에 반환하도록 일본 정부에 강력히 권고했다. 당시 삼국 열강을 상대로 싸울 만한 힘이 없었던 일본은 랴오둥 반도를 청나라에 반환했다.

"요놈 매국노 뒈져라"라고 떠들어대는 통에 미국에 숨어 살던 손자들이 무덤을 파서 시체를 화장하고 무덤을 없애버렸다고 한다.

이완용에 대해 더 알고 싶을 때 보세요

《이야기 인물한국사》, 이이화 지음, 한길사, 1993.

《인물로 보는 친일파 역사》, 역사문제연구소 지음, 역사비평사, 1993.

《이완용 평전》, 윤덕한 지음, 중심, 1999.

《옛사람 72인에게 지혜를 구하다》, 김갑동 지음, 푸른역사, 2003.

나철

羅喆

| **교과서에서 나철이 나오는 부분** : 중학교 236쪽(8/2/1)/289쪽(9/4/3)

| **생몰년도** : 1863년(철종 14)~1916년
| **호** : 홍암(弘巖)
| **활동 분야** : 종교, 독립운동
| **다른 이름** : 나인영(羅寅永)

|생애와 업적|

"최근 신문 보도에 의하면, 러일전쟁이 끝나면 한국을 일본의 보호국으로 한다는 소문인데, 이런 엉뚱한 이야기는 절대 일황(日皇)의 본의가 아닌 줄로 압니다. 왜냐하면 지난 1904년 청일전쟁 때 폐하께서는 '조선은 엄연한 독립국인데 청나라가 마치 속국인 것처럼 조선의 내정을 간섭하므로 일본이 전쟁을 일으킨다'고 하였습니다. 금번 러일전쟁에 있어서도 한국의 안전과 동양의 평화를 위해 싸운다고 하였습니다. 그래서 모두가 두 전쟁을 정의의 전쟁, 즉 의전(義戰)으로 칭송하고 있습니다. 속담에 '여항의 필부도 거짓말을 않는다'고 하였습니다. 하물의 한 나라의 군주가 거짓말을 하여서야 되겠습니까."

을사조약 전 나인영(나철이 대종교를 창시하기 전 이름)이 일본 국왕에게 보낸 글이다. 나인영은 일본의 국왕으로서 거짓말을 해서는 안 된다고 충고하고, "우리 한국이 독립할 수 있도록" 해달라고 부탁했다. "그렇게만 된다면 우리 한국만의 행복이 아니요 귀국의 행복이며 세상 모두의 다행"이라 했다.

나인영은 또한 이토 히로부미가 한국에 특파된다는 보도를 보고 그에게 "겉으로 한국을 유지하겠다는 명분을 내세우면서도 내심으로는 한국을 집어삼키려는 꾀를 품고" 있다고 강력히 항의하는 글을 보내기도 했다.

물론 일본 국왕이나 이토 히로부미는 나인영의 충언을 귀담아듣지 않았다. 그리고 한 개인의 입장에서 일본 국왕과 이토 히로부미에게 글을 보내 한국의 독립을 요구했다는 발상 자체가 지금의 상식으로 봤을 때 순진하기까지 하다. 하지만 그의 이러한 시도는 **헤이그 특사 사건**보다도 앞서 시도된 외교적인 독립운동이었다는 데서 그 의의를 찾을 수 있다. 그는 이후 의열투쟁, 정신문화운동, 그리고 자결순국까지 모든 방법을 다 써서 독립운동을 전개해 가히 독립운동의 선각자요 아버지라는 평가를 받는다.

스물아홉 살 때 문과에 장원급제해 승정원가주서(承政院假注書) 등을 역임하며 출셋길을 걷던 나인영은 일본의 침략이 본격화될 무렵 징세서장에 임명되자 백성을 착취할 수 없다며 관직을 사임하고 호남 출신의 지사들을 모아 1904년 유신회(維新會)라는 비밀단체를 조직, 구국운동을 펼쳤다.

▶徵稅署長 세금을 거두어들이는 징세를 책임지는 자리

러일전쟁을 일으킨 일본이 노골적으로 한국 침략의 야욕을 드러내면서 나인영의 과감하고 기상천외한 외교 활동은 시작된다. 그가 생각할 때 이것은 분명 일본이 러일전쟁을 일으키면서 겉으로 표방했던 공약과 명분에 어긋나는 일이었으며, 나아가 한국에 대한 배신이었다.

나인영은 러 · 일 간의 강화조약이 체결되는 것을 그대로 수수방관할 것이 아니라 직접 미국으로 건너가 미국 대통령에게 한국의

독립을 요구하려고 했다. 그러나 일본이 그의 미국행을 허용할 리 없었다. 미국행에 실패한 나인영은 동지 이기·오기호 등과 함께 일본으로 밀항해 일본 정부와 정계 요로(要路)에 한국의 독립을 보장하고 동양의 영구한 평화를 이루자는 요구서를 전달했다. 이 글은 현재 전하지 않지만, 한말의 학자 정교가 펴낸 《대한계년사》에서는 이 글이 근엄하고 명쾌해 각 신문에 게재됨으로써 한국에 인재가 있다는 사실을 알렸고, 일본 대신들도 칭찬해 마지않았다고 전한다.

그러나 일본은 을사조약을 강제 체결했고, 일본에 체류하고 있던 나인영은 그 소식을 듣자 귀국길에 올라 이듬해 1월 한성에 도착했다. 이날 한성의 서대문역에 도착해 힘없이 걸어가는 그의 앞에 한 노인이 나타나 《삼일신고》와 《신사기》 두 권의 책을 주었다고 한다. 그러나 당시 그의 생각은 민족정기를 되살리기 위해 을사 5적을 처단해야겠다는 생각으로 가득 차 있을 뿐이었다. 일본인을 대상으로 독립 외교를 펼쳤지만, 그것으론 뜻을 이룰 수 없다는 판단이 서자, 말로 안 되면 칼로 해야겠다는 결단에 이르렀다. 그는 "국권의 회복은 백 가지 계책을 다 썼다. 돌이켜보건대 오늘의 이 나라꼴을 보게 한 자는 현 정부 대신들이다. 그러므로 국민을 대신하여 이들을 주살하고 새로운 자주독립 정부를 조직하여 잃어버린 주권을 되찾는 길밖에 없다"고 판단했다.

먼저 자신회(自新會)라는 비밀 결사를 조직하고 군자금을 조달한 뒤 18명의 결사대원을 모았다. 조선 후기의 학자 황현의 《매천야록》을 보면, 처음에는 5적(五賊)의 집에 폭발물을 배달해 폭살시키려 했으나 작전이 실패로 돌아가자 총으로 쏘아 죽이기로 했다고 전한다.

거사일은 1907년 3월 25일 오전 10시, 대상은 박제순·이지용·권중현·이완용·이근택의 을사5적에 학부대신 이재극을 추가해 을사6적을 처단하기로 했다. 6적들이 궁궐에 들어가는 날에 맞춰 각 세 명의 결사대원이 담당한 역적의 집 앞에 숨어 있다가 하나하나 처단하기로 했다. 그러나 결과는 실패였다. 기일이 촉박했던 탓에 대원들의 연습이 부족해 명중시키지 못했던 것이다.

대원 모두가 체포됐고, 오기호·김동식·이기 등이 자수한 뒤, 나인영도 자수했다. 공판정에서 10년 유형이 결정되었으나, 그해 말 고종 황제의 특별사면으로 모두 석방되었다. 비록 실패했지만, 을사5적 처단 의거는 친일파를 처단하는 의거의 효시가 된다. 결사대원 가운데 한 사람이었던 한훈은 이후 대한광복단(大韓光復團)에 참여해 미의원단 방한시 조선 총독 암살을 시도하기도 했다.

석방된 뒤 무엇을 어떻게 해야 할지 방향을 잡지 못한 나인영은 오기호가 주장하는 대로 다시 일본으로 건너가 독립 외교를 펼치려 했다. 그 무렵 일본은 헤이그 특사 사건을 빌미로 고종을 강제 퇴위시키고 순종을 허수아비 왕으로 앉힌 뒤 **한일신협약**을 체결해 군대마저 해산해버렸다. 이러한 때 일본에 가서 외교 담판을 짓겠다는 그의 생각은 여전히 순진하고도 무모해 보인다.

그러나 그렇게 도착한 일본에서 그는 다시 한 노인을 만나《단군교포명서》·《고본신가집》·《입교절차서》라는 책을 받는다. 그 노인은 "국운은 이미 다하였는데, 어찌 이 바쁜 때에 쓸데없는 일로 시간을 허비하시오, 하루 속히 귀국하여 단군 대황조의 교화를 펴시오. 이 한마디 부탁뿐이니 곧 떠나시오"라고 말한 뒤 어디론가 사라져버렸다.

그 말에 나인영은 극적인 순간을 맞는다.

1916년 8월 5일 나철은 구월산에 있는 삼성사로 향한다. 이때 제자들과 찍은 기념사진이다(앞줄 맨 왼쪽이 김두봉, 그 옆이 나철).

"국운의 회복은 어느 애국 정객 몇 사람의 힘으로 되는 것이 아니다. 전 민족이 거족적으로 일치단결하여 생명의 근본인 단군 대황조를 지성으로 숭봉하고 그 교화의 대은 아래 신화의 대력을 얻어야 가능한 일이다."

이 깨달음으로 나인영은 나철로 다시 태어난다. 나라가 망한 근본 원인이 사대주의 역사교육에 있었음을 깨닫고 "비록 나라는 망하였으나 이 민족만은 살아서 진실한 민족의식을 되찾고 민족의 중흥과 국가의 재건에 원동력으로 삼을 수 있을 것이다"라는 그의 말은 이후 독립운동의 정신적 원동력이 된다.

▶重光, 다시 종교 활동을 시작함

그는 귀국하자마자 《삼일신고》 등의 경서를 탐독한 뒤 1909년 1월 15일 12시 마침내 단군교를 중광(重光)했다. 나철은 단군교를 통해 안으로 우리 민족의 단합을 과시하고 밖으로는 침략자 일제를 교화시킬 수 있다고 확신했다. 1년 뒤 '단군' 이라는 말에 민감한 일제의 탄압을 피해 대종교로 이름을 바꾸지만, 교세의 급속한 확장에 당황한 일제는 1915년 대종교를 불법화시켰다. 일제는 대종교를 "국조 단군을 숭봉하는 교단으로서 민족의식을 환기시키고 일제에 반발하여 일반 대중으로 하여금 일본에 적개심을 일으키는 종교요, 민족적 혈통을 고수하여 국권 회복의 선봉 기수가 될 위험이 있는 단체"로 인식했다. 그래서 대종교를 해체, 폐교하는 것을 기본 방침으로 정했다.

일제의 탄압이 본격화된 1916년 8월 나철은 황해도 구월산에 있는 삼성사로 향했다. 삼성사는 단군이 어천(御天)한 곳으로 알려진

성전으로, 환인·환웅·단군의 삼신 위패를 모시는 사당이었다. 8월 14일 "오늘 3시부터 3일 동안 단식 수도하니 누구라도 문을 열지 말라"고 문 앞에 써붙인 뒤 수도에 들어갔다. 3일 뒤 제자들이 문을 열어보니 이미 숨을 거둔 뒤였다. 마흔아홉의 나이로 죽음의 길을 선택한 그는 유서를 남겨 대종교 탄압에 슬퍼하고 항의했다. 유서 가운데에는 일본 총리와 조선 총독에게 남긴 글도 있었다.

그의 죽음에도 불구하고 대종교 탄압은 광복 때까지 계속되었다. 한국인에게 단군은 민족정신의 원천이었기 때문에 단군말살정책은 일제가 자행한 한국사 왜곡의 핵심을 이루었다. 그러나 나철과 그가 부활시킨 대종교, 그리고 그 신도들은 독립운동에 직간접적으로 많은 일을 해냈다. 3·1운동, 대한민국 임시정부, 청산리대첩 모두 대종교 없이 생각할 수 없다. 신채호·박은식·정인보·신규식·주시경·김두봉·최현배·이시영·이범석·이동녕·김좌진·홍범도·나운규·이상설·홍명희 등 이름만 들어도 쟁쟁한 항일운동가들의 이름이 2002년 독립기념관에서 열린 대종교와 한국독립운동특별기획전에서 '대종교를 빛낸 인물'로 소개되었다.

광복 후 이승만 대통령이 정권의 정당성을 강화하기 위해 이시영 부통령을 비롯해 이범석(국무총리)·안호상(문교부장관)·명제세(심계원장)·정인보(감찰위원장)·신성모(국방부장관) 등 6명의 대종교인을 건국내각에 참여시켰다는 사실은 독립운동에서 대종교가 차지했던 역할을 짐작하게 한다. 그러나 집권 후 이승만은 대종교와 임정 세력을 제거해나갔고, 이후 서구문화의 팽창으로 민족의 고유사상이 침식당하면서 대종교의 교세는 크게 약화되었다.

|평가|

반세기 동안 대종교의 창시자로만 알려져 있던 나철에 대한 재조명 작업이 근래 들어 활발하게 진행되고 있다. 2004년 7월 나철의 독립운동을 재조명하는 학술회의가 열려 "우리에게 민족정신을 일깨워 세계 역사상 유례없는 반세기 한국 독립운동사를 가능하게 한 정신적 지도자였다"고 그를 평가했으며, 작가 조정래는 나철의 생애를 다룬 소설 《신시의 꿈》 추천사에서 "일제 식민지시대에 민족적 인물들이 많이 탄생했지만 그중에서도 가장 걸출한 한 사람, 그가 바로 나철이다. 그런데 우리는 이상하게도 그를 홀대해왔다"고 했다.

나철이 홀대당하고 제대로 평가받지 못한 이유는 당시 대종교가 단군을 구심점으로 하여 민족정신을 고양시키는 종교라 일제가 철저하게 탄압했기 때문이다. 대종교가 점차 독립운동으로 연결되자 일제는 나철의 역사적 의미를 축소시키고 외면했다. 광복 이후에도 식민사관의 영향으로 나철에 대한 평가는 외면당하다 근래에 와서야 비로소 "독립 투쟁의 정신적 지주"라는 명예를 회복하고 있다.

《독립운동의 아버지 나철》이라는 책을 쓴 역사학자 박성수는 "근현대 100년 동안 우리 역사에 끼친 영향력이 크고 가장 기억해야 할 인물이라면 저는 나철을 첫 번째로 꼽겠습니다"라는 말로 우리 역사에서 나철이 갖는 의미를 강조했다.

1962년에 건국훈장 국민장이 추서되었다.

헤이그특사사건
1907년 고종이 네덜란드의 헤이그에서 열린 만
국평화회의에 특사를 파견하여 을사조약과 일제 침략의 부당성을 폭로하고
호소하여 한국의 국권 회복을 이루고자 한 활동을 말한다.
만국평화회의는 러시아 황제 니콜라스 2세의 주창으로 40여 개 국의 대표 225
명이 참석하는 회의였는데, 사실상 열강 간의 식민지 쟁탈전에 따르는 분규를
해결하기 위한 국제법회의였다. 이 회의에 이준·이상설·이위종을 파견해
일제의 한국에 대한 침략과 만행을 전세계에 폭로하려 했으나, 제국주의 열강
사이의 이해관계를 상호 조정하는 국제회의에서 약소국의 독립을 호소하는
것은 불가능한 일이었던 만큼 실질적인 목적을 달성하지 못한 채 결과적으로
고종 폐위의 계기가 되었다.

한일신협약
정미7조약이라고도 한다. 헤이그 특사 사건을 계기로 고
종을 강제 퇴위시킨 일제는 대한제국의 국가체제에 마지막 숨통을 죄기 위해
법령제정권·관리임명권·행정권 및 일본 관리의 임명 등을 내용으로 한 7개
항의 조약안을 제시, 1907년 7월 24일 이완용과 이토 히로부미의 명의로 체
결·조인했다. 조약의 내용은 ① 한국 정부는 시정개선에 관하여 통감의 지도
를 받을 것, ② 한국 정부의 법령 제정 및 중요한 행정상의 처분은 미리 통감의
승인을 거칠 것, ③ 한국의 사법사무는 보통 행정사무와 이를 구분할 것, ④ 한
국고등관리의 임명은 통감의 동의로써 이를 행할 것, ⑤ 한국 정부는 통감이
추천하는 일본인을 한국 관리로 쓸 것, ⑥ 한국 정부는 통감의 동의 없이 외국
인을 한국 관리로 임명하지 말 것, ⑦ 1904년 8월 22일 조인한 한·일·외국
인 고문 용빙에 관한 협정서 제1항은 폐지할 것 등이다. 또, 일제는 조약의 후
속 조치로 행정실권을 장악하기 위해 한국인 대신 밑에 일본인 차관을 임명하
고, 경찰권을 위임하도록 했으며, 경비를 절약한다는 이유로 한국 군대를 해산
했다.

연표

1863 | 12월 2일 전남 보성군 벌교읍에서 태어났다.
1884 | (22세) 갑신정변이 일어났다.
1891 | (29세) 문과에 장원급제하여 벼슬길에 올랐다.
1894 | (32세) 동학농민운동과 청일전쟁이 일어났다.
1905 | (43세) 을사조약이 체결되었다. 일본으로 건너가 천황의 궁성 앞에서 단식 항의를 하는 등 항일외교를 시작했다.
1907 | (45세) 을사6적 처단을 단행했으나 실패했다.
1908 | (46세) 다시 일본에 가 항일외교를 벌이다가 단군교 창시를 결심하고 귀국했다.
1909 | (47세) 대종교를 중광했다.
1910 | (48세) 국권이 피탈되었다.
1916 | (54세) 황해도 구월산 삼성사에서 자결 순국했다.

저서

대종교의 원리를 설명한 《신리대전》 등을 남겼다.

나철에 대해 더 알고 싶을 때 보세요

《대륙으로 간 혁명가들》, 박환 지음, 국학자료원, 2003.
《독립운동의 아버지, 나철》, 박성수 지음, 북캠프, 2003.

주시경

周時經

| **교과서에서 주시경이 나오는 부분** : 중학교 288쪽(9/4/3) · **고등학교** 380쪽(12/4/1)

| **생몰년도** : 1876년(고종 13)−1914년
| **호** : 한힌샘, 백천(白泉)
| **활동 분야** : 국어학
| **다른 이름** : 주상호(周相鎬)

|생애와 업적|

"내가 배우려는 것은 결국 한문으로 씌어진 문장의 의미와 그
교훈이 아닌가? 서당에서 스승이 한문의 의미를 해석할 때는
반드시 우리말로 되새기지 않는가? ……그렇다면 그 어려운
한문을 쓰지 말고 누구나 잘 아는 우리말로 가르치면 쉽게 배
울 수 있지 않을까? ……내가 10년 동안 공부하여 얻은 지식
을 만약 우리말로 배웠다면 대략 3, 4년이면 충분하지 않았을
까? 아니, 그보다 더 일찍 배울 수 있었을지도 모른다. 우리나
라에는 우리말이 있고 그 말을 적을 수 있는 훈민정음이 있지
않은가? 그런데도 옛 선비들은 한문만을 문자와 학문이라고
여기고 훈민정음을 돌아보지 않았으니 이는 결코 옳지 못한
일이다. ……그토록 어렵게 배우는 한자에 비한다면 훈민정

隆熙四年四月五日卒業 時滿七年第一回卒業紀念

주시경이 가르쳤던 숙명여학교 1
회 졸업기념 사진(졸업생 4명, 뒷
줄 오른쪽에서 세 번째가 주시경).

음은 얼마나 알기 쉬우며, 아름다운 문자인가!"

아직 소년티를 벗어나지 못한 열일곱 살의 주시경은 이러한 깨달
음 아래 한문 공부를 그만두고 새로운 학문의 길을 모색했다.

어린 시절 영양실조에 걸려 자주 기절했다는 일화가 전할 만큼
어려운 가정에서 태어났지만, 매우 명민하고 고운 심성을 가졌던
그는 열세 살 때 큰아버지의 양자가 되어 한양으로 올라왔다. 큰댁
에 가면 공부를 할 수 있다는 말에 한양에 올라와 서당에 다니며
글을 익혔다.

새로운 학문을 찾던 주시경은 당시 선진적인 학자로 일컬어진 박
세양·정인덕 두 스승 밑에서 산수·지리·영어 등 신학문을 배우
기 시작했다. 그 무렵 그는 "옥계(박세양의 호), 회천(정인덕의 호) 선

생 밑에서 수업을 시작한 뒤 각 문명 부강국이 모두 자국의 문장을 가지고 막대한 편의를 얻고 있다는 것을 알고, 우리나라의 말과 글을 연구하여 국어 문법을 만들기 시작했다"고 일기에 적고 있다.

당시는 동학농민운동이 전국에 걸쳐 일어나고, 청일전쟁·갑오개혁 등 나라가 큰 파도에 일렁거리고 있을 때였다. 시세에 민감하고 혈기왕성한 열아홉의 주시경은 농민들이 궐기했다는 소식에 고향으로 돌아갔지만, 두메산골인 그의 고향은 조용하기만 했다. 다시 서울로 돌아온 그는 가족들의 반대를 무릅쓰고 상투를 잘라 신식 머리를 한 다음 신학문을 가르치는 배재학당에 입학했다. 배재학당이 경영하는 인쇄소에서 잡역으로 일하며 틈틈이 학교 수업을 받고, 밤늦게까지 등잔 밑에서 우리글을 연구했다. 영어 공부를 통해 배운 알파벳 발음과 철자법, 문법 구조 등의 이론을 훈민정음에 응용해나갔다.

그 무렵 미국에서 돌아온 서재필이 배재학당에서 교편을 잡은 적이 있는데, 서재필의 열렬한 신봉자였던 주시경은 그의 신임과 사랑을 받았다. 그리고 1896년 서재필이 〈독립신문〉을 발간할 때 회계 겸 교정 담당이 되어 참여했다. 순한글로 발간된 이 신문의 교정을 맡았다는 것은 당시 이미 그가 한글 실력을 인정받았음을 의미한다. 그는 교정뿐만 아니라 기사 정리, 기사 작성에서도 중요한 역할을 했다.

또한 그해 민주적인 입헌 정치를 주장하는 학생들이 결집하여 '협성회(協成會)' 라는 조직을 만들었는데, 여기에 주도적으로 참여하기도 했다. 협성회는 우리 역사상 최초의 학생 단체라고 할 수 있다.

다방면의 학문에 대한 그의 관심과 의욕은 대단했다. 배재학당의 만국지지과를 졸업한 뒤에 다시 배제학당의 보통과에 입학했으며, 인천의 이운학교(利運學敎)에 가서 잠시 항해술을 배우기도 하고, 서울의 흥화학교(興化學校)에서 측량술을 배우기도 했다. 또한 이화학당의 영국인 의사한테 영어와 의학을 배웠고, 외국어학교에서 일본어와 중국어 강의를 들었으며, 기계학·종교학을 독학으로 연구하기도 했다. 그러나 주시경의 연구 중심에는 언제나 국어학이 있었다. 또한 그는 학문 연구와 민중계몽운동이 서로 다른 길이라고 생각하지 않았다. "우리 민중을 깨우기 위해 그들에게 지식을 향한 문호를 열어주어야 한다. 그렇게 하기 위해 국어를 정리하고 국어교육에 온 힘을 기울여야 한다"는 게 그의 신념이었다.

그의 이러한 생각들은 점점 많은 사람들의 지지를 받았고, 명성은 높아졌다. 서울 각지에서 '국어강습회'가 열리기 시작했고, 근대적인 학문을 가르치는 학교마다 잇달아 국어 강의를 요청했다. 주시경은 그러한 요청을 최대한 받아들여 초인적인 정열로 강의를 해나갔다. 당시 그는 청년학원·공옥학원·서우·이화·명신·흥화·기호·숙명·진명·휘문·보성·중앙·융희·배재·서북·협성·경신·영창·사범강습소·외국인연구소 등 무려 20곳에서 강의했다. 국어뿐만 아니라 지리·역사·수학을 가르치기도 하여, 박학다재한 선생님으로 학생들의 존경을 받았다.

▶博學多才, 학식이 넓고 재주가 많음

강의를 많이 하긴 했지만 당시의 학교는 대부분 경영이 어려워 보수가 매우 적었다. 주시경은 항상 가난했다. 언제나 무명옷에 짚신을 신고 굶는 일도 많았다. 그러나 연구에 열중한 그는 어려운 살림에서도 돈을 구하여 많은 책을 샀다. 그 책들을 커다란 책 보따리에 싸들고 돌아다니곤 했기 때문에, '주보따리', '주보퉁이'라는 별명이 붙었다. 그러던 주시경에게 감동한 어느 유지가 집을 한 채 사주어, 여기저기 비가 새는 초가집을 면하게 되자, 주시경은 좋은 집이 생겼다는 것보다 힘들게 모은 귀중한 책들을 안심하고 보관할 수 있는 곳이 생겨서 좋아했다는 일화가 전한다.

연구와 강의를 하는 한편 주시경은 정부의 학부 안에 국문연구소를 개설할 것을 건의하고, 국어를 시대에 맞게 개혁할 것을 호소했다. 그의 제안이 수용되어 1907년 국문연구소가 설치되었다. 지석영·이능화 등과 함께 국문연구소 위원으로 참여한 주시경은 국어학사와 훈민정음의 역사, 한글 문자의 철자와 발음, 문법 등에 관한 연구 성과를 정리하고 보고서를 작성했지만, 일제의 방해로 성과를 공표하지도 못한 채 연구소는 해산 지경에 이르고 말았다. 이런 상황에서 주시경은 국문연구소의 연구 과제를 정리한 《국어문전음학》을 발간했다. 그리고 다음 해인 1909년 국한문혼용체였던 위의 책을 순한글로 정리한 《국어문법》을 발간했다. 《국어문법》은 우리나라의 근대적인 문법서를 대표하는 저작으로 평가받는다.

1910년 일제의 식민지가 되자 주시경은 동포들에게 자주독립 정신을 심어주는 일이 무엇보다 중요하다고 생각하고 민족의 대표적 문헌을 발간하여 널리 보급하는 운동에 나서는 한편, 《국어사전》을 편찬하기 시작했다. 또한 민족의 자주독립 정신을 분발시키는 데 큰 도움이 될 것이라는 판단으로 《안남망국사安南亡國史》를 번역하여 출판했다. 일제는 즉시 발매 금지했지만, 이 책은 은밀히 판매되어 독립운동가의 필독서가 되었다.

1914년 《말소리》라는 문법서를 발간한 뒤 한글말살정책을 펼치던 일제의 탄압이 심해지자 연해주와 중국 동북 지방의 독립운동가들과 행동을 함께할 결의를 하고 망명을 준비하던 중, 갑자기 병상에 누워 서른아홉의 젊은 나이로 생을 마감했다.

|평가|

주시경이 이루어낸 국어 연구의 과학적 성과는 "불멸의 금자탑"으로 평가된다. 주시경의 소리 분석, 낱말 분류는 한글의 문법 및 분석에 과학적 토대가 되었다. 후세 학자들은 그의 공적에 대해 "첫째, 국어의 음운론에서 독창적인 이론적 토대를 쌓은 일, 둘째, 국어 문법 체계 연구에서 주체성 있는 새로운 길을 연 일, 셋째, 철자법 연구에서 훈민정음의 초성·종성 등 규칙을 적용하여 오늘날의 형태와 원칙을 확립한 일, 넷째, 한자 사용을 폐지하고 일반 용어뿐만 아니라 학술 용어에서도 고유한 우리말을 사용하여 모범을 보인 일, 다섯째, 종래의 음절식 문자를 없애고 문자를 풀어 가로쓰기할 것을 주장하고 직접 그 실천적 모범을 보인 일"이라고 요약한다.

한편, 주시경은 교육자로서 많은 제자를 양성했다. 국어학자 이병기는 "선생의 말씀에는 선생의 성격과 행동이 잘 나타나고 있었다. 참으로 선생은 인격으로 보더라도 당시 제일인자였다는 것은 의심할 여지가 없는 일이다"라며 스승을 기억했다. 스승의 삶을 인생의 거울로 삼았던 그의 제자들은 독립운동에서 중요한 기둥 역할을 했다.

저서

대표적인 저술인 《국어문법》을 비롯해, 《국문문법》·《대한국어문법》·《국어문전음학》· 《말》·《국문연구》·《고등국어문전》 등 국어문법에 관한 저술과, 구조언어학적 이론을 구체적으로 창안한 세계 최초의 업적으로 평가받고 있는 《말소리》 등의 저서를 남겼다.

주시경에 대해 더 알고 싶을 때 보세요

《이야기 인물한국사》, 이이화 지음, 한길사, 1993.
《인물로 보는 한국사》, 이은직 지음, 정홍준 옮김, 일빛, 2003.
《우리말의 탄생》, 최경봉 지음, 책과함께, 2005.

청산리전투, 그 이후
홍범도와 김좌진

洪範圖

| **교과서에서 홍범도가 나오는 부분** : 중학교 275쪽(9/3/1) · 고등학교 347쪽(7/1/3)

| **생몰년도** : 1868년(고종 5)-1943년
| **활동 분야** : 독립운동
| **다른 이름** : 범도(範道)

1920년 10월 7일 일제는 5개 사단에서 차출한 2만 5,000여 명의 병력으로 간도를 침입, 대규모 독립군 섬멸작전을 펴기 시작했다. 이중 5,000여 명의 병력이 대한독립군이 있는 지역과 북로군정서가 주둔한 지역에 진격해 들어왔다. 홍범도가 이끄는 대한독립군과 김좌진이 지휘하는 북로군정서군, 그리고 국민회의 국민군 등의 연합독립군은 이미 정보를 입수한 뒤 울창한 밀림지대가 있는 청산리에서 적들을 기다리고 있었다.

그리고 21일 아침 김좌진 장군의 사격을 신호로 독립운동사상 가장 빛나는 승리를 기록한 청산리전투가 시작되었다. 26일까지 계속된 이 전투에서 독립군은 연대장 1명, 대대장 2명을 포함한 일본군 1,200여 명을 사살했고, 200여 명을 부상시켰으며, 많은 전리품을 빼앗았다.

그해 6월, 봉오동에서 홍범도가 이끄는 독립군에게 완전히 포위되어 사망 157명, 중경상 300여 명에 이르는 참패를 당한 일본이

金佐鎭

| **교과서에서 김좌진이 나오는 부분** : 중학교 275쪽(9/3/1) · **고등학교** 347쪽(7/1/3)

| **생몰년도** : 1889년(고종 26)-1930년
| **자** : 명여(明汝)
| **호** : 백야(白冶)
| **활동 분야** : 독립운동

엄청난 병력을 투입해 독립군 섬멸작전을 펴려다 다시 청산리에서
연합독립군에게 당한 것이다.

청산리전투는 홍범도의 대한독립군과 김좌진의 북로군정서가
때론 단독으로, 그리고 때로는 연합작전으로 거둔 성과였다. 그러
나 남한에서 청산리전투하면 김좌진을 떠올리는 게 상식인 데 반
해, 러시아와 중국에서는 청산리전투를 이끈 공을 홍범도에게 돌
리며 특히 소련의 한인들에게 홍범도는 정신적 지주로 추앙받고
있다. 이렇게 된 이유는 청산리대첩 후 두 사람이 걸었던 길에서
찾을 수 있다.

청산리대첩 뒤 일본군은 간도 지역의 우리 동포 3,000명(1만 명이
라는 주장도 있다)을 살상하는 '경신대학살(庚申大虐殺)'을 자행했고,
독립군에 대한 대대적인 공세를 벌였다. 의식주와 무기를 조달하
는 데 어려움을 느낀 독립군들은 한인독립운동에 동정적이었던 소
련 정부와 "군수 · 무기 · 탄약을 무료로 충분하게" 공급해주겠다는

청산리전투의 부상병을 실어 나
르는 일본군.

협약을 맺고 러시아의 이르쿠츠크로 이동
했다. 이때 홍범도는 러시아로 간 반면, 반
공주의자였던 김좌진은 발길을 돌려 만주
로 돌아갔다.

홍범도와 김좌진은 그 출생과 성장 과정
이 많이 달랐다. 1868년 평양에서 태어난
홍범도는 태어나자마자 어머니를 잃고 아
홉 살 때 아버지마저 잃어 고아로 자랐다.
열다섯 살 때까지 머슴살이를 했으며, 1883
년부터 1887년까지 보병부대에서 나팔수로
있다가 군관들의 부정부패와 사병들에 대
한 학대를 보다 못해 한 사람을 구타하고
탈영했다. 이후 1890년까지 황해도 수안 부근의 종이공장에서 일
했는데, 이때에도 임금문제로 사주와 싸운 다음 금강산에 있는 신
계사로 들어가 1892년까지 신계사에 머물며 글씨를 익히고 항일의
식을 전수받았다.

을미사변과 단발령으로 을미의병이 일어났을 때는 소규모 의병
부대를 조직해, 유인석의 의병과 연합해 싸우기도 했다. 을미의병
해산 뒤에는 체포를 피해 돌아다니다 북청에서 산포수 생활을 했
다. 그러다 군대해산을 계기로 전국에서 정미의병이 일어나자 일
제는 한반도를 완전히 무장해제시키기 위해 '총포 및 화약류를 판
매하는 자는 관찰사의 허가를 받아야 한다' 는 법령을 만들어 항쟁
의 확산을 막으려 했다. 홍범도는 이를 거부하고 다시 항일투쟁에
나섰다. 1907년 11월 15일 북청 후치령에서 70여 명의 산포수들을
이끌고 항일의병전에 나설 것을 선언한 뒤 친일파들을 처단하기
시작했다.

홍범도의 의병부대는 점차 광산노동자, 해산군인, 화전민 등 의

▶ 山砲手, 산 속에서 사냥을
해 먹고사는 사람

병지원자를 받아들여 이듬해에는 1,000여 명에 달하는 대부대가 되었고, 삼수 · 갑산 · 북청 등지에서 험산준령을 타며 연전연승을 거두어 명성을 더해갔다. 국내에서의 항쟁에 한계를 느낀 홍범도는 지린을 거쳐 블라디보스토크로 망명한 뒤 동만주에 거주하는 동포들이 간도대한국민회를 결성하자 그 예하의 대한독립군 총사령관에 취임했다.

봉오동과 청산리전투에서 승리한 뒤 홍범도는 부하들을 이끌고 밀산을 거쳐 러시아 이만으로 갔다. 홍범도의 대한독립군 외에도 북로군정서 · 국민회군 등 만주에서 활동하던 거의 모든 독립군들이 이곳에 집결했다. 이곳에 모인 독립군들은 대한독립군단을 결성했는데, 이때 서일이 총재에, 홍범도가 부총재에 선임되었다. 대한독립군단은 다시 북으로 이동해 자유시로 갔다. 그러나 그해 한국무장독립투쟁사상 최대의 비극적인 사건인 **자유시참변**이 발생해 대한독립군단의 항일전 재개계획은 실패로 돌아갔고, 홍범도는 코민테른 동양비서부의 독립군 집단 이주정책에 따라 이르쿠츠크로 이송되어 이후 민족해방유격대 원로로서의 예우만 받게 된다.

▶ 사회주의계 근로자 및 사회주의 단체의 국제 조직

홍범도 동상. 중앙아시아 카자흐 스탄에 있다. 1937년 강제 이주 당해 카자흐스탄에서 죽었다.

그 뒤 모스크바에서 개최된 극동인민대표자대회에 참석했고, 고려중앙정청을 조직해 한인 사회의 자치 활동에 참가하기도 했지만, 1937년 부하들과 함께 스탈린의 한인강제이주정책에 따라 중앙아시아로 이주해 크즐오르다 극장의 수위를 맡아보기도 하고, 만년은 집단농장에서 보내다 1943년 일흔다섯 살에 그곳 공동묘지에 묻혔다.

반면 김좌진은 세 살 때 아버지를 잃고 편모슬하에서 성장했지만, 부유한 명문 양반가 출신이었다. 그러나 열다섯 살 때 대대로 내려오던 집안의 노비를 해방시키고 토지를 소작인에게 분배한 뒤 1905년 한양으로 올라와 육군무관학교에 입학했다. 2년 뒤 고향으로 돌아와서 호명학교를 세우고 대한협회 지부를 조직하는 등 계몽운동을 전개했으며, 기호흥학회에 참여하는 한편 《한성순보》이사를 역임하고 안창호 등과 서북학회를 조직했다. 1911년에는 군자금 모금 혐의로 일제경찰에 체포되어 2년 6개월 동안 서대문형무소에 투옥되기도 했다.

1916년 광복단에 가담했으며, 1918년 만주로 건너가 3·1운동의 전주곡이 되는 무오독립선언서에 39명의 민족지도자 가운데 한 사람으로 서명했다. 이듬해 서일을 중심으로 한 대한정의단에 가담했고, 정의단이 군정부로 개편되자 중심인물로 활동했다. 군정부가 북로군정서로 개칭했을 때 소속 무장독립군의 총사령관이 되어 독립군 편성에 주력했다.

청산리전투 뒤 김좌진도 북쪽으로 이동해 대한독립군단에 참가하고 부총재로 취임했다. 그러나 대한독립군단이 일본군의 보복작전을 피해 러시아 자유 시로 집결할 때 철저한 반공주의자였던 김좌진은 발길을 남쪽으로 돌린다. 북간도로 되돌아온 그는 1925

년 신민부를 창설하고 군사부위원장 및 총사령관이 되어 활동했으며, 성동사관학교를 세워 부교장으로 정예사관 양성에 힘썼다.

이 무렵 임시정부가 김좌진을 국무위원으로 임명했으나 취임하지 않고 독립군 양성에만 전념하며 항일독립운동을 전개했다. 그러던 중 1930년 1월 24일 자택에서 200미터 거리에 있는 정미소에서 공산주의자 박상실의 흉탄에 맞아 세상을 떠났다.

Tip

자유시참변| 1921년 러시아 자유 시에서 독립군이 러시아 적군에게 무장해제당한 사건을 말한다. 러시아 영내로 이동한 독립군은 적군(소련군)과 백군(반혁명군)의 내전에서 적군을 도왔다. 시베리아에 출병한 일본군이 백군을 지원하고 있었기 때문이었다. 그러나 승리한 적군이 독립군의 무장을 강제로 해산하려 하자 이에 저항하던 독립군은 많은 사상자를 냈다.

더 알고 싶을 때 보세요

|홍범도|
《인물로 보는 한국사》, 이은직 지음, 정홍준 옮김, 일빛, 2003.
www.hongbumdo.org 홍범도장군 기념사업회

|김좌진|
《이야기 인물한국사》, 이이화 지음, 한길사, 1993.

신돌석

申乭石

| 교과서에서 신돌석이 나오는 부분 : 중학교 235(8/2/1) · 고등학교 340쪽(7/1/2)

| 생몰년도 : 1878년(고종 15)–1908년(융희 2)
| 자 : 순경(舜卿)
| 활동 분야 : 의병
| 다른 이름 : 돌석(乭錫)/태홍(泰洪)/태을(泰乙)/대호(大浩)

| 생애와 업적 |

한말 일본의 침략에 맞서 전국에서 많은 의병들이 일어났다. 1894년 일본군이 경복궁을 침입해 '개혁'이란 미명 아래 조선을 억지로 변화시키려 하자, 이를 응징하려 안동에서 의병이 일어났는데, 이것이 무너져가는 조선을 구하고자 일어난 한말의 첫 의병이다. 그리고 이듬해 명성황후 시해 사건과 **단발령**에 반발하는 항쟁이 전국을 휩쓸었다. 이때 일어난 의병을 전기 의병이라 한다. 의병항쟁은 1896년 봄에 이르러 전국적으로 확산되면서 경상도 영덕과 영해에서도 처음으로 의병이 일어났다.

이때 열아홉의 신돌석도 영덕 의진의 중군장(中軍將)으로 처음 역사에 기록을 남긴다.

1878년 영해에서 출생한 신돌석은 평민 출신이지만 글을 배웠고, 또 "겨우 6, 7세 나이에 도망가는 개를 쫓아가 꼬리를 잡아서

때려죽인 적이 있다"는 말이 전할 만큼 기운이 세고 체격이 장대했으며, "축지법을 쓴다"는 말이 지금까지 사람들의 입에 오르내릴 정도로 발이 빨랐다. 혈기 넘치는 나이에 남들보다 센 기운과 빠른 발로 의병에 참여했으니 당시의 상세한 기록은 전하지 않으나 많은 활약을 했을 것이다.

그러나 1896년 의병이 해산되면서 홀연히 자취를 감추고 만다. 아마도 관군의 추적을 피해 떠도는 몸이 되었으리라 추측된다. 이 무렵 신돌석은 전국을 돌아다니며 뜻 맞는 인물을 만나 울분을 토하기도 하고 그들과 왜적을 물리칠 전략에 대해 논의하기도 했던 듯하다. 당시 그가 만난 인물들로는 손병희 · 박상진 · **이강년** 등이 있다.

한편 이 무렵 그는 전국 각지에서 일본인들을 공격한 일화를 남긴다. 1903년 여름 경북 청도 지방을 지나다가 전신주를 가설하고 있던 일본인 5~6명과 마주치자 전신주를 뽑아 그것으로 쳐죽였으며, 부산항에서는 배를 수리하는 일본인에게 시비를 걸어 화가 난 일본인이 총을 쏘려 하자 일본 배를 전복시키고 일본인들을 바위 끝으로 끌고 가 떨어뜨리니 바닷물이 붉은색으로 용솟음쳤다는 이야기 등이 전한다. 울산 송정 어느 집에 투숙했을 때는 일본 헌병 10여 명이 그를 잡으려고 잠복해 있음을 알고 달아나면서 담장을 무너뜨려 일병을 몰살시켰다고도 한다.

그렇게 울분을 토해내고 있던 1905년, 러일전쟁에서 승리한 일본은 을사조약을 맺어 우리의 외교권을 빼앗았다. 이를 계기로 전국적으로 다시 의병이 일어나는데, 이를 중기 의병이라 한다.

스물일곱 살의 청년으로 성장한 신돌석은 1906년 4월 6일 영덕에서 의병을 조직해 영릉의병장(寧陵義兵將)이 되었다. 전기 의병에 참여해 얻은 풍부한 전투 경험과 의병 해산 후에 전국을 돌며 파악한 세상을 바라보는 시각은 의병 조직을 이끌기에 부족함이 없었다. 당시 그가 이끌던 의병의 규모는 최소한 100명 이상, 200~300

초기의 의병 모습. 한말의 의병 활동은 을미사변 이후부터 합방 직후까지 계속되었다.

명 정도였을 것이라 추정된다. 중농이었던 아버지의 재산으로 신돌석은 이들을 훈련시키고 무장했다. 이들에 대한 자료에서 눈에 띄는 부분은 평민이었던 신돌석의 부하로 양반 출신 의병들이 상당수 존재했다는 사실이다. 7~9품 정도의 관직이었던 '주사'를 지낸 인물부터, 사족 · 유생 · 양반들이 여러 명 속해 있었다는 점에서 이 조직은 상당히 개방적이고 앞서 있었다는 평가를 받는다.

▶士族, 선비의 집안

▶儒生, 유학을 공부하는 선비

영릉 의병의 체제를 갖춘 신돌석이 첫 공격 목표로 정한 곳은 당시 일본의 전초기지로 육성되고 있던 울진이었다. 첫 번째 울진 공격에서는 일본인을 죽이고 일본인이 살던 집을 집중적으로 부수었으며, 또다시 시도한 두 번째 울진 공격에서는 관아를 습격해 무기를 확보했고, 이어 울진 장호관(長湖館)에 이르러서는 일본군의 배 9척을 기습 파괴하는 등 삼척 · 강릉 · 양양 · 간성 등지에 주둔한 일본군을 무찌르고 그들의 전선 가설을 방해했다.

▶前哨基地, 어떤 곳에 주둔한 군대가 적의 형편을 살피고 기습을 미리 막기 위해 적이 있는 곳에서 가장 가깝게 배치해두는 경계 부대

연일 의병항쟁이 치열하게 전개되자 일본은 고종을 내세워 각지방의 의병 활동을 중지하라는 조칙을 발표했지만, 황제의 조칙이 진심에서 나온 것이 아니라고 판단한 의병장들은 한치도 물러서지 않고 저항을 계속했다. 신돌석도 마찬가지였다. 그러자 통감

▶詔勅, 임금의 뜻을 백성에게 널리 알릴 목적으로 발표하는 글

부는 의병 세력을 잠재우려 군대를 파견했다. 영릉 의병에 대한 소문이 서울까지 나서 대규모 토벌대가 울진과 영해 및 영덕으로 내려왔다. 의병들은 격렬히 저항했고, 치열한 전투가 전개되었다. 토벌대가 "그 수괴를 놓쳐버렸으므로 일시적 소강을 유지"하는 선에 머물렀다는 기록을 남긴 것으로 보아 의병들은 토벌대의 공격을 잘 견뎌냈던 듯하다.

1906년 천혜의 요새인 수동에 머물며 체제를 재정비한 신돌석은 영덕에 있는 일본인들을 쫓아내는 등 다시 활동을 시작했다. 이 무렵 일본군은 신돌석과 이강년 부대를 완전히 토벌하려고 대규모 부대를 출동시켰다. 당시 신돌석은 평해·봉화·순흥 등지에서 때로 이강년이 이끄는 의진(義陣)과 연합 작전을 벌이기도 했다. 첫 번째 작전에서 실패한 일본군이 다시 토벌 작전에 나섰지만, 이 또한 그리 두드러진 성과를 올리지 못했다.

1907년 군대 해산을 계기로 해산 군인들이 의병 진영에 합류하면서 의병들의 전투 양상이나 성격이 크게 바뀌는데, 이때의 의병들을 후기 의병이라 한다. 후기 의병에 이르면 전국 연합부대의 편성이 논의되는 등 의병들의 활동이 항일전쟁의 성격으로 발전한다.

1907년 11월 **이인영**은 전국 각 지방 의병들에게 "의병부대를 통일해서 연합 의병부대와 통합 사령부를 창설하고 서울을 향해 경기 지역으로 진군하자"는 내용의 격문을 보냈다. 연합 의병부대로 13도 창의대진소를 결성하고 각 도별 의병장을 추천했는데, 이때 경상도 대표 교남 창의대장에 추천된 인물이 신돌석이다. 그러나 한 달 뒤 〈대한매일신보〉에는 교남 창의대장 이름이 박정빈으로 바뀌어 있다. 이에 대해 지금까지는 "신돌석이 평민 출신이기 때문에 양반 출신인 이인영이 신분을 차별하여 바꾼 것"이라고 설명하는 경우가 대부분이었으나, 근래에는 신돌석이 집합지인 경기도 양주에 도착하지 않아서라는 이유가 설득력을 얻고 있다. 자료에 의하

'태백산 호랑이' 라는 별칭처럼
한말 의병 활동에서 눈부신 활약
을 한 신돌석의 영정.

면 무슨 이유에서인지 신돌석은 양주로 이동하
지 않고 여전히 자신의 근거지를 지키고 있었
다.

1908년에도 신돌석은 평해의 독곡에서 일본
군을 격파하고, 안동 · 울진 · 삼척 · 강릉 등지
의 의병과 합쳐서 춘양 · 황지 · 소봉동 등지의
적을 격파했다. 울진 도곡에서 적의 무기를 다
수 빼앗았으며, 한곡 · 희암에서 싸웠다. 이 무
렵 신돌석은 일본군 토벌대의 추적을 피하기 위
해 부대를 소규모로 나누어 산발적인 게릴라 작
전을 펼쳤다. 일본군은 신돌석을 잡기 위해 세
번째 토벌 작전을 펼쳤지만, 이 역시 성과를 거
두지 못했다. 그러나 그 과정에서 의병들의 손실도 컸다.

1908년 들어 전국적으로 의병항쟁은 크게 위축되고 있었다. 일
본 정규군이 수비대 명목으로 파견되었고, 일본 경찰은 골짜기를
누비며 정보를 수집하고 의병과 주민 사이의 연결 고리를 끊어버
렸다. 이렇게 어려운 시기에 귀순하면 면죄부를 준다는 '귀순법' 은
상당한 효과를 발휘했다. 신돌석 의진에서도 투항자가 급격히 늘
어났다. 당시 자료에 따르면 신돌석을 따르는 의병의 숫자가 20명
정도로 급격히 위축되었음을 알 수 있다. 추운 겨울도 다가오고 있
었다. 결국 신돌석은 몇 명의 인원만 남기고 모두 살 길을 찾아 떠
나라는 명령을 내리고 만다. 그해 겨울 전국의 의병들이 대부분 같
은 아픔을 겪었다. 그렇다고 신돌석이 모든 것을 포기한 것은 아니
었다. 그는 만주로 갈 계획을 세우고 있었다. 이 무렵 홍범도를 비
롯한 여러 의병부대들이 만주로 이동해 독립군으로 성장했다.

그러나 그는 만주로 가지 못하고 동족의 손에 잔혹한 죽음을 맞
고 만다. 만주로 이동할 자금을 모으고 있었던 듯 고향에서 가까운

산골에 은신하던 그가 1908년 12월 11일 영덕군 북면 눌곡에 나타났다. 그리고 그곳에서 6촌 형제(모친 쪽이라는 기록도 있고 조부 쪽이라는 기록도 있고, 부하라고도 전한다)인 김상렬 형제의 꾐에 빠져 약이든 술을 먹고 이들에게 도끼 등의 무기로 타살되었다. 이 사건에 대해서는 살해자의 이름을 비롯한 기초 자료부터 한국 측과 일본 측의 기록이 서로 다르다. 살해 동기에 대해서도 일본 측의 자료는 "신돌석의 부하로 활동하던 동생 문제로 싸움이 붙었기 때문"이라한 반면 한국 측 자료는 "일본군이 신돌석에게 붙여놓은 현상금 때문"이라고 전한다.

거병한 지 2년 8개월 만에 차디찬 시신으로 돌아온 그의 유해는 가족에게 인도되어 태어난 마을 뒷산 봉우리에 묻혔다가 1971년 서울 국립묘지에 이장되었다.

|평가|

"영해에서 봉기한 평민 출신 의병장 신돌석 의병부대가 일월산과 백암산을 근거지로 의병부대의 규모를 강화하며 신출귀몰한 유격전을 전개하면서 일본군에게 큰 타격을 주었다."

한말의 민족사학자인 박은식이 《한국독립운동지혈사》에서 신돌석을 평가한 글이다.

신돌석은 한말 의병투쟁에 있어서 평민 출신 의병 대장으로는 가장 먼저 기병하여 민중적 기반 위에서 막강한 의병 세력으로 성장했으며, 일본군에게 큰 타격을 입혔다. 갑작스런 그의 죽음 뒤그 소식을 들은 한 노인이 지고 가던 짐을 팽개치며 "우리들이 구차하게 산 것은 신 장군이 일본군을 소탕하리라 기대한 때문인데이제 끝이로구나"라고 곡을 했다는 이야기는 그에 대한 민중들의 기대를 반영하는 일화이다. 그런 기대는 "바위처럼 큰 돌을 한 손

으로 옮겼다"든가 "천릿길을 하루에 갔다"든가 하는 신화로 표현
돼, 지금도 그가 활동했던 지역에서는 사람들의 입을 통해 '태백산
호랑이' 신돌석의 무용담이 전해진다.

1962년 건국훈장 대통령장이 추서되었다.

단발령|

1895년(고종 32) 백성들에게 상투를 자르게 한 명령을 말한다.
을미사변 이후 김홍집 내각은 내정개혁에 주력했는데, 건양원년 1월 1일을 기
하여 양력을 채용하는 동시에 전국에 단발령을 내렸다. 고종이 솔선수범하여
상투를 잘랐으며, 관리들이 가위를 들고 거리나 성문 등에서 강제로 백성들의
상투를 잘랐다. 우리나라 사람들은 머리카락을 소중히 여겼다. 신체발부(身體
髮膚)는 부모에게서 받은 것이니 감히 상하게 하지 않는 것이 효도의 시작이
라는 유교의 가르침 아래 많은 선비들이 '손발은 자를지언정 머리카락을 자를
수는 없다'고 분개하며 단발령에 완강하게 반대했다. 을미사변 이후 일본을
적대시하게 된 국민감정을 무시하고 개혁을 단행했으므로, 백성들은 더욱 분
개하여 단발령을 반대할 뿐만 아니라 의병을 일으켜서 정부시책에 대항했다.

이강년|

1858(철종 9)~1908. 한말의 의병장. 1880년(고종 17) 무과에
급제해 벼슬길에 나섰으나 1884년 갑신정변이 일어나자 사직하고 낙향했다.
을미사변이 일어난 이듬해인 1896년, 문경에서 의병을 일으켰다. 제천으로
유인석을 찾아가 유인석 의병부대의 유격장으로서 활약했다. 1907년 12월
전국의 의병들이 13도연합 의병부대를 편성할 때 호서창의대장으로 참석했
다. 1908년 6월 4일 일본군과의 결전에서 발목에 총알을 맞고 붙잡혀 교수형
당했다.

이인영|

1867(고종 4)~1909. 한말의 의병장. 을미사변 이후 유인석 ·
이강년 등의 의거에 호응해 원주에서 의병을 일으켰다. 유인석의 제천전투에
참여하기도 했으나 별로 성과를 거두지 못하고 있다가 경상북도 문경으로 이
주해 은둔 생활을 하면서 농사를 지었다. 1907년 13도 연합 의병부대를 편성
할 때 총대장으로 추대되었다. 그런데 이 중대한 시기에 아버지의 사망 소식
이 전해지자 이인영은 문경으로 돌아갔다. 그 후 노모와 두 아들들 데리고 숨
어 살다가 1909년 6월 7일 일본 헌병에게 잡혀 감옥에서 죽었다.

신돌석에 대해 더 알고 싶을 때 보세요

《이야기 인물한국사》, 이이화 지음, 한길사, 1993.

《신돌석; 백년 만의 귀향》, 김희곤 지음, 푸른역사, 2001.

안창호

安昌浩

| 교과서에서 안창호가 나오는 부분 : 중학교 243쪽(8/3/1) · 고등학교 372쪽(7/3/2)

| 생몰년도 : 1878년(고종 15)-1938년
| 호 : 도산(島山)
| 활동 분야 : 독립운동, 교육

|생애와 업적|

1898년 7월 25일 평양 쾌재정에서 만민공동회가 열렸다. 광무황제(고종 황제) 탄신일을 기념하고 자주독립과 부정부패 척결을 만민에 호소하기 위해 준비된 자리였다. 이 무렵 만민공동회는 수천, 수만의 사람들이 자발적으로 모여 개혁정책을 추진하고 자주독립의 기초를 견고히 할 것들을 결의하는 등 큰 반향을 일으키고 있었다.

독립협회 관서지부가 개최한 이날의 행사에 연사로 나온 20세의 청년 안창호는 화려한 말솜씨로 탐관오리의 부정부패를 통쾌하게 고발하고 민중의 각성을 촉구함으로써 일약 스타덤에 오른다. "쾌재정 쾌재정하기에 무엇이 쾌인가 하였더니 오늘 이 자리야말로 쾌재를 부를 자리올시다" 하는 말로 사람들의 관심을 집중시킨 그는 참석한 군중들이 "옳소!" 하고 소리치며 박수를 치도록 관리들의 부정부패를 비판하고, 이제부터 잘 살자면 학문을 배워야 한다고 호소했다. 그의 말에 "그 넓은 장내는 흐느낌으로 가득 찼고, 곳곳에서 군중들은 팔소매로 눈물을 씻고 있었다. 그리고 부인들은 머리에 꽂았던 비녀와 손가락에서 가락지를 빼어서 바쳤고, 남자들은 주머니에서 돈을 꺼내어 내어놓았다. 아마도 학교 기부의 일조가 되라고 그 돈을 내어놓는 것 같았다." 지나다가 잠시 쉬면서 연설을 들었던 유기장사 **이승훈**은 그의 연설에 감동해 학교를 세울 결심을 했고, 이후 오산학교를 세웠다고 전한다.

1878년 대동강 하류의 도롱섬에서 태어난 안창호는 한학을 배우다 1895년 상경해 **언더우드**(Underwood, Horace Grant)가 경영하는 구세학당에서 신학문과 기독교를 접했다. 청일전쟁 당시 주민들이 피난가고 명승고적들이 파괴되는 것을 목격한 소년 안창호는 우리 민족의 불행은 힘이 없기 때문이라고 판단하고 나라와 민족의 힘을 키우기 위해 일생을 바칠 것을 결심했다고 전한다. 그 뒤 독립협회에 가입해 독립협회 평양지회를 설립하는 데 참여했고, 또 만민공동회 관서지부를 조직해 경기도 · 황해도 · 평안도를 순회하며 민족 계몽과 교육의 중요성을 역설했다. 독립협회 활동을 통해 안창호는 근대화론과 민주주의 사상을 접하고 자신의 정치 및 사회 사상을 키워나갔다. 이후 서울에 올라와서 이상재 · 윤치호 · 이승만 등과 종로에서 만민공동회를 개최하기도 했다.

독립협회가 강제로 해산되자, 안창호는 1899년 고향으로 내려와 강서 지방 최초의 근대학교인 점진학교를 설립하고 교육구국운동을 시작했다. 3년간 점진학교에서 교육사업을 하던 그는 교육구국운동을 본격적으로 전개하기 위해서는 더 큰 공부가 필요함을 절감하고 교육학을 공부하고자 1902년 미국 유학길에 오른다. 미국으로 가는 뱃길에서 일몰 중에 망망대해에 우뚝 솟은 하와이 섬의 웅장한 모습을 보고 감격해 스스로 지은 호가 '도산(島山)'이다.

독립운동가이자 민족의 지도자였
던 도산 안창호.

미국에 도착한 뒤 그는 공부를 하는
한편 비참한 한인들의 삶을 개선하기 위
해 한국인 친목회를 조직하고, 이를 기
반으로 미주 한인 최초의 민족운동 단체
인 대한인공립협회를 설립했다. 이 모임
을 통해 야학을 개설해 회원들을 교육시
키고 《공립신보》를 발행하는 등 교포들
의 생활향상 및 의식계몽에 힘썼다.

그러다 1905년 을사조약 체결 소식을
들은 안창호와 공립협회 회원들은 일제
의 침략행위를 규탄하고 을사5조약을
거부하는 결의문을 배포하는 등 항일운
동을 전개했다. 이들은 또한 국내의 민족운동계와 각 지역에서 형
성된 한인 사회를 기반으로 해외 모든 지역의 독립운동을 연합해
독립전쟁을 수행한다는 원대한 구상을 하고, 안창호는 국내에서의
구국운동을 위해 귀국했다. 한편, 안창호는 1907년 1월 미국의 리
버사이드 시에서 이강 · 임준기 등과 함께 대한신민회를 발기하고
국내외 모든 한국인을 통일, 연합해 새로운 국가를 건설해야 한다
는 데 합의했다. 이 조직은 국내 비밀결사단체인 신민회의 모체라
할 수 있다.

귀국 후 그는 이갑 · 양기탁 · 신채호 등과 함께 접촉하며 국내
최대의 비밀결사 조직인 신민회를 결성했다. 신민회는 "봉건적 구
사회사상과 관습을 혁신하고 국민을 유신케 하며, 국권을 회복하
여 근대적 자유문명국가를 건설함을 목적"으로 다양한 민족운동을
전개했다. 신민회 활동을 펴는 한편 평양에 대성학교를 설립해 독
립 애국청년을 양성하고 평양과 대구에 출판기관인 태극회관을,
평양에 도자기회사를 설립해 독립운동의 재정적 기초를 마련했다.

도산의 이상촌 건설계획에 따라 조성된 내몽고의 배달농장 터. 오른쪽 둑 옆으로 1924년경 논농사를 짓기 위해 황하에서 물을 끌어들인 수로의 흔적이 남아 있다.

그의 여러 활동이 알려지면서 안창호는 당시 민중들에게 큰 지지와 존경을 받았다. 당시 통감이었던 이토 히로부미는 이를 이용해 안창호에게 은밀히 청년내각의 조각을 제의하기도 했다.

1909년에는 박중화·최남선·김좌진·이동녕 등과 함께 청년학우회를 조직했다. 안창호는 청년학우회를 통해 무실·역행·자강·충실·근면·정제·용감을 기본 정신으로 하여 한 가지 전문 학술이나 기예를 반드시 학습해 직업인으로서 자격을 구비하고, 매일 덕·체·지의 수양을 한 가지씩 수련해 민족계몽운동과 구국 운동을 이끌어갈 지도자를 양성하고자 했다. 한편 그해 안중근의 이토 히로부미 암살 사건과 관련되었다는 혐의로 3개월간 복역했다 풀려나왔다.

신변에 위협을 느낀 신민회 회원들과 안창호는 망명을 결심했다. 소금 배를 이용해 중국으로 탈출한 그는 칭다오로 갔고, 칭다오에 모인 애국지사들은 이른바 '칭다오회담'을 통해 독립운동 방침을 논의한 뒤, 러시아의 블라디보스토크로 향했다. 그곳에서 러시아 여러 지사들과 국민회 지회 및 학교 설립을 의논하고, 국권회

복을 다짐하는 연설을 통해 동포들의 애국심을 호소했다.

　이후 미국으로 다시 돌아간 안창호는 샌프란시스코에서 대한인
국민회 중앙총회를 조직하고 《신한민보》를 창간했다. 그리고 1913
년 **흥사단**을 창립했다.

　그러던 중 3·1운동 소식을 들은 안창호는 미주 지역을 대표하
여 동포들이 모금한 독립자금을 가지고 상하이로 건너가 상하이
임시정부 내무총장 겸 국무총리 대리직을 맡고, 연통제를 수립하

▶聯通制, 대한민국 임시정
부의 국내외 업무연락을
위한 지하 비밀행정조직

는 등 활발한 활동을 펼쳤다.

　무엇보다 그는 상하이와 한성, 러시아에 각각 수립된 세 곳의 임
시정부를 통합하는 작업을 추진했다. 안창호는 임시정부를 중심으
로 독립운동 세력이 총단결하고 외국과 동맹을 맺어 독립운동의
기반을 마련하고자 했다. 그러나 1920년 이후 독립운동 세력의 노
선갈등이 복잡해지면서 이들 간의 통합은 더욱 어려워졌다. 안창
호의 준비론, 이승만의 외교독립론, 이동휘의 무장독립론으로 나

뉘어 있던 임시정부는 끝내 분열되고, 1922년 국민대표대회가 개최되었지만 이 또한 곧 결렬되었다.

1924년 안창호는 중국 난징에 동명학원을 설립해 해외에서 유학하려고 하는 학생들에게 준비교육과 민족관을 가르쳤으며, 그해 말 다시 미국으로 건너가 미국 각지를 돌며 미주 흥사단과 대한인국민회 조직을 지도하고 미주 한인들의 자금을 모금해 상하이로 돌아왔다. 상하이로 돌아온 뒤 북중국과 만주 일대를 둘러보며 이상촌 후보지를 마련하고, 남·북 만주에 흩어진 군사 활동을 통일하여 그것을 중심으로 단결된 혁명 세력인 대독립당을 결성하고자 했다. 이를 시작으로 민족유일당을 건설하기 위한 움직임이 일어났지만, 민족운동의 노선이 통일되지 못한 채 이 또한 실패로 돌아갔고, 그는 이동녕·김구 등과 함께 한국독립당을 결성하고 '개체는 전체를 위하여, 전체는 개체를 위하여'라는 대공주의(大公主義)를 제창했다.

그러다 1932년 윤봉길의 상하이의거로 일본 경찰에 체포되어 서울로 송환된 뒤 1935년 출옥하였다가 1937년 **수양동우회**(修養同友會)와 관련되어 다시 투옥되었다. 그해 12월 병보석으로 풀려났지만 건강을 회복하지 못하고 다음 해 3월 세상을 떠났다. 망우리에 안장되었다가 1973년 도산공원으로 이장됐다.

|평가|

민족의 지도자로, 교육자로, 독립운동가로 큰 삶을 산 안창호에 대한 연구는 다른 인물들보다 활발히 진행되고 있지만, 지금까지 그에 대한 평가는 긍정과 부정으로 갈렸다. 안창호라는 인간에 대한 접근이나 교육적 측면에서의 접근은 대부분 긍정적이지만, 독립운동에 대한 평가는 "지방색과 분파주의의 우두머리"이며 "서구문명지상주의 · 비투쟁무저항의 입장에서 실력 양성을 주창하며 치욕의 삶을 살다간 사람"으로 민족운동사에 부정적인 영향을 끼쳤다는 극단의 평가가 내려지기도 했다. 안창호가 주장한 온건한 준비론 · 실력양성론이 무장항쟁론과 대립 · 갈등했다는 설이 사실처럼 굳어져 있기 때문이다. 하지만 이러한 부정적 인식들은 일제의 관헌 자료들에서 시작되었다. 이 자료들은 안창호가 준비론에만 치중하고 독립운동에 전혀 기여하지 않았으며, 일제의 식민통치를 인정했고, 심지어 독립전쟁을 방해한 개량주의자로 그려져 있다.

그러나 최근의 연구들은 안창호가 다양한 노선 사이의 사상적 · 방법론적 갈등을 극복하고, 각 노선 간에 조화롭게 역할 분담을 할 것과 주어진 상황에 맞게 대처할 것을 시종일관 주창했으며, 각 운동 단체가 갈등을 일으킬 때 노선 간의 갈등을 조정하며 다원적인 독립운동을 추진했음을 밝히고 있다. 이 때문에 극우 · 극좌주의자들 모두에게 비판받았지만, 그는 사상과 노선을 초월한 대동단결을 끊임없이 추구했다. 또한 안창호는 우리가 직면한 혁명은 '민족혁명, 민중적 혁명'이라고 규정하고, 이것의 최종 목표는 일본 제국주의 타도이며 궁극적으로 민족국가건설을 준비해야 함을 분명히 천명한 사람이다.

1962년 건국훈장 대한민국장이 추서되었다.

Tip

이승훈 |
1864(고종 1)~1930. 독립운동가·교육가. 가난한 서민 집안에서 태어나 학업을 중단하고 유기상점의 점원으로 일하다가 유기공장을 세웠다. 1907년 평양에서 안창호의 '교육진흥론' 강연을 듣고 난 뒤 개인의 영달보다는 민족을 구해야겠다고 결심, 신민회에 가담했다. 평양에서 신식교육을 가르치기 위한 강명의숙을 설립하고, 이어서 오산학교를 개교하여 교장이 되었다. 1911년 105인 사건이 일어나자 주모자로 인정되어 징역 10년을 선고받고 1915년 가출옥했다. 3·1운동 때에는 민족대표 33인의 한 사람이었다. 1924년 〈동아일보〉사 사장을 지냈으며 다시 오산학교로 돌아와 학교운영에 심혈을 기울이다 세상을 떠났다.

언더우드 |
미국인 선교사, 교육자. 1885년 아펜젤러(Appenzeller, Henry Gerhard) 목사와 함께 한국에 왔다. 서울 새문안교회를 설립했으며, 기독청년회(YMCA)를 조직했다. 1915년 경신학교에 대학부를 개설, 연희전문학교로 발전시켰다. 1916년 병으로 귀국, 애틀랜틱시티에서 죽었다.

흥사단 |
1913년 5월 13일 안창호가 미국 샌프란시스코에서 창립한 민족운동단체. 흥사단의 궁극적인 목표는 민족부흥을 위한 민족의 힘을 기르는 데 있고, 힘을 기르기 위해서는 덕(德)·체(體)·지(知)의 3육(三育)을 함께 수련해야 하며, 국민 모두가 민족 사회에 대한 주인의식을 가져야 한다고 했다. 또 국민 개개인이 건전한 인격자가 되기 위해 무실·충의·용감·역행의 4대 정신으로 무장할 것을 주장한다.
흥사단은 독립운동에 직간접으로 참여했으며, 1949년 본부를 국내로 이전하고, 지금까지 사회교육 등 국민정신과 민족혼을 불러일으키는 일에 전념해오고 있다.

수양동우회 |
계몽운동 단체로 1926년 1월에 설립되었다. 표면상으로는 도산 안창호의 사상을 따르는 수양단체였으나 실제는 독립운동단체였다.

연표

1878	11월 9일 안흥국(安興國)의 셋째 아들로 태어났다.
1897	(20세) 독립협회에 가입했고, 만민공동회가 주최한 평양 쾌재정 연설회에서 웅변으로 명성을 얻었다.
1905	(28세) 을사조약이 체결되었다.
1907	(30세) 신민회를 조직하여 구국운동을 전개했다.
1910	(33세) 국권이 피탈되었다.
1913	(36세) 샌프란시스코에서 흥사단을 창립했다.
1919	(42세) 대한민국 임시정부가 수립되면서 내무총장 겸 국무총리 대리에 취임했다.
1930	(53세) 이동녕 · 이시영 · 김구 등과 함께 상하이에서 한국독립당을 결성했다.
1938	(61세) 경성제국대학 부속 병원에서 순국했다.

안창호에 대해 더 알고 싶을 때 보세요

《안창호평전》, 안병욱, 안창호, 김구, 이광수 외 지음, 청포도, 2004.
www.ahnchangho.or.kr 도산안창호온라인기념관

안중근

安重根

| **교과서에서 안중근이 나오는 부분:** 중학교 236쪽(13/2/1) · 고등학교 348쪽(12/1/3)

| **생몰년도:** 1879년(고종 16)–1910년
| **활동 분야:** 독립운동, 교육
| **다른 이름:** 안응칠(安應七)/안토마스(安多默)

|생애와 업적|

1909년 2월 7일, 러시아와 중국 경계인 엔치아 근처 한 여관. 안중근은 김기룡 · 강기순 · 박봉석 등 동지 열한 명과 비밀 결사조직인 단지회(斷指會)를 결성했다. 이들은 이날, 안중근은 엄인섭과 함께 이토 히로부미를, 그리고 김기룡 등은 이완용 · 박제순 · 송병준 등을 암살하기로 하고 하늘에 제사를 지냈다.

▶煙秋, 노우키에프스크라고도 함

그날의 일에 대해 안중근은 자서전《안응칠 역사》를 통해 이렇게 기억했다.

"동지 12인과 상의하되, '……오늘 우리들은 손가락을 끊어 맹서를 같이 지어 증거를 보인 다음에, 마음과 몸을 하나로 묶어 나라를 위해 몸을 바쳐, 기어이 목적을 달성하는 것이 어떻소' 하자 모두가 그대로 따르겠다 하여, 마침내 열두 사람이 각각 왼편 손 약지를 끊어, 그 피로써 태극기 앞면에 글자 넉 자를 크게 쓰니 대한

독립이었다. 쓰기를 마치고 대한독립만세를 일제히 세 번 부른 다음 하늘과 땅에 맹세하고 흩어졌다."

당시 이들이 태극기에 쓴 '대한독립(大韓獨立)' 네 글자는 1914년 8월 23일자 〈권업신문〉에 게재되어 민족의식을 고취시키는 데 크게 기여했고, 약지 마지막 손마디가 잘려나간 안중근의 손도장은 지금도 안중근 하면 가장 먼저 떠오르는 강렬한 이미지로 기억되고 있다.

1879년 9월 2일 황해도 해주부 수양산 아래에서 아버지 안태훈과 어머니 백천 조씨 사이의 3남 1녀 중 장남으로 태어난 안중근의 어릴 적 이름은 안응칠이었다. 태어날 때 배와 가슴에 북두칠성 모양의 흑점이 일곱 개가 있어 북두칠성의 기운을 받고 태어났다고 붙여진 이름이

일제의 조선통치를 풍자한 만평. 거대한 거북이의 몸을 한 이토 히로부미가 갓을 쓴 조선의 양반을 꼬리로 말아올리고 있다.

▶四書三經, 사서는 《대학》·〈논어〉·〈맹자〉·〈중용〉, 삼경은 《시경》·〈서경〉·〈주역〉을 말함

다. 1907년 망명한 이후 다시 이 이름을 썼다. 안중근의 집안은 황해도에서 이름난 부호였다. 소년 시절 집안에 마련된 서당에서 사서삼경과 《자치통감》·《조선사》·《만국역사》 등을 익히는 한편, 포수들을 따라 다니며 사격을 배우고 사냥을 즐겼다.

황해도에서 동학농민군이 일어났을 때 아버지를 따라 동학군을 진압할 만큼 보수적이었던 그가 개화사상에 눈을 뜨게 된 것은 천주교를 접하면서부터였다. 동학군으로부터 빼앗은 양곡을 군량으로 사용한 것이 문제가 되어 신변의 위협을 느낀 아버지가 천주교당으로 몸을 피해 있는 동안 천주교 신자가 된 것을 계기로 안중근 가문은 일가친척 대부분이 세례를 받는 천주교 신자가 된다. 안중

근도 천주교 교리를 공부하고 프랑스인 신부에게 불어를 배우며 새로운 학문을 수용하기 시작했다. 신문, 잡지, 각국 역사 등을 읽으며 정치사상과 독립정신을 높여갔다.

안중근은 차츰 진보적 애국 계몽운동가로 성장했다. 민중의 의식을 고취하기 위해 여러 가지 문화운동을 벌였으며 학교를 세워 교육운동을 벌이기도 했다. **국채보상운동**이 벌어지자 이에 적극적으로 참가했다.

그러나 한일신협약에 이어 군대가 해산되자 온건한 계몽운동이나 문화운동으로는 일제의 침략을 막을 수 없다고 판단, 무장투쟁에 나서기에 이른다. 러시아의 블라디보스토크로 간 안중근은 한인청년회의 임시사찰 직을 맡았다. 그는 한인 사회의 유력자들에게 의병부대 창설의 필요성을 설득했고 이에 다수의 한인들이 무기와 자금을 지원하자 마침내 의병부대가 조직되었다. 총독에 김두성, 총대장에 이범윤, 그리고 안중근은 참모중장의 임무를 맡았다. 1908년 안중근 등 여러 의병장들은 대를 나누어 두만강 근처에서 모인 뒤 국내진입작전을 시도했다. 안중근 부대는 몇 차례 일본군을 무찌르고 일본군을 생포하는 등 전과를 올렸다. 이때 안중근은 만국공법에 따라 사로잡은 포로를 석방하면서 무기까지 내주었다. 이를 두고 동료 의병들과 논란이 있었다. 결국 그 석방한 포로 때문에 일본군에게 위치가 노출되어 큰 곤경을 치러야만 했다.

▶ 萬國公法, 국제법

더 이상 의병을 일으키기 어려운 상황이 되자 안중근은 새로운 전술을 모색했다. 그는 동양 평화를 저해하는 일본의 팽창주의의 중심에 통감 이토 히로부미가 있다고 생각했다.

단지동맹을 맺고 반년 정도가 지났을 무렵 안중근은 이토 히로부미가 만주 시찰길에 올라 러시아 재무대신인 코코프체프(Kokovsev, V. N)와 만주·조선문제를 놓고 회담을 한다는 정보를 입수했다. 그는 우덕순·유동하 등 동지들과 이토를 저격하기로

<大韓義士安重根公血書>

안중근이 동지 11명과 단지동맹을 맺고 조국의 독립을 위해 헌신할 것을 맹세하며 쓴 혈서를 엽서로 만든 것이다.

뜻을 모으고 1919년 10월 22일 하얼빈 역에 도착했다. 안중근 일행은 사진관에 들러 기념사진을 찍은 뒤 하얼빈 공원을 세밀히 둘러보며 계획을 검토했다. 안중근과 우덕순은 하얼빈을 떠나 차이자거우로 가기로 했다. 창춘에서 오는 이토 히로부미가 하얼빈에 못미처 차이자거우 역에 내릴 가능성에 대비해서였다. 안중근 일행은 이틀 뒤 차이자거우로 떠났다. 그곳에서 이토가 탄 특별열차가 10월 26일 오전 6시에 도착한다는 정보를 알아내고 구내 잡화점에서 하룻밤을 지냈다. 그러면서 다시 한번 거사 계획을 점검했다. 하지만 시간이 문제였다. 오전 6시면 어두워 거사하기가 쉽지 않을 것 같았다. 결국 안중근은 하얼빈에서 거사를 하고 만일의 경우에 대비해, 우덕순 등은 차이자거우에 남아 기회를 엿보기로 했다. 안중근은 혼자 기차를 타고 하얼빈으로 돌아왔다.

그리고 이튿날인 10월 26일 아침 하얼빈 역 구내로 잠입했다. 오전 9시, 이토 히로부미가 탄 특별열차가 도착했다. 이토가 기차에서 내리자 악대가 군악을 연주했다. 귀빈 대합실 한 구석에서 차를 마시던 안중근은 플랫폼으로 나와 러시아 군인들 뒤로 보이는 백발의 이토를 향해 침착하게 방아쇠를 당겼다. 정면이 아니라 옆에서 오른쪽 팔꿈치 위쪽을 겨냥했다. 그래야 심장을 타격할 수 있다는 걸 그는 알고 있었다. 세 발의 총알이 이토의 폐와 복부에 박혔고, 이토의 수행원과 궁내대신 비서관 등에게 총상을 입혔다. 거사

직후 러시아 헌병장교에게 붙잡히면서 안중근은 "대한독립 만세!"를 외쳤다. 러시아 헌병대에 붙잡힌 안중근은 이후 일본 영사관으로 넘겨졌다가 뤼순 감옥에 수감되었고, 1910년 3월 26일 교수형이 집행되었다. 재판 과정에서 안중근은 이토 히로부미를 죽인 이유에 대해 조선의 왕비를 살해한 죄, 조선의 황제를 폐위시킨 죄, 한국의 군대를 해산시킨 죄, 동양 평화를 교란한 죄 등 열다섯 가지를 열거하며, "한국 의병의 참모중장" 자격으로 "동양 평화"를 위해 이토를 죽였음을 분명히 했다.

|평가|

안중근 의거가 국내외에 끼친 영향은 매우 컸다. 한국 침략의 원흉인 이토 히로부미를 총살함으로써 일제에 저항하던 애국지사들을 고무시켰으며, 한국 국민의 민족의식을 고취시켰다. 그리고 항일 의열투쟁사에서 가장 전형적인 본보기가 되어 일제하에서 거듭되는 의열투쟁의 연원이 되었다. 그의 의거는 오늘날까지 민족정기를 상징한다.

중국은 저격 사건 이후 안중근 의사를 민족 영웅에 버금가는 반열에 올려놓는가 하면 관련 연구와 각종 기념 활동 사업을 활발하게 벌여왔다. 하얼빈의 학자들은 "안중근 의사 추모 열기가 정작 한국보다 더 뜨겁고 다양하다"고 할 정도이다. 학창 시절 안중근 연극에 출연한 바 있다고 밝힌 저우언라이 전 총리는 "중국과 한국이 손잡고 함께 벌인 항일투쟁은 바로 안중근 의사가 이토를 저격하면서부터 시작됐다"고 강조했다. 일본에서도 안중근 추모 모임이 있고, 여러 종류의 전기가 출간된 바 있다.

한편, 과거에는 안중근을 단순한 테러리스트로 보는 시각이 강했지만, 근래에는 동양의 평화를 부르짖은 사상가로 접근하는 새

안중근이 옥중에서 두 동생과 홍석구 신부(프랑스인)에게 유언을 남기고 있다.

로운 평가 작업이 시도되고 있다. 사형 집행으로 완성하지는 못했지만 자신의 투쟁이론을 정립할 만큼 투철한 사상가였으며 철저한 평화주의자였던 그가 마지막으로 선택한 수단이 권총이었다는 것이다.

국채보상운동 | 일제는 한국 정부로 하여금 일본에서 차관을 도입하게 했다. 1907년 한국 정부가 짊어진 외채는 총 1,300만 원이었으며, 당시 한국 정부는 이를 갚을 능력이 없었다. 이에 전 국민이 나서 국채를 상환하고 국권을 회복하자는 것이 국채보상운동이다. 1907년 2월 대구 광문사(廣文社)의 회원 서상돈(徐相敦)이 처음 제의했다. 운동은 전 국민의 호응 속에 전국적으로 확산되었으나, 일제의 방해로 좌절되었다.

연표

1879	9월 2일 황해도 해주부 수양산 아래에서 태어났다.
1904	(24세) 을사조약이 체결되었다.
1906	(26세) 삼흥학교 · 돈의학교 등을 세워 교육 활동을 폈다.
1907	(27세) 고종이 퇴위하고 군대가 해산되었다.
	블라디보스토크에서 대한의군참모중장으로 임명되었다.
1908	(28세) 특파독립대장 및 아령지구군사령관이 되어 일본군을 공격했다.
1909	(29세) 단지회라는 비밀결사를 조직, 이토 히로부미를 저격했다.
1910	(30세) 3월 26일 뤼순 감옥 형장에서 순국했다.

안중근에 대해 더 알고 싶을 때 보세요

《안중근 의사 자서전》, 안중근 지음, 범우사, 2000.

《안중근 전쟁 끝나지 않았다》, 이기웅 옮겨 엮음, 열화당, 2000.

《안중근과 한인민족운동》, 한국민족운동사학회 지음, 국학자료원, 2002.

www.ahnjewngkeun.com 안중근연구소

www.patriot.or.kr 안중근의사기념관

www.greatkorean.org 안중근의사기념사업회

신채호

申采浩

| **교과서에서 신채호가 나오는 부분** : **중학교** 289쪽(9/4/3) · **고등학교** 380쪽(12/4/1)

| **생몰년도** : 1880년(고종 17)~1936년
| **호** : 일편단생(一片丹生)/단생(丹生)/단재(丹齋)
| **활동 분야** : 학문, 언론, 독립운동
| **다른 이름** : 유맹원(劉孟源)/금협산인(錦頰山人)/무애생(無涯生) 등

|생애와 업적|

"역사란 무엇인가? 인류 사회의 '아(我)'와 '비아(非我)'의 투쟁이 시간으로 발전하고 공간으로 확대되는 심적 활동 상태의 기록이니, 세계사라 하면 세계 인류가 그렇게 되어온 상태의 기록이요, 조선사라 하면 조선 민족이 이렇게 되어온 상태의 기록이다."

1931년 〈조선일보〉에 연재된 뒤 1948년 단행본으로 출간된 단재 신채호의 《조선상고사》는 이렇게 시작된다. 그는 이 책에서 역사의 구성요소를 시(時) · 공(空) · 인(人)의 세 가지로 파악하고 실증주의적 입장에 서서, 과거의 사대주의적 역사관과 일제의 식민사학을 비판했다. 그리고 그 비판 위에서 단군조선 · 부여 · 고구려 중심의 새로운 역사인식체계를 수립했다. 한일합방과 침략을 정당화하기 위해 역사를 왜곡하던 일제의 식민사학에 맞서 민족의 혼과 정신을 일깨우려 민족주의 사학의 토대를 세웠다.

《조선상고사》 외에도 《조선상고문화사》·〈독사신론〉·〈조선역
사상 일천년래 제일대사건〉·〈전후삼한고〉 등을 통해 한국 근대사
학의 기초를 마련했다는 평가를 받는 그는 뛰어난 역사학자였을
뿐 아니라 한 시대의 여론을 주도했던 언론인, 그리고 마지막까지
일제와 타협하지 않았던 투철한 독립운동가였다.

신채호는 1880년 11월 7일 충청도에서 몰락 양반의 아들로 태어
났다. 여덟 살 때부터 서당 훈장이신 할아버지 밑에서 교육을 받았
는데, 아홉 살 때 《자치통감》 전체를 해독했고, 열두세 살 때는 사
서삼경에도 통달하는 등 공부를 매우 잘하여 신동이라는 소리를
들었다. 1898년 가을, 다양한 책들을 빌려주며 근대학문으로 이끌
어주던 신기선의 추천으로 성균관에 입학한 그는 그해 독립협회에
가입해 활동하다 체포되기도 하는 등 성큼성큼 역사의 급류 속으
로 걸어들어갔다.

감옥에서 풀려난 뒤에는 고향으로 내려가 신규식 등과 함께 문
동학원과 산동학원을 설립해 신학문을 가르치고 한글을 보급하는
등 교육운동에 뛰어들었다. 1905년 성균관 박사가 되었지만 거절
하고, 1904년 작성했던 항일성토문을 계기로 〈황성신문〉사에 논설
위원으로 입사해 언론인으로 활동하기 시작했다. 〈이날을 목놓아
통곡한다〉는 **장지연**의 논설이 문제가 되어 곧 〈황성신문〉이 무기
정간되자 이듬해 〈대한매일신보〉로 자리를 옮겨 언론 활동을 계속
했다. 〈일본의 삼대 충노〉·〈친구에게 주는 절교서〉·〈제국주의와
민족주의〉 등의 글을 통해 친일 매국노들의 반민족행위와, 근대화
를 이루기 위해 일본 제국주의의 원조를 받을 수도 있다는 근대화
지상주의자들의 주장을 부정하고 스스로의 힘으로 독립을 쟁취할
것을 주장했다.

그 무렵 신채호는 《이태리 건국 삼걸전》을 번역하고, 《을지문
덕》·《이순신전》·《최도통전》 등의 책을 집필하여 풍전등화와 같은

▶ 資治通鑑 중국의 사마광이 편찬한 역사서로 총 294권으로 이루어져 있음

▶ 申箕善 갑오개혁 이후 등용되어 내무·법무·학무 대신 등을 역임한 관리

사학자이자 독립운동가인 신채호. 그는 이론과 실천을 겸비한 혁명가였다.

나라를 구하기 위해서는 민족의 영웅이 출현해야 한다고 주장했다. 그가 바라는 영웅은 민족의식과 애국사상으로 철저하게 무장한 인물이었다.

그 외에도 대한협회 · 신민회 · 국채보상운동 등에 적극적으로 참여하다, 1910년 "한국이 비록 약하나 일본의 노예로 오래 살지는 않을 것이며, 일본의 무력이 아무리 혁혁해도 한인의 마음속에는 일본을 무시해 대항할 마음은 있으되 굴종할 뜻은 없으므로, 하늘이 무너지고 땅이 갈라져도 일본에 대한 감정은 갈아 없어지지 않는다"는 〈한일합방론자들에게 고함〉이라는 글을 마지막으로 신문에 실은 뒤 신민회 간부들과 함께 중국 망명길에 오른다. 어려워진 국내에서의 독립활동을 접고 국외로 나가 독립운동의 기지를 건설하기 위해서였다. 칭다오회담에 참가한 뒤 러시아 블라디보스토크로 건너간 그는 〈해조신문〉 · 〈청구신문〉 · 〈권업신문〉 · 〈대양보〉 등의 발행에 참여하며 항일운동을 계속해나갔다.

1913년 신규식의 초청으로 상하이에 가서는 **동제사**(同濟社)에 가입해 활동하고 박달학원을 세워 재중 동포 자녀들에게 독립의식을 키워주었으며 1915년 다시 베이징으로 옮겨 신한혁명단에 참가했다. 이 무렵 〈꿈하늘〉이라는 소설을 통해 "외교를 의뢰하여 국민의 사상을 약하게 하는 놈들은 댕댕이 지옥에 두어야 하며, 의병도 아니요 암살도 아니요 오직 할 일은 교육이나 실업 같은 것으로 차차 백성을 깨우자 하여 점점 더운 피를 차게 하고 산 넋을 죽게 하는 놈들은 어둠 지옥에 가야 한다"면서 외교독립론과 실력양성론을 신랄하게 비판했다. 그리고 이듬해 고조선 · 고구려 · 발해의 옛 땅인 남만주 일대와 백두산, 광개토대왕릉 등을 답사한 것을 기반으로 《조선상고사》 · 《조선상고문화사》 등을 집필하기 시작했다.

▶이승만을 중심으로 한 노선으로 일본을 압박할 수 있는 강대국을 상대로 외교를 벌여 독립을 이루자는 주장

▶민족의 실력을 키워 그 실력으로 독립을 이루자는 주장

당시까지 신채호의 민족주의는 힘에 의한 독립을 모색했으며, 독립을 넘어 강자인 한국을 추구했다. 그러나 1917년 러시아혁명 이후 그의 사상은 강한 자가 약한 자를 지배한다는 생각을 부정하고, 모든 민족과 모든 사람이 평등하게 공존하는 대동사회를 건설해야 한다는 주장 아래 민족 독립의 당위성을 역설하는 방향으로 변화한다. 이동휘 · 이상룡 · 이승만 · 박은식 · 신규식 등과 함께

신채호는 고조선과 고구려, 발해의 옛 땅인 만주 일대와 백두산 등을 답사한 뒤, 민족주의적 사관을 드러낸 《조선상고사》를 집필하였다. 사진은 《조선상고사》.

1919년 2월 서명하고 발표한 〈대한독립선언서〉에서 그 변화는 확연히 드러난다.

이렇듯 적자생존과 약육강식이 주장하는 힘의 논리를 부정하면서 신채호는 점차 무정부주의으로 기울어갔다. 3 · 1운동 과정에서 민중들의 폭발적인 힘을 확인한 뒤 영웅주의적이던 사관을 버리고 민중을 민족해방운동의 주체로 인식하기 시작했으며, 임시정부에 실망하면서 더욱 적극적으로 무정부주의를 수용했다. 그는 이승만의 외교 노선이나 안창호의 준비론을 대체할 새로운 방법으로 무정부주의에 입각한 민족해방운동론을 폈다. 1920년대 이후 신채호에게는 민족해방운동이 곧 민중해방운동이고 무정부주의운동이었다. 즉 그가 일제로부터의 해방을 주장한 것은 민중을 일제의 강압에서 해방시키기 위한 것이었지, 민중을 수탈하는 새로운 정부를 수립하기 위한 것은 아니었다. 1922년 의열단 선언인 〈조선혁명선언〉을 통해 그는 테러 활동이 매국노나 일본 제국주의자들을 복수의 감정으로 처단하는 것이 아니라 민족해방운동의 주요한 방법론임을 천명했고, 폭력에 의한 민중직접혁명을 주장했다.

▶ 모든 정치조직 · 권력 · 사회적 권위를 부정하는 사상 및 운동

무정부주의동방연맹대회에 참여한 뒤 한국인 아나키스트 대회를 개최하면서 그는 베이징 교외에 폭탄과 총기 공장을 건설하고 적의 기관을 파괴할 것을 결의했다. 또 선전기관을 설치하고 선전문을 인쇄해 세계 각국에 발송하기로 결정했다. 그러나 기관지를 발행할 자금을 확보하기 위해 외국 돈을 위조하다가 계획이 사전에 발각되어 체포, 10년형을 선고받았다. 뤼순 감옥에서 복역하던 중 신채호는 고문과 오랜 감옥 생활로 악화된 건강을 회복하지 못하고 1936년 2월 21일 옥중에서 삶을 마감했다.

|평가|

1936년 순국한 이후 신채호의 이론과 학설에 대한 평가가 시작되었다. 그해 2월 〈조선역사학의 선구자인 신단재학설의 비판〉이라는 글이 〈조선일보〉에 연재되었으며, 4월 〈조선사학의 선구자-신단재학설 사관〉이라는 논문이 《조광》이라는 잡지에 게재되었다. 그 뒤 2차 세계대전의 발발과 광복이라는 급류로 그에 대한 연구가 활발하게 이루어지지 못했다. 광복 이후 북한에서는 신채호를 "부르주아적 애국계몽가이며 역사가", "사대주의적 역사관을 반대하여 투쟁한 계몽사가" 등으로 평가하는 연구논문들이 발표된 반면, 남한에서는 신채호와 정적 관계였던 이승만이 대통령의 자리에 있는 동안에는 그에 관한 연구와 추모 사업이 어려웠다.

처음 발표할 당시 일제의 식민사학자들에게 황당무계하고 비과학적인 주관론일 뿐이라는 비난을 받았던 그의 연구 결과들은 광복 후에 새로 발견된 유적과 금석문을 토대로 한 연구에서 비로소 그 정확성과 선견지명, 정당성을 인정받았다. 반면, 지나치게 민족주의적으로 접근한 탓에 그의 역사이론 및 고대사 인식에서 독단적이며 교조적인 면을 배제할 수 없다는 주장도 제기되고 있다.

민족주의자로 그리고 무정부주의자로, 일제의 지배에 평생 온몸으로 저항하다가 마침내 일제의 박해 속에 옥사하면서도 한편으로는 민족사관을 수립, 한국 근대사학의 기초를 확립한 그는 이론과 실천면에서 모두 투철했던 혁명가이다.

Tip

장지연ㅣ
1864~1920. 언론인. 1901년 〈황성신문〉사 사장이 되었고, 1905년(광무 9) 을사조약이 체결되자 이 신문에 〈시일야 방성대곡是日也放聲大哭〉이라는 사설을 썼다. 이로 인해 3개월간 투옥되었다가 석방되었다. 이후에도 대학자강회 등을 조직해 구국운동을 벌였으나, 한일합방 후에는 변절하여 친일의 길을 걸은 것으로 최근 밝혀졌다.

동제사ㅣ
1912년 중국 상하이에서 신규식 등이 국권회복운동을 위해 조직한 단체를 말하며, 재상해한인공제회(在上海韓人共濟會)라고도 한다. 이사장에 신규식, 총재에 박은식, 그밖에 김규식 · 신채호 · 조소앙 · 홍명희 · 문일평 · 윤보선 · 여운형 등이 관여했으며, 회원은 300여 명에 달했다. 1922년 신규식의 죽음을 전후한 시기에 해체된 것으로 보인다.

저서

《조선상고사》·《조선상고문화사》·《조선사연구초》·《조선사론》의 역사서와 《을지문덕》 《이충무공전》·《최도통전》·《이태리 건국 삼걸전》 등의 영웅전을 남겼다.

**신채호에 대해
더 알고 싶을 때
보세요**

《옛사람 72인에게 지혜를 구하다》, 김갑동 지음, 푸른역사, 2003.
《63인의 역사학자가 쓴 한국사인물열전》, 한영우선생정년기념논총 간행위원회 엮음, 돌베개, 2003.
《인물로 보는 한국사》, 이은직 지음, 정홍준 옮김, 일빛, 2003.
《단재 신채호 평전》, 김삼웅 지음, 시대의창, 2005.

인물 14

최남선

崔南善

| 교과서에서 최남선이 나오는 부분 : 고등학교 380쪽(12/4/1)/385쪽(12/4/2)

| 생몰년도 : 1890년(고종 27)–1957년
| 자 : 공륙(公六)
| 호 : 육당(六堂)/한샘/남악주인(南嶽主人)/곡교인(曲橋人)
| 활동 분야 : 문학, 역사학
| 다른 이름 : 창흥(昌興)

|생애와 업적|

제군! 대동아의 성전(聖戰)은…… 세계 역사의 개조이다. 바라건대 일본 국민으로서의 충성과 조선 남아의 의기를 발휘하여…… 한 사람도 빠짐없이 출진하기를 바라는 바이다.

1943년 11월 20일자 〈매일신보〉에 실린 최남선의 글이다. 1919년 3 · 1운동 당시 독립선언서를 기초했던 사람이 쓴 글이라고는 믿기지 않는다.

《소년》이라는 잡지를 만들어 우리나라 최초의 **신체시**인 〈해에게서 소년에게〉를 발표하는 등 한국 근대문학을 이끌었던 계몽운동가였고, 단군조선을 비롯한 민족의 상고사(上古史) 연구에 심혈을 기울였던 근대 사학계의 큰별, 최남선. 그러나 그의 삶은 "짧은 애국, 긴 매국"으로 요약될 수 있다.

▶觀象監, 조선시대 천문, 지리, 책력 등의 일을 맡아 보던 기관

관상감 기사로 근무하면서 한약방을 경영했던 최헌규의 3남 3녀 가운데 둘째 아들로 태어난 그는 어릴 때 한글과 한문을 깨쳤으며, 1902년 경성학당에 입학해 일본어를 익혔다. 그리고 1904년 황실 유학생으로 뽑혀 일본에 건너가 동경부립 제일중학교에 입학했다가 석 달 만에 자퇴하고 귀국한 뒤, 다시 1906년 사비로 일본에 건너가 와세다대학에 입학했다. 그러나 몇 개월 안 돼 학교에서 개최한 모의국회에서 경술국치문제를 의제로 내걸자 격분한 다른 유학생들과 함께 자퇴하고 귀국했다.

인쇄기를 구입해 귀국한 뒤, 이듬해인 1907년 열여덟의 나이에 출판사인 신문관(新文館)을 창설했다. 신문관을 통해 민중을 계몽, 교도하는 내용의 책을 출판하기 시작했고, 1908년 최초의 근대적 종합잡지인 《소년》을 창간해 소년들의 개화, 계몽하려 했다. 이 《소년》의 창간호에 〈해에게서 소년에게〉가 실렸다. 《소년》이 폐간되자 《붉은 저고리》·《아이들 보이》·《새별》·《청춘》 등의 월간지를 계속 발행하며 계몽운동에 힘쓴 최남선은 계몽주의를 추구하던 민족주의자였다. 그런 그의 삶의 방향이 180도 바뀐 것은 3·1운동 직후부터이다. 독립선언서를 기초하여 일약 독립운동가로 이름을 떨친 그는 1921년 10월까지 2년 6개월간 옥고를 치러야 했다. 무시무시한 고문과 죽음에의 공포를 맛보았을 것이다. 그리고 그 뒤에는 달콤한 회유가 이어졌을 것이다. 최남선은 이 유혹을 물리치지 못했다.

가출옥한 직후 그는 일본의 아베라는 자에게 편지를 보낸다. 〈경성일보〉 사장을 지낸 아베는 해군대장 출신으로 당시 조선 총독으로 있던 사이토의 조언자로 꼽힐 만큼 영향력 있는 인물이었다. 그는 아베에게 "선생께서 주신 책을 읽고 시대의 추세를 파악하게 되었다"며 "금후에도 선

1939년의 최남선 이때의 최남선은 이미 명백한 친일의 길을 걷고 있었다.

생의 가르침에 어긋나지 않겠다"고 다짐한다. 그러면서 《동명》이라는 잡지를 창간하고 싶다고 부탁했다. 1922년 창간된 주간지 《동명》이 친일적인 성격을 띠었음은 물론이다.

최남선이 본격적으로 지탄받기 시작한 것은 1928년 조선총독부의 역사기관인 조선사편수회 편수위원직을 수락하면서부터이다. '조선과 일본이 결국은 같은 뿌리이다'라는 주장을 하며 조선과 동아시아 역사를 왜곡하던 조선사편수회에 그가 참여하자, 한용운은 살아 있는 최남선의 초상을 치러 그가 정신적으로 죽었음을 선언했고, 정인보는 "육당이 죽었다"며 통곡했다고 한다.

우리나라 최초의 근대적 종합잡지였던 《소년》의 표지

이후 그는 1938년 조선총독부 중추원 참의와 만주의 어용 신문이라 할 수 있는 〈만몽일보〉의 고문을 거쳐, 일본 관동군이 만주에 설립한 건국대학 교수로 부임하며 친일 행보를 걷는다. 그뿐 아니라 태평양전쟁이 발발하자 조선 청년들을 향해 학도병에 지원 입대하라며 참전을 독려하는 연설을 하고 글을 쓴 것은 변명의 여지가 없는 친일행위이다.

또한 학자로서 최남선은 단군을 연구하며 그 연구로 일제의 '내선일체론'에 협력하는 잘못을 저질렀다. 최남선은 자신의 단군 연구의 백미(白眉)라 할 수 있는 〈불함문화론〉이 일본과 조선의 정신상의 장기전에 대비하여 국조신앙(國祖信仰)을 우리의 정신적 지주로 확립하려 했던 것이라고 주장하지만, 조선과 일본이 비록 혈통적으로는 같지 않으나 문화적으로는 같은 뿌리에서 나왔다는 결론에 도달하고 있는 이 글은 내선일체와 일선동조에 닿아 있다고 비난받는다.

▶ 內鮮一體論 일본과 조선은 한 몸이라는 뜻으로 한국인을 일본인에 동화시키려는 주장

▶ 日鮮同祖 조선과 일본이 같은 핏줄이라는 결론을 이끌어내어 조선에 대한 일본의 식민지 지배를 합리화한 주장

광복 후 **반민족행위처벌법**에 따라 마포형무소에 수감된 최남선은

일종의 자백서라 할 수 있는 〈자열서自列書〉를 통해 자신의 행위를 변호했다. 〈자열서〉에서 최남선은 자신의 행위는 변절이 아니라 단순한 '방향전환'에 지나지 않았고 그 이유가 단지 '돈' 때문이었다고 변명한다.

또한 자신의 죄과에 대해 조목조목 반박하며 무죄를 주장한 뒤 "나는 분명히 한평생 한 일을 한마음으로 매진했다고 자신한다. 조선사편수회 위원, 중추원 참의, 만주괴뢰국 건국대학 교수, 이것저것 구중중한 옷을 연방 갈아입었으나 나는 언제나 시종일관하게 민족정신의 검토, 조국역사의 건설, 그것 밖으로 벗어난 일이 없다"며 자신의 행위를 옹호했고, "나는 의사(義士)가 되기보다 학자가 되기를 바랐기 때문에 학자보다 의사가 되라는 일반의 기대를 저버렸다"고 주장했다.

사실 학자로서 그는 문학과 역사학 양쪽에서 매우 탁월한 업적을 남겼다.

먼저 문학에서 그는 이광수와 함께 신문학의 선구자이자 계몽주의 문학의 양대 산맥으로 꼽히는데, 《소년》·《청춘》 등을 통해 서양의 고전이나 시를 소개하여 한국 근대문학에 새로운 방향을 제공한 점, 그리고 여러 논문과 한국 문학사상 최초의 창작 시조집인 《백팔번뇌》를 펴내는 등 시조의 현대적 계승과 발전에 힘쓴 점, 〈백두산근참기〉·〈금강예찬〉 등 기행수필을 통해 조선의 자연과 조선정신을 드러낸 수필문학 분야에 공적을 남긴 점, 한문투나 문어체를 우리말투로 바꾸는 문체변혁을 시도한 점 등이 그의 업적으로 꼽힌다.

또한 역사학에서는 우리 역사의 시작을 단군신화에서 찾고, 마운령 진흥왕 순수비를 발견해 고대사 연구에 중요한 자료를 제공하는 등 실증적으로 고대사를 연구한 점, 《동국세시기》·《열하일기》·《삼국사기》·《춘향전》·《사씨남정기》 등의 옛 문헌이나 고전문학 작품을 출판해 널리 보급시킨 점 등을 들 수 있다.

최남선은 병 보석으로 출감한 뒤 다시 동명사를 설립해 책을 펴내고 서울시사편찬위원회 고문을 역임하는 등 활동하다가 1957년 필생의 사업인《조선역사사전》을 집필하던 중 뇌일혈로 세상을 떠났다.

|평가|

시인 · 수필가로서의 문학적 업적과 계몽주의와 민족주의를 견지한 사상가 · 출판인으로서의 공헌, 조선의 상고사를 재건하려는 역사학자로서의 노력 등 다방면에 걸쳐 뚜렷한 자취를 남긴 것은 분명하나 이광수와 더불어 대표적인 친일파로 비난과 공격의 대상이 되어왔다.

독립운동가인 김창숙이 대구 감옥에서 수감 생활을 하던 당시 일본인 간수가 읽어보라며 최남선의 《일선융화론》을 건네주자 "이런 흉서가 있는가"라며 책을 마루에 내던지고, "기미독립선언서가 최남선의 손에서 나오지 않았던가. 이런 자가 도리어 일본에 붙은 역적이 되다니 만 번 죽어도 그 지은 죄는 남을 것이다"라며 울분을 토했다는 이야기는, 한용운과 정인보가 "육당이 죽었다"고 선언했다는 이야기와 함께 당시 최남선이 어떻게 평가되었는가를 보여주는 단적인 예가 될 수 있을 것이다.

Tip

신체시 |

한국 근대시의 초기 형태를 말한다. 그전의 창가와 이후의 자유시 사이에 위치하는 것으로, 시조나 가사와는 달리 당대의 속어를 사용하고, 서유럽의 근대시나 일본 신체시의 영향을 받았다.

일반적으로 최초의 신체시로 1908년 11월 《소년》 창간호에 실린 최남선의 〈해에게서 소년에게〉를 꼽으나, 이에 앞서 1905년 무렵 작자 미상의 신체시 〈아양구첩〉·〈원백설〉·〈충혼소한〉이 발표되었고, 1896년 이승만이 《협성회보》에 〈고목가〉라는 신체시를 발표했다는 주장도 있다.

반민족행위처벌법 |

일제강점기 동안 일제에 적극적으로 협력했거나, 독립운동가 또는 그 가족을 살상·박해하는 등 반민족행위로 민족에게 해를 끼친 자를 처벌하기 위해 1948년 9월 22일 공표한 전문 32조의 법률을 말한다. 이 법의 주요 내용은 다음과 같다. 한일합병에 적극 협력한 자는 사형 또는 무기징역에 처하고, 그 재산의 일부 또는 전부를 몰수한다. 일본 정부로부터 작위를 받았거나 제국의회 의원이 되었거나 독립운동가를 살상·박해한 자는 무기 또는 5년 이상의 징역에 처하고 재산의 일부 또는 전부를 몰수한다. 이밖에 악질적인 반민족행위를 한 자는 10년 이하의 징역에 처하거나 15년 이하 동안 공민권을 제한하고 재산의 일부 또는 전부를 몰수한다.

이 법안이 공포됨에 따라 특별조사위원회가 설치되어 조사에 착수했으나, 친일 세력의 노골적인 방해와 정부의 비협조적인 태도로 조사 활동이 극히 제한을 받았다. 또한 1949년 6월 6일 경찰의 습격으로 특별조사위원회의 활동은 치명적인 타격을 입었고, 이후 재판을 받아 실형을 선고받고 복역한 사람은 10여 명에 불과했다.

1890	4월 26일 경성부 삼각정에서 태어났다.
1908	(19세) 〈해에게서 소년에게〉를 발표했다.
1910	(21세) 국권이 피탈되었다.
1919	(30세) 3·1운동 때 독립선언서를 기초했다.
1928	(39세) 조선총독부 조선사편수회에 촉탁되었다가 위원이 되었다.
1931	(42세) 만주사변이 일어났다.
1937	(48세) 중일전쟁이 일어났다.
1939	(50세) 만주 건국대학의 교수로 취임했다.
1941	(52세) 태평양전쟁이 일어났다.
1945	(56세) 8·15광복이 되었다.
1948	(59세) 반민족행위처벌법에 걸려 수감되었다가 1개월 뒤 병보석으로 풀려났다.
1950	(61세) 6·25전쟁이 일어났다.
1957	(68세) 뇌일혈로 세상을 떠났다.

저서

《백팔번뇌》·《시조유취》·《백두산근참기》·《심춘순례》·《금강예찬》 등의 문학 관련 저서와, 《역사일감》·《고사통》·〈불함문화론〉·〈조선역사통속강화〉·〈삼국유사해제〉 등의 역사·민족문화 관련 저서, 《조선불교》·《조선의 신화》·《조선의 민담 동화》 등의 종교·민속 관련 저서, 《신정 삼국유사》·《대동지명사전》·《신자전》·《신교본 춘향전》 등 고전 정리 관련 도서 등을 남겼다.

최남선에 대해 더 알고 싶을 때 보세요

《이야기 인물한국사》, 이이화 지음, 한길사, 1993.
《친일파 99인》, 반민족문제연구소 엮음, 돌베개, 1993.

한용운

韓龍雲

| **교과서에서 한용운이 나오는 부분** : 중학교 266쪽(9/2/1)/290쪽(9/4/3) · 고등학교 381쪽(12/4/1)/384쪽(12/4/2)

| **생몰년도** : 1879년(고종 16)~1944년
| **호** : 만해(萬海)/만해(卍海)
| **활동 분야** : 종교, 문학, 독립운동
| **다른 이름** : 한정옥(韓貞玉)/한유천(韓裕天)

| 생애와 업적 |

만해는 중이냐?

중이 아니다.

만해는 시인이냐?

시인도 아니다.

만해는 한국 사람이다. 뚜렷한 배달민족이다. 독립지사다. 항일투사다.

강철 같은 의지로 불덩이 같은 정열로 대쪽같은 절조로

고고한 자세로 서릿발 같은 기상으로 최후일각까지 몸뚱이로 부딪쳤다.

마지막 숨 거둘 때까지 굳세게 결투했다⋯⋯.

한용운을 추모하며 쓴 시인 조종현의 시는 그의 삶을 집약적으로 보여준다.

민족운동가, 불교사상가, 시인의 삶을 살았던 한용운은 조선의 국운이 기울어가던 1879년 8월 29일 충청도 홍주에서 한응준의 둘째 아들로 태어났다. 어렸을 때 이름은 유천(裕天)이었다. 성장기에 대해서는 별로 알려진 바 없으나 어렸을 때부터 한학을 공부했는데, 신동이라 인근에까지 칭찬이 높았다고 한다. 장가를 들고 서당의 훈장을 하며 평범한 삶을 살고 있었지만 당시의 격변하는 세상은 남보다 피가 뜨거운 그를 내버려두지 않았다. 동학농민운동과 청일전쟁이 일어난 1894년 그는 집을 떠나 입산한다.

▶ 지금의 홍성

처음부터 출가하려고 했던 것은 아니었던 듯하다. "지금 이렇게 산골에 파묻힐 때가 아니구나 하는 결심을 품고 어떤 날 아침 담뱃대 하나만 들고…… 서울 길에 오르기 시작했다"라는 그의 회고담에서 알 수 있듯이 처음엔 서울이 목적지였다. 그러다 "'에라, 인생이란 무엇인지 그것부터 알고 일하자' 는 결론을 얻고 서울 가던 길을 버리고 강원도 오대산의 백담사에 이름 높은 도사가 있다는 말을 듣고 여러 날 동안 산골길을 따라 그곳으로 갔었다"라고 그는 회고했다.

이렇게 하여 그는 설악산에서 불교 승려로 변신, 불교 공부를 시작했다. 두 번째 목적지였던 백담사도 아닌 오세암에서 불목하니 노릇부터 시작했지만, 일단 불교 공부를 하기 시작하자 한학으로 단련된 그의 학문은 산중에서 아무도 따를 수 없을 정도로 깊어졌다. 그의 학문적 정열은 불교를 넘어서 서양의 종교철학과 세계지리에까지 닿았고, 비록 몸집은 작으나 어릴 때부터 담력이 크고 모험심이 강했던 그는 조선 이외의 넓은 천지 땅을 직접 밟아보고자 세계일주 여행길에 오른다.

▶ 절에서 밥 짓고 물 긷는 일을 맡아서 하는 사람

그러나 블라디보스토크 항에 도착하자마자 일진회 회원으로 오

3·1운동은 한용운을 가장 한용
운스럽게 만든 사건이었다.

인되어 죽을 고비를 넘긴 뒤 귀국해야 했다. 세계여행을
포기하고 서울로 와 일본여행을 시도해봤지만 이도 여의
치 않자 고향으로 돌아왔다. 다시 입산한 한용운은 1905
년 백담사에서 정식으로 불교에 입문한다.

　1908년 한용운에게 다시 한번 일본여행의 기회가 왔다.
약 반년 동안 일본 불교계와 사회를 둘러보며 견문을 넓히
고 일본의 승가대학 조동종대학에서 당시 일본의 지식인
들을 휩쓸었던 서양철학을 청강하기도 하고 불교강의도
들었다. 조동종은 한국의 승려에게 자신들의 정신을 주입하고 조선
불교를 조동종에 편입시키려 했지만, 한용운은 이에 적합한 인물이
아니었다. 오히려 일본에서 만난 최린과의 교우는 그를 3·1운동으
로 이끌었다. 일본에서 돌아오는 한용운의 짐에는 측량기계가 들
어 있었다고 한다. 조선 땅으로 들어오는 일본인들의 손에 하나같
이 들려 있던 이 측량기계가 토지수탈의 도구가 되는 것을 보고 측
량기계를 하나 사서 돌아온 뒤 측량강습소를 개설하고 사찰이나
개인 소유의 토지를 수호하는 데 앞장섰다는 일화가 전한다.

　나라를 빼앗기는 아픔을 겪으면서 울분을 토하던 한용운은 자신
이 해야 할 일은 조선의 불교를 개혁하는 데 있다고 판단,《조선불
교유신론》을 집필한다. 불교 중흥에 대한 그의 이론과 실천을 망라
한 이 책은 염불당(念佛堂) 타파, 승려의 결혼 합법화 등 여러 가지
문제를 일으킬 소지가 있는 부분도 있지만, 종단행정의 단일화, 승
려 자질의 향상, 국역의 중요성 등을 강조한 부분 등은 오늘날에도
귀감이 될 만한 역작이다. 이 책은 또한 그 당시 불교계가 보여주
던 종교적 친일행위에 대한 반발과도 연결된다. 당시 해인사 주지
로 있던 이회광은 일본 조동종과 연합맹약을 체결하고 한국 불교
를 일본 불교의 지배 아래 둘 움직임을 보이고 있었다. 이에 한용
운은 1911년 승려대회를 주도하여 종문난적(宗門亂賊)으로 이회광

을 몰아내는 데 앞장섰으며, 한일불교동맹조약을 분쇄하는 데 전력을 기울였다. 그런 뒤 범어사에 임제종(臨濟宗) 종무원을 설치하여 33세의 젊은 나이에 임제종 관장서리에 취임했다. 그러나 총독부가, 모든 사찰의 주지와 재산에 관한 권한은 총독이 가진다는 '조선사찰령'을 반포하자 망국의 비애를 안고 만주로 발길을 돌린다. 만주에서 그는 이시영·김동삼·박은식·이동녕 등을 방문하고 이들에게 독립정신과 민족혼을 심어주는 일에 힘을 기울였다.

종로구 탑골공원에 있는 한용운의 시비(詩碑).

고국으로 돌아온 한용운은 불교 대중화를 위해 양산 통도사에서 그 방대한 팔만대장경(영인본)을 모두 열람하며 《불교대전》을 편찬했다. 이 책은 재래식 장경 위주의 편찬 방법에서 벗어나 주제별로 엮어진 최초의 책이다. 또한 조선총독부의 무단정치로 눈과 귀가 막힌 민중들을 위해 《유심》이라는 불교 잡지를 창간하여 청년들에게 용기와 신념을 잃지 말라는 메시지를 전달했다.

그러던 중 미국 대통령 윌슨(Wilson, T. Woodrow)의 민족자결주의가 제창되자 그의 가슴은 다시 타오르기 시작했다. 그는 **민족대표 33인** 가운데 한 사람으로 3·1운동에 참가하여, 최남선이 작성한 독립선언서에 마지막 행동강령인 공약 3장을 넣고, "이제 우리는 조선의 독립을 선언했으니 죽어도 한이 없다"는 축사와 대한독립만세 세 번을 선창한 뒤 마포경찰서로 잡혀갔다. 3·1운동을 전후해서 보여준 그의 열정과 의지는 그의 인생에서 가장 빛나는 부분이었으며, 그런 의미에서 3·1운동은 한용운을 가장 한용운스럽게 만들어준 사건이었다. **이상재**와 손병희를 설득하고, 가짜 육혈포를 꺼내들며 운동자금을 확보하는 등, 여러 사람들에게 혹시 일제의

▶民族自決主義. 각 민족은 정치적 운명을 스스로 결정할 권리가 있으며, 다른 민족의 간섭을 받을 수 없다는 주장. 식민지 국가들의 민족운동에 정당성을 부여하는 근거가 됨

밀정이 아닌가 의심받을 만큼 정열적으로 활동했다.

그의 이러한 의지는 옥중에서 더욱 빛났다. 독립운동가들에 대해 조선총독부가 극형으로 엄벌할 것이라는 풍문이 떠돌자 다른 민족대표가 "이렇게 갇혀 있다가 그대로 죽는 것은 아닐까" 염려했다. 그러자 갑자기 한용운이 그에게 감방 안의 똥통을 들어서 퍼부으며 외쳤다. "이 비겁한 인간들아. 울기는 왜 울고 뉘우치기는 왜 뉘우치느냐. 이것이 이른바 독립선언서에 서명을 했다는 민족대표란 말이냐! 이따위 추태를 부리려거든 당장에 취소해버려라!" 또한 자신은 변호사를 대지 않고, 사식을 받지 않으며, 보석을 요구하지 않겠다는 옥중투쟁 3대원칙을 정하고는 몸소 실천에 옮겼다.

취조를 당할 때에도 쉽게 입을 열지 않았다. 하루는 재판장이 피고는 왜 말이 없냐고 다그치자 "조선인이 조선민족을 위하여 스스로 독립운동을 하는 것이 백번 마땅한 노릇인데 일본인이 어찌 감히 재판하려 하느냐"고 호령하며 "피고는 금후에도 조선독립운동을 할 것인가"라는 질문에 "육신이 다하면 정신만이라도 남아 독립운동을 할 것이다"라고 당당히 대답했다. 또한 그는 할 말이 많으니 종이와 펜을 달라고 하여 그 유명한 〈조선독립에 대한 감상의 개요〉라는 제목으로 조선독립 이유서를 써내려갔다. 이 글에서 그는 탁월한 식견과 정연한 논리로 조선독립의 목적을 주장하면서 일본 군국주의를 준엄하게 꾸짖고 일본도 독일처럼 반드시 패망의 쓴 잔을 마실 날이 올 것이라고 확언했다. "능히 감옥에 갇혀 있으면서도 천하를 뒤흔들고 있다"는 칭송을 들었던 그는 당시 최고형이던 3년 징역의 유죄 선고를 받고 복역 중 1년 6개월 만에 풀려나왔다. 출감 이후 그는 비록 일제에게는 시찰대상의 정치범이었지만, 우리 민족에게는 "민족 주체의 확인자"가 되어 있었다. 그는 이후 많은 강연을 하며 자유·평등·독립 사상을 고취시켰다.

하지만 정치적으로 활동에 많은 제약을 받게 되자 다시 설악산

오세암으로 돌아가 책 속에 파묻혀 지내던 중 우리의 모국어로 깨달음의 경지를 노래한 것이 시집 《님의 침묵》이다. 이 시집에 대해 서울대학교 송욱 교수는 "신문학은 한문과 작별하여 모국어로써 표현된 것이 특징이다. 그러나 신문학은 한문과 함께 사상까지 작별하고 말았다. 신문학사 전체를 통해서 오직 하나의 예외는 시집 《님의 침묵》이 있을 뿐이다"라는 극찬을 한 바 있다.

한용운은 그 후 다시 서울로 돌아와 집필 활동, 강연과 불교운동으로 분주했지만, 여전히 정치 활동의 자유는 박탈당한 채였다. 그런데도 **신간회** 결성에 주도적인 역할을 했고, 60세 때 그가 직접 지도해오던 불교 계통의 민족투쟁비밀결사단체인 만당 사건(卍黨事件)이 일어나 여러 후배, 동지들과 함께 고초를 겪기도 했다.

한편 《불교》라는 잡지를 인수하여 고루한 전통에 안주하는 당시의 불교계를 통렬히 비판하고, 승려의 자질향상, 기강확립, 생활불교 등을 제창했으며, 신문에 장편소설을 연재하는 등 활발한 활동을 벌이다 1944년 5월 9일 말년에 마련한 거처 성북동 심우장에서 중풍으로 눈을 감았다.

|평가|

《조선불교유신론》의 문장을 보고 한말의 학자인 김윤식은 "문체로 보나 사상으로 보나 근세에 짝을 찾기 어려운 글"이라고 극찬했으며, 정인보는 "인도에는 간디가 있고, 조선에는 만해가 있다. 청년들은 만해 선생을 본받아야 한다"고 했다. 또한 벽초 홍명희는 "7,000 승려를 합하여도 만해 한 사람을 당하지 못한다. 만해 한 사람을 아는 것이 다른 사람 만 명 아는 것보다 낫다"고 평하며 존경의 마음을 표시했다.

반면, 《한용운 평전》의 저자 고은은, 부모님의 뜻에 따라 일찍 결혼한 뒤 얻은 처와 아들을 평생 돌보지 않았던 것이며, 그의 곁을 보필했던 한 여인과의 인연, 그리고 불교 교단의 계율을 무시하던 행동들, 또한 최남선을 질투하던 모습들을 묘사하며 그가 "너무 우발적이었으며 너무 헤프게 움직였"고, "입산과 하산의 되풀이로 살아온 기인"이었다고 비판하기도 했다. 그렇다 해도 그가 3·1운동과 투옥 생활에서 보여준 열정과 의기는 "한용운의 삶이 가질 영원한 긍지"이며, 한용운은 "근대 한국 최대의 전인적 규모의 사상가·예술가·실천가"였다고 인정했다.

민족대표 33인 |

3·1운동 때 독립선언서에 서명한 서른세 명의 종교 지도자들을 일컫는다. 천도교 측으로는 손병희, 권동진(權東鎭), 오세창, 임예환(林禮煥), 나인협(羅仁協), 홍기조(洪基兆), 박준승(朴準承), 양한묵(梁漢默), 권병덕(權秉悳), 김완규(金完圭), 나용환(羅龍煥), 이종훈(李鍾勳), 홍병기(洪秉箕), 이종일, 최린(崔麟) 등 15명이 선정되었고, 기독교 측에서는 이승훈, 박희도(朴熙道), 이갑성(李甲成), 오화영(吳華英), 최성모(崔聖模), 이필주(李弼柱), 김창준(金昌俊), 신석구(申錫九), 박동완(朴東完), 신홍식(申洪植), 양전백(梁甸伯), 이명룡(李明龍), 길선주(吉善宙), 유여대(劉如大), 김병조(金秉祚), 정춘수(鄭春洙) 등 16명이 선정되었다. 불교 측 대표로는 한용운과 백용성(白龍城)이 서명했다. 이들은 3월 1일 거사 당일 독립선언식의 거행장소였던 탑골 공원이 아니라 종로에 있던 태화관이라는 요리집에 모여(33명 가운데 29명만 모였다), 독립선언서를 낭독했다. 학생 대표가 찾아와 만세시위를 직접 주도할 것을 청했지만, 우발적인 폭력시위가 일어날 것을 우려하며 거절했다. 이어 총독부에 전화를 걸어 독립을 선언한 사실을 고하고 자수한 뒤 모두 잡혀 갔다. 뒷날 이들 가운데 최린, 박희도, 이갑성, 정춘수 등은 변절했다.

이상재 |

1850~1927. 한말의 정치가·사회운동가. 1881년 박정양이 신사유람단의 일원으로 일본에 갈 때 그의 수행원이 되어 함께 일본에 갔다. 그때 동행했던 홍영식·김옥균 등과 깊이 사귀었다. 1887년 박정양이 초대 주미공사에 임명되자 그를 따라 미국으로 건너가 1등 서기관으로 근무했으며, 갑오개혁 후 의정부 총무국장이 되었다. 서재필 등과 독립협회를 조직, 부회장이 되어 만민공동회를 개최했다. 1902년 개혁당 사건으로 3년 동안 복역하면서 기독교로 개종했다. 헤이그 특사 사건에 관련되어 관직에서 물러났으며, 3·1운동에 민족

대표로 참여교섭을 받았으나 참가를 거부했다. 1923년 소년연합척후대 초대 총 재가 되고, 1927년 신간회 초대 회장에 추대되었으나 병으로 사망했다.

▶ 少年聯合斥候隊 보이스 카웃트

신간회 | 1927년 2월 '민족 유일당 민족협동전선'이라는 표어 아래 민족 주의 진영과 사회주의 진영이 제휴하여 창립한 민족운동단체이다. 신간회는 민족적·정치적·경제적 예속의 탈피, 언론·집회·결사·출판의 자유의 쟁취, 청소년·여성의 평형운동 지원, 파벌주의·족보주의의 배격, 동 양척식주식회사 반대, 근검절약운동 전개 등을 활동목표로 삼아 세력을 확장해 나갔다. 1930년에는 전국에 140여 개의 지회와 3만 9,000여 명의 회원을 확보 했다. 그러나 일제의 탄압과 내부 좌우익의 갈등으로 4년 만에 해산되었다.

연표

1879	충청도 홍주에서 태어났다.
1905	(27세) 설악산 백담사에서 도를 깨우쳤다.
1910	(32세) 불교의 유신을 주장하는 《조선불교유신론》을 저술했다.
1914	(36세) 《불교대전》을 편찬했다.
1919	(41세) 민족대표 33인의 한 사람이 되었다.
1926	(46세) 《님의 침묵》을 발간했다.
1927	(47세) 신간회 결성에 참여했다.
1944	(66세) 성북동의 심우장에서 중풍으로 사망했다.

저서

불교 관련 서적으로 《조선불교유신론》·《불교대전》·《십현담주해》·《불교와 고려제왕》 등을 저술했으며, 문학 쪽으로는 근대 한국시의 기념비적 시집인 《님의 침묵》, 장편소설 로 《흑풍》·《후회》·《죽음》·《박명》 등을 남겼다.

한용운에 대해 더 알고 싶을 때 보세요

《한용운 평전》, 고은 지음, 고려원, 2000.
www.manhae.com 만해축전/www.manhae.or.kr 만해기념관

친일과 항일, 그리고 문학
이광수와 홍명희

李光洙

| **교과서에서 이광수가 나오는 부분** : 고등학교 385쪽(12/4/2)

| **생몰년도** : 1892년(고종 29)-?
| **호** : 춘원(春園)/장백산인(長白山人)/고주(孤舟)
| **활동 분야** : 문학, 언론
| **다른 이름** : 이보경(李寶鏡)

흔히들 20세기 초 조선의 삼대 천재로 최남선, 이광수, 홍명희를 꼽는다. 식민지시대를 대표하는 이들 3인의 작가들은 비슷한 시기 도쿄 유학을 하며 함께 문학 서적을 읽고 교유했다. 또 **문일평** 등과 함께 소년회를 조직하고 회람지 《소년》을 발행하면서 시·소설· 문학론 등을 쓰기도 했다.

그중에서도 이광수와 홍명희는 일제에 나라를 빼앗긴 뒤 상하이 에서 만나 같은 방, 같은 침대를 쓰며 함께 문학과 시국을 논하기 도 할 만큼 각별한 사이였다. 함께 독립운동을 하던 이들이 친일과 사회주의라는 서로 다른 길을 선택한 것은 어디서부터였을까. 어 떤 사람들은 두 사람의 출생에서부터 그 차이를 찾기도 한다.

이광수는 1892년(고종 29) 평안북도 정주에서 태어났다. 다섯 살 에 한글과 천자문을 깨치고 여덟 살 무렵에 《사략》·《대학》·《중 용》·《맹자》 등을 읽어 한시 백일장에서 장원을 할 정도로 뛰어난

洪命熹

| 교과서에서 홍명희가 나오는 부분 : 없음

| 생몰년도 : 1899년(고종 36)–?
| 호 : 가인(可人)/벽초(碧初)
| 활동 분야 : 문학, 언론, 사회운동, 정치

재능을 보였지만, 집안 형편은 넉넉하지 않았다. 더구나 열한 살 때 부모를 여의고 여기저기 친척집을 전전해야 했다. 그런 그가 일본 유학길에 오를 수 있었던 것은 동학에 입도했다가 **일진회** 유학생으로 선발된 덕분이었다.

반면, 홍명희는 한국 근대 작가들 중 드물게 최상층 가문에서 태어나 전통적인 사대부가의 분위기 속에서 성장했다. 1888년(고종 25) 충북 괴산에서 명문 풍산 홍씨의 장손으로 태어났는데, 그의 집안은 당파상 노론에 속하던 명문 사대부 가문으로 증조부, 조부 모두 정2품의 벼슬을 했고, 아버지도 금산 군수를 역임한 권세가였다. 그러나 권력을 남용하지 않고 의기(義氣)를 중히 여기는 집안이었다. 그중에서도 홍명희의 아버지는 일본에 나라를 빼앗기자 제일 먼저 자결할 정도로 지조를 목숨보다 중히 생각한 인물이었다. 나라를 되찾고 친일하지 말 것을 유서로 남긴 아버지의 뜻을 홍명희는 평생 가슴에 품고 살았다.

조선의 3대 천재 중 한 명이었던 이광수. 1919년 상하이에서 돌아온 이후 본격적인 친일의 길로 들어선다.

다른 사대부가의 아이들처럼 홍명희도 어린 시절부터 한학 수업을 받았는데 탁월한 기억력과 뛰어난 글재주를 보였다고 한다. 1901년 상경해 1902년 중교의숙(中橋義塾)에 입학하면서 신학문을 처음 접했고, 졸업 후 고향에 돌아와 있던 중 일본인 부부를 만나 일본 유학길에 올랐다. 유학을 마치고 귀국한 지 얼마 안돼 겪은 경술국치는 민족적 비애이면서 동시에 개인적 충격으로 다가왔다. 바로 그날 밤 아버지가 자결한 것이다. 이에 충격을 받은 그는 아버지의 3년상이 끝날 때까지 문학도 포기한 채 특별히 하는 일 없이 지내다가 1912년 돌연 중국으로 간다.

이광수도 귀국해 오산학교에 교편을 잡고 있던 중 한일합방 소식을 들었다. 이듬해 이광수는 세계의 정세와 동향을 살피기 위해 여행을 결심하고 중국으로 건너갔다가 우연히 **정인보**를 만나 상하이로 갔다. 그곳에서 이광수와 홍명희는 다시 만난다. 이들은 문일평 등과 함께 방 하나를 빌려 독서를 하고 시국을 논하며 그 시절을 함께 보냈다.

그러다 이광수는 1915년 김성수의 도움으로 다시 일본 유학길에 올랐고, 이듬해 〈매일신보〉에《무정》을 연재해 '전 조선 여성의 연인'이라는 별명을 가질 정도로 명성을 얻었다. 〈어린 벗에게〉·《개척자》 등을 발표하면서 우수한 성적으로 와세다대학 철학과에 다니던 그가 학업을 중단한 것은 한 여성과의 사랑 때문이었다. 이미 중매로 결혼한 아내가 있던 몸이지만 병들었던 그를 정성으로 간호해준 의사 허영숙과의 사랑 때문에 베이징으로 도피 행각을 떠나기에 이른다.

베이징에서 신채호를 만나 독립운동에 전념하는 민족적 분위기

의 영향을 받고 이듬해 2·8독립선언서를 쓴다. 그러고는 이를 외국으로 보내는 사명을 띠고 1919년 2월 5일 상하이에 도착한다. 하지만 막상 상하이에 와서 독립운동의 속사정을 본 이광수는 절망했다. 이 당시 그는 조선이 근대화된 일본을 이길 수 없다고 판단했던 듯하다. 연인 허영숙에게 보낸 편지에서 "나는 상하이에 온 후로 작년 9월부터 대단히 자포자기한 생활을 했습니다"라고 고백한 구절을 찾을 수 있다. 그러면서도 상하이에 머물 당시에는 임시정부 기관지인 《독립신문》 주필을 맡아 3·1독립선언을 세계에 알리는 데 앞장섰으며, 안창호와 각별했던 인연으로 흥사단의 임시반장이 되어 일하기도 했다.

그러다 허영숙이 상하이로 찾아와 귀국을 종용하면서 이광수의 짧았던 독립운동은 끝난다. 귀국하면서 징역 대신 간단한 조사만 받고 풀려난 이광수는 사이토 총독과 면담하는 등 세속적인 출세의 길로 들어선다.

상하이에서 귀국하면서 이광수가 본격적인 친일의 길을 걷기 시작했다고 보는 게 일반적이지만, 최근에 발표된 연구들은 사실 그 훨씬 이전부터 이광수의 글에서 친일의 싹을 찾을 수 있다고 주장한다. 그가 열여덟이던 1909년 쓴 단편 〈사랑인가〉라는 소설은 고

〈조선일보〉에 실린 홍명희의 소
설 〈임꺽정〉 광고. 당시로서는 이
례적으로 크게 실린 광고였다.

아가 된 조선인 유학생이 고독과 번민 속에서 사랑을 찾다가 일본
인 소년에게서 동성애적 감정을 느끼나 여전히 만족할 만한 애정
은 얻지 못한 채 괴로워하는 모습을 그리고 있다. 이미 이때부터
반민족의 씨를 품고 있었다는 해석이다. 이렇게 본다면 이광수는
독립운동에서 친일로 변절했다기보다는 평생 동안 친일을 하다
2·8독립선언부터 상하이에 머물 때까지만 예외적으로 독립운동
을 했다고 보는 것이 옳을 것이다.

반면 홍명희는 평생 독립운동의 노선에서 이탈하지 않았다. 중
국에서 귀국한 뒤 그는 스스로 조선의 독립정신을 고취하는 선언
서를 작성하여 1919년 3월 19일 고향에서 만세시위운동을 이끌었
다. 그 대가로 1년 6개월의 옥고를 치르고 나온 홍명희는 사회주
의자 혹은 비타협 민족주의자들이 지향한 민족해방운동의 노선을
분명히 선택함으로써 민족개량주의자들이 주장하는 실력양성론
이나 자치론과는 뚜렷이 구별되는 길을 걸었다. 아버지의 자결과
자신의 투옥으로 가세가 몰락하자 그는 가족을 이끌고 상경해 교
단에 서기도 하고 언론계에 몸담기도 하며 생계를 이어갔다. 이승

훈이 〈동아일보〉 사장에 취임할 때 편집국장으로 초빙되어 일하기도 했고, 〈시대일보〉 편집국장, 부사장을 역임했으며, 오산학교 교장으로 재직하기도 했다.

당시 좌우익의 사상적 대립을 극복하고자 뜻있는 지식인들이 모여 신간회를 결성했는데, 홍명희도 이에 주도적으로 참여했다. 신간회는 광주학생운동에 관여하며 이를 전국적인 반일운동으로 확산시키려 했다. 그러다 일본 경찰에 발각되어 홍명희를 포함, 90여 명이 체포, 투옥됐다. 2년이 넘는 옥고를 치르는 동안 신간회는 해산됐고, 공들여 추진하던 민족통일전선은 최후를 맞고 만다.

이 시기 그는 1928년 10월부터 〈조선일보〉에 연재하다 중단했던 장편소설 《임꺽정》을 다시 집필하며 계급적 민족의식을 일깨웠다. 조선 중기의 지방 도둑으로 실록에 기록되어 있는 임꺽정의 이야기를 방대하게 그려낸 이 작품은 작가가 지니고 있는 계급적 의식과 세계관을 극명하게 보여줄 뿐 아니라 조선시대 사회상과 풍속을 재현하는 데에도 크게 기여했다는 평가를 받는다. 세 차례나 연재가 중단되었던 《임꺽정》은 결국 완성되지 못한 채 광복 직후 전

김정일이 직접 찍었다고 밝힌 김일성과 홍명희(왼쪽)의 뱃놀이 사진. 홍명희는 1947년 평양 남북 연석회의 이후 북에 남아 부수상까지 지냈다.

10권으로 간행되었다.

홍명희의 대표작인 《임꺽정》이 반봉건적인 천민 계층을 내세워 귀족 계급을 타도하는 내용인 데 반해, 한국 근대문학의 선구자로 평가받는 이광수의 작품은 대부분 유교의 형식적이고 위선적인 성격을 비판하면서 남녀의 자유로운 사랑을 그리고 있다.

귀국한 이듬해 《개벽》에 〈민족개조론〉을 발표해 우리나라가 쇠퇴한 까닭은 타락한 민족성 때문이라 주장하며 이광수의 친일은 본격적으로 시작된다. 〈동아일보〉 편집국장을 거쳐 〈조선일보〉 부사장을 지내며 《재생》·《마의태자》·《단종애사》·《흙》 등을 발표해 다시 문단에서의 위치를 확보하기도 했지만 1930년대 후반 중일전쟁 발발 후, 더욱 노골적인 친일의 길을 걸으며, 이름도 '가야마 미쓰로'로 바꾸고 〈의무교육과 우리 각오〉·〈조선의 학도여〉·〈반도민중의 애국운동〉 등의 글을 써 일제를 찬양했다. 또한 2차 세계대전이 일어나자 최남선과 함께 조선의 학생들에게 학병으로 지원하라는 연설을 하고 다닌 것은 씻을 수 없는 과오이다.

1945년 광복의 날, 경기도 시골에 있으면서 그 이튿날에야 일본의 항복 소식을 들은 이광수는 마을 사람들에게 애국가를 가르치며 잔치 분위기에 휩싸였으나 이내 친일파 처단이라는 소식을 듣는다. 피신을 권하는 허영숙의 말을 듣지 않은 채 그는 〈나의 고백〉·〈돌베개〉를 비롯한 몇몇 글을 썼는데, 그 글의 주요 내용은 "나는 민족을 위해 살고 민족을 위하다 죽은 이광수가 되기에 부끄러움이 없다"는 것이다.

1949년 반민특위에 체포당해 투옥됐다가 건강 악화로 한 달여 만에 출옥했으나, 6·25전쟁 때 북한군에게 납북돼 1950년 10월 25일 세상을 떠났다. 이광수가 세상을 떠난 지 수십 년이 지나서야 알려진 바에 의하면, 강계에서 좀 떨어진 산악 지대의 추위와 눈보라 속에서 병약한 몸에 심한 동상까지 걸려 사경을 헤매던 중 나중에 북한 부수상까지 지낸 홍명희의 도움으로 병원에 옮겼으나 끝내 소생하지 못하고 눈을 감았다고 한다.

비극적 말로를 맞은 이광수와 달리 홍명희에게 광복은 그야말로 새로운 세상의 열림이었다. 광복 후 홍명희는 민주독립당의 대표로 통일전선운동에 힘을 쏟다가 1947년 김구와 함께 평양의 남북

Tip

문일평 | 1888~1939. 사학자·언론인. 1910년 일본 와세다대학 정치학부를 중퇴하고 상하이로 건너가 〈대공화보〉사에 근무했다. 귀국하여 중동·중앙·배재·송도중학 등에서 교편을 잡았다. 〈중외일보〉기자를 거쳐 1933년 〈조선일보〉편집고문에 취임하여, 7년 동안 논설을 집필하는 한편 한국사 연구에 힘써 많은 논문을 발표했다. 죽은 뒤 유고를 모아 1939년 《호암전집》이 출판되었고, 이외의 저서로는 《조선사화》가 있다.

일진회 | 조선 말기 친일단체. 러일전쟁 때 일본군의 통역이던 송병준(宋秉畯)과 독립협회 출신 윤시병(尹始炳)·유학주(兪鶴柱) 등이 1904년 8월 18일 유신회(維新會)를 조직했다. 을사조약 체결을 10여 일 앞두고 '한국의 외교권을 일본에게 위임함으로써 국가 독립을 유지할 수 있고 복을 누릴 수 있다'라는 내용의 선언서를 발표했으며, 국채보상운동이 전국적으로 전개되던 시기에는 모든 사태가 한국 정부의 잘못이라고 공격했다. 한일합방 직후인 1910년 9월 26일, 친일의 소임을 다하고 해체되었다.

정인보 | 한학자·국학자. 13세 때부터 양명학자 이건방(李建芳)을 사사했고, 국권피탈 후 중국으로 건너가 독립운동을 했다. 1919년 귀국하여 연희전문학교·이화여자전문학교·불교전문학교 등에서 한학과 역사학을 강의했고, 〈동아일보〉와 〈시대일보〉의 논설위원으로 활약했다. 해방 후 국학대학 학장, 초대 감찰위원장을 역임하며 국학연구에 몰두하다가 6·25전쟁 때 납북되어 사망했다. 저서에 《조선사연구》·《양명학연론》·《담원시조집》·《담원국학산고》등이 있다.

연석회의에 참가한 것을 계기로 북에 머물렀다. 이후 북한에서 조국평화통일위원회 위원장, 최고인민회의 대의원 등을 지내다 1968년 여든한 살의 나이로 세상을 떠났다.

더 알고 싶을 때 보세요

|이광수|
《인물로 보는 친일파 역사》, 역사문제연구소 지음, 역사비평사, 1993.
《친일파 99인》, 반민족문제연구소 지음, 돌베개, 1993.
《옛사람 72인에게 지혜를 구하다》, 김갑동 지음, 푸른역사, 2003.

|홍명희|
《옛사람 72인에게 지혜를 구하다》, 김갑동 지음, 푸른역사, 2003.
《벽초 홍명희 평전》, 강영주 지음, 사계절, 2004.

김소월

金素月

| **교과서에서 김소월이 나오는 부분** : 고등학교 385쪽(6/4/2)

| **생몰년도** : 1902년-1934년
| **활동 분야** : 문학
| **다른 이름** : 김정식(金廷湜)

|생애와 업적|

장에 다녀온 소월은 그날 밤도 여전히 색시와 둘이서 마주 앉아 술을 따라 마셨고 밤늦게 잠자리에 들었다. 술에 취해 색시는 세상모르고 곯아떨어졌다. 잠결에 남편인 소월이 무엇인가 입에 넣어주기에 깜짝 놀라 정신을 차리고 보니 이미 소월은 싸늘하게 시체로 변해 있었다고 소월의 처는 그 당시의 상황을 내게 이야기해주었다. ……무슨 고통과 번민이 있었는지 사랑하는 아내에게 일절 말하지 않았으니 그의 아내도 하는 말이 "나야 무식해서 아나요, 또 이야기도 안 해주고요. 마음 상하고 아프다고 술만 마셨답니다. 술잔만 들면 울기만 해요"였을 뿐이다.

한국의 대표적인 시인 김소월. 그의 시 〈진달래꽃〉만큼 널리 사랑받는 시도 없을 것이다.

숙모 계희영이 전하는 소월의 마지막 모습이다. 당시 소월의 나이 서른둘, 1934년 12월 23일의 일이다.

한국 서정시가 도달할 수 있는 최상의 경지에 이르렀다는 평가를 받고 있는 김소월은 우리 민족이 가장 어려웠던 시기에 태어나 젊은 나이에 고독하고 불행했던 삶을 스스로 마감했다.

김소월이 태어난 것은 1902년 9월 7일, 구성군의 외가에서였다. 당시 소월의 친가는 대가족이어서 며느리가 몸을 풀기에 불편할 것을 염려한 시부모의 배려 덕분이었다. 그리고 그해 섣달 고향인 정주 곽산으로 돌아왔다. 장손으로 태어난 그는 가족의 사랑 속에 자랐다.

그러나 소월이 세 살 되던 해 닥친 아버지의 불운은 김소월 문학의 한(恨)이 여기에서 비롯되었다고 할 만큼 그에게 큰 사건이었다. 처가 나들이를 위해 말 등에 음식을 가득 싣고 가던 길에 철도 공사를 하던 일본 목도꾼들과 시비가 붙어 심한 매를 맞고 말 잔등에 거꾸로 매달려온 아버지는 한 달이 넘도록 의식을 잃은 채 말을 하지 못하다가 결국 깨어나기는 했어도 이후부터 정신을 놓아버렸다. 소월의 아버지는 이 일로 일생동안 폐인이 되어 대인관계를 끊고 홀로 앉아서 중얼거리기만 했다.

아버지의 부재, 반사적으로 장손인 자기에게 더 얹어진 집안의 기대, 어머니의 맹목적인 사랑은 "오빠는 선량하고 천성적으로 착했으나 마음이 좁고 편협한 사람이었다"는 여동생의 회고처럼 내향적이었던 소월에게 감당하기 어려운 무게였다. 그런 그에게 고대 소설과 설화에 밝았던 첫째숙모 계희영은 유일한 말동무였고, 안식처였다. 계희영은 틈만 나면 이야기해달라고 조르는 소월에게 많은 이야기들을 전해주어, 유년기 그의 문학적 감수성을 깨워주었다. 소월의 시 〈접동새〉·〈물마름〉 등이 이러한 설화를 소재로 하여 씌어진 것이다.

어린 시절 독선생 밑에서 한문을 수학하던 김소월은 일곱 살 되던 해 남산보통학교에 입학했다. 보통학교 시절 소월은 신동 소리를 들을 정도로 비범한 기억력과 관찰력을 보였다고 한다. 귀찮을 정도로 질문을 자주 했던 호기심 많은 소년이기도 했다. 또한 이 시기 첫사랑이라 할 수 있는 동네처녀 오순과의 만남은 〈못잊어〉·〈그리움〉 등을 낳았다.

남산학교를 졸업한 뒤 오산학교 중학부에 진학하는데, 여기에서 소월은 일생 동안 스승으로 모시게 되는 **김억**을 만나 본격적으로 문학의 길을 걷게 된다. 소월과 김억과의 첫 만남은 국어시간에 숙제검사를 하다가 이루어졌다. 국어교사였던 김억이 숙제로 내준 글짓기에서 소월의 시 〈애모〉를 보게 된 것이 그 계기였다. 시인으로서 소월의 재능을 본 김억은 창작지도를 하며 신문학이나 해외 문학 작품들을 빌려주기도 했다.

이 무렵 김억을 감동시킨 소월의 작품들은 〈못잊어〉·〈예전에 미처 몰랐어요〉·〈진달래꽃〉·〈엄마야 누나야〉 등이다. 그의 대표작들이 열다섯 살에서 열여덟 살 사이에 주로 씌어진 것이다. 이렇게 일찍 꽃핀 소월의 천재성은 그러나 곧 시들고 만다.

3·1운동의 여파로 오산학교가 강제 폐교되면서 소월은 3년여를 집에서 지내야 했다. 장손이 외지로 나가는 것을 강력하게 반대했던 할아버지의 고집 때문이었다. 그렇게 집에 있는 동안 《창조》 동인의 한 사람이었던 김억의 소개로 그의 시가 세상에 나왔다. 1920년 3월 《창조》 통권 5호에 〈낭인의 봄〉을 비롯한 다섯 편의 시가 소개된 것이다. 화려한 등단이라고까지는 할 수 없지만 당시 문단의 반응은 대체로 좋았다.

▶ 1919년 2월에 간행된 최초의 문예 동인지. 김동인·주요한·전영택·김억 등이 동인으로 활동.

박종화는 "아아 그 시 속엔 얼마나 아름다운 기교가 있으며 얼마나 아름다운 조율이 있으며 안타까운 정서가 솟는가. 우리 무색한 시에 이러한 작품이 있음을 기뻐하여 마지아니한다"라고 칭찬했으며, **주요한**은 "선진하는 시인 중에 네 좋아하는 이가 누구냐고 물으면 나는 주저할 것 없이 노작 군과 소월 군을 들겠다. ……노작 군이나 소월 군은 둘이 다 우리말의 아름다움을 아는 이다"라고 했다.

이후 소월은 1922년에서 1924년 사이 주로 《개벽》을 통해 오산학교 시절 써놓았던 많은 작품을 발표했다. 소월의 시작활동은 1925년 시집 《진달래꽃》을 내면서 절정에 이른다. 이 시집은 당시 시단의 수준을 한층 향상시킨 작품집으로 한국 시단의 이정표 구실을 했다는 평가를 받고 있다.

마침내 할아버지를 설득한 소월은 배재학교에 편입하고, 졸업하던 해 동경상대 예과에 입학, 일본에 건너가지만 **관동대지진**으로 곧 귀국함으로써 짧은 유학 생활을 끝으로 학업을 마친다. 가산이 기울어 학업을 계속할 경제적 여유도 없었고, 장손을 더 이상 타지에 둘 수 없다는 할아버지의 강경한 태도 때문에 귀국할 수밖에 없었다. 이때부터 고향에서 할아버지가 경영하는 광산 일을 돌보면서 소일했는데, 내성적이었던 소월은 동경 유학 실패 후 실의와 좌절에 빠진 채 점점 사람 만나기를 싫어하며 고독한 시간을 보냈다고 한다. 사실 그는 학창 시절에도 거의 친구를 사귀지 못했을 정도로 비사교적이었다. 문단에서도 스승을 제외하고는 친구가 없었다고 할 수 있다. 일본 유학을 중단하고 귀향길에 가끔 술을 같이 했던 사람으로 나도향 정도가 있었을 뿐이다.

또한 오산학교 시절 할아버지의 강권에 따라 결혼을 하기는 했지만, 학교 교육을 전혀 받지 않고 용모도 아름답지 않았던 아내를 사랑했던 것 같지는 않다. 그러나 어머니를 비롯해 남편이 객지로만 나돌던 숙모 등 불행한 여자들을 눈으로 보며 자랐던 소월인지라 아내를 홀대하지는 않아 결혼 생활은 큰 문제 없어 보였다.

귀향해서 마음의 안정을 찾지 못하던 그는 1924년 끝내 처가인 구성으로 삶의 터전을 옮긴다. 할아버지의 간섭과 아버지의 병, 종손의 무거운 책임감에서 벗어나고 싶었을 것이다. 유일하게 자신을 이해해주고 말이 통하던 숙모마저 남편을 따라 평양으로 이사를 가자 더욱 힘들어하던 소월은 마침내 본가를 떠나는 것으로 탈출구를 찾으려 했다.

사실 그의 죽음은 '갑작스럽게' 다가왔다고 할 수 없다. 분가를 하면서부터, 아니 유학생활을 끝내고 고향에 돌아오면서부터 이미

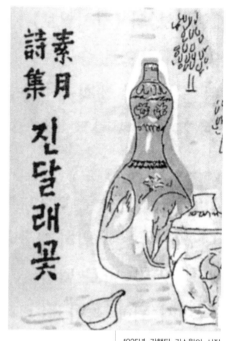

1925년 간행된 김소월의 시집 《진달래꽃》의 표지

그의 정신과 육체는 서서히 몰락해가고 있었다. 본가를 나온 소월은 2년 뒤 다시 구성군 남시로 이사해 〈동아일보〉 지국을 경영했는데, 사업은 뜻대로 되지 않았다. 지국을 경영했다고 하지만 실은 배포부터 수금까지 직접 해야 했다고 하는데, 그에게 쉽지 않은 일이었을 것이다. 그 무렵부터 소월은 생활고에 시달리며 거의 시를 쓰지 못했다. 또한 이즈음 일본 관헌의 요시찰 대상으로 지목되어 수시로 일본 순사까지 찾아와 괴롭히고 모욕을 주기까지 하니 더더욱 살기 어려웠을 것이다. 소월은 1935년 1월 김억에게 보낸 편지에서 당시의 어려움을 이렇게 고백했다.

"제가 구성에 와서 명년이 10년이옵니다. 10년도 이럭저럭 짧은 세월이 아닌 모양입니다. 산촌에 와서 10년 있는 동안 산천은 별로 변함이 없어 보여도 인사(人事)는 아주 글러진 듯하옵니다. 세기(世紀)는 저를 버리고 혼자서 앞서서 달아난 것 같사옵니다. 독서도 아니하고 습작도 아니하고 그저 다시 잡기 힘든 돈만 좀 놓아보낸 모양이옵

니다. 인제는 돈이 없으니 무엇을 하여야 좋겠느냐 하옵니다."

생활고와 그로 인한 꿈의 좌절, 그리고 식민지 지식인으로서의 한, 이러한 것들이 젊은 소월을 차츰차츰 죽음으로 내몰고 있었다. 소월은 여기에 격렬히 저항할 만큼 강하지 못했고, 꿋꿋이 버텨낼 만큼 질기지 못했다. 삶에 대한 의욕을 잃은 채 술잔을 기울이며 세상을 잊고자 했다. 때로는 집에서, 때로는 시장터에서, 술로 위안을 삼으며 그는 무너져내렸다. 여기에 마음속의 연인이었던 오순의 죽음과 유일한 친구였던 나도향의 요절은 그를 더욱 절망 속으로 밀어넣었다. 결국 그는 스스로 죽음을 선택했다.

그의 시신은 고향으로 옮겨지지 못하고 구성군 서산면 평지동 고개 위에 안장되었다가 뒤에 왕릉산으로 이장되었다.

|평가|

소월은 한국의 대표적인 근대 시인이다. 소월만큼 많은 사람들에게 사랑을 받고 〈진달래꽃〉만큼 사람들의 입에 오른 내린 시도 드물 것이다. 또한 소월이 남긴 작품 수보다 그에 대한 연구업적이 더 많다는 사실은 소월의 시가 한국시사에서 차지하는 위상을 단적으로 반영한다.

김억, 주요한, 이광수 등 당대의 대표적 문인들은 소월의 시를 서정적 민요시로 규정했으며, 그 가운데 김억은 소월 시의 특징으로 7·5조의 운율미와 대중적 생명력을 들었다. 또한 **오장환**은 소월의 시가 고도의 상징성을 띠어 민족주의를 표방하고 있다고 했으며, **서정주**는 소월의 시가 정한에 뿌리를 두고 있는데, 이 정한은 한국인의 고유 정서인 만큼 소월 시는 전통미학에 맥이 닿아 있다고 분석했다. 그리고 평론가 조연현은 자신의 저서에서 소월에 대해 "그 왕성한 창작적 의욕과 그 작품의 전통적 가치를 고려해볼 때, 1920년대에 있어서 천재라는 이름으로 불릴 수 있는 거의 유일한 시인이었음을 알 수 있다"라며 극찬하기도 했다.

한편, 2002년 계간지 《시인세계》 창간호에서 시인과 평론가 100명을 대상으로 설문조사한 결과 현대시 100년 사상 최고의 시인으로 소월이 뽑혔는데, 이 책은 그 이유에 대해 "이전의 문학언어를 정교하게 다듬었다는 점에서" 높은 평가를 받았다고 해석했다.

1981년 금관문화훈장이 추서되었고, 남산에 시비가 세워졌다.

Tip

김억 |
1896~? 시인 및 평론가. 1914, 1915년 《학지광》에 시 〈이별〉·〈야반〉·〈나의 적은 새야〉·〈밤과 나〉 등을 발표하면서 문단 활동을 시작했고, 1918년 《태서문예신보》에 프랑스 상징주의 시를 번역하고 소개했으며, 창작시를 발표했다. 《창조》·《폐허》·《영대》·《개벽》·《조선문단》·〈동아일보〉·〈조선일보〉 등에 시·평론·수필 등 많은 작품을 발표했다.
1910년대 후반부터 활발해진 프랑스 상징주의 시와 타고르·투르게네프 등 해외문학의 번역·소개에 있어서 그가 남긴 공적은 매우 컸다. 특히 1921년 간행된 최초의 번역시집 《오뇌의 무도》, 1923년에 간행된 창작시집 《해파리의 노래》는 당시 《폐허》 및 《백조》 동인들의 작품에 많은 영향을 끼쳤다.
김소월의 스승으로서 김소월을 민요시인으로 길러냈고, 자신도 뒤에는 민요조의 시를 많이 썼다. 해외시를 번역하는 데 주력한 다음, 이어서 민요시 운동에도 적극성을 보였던 그는 1920년대 한국 근대시 형성기에 매우 중요한 역할을 했다.

박종화 |
1901~1981. 시인·소설가·비평가. 1947년에는 성균관대학교 교수와 서울시예술위원회 위원장을 역임하고, 공산주의에 반대하는 우익 진영의 대표자로서 1949년에 발족한 한국문학가협회 초대 회장이 되었다. 서울신문사 사장, 예술원 회장 등을 지냈고, 제1회 예술원상, 제1회 5·16민족상 등을 수상했다. 주요 작품으로 단편 〈목 메이는 여자〉, 시집 《흑방비곡》·《청자부》, 장편 《금삼의 피》·《다정불심》 등이 있다.

주요한 |
1900~1979. 시인·언론인·정치가. 일본 도쿄 제1고등학교를

거쳐 상하이 후장대학을 졸업했다. 대학 재학 중에 〈독립신문〉 기자를 지냈으며, 귀국한 뒤 〈동아일보〉·〈조선일보〉의 편집국장과 논설위원을 지냈다. 8·15광복 후에는 민주당 민의원이 되었고 4·19혁명 뒤에는 부흥부장관 및 상공부장관을 지냈다. 1917년 소설 《마을집》으로 문단에 등단했고 〈불놀이〉·〈빗소리〉 등의 시를 발표했다. 저서로 시집 《아름다운 새벽》·《봉사꽃》 등과 논저 《자유의 구름다리》·《부흥 논의》·《안도산전서》 등이 있다.

오장환 |
1916~1951. 시인. 1933년 휘문고등보통학교 재학시 《조선문학》에 산문시 〈목욕간〉을 발표, 문단에 데뷔했다. 이후 《낭만》·《시인부락》·《자오선》 등의 동인으로 활동했다. 《성벽》·《헌사》 두 권의 시집으로 정지용(鄭芝溶)에 이어 '시단의 왕'으로까지 일컬어졌으나, 광복 후 조선문학가동맹에 가입하여 활동하면서 프롤레타리아문학을 지향했다. 1946년 월북하여 시집 《붉은 기》를 펴냈다. 월북 전의 대표작으로는 《성씨보》·《수부》·《향수》 등이 있다.

서정주 |
1915~2000. 시인. 1936년 중앙불교전문학교를 졸업하고, 동국대학교 교수, 한국문인협회 이사장, 예술원 회원 등을 지냈다. 1936년 〈동아일보〉 신춘문예에 시 〈벽〉이 당선되어 등단한 뒤 김광균(金光均)·김달진(金達鎭)·김동리(金東里) 등과 동인지 《시인부락》을 발간하면서 본격적인 작품 활동을 시작했다. 시집으로 《화사집》·《귀촉도》·《서정주시선》·《동천》, 저서로 《한국의 현대시》 등이 있다.

관동대지진 |
1923년 일본에서 발생한 대지진의 수습 과정에서 조선인들에 대한 유언비어가 조장되어 조선인 대량학살로 이어진 사건을 말한다. 1923년 9월 1일 오전 11시 58분 도쿄와 요코하마를 중심으로 한 일본 관동 지방에 대지진이 일어났다. 지진으로 10만에 이르는 사망자, 4만이 넘는 행방불명자가 발생했다. 그런데 지진 다음날 발족한 야마모토 곤노효에〔山本權兵衛〕 내각은 흉흉해진 민심을 잡기 위해 조선인을 희생양으로 삼았다. 내각은 '조선인이 방화를 하고, 폭동을 일으키려 한다!', '조선인이 우물에 독약을 집어넣었다!', '조선인의 배후에는 사회주의자가 있다'는 등의 유언비어를 조직적으로 유포시키고 이것을 구실로 계엄령을 선포했다. 이 때문에 일본인들의 대대적인 조선인 사냥이 시작됐고 전국적으로 조직된 3,689개의 일본인 자경단(自警團)이 조선인들을 학살하기에 이르렀다. 일본인에 의해 살해당한 조선인의 숫자는 가장 적게 잡아도 2,500명이 넘고, 문헌에 따라서는 6,000명에서 1만 명을 넘기도 한다.

1902	평안북도 정주에서 태어났다.
1910	(9세) 국권이 피탈되었다.
1915	(14세) 오산학교 중학부에 입학해 김억의 지도를 받으며 시를 쓰기 시작했다.
1919	(18세) 3 · 1운동이 일어났다.
1920	(19세) 《창조》 5호에 〈낭인의 봄〉 등 다섯 편의 시를 발표하며 등단했다.
1922	(21세) 《개벽》에 많은 시를 발표했다.
1924	(23세) 김동인 등과 《영대》 동인으로 활동했다.
1925	(24세) 시집 《진달래꽃》을 출간했다.
1934	(33세) 음독 자살했다.

저서

불과 5, 6년의 짧은 문단 생활 동안 154편의 시와 시론인 〈시혼〉을 남겼으며, 저서로 생전에 출간한 《진달래꽃》 외에 사후에 김억이 엮은 《소월시초》가 있다.

**김소월에 대해
더 알고 싶을 때
보세요**

《김소월, 그 삶과 문학》, 오세영 지음, 서울대학교출판부, 2000.
《한국현대시인연구》, 문덕수 외 책임편집, 푸른사상, 2000.
《시인열전》, 박덕규 지음, 청동거울, 2001.

나운규

羅雲奎

| 교과서에서 **나운규**가 나오는 부분 : 중학교 290쪽(9/4/3) · **고등학교** 385쪽(7/4/2)

| 생몰년도 : 1902년-1937년
| 호 : 춘사(春史)
| 활동 분야 : 영화

| 생애와 업적 |

여기는 별 곳이 아니라 활동사진을 박이는 곳이란다. 제1회 작품으로 〈바다의 비곡〉을 제작한 조선키네마주식회사란 간판을 단 곳이다. 오기는 안씨(안종화)의 소개로 왔으나 입사는 표정시험에 합격하여야 되므로 나도 표정시험을 보았단다. ……3대 1이라는 경쟁률로 나 하나만이 패스가 되었단다. 여러 시험관들은 그전에 경험이 있었느냐고 적이 만족한 빛을 보이는 모양이다. ……운규의 이상의 길은 지금부터 열리는 것이다. ……제2회 작품은 윤백남 씨 각색으로 〈운영전〉이란 시대극인데 배역은 아직도 모르나 나도 출연하게 될 것은 사실이고 로케이션은 경성이라니 불원간 만나게 될 줄로 안다.

흥분과 감격에 약간 우쭐한 기분마저 느껴지는 이 글은 나운규가 조선키네마주식회사에 연구생으로 뽑힌 뒤 친구에게 쓴 편지이다. 사실 나운규를 영화의 길로 이끌었던 안종화나 이경손의 회고에 따르면, 외모나 연기력에서 모두 배우감이 아니라고 판단해 고개를 가로젓던 영화사에 자신들의 영향력을 이용해 우격다짐으로 밀어넣었던 것이라 하는데, 본인의 생각은 달랐던 듯하다. 안종화나 이경손의 기록도 각각 자신의 영향력이었다고 기억하고 있으니 누구의 주장이 맞는지는 모르겠지만, 어쨌든 당시 어느 누구도 나운규가 조선영화계를 이끌어갈 당대의 영웅이 되리라고 생각하지 못했던 것만은 분명하다.

사실 나운규의 용모는 배우로서 그다지 적합하지 않았다. 훗날 나운규와 오랫동안 친분을 유지했던 김태진조차도 그의 배우로서의 조건에 대해 "그 짧고 꼬부장한 각선, 작은 키, 달라붙은 목, 깔깔한 목소리……. 이런 연기형 배우란 엽기적이거나 추적 형상에 적합한 것이어서 〈아리랑〉의 광인 역을 제외한 수많은 역은 적역이 아니었다"라고 평할 정도였다.

그러나 나운규는 영화가 자신의 이상을 펼칠 수 있는 새로운 인생의 시작이라 생각했고, 그 시작을 무한히 기뻐했다. 오랜 시간 험한 길을 돌아서 왔지만, 어려서부터 신파극단이 마을을 지나면 하룻밤도 거르지 않고 극장 한 모퉁이를 지켰고, 토요일이나 일요일 밤이면 아이들을 자기 집 부엌에 모아놓고 연극을 했던 그였다.

▶ 약재를 파는 장사

약종상을 하던 아버지 밑에서 부족함 없이 자라나던 나운규에게 첫 번째 시련은 첫사랑과 함께 찾아왔다. 첫사랑의 연적이었던 헌병보조원의 농간으로 무기정학을 받은 뒤 좌절감에 고향인 회령을 떠난 그는 간도로 갔다. 그곳에서 명동중학교에 입학해 간도 지역 애국단체들이 만든 신문을 회령까지 전달하는 일을 하다 만세운동의 주모자로 수배를 당해 다시 러시아로 몸을 피해야 했다. 낯선

1918년 명동학교에 입학하여 교복을 입은 17세의 나운규.

타국 땅에서 먹고 살기 위해 러시아 백군의 용병으로 들어갔다가 탈출해 북간도로 간 뒤에는 광복군 도판부(圖板部)에 가입해 터널 폭파 임무를 부여받기도 했다. 결국 계획이 취소되어 청산리로 갔다가 "군대 말고 공부를 해서 나라를 위하라"는 어느 나이 많은 광복군의 충고에 서울 유학길에 오른다. 그러나 얼마 지나지 않아 도판부 사건이 발각되어 경찰에 체포됐고, 결국 2년간 옥살이를 해야 했다.

석방된 뒤 귀향한 그에게 새로운 인생의 전기가 된 것은 회령 땅에 들어온 신극단체 '예림회'의 공연이었다. 그는 무조건 극단을 찾아가 배우로 받아줄 것을 간청했고, 그렇게 시작된 극단 대표 안종화와의 만남은 그를 영화계로 이끌었다. 다시 서울에서 우연히 만난 안종화에게 조선키네마에 데려가 달라 떼를 쓰다시피 했던 것이다.

데뷔작 〈운영전〉에서 그가 맡았던 역할은 눈에 띄지도 않는 가마꾼이었다. 더구나 〈운영전〉의 실패로 감독을 맡았던 윤백남이 영화사와 결별하면서 그도 윤백남을 따라 영화사를 탈퇴하는 바람에 영화사에 소속돼 있던 시간은 3개월 정도에 불과했다. 그러나 그 사이 비록 단역이기는 했지만 영화계에 발을 들여놓았고, 또한 당대 영화계를 이끌던 여러 인물들과 알게 된 것은 나운규 신화의 발판이 되기에 충분했다.

이후의 행보는 빨랐다. 1925년 두 번째 작품 〈심청전〉에서 심봉사 역으로 연기력을 인정받았고, 1926년 〈농중조〉에 출연해 관객들에게 이름을 알리기 시작했다. 그리고 〈아리랑〉이다.

나운규가 원작·각색·감독(일본인이 감독이었다는 주장도 있다)·주연을 맡은 이 영화는 한국 영화를 대표하는 하나의 상징이며, 전

설이고 신화이다. 〈아리랑〉은 이전의 어느 작품도 거둔 적이 없었
던 성공을 거두었다. 이 영화는 민족의 비애와 불타오르는 민족정
신을 형상화한 민족영화였으며, 한국 영화를 비로소 예술적 수준
에 올려놓았다는 평가를 받았을 뿐만 아니라 극적 긴장감, 구경거
리적 재미를 더함으로써 관객들로부터 열띤 호응을 받았다. 이 영
화로 나운규는 한국 영화의 중심에 선다.

그리고 다음 작품 〈풍운아〉에서 역시 원작 · 각색 · 감독 · 주연
을 맡아, 영화적 수준에서는 〈아리랑〉을 넘어서지 못했지만, 대중
들의 뜨거운 호응을 받으며, 그때까지 한국 영화계에서 누구도 가
져보지 못했던 인기와 명성 그리고 재능을 과시하는 스타의 자리
에 오른다.

그러나 이후 원작 · 각색 · 주연을 맡은 〈아서〉와 감독 · 주연을 맡
았던 〈금붕어〉의 연이은 실패, 단원들과의 갈등, 영화사와의 불편한
관계는 나운규를 위협하고, 그는 결국 독립하여 영화사 '나운규프로
덕션'을 창립한다. 이후 〈옥녀〉 · 〈사나이〉 · 〈사랑을 찾아서〉 · 〈벙어
리 삼룡〉 등을 만들며 몇몇 작품을 통해 대중적 인기를 다시 확인하

기도 했지만, 기생 출신 여배우 유신방과의 연애와 즉흥적이고 충동적인 성격 때문에 영화사는 결국 해체되고 만다. 그 뒤 다른 영화사를 통해 〈아리랑 후편〉 등을 만들며 재기를 모색했으나, 출세만큼이나 몰락도 가파랐다. 생활을 위해 악극단 무대에 출연해야 할 정도였다.

〈아리랑〉 이후 새로운 이정표가 된 이규환 감독의 영화 〈임자 없는 나룻배〉에서 인상 깊은 연기를 보여 오랜만에 호평을 받으며 옛날의 명성을 어느 정도 회복한 것도 잠시, 실패는 계속되었다.

그 어렵던 시기 그를 더욱 힘들게 했던 것은 몸을 파고드는 병마였다. 한번 일에 빠지면 밤을 새다시피 몰두하다 보니 누적된 피로와 하루에 두세 갑을 피워대는 담배가 원인이었던 듯하다. 병이 깊어질수록 작품에 대한 열정은 더욱 뜨거워졌다. 그때의 안타까운 심정을 나운규는 "이대로 죽어버리면 무엇을 남겨놓는가. 10년 싸워서 남긴 것이라고는 한데 모아놓고 불질러버리고 싶은 작품 몇 개가 굴러다닐 뿐이다"라고 기록했다.

그런 그가 병마와 싸우며 자신의 마지막 심혈을 기울여 만든 영화가 〈오몽녀〉였다. 지친 몸을 가누지 못해 촬영 현장에서 쓰러져가며 만든 이 영화는 "나운규의 역작"이라는 평가에서부터 "조선 영화의 나아갈 방향을 제시한 작품"이라는 찬사를 받으며 나운규의 천재성이 〈아리랑〉에서 다한 것이 아님을 증명해 보였다.

그러나 이 작품 뒤 그의 건강은 급속히 악화되었다. 다음 영화 〈황무지〉의 집필을 마치고 쓰러진 그는 끝내 서른여섯 살의 젊은 눈을 뜨지 못했다. 그의 장례는 최초의 영화인장으로 치러졌고, 화장되어 홍제동에 영안되었던 그의 유해는 사망 30주기를 맞아 망우리 공동묘지에 안장되었다가 1993년 독립유공자로 추서되어 대전 국립묘지 독립유공자 묘역으로 옮겨졌다.

|평가|

"한국 영화사상 나운규만큼 자주 떠올리는 이름도 없다. 고난의 역사를 이야기할 때면 그의 이름은 개척자가 되고, 민족정신을 떠올릴 때면 독립과 자유를 위해 몸 바친 투사가 된다. 그가 만든 영화들은 천재의 영감과 불같은 신념, 시대를 관통하는 영화정신을 담은 걸작으로 불린다. 그중에서도 〈아리랑〉은 대표적이다. 한국 영화는 그에게서 시작해 그에 의해 완성된 것처럼 이야기하기도 한다. 신화이자 전설이다."

영화평론가 조희문은 나운규 평전을 쓰면서 이렇게 글을 시작했다.

한편, 당시 **카프**의 회원으로 나운규를 '의식 없는 영화인'으로 몰아붙였던 서광제는 나운규의 장례식에서 조사를 통해 "〈아리랑〉에서 얻은 그의 명성은 그것을 여러 번 되풀이해먹기 때문에 나중에는 태작이 연발하였다. 그의 개인 생활이 여유치 못한 점에도 있겠지만 내 생각 같아서는 자기 재주만 믿고 좀 더 영화예술이라는 것을 연구해나가지 않은 데서 후기의 그의 작품이 태작이 많았던 원인이 있지 않은가 생각한다"며 날카롭게 비난하는 한편, "조선 영화계 초기의 개척자며 선각자인 나운규 군의 요절이야말로 전체 조선 영화계의 크나큰 일대 손실"이라고 애도하고, "그대의 생애는 너무나 비참하였고 그대의 예술적 활동은 너무나 짧았다. 그러나 남기고 간 예술은 길이길이 있을 것이다"라고 비감한 심정을 표현했다.

▶ 駄作, 보잘것 없는 작품

Tip

카프 | 조선프롤레타리아예술가동맹. 3·1운동 이후 일제의 식민지정책이 문화정치로 전환하고, 러시아혁명의 영향으로 사회주의 사상이 광범위하게 확산되면서 새롭게 등장한 프롤레타리아 문예운동단체이자 한국 최초의 전국적인 문학예술가 조직이다.
박영희(朴英熙), 안석영(安夕影), 김기진(金基鎭) 등이 주요 인물들이었다.
1925년 8월 결성되어 1935년 공식적으로 해체되었다.

1902	10월 27일 함경북도 회령에서 태어났다.
1910	(9세) 국권이 피탈되었다.
1919	(18세) 3·1운동 당시 회령 만세사건 주동자로 활동한 뒤, 일본 경찰의 수배를 피해 만주를 거쳐 러시아로 피신했다.
1921	(20세) 중동학교 재학 중 독립군 비밀조직인 도판부 사건 혐의자로 체포되어 2년 형을 살았다.
1925	(24세) 〈운영전〉에 단역으로 출연해 영화에 데뷔했고, 〈심청전〉에 심봉사 역으로 출연했다.
1926	(25세) 〈장한몽〉, 〈농중조〉, 〈아리랑〉, 〈풍운아〉로 대중적 인기를 얻었다.
1932	(31세) 광주학생항일운동이 일어났다.
1936	(35세) 〈오몽녀〉를 각색, 감독했다.
1937	(36세) 8월 9일 세상을 떠났다.

저서

〈운영전〉·〈심청전〉·〈장한몽〉·〈농중조〉·〈흑과 백〉·〈아리랑〉·〈풍운아〉·〈야서〉·〈잘 있거라〉·〈옥녀〉·〈사랑을 찾아서〉·〈사나이〉·〈벙어리 삼룡〉·〈아리랑 후편〉·〈철인도〉·〈금강한〉·〈남편은 경비대로〉·〈개화당 이문〉·〈임자없는 나룻배〉·〈암굴왕〉·〈종로〉·〈칠번통 소사건〉·〈무화과〉·〈강 건너 마을〉·〈그림자〉·〈아리랑 제3편〉·〈오몽녀〉·〈황무지〉의 작품에 출연했거나 각색, 감독, 제작했다.

나운규에 대해 더 알고 싶을 때 보세요

《나운규》, 조희문 지음, 한길사, 1997.
《한국 영화사 - 나운규와 수난기 영화》, 최창호 지음, 일월서각, 2003.
《한국 영화전사》, 이영일 지음, 소도, 2004.
《당신 누구요? - 김산과 나운규의 백년 아리랑》, 김경원 지음, 한빛코리아, 2006.
www.chunsafilmfestival.com 춘사나운규영화예술제

이중섭

李仲燮

| **교과서에서 이중섭이 나오는 부분** : 중학교 290쪽(9/4/3) · 고등학교 385쪽(12/4/2)

| **생몰년도** : 1916년~1956년
| **호** : 대향(大鄕)
| **활동 분야** : 미술

|생애와 업적|

분노한 소 그림을 통해 박해받는 민족의 모습과 자신의 내면세계를 투영했던 화가, 이중섭.

이중섭은 오산학교 시절부터 소를 열심히 그렸다. 어찌나 소를 열심히 그렸는지 오산 학생들 사이에 "이중섭은 소와 같이 산다. 소와 입 맞춘다" 하는 이야기까지 나돌 정도였다. 원산에 살 무렵에는 소를 그리기 위해 하루 종일 소를 이리 보고 저리 보다가 소에 받치기도 하고 소 주인에게 도둑으로 의심받아 잡혀가기도 했다. 제주도 피난 시절에도 이웃에 살던 '이쁜이'라는 소가 하도 예뻐서 날마다 그 집을 찾아가 유심히 관찰하곤 했는데, 그 때문에 소 주인 내외가 이중섭을 소도둑으로 의심했다고 한다. 이중섭은 "제주도에서 본 소들은 전쟁 전 소처럼 안정감이 있고 눈빛도 순수해서 자세히 관찰할 수 있었다. 내 소 그림은 제주도에서 큰 틀이 이루어졌다"며 당시를 회고했다.

그러나 6·25전쟁 전까지 그렸던 무수한 소 그림 가운데 현재 남아 있는 것이 거의 없어 안타깝다.

1916년 평안남도 평원군에서 이희주와 안악 이씨 사이의 2남 1녀 중 막내아들로 태어난 이중섭은 유복한 어린 시절을 보냈다. 어렸을 때, 그는 공부하는 것보다 놀이와 운동 그리고 그림 그리기에 몰두했다. 사과를 나누어주면 다른 아이들은 재빨리 먹어버렸지만 그는 혼자 방해받지 않을 곳으로 가서 연필로 사과를 그려본 뒤에 먹었다고 외사촌들은 회상하고 있다. 평양에서 종로공립보통학교에 다닐 때부터 학교에서 '그림' 하면 첫손가락에 꼽혔다.

초등 과정 내내 한 반 친구였던 김병기의 아버지 김찬영은 그에게 가장 처음으로 영향을 준 미술가였다. 일본 도쿄 미술학교 서양화 선과에 입학해 화가의 길을 걸었던 김찬영의 집에 있던 각종 화구와 미술서적들은 이중섭을 열광케 했다.

초등 과정을 마치고 진학한 오산고등보통학교는 이중섭의 인생과 예술에서 매우 중요한 곳이다. 그곳에서 그는 조선 사람으로서의 민족적·문화적 정체성을 확립할 수 있었고, 또한 임용련이라는 좋은 미술교사를 만나 본격적으로 화가의 꿈을 키워나가기 시작했다.

오산학교를 졸업한 뒤에는 일본 유학길에 올라 데이고쿠〔帝國〕 미술학교에 입학했다. 당시 조선에는 미술 전문 교육기관이 없었다. 이중섭은 일본에 가서 공부하다가 기회를 보아 프랑스로 가려고 틈틈이 프랑스어 공부도 했지만, 프랑스 유학은 성사되지 못했다. 그러나 데이고쿠 미술학교는 이중섭의 기대에 미치지 못했고, 그는 자유로운 분위기에 개성을 존중하는 학풍으로 알려진 분카〔文化〕 학원 서양학과에 다시 입학했다.

이 무렵 이중섭은 외투의 아랫자락을 무릎 위까지 짧게 자르고, 잘라낸 조각으로 큼직하고 네모진 호주머니를 만들어 붙인 특이한

개성적인 화풍으로 뛰어난 작품
세계를 보여준 이중섭.

복장을 하고 다녔다고 한다. 방학 때 집에 머물다
가 일본으로 갈 때 집에서 고급 양복을 10여 벌 맞
춰 가방 가득 넣어주어도, 다시 방학이 되어 돌아
올 때는 마치 주유소에서 일하는 사람처럼 아래위
가 붙어 있는 작업복 같은 것을 걸치고 나타났다.
가지고 간 옷은 모두 친구들에게 나눠주고 자신은
적당하다 싶은 것을 고쳐서 입었던 것이다. 이렇
듯 옷이나 생활도구 등을 자신의 취향에 맞추어
새롭게 만들곤 했는데, 그렇게 만들어진 것이 개
성있으면서도 인간적인 체취를 흠뻑 풍겼다.

또한 이중섭은 키가 훤칠하고 잘생긴데다 운동
도 잘하고 노래도 잘 불러 여학생들한테 인기가
높았다. 평생 그토록 애절하고 사랑이 넘치는 편지를 썼던 부인 야
마모토 마사코를 만난 것도 분카 시절이다. 분카 2년 후배였던 그
녀와 사랑에 빠진 이중섭은 1940년 말부터 관제엽서의 한쪽 면에
그림을 그려 그녀에게 보내기 시작하는데, 1943년까지 그렇게 보낸
엽서는 100여 점에 이른다. 월남하기 이전의 작품이 거의 남아 있
는 않은 상태에서 이 엽서들은 이중섭의 초창기 화풍을 생생하게
보여주는 귀중한 자료가 되고 있다.

1938년 스물세 살의 이중섭은 지유비주쓰카교카이〔自由美術家協
會〕가 실시한 공모전에 처음으로 출품해 입선에 들고, 협회상을 수
상했다. 그에게 "환각적인 신화를 묘사하고 있다", "대단히 작은
화면에 가득 찬 영웅적이고 모뉴멘탈한 구도는 대개의 큰 전람회
가 대작주의인 데 대한 당당한 항의다" 같은 호평들이 쏟아졌다.
1942년에는 이 모임의 정식 회원이 되었는데, 이는 한 사람의 화가
로 대외적으로 인정받게 되었음을 의미한다. 그리고 이듬해 다시
출품해 〈망월〉이라는 작품으로 태양상을 수상했다.

1941년부터는 일본에 있던 우리 젊은 미술가들과 함께 조선신미술가협회를 조직해 활동하기도 하다가 1943년 서울에서 조선신미술가협회전이 열릴 무렵 조선으로 돌아왔다. 독일에 점령당한 프랑스로 유학갈 수도 없고, 일본도 여러 가지로 위험한 상황이었다. 원산의 집으로 돌아온 그는 1945년 일본에 대한 공습이 심해지자 애인 마사코를 조선으로 불러들여 결혼식을 올렸다. 죽을 고비를 넘겨가며 조선에 온 마사코는 이남덕으로 이름을 바꾸고 전통혼례를 올렸다.

그러나 북한 땅이 공산치하가 되자 이중섭은 당국으로부터 비판을 받는 등 자유로운 창작 활동에 제한을 받았다. 그리고 얼마 안 있어 일어난 6·25전쟁으로 원산에 대한 폭격이 심해지자 그는 부인과 아들 둘, 그리고 큰조카를 데리고 부산으로 피난했다. 그곳에서 일찍이 겪어본 적 없는 어려움에 직면해야 했다. 갑자기 닥친 생활고에 부두에서 짐 부리는 일을 하기도 하고 얼마 되지 않는 배급을 타기도 했지만, 여전히 가족들의 생계를 걱정해야 했다. 이중섭은 가족을 데리고 제주도로 들어가 밭에 나가 채소를 캐어 먹고 바

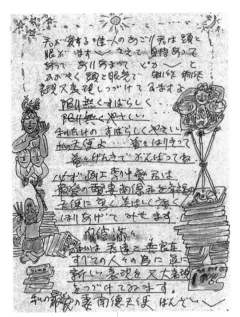

이중섭이 가족에게 보낸 편지. 가족과 헤어진 뒤 그는 늘 가족을 그리워하면서 이런 그림 편지를 써서 보냈다.

다에 나가 게를 잡거나 해초를 뜯어 먹으며 버텼다. 통조림 깡통으로 모자라는 그릇을 대신하고 재료가 부족해 대용물감을 쓰면서도 서귀포에 1년 가까이 머물면서 상당히 많은 그림을 그렸다.

전세가 안정되어가자 그는 부산으로 다시 나왔다. 상황이 좋아지면 고향에 빨리 돌아갈 생각이었던 듯하다. 그러나 참담한 생활고로 인해 아이들은 모두 영양실조 상태에 빠졌고, 아내의 건강도 나빠져 결핵으로 각혈을 하기에 이르렀다. 아내와 아이들은 일본인 수용소에 들어갔다가 결국 일본행 배를 타고 만다.

1952년 아내와 두 아들이 떠난 뒤 이중섭의 생활은 더욱 비참해졌다. 우동과 간장으로 하루에 한 끼를 간신히 때우며 냉방에서 새우잠을 잤다. 그러면서 건강은 급속히 나빠졌다. 이중섭은 가족과 헤어진 뒤 아내와 두 아들에게 편지를 쓰고 그림을 그려 보내면서 가족 간의 유대를 이어갔다. 그는 조금만 더 참으면 사랑하는 가족을 만날 수 있으리라는 기대에 그림을 그리고 또 그렸다.

"헤어졌던 가족을 한번 만나보기라도 했으면 그것만으로도 한이 없겠다"는 얘기를 하며 애를 태우던 그는 드디어 헤어진 지 1년 만에 일본에 가서 가족을 만나지만 일주일 안에 출국해야 하는 조건이었다. 일단 돌아갔다가 제대로 된 여권을 마련해서 정식으로 입국해 미술 활동을 한다는 약속을 하고 6일 만에 헤어져야 했다. 그러나 그것이 이중섭과 가족의 마지막 만남이었다.

일본에서 돌아온 뒤 이중섭은 "그림을 열심히 그리자. 그림만 열심히 하면 산다"라는 말을 반복하며 엄청난 정열로 그림을 그려댔다. 그림을 그려 성공하고 가족을 만나야겠다는 목표가 그에게 큰 동력이 된 것이다. 1954년 대한미술협회와 국방부가 공동으로 주최하는 미술전에 〈닭〉·〈소〉·〈달과 까마귀〉를 출품해 큰 호응을 얻었다. 그는 아내에게 "기어코 승리를 할 테니까 기대하고 그때까지 안정에 유의하고 하루 빨리 기운을 내어주시오"라며 희망찬 편지를 써서 보냈다.

그리고 이듬해 서울 미도파화랑에서 개인전을 열었다. 많은 신문이 전시평을 실었고, 개인전은 성공한 듯이 보였다. 그러나 한편에서는 그의 그림에 대해 "시대착오적"이며 "낡은 표현주의에 의존한 회화의 세계에 불과"하고 "새로운 시야를 여는 전위적인 야심이 결여되어 있다"고 비판했다. 여기에 개인전 도중 은박지 그림 일부가 춘화라며 철거당하는 일이 일어났고, 전시회 때 그림을 사 간 사람들이 그림값을 떼어먹는 일이 지나치게 많이 발생했다. 결국 오랫동안 준비했던 개인전이 강제 철거의 충격과 함께 빈털터리로 끝나고 말았다.

같은 해 대구에서 열린 개인전도 실패하자 이중섭의 몸은 지쳐갔고 신경질은 늘었다. 이때부터 이중섭이 미쳤다고 사람들이 수군대기 시작했다. 가까이 지내던 시인 구상이 입원시켜 정신과 치료를 받기도 했지만, 그는 입원해 있는 동안 음식을 거부하는 등 모든 것을 자포자기한 듯 보였다. 그는 그 무렵 "내가 그림을 그린답시고 세상을 속였다. 놀면서 공밥을 얻어먹고 다니며 뒷날 무엇이 될 것처럼 사기를 쳤다"고 하며 이제부터는 남과 세상에 봉사하겠다고 했다고 한다. 신경정신과 치료를 위해 감금과 전기쇼크 요법까지 받았던 이중섭이지만, 이중섭이 실제 앓았던 것은 간 질환이었다는 견해도 적지 않다. 자신이 정신이상일 거라 생각하는 사람들 앞에서는 이중섭이 완강히 자신의 본래 모습을 보이지 않았다는 것이다. 그렇게 영양실조와 간염으로 고생하던 그는 서대문

적십자 병원에서 돌보는 이 하나 없는 가운데 자신의 작품 이름처럼 '돌아오지 않는 강'을 건넜다. 당시 그의 나이 마흔하나였다.

이중섭의 사망 소식을 듣지 못한 채 병원에 들렀던 친구 김병기가 소식을 알려 100여 명의 지인들이 모여들자 놀란 병원 측에서 "이렇게 유명한 분이 왜 그토록 쓸쓸하게 죽어야 했는지 이해가 안 된다"고 했다는 얘기가 전한다.

|평가|

이중섭을 누구보다 깊이 이해하고 있던 친구 김병기는 이중섭 사후 10년이 좀 안 되어 그에 대한 글을 발표하며 "한국의 서양화 도입기에 있어서 가장 먼저 후진성을 탈피한 근대화의 선구자로서, 비록 서구적인 자료로 그림을 그렸을망정 그것을 완전히 자기 것으로 소화한 개성적이고 향토적인 작가였다"고 했다.

이중섭에 대한 평가가 급속히 확산된 것은 1970년대 들어서였다. 1972년 15주기를 기념하는 전시회가 열리면서 널리 알려져 이후 이중섭에 관한 여러 연구 논문들이 발표되었다. 그리고 1973년 시인 고은이 평전을 출판하면서 이중섭의 삶은 이후 영화와 연극으로도 만들어지는 등 대중의 머릿속에 깊이 각인되었다. 또한 1978년에는 건국 30주년을 기념하여 정부에서 문화훈장이 수여되기도 했다. 이에 대해 지나친 평가와 우상화라는 견해도 있고, 1979년 《계간미술》에서 우리 미술가에 대한 평가가 전반적으로 과대평가되었다고 진단하면서 그 대표적인 인물로 이중섭을 꼽기도 했다.

그럼에도 우리나라 사람들에게 가장 많이 알려진 미술가로 그의 이름은 김홍도와 백남준을 앞질러 1위를 지키고 있으며, 지금도 진행되고 있는 위작논쟁에서 보듯이 그에 대한 대중의 관심은 언제나 뜨겁다.

1916	4월 10일 평안남도 평원군에서 태어났다.
1935	(20세) 일본으로 건너가 도쿄의 데이고쿠 미술학교에 입학했다가 휴학하고 이
	듬해 분카 학원에 재입학했다.
1938	(23세) 지유비주쓰카교카이의 제2회 전람회에서 입선, 협회상을 받았다.
1941	(26세) 태평양전쟁이 일어났다.
1943	(28세) 제7회 지유텐[自由展]에 출품해 〈망월〉로 태양상을 수상했다.
1945	(30세) 8 · 15광복이 되었다.
1950	(35세) 6 · 25전쟁이 발발했다.
1953	(38세) 휴전협정이 조인되었다.
1954	(39세) 대한미협전에 〈소〉 · 〈닭〉 · 〈달과 까마귀〉를 내서 호평을 받았다.
1955	(40세) 서울 미도파화랑과 대구 미국문화원 전시장에서 개인전을 개최했다.
1956	(41세) 서대문 적십자 병원에서 세상을 떠났다.

저서

〈흰소〉 · 〈싸우는 소〉 · 〈움직이는 흰소〉 · 〈소와 어린이〉 · 〈황소〉 · 〈투계〉 · 〈닭과 가족〉 · 〈사내와 아이들〉 · 〈집 떠나는 가족〉 등 소 · 닭 · 어린이 · 가족 등을 소재로 수많은 작품을 남겼다.

이중섭에 대해 더 알고 싶을 때 보세요

《화가 이중섭》, 고은 지음, 민음사, 1999.
《이중섭》, 오광수 지음, 시공사, 2000.
《이중섭 평전》, 최석태 지음, 돌베개, 2000.
《이중섭 1916–1956 편지와 그림들》, 이중섭 지음, 박재삼 엮음, 다빈치, 2003.
bull.new21.org 화가 이중섭
www.seogwipo.go.kr/jslee 이중섭 미술관

윤봉길

尹奉吉

| **교과서에서 윤봉길이 나오는 부분** : 중학교 277쪽(9/3/2) · 고등학교 348쪽(12/1/3)

| **생몰년도** : 1908년-1932년
| **호** : 매헌(梅軒)
| **활동 분야** : 독립운동
| **다른 이름** : 윤우의(尹禹儀)

|생애와 업적|

"丈夫出家生不還(장부가 집을 나가니 살아서 돌아오지는 않겠다)."

스물세 살의 청년 윤봉길은 자신이 써놓은 일곱 글자를 한동안 바라보았다. 부모님과 아내, 아이들의 얼굴이 떠올랐다. 과연 이 길밖에 없는가. 그동안 해왔던 것처럼 농촌운동을 하는 것도 뜻있는 일이 아닌가.

어려서부터 성정이 남달리 굳세고 물러서는 법이 없었던 윤봉길은 1918년 덕산보통학교에 입학했으나 다음 해에 3 · 1운동이 일어나자 식민지 노예교육을 받을 수 없다며 학교를 자퇴하고 나와 한학을 공부했다. 오치서숙(烏峙書塾)이라는 서당에서 매곡(梅谷) 선생에게 사서삼경을 배우면서 한편으로 〈동아일보〉 등의 신문과 《개벽》 등의 잡지를 통해 생각의 폭을 넓혀가던 그는 "무식이야말로 왜놈보다 더 무서운 현실의 적이다"라는 깨달음 속에 농촌계몽운동을 시작했다. 야학을 열고 《농민독본》이라는 책을 직접 써서 농민들을 계몽했으며, 부흥원(復興院)을 조직해 농촌부흥운동을 본격화했다. 또한 농촌진흥을 위해 월진회(月進會)를 조직했으며, 건강한 신체단련을 위해 수암체육회를 만들기도 했다.

고향 마을에서 이렇듯 활발한 활동을 벌이며 차츰 세상에 이름이 알려지던 무렵 그를 찾아온 낯선 타지 사람이 있었다. 김좌진 장군 휘하의 대한독립군 공작원 이흑룡이라고 했다. 의기투합한 두 사람은 국내외 정세와 민족의 앞날에 대한 대화를 나누었고, 이후에도 이흑룡은 가끔씩 윤봉길을 찾아 국제정세며 독립군의 활약상 등을 전해주었다. 그러던 어느 날 이흑룡이 "만주의 독립운동단체들이 윤 동지처럼 의기가 넘치는 열혈청년을 원하고 있다"고 했다. 뜬눈으로 날을 밝히며 고민하던 윤봉길은 마침내 중국으로 떠날 것을 결심했다. 시대적 수난을 감수하고 민족 전체의 봄을 맞이하기 위해 좁은 가정의 울타리를 벗어나기로 작정한 것이다.

▶李黑龍, 김태식이라고도 함

1930년 3월 5일 새벽, 윤봉길은 충청남도 예산의 고향집을 빠져나와 신의주로 향했다. 그곳에서 이흑룡을 만나기로 했는데 일은 처음부터 여의치 않았다. 가는 도중 기차 안에서 거동수상자로 연행돼 45일간이나 선천경찰서에 잡혀 있다가 풀려났고, 어렵게 다시 연락이 닿은 이흑룡, 그리고 신의주에서 만난 김태식·한일진과 함께 만주에 무사히 도착하지만 만주의 독립군 부대들은 그에게 실망만 안겨주었다. 당시 독립군 내부는 크게는 민족진영과 공산진영으로 양분되어 있었고, 작게는 소소한 파벌들이 엇갈리며 침체기를 맞고 있었다.

마음을 붙이지 못한 채 유랑의 시간을 보내던 윤봉길은 1931년 마침내 대한민국 임시정부가 있는 상하이에 도착했다. 함께했던 동지들도 각자의 길을 선택한 뒤라 누구 한 사람 그를 알아보며 맞아주지 않았다. 그러나 그는 "나를 맞는 사람은 없었으나, 목적지

거사를 하러 떠나기 전, 가슴에 한인애국단 선서문을 달고 손에는 수류탄을 든 채 태극기 앞에서 사진을 찍은 윤봉길.

에 온 것만으로도 무상으로 기뻤다"고 당시를 회고했다. 생계를 잇기 위해 때로는 날품팔이의 막일도 하고 공장에 직공으로 다니기도 하면서 독립운동 관계자들과의 접선 길을 조심스럽게 탐색했다. 상하이에 도착한 지 며칠 안 되어 한국인 거류민단 사무실로 김구를 찾아가 인사를 했지만, 확실한 신분 소개가 없는 그였기에 특별한 인상을 주지는 못했던 듯하다.

그러다 안중근 의사의 동생인 안공근을 만나 자기 소개를 하고 친분을 쌓기 시작했다. 안공근의 집에 숙소를 정하고 그의 소개로 동포실업가 박진의 공장에서 일하게 되었지만, 가슴속 깊이 큰 뜻을 품고 있던 그는 일시적인 생활의 안정에 만족할 수 없었다. "조선독립을 위해 보람 있는 일을 해보자고 이곳 상하이까지 왔는데……" 하는 생각이 울컥울컥 솟아올랐다. 그때마다 "서두르지 말고 초조해하지 말고 때를 기다려보자"는 안공근의 위로와 격려에 마음을 다잡았다.

그러다 이봉창 의사의 의거를 알리는 기사에 강한 충격을 받은 그는 박진에게 부탁해 김구와의 역사적 만남을 갖는다. 윤봉길은 그 자리에서 오랫동안 마음속에 품고 있었던 말을 토해냈다.

"선생님, 저는 제 마음속에 사랑의 폭탄을 간직하고 있습니다. 아무쪼록 저의 몸과 마음속의 폭탄을 조국독립에 써주시기 바랍니다."

"윤 동지야말로 하늘이 내게 보내준 사람이오. 내 지금 일을 도모하려 해도 사람이 없어 낙심하던 차에 윤 동지 같은 젊은이를 만나니 천군만마를 한꺼번에 얻은 기분이오."

김구의 대답이었다.

뜻을 함께하기로 한 김구와 윤봉길이 새로운 일을 모색하던 어느 날, 윤봉길의 시선이 펼치던 신문에 꽂혔다. 1932년 4월 29일 일본 천황의 생일인 천장절. 이날 일본 본토는 물론 조선·만주·대만·상하이 등지에서 대대적 경축행사가 열린다. 더구나 상하이에서는 천황 생신 경축에 더하여 일본군의 '상하이사변 승전 축하 행사'까지 겸하도록 계획되어 있었다. 경축식장은 홍구공원, 일본인이면 누구나 참석할 수 있으며 참석시엔 도시락 1개와 물통을 휴대할 수 있다고 했다.

그 길로 김구에게 달려간 윤봉길이 말했다.

"선생님, 드디어 때가 왔습니다. 이건 저에게 다시없는 기회입니다. 바로 이날을 위해 일편단심 사랑의 폭탄을 마음속에 품고 이역만리를 찾아왔던 것입니다."

김구와 윤봉길은 손을 맞잡았다. 한순간의 흥분이 지나자 김구는 윤봉길에게 다시 물었다.

"정녕 그 일을 할 작정이오?"

스물다섯 살 열혈청년의 대답이 되돌아왔다.

"제 목숨은 이미 조국에 바치기로 약속된 것 아닙니까?"

특수 폭탄을 제작하여 폭발실험까지 마친 뒤 윤봉길은 정식으로 한인애국단(韓人愛國團)의 입단선서를 하고, 신변 정리를 위해 유서와 자서약력, 그리고 시 몇 편을 남겼다.

그리고 4월 29일 촉촉한 봄비가 내리던 홍구공원으로 들어섰다. 정문을 통과할 때 중국인 수위가 입장권 제시를 요구하자 유창한 일본어로 "나는 일본인이오, 입장권이 무슨 필요가 있단 말이오"라고 대답한 뒤 유유히 정문을 지났다. 물통과 도시락으로 위장한 폭탄을 지닌 채였다. 목표물로부터 5미터 정도까지 접근한 그는 모든 참석자들이 해군 군악대에 맞춰 일본 국가를 부르던 순간 물통형 폭탄의 안전핀을 뽑아 식단 한복판을 향해 힘껏 던졌다. 식단 중앙

상하이 홍구공원에 세워진 윤봉길 의거 기념비.

에 명중한 폭탄의 요란한 소리는 홍구공원을 뒤덮었다. 또 하나의 도시락형 폭탄을 집어들던 윤봉길은 곧 팔다리가 붙잡히는 몸이 되었지만, 그의 입에서 나오는 절규는 아무도 막지 못했다.

"대한 독립 만세! 대한 독립 만세!"

윤봉길의 수류탄에 상하이 파견군 사령관 시라카와, 상하이의 일본거류민 단장 가와바다는 즉사하고, 제3함대 사령관 노무라 중장, 제9사단장 우에다 중장, 주중공사 시게미쓰 등이 중상을 입었다.

의거 직후 윤봉길은 옆에 있던 사복경비원에게 붙들려 헌병에 인계되었고, 일본 군법회의에서 사형을 선고받았다. 그리고 그해 11월 18일 일본에 호송되어 12월 19일 총살당했다.

|평가|

윤봉길 의사의 상하이 의거는 안중근 의사의 하얼빈 의거와 더불어 한국독립운동사상 2대 쾌거로 꼽히며 "민족자존을 세계만방에 선양하는 계기"였다는 평가를 받는다.

상하이 의거는 1920년대 이후 침체 상태에 있던 임시정부의 기능을 회복시켜 초기처럼 임시정부가 전체 독립운동계의 구심적 위치를 회복케 했으며, 이후 독립운동이 본격적인 무장투쟁을 전개하는 계기가 되었다. 또한 국제적으로 전례 없는 외교적 성과를 올렸으며, 한중연합 항일운동전선을 구축하는 계기가 되었다. 한국 사람들을 일본인의 앞잡이로 취급하던 중국 인사들이 이 사건 뒤 독립운동가들을 돕기 시작했으며, 임시정부에 대해 동전 한 푼 지원하지 않던 장제스가 김구와 영수회담을 갖고 군사교육에 관한 지원을 협약하기도 했다. 장제스는 "중국의 100만 대군이 해내지 못한 일을 윤봉길 의사 혼자의 힘으로 이루어놓았다"며 극찬했다.

　한편, "우리가 조국을 되찾고 조국 땅을 밟게 된 것이 모두가 윤 의사의 덕이요. 우리 임시정부와 윤 의사를 비겨서 말하자면 갓난 어린이가 깊은 연못에 빠져서 금방 가라앉는 위급한 찰나에 윤 의사가 위험을 무릅쓰고 물속에 뛰어들어 이 어린이를 번쩍 건져 구해놓았소. 이 어린이가 자라서 오늘 삼천리강산을 달리고 있는 것이오"라는 초대 부통령을 지낸 이시영의 윤봉길에 대한 평가가《도왜실기》에 실려 있는데, 당시 윤봉길 의거에 대한 임시정부 측 인사들의 생각을 알 수 있다.

연표

1908	6월 21일 충남 예산군에서 태어났다.
1910	(3세) 국권이 피탈되었다.
1919	(12세) 3·1운동이 일어났고, 대한민국 임시정부가 수립되었다.
1926	(19세) 농민계몽 농촌부흥 독서회운동 등을 시작했다.
1929	(22세) 부흥원 설립기념 학예회 건으로 일제 경찰에 불려가 추궁당했다.
1930	(23세) 망명길에 올라 만주 일대를 유랑했다.
1931	(24세) 상하이에 도착해 김구를 만났다.
1932	(25세) 천장절 겸 전승축하 기념식장에 폭탄을 투척한 뒤 총살형당했다.

윤봉길에 대해 더 알고 싶을 때 보세요

《매헌 윤봉길 평전》, 김학준 지음, 민음사, 1992.
《윤봉길—도시락 폭탄에 실은 독립의 꿈》, 이상재·윤규상 지음, 도솔, 1996.
www.yunbonggil.or.kr 매헌 윤봉길

시 속의 저항, 저항 속의 시
윤동주와 이육사

尹東柱

| 교과서에서 윤동주가 나오는 부분 : 중학교 290쪽(9/4/3) · 고등학교 385쪽(12/4/2)

| 생몰년도 : 1917년~1945년
| 활동 분야 : 문학
| 다른 이름 : 윤해환(尹海煥)

1940년대 전반, 문학사적 암흑기에 민족적인 의지와 양심으로 시를 쓴 저항시인 가운데 대표적인 인물이 윤동주와 이육사이다. 유치진 · 주요한 등 같은 시대 시인들이 친일의 길을 걷던 때, 일제에 저항하다 끝내 옥중에서 젊은 목숨을 잃은 이들 두 시인은 민족사의 자부심이다.

일제 말기의 암흑기에 저항의 시를 쓴 시인이라는 점, 일본 유학을 했다는 점, '독립운동'을 이유로 투옥되어 감옥에서 생을 마친 점, 광복을 눈앞에 두고 짧은 생을 마친 점, 광복 이후에야 첫 시집이 출간된 점 등이 두 시인의 공통점으로 꼽는다.

문학과 조국을 가슴에 품었던 두 시인. 그러나 윤동주와 이육사의 저항의 방식은 극단적으로 달랐다. 문학과 조국이 갖는 그 의미의 크기가 달랐던 때문일까. 아니면 표현하는 방법의 차이였을까.

어린 시절부터 흐트러짐 없이 문학의 길을 걸었던 윤동주는 북간도 명동촌에서 1917년 윤영석과 김룡의 큰아들로 태어났다. 넉

李陸史

| **교과서에서 이육사가 나오는 부분** : **중학교** 290쪽(9/4/3) · **고등학교** 385쪽(12/4/2)

| **생몰년도** : 1904년–1944년
| **자** : 태경(台卿)
| **활동 분야** : 문학, 독립운동
| **다른 이름** : 이원록(李源綠)/이원삼(李源三)/이활(李活)

넉한 집안 형편에 외아들이었던 아버지가 혼인한 뒤 8년 만에 얻은 귀한 아들이었다. 명동촌은 외삼촌인 김약연 등 네 가문이 이주해 개척한 곳으로 교육과 종교, 독립운동이 활발했던 곳이다. 20세기의 첫 해에 이주민이 된 윤동주의 선조들은 다른 이주민들과 함께 농토를 일궜다. 함경도 지방의 지식인이면서 선각자인 이들은 명동촌에 명동학교 등의 교육기관과 여러 개의 교회를 세워 종교와 교육, 독립운동의 중심지로 가꾸어나갔다. 윤동주도 태어나면서부터 유아세례를 받을 정도로 기독교적인 가풍 속에서 자랐다. 기독교 장로인 할아버지의 영향을 많이 받았다.

반면, 열일곱 번의 옥살이가 말해주듯 조국의 독립에 온몸을 던졌던 이육사는 1904년 경상북도 안동에서 이가호와 허길의 5형제 가운데 둘째아들로 태어났다. 이육사는 퇴계 이황의 14대손이다. 그리고 안동은 독립운동의 첫 장이 열린 곳이며, 가장 많은 독립유공포상자를 배출한 곳이자 가장 많은 자결 순국자를 배출한 곳이

시를 통해 식민지 지식인의 고뇌와 저항의 몸짓을 보여준 윤동주.

다. 강직한 퇴계 학통의 영향이라 볼 수 있겠다. 이육사 집안도 매우 저항성이 강했다. 어려운 살림을 도맡았던 맏형만 제외하고 그의 형제 모두가 한꺼번에 일본 경찰에 검거되었던 적도 있다. 이렇듯 강직한 유교적 분위기 속에서 이육사는 성장했다.

학구열이 높았던 명동촌에서 성장한 윤동주는 1925년 명동소학교에 입학하면서 본격적인 교육을 받기 시작했다. 민족주의 교육을 실시하던 그곳에서 조선역사와 민족주의 및 독립사상 교육을 받았다. 명동소학교의 가장 중요한 학과목은 조선역사와 조선어였다. 학교에 행사가 있을 때에는 태극기를 걸고 애국가를 불러 애국정신을 높였다.

이 무렵 윤동주는 고종사촌인 송몽규와 함께 《어린이》·《아이생활》 등의 아동잡지를 정기적으로 구독했으며, 《새명동》이라는 등사판 문예지를 간행하기도 했다. 자신들이 만든 문예지를 통해 동요·동시 등을 발표했다.

명동소학교를 졸업한 뒤 달라자[大拉子] 소학교에 편입했다가 룽징에 있는 은진중학교에 입학했다. 은진중학교 시절에도 친구들과 교내 문예지를 발간하여 문예작품을 발표하는 한편, 축구선수로 활약하기도 했다. 열여덟 살이 되던 1934년부터는 자신의 작품에 창작 날짜를 기록하기 시작했다. 그리고 1935년 은진중학교에서 평양숭실중학교에 편입했는데, 이때 기숙사 생활을 하며 많은 작품을 창작했다. 신사참배 문제로 숭실중학교가 폐교되자 다시 룽징으로 돌아와 광명중학교 4학년에 편입했고, 이 무렵 동주(童舟)라는 필명으로 〈병아리〉·〈비자루〉·〈오줌싸개지도〉·〈거짓부리〉 등을 발표했다.

진학을 앞두고 의대를 원하는 아버지와 대립했지만, 할아버지와 외삼촌의 중재로 문과반 진학을 허락받고 1938년 연희전문학교(연세대학교의 전신) 문과에 송몽규와 함께 입학해 기숙사 생활을 시작했다. 당시 이미 송몽규는 일제 경찰의 요시찰 대상으로 감시를 받고 있었다. 윤동주는 연희전문에서 외솔 **최현배**에게서 조선어와 민족의식을 사사하고 사상적인 면에서 깊은 영향을 받았다. 연희전문학교 시절 그의 대표작이라 할 수 있는 〈서시〉·〈자화상〉·〈별 헤는 밤〉 등의 원숙한 작품을 남겼다. 그러다 연

저항 시인 이육사. 이육사라는 이름은 장진홍 의거 당시 수감번호 264에서 유래했다.

희전문학교를 졸업할 무렵 자선시집 《하늘과 바람과 별과 시》를 출간하려 했으나 아직 때가 아니라는 은사의 만류로 포기했다.

사실 이 무렵까지 윤동주는 비교적 순탄한 삶을 누리며 문학에만 전념했다. 조국을 잃은 청년의 상실감, 방황 등이 시에 나타나기는 하지만, '세찬 바람을 동반한 폭우' 속에 섰던 이육사의 삶에 비하면 '흐린 날의 우울함' 정도였다고 할까.

한편 이육사는 일곱 살 때 형제들과 함께 할아버지에게 소학을 배우면서 교육을 시작했다. 사서를 모두 마칠 때까지 한학을 공부했다. 그리고 문중학교인 보문의숙(寶文義塾)이 공립으로 개편한 도산공립보통학교를 1회로 졸업했다. 그 뒤 장인이 있던 백학학원(白鶴學院)에서 중등 과정을 마친 뒤 9개월 정도 교원으로 근무하다 일본 유학길에 올랐다. 일본에 유학했던 기간은 9개월 정도에 불과하다. 건강 때문에 오래 지속하지 못했던 듯하다.

그리고 1925년 이육사는 항일투쟁단체인 의열단에 가입해 본격적인 독립운동의 대열에 참여했다고 전해진다. 이후 1926년 베이징 쭝산대학[中山大學]에서 이활(李活)이라는 이름으로 공부하다 이

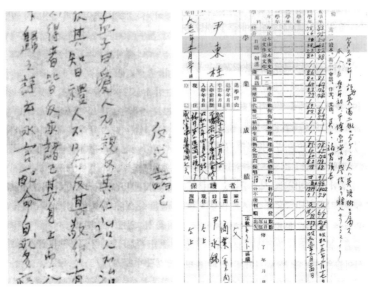

윤동주의 친필(왼쪽)과 광명중학 학적부. 성적이 꽤 좋은 편임을 알 수 있다. 여러 과목 중에서 일본어 성적이 제일 나빴다.

듬해 귀향했는데, 그때 **장진홍** 의거에 연루되어 그의 형제 네 명이 모두 구속되었다. 1927년 10월 18일 조선은행 대구지점에 신문지로 싼 폭탄이 배달된 사건이 장진홍 의거이다. 처음 사건이 발생했을 때 일경은 범인은커녕 단서조차 잡지 못하자, 대구를 중심으로 활동하던 인물들을 잡아들여 고문으로 범인을 조작해 법정에 세웠다. 이 과정에서 이육사의 4형제가 모두 체포돼 세 명이 미결수 상태로 1년 반을 넘기던 중 실제 사건의 주인공인 장진홍이 체포되면서 무혐의로 풀려났다. 육사라는 이름은 이때 그의 죄수번호가 264이어서 그것을 소리나는 대로 적은 것에서 비롯됐다 전해진다.

석방된 뒤 〈중외일보〉, 〈조선일보〉 대구지국 등에서 근무하며 이활·이육사(二六四)의 이름으로 글을 발표하는 도중에도 대구격문사건으로 구속되었다 풀려났다. 광주학생항일운동이 전국적으로 확산되는 시점에서 대구 거리에 일본을 배척하는 격문이 나붙고 거리에 뿌려졌는데, 이 사건의 배후조종자로 지목되어 체포된 것이다. 이 사건에는 증언과 증거가 전해지는 것으로 보아 억울하게 체포되었던 것 같지는 않다.

1931년 다시 베이징으로 건너간 이육사는 의열단에서 운영하는 조선혁명군사정치간부학교 제1기생으로 입교했다. 이육사는 이후 의열단에서 설립한 군사간부학교를 졸업하긴 했지만 의열단에는 결코 가입하지 않았다고 주장한 바 있으나, 이것이 일제하의 증언이고 또한 의열단에서 설립한 학교의 제1기생이었다는 정황으로 보아 쉽사리 수긍하기 어렵다. 졸업한 뒤 이육사는 국내의 노동자 농민에게 혁명의식을 고취할 것과 2기생 모집을 위한 사명을 받고 귀국했다.

그러나 국내 공작원으로서 사명을 행동에 옮기기 전 다시 일본 경찰에 체포되고 만다. 일제는 그가 만주로 사라진 뒤부터 요주의 인물로 수배중이었다. "배일사상, 민족자결, 항상 조선의 독립을 몽상하고 암암리에 주의의 선전을 할 염려가 있었음. 또 그 무렵은 민족공산주의로 전화하고 있을 것으로, 본인의 성질로 보아서 개전의 정을 인정하기 어려움." 1934년 안동경찰서 보고 내용이다.

군사간부학교 출신임이 드러나 구속되었다가 기소유예로 석방되었으나, 1943년 베이징에 갔다가 귀국한 뒤 다시 체포되어 베이

이육사(왼쪽)와 이육사의 막내동생 원창. 1930년대 후반쯤에 찍은 사진이다.

징으로 압송되었다. 베이징에서 귀국할 때 무기를 반입하려 했다는 이유 때문이었다. 1940년대 들어 국내에 독립군 같은 조직들이 나타나고 있었던 점과 연관이 있었던 듯하다. 검거된 뒤 베이징으로 끌려간 것이 그의 마지막 길이었다.

1944년 1월 16일 이육사는 베이징 일본총영사관 감옥에서 순국했다. 같은 마을 출신이자 독립운동 활동을 하던 친척이 관을 인수해 화장을 한 뒤 유골이 든 상자를 국내로 보내, 미아리 공동묘지에 안장되었다가 1960년 고향 마을 뒷산에 다시 묻혔다. 무려 열일곱 번의 옥살이 끝에 결국 옥에서 숨을 거둔 고단한 삶이었다.

한편 윤동주는 1943년 일본에서 사상범으로 체포되어 구금됐다. 1942년 처음 도쿄 립교대학〔立教大學〕 영문과에 입학했다가 가을학기 도쿄 도시샤〔同志社〕대학 영문과에 편입해 첫 학기를 마치고 귀향길에 오르기 직전이었다. 도쿄대학에 재학중이던 송몽규도 함께 체포되었다. 윤동주는 재판 결과 '독립운동'의 죄목으로 2년형을 선고받고 규슈 후쿠오카 형무소에 수감됐다. 투옥 중 윤동주는《신약성서》를 읽으며 매달 엽서 한 장씩을 고향집으로 보냈다. 그러다 1945년 2월 엽서 대신 "2월 16일 동주 사망, 시신을 가져가라"는 전보가 배달됐다. 아버지와 당숙이 일본으로 가 먼저 송몽규를 면회하니, 매일 이름 모를 주사를 맞는다는 송몽규는 여월 대로 여위어 있었고 윤동주도 같은 주사를 맞았음을 알았다. 송몽규도 윤동주가 사망한 23일 뒤 옥사했다. 이육사처럼 윤동주도 한줌의 재가 되어 고국으로 돌아왔다.

그해 3월 가족과 친지들은 룽징에서 장례를 치르고 단오 무렵 '시인윤동주지묘'라는 비석을 세웠다. 당시까지 시인으로 정식 등단한 적도 없고 세상에 발표한 시집 한 권 없었지만, 자선 육필시집이 있던 터라 할아버지와 아버지가 '시인'이라 이름 붙여주었다.

윤동주와 이육사는 달랐던 삶만큼 남긴 작품의 성격도 다르다. "다시 천고의 뒤에/ 백마 타고 오는 초인이 있어/ 이 광야에서 목놓아 부르게 하리라(〈광야〉 중에서)"는 구절로 대표되는 이육사의 시가 "절박한 현실에 대한 저항과 초인 의지를 강렬

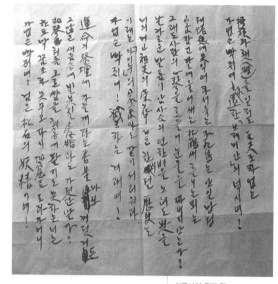

이육사의 육필 원고.

한 남성적 어조로 표현"했다면 "죽는 날까지 하늘을 우러러/ 한점 부끄럼이 없기를/ 잎새에 이는 바람에도/ 나는 괴로워했다(〈서시〉 중에서)"고 고백한 윤동주는 여성적인 어조로 "어두운 시대를 살면서도 자신이 명령하는 바에 따라 순수하게 살아가고자 하는 내면의 의지를 노래했다"고 할 수 있다.

윤동주의 이러한 경향은 심지어 "윤동주의 시는 저항시가 아니다"는 논란을 불러일으키기도 했다. 그의 시가 일제 패망 후에 공개되었으며, 시의 내용에서 어떤 저항성도 표출되지 않았다는 이유 등으로 그의 시는 저항시라기보다 식민지 지식인의 고뇌와 자기성찰이 반영된 서정시라는 주장도 제기되었으며, 또한 그가 저항했던 대상은 외부의 물리적 압박이나 조국의 현실이 아니라 바로 자기 자신이었다는 논의도 있었다.

하지만, 일제의 탄압 앞에 굴복하지 않고 조선사람답게 살아가겠다는 시인의 자세, 일제의 조선강점이라는 민족의 비극적 현실과 슬픈 운명을 통탄한 시의 내용, 새 세상의 도래를 안타까이 바라는 열렬한 동경은 분명 '저항'의 몸짓이었다.

이육사에게는 시나 문학보다 조국이 더 컸다. 1933년 《신조선》에 〈황혼〉을 발표하여 등단했지만, 작품 수도 많지 않고 문단 활동도 별로 하지 않았다. 짧은 생애를 오직 독립투쟁을 위해 바쳤기에 문단 생활에 전념할 정신적 겨를이 없었다. 그의 작품들은 대륙을 내왕하면서 품었던 조국에 대한 무한한 향수, 그렇지 않으면 조국 광복에 대한 애타는 바람의 표현이다.

Tip

최현배 | 1894~1970. 국어학자. 경성고등보통학교 재학 중 주시경의 조선어강습원에서 한글과 문법을 배웠다. 1925년 교토제국대학 철학과를 졸업했고, 연희전문학교 교수를 지냈으며, 조선어학회 사건으로 3년 동안 옥고를 치렀다. 광복 후 연세대학교 교수 · 문과대학장 · 부총장을 거쳐 학술원 회원에 선임되었다. 20년간 한글학회 이사장을 지내며 한글운동의 중심 인물로 활동했다. 저서로 《우리말본》 · 《한글갈》 · 《한글의 투쟁》 · 《한글만 쓰기의 주장》 · 《페스탈로치의 교육사상》 · 《나라 건지는 교육》 등이 있다.

장진홍 | 1895~1930. 1914년 비밀항일결사인 광복단에 입단했다. 1918년 이국필(李國弼)과 같이 하바로프스크로 가서 교포청년들을 규합해 군사훈련을 실시했다. 1919년 귀국해 3 · 1운동에 관한 자료를 수집한 뒤, 그 진상을 세계에 알리기 위해 인천에 들어온 미국 군함의 하사 김상철(金相哲)에게 주면서 각국에 배부할 것을 부탁했다. 1925년 중국 베이징에서 무기를 가지고 잠입한 이정기(李定基)와 접촉하여 비밀결사를 조직했다. 1927년 일제의 고관 살해와 중요시설 파괴를 목적으로 폭탄을 제조하여 조선은행 대구지점을 폭파했으나 큰 성과를 거두지 못했다. 1929년 체포되어 사형선고를 받고 서대문형무소에 수감 중 자결했다.

더 알고 싶을 때 보세요

|윤동주|

《윤동주 평전》, 송우혜 지음, 푸른역사, 2004.

《윤동주 연구》, 마광수 지음, 철학과현실사, 2005.

www.yoondongju.com 윤동주닷컴

|이육사|

《이육사》, 조창환 지음, 건국대학교출판부, 1998.

《새로 쓰는 이육사 평전》, 김희곤 지음, 지영사, 2000.

www.264.or.kr 이육사문학관

김원봉

金元鳳

| 생몰년도 : 1898년-?
| 호 : 약산(若山)
| 활동 분야 : 독립운동, 정치

|생애와 업적|

상하이에 수립된 대한민국 임시정부가 외교독립론과 실력양성론을 펴며 온건노선을 걷고 있을 무렵 만주 지린에서는 이에 반발하며 또 다른 길을 선택한 열혈청년들이 있었다. 독립을 향한 방법으로 직접적인 폭력을 선택한 이 열세 명의 청년들은 의열단을 결성하고, 총독부의 고위관료, 군부 수뇌, 매국노, 친일파 등을 암살하며, 총독부, **동양척식주식회사**, 〈매일신보〉사, 조선식산은행, 각 경찰서, 기타 일제의 주요 기관 등 일제의 통치기구와 수탈기구를 파괴한다는 구체적인 목표를 세웠다. 또한 공약에 일본을 몰아내고 조국을 찾겠다는 의지와 함께 "계급을 타파하고 땅의 권리를 고루 나눈다"는 강령을 넣어 사회주의 이념을 내비치기도 했다. 이들은 의백으로 당시 스물두 살의 김원봉을 추대했다.

▶義伯, 단장

1898년 경남 밀양군 부북면 감천리에서 태어난 김원봉은 민족주의 성향이 짙은 중앙학교에서 공부하다 선후배인 김약수 · 이여성과 중국 유학길에 올라 난징의 금릉대학, 서간도 신흥무관학교 등에 적을 두었던 청년이다.

의열단 단원들은 깔끔한 신사복장을 하고 절도 있는 행동을 했으며, 사격술과 무술에 능했다. 새로 가입하려는 단원은 몇 단계를 거쳐 애국심과 비밀요원으로서의 자격을 심사받았고, 일단 단원이 되면 인격수양, 무술, 양식 먹는 법, 아이와 노인을 돕는 법 등을 익혀 국제 신사로 훈련받았다.

1919년 11월 9일 결성된 이들은 이듬해 봄부터 국내로 잠입해 주요 기관에 폭탄을 던지는 등 테러 활동을 벌이기 시작했다. 1920년 6월 조선총독부 파괴 계획이 드러나는 바람에 여섯 명의 의열단원이 체포되었지만, 9월 박재혁이 부산경찰서에 폭탄을 던졌고, 12월 최수봉이 밀양경찰서에 폭탄을 던졌으며, 1921년 9월 김익상이 조선총독부에 폭탄세례를 퍼부었다. 1922년에는 상하이 훙구공원에서 김익상 등이 일본군 대장 다나카를 저격했다가 실패했다. 1923년에는 김상옥이 종로경찰서에 폭탄을 투척했고, 1926년 나석주는 동양척식주식회사 및 조선식산은행에 폭탄을 던졌다. 이들의 활동에 일제는 경악했고, 의열단의 명성은 점점 높아갔다.

1922년 겨울 김원봉이 베이징에서 신채호를 만나면서 의열단은 자신들의 투쟁에 이론체계를 갖춘다. 신채호는 김원봉의 부탁을 받고 〈조선혁명선언〉을 작성해 당시 독립운동의 여러 갈래인 실력양성론 · 외교독립론 · 자치론을 비판하고, 폭력투쟁과 민중직접혁명을 제창했다. "민중은 우리 혁명의 대본영이다. 폭력은 우리 혁명의 유일 무기이다. 우리는 민중 속에 가서 민중과 제휴하야 끊임없는 폭력 · 암살 · 파괴 · 폭동으로 강도 일본의 통치를 타도하고 우리 생활에 불합리한 일체 제도를 개조하야 인류가 인류를 압박치 못하며 사회가 사회를 수탈치 않는 이상적 조선을 건설할 지니

爆彈輸送의徑路

外務는金元鳳이擔當
實行은金始顯의責任

革命的獨立運動의由來

資金의出處는露國共産黨

可恐할爆彈의威力

赤化의烽火 獨立의猛炎
義烈團事件內容發表

京城으로搬來된爆彈

東亞日報 外號

김원봉과 의열단 활동을 보도한
〈동아일보〉기사.

라"로 끝맺는 〈조선혁명선언〉은 의열단원의 행동강령이 되었고,
애국청년들을 폭력투쟁으로 끌어들이는 기폭제가 되었다.

　의열단 활동을 통해 우리 민족을 각성시키고 전 세계에 독립 의
지를 알리려 했던 김원봉이었지만 단원들 대부분이 비극적 죽음을
맞자 오랜 고민 끝에 1925년 새로운 길을 찾는다. 독립을 위해서는
강력한 군사조직이 필요하다는 판단으로 직접 단원들을 이끌고 장
제스가 교장으로 있던 황포군관학교에 입학하는 길을 선택한 것이
다. 이미 명성이 높아진 상태에서 군관학교 훈련생으로 입학한다
는 게 쉽지 않은 결정이었지만, 김원봉은 황포군관학교 제4기로 졸
업한 뒤 그를 따르던 의열단원들과 함께 더욱 강인한 독립운동 지
도자로 성장했다. 이 학교에서 그는 군사지식만이 아니라 중국의
혁명사상과 공산주의 혁명이론 등 진보적인 사상을 접했고, 당시
교장이던 장제스, 교관이던 저우언라이 등과 인맥을 맺었다.

　1931년 만주사변이 일어나자 김원봉은 중국과 연합해 일본에 대
항할 수 있으리라 판단하고 황포군관학교 시절 친분을 맺은 장제스
의 국민당과 접촉한다. 중국과 조선이 합작해 일제를 타도하자고 약

속한 뒤 국민당의 지원을 약속받았다. 한때 공산주의 사상의 영향을 받은 김원봉이었지만 사상보다 민족의 독립을 우선시한 것이다. 국민당의 지원으로 조선혁명간부학교를 세워 항일투쟁의 핵심 간부를 길렀고, 의열단과 한국독립당, 조선혁명당 등 재중국 독립운동단체를 대표하는 5개 당을 모아 민족혁명당을 결성했다. 민족혁명당에서 김원봉은 총서기를 맡으며 당을 이끌었다. 민족혁명당 창당을 계기로 김원봉은 김구에 필적하는 지도자의 위상을 확보한다.

조선혁명간부학교와 민족혁명당을 통해 조직을 갖춘 김원봉은 본격적인 무장항쟁을 위해 마침내 1938년 10월 100여 명의 한국 청년들과 함께 조선의용대를 탄생시켰다. 중국 중앙 정부인 국민정부가 최초로 인정한 한국인 정규 부대에서 김원봉은 총대장직을 맡았다. "민족 제일"과 "독립 제일"이라는 두 개의 구호 아래 창설된 조선의용대는 1920년대 청산리전투를 끝으로 그 명맥이 끊겼던 항일무장투쟁의 재개를 선언하는 것이었다. 조선의용대는 중한연합을 통해 중일전쟁의 승리와 나아가 조선의 독립을 쟁취하는 것을 목표로 삼았다. 중국어와 일본어에 능통한 엘리트 출신들이 많았던 이들은 일본군 심문, 첩보, 암살, 파괴 공작에 투입되어 큰 전적을 올렸으며, 중국 내에서도 실력을 인정받는 정예부대였다.

그러나 1941년 조선의용대는 동포들이 별로 살지 않는 중국 남부에서의 투쟁에 한계를 느끼고 일본군과 직접 맞서고 있는 중국 북부로 이동했다. 조선의용대의 주력이 떠난 뒤에도 김원봉은 장제스가 있는 국민당을 떠나지 못했다. 하지만 김원봉을 지원했던 국민당의 관심은 차츰 임시정부와 광복군에게 넘어가고 있었다. 북부로 간 조선의용대가 팔로군에 합류했다는 소식이 전해지자 김원봉의 입지는 더욱 좁아졌다. 국공합작 분위기가 식어가면서 국민당과 공산당 양쪽 모두와 손잡은 적 있는 김원봉에 대한 신뢰가

▶八路軍, 일본군과 싸운 중국 공산당의 주력부대 가운데 하나

▶國共合作, 중국 국민당과 중국 공산당이 이룩한 협력관계

조선의용대 창건 2주년 기념식에
서 연단에 선 김원봉.

흔들리기 시작했다. 여기에 일제의 소탕전에 조선의용대가 큰 타
격을 입고 김원봉과의 연결 고리마저 끊기자, 김원봉은 국민당의
권고를 받아들여 남은 대원들을 이끌고 광복군에 편입할 수밖에
없었다. 임시정부에 참여한 그는 경상도 대표 의원으로 선출되고
광복군 부사령, 임시정부 군무부장을 역임했다.

　광복군의 대일항쟁이 막 본격화되려는 순간 광복이 찾아오고 김
원봉은 임시정부 군무부장의 자격으로 조국의 땅을 밟았다. 모스
크바 3상회의의 신탁결정을 둘러싼 좌우대립 속에서 좌익 계열의
민주주의민족전선에 참가한 김원봉은 악명 높은 친일경찰 노덕술
에게 체포돼 일제시대에도 당한 적 없는 수모를 당하자 크게 상심
했다고 한다. 또한 친일파와 우익들의 표적이 되어 항상 테러를 피
해 옮겨 다녀야 하는 상황이었다.

　이승만의 남한단독정부수립에 반대한 그는 1948년 평양에서 열
린 **남북협상**회의에 참가한 뒤 돌아오지 않았다. 북한에 남아 북한

정부 수립에 참가해 초대 국가검열상이 되고, 1954년 노동상, 1957년 최고인민회의 상임위원회 부위원장까지 승진했으며 이듬해 탄생 60주년을 기념하여 노동훈장을 수여받기도 했지만, 이후 모든 공식석상에서 모습을 감추었다. 숙청설과 자살설 등이 전할 뿐이다.

|평가|

월북 후 그의 이름은 우리 역사에서 사라졌다. 북한 정권 수립에 참가한 김원봉은 이념이 첨예하게 대립하고 있는 남한에서 언급하기 어려운 금기의 인물이었다. 하지만 북한의 역사에서도 그의 이름은 찾아볼 수 없다. 민족해방운동사를 만주의 항일무장투쟁으로 한정 지은 북한의 역사도 그의 활동을 제대로 평가해주지 않았다.

남한과 북한 양쪽에서 모두 버림받은 김원봉이 관심의 대상이 되기 시작한 것은 1980년대에 이르러서이다. 현대사에 대한 연구 성과가 축적되면서 그가 우리 역사에서 수행한 역할에 대한 평가가 비로소 이루어지기 시작했다. 그러나 의열단 단장, 민족혁명당 총서기, 조선의용대 대장, 대한민국 임시정부 군무부장, 민주주의 민족전선 의장이라는 굵직굵직한 역할을 맡아 민족해방운동에 매진해왔던 그에 대한 연구는 김원봉이 우리 역사에 공헌한 부분에 비해 여전히 부족하다.

님 웨일스(Wales, Nym)의 소설 《아리랑》에서 김산은 김원봉에 대해 이렇게 말한다. "그는 고전적인 유형의 테러리스트로 냉정하고 두려움을 모르며 개인주의적인 사람이었다. 그는 거의 말이 없었고 웃는 법이 없었으며 도서관에서 독서를 하면서 시간을 보냈다. 일본 관헌은 그에 대한 산더미 같은 조사 자료를 만들어놓고 현지의 다른 어떤 한국인보다 그를 체포하려고 혈안이 돼 있었다."

동양척식주식회사 |

1908년 일제가 조선의 토지와 자원을 수탈할 목적으로 설치한 식민지 회사를 말한다. 회사가 설립되자 한국 정부로부터 토지 1만 7714정보를 출자받고, 1913년까지 토지 4만 7148정보를 헐값으로 매입했다. 토지조사사업이 완료된 이후인 1920년 말에 회사 소유지는 경작지의 3분의 1에 해당하는 9만 7,000여 정보에 달했다. 이와 같이 강제로 빼앗은 토지를 소작인에게 빌려주어 50퍼센트가 넘는 고율의 소작료를 징수하고, 영세소작농에게 빌려준 곡물에 대해서는 20퍼센트 이상의 고리를 현물로 거둬들였다. 또한 그 소유지는 일본인 이주자에게 싼값으로 양도되었다. 뿐만 아니라 일본은 각종 특혜를 주고 일본인 이민 희망자 약 1만 명을 뽑아 일제의 대변자이며 조선 민중을 착취하는 앞잡이로 삼았다.

남북협상 |

5·10단독선거에 반대하는 남북한의 정치지도자들이 1948년 4월 19일에서 30일까지 평양에서 통일정부 수립을 위해 벌인 정치협상을 말한다. 1947년 11월 국제연합(UN)은 미국이 제안한 한국통일안을 가결했으며, 이에 따라 1948년 1월 국제연합임시한국위원단이 한국에 들어왔다. 그러나 소련과 북한이 이 제안을 거절했기 때문에 남북을 통한 선거는 불가능해졌다.

이에 이승만 세력은 남한만이라도 단독선거를 실시하여 정부를 수립한 뒤에 점진적으로 통일을 이룩하자고 주장한 반면, 김구와 김규식은 남한단독정부 수립이 국토의 영구분단과 동족상잔의 비극을 초래한다는 이유로 반대했다. 그러자 중간파 정치 세력인 김규식 측의 제안에 따라 김구와 김규식은 북한의 김일성·김두봉에게 남북요인회담 개최를 요망하는 서신을 보냈다. 한편 국제연합소총회는 미국의 제안에 따라 남한에서만 총선거를 실시한다는 방안을 가결했다.

그러던 중 북한은 평양에서 모든 민주주의 정당사회단체회의를 개최하여 조선의 민주주의 독립국가 건설을 이룩하자는 내용의 결정을 평양방송으로 방송하면서 남한 대표들에게 서신을 보냈다. 김구와 김규식은 북행길에 올랐고, 전조선제정당사회단체 대표자연석회의는 4월 19일부터 모란봉극장에서 예정대로 개최되었다. 이 회의는 미·소 양군의 즉시 철군을 요청하는 메시지를 전달할 것을 결의·채택하였으며, 단선단정반대전국투쟁위원회 결성을 끝으로 공식 일정을 마쳤다. 이어 27일부터 전조선정당사회단체 지도자협의회가 시작되었으며, 15인회담·4김회담 등이 개최되었으나 결국 남북협상은 성과없이 막을 내렸고, 이후 대한민국 정부수립 과정에서 이들 통일정부수립노선을 택했던 인사들은 배제되었다.

김원봉에 대해 더 알고 싶을 때 보세요

《김원봉 연구》, 염인호 지음, 창작과비평사, 1992.

《여성조선의용군, 박차정 의사》, 강대민 지음, 고구려, 2004.

《약산 김원봉》, 이원규 지음, 실천문학사, 2005.

《대륙에 남긴 꿈—김원봉의 항일역정과 삶》, 한상도 지음, 역사공간, 2006.

김구

金九

| 교과서에서 김구가 나오는 부분 : 중학교 270쪽(9/2/2)/277쪽(9/3/2)/278쪽(9/3/3)/298쪽
(10/1/1)/302쪽(10/1/2) · **고등학교** 348쪽(12/1/3)/350쪽(12/1/4)

| 생몰년도 : 1876년(고종 13)-1949년
| 자 : 연상(蓮上)
| 호 : 백범(白凡)/연하(蓮下)
| 활동 분야 : 독립운동, 정치
| 다른 이름 : 김창암(金昌巖)/김창수(金昌洙)/김구(金龜)/원종(圓宗)

|생애와 업적|

1949년 6월 26일, 김구는 숙소인 경교장 2층 거실에서 《중국시
선》을 읽고 있었다. 11시가 조금 지나 육군 포병 소위 안두희가 만
나기를 청했다. 잠시 뒤 비서가 안두희를 김구의 방에 안내하고 아
래층으로 내려갔다. 그로부터 2~3분이나 되었을까, 2층에서 총소
리가 울렸다. 총소리에 놀라 비서와 경비원 등이 올라갔지만, 김구
는 이미 세상을 떠난 뒤였다.

육군 포병 소위 안두희의 손으로 자행된 김구 암살은 우발적 단
독 범행이 아니라 면밀하게 준비되고 조직적으로 전개된 정권차원
의 범죄였다. 1995년 백범김구선생암살진상규명조사위원회가 국
회에 보고한 암살의 배후는 총참모장 · 헌병부사령관 · 재판장 · 국
방장관을 지나 이승만과 미국에까지 관련성을 묻고 있다.

거액의 현상금을 걸고 체포와 암살에 혈안이 되었던 일제가 아닌

동족의 총탄에 쓰러진 민족의 거목, 김구. 한국 근현대사를 대표하는 인물, 김구는 신라 경순왕의 후손이기는 하나 조선 효종 때 가김자점의 역모죄로 멸문지화(滅門之禍)를 입게 되면서 양반 신분을 잃은 상민 출신이다. 그의 아버지는 비록 학식은 없었지만 선조에 대한 자부심이 대단했고, 한 해에도 몇 번씩 인근 양반들을 때린 죄로 해주 감영에 갇혔을 만큼 의기(意氣)가 대단했다고 전한다.

창암(소년기 김구의 이름)은 아버지의 의기를 물려받기는 했으나, 아버지처럼 양반을 미워하지는 않았다. 오히려 양반이 되어 부친의 한을 풀어야겠다고 결심하고 《통감》·《사략》·《대학》 등의 고전과 시문을 익혀 아버지의 이름으로 과거에 응시하기도 했다. 그러나 "진사 급제는 미리 정해놓고 과거는 나중"에 볼 정도로 부패했던 한말의 과거는 그의 꿈을 외면했다.

과거에 낙방한 뒤 아버지의 권유로 관상과 풍수의 길로 들어서기도 했지만, 그 무렵 거세게 불고 있던 동학의 물결이 창암의 뜨거운 피를 들끓게 했다. '동학에는 빈부귀천에 차별대우가 없다' 는 말에 큰 감동을 받아 동학에 입도하여 접주가 되고 이름도 김창수로 바꾸었다. 새 삶을 연다는 뜻일 것이다. '애기접주' 라는 애칭으로 불리며 선봉장으로 농민운동에 참가했다가 때늦은 홍역으로 앓아눕는 바람에 패배하고 말았지만, 동학에 적극적으로 참여했던 경험은 자주적인 애국정신과 항일 민족주의를 그에게 심어주는 계기가 되었다. 한편, 이 무렵 자신의 생애에 큰 영향을 미치는 안태훈을 만나는데, 그가 바로 안중근의 아버지이다. 김구가 안태훈에게 잠시 몸을 의탁할 당시 열세 살이던 안중근의 모습이 《백범일지》에 기억되어 있기도 하다.

동학농민운동에서 패전한 뒤에는 은신하며 성리학자 고능선으로부터 위정척사(衛正斥邪) 노선을 전수받았고, 명성황후가 시해되자 만주에 건너가 의병전쟁에 참여했다. 의병 활동도 여의치 않자

상하이 임시정부를 이끌며 민족의 지도자로 독립을 위해 살았던 김구.

귀국하던 길에 대동강변 치하포에서 일본 정보장교 스치다를 처단하고 "국모의 원수를 갚을 목적으로 이 왜놈을 타살하였노라"는 포고문을 붙인 뒤 집으로 돌아와 일본 순사가 잡으러 오기를 기다렸다. 부모님들이 피신을 권유했지만, "사감(私憾)의 소치가 아니고 나라의 큰 부끄러움을 씻기 위한 것인 만큼, 구차하게 피신할 생각이었다면 애당초 그런 일을 저지르지도 않았을 것"이라며 거절했다.

이 일로 체포되어 수감 생활을 하면서 《태서신사》·《세계지리》·《세계역사》 등의 서양저술을 접했다. 이들 책을 통해 서양문물을 접하면서 김구의 사상은 한 발짝 더 앞으로 나아간다. 서구적인 정치사상을 갖게 된 것은 이 무렵의 일이다.

1898년 탈옥한 뒤, 몸을 감추기 위해 공주 마곡사에서 불교에 입문해 원종이라는 법명을 받고 이름을 구(龜)라 고쳤다. 애초부터 불교에 일생을 바치고자 하는 뜻은 없었던 듯하나 불교의 기본 교리를 전수받고, 또 사상적 영향을 받았음은 분명하다.

동학과 유교, 불교를 거친 그의 종교적 종착점은 기독교였다. 기독교 신자가 된 계기는 분명치 않다. 당시 기독교가 애국계몽운동에 가장 활발하게 참여하고 있었기 때문이 아닌가 추측할 뿐이다. 아버지의 3년상을 마친 1903년 기독교에 입문해 그 뒤 기독교 교육운동에 매진하면서 학교 설립 추진과 구국강연운동을 펼쳤다. 을사조약이 강제로 체결되자 상동교회의 이준·**이동녕** 등과 함께 대한문 앞에서 조약의 철회를 상소하며 항일구국운동을 전개했고, 1910년에는 서울에서 열린 신민회 비밀회의에 황해도 대표로 참석해 국내 무력항쟁 및 만주군관학교 설립을 위한 분담금 모금을 추진했다.

이 무렵 일제는 애국지사들을 모조리 체포하려는 계획을 진행시키고 있었다. 김구도 이른바 **안악 사건**(安岳事件)에 연루되어 체포, 17년형을 선고받았다. 김구는 옥중에서 일제의 국적에서 이탈하려는 의도로 이름을 김구(金九)로 바꾸고, 가장 미천하고 무식한 사람들도 자신과 같은 애국심을 가진 사람이 되게 하자는 뜻에서 백정의 '백(白)'과 범부의 '범(凡)'을 따서 '백범'이라는 호를 붙였다.

1914년 인천 감옥에서 가석방된 김구는 가족에게로 돌아와 농촌계몽운동을 벌이며 그의 삶에 얼마 안 되는 평안함을 누린다. 그러나 3·1운동이 일어나도 자유롭지 못한 자신의 신세 때문에 새로운 결단을 하기에 이른다. 결국 그는 1919년 3월 3일 경의선 열차를 타고 압록강을 건너 70세에 환국하기까지 27년간의 긴 망명 생활을 시작한다.

마침 상하이에 도착한 날은 3·1운동의 결과 성립한 대한민국 임시정부의 선포일이었다. 김구는 애국계몽운동 시절의 선배이며 임시의정원 의장인 이동녕을 찾아갔다. 당시 초기 임시정부를 이끌고 있던 안창호에게 임정의 문지기가 될 것을 청했다가 안창호

위에서 내려다 본 상하이 임시정부 청사의 모습.

가 국무회의 결의를 거쳐 경무국장에 임명한 뒤 임정이 안팎으로 존립의 위협을 받던 1923년 내무총장에 선임되었고, 초대 대통령 이승만의 탄핵 면직과 2대 대통령 박은식의 사임 등으로 임시정부가 무정부 상태에 빠졌을 때 이동녕의 천거로 국무령에 선임되어 임시정부를 주도하기 시작했다.

일제의 군사력에 맞서 최소의 역량으로 최대의 효과를 거둘 수 있는 길은 테러 전술이라고 판단한 김구는 특수비밀결사인 '한인애국단'을 조직하여 이봉창과 윤봉길 의거를 이끌었고, 이를 계기로 장제스를 만나 한중 간의 유대를 강화하고 침체된 독립운동을 활성화시켰다.

1937년 중일전쟁이 일어나자 그동안 여러 갈래로 갈라진 독립운동 진영을 통합해 임시정부를 강화하고, 항일 결전 태세를 갖추어 숙원사업인 광복군을 창설했다. 임시정부의 주석에 오른 것은 이 무렵의 일이다.

1941년 태평양전쟁이 발발했다. 임시정부는 즉각 대일 선전포고문을 발표했다. 적은 수의 병력이나마 광복군을 연합군과 함께 조선 탈환에 투입해 '선물로 받은 독립'이 아니라 '쟁취한 독립'을 이루려 참전을 준비하던 중, 일제의 패망과 조국 광복의 소식을 들었다.

김구 이하 임시정부 요인은 그해 11월 장제스 정부의 뜨거운 환송을 받으며 중국 군용기 편으로 조국을 향해 이륙했지만, 상하이에서 비행기를 옮겨 타면서 임시정부의 법통은 무시되고, 임정 요인들은 개인 자격으로 환국해야 했다. 국내의 아무에게도 알리지 못해 환영객 하나 없는 환국이었다. 그러나 김구가 숙소로 사용하기 시작한 경교장은 곧 정당 사회단체 대표들의 인사 행렬이 줄을 이었다.

김구는 귀국 후에도 임정을 중심으로 좌우연합체를 구성해 정부를 수립하고자 노력했으나 좌우익의 분열과 미군정의 반대로 무산되었다. 신탁통치안이 전해지자 김구는 곧 국무회의를 소집해 반대 결의를 했다. 반탁운동을 새로운 독립운동으로 선포하고, 자주독립을 주장하며 미군정에 맞섰다. 찬탁으로 돌아선 좌파에 맞서 우파의 영수로 자리 잡으며 반탁운동을 이끌었다. 그러나 이승만이 남한단독정부 수립을 주장하면서 미군정의 지지를 확보하고, 통일정부 수립을 지향하던 김구는 김규식과 함께 북한에 가 남북협상에 임했지만 실패하고 만다. 결국 남북에서 각각 단정이 수립되었고, 이후 김구는 남북 정부 양쪽의 냉대를 받다 1949년 6월 26일 12시 45분 안두희의 총탄에 숨을 거두었다.

|평가|

김구의 장례식 날 100만의 조문객이 모여 분노와 애통으로 오열했다. 그러나 이후 김구의 정치적 기반인 한독당은 이승만 정권의 탄압으로 해체되고, 김구의 노선은 불온의 대상이 되었다. 이승만 정권은 국민이 김구의 묘지를 찾는 것도 막았다. 1960년 4월 혁명 뒤 '백범김구선생시해진상규명투쟁위원회'가 구성되어 진상 규명 활동에 나섰지만, 5·16군사쿠데타로 무산되었다.

정부 수립 50돌인 1998년 8월 한 신문사가 국회의원과 학자들을 대상으로 '대한민국 50년, 위대한 인물 10인'을 조사한 결과 두 집단 모두에서 김구가 가장 위대한 인물로 뽑혔으며, 지금까지도 각종 여론조사에서 우리 청소년들은 가장 존경하는 인물로 김구를 든다. 또한 "우리 민족의 진정한 지도자로 추앙받고 있는 인물은 누구인가?"라는 여론조사에서 언제나 첫손가락 꼽히는 인물이 김구이다.

비록 김구의 주도로 이루어진 남북통일운동이 실패했고, 김구의 이상이 비현실적이라는 비판적 시각이 존재하기는 했지만, 민족분열을 외부적인 힘에 의존하지 않고 오로지 민족의 주체적 역량으로 극복하여 통일정부수립을 기도했던 김구의 노선이 갖는 의미는 아직까지도 축소되지 않고 있다.

1962년 건국훈장 대한민국장이 추서되었고, 1969년 서울 남산에 김구 동상이 설립되었다. 1999년 50주기에 《백범김구전집》 12권이 발간되었고, 2002년 개인 기념관으로는 국내 최고 수준이라는 백범 기념관이 개관되었다.

이동녕 |

1869~1940. 독립운동가. 1896년 독립협회에 가담했으며 이준·이승만과 함께 옥고를 치렀다. 1903년 이상재·전덕기(全德基) 등과 기독교청년회운동을 펼쳤고, 1904년 양기탁·신채호 등과 상동청년회를 조직, 국권회복운동을 전개했다. 이듬해 을사조약이 체결되자 조약의 무효와 파기를 선언하고 연좌시위를 벌이다가 체포되었으며, 1906년 북간도 용정촌으로 망명, 이상설·여준(呂準) 등과 서전서숙을 설립했다. 1907년 귀국하여 안창호·김구 등과 신민회를 조직하는 한편, 상동학교를 설립하고 교사로 재직하기도 했다. 1910년 국권피탈 뒤 서간도 유하현으로 가서 경학사를 조직하고 신흥강습소를 세웠다. 그 뒤 블라디보스토크로 가서 권업회를 조직하고 〈해조신문〉 등을 발행했다. 1918년 상하이로 건너가 대한민국 임시정부에 가담, 초대 의정원의장·내무총장 등을 지냈다. 1924년 임시정부의 국무총리로 군무총장을 겸임했으며, 1925년 두 번째로 의정원의장이 되었다. 1927년 임시정부의 주석이 되었으며, 1929년 김구 등과 한국독립당을 조직했다. 1938년 임시정부와 함께 창사〔長沙〕로 이전, 그 뒤 쓰촨 성〔四川省〕에서 죽었다.

안악 사건 |

1910년 12월 안명근(安明根)이 군자금을 모집하다 체포되자, 총독부가 이를 신민회 황해도 지회와 연관된 것으로 조작하여 1911년 1월 안악군을 중심으로 지식층과 유력인사 160여 명을 검거한 사건. 안명근은 국권을 되찾기 위해서는 인재를 양성해야 함을 느끼고 서간도에 무관학교를 설립하기 위해 황해도의 부자들에게 기부금을 받았다. 일제는 이 사건을 데라우치〔寺內正毅〕 총독 암살을 위한 군자금을 모집한 것으로 날조하여 관련인사 160여 명을 검거한 뒤 모진 고문을 하여 사건을 더욱 확대시켜 안명근 이하 16명을 재판에 회부했다. 1911년 8월에 있은 공판에서 안명근은 종신형, 김구와 김홍량·배경진·박만준 등은 징역 15년, 그 외 인물들은 징역 10년에서 5년을 선고받았다.

저서

《백범일지》가 있다.

**김구에 대해
더 알고 싶을 때
보세요**

《백범일지》, 김구 지음, 돌베개, 1997.
《백범 김구 연구》, 정경환 지음, 신지서원, 1999.
《백범 김구 평전》, 김상웅 지음, 시대의창, 2004.
《쉽게 읽는 백범일지》, 김구, 도진순 엮음, 돌베개, 2005.
www.kimkoomuseum.org 백범김구기념관
www.kimkoo.or.kr 백범김구선생기념사업협회

여운형

呂運亨

| **교과서에서 여운형이 나오는 부분** : 중학교 298쪽(10/1/1) · 고등학교 349쪽(12/1/4)

| **생몰년도** : 1886년(고종 23)-1947년
| **호** : 몽양(夢陽)
| **활동 분야** : 독립운동, 정치

|생애와 업적|

1919년 11월 당시 서른네 살의 여운형은 일본 방문길에 올랐다. 그 무렵 3 · 1운동에 당황한 일제는 이전의 헌병무단통치에서 문화통치로 전환하며, 총독부에 매수된 친일지식인들을 동원해 자치론을 주장하기 시작했다. 즉시독립이 불가능한 시점에서 무모하게 독립을 주장하기보다 자치권을 확보하는 것이 유리하다는 것이다. 그 주장을 좀 더 효과적으로 펴기 위해 이광수를 비롯한 조선의 대표적인 지식인들이 매수됐다. 또한 일제는 임시정부의 핵심적 인사를 회유해 임정을 내부로부터 무너뜨리기 위한 공작을 폈는데, 이때 일제가 주목한 인물이 여운형이었다. 상하이 교민단장을 비롯해 신한청년당 총무, 상하이 임시정부 외무부차장 등을 지낸 여운형을 회유시키기 위해 일제는 그를 일본으로 초청했다.

"일제에 매수되어 친일파로 전락했다"는 비난도 있었지만, 깊은

고민 끝에 여운형은 일본의 제안을 받아들였다. 그는 3주간 도쿄에 머물며 여러 차례의 회담을 통해 일본의 자치제 제안을 격렬히 반박하고 즉시 독립을 주장했다. 일제의 주요 각료들이 10여 차례 이상 그를 만나 자치운동을 권하면서 정치적 지위보상을 약속했고, 재정적 지원을 아끼기 않겠다고 미끼를 던졌으며, 신변위협적인 언사를 통해 겁을 주기도 했다. 그는 어떤 제안에도 논리적이고 화려한 언변으로 조선의 즉시 독립을 주장했다. 특히 11월 27일 수백 명의 신문기자와 도쿄 유학생들 앞에서 한 연설은 〈조선의 청년지사 독립을 주장하는 사자후〉·〈제국 수도 한켠에서 불온언사 난무〉라는 제목으로 각 신문을 장식하며 일본 열도를 뒤흔들었고, 이듬해 일본의 제국의회는 여운형의 방일문제를 둘러싼 논란으로 중의원이 해산되기에 이른다. 적의 심장부인 일본 본토에서 합법적인 방법을 통해 조선독립을 설파한 것은 독립운동사상 유례를 찾기 힘든 화려한 성과였다. 이후 여운형은 독립운동가로 대중 앞에 또렷이 부각된다.

여운형은 1886년 음력 4월 22일 경기도 양평군 양서면 신원리 묘곡에서 여정현의 장남으로 태어났다. 그의 집안은 경제적으로 그리 넉넉하지는 않았지만 대대로 소론에 속하는 양반 가문이었다. 여섯 살 때부터 할아버지에게 한문을 배우다가 열다섯 살 되던 해 배재학당에 입학, 신학문을 공부하기 시작했다. 1년 뒤 배재학당을 중퇴하고 홍화학교를 다니다 다시 관립우체학교로 전학했다. 통신원 간부들과 관리들을 양성하는 학교였다. 그러나 을사조약이 체결되자 여운형은 일제의 관리가 될 수 없다며 졸업을 1개월 앞두고 자퇴했다.

여운형이 국권회복운동에 뛰어든 것은 스물한 살 때부터로 보인다. 신민회 청년회원으로 애국계몽운동을 시작한 여운형은 1907년 양평에 사립기독광동학교(私立基督光東學校)를 설립하고 교장이 되어 신교육 구국운동을 시작했다. 1910년에는 강원도 강릉에 초당의숙(草堂義塾)을 설립했다.

일제에게 나라를 빼앗겼다는 비보를 들은 여운형은 독립운동을 하기 위해 망명을 선택하고 1913년 신민회가 창립한 만주의 신흥무관학교(新興武官學校)를 찾아갔다가 1914년 난징으로 가서 금릉대학(金陵大學) 영문과에 입학했다. 금릉대학을 졸업한 뒤 협화서국(協和書局)이라는 기독교 서적 출판판매공사에서 일하며 상하이에 거류하고 있는 교민단의 간부 일을 보았다.

그리고 1918년 신한청년당(新韓青年黨)이라는 청년단체를 조직했다. 처음 여섯 명으로 시작한 이 작은 조직은 이후 파리강화회의에 김규식을 대표로 파견하는 등 3·1운동의 주요한 진앙지가 된다. 임시정부가 수립되자 이에 가담해 임시의정원 의원을 맡았으나, 임시정부의 노선 싸움에 실망한 뒤 중국을 포함한 동아시아 지역 반제투쟁의 연장선상에 조선독립이 놓여 있다는 판단 아래 중국의 혁명 투쟁에 가담해 활동하기도 했다. 1921년에는 모스크바에서 열린 극동피압박민족대회에 참가해 레닌(Lenin, Vladimir Il'ich)과 트로츠키(Trotskii, Leon)를 만나 조선독립에 대해 의견을 나누는 등 국제적인 인물로 차츰 성장해나갔다. 1929년 상하이 푸단대학 축구단을 인솔해 동남아시아 각지를 순회하면서 영국과 미국의 식민지 정책을 통렬히 비난해 파문을 일으키기도 했다.

그해 7월 상하이에서 일본 경찰에 체포되어 본국에 압송된 뒤 3년의 징역형을 언도받아 복역하다 1932년 출옥했다. 이후 〈조선중앙일보〉사 사장과 조선체육회장직을 맡아 베를린 올림픽 대회에서 우승한 손기정 선수의 사진에서 일장기를 없애는 **일장기 말소 사건**

해방 다음날 휘문중학교에서 연
설을 마치고 나오는 여운형.

을 주도했다. 이 사건을 계기로 〈조선중앙일보〉사는 폐간되었다.

일본을 오가며 세계 정세를 살피던 여운형은 머지않아 일본이
패망하고 조선이 독립할 것이라는 사실을 예견하고, 1944년 조선
건국동맹이라는 항일 지하조직을 만들었다.

광복 후 여운형의 활약은 더욱 빛났다. 그가 아니었다면 광복 후
의 정국은 완전히 무정부 상태가 되었을지도 모른다. 1945년 8월
15일 일본의 항복 방송이 나가기 전 정무총감 엔도는 여운형에게
광복 후 치안을 맡아줄 것을 부탁했다. 여운형은 공백 기간의 질서
유지를 담당하며 건국동맹원을 중심으로 조선건국준비위원회를
조직했다. 건국준비위원회는 한 달여 만에 전국 145개 지부를 설치
하며 영향력을 확대했다.

비록 미군정이 인정하지 않았고 우익의 파괴공작으로 그 목적을
달성하지 못했지만 건국준비위원회는 광복 직후 정치공백기에 나
타난, 대중적 기반을 가진 강력한 정치 세력으로, 신탁통치문제로

좌우익이 극렬하게 대립하기 전까지는 조선의 유일한 정치적 구심체였다.

여운형은 한반도의 완전한 통일 독립이 미국과 소련이라는 외세의 대립, 좌익과 우익이라는 사상 이념적 대립, 남한과 북한이라는 지역적 분립이라는 세 가지 대립구도를 극복해야 가능하다고 판단했다. 대화와 설득, 양보와 타협을 중시했던 그는 좌우를 넘나들며, 남북을 오르내리며, 미국과 소련을 상대하며 민족의 현실적 활로를 찾기 위해 혼신의 힘을 기울였다.

1945년 9월 6일 미군의 남한 진주를 앞두고 여운형은 박헌영이 이끄는 공산 계열과 연대해 조선인민공화국을 선포하고 부주석에 올랐다. 박헌영과 여운형은 미군이 행정 일체를 넘겨줄 것을 기대했으나, 우익진영의 반대와 미군정의 승인 거부로 실패했다. 다시 11월 건국동맹 세력을 모체로 조선인민당을 창당하고 당수로 취임했다. 1946년 2월에는 민주주의민족전선(민전)에 참가하여 의장단에 선출된 이후 3월에 열린 제1차 미소공동위원회가 결렬되자, 김규식 등과 함께 좌우합작운동을 전개했다. 또한 그해 9월 평양에서 김일성과 회동해 한반도 문제에 관한 의견을 나누었다. 적극적으로 좌우합작운동을 추진하며 미소공동위원회의 성공을 위해 노력하던 중 1947년 7월 19일 서울 혜화동 로터리에서 극우파의 사주를 받은 한지근에게 암살당했다. 광복 이후 2년 동안 그에게 가해진 열두 번째 테러였다.

|평가|

상하이 임시정부의 외무차장, 일본 의회에서 조선독립을 주장했던 애국 청년, 중국 국민당과 공산당의 특별당원, 레닌·트로츠키·쑨원과 조선의 독립운동을 논의했던 좌파 지식인, 베를린 올림픽 우승자 손기정의 일장기 말소 사건을 처음 주도한 〈조선중앙 일보〉 사장, 조선체육회 회장, 조선건국준비위원회 위원장, 좌우합 작운동의 선봉, 남북연대를 위해 38선을 다섯 차례나 넘나든 최초 의 정치인.

한국현대사에서 누구보다 화려한 경력을 가진 여운형에 대한 평 가는 찬사와 비난을 모두 품고 있다. 좌우합작과 남북합작을 추구 하며 자주독립국가 건설을 지향하던 그는 광복 직후 남북한을 통 틀어 가장 대중적인 지지를 얻었던 정치가였다. 1946년 〈뉴욕타임 스〉, AP통신 등 미국의 주요 언론이 여운형을 취재하며 한결같이 "한국의 위대한 민주주의자", "한국의 진보적 실력자"라 평가했고, 미군정 당시 미국 공사로 있었던 랭던(Langdon, William)은 "동양의 위인이다. 인도의 간디와 비견할 만한 인물이다"라고 극찬하기도 했다.

반면, 미군정청에 드나들었다고 친미파, 북한과 접촉한다고 공 산주의자, 우익과 합작을 시도했다고 기회주의자라는 비난을 듣기 도 했다. 광복 직후 여운형에게 큰절을 했던 조선 공산당의 박헌영 은 "미군정의 주구가 된 야심가"라고 비난했고, 극우 세력들은 "조 선 공산당의 허수아비"라고 몰아세웠다.

그리고 여운형을 정적으로 여겼던 이승만이 집권한 뒤에는 공산 주의자로 낙인찍혀, 오랫동안 금기의 대상이 되었다. 2005년 3월 1 일 비로소 독립유공자로 대통령장이 추서되었다.

일장기 말소 사건 |

1936년 8월 10일 일본 선수단의 일원으로 일장 기를 가슴에 단 채 손기정 선수가 베를린 올림픽에서 세계 신기록을 세우며 우승하자 국내 언론들은 이를 대서특필했다. 8월 13일자 〈조선중앙일보〉가 손기정의 사진에서 일장기를 지우고 신문에 실었으나 총독부의 검열에 발각되지 않았다. 그러나 8월 24일 〈동아일보〉가 일장기를 지운 손기정의 사진을 게재한 것이 발각되어 〈조선중앙일보〉는 폐간되고 〈동아일보〉는 297일 동안 정간당하고 관계자를 비롯한 13명이 사직당한 뒤 복간되었다.

연표

1886	4월 22일 경기도 양평군 양서면에서 태어났다.
1910	(25세) 국권이 피탈되었다.
1918	(33세) 상하이에서 신한청년당을 조직하고 당수에 취임했다.
1919	(34세) 김규식을 신한청년당 대표로 파리강화회의에 파견, 한국의 완전 자주 독립을 요구했다.
1933	(48세) 〈조선중앙일보〉 사장에 취임했다.
1941	(56세) 태평양전쟁이 일어났다.
1944	(59세) 건국동맹 지하조직을 전국적으로 조직하여 광복 후를 대비했다.
1945	(60세) 8·15광복과 동시에 건국준비위원회를 조직하고 위원장에 취임했다.
1946	(61세) 김규식과 좌우합작위원회를 구성했다.
1947	(62세) 7월 19일 서울 혜화동 로터리에서 피격되어 세상을 떠났다.

여운형에 대해 더 알고 싶을 때 보세요

《몽양 여운형 평전》, 정병준 지음, 한울, 1995.

《역사의 길목에 선 31인의 선택》, 역사학자 18인 지음, 푸른역사, 1999.

《나의 아버지 여운형》, 여연구 지음, 김영사, 2001.

《여운형 평전》, 이기형 지음, 실천문학사, 2004.

www.mongyang.org 몽양여운형선생기념사업회

인물 23

이승만

李承晩

| **교과서에서 이승만이 나오는 부분** : **중학교** 270쪽(9/2/2)/298쪽(10/1/1)/303쪽(10/1/2)/309쪽
(10/2/1) · **고등학교** 345쪽(12/1/3)/350-351쪽(12/1/4)

| **생몰년도** : 1875년(고종12)-1965년
| **호** : 우남(雩南)
| **활동 분야** : 독립운동, 정치
| **다른 이름** : 이승룡(李承龍)

|생애와 업적|

대한민국 임시정부의 초대 대통령이며 대한민국의 초대 대통령,
이승만. 그러나 그는 두 번 다 자신을 대통령으로 추대했던 사람들
에게 쫓겨났다. 그리고 '건국의 아버지'에서 '분단의 원흉'까지 그
에 대한 평가는 지금까지도 양극단에 놓여 있다.

이승만은 1875년 3월 26일 황해도 평산군 마산면 대경리 능내면
에서 이경선과 김해 김씨 사이의 5대 독자로 태어났다. 용이 품으
로 들어오는 꿈을 어머니가 꾼 뒤 잉태했다고 하여 어릴 적 이름은
승룡이었다. 몰락한 가문이었지만 전주 이씨 양녕대군의 16대손이
었던 이승만은 왕족의 후예라는 사실에 큰 자부심을 가졌다. 어린
나이에 서울로 옮겨와 남산 서쪽 도동에서 유년기를 보내며 전통
적 교육을 받았다. 1894년 9월 배재학당에 입학하기 전까지 사서
삼경을 모두 익혀 유학에 대한 소양을 쌓았고, 배재학당에 입학해

영어와 새로운 학문에 접했다. 그 무렵 배재학당에는 미국에서 돌아온 서재필이 교사로 부임해 협성회(協成會)라는 토론회를 이끌고 있었다. 협성회는 일반인들을 받아들이며 나중에 이름을 독립협회로 바꾸는데, 이승만은 독립협회에 참가해 〈제국신문〉의 논설위원으로, 만민공동회의 투사로 이름을 알려갔다. 고종 폐위 음모에 휘말려 투옥된 뒤 6년간 옥고를 치르기도 했다. 옥중에서 이승만은 미국 선교사들의 도움을 받아 본격적으로 영어와 신학문을 공부하는 한편, 기독교로 개종했다.

1904년 옥에서 나온 이승만은 한규설·민영환의 밀사로 미국에 건너간다. 루스벨트(Roosevelt, Theodore) 대통령, 헤이(Hay, John Milton) 국무장관 등을 만나 한국독립을 호소하는 데까지는 성공했지만, 일본에 매수된 당시 주미공사가 협조해주지 않아 정식으로 진정서를 제출하는 데에는 실패하자 그대로 미국에 머물며 유학의 길을 택했다. 조지워싱턴대학을 졸업한 뒤 하버드대학에서 석사학위를 받고 프린스턴대학에서 〈미국의 영향을 받은 영세중립론〉이라는 논문으로 철학박사 학위를 받았다. 재학 중 기회가 있을 때마다 한국에 대한 강연을 했는데, 모두 170여 회에 이른다.

공부를 마친 이승만은 1910년 서울 YMCA에서 한국 청년의 교육과 전도를 전담하기 위해 귀국했다. 그러나 일제가 기독교 세력을 꺾기 위해 조작한 **105인 사건**에 연루되어 더 이상 국내에 머물 수 없게 되자 선교사들의 주선으로 미국에서 열리는 감리교대표회의에 참석차 출국해 광복이 되기까지 주로 미국에서 머물렀다.

이승만은 청년 독립운동가, 전주 이씨, 미국 박사, 기독교 전도사, 미국 대통령 윌슨과의 친분 등에 힘입어 한성 정부·노령 정부·상하이 임시정부 등 3·1운동 이후 국내외에 설립된 모든 정부 조직에 대통령·수상·총리 등으로 추대되었다.

1919년 상하이에 수립된 대한민국 임시정부에서도 초대 국무총

리로 추대되었으나 대통령제를 주장하고 스스로 대통령이라는 직함을 사용해 물의를 일으켰다. 결국 임시정부의 직제를 대통령제로 고치고, 1920년 상하이로 건너가 대통령에 취임했지만, 워싱턴군축회의에 대비하기 위해 6개월 뒤 다시 미국으로 건너가 돌아오지 않았다. 상하이에 돌아오지 않아 임시정부의 활동에 제약을 주었고, 윌슨 미국 대통령에게 한국에 대한 국제연맹의 위임통치를 청원했다는 사실이 알려지면서 계속 논란이 되다가 1925년 탄핵되었다. 그러나 그는 임시정부의 결정을 무시하고 구미위원부를 통해 독단적인 활동을 계속했다.

이승만은 열강, 특히 미국과의 외교를 통해 독립을 달성해야 한다는 외교론적인 독립운동 노선을 견지했다. 영어와 국제 정세에 밝았던 그는 일본의 침략성을 경고하며 한국 문제를 쟁점화하려 주로 미국 정부를 상대로 외교 활동을 벌였지만, 미국의 반응은 냉담했다. 파리강화회의와 워싱턴군축회의 등에서 지속적으로 시도한 외교 활동이 별다른 성과를 거두지 못했는데도 워싱턴과 하와이에 머물며 항일투쟁과 외교활동을 계속했다.

광복 이후 이승만의 행보는 빨라졌다. 그해 10월에 귀국해 '독립촉성중앙협의회'를 조직, 총재에 취임했고, 미국의 지지를 기반으로 우익 세력의 연합조직체인 남조선대한국민대표민주의원 의장, 민족통일총본부 총재를 역임하는 등 우익의 지도자로 확고한 위치를 잡아나갔다. 그해 12월 모스크바 3상회의에서 결정된 5개년 신탁통치에 반대해 찬탁을 주장하는 좌익 세력을 제압했고, 미소공동위원회가 결렬되자 이듬해 6월 전라북도 정읍에서 남한단독정부 수립계획을 발표한 '정읍 발언'으로 국내외에 큰 충격을 주었다.

이승만은 정치적으로 반탁, 반공 및 단독정부의 즉각적인 수립을 주장했다.

1948년 5월 10일 선거 이후 구성된 제헌국회에서 국회의장에 선출되었으며, 대통령중심제로 헌법이 제정되자 초대 대통령에 선출되었다. 강력한 반공·배일주의자였던 이승만은 대통령으로 선출된 뒤 국내의 공산주의운동을 분쇄하고 일본에 대해 강경외교를 견지했다.

6·25전쟁 중 유엔군의 도움을 얻어 북한군을 물리쳤고, 국토가 분단된 상태에서의 정전협상을 강력히 반대했으며, 1953년 남한 각지에 수용되어 있던 반공 포로 2만 7,000여 명을 유엔군의 양해 없이 단독으로 석방했다. 또한 같은 해 정전협정이 체결되자 한미 양국이 휴전 후에도 긴밀한 유대관계를 유지한다는 상호방위조약을 체결했다.

한편, 6·25전쟁 중 헌법을 대통령직선제로 개정해 제2대 대통령에 재선되고, 초대 대통령에 대한 연임제한을 철폐하는 것을 주요 내용으로 하는 **사사오입개헌**을 강행해 1956년 제3대 대통령에 당선되는 등 장기집권을 위해 불법적인 개헌을 하고, 정적과 야당을 강압해 민주 정치발전에 심각한 지장을 주었다는 비판을 받고 있다. 1960년에도 대대적 부정선거로 다시 제4대 대통령에 당선되었지만, 이 부정선거에 저항하는 국민들이 4·19의거를 일으키자 대통령 직을 사임하고 하와이로 망명해 그곳에서 세상을 떠났다. 유해는 국내로 옮겨와 국립묘지에 안장되었다.

|평가|

이승만에 대한 평가는 아직도 모든 견해가 주관적이며 감정적 범위를 벗어나지 못하고 있다. 탁월한 지도자라고 생각하는 사람

해방 후 경복궁에서 만나 악수를 나눈 이승만과 김구.

이 있는 반면, 독선적이고 이기적인 사람이었다고 기억하는 사람이 생존해 있는 상황에서 그에 대한 객관적인 평가는 매우 어렵다.

이승만 재임 시에는 찬양하는 성격이 강했고, 4·19혁명 이후부터는 분단과 독재의 책임자로 비판하는 내용이 주류를 이뤘다. 이승만을 비판하는 입장은 이승만이 일제시대 독립운동 진영의 분열과 대립을 조장한 장본인이며, 광복 후에는 권력 장악을 위해 분단 정부 수립을 주도했고, 한국 사회에 반공주의를 전면화하고 반민주 독재 활동을 통해 민주주의의 진전을 막았다고 주장한다. 또한 한국군의 지휘권을 휴전 후에도 미국에 이양함으로써 종속적인 한미관계를 고착시켰다고 비난한다.

그러나 1990년대 들어 이승만을 '건국의 아버지'로 평가하는 긍정적인 입장이 등장했다. 이들은 이승만이 개화기 때부터 활동한 애국자였고, 미국 프린스턴대학 박사라는 당대 최고 학력과 임시정부 대통령이라는 최고 경력을 지녔으며, 광복 후 국내 지지기반이 없는 상태에서 미군정 사령관 하지(Hodge, John R.) 중장과 대립하며 건국의 대업을 이루어낸 점을 높이 평가한다. 또한 한국전쟁 시기 한미상호방위조약을 체결함으로써 미국의 안전보장 위에서 이후 경제개발을 이룩할 수 있는 토대를 마련한 공을 강조한다. 이승만은 분명 초대 대통령으로서 근대 국가의 틀을 세우는 데 많은 공을 세웠다. 그러나 외세의 이익에 편승해 이 나라를 분단시켰고, 친일 세력을 청산하지 못했으며, 이후 장기집권에 대한 집착으로 이 땅에 민주주의의 초석을 놓는 데 실패했다는 비난은 피하기 어려울 듯싶다.

연표

1875	3월 26일 황해도 평산에서 태어났다.
1910	(36세) 국권이 피탈되던 해, 미국 프린스턴대학에서 철학박사 학위를 받았다.
1919	(45세) 한성 임시정부에서 집정권 총재로, 상하이 임시정부에서 국무총리로 추대되었다.
1941	(66세) 태평양전쟁이 일어났다.
1945	(70세) 8 · 15광복 후, 독립촉성중앙협의회 총재, 민주의원 의장을 역임했다.
1948	(73세) 대한민국 초대 대통령에 당선되었다.
1950	(75세) 6 · 25전쟁이 일어났다.
1953	(78세) 휴전협정이 조인되었다.
1960	(85세) 4 · 19혁명 뒤 하와이에 망명했다 그곳에서 세상을 떠났다.

저서

옥중에서 집필한 논설을 엮은 《독립정신》, 박사학위 논문이었던 《미국의 영향을 받은 영세중립론》, 105인 사건을 비판한 《한국교회핍박》, 일본의 미국 공격 가능성을 주장한 《일본내막기》, 그리고 한시를 묶은 《체역집》 등의 저서를 남겼다.

이승만에 대해 더 알고 싶을 때 보세요

《이승만−신화에 가린 인물》, 로버트 올리버 지음, 황정일 옮김, 건국대학교출판부, 2002.
《젊은날의 이승만》, 유영익 지음, 연세대학교출판부, 2002.
《63인의 역사학자가 쓴 한국사인물열전》, 한영우선생정년기념논총 간행위원회 엮음, 돌베개, 2003.
《우남 이승만 연구》, 정병준 지음, 역사비평사, 2005.

이 책을 만드는 데 도움을 주신 분들 _____

|안양중학교|
김현수
박무완
박진서
한성일
교사 이수정

|고대부속고등학교|
박경수
심광교
양용훈
이원석
정연형
교사 방대광

|과천외국어고등학교|
김주선
김한나
성연주
이혜인
홍선영

교사 강승호

|금촌고등학교|
유한승

|현대고등학교|
민경일
신민정
이승학
이윤영
최석호
교사 최태선

|진선여자고등학교|
고은별
김효진
백재문
송지은
신연수
교사 서인원

교과서에 나오는 한국사 인물이야기

1판 1쇄 2006년 9월 27일

지은이 | 윤희진
펴낸이 | 류종필

기획 | 박은봉
편집 | 조세진
마케팅 | 김명훈

표지 디자인 | 이석운

펴낸곳 | 도서출판 **책과함께**
       주소 서울시 마포구 동교동 158-24 혜원빌딩 4층
       전화 335-1982~3
       팩스 335-1316
       전자우편 prpub@hanmail.net
       블로그 blog.naver.com/prpub
       등록 2003년 4월 3일 제6-654호

ISBN 89-91221-18-1(03900)

값 18,000원